Berliner Kultur- und Sittengeschichte

Hans Ostwald

Berliner Kultur- und Sittengeschichte

Voltmedia

ISBN 3-938478-93-4

Gesamtherstellung: Oldenbourg Taschenbuch GmbH, Kirchheim

Einbandgestaltung: Oliver Wirth, Paderborn

Wie allen Frauen, mögen sie nun das blonde Gold des Nordens auf dem Haupte tragen oder mit der schwarzen Bronze des Südens sich krönen, sind auch der Berlinerin schmutzige Schmähungen und preisende Lobeshymnen von allen Seiten gesungen worden. Dem einen war sie der Inhalt und die Freude des Lebens, beherrschte sein Denken und Empfinden; dem andern war sie ein Greuel, und mit vielen Eigenschaften erregte sie seinen Widerwillen. Der eine verhimmelte Berlin und seine Bewohner, der andere verdammte sie.

Ich kann nicht sagen, daß ich mich von dem einen wie von dem andern ganz frei fühle. Wer mehrere Jahrzehnte in Berlin gelebt hat, liebt und haßt an ihm und seinen Bewohnern manches. Aber ich will in diesem Buch weniger meine Meinung über Berlin und die Berlinerinnen sagen, als die Meinungen anderer mitteilen; ich will versuchen, eine Kulturgeschichte der Berlinerinnen zu schreiben – und Kommentare zur Sittengeschichte der Reichshauptstadt aufzuzeichnen oder doch wenigstens mitzuteilen, wie die Berlinerinnen früher lebten, liebten und arbeiteten, wie sich der moderne Typ aus allen möglichen Verhältnissen und Zuständen entwickelte, wie er in manchem früheren Zeitraum schon seine Vorbilder hatte.

Ganz ohne Liebe, ganz ohne Kritik kann ich bei diesem Vorhaben nicht bleiben. Aber das muß ich doch sagen: Bei der großen Fülle des Materials mußte ich mich bescheiden, von vielen Dingen nur Ausschnitte zu geben. Die habe ich nun so sachlich, wie es mir irgend möglich ist, eingeordnet. Jedenfalls werde ich mich hüten, Berlin und seine Bewohnerinnen zu verdammen oder zu verhimmeln. Ich glaube, sie verdienen weder das eine noch das andere. Es sind eben Menschen. Menschen mit Vorzügen und Menschen mit Fehlern. So – wie sie auch in Paris, Amerika und Australien, wie sie überhaupt auf der ganzen Erde ihr Leben glücklich oder unglücklich anfangen, lernen, lieben und heiraten, weiterleben und vollenden.

Stridbeck: Klosterkirche 1690.

Alles mögliche wird Berlin und seinen Bewohnern von allen möglichen vorgeworfen. Immer wieder zieht man ihre Mängel und Schwächen ans Tageslicht. Und erhebt sich in großer Selbstgerechtigkeit dermaßen, daß nur eine große unerträgliche Anmaßung und Überheblichkeit hervorschaut. Man läßt oft nur das Nebensächliche gelten, zieht gegen die lederne Einförmigkeit des Straßenbildes und gegen die Kälte der Menschen zu Felde – nicht ganz mit Unrecht. Aber man vergißt, daß auch andere Menschen ihre Schwächen und andere Städte ihre Mängel haben. Schließlich ist doch Berlin der Mittelpunkt Deutschlands, der nicht nur das Herzblut des Reiches aufsaugt, sondern es auch zurückpulst durch die Adern. Wenn auch nicht die bedeutendsten Deutschen in Berlin gelebt haben, so haben doch so viele Geister von ihm aus gewirkt, daß es unmöglich ist, sie alle zu nennen.

Berlin selbst erregt seit langem das Interesse der Kulturmenschheit. Vor zwei Jahrhunderten rühmte man an ihm die breiten und luftigen Straßen – deren gerade Linie heute geschmack- und poesielos genannt wird. Wer vor hundert und mehr Jahren vom Westen aus in Berlin einfuhr, war entzückt über die prachtvollen Gebäude, über die Paläste und stattlichen Häuser, die der Adel und die reiche Kaufmannschaft an dieser Seite erbaut hatten. Was ist heute noch von diesen Gebäuden übrig! Die meisten Adelsgeschlechter mußten ihre Paläste aufgeben. Wo heute Warenhäuser und Bankpaläste die Voßstraße einrahmen, grünten vor mehreren Jahrzehnten noch die Bäume des Parkes, in dem das Palais der Grafen Voß ein wenig verwahrlost, aber sehr nobel stand. Das Redernsche Palais am Pariser Platz ist einem Hotel gewichen, in dem die üppigste Internationalität sich ein Stelldichein gibt ... Mag nun auch das östliche Alt-Berlin nicht so stattlich gewesen sein wie dieser ehemalige Westen, so war doch Berlin einmal eine Stadt, die auch ihre äußeren Reize hatte. So manche Stiche aus dem alten Berlin bezeugen das. Und gewisse Stellen, so der alte Teil des Schlosses, manche Blicke an den Spreeufern, der Gendarmenmarkt, der Pariser Platz und viele andere Ecken und Winkel haben ihre bedeutenden Schönheiten. Allerdings ist jetzt eine andere Schönheit der großen Stadt im Werden. Wir empfinden sie vielleicht nur noch nicht. Eins aber zwingt auch uns zur Bewunderung: die Fülle des Lichts der abendlichen Stadt.

Chodowiecki: Aus dem Damenleben im 18. Jahrhundert.

Chodowiecki: Konzert um 1760.

Noch nicht so lange wird soviel Licht in Berlin verschwendet. Auch können wir uns kaum denken, daß Berlin einst – vor wenigen Jahrzehnten noch, wegen seiner Unsauberkeit und seines erbärmlichen Pflasters gescholten wurde.
Aber jetzt ist es die Stadt des Lichts und der Badestube, des blanken Asphalts und der Blendwerke der Elektrizität und der Gasbeleuchtung. Und so wird sie denn auch vielleicht als Lichtstadt sich mehr Freunde draußen im Reich erwerben – und wird vielleicht auch als Lichtbringerin geliebt werden. Ist sie doch seit Jahrhunderten bemüht, Licht ins deutsche Geistesleben hineinzutragen. Von Lessing und Humboldt an dürfen wir bis auf unsere Tage viele Männer nennen, die in Berlin an die Entwicklung der Geister ihre Lebenskraft gewendet haben. Vorher haben allerdings nur die höfischen Kreise sich ernsthaft geistig beschäftigt. Friedrich II. und Voltaire, Sophie Charlotte und Leibniz aber hatten keine allzugroße Liebe für die verhältnismäßig arme Stadt, die zwischen Sand und Sumpf lag und deren wertvollster Schmuck der damals noch recht sumpfige Tiergarten war.

Während die Stadt doch einmal eine Zeit hatte, wo ihr eine gewisse bauliche Schönheit nachgerühmt wurde – als sie nämlich im Westen beim Leipziger, im Osten beim Landsberger, im Norden beim Oranienburger und im Süden beim Halleschen Tor aufhörte (ehemals fast alles Gebäude, die einen reizenden und gediegenen architektonischen Stil ihr eigen nannten), wurden den Bewohnern der Stadt nie viel rühmenswerte Eigenschaften nachgesagt. Geliebt wurden sie wegen dieser Eigenschaften jedenfalls nicht. Und ihren Frauen, den Berlinerinnen, ging es nicht besser. Selten haben die Bewohnerinnen einer Stadt so viel Verächtliches, Schmähendes, Herabsetzendes und Verkleinerndes zu hören bekommen.

Chodowiecki: Zwei Fräulein aus der französichen Kolonie (1758).

Ganz so heftig wie einst wird die Berlinerin nur noch selten gescholten. Ja, es gibt sogar schon Berichterstatter und Reisende, die ihr Lebensfreude, Herzensgüte, Mutterwitz und noch manche andere liebenswerte Eigenschaften zugestehen, die bekunden, daß sie mehr löbliche Wesenszüge besitze als nur ihre große Sachlichkeit, ihre Hilfsbereitschaft und ihr Organisationstalent. Eins scheint ihr allerdings bisher nur in kleinem Maße zu eigen geworden: die Kunst, sich in Szene zu setzen. Eine Berlinerin, die z.B. nach Wien kommt, wird dort stets ein wenig in den Hintergrund gedrängt erscheinen. Das ist nur zu natürlich. Für das gesellschaftliche Treiben hat die Berlinerin eigentlich fast nie so recht Zeit gehabt. Wenn sie nicht in ihrer Häuslichkeit in Anspruch genommen war, mußte sie

Bettina von Arnim.

sich in den Dienst der armen und leidenden Menschheit stellen, mußte sie für andere der Vorkämpfer sein – die unterdessen sich schmücken und mit allen weiblichen Reizen prunken konnten.
So kam es, daß die Berlinerin sich nie hervorgetan hat in der Erfindung und Zusammenstellung von Kostümen. Sie blieb immer ein wenig steif und überließ ihren Schneiderinnen die Einkleidung. Man muß bedenken, daß sie eben immer fleißig mitarbeiten mußte, daß es ihr noch von der Herkunft aus norddeutschen Bauern- und Bürgerfamilien im Blut lag, nicht pikant und anmutig zu sein. Dazu hatte sie nie genug Muße. Dazu wird das Leben auf dem märkischen Sandboden und auf dem harten Berliner Steinpflaster zu schwer. Nur die Frauen, in deren Blut auch einige Tropfen französischer Herkunft gemischt sind, machen wohl einige Ausnahme. Sie auch waren es vornehmlich, die sich über die allgemeine norddeutsche kältliche Würde hinwegsetzten und in die frostige Reflektion der Berlinerin ein wenig Lebhaftigkeit hineinbrachten, so daß es neben ganz nüchternen und vernünftigen auch stets temperamentvolle und empfindsamere Berlinerinnen gab. Aber zugleich brachte diese Mischung von Nüchternheit und Lebhaftigkeit jenen eigentlichen Grundzug im Wesen der Berlinerin hervor, den man mit Respektlosigkeit bezeichnen muß. Keine Frau, die einige Zeit in Berlin und seinen Kreisen gelebt hat, kann sich diesem Grundzug entziehen. Sie wird lernen, alles mit kritischen und skeptischen Blicken zu betrachten, was sich in Würde aufspielt oder was eine solche würdevolle Stellung einnimmt. Das Familienoberhaupt wird zwar oft geschätzt, geachtet und geliebt – aber die Kritik macht nicht vor ihm halt. Der begüterte und beamtete Mann wird wohl oft mit einer gewissen Scheu behandelt. Aber keine Berlinerin erstirbt vor ihm. Sie kennt nicht die unterwürfige Demut, mit der in andern deutschen Landschaften jeder irgendwie hervorragende Mann bewundert und umgeben wird. Provinzielle Frauen haben sich stets erschreckt, wenn sie eine Berlinerin im Umgang mit Männern sahen und hörten. Denn die Berlinerin nimmt nicht alles für eine Offenbarung, was aus einem bärtigen Munde

kommt. Sie hat etwas Kampflustiges an sich und will sich auch dem Mann gegenüber behaupten. Eine macht es mit Schelmerei, mit einem Witzwort – die andere mit herzhafter Offenheit. Aber: es ist eben immer eine Respektlosigkeit. Die nur zu natürlich ist in dieser großen Stadt, wo das Schicksal so willkürlich mit dem Menschen umspringt, wo es wirklich schwer hält, vor den Menschen und ihrem Tun und Treiben den Respekt zu behalten ...

Jedenfalls hat die Berlinerin nicht nur immer andern Respekt entgegengebracht – sie verlangt auch ein wenig Respekt für sich und kann darum vor andern nicht mehr in Anbetung ersterben. Sie selbst hat immer viel zu viel mitarbeiten und tätig sein müssen, um nicht zuletzt zu einer berechtigten Selbsteinschätzung der eigenen Person zu kommen. Der angestrengten Tätigkeit so vieler Damen in Vereinen und Kommissionen, Wöchnerinnenheimen, Pflegestationen, Fortbildungsschulen, Zentralstellen für Rechtsschutz und Volksheilstätten, Krippen und zahllosen ähnlichen Anstalten der letzten Jahrzehnte ist in früheren Zeiten eine unermüdliche Einzelarbeit voraufgegangen.[1] Schon immer hat die Großstadt die gebrochenen und gescheiterten Existenzen angelockt. Unter den vielen Zuwandernden aus Frankreich, aus dem Salzburgischen und andern Landstrichen waren genug Hilfsbedürftige. Und die Berlinerin hat ihnen geholfen. Da sie aber nicht im Überfluß lebte, mußte sie auch im Erwerbsleben fleißig mit zupacken. Das war nun allerdings nicht geeignet, sie zu einer sorglosen und lebenslustigen Frau zu machen.
Im besten Falle konnte sie zu einem Witz kommen, der schlagfertig und abwehrend, durchdringend, ätzend und lachend zugleich ist, wie viele Berlinerinnen ihn sich erworben haben.

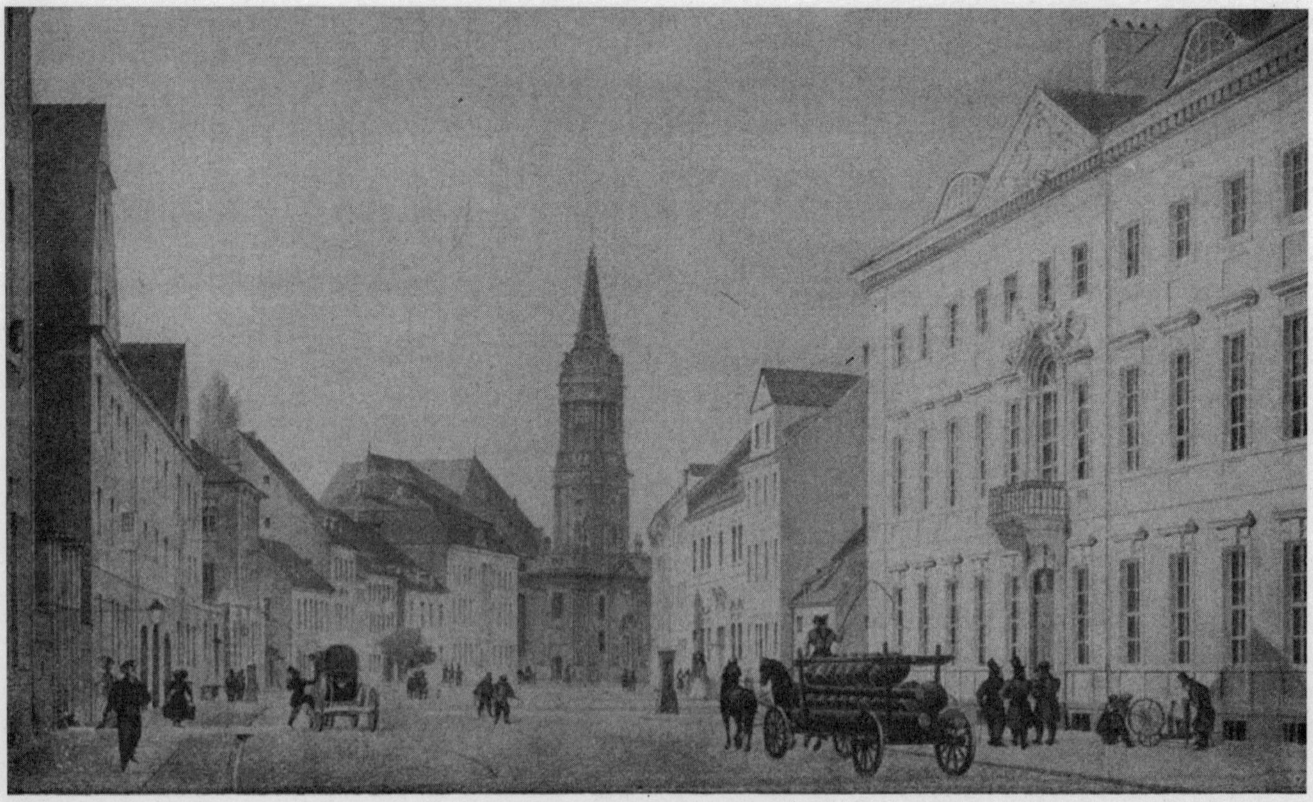

Die Klosterstraße um 1830.

F. Bolt: Nicolai und seine Familie.

Die ganze Art des Berliner Lebens führte dahin, die vielen zuströmenden fremden Elemente ebenfalls zum richtigen Berliner zu machen. Auch alle, die heute in Berlin sich niederlassen, sind noch diesem Gesetz unterworfen. Wenn sie auch nicht die Berlinische Sprache annehmen – dem Berliner Wesen können sie sich nie entziehen. So war es schon von jeher. Denn Berlin hat fast immer mehr aus Zugewanderten, denn aus geborenen Berlinern bestanden. Schon König berichtet 1793, daß in Berlin die echten Berliner nur sparsam zu finden sind. Aber die ganze Stadt übte mit ihren Lebensbedingungen und ihren Zuständen und der Zusammensetzung ihrer Bevölkerung einen durchdringenden Einfluß aus.

Ja, das Zusammenströmen von verschiedenen Elementen und verschiedenen Rassen hat sicher dazu beigetragen, den Typus der Berlinerin zu erzeugen. Unter den Zugewanderten stammte stets ziemlich die Hälfte aus der Provinz Brandenburg. Diese an den Havelseen und Spreeufern großgewordenen, auf dem dürftigen Sandboden und in den Heiden mühsam ihr Brot suchenden Menschen gaben den Teig für den kecken und verwegenen Menschenschlag ab, wie Goethe die Berliner nannte. Sie lebten draußen so kümmerlich – wie in der großen Stadt –, waren aber doch voll von einem Heißhunger nach Besserem und hatten bald heraus, ihre Ellenbogen gründlich zu gebrauchen. Zu ihnen kamen schon zeitig zahlreiche Franzosen und Juden. Zu 10.000-15.000 Berlinern kamen im Jahre 1685 etwa 5.000 Franzosen. Mehrmals übte französisches Blut seinen Einfluß aus: unterm Großen Kurfürsten die Refugiés, unter Friedrich II. die Steuerbeamten, bald darauf die Emigranten und die kriegerische Überschwemmung unter Napoleon. Die Juden waren schon lange in der Stadt. Daß die beiden Völker das Berliner Wesen beeinflussen mußten, ist erklärlich, wenn man berechnet, daß unter Friedrich II. fast jeder zehnte Berliner ein Franzose oder ein Jude war. Noch im Jahre 1784 gab's unter 140.000 Einwohnern in Berlin 5.168 Franzosen (in der Kolonie) und 3.372 Juden. Wenn nun auch die Refugiés ganz gewiß nur ernste religiöse Leute waren, die nicht parisisch-frivol sich gaben, so brachten sie doch feinere und lebhaftere Umgangsformen mit. Viele von ihnen waren aus gutem patrizischen Hause. Das beeinflußte die Berliner – wenn es sich auch nicht mit jenem Geist mischte, den man „berlinisch“ nennt. Aber es regte immerhin an.

Menzel: Im Kreise einer Familie.

Das Französische wurde bei dem sorgenvollen Leben auf dem Berliner Pflaster nicht leichter. Auch mögen es die Märker mit ihrem härteren Wesen oft vergröbert haben – wie das Französische allerdings auch wohl anstachelnd auf die schwerfälligen Söhne der Mark wirkte. Und das Judentum brachte seine Lust zur Kritik, seine Lebhaftigkeit, seine Unruhe, seine Unternehmungslust hinzu. Ja, die Juden haben vielleicht einen größeren Einfluß auf das Berlinertum ausgeübt, als man ahnt. So entstand dann eine Mischung von Elementen, die zusammen das Berlinische ergaben und die sich auch im Wesen der Frauen der neuen Großstadt zur Geltung brachten.

Es darf nicht unbeachtet bleiben: An den Hof und in das Heer der Preußenkönige drängten sich allerlei wagemutige, abenteuernde Elemente aus ganz Europa. Selbst Casanova versuchte einmal – vergeblich – sein Heil in Berlin. Er zog davon, als er sah, wie Friedrich II. mit seinen Untertanen umsprang, wie er einen Kadettenlehrer anranzte, weil ein Kadett sein Nachtgeschirr nicht ausgegossen hatte. Aber Tausende schreckten nicht zurück vor dem preußischen Krückstock. Verkrachte Studenten und allerlei andere Intelligenzen suchten und fanden ihr Heil in den Regimentern und in den Büros. Sie förderten die Lust zur Freigeistigkeit, zur Unerschrockenheit und zum skeptischen Witz, die von Sanssouci und seiner illustren Tafelrunde herüberwehte.

So erklärte sich denn der Hang zum Kritisieren ebenso aus der Blutmischung wie durch das verhältnismäßig harte Erwerbsleben. Der Berliner konnte nicht, wie die Bewohner anderer Weltstädte, auf der reichen Erbschaft alter Kulturen und den üppigen Erträgnissen großer Latifundien sein Dasein aufbauen. Die preußischen Adelsgeschlechter waren nicht sehr reich und brachten nicht soviel Luxus nach Berlin, wie die österreichisch-ungarischen Magnaten nach Wien und die französischen Edelleute und Geistlichen nach Paris. Trotzdem sich nun mit dem Reichtum und dem Wohlleben auch mehr Anmut des äußeren Lebens, mehr Geselligkeitswesen, mehr Fähigkeiten zum sorglosen Lebensgenuß bei ihnen entwickelten, ist es noch die Frage, ob die Pariser und Wiener nicht besser kritteln und mäkeln können als die Berliner.

Der Berliner hatte es schwerer emporzukommen. Das schärfte seinen Verstand und brachte ihn dahin, alles Gefühlsmäßige als schwächlich und überflüssig anzusehen. So entwickelte sich bei ihm eine här-

Berlinerinnen geben den russischen Gefangenen Almosen. 1758

tere, rauhere Form, unter der allerdings auch oft ein gemütvoller Kern herauszuschälen ist. Denn die vielgeschmähte Berliner Schnoddrigkeit ist oft nur ein Mittel, das eigene Gefühl nicht hervorsehen zu lassen. Übrigens befleißigt sich die Berlinerin in letzter Zeit, die rauhe Form zu mildern. Ebenso, wie sie jetzt anfängt, mehr auf ihr Äußeres zu geben, weil der Mann es wünscht – der oft zu ihren Ungunsten Vergleiche mit den Frauen aus andern Städten gezogen hat –, ebenso hat sie ihrem bisher nach der ethischen Seite zu stark betonten Temperament jetzt Zügel angelegt. Sie ist jetzt nicht mehr so „offen" und rücksichtslos wie einst – wenn es ihr auch oft schwerfällt, dort höflich zu sein, wo sie aus innerstem Bedürfnis die „Wahrheit", das heißt, ihre Überzeugung anbringen will. Eine kleine Geschichte muß ich hier zur Erläuterung anfügen:

Eine Berlinerin, die jahrelang in einer süddeutschen Stadt gelebt hat, wurde von einer dort erworbenen Freundin aufgefordert, ihr ihre Meinung über einige von der Freundin angefertigte Stickereien zu sagen. Da hielt die Berlinerin nicht hinter dem Berge. Die Freundin aber war gekränkt und entrüstet und beschwerte sich über die Rücksichtslosigkeit der Berlinerin, die ihr alle Freude an den Stickereien genommen habe. Die Berlinerin begriff nicht, daß ihre Freundin sich beschwerte. Sie fühlte sich als Freundin zur „Wahrheit" verpflichtet – aber sie gelobte sich, von nun an lieber höflicher zu sein, so zu sein, wie die große Mehrzahl der Menschen es haben will und wie es der wohltut.

Doch will ich ja nicht nur von der modernen Berlinerin sprechen, sondern von Berlin und den Berlinerinnen erzählen, von ihrer Lebensweise, ihrer Arbeit, ihrer Liebe, ihrer Herrschaft über den Mann und von der Herrschaft der Männer über sie, von ihrem Kummer und ihren Freuden, von ihrem Wesen und Werden. Kein wissenschaftliches Werk soll die Leser belasten, sondern zwanglose Unterhaltungen sollen sie in die Vergangenheit und Gegenwart Berlins einführen.

Zu dieser Arbeit brauchte ich die Unterstützung von vielen, mußte ich Material aus allen möglichen Museen und Bibliotheken zusammenzuholen. Und so wurde ich besonders verpflichtet, den Verwaltungen und Beamten zahlreicher Institute und auch vielen Privatpersonen meinen Dank für freundliche Bereitwilligkeit hier zu sagen.

Hans Ostwald.

Henriette Herz von Dorothea Theerbusch.

Die Damen

Wenn irgendein Bericht über eine Stadt geschrieben wurde, so vergaß der Schreiber selten, von den Frauen der Stadt zu erzählen. Ist doch die Frau gewissermaßen die Verkörperung des eigentlichen Wesens einer Stadt. Wer eine Stadt darstellen will, braucht eigentlich nur eine von seinen Bewohnerinnen richtig zu zeichnen – und er wird ein Symbol geschaffen haben, das jeder verstehen wird. Allerdings muß er dann diese Bewohnerinnen bis ins Innerste hinein kennen. Und hier beginnt das, was so außerordentlich schwer zu lösen ist, seine Zäune aufzurichten: das Rätselwesen Weib schlägt seine Sphinxaugen auf und lächelt. Ja, wer dieses Lächeln immer verstehen und deuten könnte! Ist es Güte – Verheißung – Spott – Wehmut – Lust oder Schmerz – Mutterfreude oder Dirnenlocken – wer will es entscheiden? Wer hat den Mut?

Immer wieder finden sich viele, die sich vor die Frau hinstellen und verkünden: Wir – wir haben das Rätsel gelöst. Und sie schlagen mit ihrem Narrenstecken auf das Bild, das sie selbst gemalt, und meinen, die Schatten und die Lichte, die aus ihrem Pinsel stammen, seien die Wirklichkeit, seien des Rätsels letzte Lösung.

Aber es gibt keine letzte Lösung. Das Leben schafft immer neue Rätsel. –

Wer dachte vor zweihundert Jahren daran, daß Berlin einst eine Weltstadt werden würde, und daß die Menschen, die in ihr wohnen, wohl mit ihren Sitten und Gebräuchen das Interesse vieler erwecken würden? Damals interessierte sich kaum jemand für diese junge Königsstadt, die genauso eine deutsche Kleinresidenz war, wie viele andere, wie Hannover und mehr norddeutsche Orte. Über die Stadt selbst ließ sich so wenig sagen wie über ihre Frauen. Es gab eben noch keine Berlinerinnen, die sich durch besondere Wesenszüge ausgezeichnet hätten. Sonst hätten wir wohl ausführliche und genaue Berichte über die Damen Berlins unterm ersten Preußenkönig – denn über die Damen einer Stadt wird ja immer zuerst geschrieben. In der kleinen Stadt aber wird es nur wenig Damen gegeben haben. Die meisten vielleicht am Hof der Sophie Charlotte, die um 1705 draußen im Charlottenburger Schloß[2] ihre philosophischen Zirkel hielt und im Stadtschloß allerlei Theaterstücke spielte, trotzdem die unduldsamen Pfaffen dagegen eiferten. Mit diesem unerschrockenen weltlichen Sinn kam sie denn wohl dem Charakter der Einwohner entgegen, die nun auch unter sich eifrig Theater spielten, nachdem sie vorher allerlei durchziehende Wandertruppen, Gaukler und Taschenspieler gesehen hatten, unter denen Veltheim, der schon Molièresche Stücke spielte, der Bedeutendste war. Auch den Doktor Faustus hatte ihnen 1703 Scio vorgeführt, und die Juden waren nicht minder eifrig im Komödienspiel gewesen, waren aber dafür bestraft worden, weil sie an christlichen Feiertagen gespielt. Zu all diesen theatralischen Vorführungen kamen noch seit 1706 italienische Opern und französische Komödien. Es muß eine schaulustige, vergnügliche Zeit vor zweihundert Jahren gewesen sein! ...

Die Berliner hatten von jeher Schaustellungen geliebt. Das Mittelalter bot dazu vielfache Gelegenheiten. Die kirchlichen Umzüge, die Feste der Zünfte, die Hochzeitsgebräuche, die sich zu einem beträchtlichen Teil in der Öffentlichkeit abspielten – die Rechtsvorgänge, Rechtsprechung sowohl wie die Ausführung der Urteile, das Marktleben –, alles war im wesentlichen auf den Vorgang in der Öffentlichkeit bestimmt und bot Gelegenheiten zum Schauen. Allerdings wurde durch die neue Zeit, durch die Änderung der Verhältnisse, insbesondere durch den Übergang vieler Rechte des Bürgertums an die Fürsten und an die bürokratische Verwaltung das Bild des öffentlichen Lebens im alten

F. Bolt: Königin Luise als Braut.

Berlin wesentlich umgestaltet. Das Rechtswesen ging aus den Händen der Bürger, die auf altem deutschen Rechte fußend, vor allem Volk Recht sprachen, in die Hände von Juristen über, die nach römischem Rechte gebildet waren. Die Schaustellungen der Kirche fielen durch die Reformation fort. Unter Joachim I. wurde schon um 1530 geklagt, daß die Berliner nicht mehr an den Fronleichnamszügen teilnahmen, trotzdem doch das lutherische Bekenntnis von Berlin und der Mark Brandenburg noch ausgeschlossen war. Auch die Zunftfeste waren nicht mehr so bedeutungsvoll wie einst für die Bevölkerung; sie standen nicht mehr ausschließlich für sich, sondern wurden den Hoffesten mit eingereiht, wie am Ende des 16. Jahrhunderts, wo z.B. die Fischerzunft ebenso wie andere Zünfte bei festlichen Aufzügen zu Ehren des im Berliner Schlosse zu Besuch weilenden Dänenkönigs mit einem gewissen Prunk mitwirkte. In dieser Umwandlung der Schaustellungen sprach sich die Umwandlung des gesamten Lebens aus. Die bürgerliche Handelsstadt war wider Willen zu einer Haupt- und Residenzstadt geworden, in der nicht mehr wie jahrhundertelang die städtische Patrizierin, sondern Hofdamen und Frauen der regierenden Schichten maßgebend geworden waren. Der eigentliche Zweck der Stadt trat vorläufig in den Hintergrund.

Sie war als Handelsort gegründet worden. Da die Gründungsurkunden untergegangen sind, wie in vielen Städten bei Bränden und Unruhen, wird angenommen, daß Berlin in der ersten Hälfte des 13. Jahrhunderts gegründet worden ist und zwar in der Gegend des heutigen Molkenmarktes, wo sich ein bequemer Spreeübergang für Kaufleute bot, die nach der Odermündung und nach Polen und dem weiteren Osten ziehen wollten. Weiter südlich wehrten große Sumpfgelände, dann die verzweigten Gewässer der Dahme und der Spreewald, alles wild und unreguliert, einem gleichmäßigen Verkehr. Im Nordwesten ließen die seenreiche Havel und das große havelländische Luch keinen so leicht zu überschreitenden Übergang frei. Im unmittelbaren Süden aber führte die Hochebene des Teltow trockene Straßen bis dicht heran, die dann auf dem nördlichen Ufer der Spree in dem hochgelegenen Waldland „Barnim“ weiter nach Osten und Norden hineinliefen in das frisch von Siedlern und Fürsten eroberte Land.

Ein kurfürstlicher Kanzler aus dem 15. Jahrhundert.

In diesem Lande flossen nicht Milch und Honig. Es bestand meist aus Dünensand, untermischt mit ein wenig Lehm und Ton – ein Zeichen, daß über dem Land einst Meere gebrandet und Gletscher sich geschoben hatten. Sie hatten Seen und Wasserlöcher gebohrt. Überall standen Torfsümpfe und Moore, überall füllten Pflanzenstoffe allerlei Schlammlöcher.

Zwischen diesen Sumpfniederungen, auf den bewaldeten Höhen, hatten vor der Völkerwanderung Germanenstämme, Semnonen, als Viehzüchter und Jäger gewohnt. Sie waren zum Teil mit den Westgoten nach Spanien, zum Teil im großen Bündnis der Ostgoten nach Italien und den angrenzenden Ländern gezogen. Sie haben wenig Lebenszeichen hinterlassen. Die sogenannten Königsgräber der Altmark aus Pfosten- und Deckelsteinen sind in der Nachbarschaft Berlins nicht gefunden worden. Wahrscheinlich sind die Steine im frühen Mittelalter verbaut worden, ohne daß jemand wußte, woher sie stammen. Schon zu germanischen Zeiten scheinen völkerrechtlich

Das älteste Berliner Wappen.

Das erste Berliner Wappen mit Bären aus dem 14. Jahrhundert.

Berliner Wappen,
ehe Berlin Residenz wurde.

Berliner Wappen, nach der
Unterwerfung um 1450.

geheiligte Handelsstraßen nach dem Norden und dem Osten bestanden zu haben. Die Münzfunde in Berlin und seiner Nachbarschaft weisen z.B. Bronzestücke von Tiberius, Konstantin d. Gr. u.a. römischer Kaiser auf. Die Wenden, die mit der großen slavisch-tatarischen Welle die Germanen in die Völkerwanderung hineingedrängt hatten, suchten die Niederungen als Wohnsitze. Aus der Wendenzeit fanden sich hauptsächlich Fischspeere, Fischhaken, Schnüre, Netzsenker, Fischotterfallen, Fischerkähne usw. Auch stammen von diesen fleißigen Fischern manche unserer Fischnamen: Ucklei, Plötze u.a. Sie hinterließen auch der Bevölkerung einen umfangreichen Schatz an Gespenstergeschichten. Sie sollen eine Naturreligion besessen haben, deren einzelne Gestalten meist Tod und Verderben brachten, wie z.B. die Roggenfrau, die weißgekleidet ins Haus schleicht. Die wendischen Götter sollen ohne Ausnahme Dämonen gewesen sein; doch ist das wohl nur eine Auslegung der christlichen Priester, die ja den germanischen Wodan auch zum wilden Jäger umgedichtet hatten, um die alten Götter in Verruf zu bringen. Vielmehr muß die wendische Religion einen tiefen Sinn gehabt haben. Das dreiköpfige Götzenbild Triglaffs, das von Joachim I. 1526 vom Hartunger Berg bei Brandenburg an Christian II. von Dänemark geschenkt wurde, weist vielleicht auf ein Sinnbild von Vergangenheit, Gegenwart und Zukunft hin. Bloßes Dämonentum würde sich mit dem Wesen eines Volkes nicht reimen, das zwar noch kein geschriebenes Recht hatte und bei dem das Recht noch willkürlich persönlicher Macht unterlag, dessen Rechtsstrafen sich jedoch innerhalb von Geldbußen, Stockschlägen und Verstoßung in die Knechtschaft hielten. Die harten Leibesstrafen der deutschen Stämme: Handabhacken, Vierteilen, Verbrennen, Lebendig-Begraben usw. waren ihnen fremd.

Die Wenden hielten noch Sklaven, oft germanische Gefangene, oft auch vom eigenen Stamme. Sie trieben auch noch Sklavenhandel, hatten ferner außer den Grundherren noch niedere Freie. Die Städter hatten kein bevorzugtes Recht unter den Burgherren, die nach dem Übergang zum Christentum sofort in das Lager des deutschen Adels übergingen.

Fries von der mittelalterlichen Gerichtslaube mit symbolischer Darstellung menschlicher Leidenschaften.

Von ihren Frauen wird berichtet, daß sie als Gattin bald abgöttisch geliebt und verherrlicht, bald wie ein Stück Ware verhandelt wurden. Bald verbrannten sich die Frauen mit dem gestorbenen Gatten, bald kamen sie mit Dolch und Gift irgendeinem Buhlen zuvor.

Die Einkünfte der Herren hatten sich, wie überall damals, aus dem Zehnten ergeben. Der Landwirt mußte ihnen von seinen Früchten liefern: von Weizen, Roggen, Gerste, Hanf, Flachs, von Vieh- und Geflügelzucht oder auch von Leinenzeug, aus dem hauptsächlich ihre Kleidung bestand. Schon aus diesen Lieferungen geht hervor, daß ihre Kultur nicht gar so tief stehen konnte. Sie trieben auch regen Handel. Sind doch auf brandenburgischen Verkehrswegen oft Münzen der großen orientalischen Reiche jener Zeit gefunden worden. Die staatliche Organisation der Wenden war vielleicht noch unentwickelt. Das Münzwesen kam erst beim Übergang zur deutschen Herrschaft auf. Bis dahin begnügten sich die Wenden mit Schlagsilber. Sie müssen aber doch ungewöhnlich viel Widerstandskraft besessen haben. Drei Jahrhunderte lang brauchten die Deutschen, um ihren ehemaligen Sitz an Havel, Spree und Oder endgültig zurückzuerobern. Otto I. hatte schon am 1. Oktober 949 zu Magdeburg ein Bistum Brandenburg errichtet, darunter auch den Gau Zpriorworni. Er hatte z.B. auch 965 einem Stifte in Magdeburg den Honigzehnten des „Gaues Spreewa" übereignet. Aber erst im Jahre 1215 kam das Spreeland in Wirklichkeit zum Deutschen Reich. Durch einen nördlichen Zug der Ballenstedter zur Oder wurde das Spreeland abgeschnitten von Pommern, an das es sich angelehnt hatte. Die Pommernherzöge verkauften es dann offiziell an die Ballenstedter.

Kurz darauf müssen die beiden Orte Berlin und Kölln an der Spree als deutsche Städte gegründet worden sein. Wahrscheinlich befanden sich früher dort schon wendische Marktflecken, die nun zu deutschen Städten mit deutschem Recht ausgebaut wurden. Berlin[3], das in einer großen Feldmark lag, wurde von vornherein besser mit Land und Rechten ausgestattet. Es erhielt 124 große Hufen zu je 60 Morgen. Kölln, das auf der sumpfigen Seite an der Fischerbrücke auf einem Hügel (Colne) und auf Pfahlbauten gegründet wurde, erhielt nur 42 kleine Hufen zu je 12 Morgen. Sein Markt lag an der Petrikirche und wurde „Hundemarkt" genannt, vom Schimpfworte „Wendischer Hund", das jahrhundertelang den Wenden zugerufen wurde. Die städtische Feldmark wurde ohne Rücksicht auf bestehende Ansiedlungen abgesteckt. Die ganze vorhandene Bodenfläche wurde planmäßig in eigentliches Stadtgebiet, Allmend, Ackerland und Wiesen aufgeteilt.

Romanisches Taufbecken aus der Marienkirche.

Mittelalterlicher Totentanz in der Marienkirche.

In Berlin umfaßte der für den Aufbau der Stadt bestimmte Raum die Fläche zwischen der Spree und der im Bogen von Ufer zu Ufer laufenden Neuen Friedrichstraße. An die Umfriedigung, die dieses Gebiet eingrenzte, schloß sich unmittelbar das Gemeindeland, die Allmend, ein zur Hütung und als Anger benutzter Teil der Flur. Diese Allmend bestand jahrhundertelang unverändert, bis sie, oft auf nicht rechtmäßige Weise, bei der Vergrößerung der bebauten Stadtteile in Privateigentum überging. Nördlich von dieser Allmend lagen die wichtigsten Besitztümer der einzelnen Bürger, die 120 Hufen Ackerland, das sich westlich bis an die Brunnenstraße ausdehnte. In der Nähe des Hackeschen Marktes begann die Stadtheide, die sich von dort aus westlich gen Spandau hinzog.

Die Grundlage der jungen Stadtwirtschaft war der Ackerbau, dazu kam dann der Handel, begünstigt durch den bevorzugten Verkehrsweg vom Süden (Leipzig) und Westen (Magdeburg) und gewisse Zollfreiheiten an der Oder, sowie durch das Niederlagsrecht und das Marktrecht. Alle durchgeführten Waren mußten eine gewisse Zeit auf dem Stapelplatz feilgehalten werden. Dieser Stapelplatz befand sich am Molkenmarkt, auf dem später eine „Niederlage" erbaut wurde, die mit einer Seite an die Spree stieß. Auch das Marktrecht gehörte der Stadt, die ein Standgeld zu allgemeinem Nutzen erhob. Doch hatte ursprünglich der Landesherr Anspruch auf Markt- und Handelsabgaben. So entwickelte sich in der Stadt bald ein beträchtlicher Wohlstand, der hauptsächlich aus Gewinnen am Heringshandel zum Binnenlande erwuchs, dem sich später Korn- und Holzhandel nach Magdeburg und Hamburg anschlossen.

Die Einwohner wurden mit Hufenzins, Stättegeld (für Händler) und Gewerkzins belegt. Dem Landesherrn, den Markgrafen, blieb das Mühlenregal, da die Wasserkraft stets dem Landesherrn zustand. Diese Wassermühlen standen zwischen Berlin und Kölln auf dem Mühlendamm, wo heute die Sparkassengebäude stehen. Sie brachten den Markgrafen ansehnliche Einnahmen, weil alle Berliner dort ihr Brotgetreide mahlen lassen mußten. Ferner hatte er Einnahmen aus Markt- und Handelsabgaben und aus dem Münzregal. Berlin war eine brandenburgische Münzstätte mit einem Geltungsgebiet, das 14 Städte umfaßte. Auch dies spricht für seine Bedeutung. In jedem Jahr mußten die alten Münzen gegen neue umgetauscht werden, was für die Markgrafen sicherlich sehr einträglich war. Die Haupteinnahme aber floß wohl aus den Gerichtsstrafen, von denen ein Drittel dem Markgrafen, zwei Drittel dem Bürgermeister gebührte. Das Bürgermeisteramt lag ursprünglich in den Händen des eigentlichen Städtegründers und seiner Nachkommen. Erst nach ihrem Aussterben wurden Bürgermeister aus anderen Patrizierfamilien vom Rat gewählt. Sie bekamen keine Gehälter, sondern hatten nur Nebeneinnahmen. Für die Kosten und Lasten der Städtegründung wurden sie mit größeren Landgütern und mit bestimmten Einkünften aus ihrer Tätigkeit als Oberrichter entschädigt.

Berliner Luthermedaille.

Sie mußten mit einer Anzahl Schöffen, die ebenfalls dem grundbesitzenden Rat entstammten, Recht finden. Diese Schöffen entstammten ebenfalls der obersten Klasse. Die mittelalterlichen Einwohner Berlins waren in drei Schichten eingeteilt, die erste bestand aus ratsfähigen Patriziern, Großkaufleuten, die alle über Haus- und Grundbesitz verfügten. In der zweiten Klasse wurden alle besseren Handwerker eingereiht, die anfangs in vier Gewerken vereinigt waren, zu denen später jedoch gerechnet wurden: Tuchmacher, Schuster, Bäcker, Schlächter, Krämer, Kürschner, Schneider und Messerschmiede. Sie mußten mindestens Hausbesitzer sein und setzten manchmal eine eingeschränkte Mitwirkung im Rate durch. Zur dritten Klasse, die überhaupt nicht mitzusprechen hatte und die als „Meinheit“ bezeichnet wurde, rechneten die Fischer, Tuchscherer, Schuhflicker, Altbüßer, sowie alle Leute ohne eigenes Haus. Sie waren nur Objekte der Rechtsprechung.

In welcher harten Weise nun im mittelalterlichen Berlin Recht gefunden wurde, mögen uns einige Beispiele zeigen, die in der vierten Abteilung des alten um 1400 verfaßten Stadtbuches zu finden sind. Es heißt z.B. im „Buyk der Overtredunge“: Jesmann und sein Weib wurden verbrannt wegen Verrates, welchen sie begingen an ihrem eignen Blute, nämlich an ihrer Tochter, einem jungen Kinde, welches sie unehrenhafterweise übergaben dem Komtur von Tempelhof, der ein begebener (geistlicher) Kreuzherr war des Ordens St. Johannis. Die unehrliche Frau, die Peter Rykinne, vermittelte es nämlich, daß der Komtur die Maid wohl kleiden wollte mit schönem Gewände, und Gutes wollte er ihr geben genug, auch wollte er Jesmann und sein Weib sehr reich machen und das schwur er ihnen auf sein Wort zu. Da brachten die Dreie dem Komtur das Kind entgegen bis an den „Berg zu Tempelhof“, und dort empfing er es von ihnen und trat in Unehre mit ihr ein. Drum wurden jene drei verbrannt. Der geistliche Ritter und seine „Amye“ standen leider außerhalb des städtischen Gerichtsbannes, darum gingen sie straflos aus.

Votivgemälde der Kötteritzschen Kapelle in der Nicolaikirche.

Ein arger Geselle scheint auch Nikolaus der Goldschmied gewesen zu sein. Er stellte den Frauen nach, er wollte auch einen andern Goldschmied namens Thilo auf dem St. Nikolaikirchhofe

Kurfürst Johann Georg mit seinen Söhnen.

erschlagen, er brach des Nachts die Büttelei auf und schalt vor Gericht einen Bürger, er wäre ein „vorhit kotzen hornse“. Was dieser Ehrentitel besagt, ist leider dunkel. Auch Nikolaus mußte seine Frevel mit dem Haupte büßen. Aus seinen Akten erfahren wir übrigens, daß in der alten Stadt Berlin der unrechtmäßig Angegriffene den Ruf

„To Jodute!“

auszustoßen hatte. Derselbe bedeutet entweder

„Herbei, ihr Leute!“

oder er ruft die Hilfe des alten heidnischen Schwertgottes an.

Und weiter heißt es:

„Wolborgh (Walpurgis) ward verbrannt wegen Zauberei, welche sie beging an ihrer Verwandten, der Neuendorfin. Der sandte sie durch Else Schneider zwei Birnen, darin hatte sie Gift getan. Da die Neuendorfin die Birnen aß, ward sie augenblicklich krank. Da ging sie zu Wolborgh und suchte Rat für ihre Krankheit. Vor einem Teile unserer Bürger aber, vor Hans Borchard, Kuno Slage, vor Scheunenpflug und vor anderen Männern und Frauen mehr sagte Wolborgh zur Neuendorfin: ‚Auf der Erde ist Niemand nach Gott denn ich, der dir von deinem Siechtum hilft!‘ und so bekannte sie’s, wie sie es der Kranken mit zwei Birnen angethan hatte. Da kam Heino Neuendorf vor uns mit seinen Freunden und klagte solche Sache, wie sie hier geschrieben steht, und sann Gerichtes. Da wurde Wolborgh verbrannt und wurde bei ihr Zauberei (Pulver, Amulette usw.) gefunden.“

Furchtbar ist das oftmalige Vorkommen des Lebendig-Begrabens und des Verbrennens von Frauen. So wurde z.B. „Matthias Weib“ im Jahre 1399 verbrannt, weil sie Klaus Jordans Weib an Jakob von dem Rhine verkuppelt hatte. Ein Junge, welcher bei nächtlicher Weile sich einst eine Tonne Heringe angeeignet hatte, die vor Klaus Schultens Hause gleich herrnlosem Gute dastand, wurde gehängt. Im Jahre 1407 hatte eine Magd namens Margarete vor dem hohen Hause in der Klosterstraße in höhnischer Weise „groben Unfug“ getrieben, die Unkeuschheit der Geistlichen verhöhnend hatte sie gerufen: „Maide für die Priester!“ – sie wurde vernünftigerweise nur gestäupt. Ein Kupferschläger aber der die Bürgermeister beschimpft und ihnen gedroht hatte, er werde mit Pfeilen auf sie schießen, wurde enthauptet. Im Jahre 1409 wurde eine Frau verbrannt, die während des Gottesdienstes am Allerheiligentage in den Kirchen Berlins einige Börsen abgeschnitten hatte. Eine andere, die dem Bürger Klaus Domes einen Mantel gestohlen hatte, wurde 1412 – lebendig begraben. Der Schulze von Marienfelde aber wurde in demselben Jahre nur gehängt, weil er Stephan Strobands Harnisch und einige Töpfe gestohlen hatte. Je weiter wir in der Zeit vorschreiten, um so häufiger begegnen uns leider die Verurteilungen wegen „Zauberei“, auch der freie Sinn der Märker war von abergläubischen Wahnvorstellungen umwölkt worden. Unleugbar aber ist es, daß teuflische Künste, an deren Möglichkeit und Wirksamkeit man leider glauben gelernt hatte, in der Tat versucht worden sind, – Bosheit, Hinterlist und arge Tücke waren Früchte jener Zeit, die sich nur allzuleicht erklären lassen. So warf im Jahre 1430 ein verloren Weib Schierling und Bilsenkraut in den Ofen der öffentlichen Badestube auf dem „Krögel“, die Besucher derselben erstickten von dem Dunste fast; merkwürdigerweise aber wurde jenes Weib nur ausgepeitscht. Sehr oft kommt im „liber exzessuum“ auch der Kirchenraub vor, gewiß ein schlimmes Zeichen der Zeit! Im Jahre 1437 wurde z.B. ein Klaus Wandelitz wegen solch einer Übeltat gerädert, im Jahre 1437 aber wurde Hans Brasche, der einen Kelch aus der St. Petrikirche gestohlen hatte, nur enthauptet, er war ein Stadtkind und die Gewerke hatten noch überdem Fürbitte für ihn eingelegt.

Der Barmherzige Samariter.
Gemälde aus der Nicolaikirche,
jetzt im Märkischen Museum.

Großes Aufsehen scheint ferner ein Falschmünzer- oder Betrugsprozeß gemacht zu haben, der den Richter und die Schöffen in dem Jahre 1427 beschäftigte. Drei Missetäter, Tydeke Rheinsberg, Tydeke von dem Rhine und Heinrich Steindecker, wurden deswegen lebendig verbrannt. Sie hatten einem Bürger in Spandau Blei und Zinn für Silber gegeben. Und nun noch einige überaus bezeichnende Kriminalfälle! Im Jahre 1442 wurde eine höchst merkwürdige Strafe des „Prekelns“ zweien Weibern auferlegt, von welchen die eine Else König hieß, die andere aber einen Beinamen führte, welcher nicht wiederzugeben ist. Nennen wir sie daher nur „Else mit den – langen – Zöpfen“. Im Jahre 1446 aber wurden die Glienichinne und die Seiffertinne verbrannt, weil sie durch „Zauberkünste“ einem Mann, namens Hans Wegener, des Augenlichts beraubt haben sollten. In demselben Jahre wurde Hermann Stein, der nach Gaunerart mit Pech und Leimruten Gelder aus den Gotteskästen von St. Nikolai und der Franziskaner-Klosterkirche gestohlen hatte, – gerädert. Von den 56 Groschen, die bei ihm gefunden wurden, bestimmte er selbst 15 für seinen Beichtvater, das andere Geld wurde den Franziskanern zurückgegeben. Ein Schulzensohn zu Lichtenberg endlich, mit Namen Klaus, wurde gerädert, weil er die Kirche seines Heimatdorfes beraubt und einen Minoriten überfallen hatte. Das sind die letzten Freveltaten, die der „liber exzessuum“ aufgezeichnet hatte. Sie fallen in das Jahr 1448.

Mit wenigen Ausnahmen wurden also nur Rechtlose der untersten Stände verurteilt. Nur ein einziges Mal wurde ein adliger Wegelagerer in Berlin hingerichtet: ein Junker von Otterstädt im Jahre 1513. Die berühmten Sprichworte aus der Zeit von Joachim I. sind Volkssagen und Erdichtungen späterer Zeit, insbesondere die beiden:

1. Jochimke, Jochimke, hüde dy!
   Kriegen wy dy, so henken wie dy!

2. Vor Köckeritzen, Lüderitze,
   Vor Kröcher, Kracht und Itzenplitze
   Behüt uns, lieber Herre Gott!

Architektenscherz aus dem Jagdschloß Kronewald, das Caspar Theiß, dem Erbauer des Jagdschlosses, sowie eines um 1700 abgebrochenen Teils des Berliner Schlosses galt.

Im großen und ganzen fanden sich Fürsten und Adel stets zusammen. Nur die Quitzows und ihre Genossen mußten vom ersten Hohenzollern mit Gewalt davon überzeugt werden, daß eine Adelsherrschaft und Adelsmonarchie nicht aufkommen könnte. Im übrigen aber brauchten die höheren Stände nicht vor dem öffentlichen Gericht zu erscheinen. Das beruhte aber nicht auf höherer Sittlichkeit, sondern auf außergerichtlicher Sühne und Loskauf von der Strafe. Selbst die mit gewissen Vorrechten ausgestatteten zünftigen Handwerker konnten sich in dieser Richtung manches leisten, was uns heute unbegreiflich scheint. Im Jahre 1547 zahlte ein Handwerker als Buße für die Ermordung seiner Frau dem Rat von Berlin als Gerichtsherrn 10 Schock Groschen, worauf er sein Handwerk wie zuvor betreiben durfte. Klage wurde nicht gegen ihn erhoben, weil kein Verwandter der Frau da war, der das übernommen hätte. Im Grunde waren vornehmlich die Frauen besonders rechtlos. Das zeigte sich an dem Schicksal der schönen Anna Sydow. Der prunkliebende Joachim II. hatte sie, die Witwe eines schweizerischen Geschützgießers, zu seiner Geliebten gemacht, als seine Frau durch die Folgen eines Unfalls und durch ihre bigotte Weigerung, sich körperlich von Ärzten untersuchen und behandeln zu lassen, siech und hinfällig geworden war. Anna Sydow hatte das verschwenderische Leben am Hofe des Kurfürsten mitgemacht, an Prunkjagden im Grunewald und allerlei Festen öffentlich teilgenommen, hatte ihn auch veranlaßt, ihr und ihren von ihm stammenden Kindern beträchtliche Vermächtnisse zu hinterlassen. Auch hatte sich der Kurprinz, der nachmalige Kurfürst Johann Georg, für dies Vermächtnis verbürgen müssen. Wenn er das auch unter dem Zwang getan hatte, in der Öffentlichkeit keinen Zwiespalt hervorzurufen, so ging er nach dem Tode seines Vaters doch zu schroff vor. Er ließ die Gießerin in den Juliusturm zu Spandau gefangensetzen, wo sie nach 13 Jahren am 16. November 1575 starb.

Ihre Tochter Magdalene aber mußte ihr Heiratsgut herausgeben, das ihr zur Ehe mit einem pommerschen Grafen zugesagt war. Aus dem Verzeichnis ihrer Aussteuer erfahren wir, was junge Damen damals mitbekamen: ein güldenes Halsband mit Edelgestein, ein zweites güldenes, schön emailliertes Halsband mit Edelgestein, 5 Gehänge und Kleinodien aus Edelgestein, ein güldenes Armband mit Edelgestein, 4 güldene Ketten, glatt und kraus, wie einer Gräfin zukommt, 16 güldene Ringe, 5 Dutzend güldene Stiefel, 9 Barette mit Stickerei und Perlen, 5 güldene Hauben mit Perlen, 10 silberne und güldene „gefliederte“ Hauben, 3 kurze Gürtel mit Glanzborden, 2 kurze Gürtel mit gezogenem Golde und 2 lange Gürtel mit Glanzborden.

Das alles und ihr sonstiges Vermögen mußte sie herausgeben und anstatt des pommerschen Grafen, der sich zurückzog, einen Hofrenteischreiber Kohl heiraten – der nun zum Schwager des Kurfürsten wurde. Wahrscheinlich hatte sie sich an dem genußsrohen Hoftreiben nicht beteiligt. Sie betätigte sich besonders als wohltätige Dame, beschenkte das Gymnasium zum Grauen Kloster, interessierte sich für wissenschaftliche Leistungen, besonders auf religiösem Gebiet, das Ende des 16. Jahrhunderts allerlei Wahnvorstellungen und umfangreiche Erscheinungen von Besessenheit ganzer Landstriche zeitigte, und wurde nach ihrem Tode (1610) tief von den Armen betrauert.

Die kurfürstlichen Räte Johann Georgs haben es jedenfalls nicht verstanden, ihren Fürsten davon zu überzeugen, daß sein hartes Vorgehen gegen die Sydow und deren Kinder höchst unfürstlich gewesen war. Selbst wenn das Wort, das er seinem Vater im Interesse der schönen Gießerin gegeben, ihm als erzwungen erschien, hätte er trotzdem vornehmere Wege zur Abwicklung dieser Verpflichtung finden müssen als Konfiskation und Einkerkerung.

Gar so ungeheuerlich war die Ausstattung der unehelichen Tochter Magdalene des Kurfürsten Joachim II. nicht gewesen, vom Heiratsgut der Kurfürstin Sabine, einer Prinzessin von Ansbach-Bayreuth, der zweiten Frau des so streng mit Anna Sydow verfahrenen Johann Georg, wird z.B. berichtet: der Brautwagen wurde vergoldet, mit gehauenen Bildern und sechs gleichfarbenen Pferden in Nürnberg in Auftrag gegeben, auch die Truhen für den Leinenschatz der Fürstin dort bestellt. Der Braut wurden als Kleinodien ein Halsring mit Demanten, Rubinen und Perlen und viele Ketten und Ringe übergeben. Der Bräutigam schenkte ein Halsband mit sechs Demanten, sieben Rubintafeln, 14 hangenden Demanttafeln und 14 hangenden Rubintafeln, mit Smaragden und Perlen reich verziert. Joachim II. schenkte ihr ein Halsband mit Demanten, Smaragden, 60 großen und kleinen Perlen mit anhängendem Kleinod, offenbar ein Prachtstück, das auch auf ihrem Porträt wahrnehmbar ist. Sie war eine Verehrerin Luthers, sah an ihrem Hof manche Gelehrte und auch den ein wenig fragwürdigen aber klugen Thurneisser, der ihr Arzneien verschrieb, und betätigte sich eifrig als Wohltäterin.

Leonhard Thurneisser, Alchimist, Chemiker, Arzt, Buchdrucker und Unternehmer im kurfürstlichen Berlin des 16. Jahrhunderts.

Auch eine andere brandenburgische Prinzessin und Kurfürstin wurde reichlich ausgestattet und zwar Katharina, die aus einer brandenburgischen Nebenlinie stammte und 1570 nach vierzehnjähriger Verlobung den späteren

Wasserfest mit Feuerwerk zu Ehren des dänischen Königs 1515.

Kurfürsten Joachim Friedrich heiratete, der erst 1598 zur Regierung kam. Zur Ausstattung der Prinzessin gehörten acht goldene und silberne Röcke, 8 Sammetröcke, darunter einer mit 288 Perlenrosen, einer mit 2.317 Goldrosen, einer mit 434 fliegenden goldenen Herzen, ferner 9 Atlasröcke, 8 Mäntel mit silbernen Blumen und mit Zobel gefüttert, 32 Hauben, darunter eine Perlenhaube mit 11 Smaragden, 15 Diamanten und 12 Rubinen in Gold gefaßt, dann 96 Schleier, 32 Kleinodien, 11 Armbänder, 18 Ringe, 33 Ketten aus goldenen Ringen, 5 Gürtel, 20 Tischtücher, 14 Laken, 4 Bademäntel und 1 vergoldeter Wagen, 10 Hengste und Pferde mit Geschirr.

Diese Katharina soll eine sehr fortgeschrittene Frau gewesen sein, die nicht nur an allen Sorgen und Arbeiten ihres Mannes teilnahm, allen Bedrängten eine Helferin war, sondern auch der Meinung war, daß Fürstenkinder mit andern Kindern zusammen erzogen werden müßten. Ihr Sohn, dem später die folgenschweren Landerweiterungen im Osten (Preußen) und Westen (Jülich und Kleve) zufielen, mußte jedenfalls in Straßburg studieren. Dies Studium trug seine Früchte. Er trat aus der starren lutherischen und unduldsamen Kirche zum Kalvinismus über, was die Orthodoxen sehr erregte, aber zweifellos dem ganzen brandenburg-preußischen Geistesleben zugute kam, weil es unbedingt in all seiner Entwicklung und seinen Folgen zur Toleranz und zu einem freien Geistesleben am Hofe und in der Residenz führen mußte. Wo mehrere Bekenntnisse nebeneinander sich dulden müssen, entsteht unwillkürlich eine höhere Auffassung der Lebensaufgaben. Sie tat der norddeutschen Bevölkerung und damit auch den Berlinern dringend not. Selbst bis in die Kreise der Damenwelt, die ja noch so gut wie ganz von jeder Bildung ausgeschlossen war, reichte der allgemeine Glaube von Hexen und allerlei bösartigem Frauenwesen hinein. Auch die höhere Priesterschaft war noch in solchen Wahnvorstellungen befangen. Jedoch wurden nie irgendwelche Mitglieder der höheren Gesellschaft bezichtigt.

Die ganzen Hexenprozesse richteten sich nur gegen arme Weiber, die hysterisch oder sonstwie defekt waren und in der Tortur allerlei Schandtaten bekannten, die sie nie begangen hatten. Erst mit der Abschaffung der Tortur endeten schließlich auch diese Auswüchse eines verirrten Rechts- und Glaubenslebens.

Noch unter dem Kurfürsten Friedrich Wilhelm glaubten Volk und Gelehrte an das ganze Hexenwesen mit Teufel und Beelzebub. In alten Chroniken wird vom Jahre 1670 berichtet, der Böse habe in Gestalt eines überaus häßlichen Weibes einst einen frommen Bauern derart festgebannt, daß er nicht von der Stelle fahren konnte; erst auf Anruf des Namens Jesu sei der Böse entflohen. Im Jahre 1671 kam „Stengels Trine“ in Untersuchung, weil sie einen Pakt mit dem Bösen geschlossen haben sollte. Der letzte Hexenprozeß in Berlin wurde erst im Jahre 1728 verhandelt. Die zweiundzwanzigjährige Müllerstochter Dorothea Steffin, die sich zu erhängen versucht hatte, wurde beschuldigt, einen Vertrag mit dem Teufel geschlossen zu haben. Das Mädchen, das seines liederlichen Lebenswandels wegen bereits mehrere Mal in den alten „Kalandshof“ eingesperrt worden war, bezichtigte sich schließlich selbst und log, der Teufel sei ihr „in der Gestalt eines schönen Kavaliers mit einem blauen Rocke, einer rot und gelb scharmerierten Weste und mit blanken Stiefeln“ erschienen. Er habe ihr zehn Dukaten geschenkt, und nun habe sie einen ihre Seele bindenden Vertrag mit ihm unterzeichnet und zwar mit ihrem eigenen Blute.

Die Geistlichen wendeten auch bei dieser Unglücklichen den Exorzismus an, so wie sie im ganzen Mittelalter das Teufelaustreiben besorgt hatten. Inzwischen war aber das Rechtswesen entwickelt worden. Schon im 16. Jahrhundert war ein in der Rechtsgeschichte bewanderter Richter von der Stadt ernannt worden, der mit den Schöffen Recht sprach. Und gleichzeitig hatte sich aus dem Hofgericht der Kurfürsten ein Oberstes Gericht, das Kammergericht, entwickelt, unter dem Provinzialgerichte standen, denen die Dorf- und Stadtgerichte untergeordnet waren. Die Ablösung von Strafen durch Geldbußen wurde abgeschafft. Das Gerichtswesen wurde verstaatlicht. Aus dem Rechtswesen erwuchs dann auch die Überwindung des Aberglaubens und der üblen Sitten der Geistlichkeit. Der Hallenser Professor Christian Thomasius hatte nicht umsonst in der Zeit zwischen 1680 und

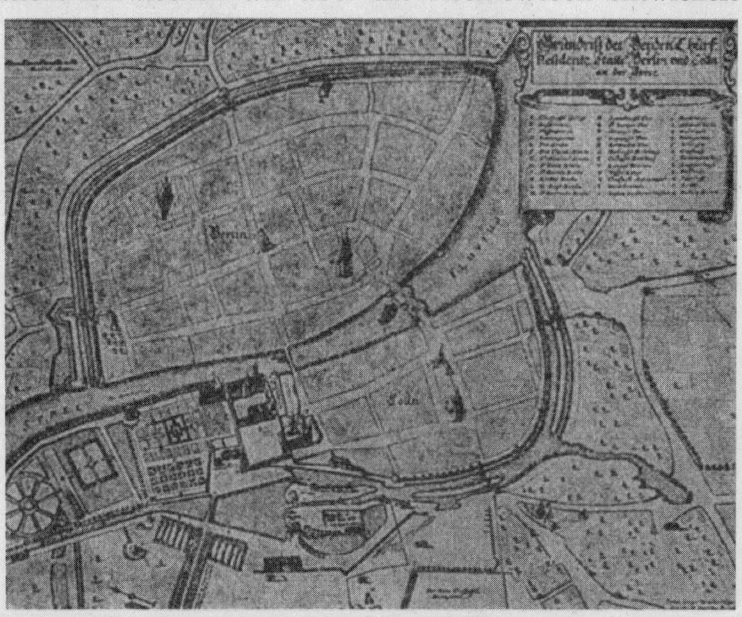

Plan von Berlin Mitte des 17. Jahrhunderts,
der deutlich das mittelalterliche Berlin umreißt.

Ansicht von Berlin im Dreißigjährigen Kriege.

1728 für natürliches Recht und gegen die alten Wahnvorstellungen von der Möglichkeit der zauberischen Hexenkünste mit Ernst und schärfster Satire gekämpft.

Eiserne Ofenplatte um 1600.

Das Berliner Kriminal-Kollegium erkannte klar, daß die Müllerstochter schwermütig geworden war und sperrte sie nur in das „infame Loch", in das Spinnhaus zu Spandau ein, das der große Kurfürst einst zur Besserung verlorener Frauen angelegt hatte. Dort sollte sie zu leidlicher, weiblicher Arbeit angehalten und auch mit Arznei und geistlichem Zuspruch versorgt werden.

Dem höheren Rechtswesen, insbesondere dem Kammergerichtspräsidenten und Justizminister von Cocceji, ist auch die Abschaffung der Tortur zu verdanken. Bis dahin war kein noch so klar liegender Beweis von falschen, durch dies blutrünstige Verfahren erpreßten Geständnissen beachtet worden. Cocceji fand bei der Durchsicht der Akten eines Kriminalfalles das Folgende: Im sogenannten Stelzenkrug an der Ecke der Alexander- und Neuen Königstraße wohnte 1737 ein Lehrer bei einer Witwe. An einem Winternachmittag spazierte er nach dem Dorfe Weißensee. In später Abendstunde ging er quer über die Felder heimwärts, verfehlte aber im Schneegestöber den richtigen Pfad; erst gegen Morgen erreichte er seine Wohnung. Inzwischen war die Witwe ermordet aufgefunden worden. Der Verdacht lenkte sich auf den Lehrer, dessen Verirrungsgeschichte verdächtig erschien. Er sollte, weil er hartnäckig leugnete, gefoltert werden. Im letzten Augenblick aber fand Cocceji bei der Durchsicht der Akten, daß der Knoten des Strickes, mit dem die Witwe erdrosselt worden war, ein sogenannter „Henkersknoten" gewesen. Die Tortur wurde eingestellt und vom Henkermeister Brand nachgewiesen, daß nur ein Henker der Mörder gewesen sein könnte. Weitere Nachforschungen ergaben, daß zwei Neffen der Witwe als Scharfrichtergehilfen in Brandenburg lebten. Sie wurden verhaftet und gestanden ihr Verbrechen ein.

Kurfürstin Dorothea,
Gemahlin des Großen Kurfürsten.

Diese Tatsache erregte allgemeines Aufsehen und veranlaßte Friedrich II., der damals als Kronprinz die Regierung führte, durch Kabinettsbefehl vom 3. Juni 1740 die Tortur aufzuheben. Er schrieb gelegentlich:

„Man verzeihe es mir, wenn ich mich gegen die Tortur ereifere. Ich wage es, die Partie der Humanität gegen einen Gebrauch zu nehmen, der den Christen und den gebildeten Völkern Schande macht, und ich wage es hinzuzufügen, gegen einen Gebrauch, der ebenso grausam als unnütz ist."

Friedrich II. hatte hier ganz im Sinne seiner Großmutter gehandelt. Sophie Charlotte war die Tochter einer pfälzischen Prinzessin, die den neuen hannoverischen

Sophie Charlotte, Königin von Preußen.

Hof zum norddeutschen Mittelpunkt der neuen westeuropäischen Bildung gemacht hatte. Die pfälzische Prinzessin hatte in Heidelberg die erste deutsche Universität kennengelernt, die auf Gleichberechtigung aller Konfessionen begründet war. Ihre Tochter Sophie Charlotte verpflanzte das neue geistige Interesse auch an den Brandenburger Hof.

Sie war konfessionslos erzogen worden; ihre Konfession sollte erst nach der Konfession ihres Zukünftigen bestimmt werden. Nach ihrer Verlobung mit dem Brandenburger Kurprinzen ward sie für kalvinistisch erklärt. Sie war nicht nur eine Weltdame, die geistreich und gebildet mit jedem erlesenen Geist philosophische Gespräche führen wollte und möglichst viele berühmte Köpfe um sich versammelte. Ihr eigenes geistiges Interesse war durchaus tiefer, als es sonst in höfischer oder ähnlicher Umgebung zu finden ist. Ihr ernster Wunsch sich zu bilden, in die letzten Abgründe des Denkens vorzudringen und sich ein gediegenes Wissen anzueignen, scheint bei ihrem Schwiegervater, dem großen Kurfürsten, auf kein allzugroßes Verständnis gestoßen zu sein. Als sechzehnjähriger Backfisch war sie nach Berlin gekommen und mußte bald eine bittere Erfahrung machen. Als in jungen Ehemannsfreuden der Kurprinz seinem Vater mittelte, daß die Prinzessin guter Hoffnung sei, fuhr der grämliche Alte auf: „Gewiß, aber frage mich nur nicht von wem!“ Die Beleidigung, nach dem Zeugnis des französischen Gesandten eine Verdächtigung, zu der die Prinzessin niemals auch nur den geringsten Anlaß gegeben, bedeutete natürlich den Bruch. Die Kurprinzessin kehrte zu ihren Eltern nach Hannover zurück. Ihr Mann folgte ihr. Erst nach zwei Jahren kam es zu einer oberflächlichen Aussöhnung mit dem großen Kurfürsten.

Zu einem Leben nach heimischem Geschmack kam sie erst als Kurfürstin. Leibniz, der am Hofe ihrer Eltern lebte, kam oft zu persönlichen Gesprächen zu ihr hinüber, meist nach dem Schlosse Lietzenburg, das nach ihrem Tode nach ihr Charlottenburg benannt wurde. Leibniz regte durch sie den Kurfürsten an, eine Akademie der Wissenschaften in Berlin zu errichten, die denn auch 1700 als erste in Deutschland gebildet wurde. An ihr wirkten Gelehrte von Ruf, so besonders auch Astronomen und Publizisten. Manche deutschen Gelehrten, wie der große Publizist und Rechtsweiser Pufendorf, der schon unter dem großen Kurfürsten nach Berlin kam, aber schon 1694 gestorben war, hatten ihre Beziehungen zu Berlin, das auch auf diese Weise für die Aufklärung wirkte – früher als französisches Gelehrtentum. Das bekannteste Buch von Leibniz, die „Theodizee“ (Rechtfertigung Gottes), gibt, wie er behauptet, nur die Gespräche wieder, die er mit seiner fürstlichen Freundin gewechselt habe.

Außer Leibniz zog Sophie Charlotte auch andere Männer von Geist und Namen zum Besuch nach Berlin. Der englische materialistische Philosoph Toland widmete ihr ebenfalls eine Schrift „Briefe an

Serena". Auch in den Gesprächen mit Toland zeigte sich die Fürstin als ein wissenschaftlich Gleicher zu Gleichem, prüfte seine Gründe, widerlegte, disputierte und bewährte sich durchaus als geistreiche und vielgewandte Frau. Toland urteilte: „Alles, was lebhaft und gebildet ist, kommt an ihren Hof; und sieht man da zwei Dinge, die die Welt sonst füreinander ganz zuwider hält, in vollkommener Einigkeit beisammen: die Studien und die Lustbarkeiten." Sie lebte in Charlottenburg in einem Leben mit möglichst geringem Zeremoniell voll Heiterkeit, Maskerade, Theater, Dichtung und Philosophie.

Schlüter um 1700:
Kanzel in der Marienkirche.

Sophie Charlotte hat sicher Pate gestanden an der Wiege der Berlinerin. Sie soll kurz vor ihrem Tode gesagt haben: „Ich sterbe nun also und tue damit alles, was ich für Seine Majestät zu tun imstande bin, indem ich ihn nicht bloß von einem Druck befreie, den er in meiner Gegenwart immer empfand, sondern ihm auch Gelegenheit zu einem pomphaften Begräbnis gebe, was für ihn, bei dem Geschmacke, den er nun einmal hat, immer das Wichtigste bleibt." Diese Art von Lebensbetrachtung, die jede bedrückte Situation immer noch zu einer lustigen umdeutet und den Spott nicht vergißt – die ist geradezu vorbildlich für vieles Berlinische.

Aber auch Dorothea, die zweite, aus Holstein stammende Frau ihres Schwiegervaters, den die preußische Geschichte den großen Kurfürsten nennt, war bei der Taufe der Berlinerin zugegen. Diese Kurfürstin hatte sich von ihrem Gemahl ein Stück Wildnis schenken lassen, das nördlich von den heutigen „Linden" lag und auf dem sie die sogenannte Dorotheenstadt anlegte – eine Stadt mit den damals in Mode kommenden geraden Straßen. Die Kurfürstin tat das nicht nur aus Menschenliebe, um den in engen, dumpfen und schmutzigen Winkeln zusammengedrängten Berlinern etwa zu zeigen: Seht, so müßt ihr wohnen, licht, luftig und gesund! Sie dachte auch kommerziell dabei und ließ sich die Grundstücke in der neuen Stadt für gutes Geld abkaufen. Sie war die erste berlinische Bodenspekulantin – der wir zum mindesten gesunde Straßen und die schönste Straße von Berlin, Unter den Linden, zu verdanken haben. Dorothea war darin durchaus die Frau ihres Mannes, der ja allerlei weitgehende Handelspläne hatte. Nicht nur nach Afrika richtete sich sein Sinn. Mit dem bekannten Admiral Raule plante er Unternehmungen, die ihm 50.000 Tonnen Goldes bringen sollten. Er gewann den berühmten Reisenden Tormonier für seine Zwecke, um mit Hilfe des Großmoguls Handelsbeziehungen nach Ostindien anzuknüpfen. Die Gesellschaft sollte ihren Sitz in Emden haben. Die Schiffe sollten bis Japan und China fahren. Prospekte mit dem Bild des Kurfürsten waren schon gedruckt. Sie trugen auf der Umschrift die Worte „Facsimile des obersten Königs Herrn von Hohua". Die Pläne zerschlugen sich aber. Nur der sonderbare Prospekt blieb als Zeuge vom Handelsgeist jener Zeit.

Dieser Unternehmungslust und der mit ihr zusammenhängenden Repräsentation entsprang auch die Anlage der Prachtstraße Unter den Linden. Noch heute ist sie ein beliebter Spazierort der Berliner.

Chodowiecki: Gesellschaftsschilderungen.

Als sie gegründet worden war, bot sie den Berlinern den ersten größeren Promenadenweg. Sie hatten vorher nur den kleinen Raum im Lustgarten zwischen Schloß und Friedrichsbrücke gehabt. Die Linden aber lockten nun die Damen aus den engen Mauern. Eine freiere, luftigere Zeit meldeten sie an. Sie waren ja ein Nachbild des bürgerlichen und peinlich sauberen Lebens in Holland. Früher mußten die Straßen in Berlin, noch im Jahre 1690, gegen die Verunreinigung durch Schweine geschützt werden, auch wurden damals erst die Dorfbrunnen aus der Mitte aller Berliner Straßen entfernt und die Stroh- und Schindeldächer abgeschafft, aber Berlin fing doch nun an, aus seiner mittelalterlichen Engbrüstigkeit zu erwachen. Die zänkischen Pfaffen konnten das Volk nicht mehr so in Unruhe bringen wie wenige Jahrzehnte zuvor. Die Berliner waren der Religionsstreite überdrüssig. Die hätten ja auch sonderbar angemutet in einer Stadt, in der damals wie gleichzeitig in keiner zweiten, soviel Vertreter verschiedener Bekenntnisse beisammen wohnten. Das verlangte eine gewisse Toleranz und rationalistische Weltlichkeit. Und innerhalb dieser Tugenden schuf auch Dorothea unbewußt jene neue Stadt, begründete sie den Zug nach dem Westen, auf dem sumpfigen Terrain und ließ die Linden anpflanzen: die Promenade, auf der sich die Hofgesellschaft ebenso wie der Handwerksgeselle, der Lutheraner wie der Reformierte, der Jude wie der Katholik ergingen.

Amalie, Schwester Friedrichs II.

Rationalistischen Einflüssen war Berlins Bevölkerung noch oft ausgesetzt. Am häufigsten und am nachdrücklichsten unter Friedrich Wilhelm I. Diesem Begründer der Heeresorganisation und des preußischen Beamtentums war jeder geistige Aufschwung ein Greuel. Unter ihm verfiel Berlin, das während der Regierungsjahre seines Vaters schon manches Großartige gesehen, dem Halbdunkel eines kleinmeisterlichen Daseins, dem weder die Kunst, noch Geist oder Wissen, viel weniger noch Luxus oder irgendwelche Intelligenz Lichte gaben.

Ganz sonderbar muß dies nüchterne Leben den vielen Franzosen erschienen sein, die in der Stadt angesiedelt waren. Sie zählten im Jahre 1703 nahezu an 6.000 Seelen und wurden im Jahre 1724 sogar mit 8.496 Köpfen gerechnet. Sie machten also weit mehr als ein Zehntel der Bevölkerung aus. Und unter ihnen gab's viele Wohlhabende, denn nicht alle waren mit leeren Händen aus Frankreich gekommen. Aber nicht nur Geld und Geldeswert hatten sie mitgebracht, diese von religiöser Unduldsamkeit vertriebenen Protestanten. In vielerlei Künsten waren sie bewandert; 1724 befanden sich allein 25 Ärzte, viele andere Gelehrte, Richter und Geistliche unter ihnen. Auch viele Juweliere, Steinschneider und Gärtner lebten in der französischen Kolonie. Gebildete Kaufleute gründeten Seiden- und Wollwebereien. Die ganze französische Kolonie wurde nicht den Zünften unterworfen, erhielt Gewerbefreiheit und eigene Richter und Schulen und konnte sich so über den damaligen Tiefstand erheben. Bei dem sonstigen Kulturzustand war ihre Aufnahme nicht nur eine Wohltat für

Sophie Dorothea, Mutter Friedrichs II.

sie, sondern für die ganze Einwohnerschaft. Sie brachten eine höhere allgemeine Bildung und feinere Sitten, Fleiß und Betriebsamkeit und viel Verständnis für Gewerbe und jede bürgerliche Tätigkeit mit. Sie waren tolerant und nicht so zelotisch wie die märkischen Prediger; sie fußten auf der Lehre der Prädestination. Sie hatten feinere Umgangsformen, errichteten den ersten anständigen Gasthof und die ersten Speisewirtschaften, führten Weißbrot und feinere Backwaren ein und auch die Gewohnheit, anstatt wie die Berliner morgens schon Bier zu trinken, Suppe zu speisen. Hochkultiviertere und an eine höhere Lebenshaltung gewöhntere Menschen waren ein Gewinn für Berlin. Unter dem ersten Preußenkönig kamen sie voll zu ihrem Recht. Unter seinem Nachfolger aber waren deren Frauen gewiß enttäuscht, daß sie jahrzehntelang nur jene Athletenstücke zu sehen bekamen, die auch dem wirtschaftlichen König gefielen.

Er tat jedenfalls nichts, was auf Geschmacksverbesserung hinzielte. Aber mit seinem biederen, niederdeutschen Wesen, das sich im Tabakskollegium[4] in deftigen Späßen und Falstaffiaden entlud, kam er doch der ihn umgebenden Atmosphäre entgegen. Besonders die adligen Militärkreise erfreute es, wenn er in der Person des bedauernswerten Gundling die Wissenschaft verhöhnte, indem er diesen Mann nötigte, riesige Mengen alkoholischer Getränke zu sich zu nehmen. Seine einzige ästhetische Leidenschaft war eine schrankenlose Baulust. Er hatte eine förmliche Wut, aus der doch immerhin kleinen Residenz eine große betriebsame Stadt zu machen. In seinen Augen hatten nur die großen Dimensionen etwas Königliches. Und diese große Dimension fehlte ja Berlin durchaus; mit seinen fünfzig- bis achtzigtausend Einwohnern war es eben eine Mittelstadt.

Der König begünstigte nun die Zuziehenden und Baulustigen mit allen ihm zu Gebote stehenden Mitteln. Doch begnügte er sich nicht damit, den Baulustigen seine Gunst zuzuwenden. Er verlangte von vielen, daß sie bauen sollten. Diese schroffe, patriarchalische Art lehrt uns erkennen, wie damals die Töchter der oberen Klassen noch dem Willen der Eltern unterworfen waren. Sonst wäre wohl die Handlungsweise des Königs nicht recht zu verstehen, der einem seiner Offiziere mit Gewalt die Tochter des reichen Barons von Vernezobre zur Frau verschaffen wollte. Der Baron hatte in Paris beim Lawschen Papiergeldschwindel ein immenses Vermögen erworben und sich nach Berlin gerettet. Die Tochter liebte einen verabschiedeten Offizier. Und der Vater wollte lieber große Opfer bringen, als sein Kind zu einer verabscheuten Verbindung nötigen. Nach langem Hin und Her gab der König der Tochter des Barons die Freiheit, zum Manne zu wählen, wen sie wolle. Aber ihr Vater mußte eine der großen wüstliegenden Baustellen in der Wilhelmstraße mit einem schönen, palastartigen Gebäude schmücken. Es ist das mehrfach umgebaute Palais Prinz Albrecht gegenüber der Kochstraße, das in einer durchaus kleinbürgerlichen Gegend erbaut werden mußte. Die Tochter heiratete nun nicht mehr den verabschiedeten Offizier, aber auch nicht den vom König befürworteten, sondern den Baron von Monteton, einen Dragonerkapitän ...

Das Leben der Damen wird sich so abgespielt haben wie bald darauf unter Friedrich II. Nur daß ein größerer Druck auf allen Lebensäußerungen lag.

Wie weit dieser Druck ging, wie sehr er im Grunde in einer Mißachtung der Persönlichkeit und in einer Beschränktheit wurzelte, die den Geist verachtete, weil sie ihn nicht besaß, beweist das durchaus nicht glückliche Familienleben, unter dem die Angehörigen des soldatischen Königs schwer zu leiden hatten. Von den Kämpfen und Leiden seines Sohnes wissen wir ja alle. Der Markgräfin Wilhelmine, der Schwester Friedrichs II., ging es in ihrer Jugend nicht viel besser als ihrem Bruder. Künste und Wissenschaften waren aus Berlin geflohen. Unter dem Soldatenkönig gab es keine eigentliche geistige Tätigkeit in Berlin. Er ließ nur medizinische Gelehrte gelten, alle anderen Gelehrten waren ihm „Blackscheißer". Selbst die harmlose Rüdigersche Zeitung wurde 1713 und 1714 unterdrückt. Sie durfte nur Beschreibungen von Hoffesten, Mordtaten und Hinrichtungen bringen. Nur gelegentlich waren auch Kriegsnachrichten erlaubt. Die Zeitungen waren noch nicht viel besser als jene ersten, die vom Dreißigjährigen Kriege an erschienen waren. – Einige Proben aus ihnen mögen folgen:

Von der 32ten Woche 1677 eingekommener Zeitungen Mittwochischer Postillon: „Aus Genua 9. Martii 1680. Es wird gemeldet, daß man einen türkischen Seeräuber bei Monte Christo gesehen, also, daß unsere Kaufleute sehr für ihre Schiffe besorgt sind, und noch für 17 Algierische Räuber, welche unlängst von dannen ausgelaufen."

Friedrich der Große mit seiner Schwester, nach Antoine Pesne.

Zunächst möchte ich noch an einem Beispiele anführen, wie schnell diese Nachrichten gemeldet wurden. Die erste Nummer der „Fama", vom Jahre 1686, die also am 2. Januar gedruckt worden ist, bringt Korrespondenzen aus Rom vom 8. Dezember, also drei Wochen alte Nachrichten, aus Preßburg vom 21. Dezember und aus Augsburg vom 27. Dezember. Die „Fama" von 1703 hat dieselbe Vignette wie die von 1677. Hier einige Proben:

„Paris, vom 24. Dez. 1702. Die Hertzogin von Burgundten, so einige Tage bettlägerig gewesen, lebet in soweit restaurieret, daß sie verwichnen Donnerstag in einem schwartzen, mit Diamanten aufgezierten Kleide sich hat sehen lassen."

Chodowieckis erzieherische Kupfer.

Böses Beispiel. Gutes Beispiel.

Chodowieckis erzieherische Kupfer.

Übertriebener Stil. Natürlicher Geschmack.

F. Bolt: Am Kamin.

Hier eine Probe aus dem Jahre 1655, und zwar eine „lokale Nachricht“: „Den 31. April 1655 und 9. Maji ist zu Cöln an der Spree in der Kirche zur h. Dreifaltigkeit der junge Churprintz mit großer Solennität getauft worden, vortrefflich kostbar angethan, da man sagen will, da dessen Schmuck über eine Tonne Goldes an Werth gewesen, und sind Se. Durchlaucht in gemeldeter Taufe Carolus Aemilius genannt worden. Gott verleihe derselben langes Leben und zu seiner Zeit eine glückselige Regierung.“

Mit dieser Art Nachrichten mußten sich die Berliner Zeitungen damals begnügen, trotzdem sie zu Anfang ihrer Existenz, nämlich im Dreißigjährigen Kriege, durchaus ganz berlinisch scharf gewesen waren. Jedenfalls schrieb 1628 der Minister von Schwarzenberg nach Wien: „Es ist kein Ort im ganzen Reich, da man also frei und schlimm gegen ihre Kaiserliche Majestät und Armada schreibt.“ Das wurde aber bald anders. Und unter Friedrich Wilhelm I. waren besonders irgendwelche geistigen oder politischen Erörterungen verpönt.

Der Paradeschritt der „Riesenkerle“ erdröhnte auf allen Plätzen. Zahlreiche Religionsstunden sollten aus der Königstochter ein gottseliges Weib machen, und der französische und englische Unterricht, den ihr der gewissenhafte Vater erteilen ließ, sollte nur den konventionellen Ansprüchen der Zeit genügen: eine Prinzessin mußte damals beide Sprachen notdürftig beherrschen. Der Verkehr mit den Sprachen und der geschwisterliche Umgang mit ihrem Bruder, vielleicht auch Blut aus dem angeregten Blut verfeinerter Vorfahren erweckten den Sinn der Prinzessin, die heimlich französische Romane las, heimlich schrieb und Buch und Tintenfaß in der Tasche verschwinden ließ, wenn der königliche Vater mit seinem gefürchteten Rohrstock nahte. So kam sie in den Ruf einer geistreichen Frau. Gottsched widmete ihr seine „Tadlerinnen“, in denen er sie als vollkommenes Nachbild der unsterblichen Sophie Charlotte, der ersten Königin von Preußen, bezeichnete. Das führte zu Mißklängen zwischen Vater und Tochter, die bei ihr zum Haß auswuchsen, als der König den Plan der Königin, sie durch Heirat mit dem englischen Thronfolger zur englischen Königin zu machen, durchkreuzte. Erst die Güte ihres Gemahls, des Markgrafen von Bayreuth, söhnte sie mit ihrem Geschick aus. Doch suchte sie an dem kleinen Hof lebhaft Trost in den Künsten und Wissenschaften, und die Bilder von Descartes, Newton, Voltaire, Locke und andern Geistesgrößen wurden wie Heiligtümer in ihrem Schloß gehalten.

Das war allerdings ein anderer Brauch, als er in ihrem väterlichen Hause geübt worden. Dort ging ein barsches und rauhes Soldaten- und Jägerleben über alles. Einen großen Teil des Jahres war der König unterwegs auf Jagden. Es ist begreiflich, daß dies Jägerleben für alle, die nicht Jäger waren, wenig Reize hatte. Weder das Schloß Wusterhausen, bei dem häufig Jagden abgehalten wurden, noch dessen Umgebung boten besondere Annehmlichkeiten oder Bequemlichkeiten. Der Raum war so beengt, daß den beiden ältesten Töchtern des Königs, nicht mehr als zwei kleine Gemächer eingeräumt werden konnten. Für die Damen war besonders das Speisen in dem unter einer großen Linde ausgespannten türkischen Zelte, das nur geringen Schutz gegen die Unfreundlichkeiten der Witterung gewährte, überaus lästig. Friedrich Wilhelm ließ sich aber weder durch Wind noch durch Kälte oder Regen vom Tafeln im Zelte abhalten. Verwunderlich ist, daß er seinen Kindern eine französische Erzieherin gab, eine Dame aus der Berliner Kolonie namens de Rocoules, von der gesagt wurde, daß ihr edler fester Charakter und ihre treue Anhänglichkeit ihr das Vertrauen des Königs erworben, daß er ihr die Überwachung seiner Kinder übertrug. Sie muß aber auch das Zutrauen ihrer Zöglinge erworben haben. Denn als sie, 82 Jahre alt, 1741 starb, hatte ihr Friedrich II. eine liebevolle Anhänglichkeit bewahrt.

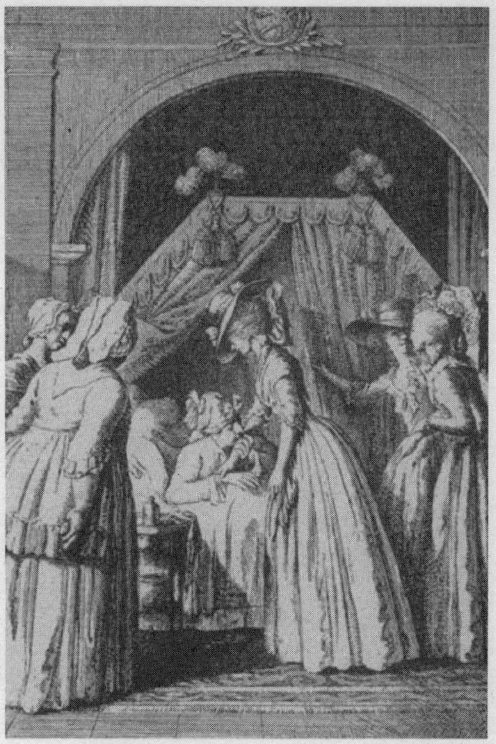

Chodowiecki: Besuch im Krankenzimmer.

Die Königin Sophie Dorothee, die nach Zeugnissen von Zeitgenossen eine Frau von nicht gewöhnlicher Schönheit gewesen ist, wußte sich ganz gut in den Ton des Hofes ihres Gemahls zu finden, obwohl sie Geselligkeit und Munterkeit liebte. Sie vertrieb sich die Langeweile mit Kartenspiel und Musik. Diese Kunst war die einzige, die der König gelten ließ – vermutlich, weil ihr das eigentlich Geistige mangelte.

Und doch war einst dem Geist, der Wissenschaft und der Lebenskunst am preußischen Hofe eine Heimstätte bereitet gewesen. Der Vater des Soldatenkönigs, der erste König von Preußen, hatte bei seinem großen Hange zum Prunk doch so viel Verständnis und Liebe für seine königlichen Aufgaben, daß er die Wissenschaft nicht wie sein Nachfolger unterdrückte, sondern sie, vielleicht auch aus königlicher Eitelkeit, förderte und unterstützte. Die Vorliebe seiner Gemahlin, der schönen und geistreichen Sophie Charlotte, für Gelehrte kam ihm dabei zu Hilfe. Sie brachte nach Berlin dieselbe Bildung mit, die sich am Berliner Hofe unter dem Einfluß der gebildeten, in brandenburgische Dienste aufgenommenen Franzosen entwickelt hatte. Auch in Hannover hatten die Franzosen aus den höheren Ständen, die vom absolutistischen Regime und ihres protestantischen Glaubens wegen vertrieben worden waren, gastliche Aufnahme gefunden. Auch hatte sich Sophie Charlotte während ihres Aufenthalts am Hofe Ludwigs XIV. in den Jahren 1679 und 1680 den feineren geselligen Ton der französischen Gesellschaft angeeignet und durch eine Reise durch Italien ihren Sinn für die schönen Künste gebildet. Die Königin blieb auch nach ihrer Rückkehr und nach ihrer Heirat eine ernste

Blick auf das königliche Schloß 1820.

Literaturfreundin. Nichts liebte Sophie Charlotte mehr als die Unterhaltung mit Gelehrten. Sie sah es gern, wenn gebildete Fremde sie besuchten und ihr von den Merkwürdigkeiten und Verfassungen ihrer Länder berichteten oder auch mit ihr über die schwierigsten Aufgaben der Wissenschaften diskutierten. Ihre nicht gewöhnlichen Kenntnisse entzückten ebenso wie ihr Verstand und ihre Liebenswürdigkeit. Mit ihren Scherzen aber ließ sie sich in schalkhafter Laune oft so weit hinreißen, daß ihre Briefe manchmal böswilligen Krittlern zu Mißdeutungen Anlaß geben konnten. Neben ernsthaften Unterhaltungen liebte sie aber auch den Umgang mit geistreichen und schönen Frauen und wählte zu ihren Hofdamen nur Schönheiten. Sie bevorzugte auch die schönen Künste, und an ihrem Hofe wurde viel musiziert und Theater gespielt. Wenn es auch vorkam, daß ihr Gemahl auf Drängen von lebensfeindlichen Geistlichen einmal die Bühne im Schloß vor einer Vorstellung abbrechen ließ, so war doch die Hofgesellschaft bemüht, sich einen Fonds von feinerem Geist und feinen Umgangsformen anzueignen. Viele Hofdamen und Herren nahmen Unterricht im Gesang bei berühmten Meistern und suchten ihre Sitten zu verbessern. Das wirkte auch auf andere Gesellschaftskreise der Hauptstadt ein, in denen der Geist feinerer Geselligkeit und Liebe zur Bildung geweckt wurde. Die rohen ritterlichen Turnierspiele des Mittelalters waren in der neuen halb absolutistisch, halb bürgerlich gerichteten Zeit abgeschafft und lockten das Volk nicht mehr an. Die neuen Hoffeste, Feuerwerke, Ballette und theatralischen Vorstellungen, die bei den vielen Fürstenbesuchen, Verlöbnissen, Hochzeiten und allen möglichen andern Gelegenheiten abgehalten wurden, und bei denen sich die Damen und Herren des Hofes ohne Ausnahme beteiligten, feilten viele Roheit und Ungelenkigkeit ab. Allerdings waren auch noch Rudimente vergangener Zeiten vorhanden. In einem Amphitheater mit einer Galerie wurden zur Unterhaltung des Hofes und zum Ergötzen der Zuschauer blutige Tierhetzen mit Bären, Wölfen, Füchsen, Löwen, Stieren, Auerochsen und Schweinen abgehalten. Und öffentliche Hinrichtungen galten noch das ganze achtzehnte Jahrhundert hindurch als Schauspiele, denen auch vornehmste Damen beiwohnen mußten.

Die Schauspielerin Baranius.

Sophie Charlotte hatte aber mit ihrem energischen Hang zur Geisteskultur den Weg zur Zivilisation bahnen helfen. Sie ging allerdings nur die Wege, die vom gesamten Geistesleben der Zeit bereitet wurden und die schon von anderen Damen des Berliner Hofes eingeschlagen worden waren. Als der Vater des ersten Preußenkönigs 1640 zur Regierung kam, sah es am Hofe böse aus. Am ärgsten trieb es der Kriegsmann und Oberkämmerer Curt von Burgsdorf, der ein wüstes und rohes Schlemmerleben führte, während das Volk noch unter den Seuchen, der Hungersnot und allem andern Jammer des Dreißigjährigen Krieges litt und fast erlag. Viele Häuser standen in Berlin leer, und 137 Hausvorstände wollten mit ihren Angehörigen ins Elend auswandern. Der Schwertadel machte sich nichts daraus. Er suchte und fand seine Beute in der Kriegsnot und beim Untergang der Völker. Daß Curt von Burgsdorf nicht der einzige war, der es in Berlin so toll trieb, sondern daß sein Beispiel Nachahmer fand, beweist die Schilderung von den Sitten des Hofadels, die der Kurfürstliche Rat und Kanzler bei der neumärkischen Regierung, Hans Georg von dem Borne, dem Kurfürsten Friedrich Wilhelm unmittelbar nach seinem Regierungsantritt vorlegte. „Den Anfang vom Hofe zu machen“, sagt der fromme Kanzler, „so müssen wir bekennen, daß durch die Gnade Gottes unser Hof mit fürtrefflichen Gelehrten und Christeifrigen Predigern und Seelenhirten versehen ist, welche nichts ermangeln lassen mit heilsamer Lehre, scharfen Gesetzpredigten und rechtem christlichen Wandel und Gott gefälligen Leben, die wahre Gottesfurcht in den Herzen ihrer Zuhörer fortzupflanzen und zu treiben. Aber mit was Furcht und Nutzen, das bezeuget die Erfahrung genungsam, sintemal der meiste Haufe von den Hofleuten fortfährt in einem wüsten, wilden und heidnischen Wohlleben, in Fressen, Saufen, Huren, Spielen und anderer Üppigkeit und werden die meisten Sonn- und Festtage bey Hofe mit Schmausen, Turnieren, Ringelrennen, Verkleidungen, Tänzen und andern weltlichen Wollüsten zugebracht, und der wahren Gottseeligkeit wird dabey ganz vergessen.“ Sehr bitter klagt der Herr von dem Borne über die unmäßige Kleiderpracht und die närrischen Moden der Hofleute, „wozu die Landfahrer und Reisenden, welche mit großen Kosten in Frankreich, Italien, Hispanien, England und andre fremde Lande verschickt werden, nicht wenig Vorschub und Beförderung gethan –“

Die junge Frau des Kurfürsten, Luise Henriette von Oranien, die aus dem bürgerlich-anständigen und fortgeschrittenen Holland stammte, und deren Anmut, Einfachheit und Milde, die mit Ernst und Festigkeit sich vereinten, gerühmt wurde, bewirkte bald eine sehr bemerkbare Veränderung des Tones am Hofe, und bald verschwand die Roheit und Völlerei, die von der Gutmütigkeit Georg Wilhelms geduldet worden waren. Es ist nicht unwahrscheinlich, daß die Entfernung des verrohten Oberkämmerers Burgsdorf der Einwirkung der Kurfürstin zugeschrieben werden muß.

So hatten besonders die Damen des Hofes zur Verbesserung der Sitten beigetragen. Allerdings mußten sie sich noch lange in gewisse Gebräuche fügen, die ein feineres Empfinden vielleicht verletzten. War es doch noch unter Friedrich I. üblich, daß nach dem herkömmlichen Fackeltanz das Brautpaar zu Bette gebracht wurde. Dabei wurde das Hemde der Braut von der Mutter, dem Bräutigam vom Brautvater überreicht, worauf die Braut das eine ihrer Strumpfbänder ihrem Schwiegervater, das andere ihrem Vater verehrte, die sie der Braut zu Ehren um ihre Degen wanden ...
Aus eigenem Drang und Sehnsucht nach Höherem hatte der Mann der Sophie Charlotte wohl nicht ihrem Trieb nach der Bereicherung des Hofes mit Gelehrten und Künstlern nachgegeben. Ihm war es wohl mehr um eine möglichst getreue Nachahmung des blendenden und bewunderten Hofes von Paris zu tun. Er glaubte auch verpflichtet zu sein, wenigstens eine Scheinmätresse sich zu halten. Mehr soll ja nach dem Zeugnis des sonst nicht prüden Herrn von Poellnitz die bekannte Gräfin Wartenberg

Der Mühlendamm, rechts das Ephraimische Haus.

nicht gewesen sein. Sie war die Tochter eines Weinhändlers Rickers zu Cleve, dann Ehefrau des Kurfürstlichen Kammerdieners, hierauf Geliebte und nach dem Tode ihres ersten Ehemannes Gemahlin des Oberkämmerers und Ministers Grafen von Kolbe-Wartenberg. Trotzdem niemals ein vertrautes Verhältnis zwischen ihr und dem Könige bestanden haben soll, hatte sie doch einen gewissen Einfluß auf ihn, wenigstens nährte Friedrich durch große Nachgiebigkeit und Gefälligkeit die lächerliche Rangsucht der hoffärtigen Frau. Nicht nur wurde die Herzogin von Holstein-Beck durch zehntausend Taler, die der König ihr auszahlen ließ, bewogen, der Gräfin den Vortritt zu lassen, sondern die Wartenberg soll sogar den Rang vor der Schwester des Königs erhalten haben. Während Sophie Charlotte in Charlottenburg ihr heiteres Hoflager hielt und nicht ohne Intelligenz manchen bedeutenden Kopf zu fesseln wußte, umgab sich der König mit selbstgefälligem Gepränge und beschäftigte sich, wahrscheinlich nur aus Repräsentationsgründen, stundenlang mit einer ziemlich ungebildeten Person – von der die Zeitgenossen behaupteten, sie sei weder schön gewesen, noch hätte sie feinere Umgangsformen gehabt. Aber sie wird wohl eine Frau mit starken sexuellen Trieben gewesen sein, die ja immer ihrer Wirkung sicher sind – sicherer als Schönheiten und kluge Frauen. Gerade so veranlagten Frauen werden die Männer leichter untertan als anderen fein organisierten weiblichen Wesen. Sie brauchen auch keine großen Geistesgaben, um die Männer anzuziehen. Friedrich, den nicht einmal die sprühende Intelligenz seiner Frau fesselte, begnügte sich jedenfalls mit dem derben Flirt, in den ihn die Wartenberg verwickelte. Und Schlüter konnte sich einen Architektenscherz erlauben: Über einem Fenster an dem Portal, das zu den Zimmern führte, in denen sich der König mit der Gräfin aufzuhalten pflegte, ließ der berühmte Baumeister ein Basrelief anbringen: Venus, auf einem schlafenden Löwen ruhend, hält in der Hand die Keule des Herkules, mit der ein Liebesgott spielt ... Im Jahre 1711 entlarvte der Kronprinz die Mißwirtschaft des Grafen von Wartenberg und er verließ mit der königlichen Mätresse die Stadt, in der sie für viele Millionen Diamanten und andere Werte in ihren Besitz gebracht hatten.

Chodowiecki: Gemeinsame Näharbeit.

Dies Halten einer Scheinmätresse, die gewissermaßen einen Teil des neuen königlichen Prunkes bildete, beweist, wie wenig das Streben nach intelligenterem Leben eigentlich im Wesen des Königs lag, daß es ihm vielmehr hauptsächlich darauf ankam, die glanzvolle Schale des in Frankreich leuchtenden Absolutismus nachzubilden. Und da muß man seinem Nachfolger nachsagen, daß es ihn ehrt und Achtung einflößt, wie sehr er im Gegensatz zur herrschenden Strömung sich der Nachäfferei des französischen Prunkes enthielt. Er beharrte darauf, seine Persönlichkeit durchzusetzen und nicht ein modischer Durchschnittsfürst zu sein. Hätte er nicht die Einseitigkeit gehabt, auch alle anderen Menschen nach seiner Persönlichkeit formen zu wollen, so wäre er bei seinen nicht unbedeutenden hausväterischen Anlagen und seiner biederen Vernunft ein Monarch im großen Stil gewesen. Seine übertriebene Sucht jedoch, alles Weltmännische aus seiner Umgebung und aus seinem Staat zu verbannen, verleitete ihn dazu, mit dem undeutschen Prunk auch jede feinere Sitte und jede Regung der Intelligenz zu verpönen. Und so sanken denn auch die Umgangsformen – soweit ein Einzelner Einfluß auf die Zeit gewinnen konnte, gewann ihn in diesen Dingen Friedrich Wilhelm I., der allerdings in manchen Dingen eine gesunde Reaktion des deutschen Hausherrnstandpunktes gegen die laxe Feudalität seiner Zeit darstellte. Doch drückte er auf das Niveau der Damen seiner Residenz.

Gesellige Zusammenkünfte mit den Männern waren Seltenheiten. Die Männer machten's dem König nach, der in seinem Tabakskollegium rauchte und trank. Und die Frauen hielten sich gezwungenerweise häuslich und hausmütterlich. Kaffeegesellschaften gab's nur wenige.

Der Kaffee war noch so wenig in Gebrauch, daß man ihn nur, das Lot zum Groschen, an zwei Orten in Berlin verkaufte. Man trank ihn daher nur als Delikatesse aus sehr kleinen Tassen von Delfter Porzellan. Die höheren Stände hatten im Winter, wenn der König in Berlin war, ihre Assembleen. Diese fanden zu Anfang in den Privathäusern jener Edelleute statt, die sich zum Hofe rechneten. Im Jahre 1733 erließ der König aber eine Vorschrift, in der gesagt wird, er habe wahrgenommen, wie viele in ihren Häusern nicht den nötigen Raum dazu gehabt, ihnen die Sache auch viele Inkommodität verursacht und sie Verlust an Meubles erlitten hätten, und er also dahin in Gnaden resolviert habe, daß Karl von Eckenberg Entrepreneur der Assembleen sein und zu diesem Ende solche in dem Fürstenhause wöchentlich zweimal, nämlich dienstags und freitags zu halten seien, wozu Eckenberg Holz, Licht, Spieltische und zwei Hautboistenchöre stellen und ihm 24 in einer Liste namentlich angeführte Herren am Hofe dreißig Taler geben sollten. Dafür hatten die 24 Genannten den Winter hindurch freien Eintritt und Genuß von Kaffee, Tee, Schokolade und Limonade, wogegen jene, die nicht mit auf der Liste standen, 8 Groschen Entree, die obigen Genüsse besonders und, wenn sie spielten, 16 Groschen Kartengeld zu bezahlen hatten. Die Capitäns und subalternen Offiziere waren jedoch davon ausgenommen. Zugleich mit dieser Anordnung war unter dem 4. Januar an das Hofmarschallamt der Befehl erlassen worden, dem obengenannten Herrn von Eckenberg, den man gewöhnlich den starken Mann nannte, zu diesen Zusammenkünften das Zimmer im Fürstenhause einzuräumen. Er führte indessen eine schlechte Wirtschaft und verlor bald darauf das ganze Unternehmen. Die Assembleen wurden also wieder auf den alten Fuß gesetzt und dem Könige wurde im Jahre 1738 ein Plan überreicht, nach welchem in diesem Winter vom 7. November bis 11. Februar im ganzen 15 Assembleen gehalten werden sollten, so daß wöchentlich nur eine stattfand.

Chodowiecki 1790: Häusliches Glück.

Das mag manchen Damen ein großer Hemmschuh an ihrer Vergnügungslust gewesen sein. Doch dauerten diese Anordnungen des Königs, der das gesamte Leben seiner Residenz nach seiner Pfeife tanzen lehren wollte, ja nicht mehr lange. Gleich nach seinem Tode begann ein neues Leben in Berlin. Die Städte sandten Deputationen zur Huldigung, der Adel kam zur Eidleistung – alle Gasthöfe waren überfüllt, und viele Fremde mußten im Adreßkontor nach Privatlogis fragen.

Ein Fest folgte dem andern. Der junge König war nicht von der Art, andern Menschen die Freude zu mißgönnen. So konnte denn die lange zurückgehaltene Lust sich austoben. Die Damen konnten endlich wieder mit ihrem Reichtum auf den vielen Assembleen prunken, wo getanzt, gespielt und charmiert wurde. Auch auf den Ausfahrten in Chaisen und Karossen, auf den Wasserpartien nach den nächsten Vororten ließen sich die reich geschmückten Damen bewundern – ohne befürchten zu müssen, daß ihre Gatten oder Väter deswegen in die übliche Strafe genommen würden. Denn Friedrichs II. Vater, der jeden Reichen und Wohlhabenden bei jeder Gelegenheit zum Bauen nötigte, lebte ja nicht mehr.

Gerade dieser Bauzwang hatte aber Berlin aus einer kleinen, ackerbürgerlichen Residenz zu der Stadt gemacht, die damals so viel Lob erhielt wegen ihrer schönen, breiten, luftigen Straßen, wegen ihrer Sauberkeit (jeden zweiten Tag mußte der Bürger vor seinem Hause kehren) und wegen des Beleuchtungswesens (selbst in den kleinsten Gassen wurden bei Dunkelheit Laternen angezündet). Der zweite Preußenkönig mochte wegen seiner oft engherzigen Eigenart gewiß nicht beliebt gewesen sein – aber er hatte mit der erzwungenen Ordnung doch auch einer Anlage der Bevölkerung entsprochen. Im Grunde genommen waren sie fast alle wie ihr König: genau, pedantisch, hausväterlich, sparsam und nicht zu sorglos, sondern eher sorgenvoll. Die Neuanlage der geraden Straßen und die eingeführte Ordnung entsprachen ihrem Wesen, das ein wenig phantasiearm und nüchtern war, aber destomehr auf Akkuratesse hielt. Noch eins muß man dem Soldatenkönig zugute halten: Er gründete Waisenhäuser, wie das große Waisenhaus in Potsdam. Der Patrizier Kornmesser hatte vorher das Kornmessersche Waisenhaus gegründet und Geheimrat Schindler und seine Ehefrau Maria Rosine gaben schließlich ihr ganzes Vermögen für das Schindlersche Waisenhaus her. Auch das sind Kulturtaten, die beachtet werden müssen und die zu einem Gesamtbild einer Kulturstadt gehören.

Die meisten der von Friedrich Wilhelm I. angelegten Straßen wurden von niedrigen ein- bis zweistöckigen Häusern gebildet – eins fast dem andern gleich. Und gerade das bildete das Entzücken der Berliner, die damit dokumentierten, daß der preußische Drill, die gerade Front und der Paradeschritt ihrer eigenen Veranlagung entsprachen – sonst hätten sie sich wohl nicht so gründlich und so rasch einleben können.

Trotzdem hatte man die feste Hand des Königs schwer auf dem Leben ruhen gefühlt. Durch die erzwungene Bautätigkeit, die weit über die Bedürfnisse Berlins hinausging, waren die Grundstückpreise ganz außerordentlich gefallen. Das wirkte natürlich auf das Leben ein. Viele sonst recht Wohlhabende mußten sich einschränken – wenn sie nicht solche weitreichenden Mittel zur Verfügung hatten, wie jener Baron von Vernezobre, der in der Wilhelmstraße

Berliner Kostüme um 1760/70.

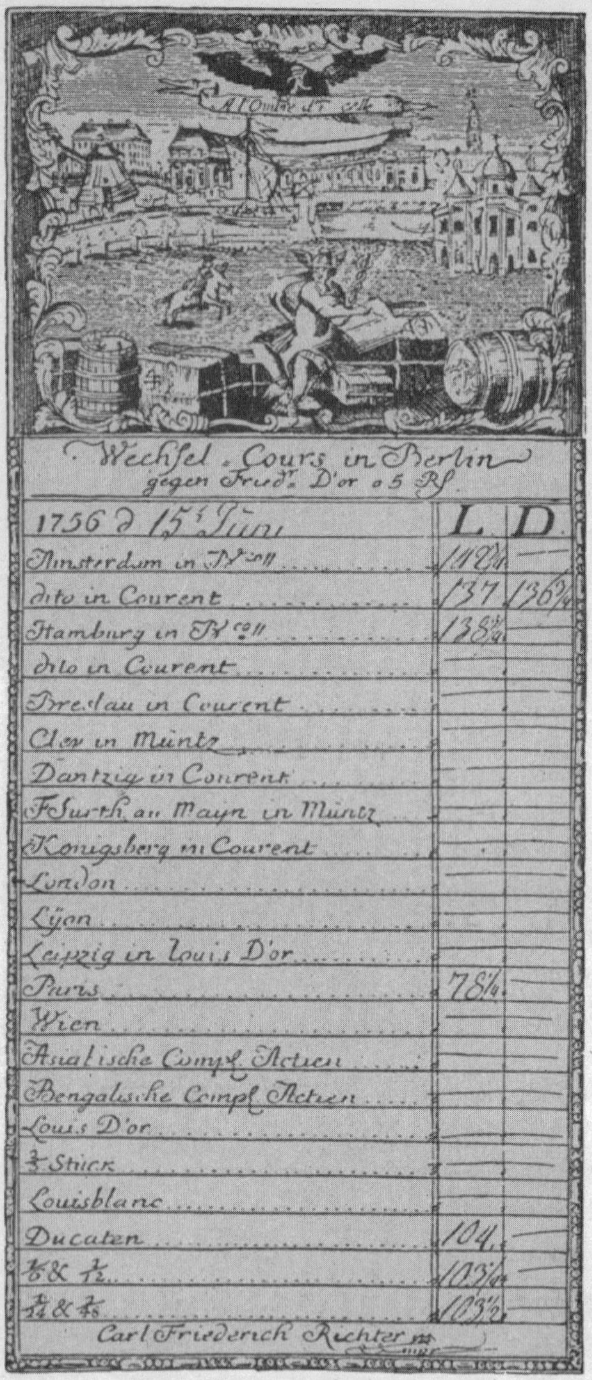

Wechsel Cours in Berlin gegen Fried. D'or à 5 Rl.

1756 d 15t Juni	L.	D.
Amsterdam in Thl.	142¾	—
dito in Courent	137	136¾
Hamburg in Thl.	138¾	—
dito in Courent	—	
Breslau in Courent	—	
Cleve in Müntz	—	
Dantzig in Courent	—	
Frankfurth an Mayn in Müntz	—	
Konigsberg in Courent	—	
London	—	
Lyon	—	
Leipzig in Louis D'or	—	
Paris	78¼	—
Wien	—	
Asiatische Compl. Actien	—	
Bengalische Compl. Actien	—	
Louis D'or	—	
2/3 Stück	—	
Louisblanc	—	
Ducaten	104	—
1/6 & 1/12	103¾	—
1/24 & 1/48	103½	—

Carl Friederich Richter

Kurszettel
aus dem 18. Jahrhundert.

hatte bauen müssen, um seiner Tochter einen Mann nach ihrem Gefallen verschaffen zu können.

Da stand nun das Palais mitten zwischen den armseligen Weberwohnungen der Wilhelmstraße. Denn Friedrich Wilhelm I. hatte vornehmlich einfache Bürgerhäuser bauen lassen; erst Friedrich II. errichtete Palais und Prunkbauten (das Opernhaus und die Kirchen auf dem Gendarmenmarkt). Der größte Reichtum stieß mit der Dürftigkeit zusammen. Das war oft in Berlin der Fall. In der Altstadt gab es viele schmale mehrstöckige Gebäude, die ihren Besitzern einen ansehnlichen Zins trugen. Auch große, breit ausladende Herrschaftshäuser machten sich gewichtig breit. Aber zwischen diesen Gebäuden kauerten sich kleine Hütten, schmal und ärmlich. Und überall standen hölzerne Krambuden, die gerade nicht den Eindruck der Wohlhabenheit machten. Manches der kleinen Häuser prunkte zwar mit einer breiten Haustür. Aber deren eine Hälfte öffnete sich für das Untergeschoß, während die andere Hälfte den Eintritt zu einer hühnerstiegartigen, steilen und engen Treppe erlaubte. Im heutigen alten Berlin in der Schornsteinfegergasse sind noch solche Häuser zu finden, in denen auch heute noch ärmliche Kleinbürgerinnen mit ihren Familien hausen. Nicht weit davon ist aber auch das Gegenstück zu sehen: an der Ecke der Poststraße erhebt sich stattlich und behäbig am Molkenmarkt das Haus des Kaufmanns Ephraim.[5] Eine Reihe von wuchtigen Säulen steht vor dem breiten Tor des Palais Ephraim und trägt einen langen Balkon; ein breiter Flur, groß genug zur Einfahrt, führt zu einem mächtigen Treppenhaus, in dem sich die Treppen langsam mit kleinen Stufen hinaufwinden nach den oberen Stockwerken mit ihren vielen Reihen von Gemächern und Zimmern.

Auf solcher Treppe konnten wohl die Damen mit ihren Reifröcken und in Stöckelschuhen herabtrippeln und über das feingeschmiedete Rokokogeländer schauen und lächeln und winken. Solche Damen waren es wohl auch, die in den großen Gärten, die noch innerhalb der Mauer in der Leipziger Straße und dicht vor den Toren, so unter anderen beim Schloß Monbijou lagen, sich der „Garten Lust bedienten". Solch Garten sah nach Consentius so aus: An die Seiten der in geometrisch geraden Linien gezo-

Chodowiecki: Satirische Schilderung des Maskentreibens Ende des 18. Jahrhunderts.

G. Schadow: Das Tänzerpaar Vigano um 1800.

genen Wege gehörten „tragbare“ Bäume, Aprikosen und Pfirsich-Bäume, auch hochstämmige „Orangerie-Bäume mit schönen Kronen“. Dazwischen standen Vasen und steinerne Figuren von drei und einem halben Fuß hoch auf „Postemente nach der Architektur.“ Aus „Lust-Stücken und büchenen Ecken“, aus einem Kreise von „blühenden Granaten, Oleaster, Lorbeer und Feigenbäumen“, alle mit Fleiß unter der Schere gehalten, traten die „mancherley steinenen Statuen“ heraus, und ein recht gelehrter Gärtner, verständig in seinen Dingen, das heißt: sowohl in Orangerie als in Lust- und Baumwerk erfahren, ebnete die Wege, die von „etliche 100 Fuß dreyjährigen feinen Bucks-Baum“ eingefaßt waren, und hielt „die Gänge im guten Stand“, daß seine Herrschaft zwischen den Beeten und den verschnittenen Bäumen und Hecken mit wohl gesetzten zierlichen Schritten einherspazieren konnte, hin zu den aus Stein gehauenen Sitzen, wenn sie aus der Stadt nach dem „propren und wohl meublirten Gartenhause“ kamen.

Diese pretiöse Art hatte sich also trotz der gestrengen Weise des Königs, trotz aller Verordnungen auch hier entwickeln können. Ganz und gar ließ sich die Zeit und ihre Eigenart doch nicht unterdrücken. Die Frauen haben ja stets Wege und Mittel gefunden, sich mit Tand und Reizmitteln zu umgeben, um sich begehrenswert zu machen. Sie mußten es, um nicht unbegehrt zu bleiben. Ebenso, wie unter dem großen Kurfürsten die französische Sprache zur Hofsprache gemacht worden war (sie war eben schon ausgebildeter und beweglicher als die deutsche Sprache und entsprach den Bedürfnissen eines sich mit internationalen Angelegenheiten beschäftigenden Hofes und der damals so sehr auf ein steifes und unbeholfenes Wesen und linkischer Würde und Anstand bedachten Höflingsgesellschaft), ebenso wurde auch die französische Kleidung eingeführt. Die Unbehaglichkeit, die von den Religionskriegen und der nun folgenden absolutistischen Regiererei hervorgerufen worden war, ließ die Neigung erwachen, alles, was Erheiterung und Verschönerung des Lebens versprach, zu Hilfe zu nehmen. So wurden von den Männern die französischen Perücken aufgesetzt, die mühsam Würde und Ernsthaftigkeit erkünstelten. Die Frauen aber steckten sich in die feminin gespreizte französische Tracht, die scheinbar die Frauen zu Königinnen machte, sie aber mit ihrem Prunk und Reifröcken, den Schnürleibern und Stöckelschuhen in eine große Abhängigkeit brachte.

Auf den Straßen und auf den freien Plätzen hatte sich diese Pretiöse jahrzehntelang nicht zeigen dürfen. Sie war aus dem Lustwäldchen verdrängt worden, den ihr der erste Preußenkönig geschaffen: aus dem Tiergarten. Unter dem großen Kurfürsten war der Tiergarten noch ein Jagdwald gewesen, in dem das Wild gepflegt wurde. Er reichte um 1650 noch bis fast an den Hausvogteiplatz. Zwar wurden in den folgenden Jahrzehnten die Linden und nördlich von ihnen die Dorotheenstadt von der Gemahlin des großen Kurfürsten, sowie auch der Friedrichswerder angelegt. – Auch unter dem ersten Preußenkönig behielt der Tiergarten noch den Charakter eines Jagdreviers, in dem Prunkjagden abgehalten wurden. Doch veranlaßte die Neigung zur Prachtentfaltung den König, der seines schwächlichen Zustandes wegen nicht an den Jagden teilnehmen konnte, den Tiergarten in einen Lustgarten umzuwandeln. Seine Baufreude begnügte sich nicht damit, Werke, wie das herrliche Zeughaus von Schlüter aufführen zu lassen und auch andere bedeutende Baumeister, wie Nering und de Bodt, zu beschäftigen. Er ließ von dem berühmten Lenotre den Wald, der das neuerbaute Charlottenburger Schloß umgab, ausroden und nach dem Geschmack der Versailler in einen weiten Park mit Teichen und Orangerien umwandeln. An beiden Seiten der verbreiterten Tiergartenallee, der heutigen Charlottenburger Chaussee, die nach dem neuen Schloß führte, waren für die Wagenfahrten des Hofes Pfähle mit Laternen aufgestellt. Etwa in der Mitte des langen sandigen Weges wurde ein mit Eichen bepflanzter Platz, der heutige „Große Stern“, angelegt und von ihm aus zogen sich strahlenförmig sechs Alleen für die Spaziergänger ins Grün. Da aber die Sandwege gar zu beschwerlich waren, ließ sich der Hof auf einer holländischen Treckschuyte die Spree entlang nach dem Charlottenburger Schloß ziehen. Die Berliner machten ihm das bald nach, und so wurde denn der Tiergarten bald ein Ausflugsort – besonders, als nun der dichte Wald durch zahlreiche andere Alleen und Plätze und Promenadenwege gelichtet worden war.

Friedrichs Nachfolger, der derbe Friedrich Wilhelm I. mochte zwar nichts vom Charlottenburger Prunkpark wissen, aber er sorgte doch für die Erhaltung des Tiergartens. Er schob auch die Stadtmauer bis zum heutigen Brandenburger Tor hinaus. Ander Bellevuestraße wurden damals noch die Reste der Leichen aus dem *Theatrum anatonioum* eingescharrt und aus einem Teil des Parks ein Exerzierplatz gemacht – wie Berlin ja unter ihm fast ganz einer großen Kaserne glich, hatten doch die Zwangsbauten auch was geradlinig-militärisches an sich.

1760: Am Fenster.

In solchem verschandelten Lustwald mochten die Damen gewiß nicht gern ihre Erholung suchen oder ihre Reize zur Schau führen. Und so waren sie denn auf Hausbesuche angewiesen. – Die Zimmer, in denen die Damen solche Besuche empfingen, hatten oft Kamine und große in die Wand eingelassene Spiegel, an deren Seiten auf lackierte oder vergoldete Säulen die Lichter gesetzt wurden. Außerdem hingen noch mehrere Messingleuchter mit blankgeputzten Rückenschildern an den Wänden, oder ein Kronleuchter strahlte von der Decke sein Licht aus. Tische und Vorsetzer mit Tappisseriearbeiten, Fauteuils, Taburetts, Kanapees –

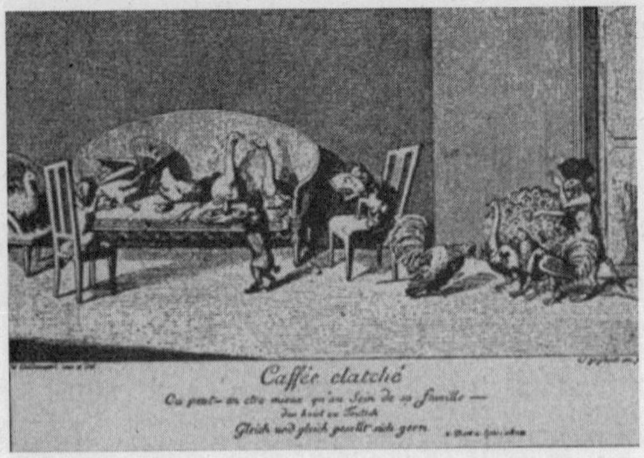

alles mit Tapisserie überzogen, standen an den Wänden, und ein Flügel fehlte nur selten in der Putzstube. Ebensowenig eine Kommode mit bronzenen Griffen und Beschlägen, auf der allerlei Porzellanfiguren und Aufsätze standen. Auch Lackwaren fehlten nirgends. Und wenn gar kostbare Stücke vorhanden waren, hatte man schon eine besondere Ecke oder einen Glasschrank, in dem sie nicht beschädigt werden konnten. Die Wände waren nicht nur mit Gobelinwebereien geschmückt. Bilder von allen möglichen alten Meistern – unter denen gewiß viele Kopien sich befanden –, waren damals wohlfeil zu haben. An Schmuck und Luxus fehlte es also nicht in solchen vornehmen Häusern – wohl aber an einer Bequemlichkeit, deren Nichtvorhandensein selbst in kleineren bürgerlichen Wohnungen uns ganz unglaublich erscheinen würde: ein Bad wird in keiner Wohnung erwähnt. Das war ein Ding, das über jeden Luxus hinausging. Und doch hatte Berlin auch seine Badestuben gehabt, in die Mann und Weib, Greis und Kind in mittelalterlicher Naivität, so wie sie Gott geschaffen, über die Straßen gegangen waren – ganz so wie in anderen deutschen Städten. Die Ausbreitung der von den unterdrückten Einwohnern Amerikas ihren Entdeckern übermittelten Syphilis, die verheerenden Kriege und die größere Lebensfeindlichkeit und Borniertheit mancher Prediger zerstörten aber jede Unbefangenheit. Die Angst vor Ansteckung gab den eifernden Worten der Kanzelredner den nötigen Nachdruck. Und so wußte man nach dem Dreißigjährigen Kriege nichts von munterer Unschuld und gesunder Fröhlichkeit. Nacktheit war eine schreckliche Sünde. Eine fromme Frau durfte ihren eigenen Körper nicht ansehen. Was sollte man in einer solchen Zeit mit einem Bad!

Große Sorgfalt aber wurde auf die Betten verwandt. Wer nur ein wenig auf sich hielt, kaufte seiner Frau ein Himmelbett mit Samt- oder Seidenvorhängen. Fauteuils und Lehnstühle standen um das kostbare Lager und zeugten von der Gewohnheit jener Zeit, in der die Damen häufig Besuch empfingen, während sie im Bett ruhten oder gar bei der Toilette waren. Die sinnlich-feminine Kultur hatte trotz der Strenge des Soldatenkönigs ihre Wege von Paris nach Berlin zu finden gewußt. Die wirklich reichen Klassen lebten auch damals schon in ganz Europa auf gleichem Fuß, mochte das nun in Paris, Wien oder Berlin sein. Die Berührungen zwischen den vermögenden Schichten aller europäischen Länder waren auch damals schon häufig genug – durch Reisen, Gesandtschaften, Heiraten – um eine gewisse gleichartige Lebenshaltung zu bedingen. Auch zwischen den Ständen fielen schon die Schranken – wenn nur das allmächtige Gold seinen Glanz hinüberstrahlte. Gleichartige Lebenshaltung zerstörte auch hier die Vorurteile – wenn ein bedeutendes Vermögen die Brücke machte, über die gewöhnliche Bürgerliche in das Land des Adels einziehen konnten. Hat doch schon der Hofmarschall Graf von Röderer in der ersten Hälfte des 18. Jahrhunderts eine Mdlle. Orguelin geheiratet, deren Vater sehr wohlhabend war.

Den reicheren Damen ward eben das Leben zu einem Fest. – Ihnen fehlte es auch nicht an Leckerbissen und ausländischen Delikatessen.

Consentius berichtet, daß die Witwe Stoltzenhagen Mandeln, Rosinen, eingemachte Champignons, Capern, Gurken, Oliven und manch anderes in ihrem Keller neben dem Posthause feilhielt. Feigen kamen aus Spanien, lange Nüsse aus Italien und frischer Räucherlachs aus Archangel. Nürnberg schickte allerlei leckere Mehlbäckerei, und aus Hamburg kamen manche Kaufleute mit feinen Waren. Selbst solche empfindliche Ware wie die Austern wußten die Händler frisch nach Berlin zu bringen – zum Ergötzen aller Feinschmecker. Schokolade gehörte übrigens auch zu den Dingen, die nur für sehr Bemittelte zu haben waren. Das Pfund kostete 10-16 Groschen, das entsprach also einem Preis von 5-8 M nach dem Wert des Geldes um 1900. Tee und Kaffee waren zwar billiger, aber der dazu gehörige Zucker kostete 4-7 Groschen (3-5 M um 1900) das Pfund, so daß diese beiden Getränke auch nur den Damen oder dem besser gestellten Bürgerstand reserviert blieben.

Chodowiecki: Friedrich Wilhelm II. und die königliche Familie.

Die machten denn ein großes Wesen beim Kaffeetrinken und so mögen wohl die Kaffeevisiten und Klatschgesellschaften entstanden sein, wo aus chinesischen Tassen von lackierten Tischen getrunken wurde und auch wohl feinziselierte Schnupftabakdosen von Hand zu Hand wanderten, um auch der Nase einen Genuß zu verschaffen, wenn sich die Geschmacknerven an dem Mokka gelabt hatten. War beides geschehen, dann war die nötige Erregung geschaffen, in der man einander den neuesten Klatsch und die verschwiegensten Geheimnisse anvertrauen konnte. Oft mag auch nur über das Dienstpersonal und über die Küche geschwatzt worden sein – wie das eben so Sitte ist bei den Damen. Und damals gab gewiß die Kartoffel Anlaß zu Gesprächen, die noch eine Seltenheit war und besonders für feine Suppen gebraucht wurde. Übrigens war die herrschaftliche Küche Berlins damals durchaus auf der Höhe. Die Kochrezepte waren durchaus nicht sparsam berechnet; da gab's geröstete und eingemachte Austern, gebackene Frösche und viele Suppen und Braten, bei denen mit teuerem Wein und andern Zutaten durchaus nicht gespart wurde. Selbst Artischocken waren auf der feinen Tafel nicht unbekannt. Die feinste und galanteste Dame mußte sich ein wenig um ihre Küche bekümmern, um auch mit ihrer Tafel Ehre einzulegen.

Allzuviel Zeit mögen sie wohl nie für ihren Haushalt übriggehabt haben. Die Sorge um Kleid und Schuhe, Putz und Tand nahm auch den Damen, die unter dem Soldatenkönig und unter seinem Sohn

Sommermode 1795.

in Berlin lebten, viele Stunden ihres Tages. Sie hatten dafür zu sorgen, daß ihr Schlafrock aus französischem Damast auch mit der richtigen Komplementärfarbe gefüttert und daß die Nachthaube aus echten Spitzen auch mit passenden Bändern geschmückt war. Viele Damen freuten sich, daß Friedrich II. Seidenfabriken im Lande einrichten wollte; sie hofften auf wohlfeile Stoffe – nachdem ihnen vom verstorbenen König allerlei ausländische Zeuge verboten worden waren, weil er die inländische Wollmanufaktur heben wollte. Andere Damen waren der Meinung, daß vornehme Frauenzimmer nur in französische Stoffe sich kleiden dürfen. Sie bevorzugten samtene Mäntel und gestickte Aufschläge – vor allem aber prunkten sie mit grandiösen Glockenröcken, denen Fischbein den nötigen Halt gab. Wo es nur irgend ging, brachten sie Stickereien an: auf Schuhen, Pantoffeln, Unterröcken und allen möglichen andern Kleidungsstücken. Und zwar mußte es recht kostbares Material sein, das zur Stickerei verwendet worden war – am beliebtesten waren Gold und Silber. Der junge König selbst kleidete sich ja so prunkvoll wie irgend denkbar. Und da nun einmal Paris in der Kleiderkultur schon den Ton angab, trachtete jede Dame von Stand und Vermögen, sich pariserisch kleiden zu können – und war außer sich, wenn sie nicht das neueste hatte. Sie machte die ausgelassenste Mode mit, entblößte den Hals bei strengstem Winter und ließ auch sonst von Nacken und Brust mehr sehen, als gerade nötig war. Mit engen und festen Schnürleibern preßten die Damen die „erhabenen, wohlproportionierten fleischichten, runden und mit denen Mammellons gezierten Vorder- und Oberteile des weiblichen Leibes“, ihr „Lust-Terrain“, ihre „Edens-Apfel“, die vortreffliche Lockspeise der Verliebten so in die Höhe, daß sie dem Mannsvolk in die Augen stechen mußten. Schon die Kinder wurden mit dem Marterzeug zusammengepreßt. Und damit der Leib dann nicht zu sehr hervortrete, wurde ein Blankscheit, ein Holzbrettchen untergeschoben, das den Bauch zurückhalten und wieder in „Gerade Front“ bringen mußte. Wer solch Quälholz, das „von der Brust bis über den Nabel, auf den Unterleib gegen die Schaam hinunterreichte“ nicht an seinem Körper dulden wollte, mochte er auch schwanger sein – der durfte sich nicht zu den liebenswürdigen Frauenzimmern zählen und mußte wohl verzichten, den „Kram am besten auszulegen“ und die „allergrößte Gloire“ zu erwerben. Eine solche Dame durfte nicht an großen Gesellschaften teilnehmen, ja, sie konnte kaum in der Contusche, einem langen, weiten Mantel, zu einem Kaffeestündchen gehen – wo übrigens von den Damen ebenso reichlich geschnupft wurde, wie in den Weinstuben von den Herren. Ja, es war geradezu eine Modesache, eine Koketterie, mit zierlich spitzen Fingern aus der Tabatière eine Prise zu nehmen.

Überhaupt, was tat man nicht alles aus Koketterie! Die Schuhe konnten so eng sein, daß alles Blut aus den Füßen wich und den Damen vor Schmerz fast die Ohnmacht ankam; die Absätze konnten nicht hoch genug sein – wenn auch der Gang dadurch alles Sichere, Natürliche und wirklich Graziöse

Die Schauspielerin Christiane Koch.

verlor und in ein Trippeln und Dahinstelzen entartete; die Farben der Stoffe mußten alle licht und bunt sein, so daß jeder Fleck darauf zu sehen war; die Stoffe selbst mußten so teuer wie möglich sein und wurden auf den weiten Reifröcken so verschwenderisch wie nur irgend denkbar aufgebauscht. Spitzen, Stickereien, Besätze – alles wurde in Massen auf den Körper gehangen. Aber ein Kleidungsstück, das heute nur die Allerärmsten – und auch nur in der wärmeren Jahreszeit – entbehren, ein Beinkleid kannten nur die wenigsten. Nur ganz „vornehme Frauenzimmer" trugen sie, und auch nur im Winter. Wer sonst in den weitabstehenden Reifröcken nicht frieren wollte, der zog einen engen, mit Pelz gefütterten Unterrock über das Hemd.

Selbst lange Kniestrümpfe waren nicht bei allen Frauen zu finden. Viele banden ihre Strümpfe unterm Knie oder gar mitten auf der Wade – alles aus Koketterie. Denn die weiten Reifröcke waren meist „fußfrei" und ließen es zu, daß mit den zierlichen Füßen ebenso eifrig der Männerfang betrieben wurde wie mit der engen Taille ...

Daß unter solchen Umständen auch die Händler mit Kosmetika und allerlei Schönheitsmitteln ihren Vorteil fanden, ist nicht zum verwundern. Wasser gegen Finnen und Sommersprossen, gegen Warzen und häßliche Male wurde ebenso eifrig und mit lautem Halloh ausgeboten wie heute. Ja, auch damals beherrschten schon gewisse Menschen die Kunst, aus alten runzligen Schachteln wieder „zarte und schöne Weibchen" zu machen. Sonderbarerweise betätigten sich in dieser vielbeschäftigten Kunst meist Leute, die sich auch als Zahnärzte und Zahntechniker ankündeten. Sie verschönten nicht nur

Aus Minna von Barnhelm.

den Mund, sondern hatten auch „Augenwasser und künstliches Wasser, das eine schöne zarte und weiße Haut machet und sie frisch erhält – Teig, so schöne weiße Hände machet" und viel ähnliches Zeug mehr, das doch sehr begehrt sein mußte. Denn in der Stadt von noch nicht 100.000 Einwohnern hielten sich eine ganze Menge solcher Zahnärzte und Schönheitsdoktoren auf, deren Einnahme es vertrug, daß sie eine Reklame machten wie heute manche Warenhäuser.

Viele, viele mußten der Schönheit bedürfen ...

Nachdem solange die Lust am äußeren Schmuck des Leibes hatte Bescheidenheit üben müssen, konnte sie sich endlich so recht nach Herzenslust austoben. Was der junge König seinem Hof vormachte: die Einkleidung aller Hofbeamten und Domestiken in prächtige Gewänder nach französischer Art, war für die Damenwelt eine Aufforderung zum eifrigen Nachahmen. Das Pariser Modejournal wurde mit gründlicher Gewissenhaftigkeit studiert, und Schminke, Schönpflästerchen, Reifröcke, vor allem aber die theatralischen Haarbauten, die Fontanges mußten herhalten, dem weiblichen Körper neue bezwingende Linien zu geben. Am genauesten wurde bei Hof auf diese kleinen und doch so wichtigen Äußerlichkeiten geachtet. Und zwar war es die Königin Mutter, die solange jeden Luxus hatte entbehren müssen und nun endlich ihrer Liebe zu ausgesuchten und kostbaren Toiletten nachgeben konnte. Ja, während sie unter dem strengen Regiment ihres Gatten auch auf die Einfachheit der Hofdamen hatte achten müssen, regte sie nun die Damen ihrer Umgebung dazu an, sich so interessant und verschwenderisch wie möglich zu kleiden. Was vorher streng verpönt gewesen, das erschien nun wie selbstverständlich: die Galanterie – wie man früher die gesellschaftlichen Beziehungen der Geschlechter zu nennen pflegte. Geppert schrieb darüber:

„Der Hof von Monbijou war durch die schönen Hofdamen, welche die Gesellschaft der Königin Mutter bildeten, berühmt, und da es nicht an zahlreichen Bewunderern fehlte, so wurde die Galanterie der herrschende Ton. Fräulein vor Schwerin, die sich an den Herrn von Kleist und später an den Herrn de Trousse verheiratete, Fräulein v. Pannewitz (in deren Reize einst sogar Friedrich Wilhelm I. sich verfangen haben soll und den sie, als er sie mit Gewalt küssen wollte und seine Hand auf ihren Busen legte, ins Gesicht schlug), Fräulein v. Bredow waren allgemein bewunderte Schönheiten, und unter ihren Anbetern standen die beiden Prinzen des königlichen Hauses, August Wilhelm und Heinrich, obenan. Der Prinz von Preußen namentlich entfernte durch seine Huldigungen bald die Schar der minder Begünstigten.

Seine fortgesetzten Verfolgungen gegen die eine und die andere brachten mannigfache und mysteriöse Verhältnisse hervor, die Stoff genug zur *chronique scandaleuse* boten. Die Erfolge des Prinzen, der in der Tat sehr liebenswürdig war, machten auch, wie man sagte, einige Heiraten nötig, bei denen man nicht immer die Zeit oder die Möglichkeit hatte, das Beste zu wählen. Unter den

A. Pesne: Barbarina, die Tänzerin Friedrich II.

Scheidung.
Divorce.

Chodowiecki: Trauergesellschaft im Jahre 1780.

Damen, welche der Prinz der Reihe nach verehrte, stand Fräulein von Pannewitz obenan, die in der Tat durch die Reize ihrer Person einen solchen Vorzug verdiente. Sie war eine große, schlanke Blondine, sanften Gemüts, ebenso natürlich und gefühlvoll als schön. Der Prinz wollte sie durchaus heiraten. Die höchsten Autoritäten sahen sich genötigt, einzuschreiten, und die mannigfachsten Künste, die man zu diesem Zwecke ausführte, waren kaum imstande, sie ihm zu entreißen. Das arme Mädchen wurde mit Ermahnungen, Remonstrationen, Bitten und Drohungen bestürmt, so daß sie, ohnehin in einer Lage, die zu schneller Auskunft nötigte, sich endlich entschloß, den Herrn v. Voß zu heiraten, mit dem sie freilich nicht glücklich sein konnte. Sie lebte von da ab sehr eingezogen und vermied es, schmerzliche Erinnerungen in sich hervorzurufen, die ebenso unnütz wie gefahrvoll für sie gewesen wären ...

Der Prinz Heinrich hatte eine besondere Vorliebe für Fräulein v. Kneisbeck. Er behauptete scherzhafterweise nach dem Tode der Königin, daß sie mit zur Verlassenschaft seiner Mutter gehöre und ihm daher wenigstens zum achten Teil angehörte. Auch Frau v. Werels, Witwe des Holländischen Gesandten, die an jenem Hofe lebte, wurde mit vieler Auszeichnung von ihm behandelt und mußte jeden Sommer auf seinem Schlosse in Rheinsberg zubringen.“ Die Stadt und ihre Menschen waren wie umgewandelt.

Eine kurze Spanne Zeit hatte genügt, Berlin aus einer nüchternen Kasernenstadt zu einer wirklichen Residenz zu machen, in der allerdings das Militärische im Übergewicht blieb. Nicht nur das Äußere der Menschen bekam einen festlicheren Zug. Ward der Jahrmarkt der Eitelkeiten aufgeschlagen, so wurde doch auch dem geistigen Leben nicht mehr so konsequent und beschränkt die Nahrung vorenthalten. Der französische Kritizismus hatte schon lange seine Strahlen nach Berlin geworfen. Und als nun am Hof des jungen Königs nur französisch gesprochen und französisch gedichtet wurde, wirkte der Voltärische Unglaube und sein Hohn bald auf die obersten Schichten. Jenes Berlinische „Sich nicht verblüffen lassen“ konnte sich ungehindert hervorwagen. Das märkische Blut fing an, sich mit dem französischen zu vermischen. Und der märkische Geist wurde vom französischen befruchtet.

Auch das frisch auflebende deutsche Kunststreben wirkte mit. Im Jahre 1742 konnte Schönemann mit seiner Schauspielgesellschaft schon nach Berlin kommen. Festen Fuß konnte er jedoch noch nicht fassen. Und die Geistlichkeit eiferte immer noch gegen die Komödien. Ja, ein Prediger ließ sich sogar hinreißen, bei der Trauung eines Brautpaares von Schauspielern sie heftig und mit verwünschenden Worten vor der Fortsetzung ihres verächtlichen und verdammungswürdigen Gewerbes zu warnen. Allerdings standen die Darstellungen damals auf einer tiefen Stufe. Höllenfahrten, Mordszenen, Räuberabenteuer und plumpe zotige Possen wurden der Schaulust dargeboten. Auch jetzt war der Zustand des Theaters fast noch ebenso schlimm, wie einige Jahrzehnte vorher, als wohlhabende Bürger einer Truppe aus der Lausitz eine Bühne hatten erbauen lassen. Das erste Stück dieser feierlich eingeholten Truppe war aber so voll plumper Zweideutigkeit gewesen, daß sie sofort wieder aus Berlin entfernt worden war. Unter diesen Umständen ist es begreiflich, daß die vornehme Gesellschaft sich nicht viel um die deutsche Literatur und um das deutsche Theater kümmerte – selbst da nicht, wo es, wie in der Schönemannschen Truppe, schon Ansätze der künftigen Größe zeigte. Die Richtung der oberen Schichten war seit hundert Jahren zu leidenschaftlich dem Französischen zugewendet. Schon die erste Frau des großen Kurfürsten hatte die verwilderten Krieger vom Hofe entfernt und ungebildete Franzosen herangezogen. Sie war allerdings eine grundsätzliche Feindin des Theaters gewesen und hatte ziemlich strenge puritanische Lebensformen in Berlin eingeführt. Diese hatten wohl den Berlinern von damals not getan. Der Dreißigjährige Krieg und die Schwedenkriege wirkten gerade nicht veredelnd. Eine zeitgenössische Chronik berichtet:

Schwärmer im Tiergarten.

„Den 19. August 1684 wurde eine Edelfrau, eine geborene von Hake, vor dem berlinischen Rathause enthauptet, welche, nachdem ihr Mann, so ein Rittmeister gewesen, gestorben, mit einem andern Edelmann, von Röbel, so Weib und Kinder gehabt, zusammengehalten, und das Kind, das sie geboren, auf einem Tisch kleingehackt und unter die Schweineträber gemenget, welches dann die Magd erkannt und verraten hat.“

An Roheitsvergehen hatte es in den Jahrzehnten nach dem großen Kriege überhaupt nicht gefehlt. Unzählige Soldaten und Offiziere mußten wegen roher Diebstähle und Räubereien schwer bestraft und enthauptet werden. Als Symbol der Vornehmen galt das Wort von den „Epikuräischen Weltsäuen“:

Die beste Speiß jag durch den Kragen,
Mit Bier und Wein füll stets den Magen,
Stirbstu einmal, so ist es auß:
Dort ist kein Lust, leb hier im Sauß!

Nur das gebildete Bürgertum, die gelehrten Kreise, der Kaufmannsstand, das höhere Bürgertum und die besseren Handwerkerfamilien hielten sich einigermaßen von Völlerei und Ausschweifungen fern. Auf sie wirkte zweifellos das Beispiel des kurfürstlichen Familienlebens, besonders eben die Lebensweise der Kurfürstin – die allerdings von modernerem Geiste noch nichts wissen wollte.

Andere Königinnen, besonders die mit Leibniz befreundete Sophie Charlotte, hatten sich gern mit einem Kreis internationaler Geister umgeben. Ihr Enkel Fritz hatte sich aus der derben Rauheit seines Vaters nur in die entwickelteren Zustände des französischen Geistes retten können. Wie ihm, war es vielen regen Menschen gegangen. Sie hatten sich ganz dem Deutschtum entfremdet. Vom Nationalgefühl waren erst ganz zarte schwächliche Triebe vorhanden. Der Erste Schlesische Krieg hatte noch nicht so anfeuernd wirken können, wie der Zweite und der Siebenjährige Krieg, die nicht nur ein preußisches, sondern auch ein geringes deutsches Nationalbewußtsein erweckten. Dies Nationalbewußtsein war aber noch nicht auf das Geistesleben ausgedehnt. Das Einzige, was wirklich deutsch war in den höheren Kreisen, war die Pflege der Musik. Wie alle Fürsten des 18. Jahrhunderts hielt auch Friedrich II. seine Kapelle. Daß er eine französische Oper hielt, ist ja ebenso bekannt wie seine Vorliebe für die Flötenkonzerte. Solche Konzerte wurden nun auch vielfach in Privatzirkeln und Musikgesellschaften ausgeübt. Sie gaben allein den Anlaß zu einer höheren Geselligkeit, an der auch Damen teilnahmen.

Im übrigen sah es mit der feineren Geselligkeit recht traurig aus. Wohl gab es eine Menge von Gesellschaften, Klubs, Picknicks, Ressourcen und Versammlungen aller Art, die nur Geselligkeit im weitesten Sinne des Wortes zum Zweck hatten. Sie nahmen außerordentlich schnell zu – aber ihr Ziel ging nur selten höher, als daß sich die männlichen Mitglieder bei Bier und Karten zusammenfinden sollten. Viele von ihnen existierten nur kurze Zeit. Sie dienten dem augenblicklichen Bedürfnis und verschwanden, wenn die Lust an der Sache aufhörte. So wurde die Möglichkeit gegeben, immer Neues ins Werk zu setzen. Und das gab dem geselligen Leben jener Zeit einen wesentlichen Reiz. Die Stadt war noch nicht so groß, als daß Geistesverwandte in den gebildeten Ständen nicht hätten zueinander finden sollen. Auch beeinflußten die verhältnismäßig zahlreichen Fremden den gesellschaftlichen Ton, dem sie jene dumpfe Beschränktheit nahmen, die in abgeschlossenen Zirkeln so leicht einreißt. Die vielen neuen Anschauungen, die sie mitbrachten, die Kunde von andern Sitten und Gebräuchen beeinflußte zuerst die vornehmen Kreise, bei denen die Rauheit und der barsche Ton nach und nach verschwanden. Aber es währte doch Jahrzehnte, bis sich Geist und höhere Interessen wieder dauernd einstellten. Das läßt sich am besten an der Geschichte des Berliner Theaters ermessen. Wenn je das Theater ein Gradmesser der Kultur gewesen ist, so im 18. Jahrhundert. – Schönemann hatte 1742 die Stadt verlassen müssen. Dann kam eine jahrzehntelange Verwahrlosung, in der die Schuchschen Hanswurstiaden allein Anklang fanden und z.B. im Jahre

Chodowiecki: Satire auf die Mode der Berliner Damen, die am Ende des 18. Jahrhunderts auf Herrenart im Tiergarten ritten.

Chodowiecki: Bildnis seiner Familie.

Der Spatzier Gang
La promenade

Der Spatzier Gang
La promenade

Das Gebeth
La priere

Das Gebeth
La priere

1759 das Theater nur bei ordinären Possen besetzt war. Und Nicolai klagte sogar noch 1772, daß das Publikum nichts als komische Opern hören wolle. Dabei waren seit Jahren schon gute deutsche Truppen in Berlin aufgetreten. Döbbelin, ein Schüler der Neuberin, war in den sechziger Jahren nach Berlin gekommen und hatte 1768 schon deutsche Originalstücke aufgeführt. Aber neben seiner Bühne bestand auch noch eine französische Operette mit Erfolg. Doch schließlich errang die deutsche Bühne den Sieg, als sie Werke wie „Minna von Barnhelm" und „Romeo und Julia" spielte.

Die Darsteller und Darstellerinnen der Berliner Bühne des 18. Jahrhunderts waren von dem bewundernswerten natürlichen Stil Ekhofs und Friedrich Ludwig Schröders beeinflußt worden. Ekhof selbst hat zwar nur in seiner Jugend einmal in Berlin gespielt, als die Schönemann'sche Truppe 1742 auf Befehl des Königs die rohen Darbietungen Eckenbergs ablöste. Da aber die Berliner sich nichts aus den nüchternen Tragödien Gottscheds und Elias Schlegels und ebensowenig aus den Gellertschen Schäferspielen machten, so dauerte die Spielzeit Schönemanns nicht lange. Der König unterstützte nur die große französische Oper. Das deutsche Schauspiel mußte an kleinen Residenzen und in Handelsstädten seine von manchem Mißgeschick begleiteten Kinderjahre durchmachen. Von dort aber kamen die Truppen, die sich die künstlerischen Prinzipien der Ekhof und seiner Schüler zu eigen gemacht. Unter ihnen war vor allem Koch, der 1771 an Döbbelins Stelle trat und in seiner zweiten Frau Christiane Henriette eine ungewöhnlich begabte und vielseitige Schauspielerin mitbrachte. Sie war, wie so viele der Spielerinnen alter Zeit, befähigt, in der Tragödie großen Stils sowohl wie im Sing- und Lustspiele zu wirken – und das mit großem Erfolg. Koch spielte mit Vorliebe Lessing, dessen Ziel, ein deutsches Nationaltheater zu schaffen, er sich ganz zu eigen gemacht hatte. Er brachte als erster „Emilia Galotti" heraus und ebenso Goethes „Götz". Ihm ist es zu verdanken, wenn Berlin damit zur deutschen Theaterstadt wurde und von nun an fast immer die Vorherrschaft auf dem Gebiete der Theaterliteratur behielt. Koch starb zwar schon im Jahre 1775. Aber nach ihm kam Döbbelin wieder zur Direktion, der in unbewußtem Drange nach Größe und Bedeutung nicht von der Kochschen Richtung abwich und bald den „Nathan" aufführte – der zwar durchfiel, aber doch seine Wirkung auf Berlins Bewohner ausübte. Und die Aufführungen der „Räuber" und mehrerer Stücke von Shakespeare erweiterten jedenfalls den Horizont der Theaterbesucher um ein Wesentliches. Selbstverständlich war Döbbelin nicht der eigentliche Pfadfinder in die neuen Lande der Dichtkunst und der Schauspielkunst gewesen. Er war eigentlich nur ein feiner und unternehmungseifriger Nachempfinder Schröders, der an Ekhof groß

In der Laube.

geworden war und der 1778 als Hamlet die Berliner in Enthusiasmus brachte. Döbbelin hatte das Glück, daß Friedrich II. 1778 den französischen Komödianten den Laufpaß gab. Des Königs Theaterinteresse war während der schweren Kriege merklich erkaltet. In der Bevölkerung jedoch schwoll der Trieb zum deutschen Theater an. Döbbelin konnte sogar ein Sommertheater gründen, das sich dort befand, wo heute die Tierarzneischule steht.

Aber dies helle Zeichen des Aufschwungs deutscher Kultur, der mit dem Aufschwung der deutschen Dichtkunst zusammenhing, war nicht etwa von den Damen und ihren Kreisen gefördert worden. Er wurzelte in den neuen Lebensbedingungen und Lebenstrieben des deutschen Bürgertums. Die Dame war bis dahin immer noch ein Kind des Luxus und des Leichtsinns gewesen. Das „gelehrte Frauenzimmer" wurde verachtet. In einer Gesellschaft, deren Ziel nur der Lebensgenuß war, blieb auch der Dame kein anderer Lebenszweck, als ein glänzendes, begehrliches Genußobjekt zu sein.

Selbst in der Gesellschaft Friedrich II., der doch sonst Geist und Feinheit liebte, sehen wir fast nur Damen jener Art, von der das deutsche Sprichwort meint: „Neun Damen und ein Herr machen zehn Schmuggler." Geistlos sind die Damen, die Friedrich II. in seine Gesellschaft zog, gewiß nicht gewesen. Aber sie gehörten zu jener Art schillernder und herzloser Aristokratinnen, die damals das Leben Europas mit geräuschvollen Skandalen erfüllten. Mit der Prinzessin Amalie hielt der König gewöhnlich am letzten Jahrestag im Berliner Schlosse eine sogenannte *table de confidence* an der Maschinentafel, zu der die Speisen durch ein Triebwerk in das Speisezimmer im zweiten Stockwerk gehoben wurden, so daß keine Bedienten nötig waren. Zu dieser Tafel waren stets mehrere geistreiche Freundinnen des Königs eingeladen. Weil am Sylvestertage die Herrschaft der Damen beginnt, fand jede dieser Damen unter ihrer Serviette eine Krone und ein Zepter von Zucker „als Symbol der Süßigkeit ihrer Herrschaft".

Seit am Abend hinter'm grünen Schirme
Wir am Tischchen sitzen, Liebchen strickt.

Eine von den Schönheiten der Berliner Gesellschaft, die Friedrich II. auszeichnete, war Frau von Troussel, frühere Frau von Kleist, eine Tochter des Generals Schwerin, ehemals Ehrenfräulein der Königin Mutter, eine der galantesten, lebendigsten, heitersten und beliebtesten Damen. Nach Zimmermann soll sie schon in ihrem vierzehnten Jahre ein Verhältnis gehabt haben. Von dem Kastraten Porgorino, der damals an der Oper sang, wurde erzählt, er finde bei den aufgeklärten Damen Berlins einen sonderbaren Beifall. Und eine alte Hofdame soll das Fräulein von Schwerin überführt haben, bei Porgorino eine Nacht zugebracht zu haben. Die Geschichte machte gewaltigen Lärm. Das Fräulein wurde vom Hofe weggeschafft. Bald darauf hatte sie eine berühmte Liebesaffäre mit dem berüchtigten Breslauer Bischof Schaffgotsch. Trotzdem fand sie einen jungen und reichen Mann, den Domherrn Kleist in Brandenburg. Er ließ sich in große Unternehmungen bei einer Sozietätshandlung ein, um seine Frau zufriedenzustellen, die sehr viel Geld brauchte. Als er in Schulden geriet, ward der Artilleriekapitän von Troussel ihr Liebhaber. Kleist machte Vorstellungen dagegen, die sie sehr schnöde aufnahm. Nun gingKleist davon und ließ alles im Stich. Sie ließ sich von ihm scheiden, nahm ihre drei Kinder zu sich, heiratete Herrn von Troussel – aber erwarb zugleich den Kabinettsrat Galster zum Liebhaber. In dieser Eigenschaft erteilte sie öffentlich Audienzen, und ihr Wagen mußte oft die ganze Nacht vor Galsters Türe halten, um zu zeigen, wie eng sie mit dem einflußreichen Manne liiert sei. Durch Galster ward der Minister von Görne, der den König bei der Seehandlung stark betrog, zum Minister vorgeschlagen. Görne hatte der Frau von Troussel versprechen müssen, ihre älteste Tochter zu heiraten. Diese Unterhandlung wurde bekannt und machte so viel Lärm, daß die Heirat nicht vollzogen werden konnte. Bald darauf kam nicht nur Görne, sondern auch Galster auf die Festung Spandau. Herr von Troussel lebte hierauf noch zwei bis drei Jahre mit seiner Frau. Er stieg bis zum Artilleriechef in der Armee des Prinzen Heinrich. Als sie bei dem Ausbruch des Bayrischen Erbfolgekrieges 1778 ausmarschierte, erschoß er sich, wie man sagte, aus Kummer über das Verhältnis seiner Frau zu zwei jungen Leuten und weil ihm der König die Scheidung abgeschlagen hatte. Frau von Troussel ward nun kränklich und bekam Zufälle. Sie begab sich in die Kur bei dem berühmten Abenteurer St. Germain. Dieser heilte sie. Sie selbst zeigte einen Stein von der Größe eines Hühnereies vor, von dem er sie befreit habe. Das Berliner Publikum aber glaubte, er habe sie bloß von einem Nachlasse ihrer Liebe für den schändlichen Bischof von Breslau geheilt.

Frühstück 1785.

Diese Damen waren gewiß nicht von der Art, wie sie Lessing in seiner Minna von Barnhelm schildert: Schlicht und vornehm naht sich die Dame dem Freunde ihres verstorbenen Gatten. Trotzdem sie Wohltaten annehmen muß, bewahrt sie doch ihre Haltung. Der Schein des Leides umschwebt sie. Aber sie bleibt die Dame.

Für diese neue Art von Damen, die aus dem deutschen Wesen und aus den neuen Zuständen herauswuchsen, war in Hofkreisen kein Verständnis. Friedrich II. interessierte sich mehr für seine flatterhaften internationalen Tänzerinnen als für die Witwen seiner Offiziere. Die Barbarina wurde zu den Konfidenztafeln gegenüber der Bittschriftenlinde im Potsdamer Stadtschloß zugezogen, und bei den Hofmaskenbällen trank der König mit ihr den Tee in ihrem verschlossenen Kabinett. Daß sie ihren Ruhm nicht nur ihren bedeutenden künstlerischen Qualitäten, sondern auch ihrer Erscheinung zu verdanken hatte, beweisen die zahlreichen Gemälde, die Pesne von ihr für den König malen mußte – bald als Venus, bald als Diana, als Nymphe, Pomona, als Bacchantin und in vielen andern Entkleidungen, die soweit gingen, daß sie schließlich nur mit einem Siegelring bedeckt war.

Familienunterhaltung.

Chodowiecki: Gesellschaft im Park, 1760.

Aber nicht nur der König, sondern viele andere verehrten sie wegen ihrer Schönheit. Sie puderte sich nicht ihr schwarzes Haar, wie es die Sitte der Zeit erforderte, sondern streute sich nur manchmal „Brillantstaub“ auf die Locken. Spröde soll sie nicht gewesen sein. Allerdings soll sie schöne Offiziere vorgezogen haben – wenn sie bemittelt waren. Vom Bankier Ephraim Potsdamer aber nahm sie ein Kollier im Werte von 2.000 Laubtalern an, ohne ihm mit mehr als einem Lächeln zu danken. Zu ihren erklärten Verehrern gehörte, neben den Grafen Rothenburg und Algarotti, dem Ritter Chazot und vielen anderen Franzosen, Engländern, Italienern und Russen auch der Sohn des Großkanzlers Cocceji, der die schöne Italienerin trotz mancher Hindernisse heiratete. Nach vierzigjähriger Ehe ließ sie sich noch von ihm scheiden und vermachte ihre schlesischen Güter einem Fräuleinstift. Wie so viele gefeierte Schönheiten endete sie als fromme Wohltäterin ...

Einer deutschen Bühnenkünstlerin wären wohl kaum solche Aufmerksamkeiten erzeigt worden, wie der launenhaften italienischen Tänzerin. War doch Friedlich II. selbst der später so berühmten Opernsängerin Mara, geborenen Schmeling, mit dem größten Widerwillen entgegen gekommen. Des Königs Abneigung gegen deutsche Kunst war so groß, daß er seinem Intendanten, auf den Vorschlag, die junge Deutsche zu engagieren, antwortete: „Das sollte mir fehlen! Lieber möchte ich mir ja von einem Pferde eine Arie vorwiehern lassen, als eine Deutsche in meiner Oper zur Primadonna haben!“ Die Schmeling wußte ihn aber durch ihre Unbefangenheit, freies Auftreten und durch ihre Kunst gänzlich umzustimmen. Ihr Gesang entzückte die Berliner bis zur Übertreibung. In einer Zeitung erschien das folgende Gedicht:

Aus der Semiramis gekommen
Und ganz vom seligsten Entzücken eingenommen
Sank Lottchen an der Schwester Brust.

Ach, Schwester, rief sie aus, laß mich zu Grabe bringen,
Wenn Salems dort wie unsere Schmeling singen,
O, dann ist Sterben eine Lust!

Ist es nicht ganz wie heute? Sind nicht die Berlinerinnen auch heute noch so übertrieben enthusiastisch, wenn es sich um Musik handelt? Die Farrar sollen sie nach einem ihrer Abschiedskonzerte fast vor Begeisterung zerrissen haben. Vor achtzig Jahren streiften vornehme Damen ihren Schmuck ab, um ihn der Jenny Lind vor die Füße zu werfen. Und vor neunzig Jahren wurden sie in den Lisztschen Konzerten ohnmächtig vor Glück ...

War unter dem zweiten preußischen König der Prunk und Putz verpönt gewesen, so muß er unter dem dritten Preußenkönig außerordentlich beliebt geworden sein. Ein österreichischer Offizier berichtete sehr unhöflich: „Die Damen zeigten sich in einem Putze, den man zum Karneval kaum auf den Redouten so allgemein verschwenderisch erblicket. Gethürmt wie Babylonsthurm, mit und ohne Federbüsche, mit Blumen und Perlen besät. – Alle Kleiderschränke waren geplündert, um ja aus vielen prächtigen Teilen ein Ganzes zusammen zu stücken. Vergessen sie dabey auch nicht, daß die hiesigen Damen, besonders die schon ihre alternde Epoche erlebet haben, den Pinsel vortrefflich zu führen verstehen, so werden sie sich bei all dem Zierlichen ihres Putzes auch noch allerliebst bemalte Gesichterchen denken können.

Ich hatte freilich das Unglück, hinter einer Dame zu sitzen, die mit ihrem Kopfputze alle Aussicht benahm. Mit den Reihe auf Reihe gelegten Locken, dem englischen Huthe, und dem Bündel Liebe zuwinkender Federnbüsche zusammen gerechnet, mochte der Umkreis ihres kleinen Köpfchens ohngefährt acht Schuh ausmachen.“ –

Die Brüderstraße mit der Petrikirche um 1800.

F. Bolt: Der Dichter von Kleist.

Bei dieser Gelegenheit erfahren wir, daß damals schon die französische Mode nicht mehr allein den Damen die Gelegenheit zum Anreiz und zum Kokettieren gab. England begann mit seinen typischen Linien zu wirken. Der kleine englische Kopf der Lady sah unter einem breiten wagenräderartigen Hut noch zierlicher und verführerischer aus. Das hatten die englischen Damen wohl erkannt und begannen, sich eine eigene, von Paris in manchen Zügen unabhängige Mode zu schaffen. Der englische Nationalcharakter mit seinem ausgeprägten Egoismus, die geschichtlichen Einflüsse – England hatte endgültig über Frankreich gesiegt –, alles wird dazu beigetragen haben, eine eigene englische Mode zu schaffen. Auf den reichen Landsitzen der Squires mußten sich andere Lebensgewohnheiten entwickeln als am französischen Hofe. Das Leben in den Parks bedang eine gesundere Lebensweise – und also auch eine andere Kleidung als in den haremsartigen Salons der Versailler Hofgesellschaft. Und da die Engländerin sich auch mehr Freiheit bewahrt hatte als die eitle Pariserin, konnte sie auch leicht die maskenartige geschminkte Schönheit und die Rokokomode der Französin überwinden. Auf Deutschland, das sich noch in vielen Dingen das Ausland zum Vorbild nahm, wirkte die englische Mode bald ein. Auch in Berlin, dem Wohnsitz des Verbündeten der britischen Pfeffersäcke, machte sie sich geltend – aber sie mußte stets die französische Mode neben sich dulden. Ein anderer Reisender schrieb jedenfalls:

„Die Trompeusen oder *gordes postiches* mit hochstehendem Kragen sind noch immer die Lieblingsmode der hiesigen Damen. Sie geben zwar ein stattliches Ansehen, allein der Freund der Natur und der Wahrheit muß ihnen seinen Beifall versagen.

Einer der naivsten Anzüge sind die Karakos von Linon oder dergleichen. Sie werden jetzt sehr viel getragen und verleihen einer schönen Taille einen unwiderstehlichen Reiz. Die Röcke dazu von Linon, Mousseline und dergleichen sind mit Band garniert oder mit Kanten von Eichenlaub gestickt. Man trägt auch farbige Röcke darunter, was sehr gut aussieht.

Fast alles wird jetzt mit blauem und rotem Garn gestickt: dadurch ist die brillante seidene Stickerei fast ganz verdrängt worden. Türkisches Garn kann man hier in allen Farben echt haben. Im Winter ist die Hauptfarbe der Damenkleidung Schwarz. Man beobachtet denselben Wechsel je nach der Ta-

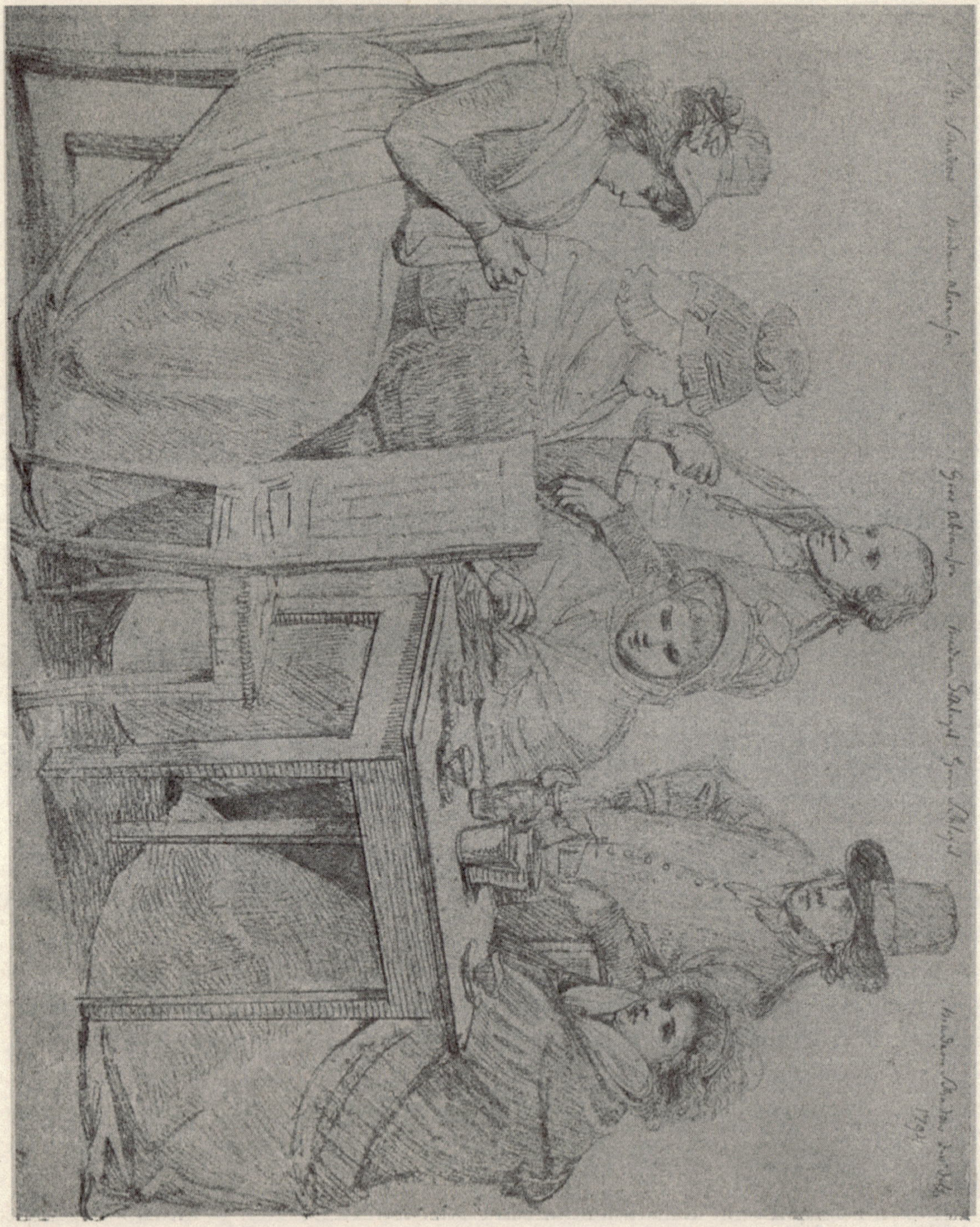

Gottfried Schadow: Kaffeevisite.

geszeit, oder wechselt auch ebensowenig wie im Sommer. Außerdem werden Capots, lange Pelzmäntel, wattierte Enveloppen, lange Leibpelze, Atlas, Grosdetours und Taft getragen."

Gottfried Schadow: Portraitskizze.

Nicht nur Tadler gab es, wie den Österreicher, die über die Übertreibung im Anzug der Berliner Damen ein Lamento erhoben. Andere Reisende bemerkten, daß es neben Damen, die sich in Übertreibung gefielen, auch viele gab, die sich außerordentlich reizend zu kleiden wußten. Eine gewisse Leichtigkeit und Ungezwungenheit herrschte in der Kleidung. Nur wurde die Frisur oft unnatürlich aufgebauscht. Die Kopfputze trugen ganz abenteuerliche Namen: Hamlet, Turk, Arab, Cosak usw. Sie waren so ungeheuer, daß sie auf den Straßen an die Schilder und Embleme der Handwerker stießen. Die Zeit war nun einmal durchaus antipuritanisch. Das entblößte Haar der Frau, bis an die Grenze des Möglichen aufgebauscht und dem Blick des Mannes ausgesetzt, war eine Aufforderung zur Schmeichelei und zur Werbung. Allerdings nur in den Kreisen des Feudalismus, der zwar zu Hofe gegangen, aber doch profitiert hatte. Er war die herrschende Klasse. Und da seine Frauen nicht zu arbeiten, sondern sich nur zu schmücken brauchten, gab er den Ton an mit diesen babylonischen Haarwulsten, die zum Symbol seiner Herrschaft wurden. Seine Frauen gingen von einem Fest zum andern. Ihr Haar konnte stets festlich sein: Hochgetürmt, breitgewellt, mit Perlenschnüren durchzogen, von Sternen und Halbmonden blinkend – so verkündend, daß die festlichen Damen stets zur Freude bereit waren und fern von der Entsagung lebten.

Daß solche Damen gern von einem Vergnügen ins andere, von einem Kostüm ins andere schlüpften, wird nicht verhehlt. Chodowiecki verspottete oft solche übertriebene Putzsucht. Sein einzig dastehendes Lebenswerk enthält eine große Zahl satirischer Blätter, durch die er zu einem Erzieher des Berliner Geschmacks wurde.

Aber nicht nur die Eitelkeit der Damen verspottete er. Gelegentlich machte er sich auch über sittliche Zustände her und klagte die Vorgänge auf den Redouten an. Diese Redouten im Opernhaus bildeten das Hauptwintervergnügen Berlins. Jeder durfte unentgeltlich teilnehmen – wenn er nur anständig gekleidet war. Und so konnte Gleim an Uz schreiben: „Auf dem bürgerlichen Platz findet man kein sprödes Mädchen ... Die grobe Wollust hat allenthalben die Oberhand." Aber daß der Adel nicht unbeteiligt war, geht aus dem Kupfer Chodowiecki „Das Masquen-Recht" hervor und ebenso aus der Verfügung des Jahres 1747, daß die Offiziere um 10 Uhr zu Hause sein mußten, weil sie auf der Redoute und anderwärts zuviel Ausschweifungen begangen hatten. Wohl war dem Adel die rote Farbe für Kostüme vorbehalten worden. Auch durfte er in den Schranken sich bewegen, die für den Hof bestimmt waren. Aber er hatte nicht verstanden, Haltung zu bewahren.

Im übrigen verstand man, sein Leben zu genießen.

In den Bemerkungen eines Reisenden durch die königlich preußischen Staaten wird ein Morgenfrühstück erwähnt, das eine reiche Gesellschaft im Taroneschen Garten am Tiergarten einnahm. Ein Musikkorps spielte auf, Bediente standen herum und der Marqueur erzählte dem Beobachter, daß Schokolade, Tee, Kaffee, Limonade, Orgeade, Ratafia, Persiko, Danziger Branntwein, Butterbrot, Schinken, Braunschweiger Wurst und kaltes Rindfleisch verzehrt worden waren. Der Reisende meinte entzückt:

Elise von Ahlenfeld-Lützow, 1810-20.

„Die Damen waren alle im Neglige[6] und nach dem besten und feinsten Geschmack angezogen, sie sahen zum Teil wie die Grazien aus und flogen mehr, als sie tanzten. Gegen ein Uhr sprangen sie in den Wagen und eilten ohne Zweifel zur Toilette, um sich zur Tafel, welche um 2 Uhr angeht, vorzubereiten."

Um ein Uhr hatten sie erst den Tanz, der dem Frühstück gefolgt war, beendet. Sie wußten schon zu leben und zu genießen, die Damen der vornehmen Welt unter Friedrich II. Es gab überhaupt wohl nichts in ihrem Leben, was nicht Genuß und Vergnügen gewesen wäre. Von sozialen Pflichten oder Sorgen fürs Allgemeinwohl wußten sie nichts. In ihren behandschuhten Händen und ihren gepuderten Köpfchen wurde alles zum Amüsement. Selbst der Gottesdienst war ihnen ein Vergnügen geworden. Konnte doch über die Katholische Kirche von damals die Fürstin Galitzin berichten:

„Die Gesellschaft, die sich fast täglich in den Salons und bei Hofe sah, kam auch in der Kirche zusammen, und zwar in kleinen Logen oder Kabinetten, die geschlossen waren, Schaufenster nach dem Altar und der Kanzel hin hatten, im übrigen aber immer so eingerichtet waren, daß man, unbemerkt von der versammelten Gemeinde, plaudern, sich putzen, Besuche abstatten, Bücher lesen und mitunter auch recht sanft schlummern konnte. Die Loge der Gräfin Schmettau, der Fürstin-Mutter, war immer mit Besuchern gefüllt – und die Andächtigen hatten zuletzt mehr acht auf die Schönpflästerchen und Schminken der Nachbarin, als auf den Gottesdienst."

War die Kirche zum Tummelplatz der gesellschaftlichen Eitelkeiten geworden, so geschah das alles doch nicht, weil die Gesellschaft keine anderen Gelegenheiten zum üblichen Treiben hatte. Wenn es auch noch nicht schicklich war, daß die Damen allein spazieren gingen, wenn sie auch noch nicht auf die Straße hinabgestiegen waren[7], so konnten sie doch in angemessener Begleitung gewisse Punkte der Stadt aufsuchen, wo sich eine Art von gesellschaftlichem Leben entwickelte. Das war damals die Umgegend des Schlosses, die Plätze am Zeughaus und an der Oper und die Straße Unter den Linden. Die Damen gingen dort spazieren, wie sie heute die Leipziger Straße, die Tauentzienstraße und den Kurfürstendamm hinuntergehen – immer in Geschäften und mit Päckchen beladen, während sie früher von Dienern und Dienerinnen begleitet wurden.

Sintzenich: Königin Luise.

Außer auf den Promenaden in der Stadt fand sich die elegante Welt auch draußen im Tiergarten zusammen. Hatte Friedrich Wilhelm I. dem Park keine allzugroße Sorgfalt angedeihen lassen, so daß wohl die Damen und ihr Anhang sich nicht viel aus dem vernachlässigten Lustwald gemacht haben mögen, so wurde das unter Friedrich II. ganz anders. Er schuf jenen Lustpark, den wir heute kennen. Er beseitigte den Plankenzaun und machte den Tiergarten zu einer für alle zugänglichen Erholungsstätte. Auch ließ er die schönen Linden an dem Wege nach Charlottenburg pflanzen, die heute noch mit ihrem Grün so viele Augen erquicken. Und 16 Statuen ließ er an verschiedenen Plätzen aufstellen, ohne bei den nüchternen Berlinern für die weiße Marmorwelt Verständnis zu finden.

Mehr Verständnis fand der Hofjäger Hahn, der in den siebziger Jahren des 18. Jahrhunderts am Ende der vom großen Stern abweichenden Hofjägerallee eine Gastwirtschaft anlegte, die in der Geschichte des sich amüsierenden Berlins eine nicht unbedeutende Rolle spielte. Der Tiergarten war damals überhaupt der eigentliche Tummelplatz des Berliner Vergnügens. Reichere Familien machten Wagenausflüge nach Charlottenburg; die Hinfahrt dauerte an fünf Stunden, weil der Wagen im Sand nicht vorwärts kam. Unterwegs mußte man sich mit Speisen stärken, die man mitgenommen. Die einfachen Bürger zogen zu Fuß hinaus, auch damals schon Staubwolken um sich her verbreitend.

Unter Friedrich II. ward dann der Platz an den Zelten der Sammelpunkt der Spaziergänger. Eine dreifache Baumreihe umgab den „Zirkel“, auf dem sich die bunten und vergoldeten Karossen um eine Statue der Flora bewegten und auf dem die Offiziere der starken Garnison auf reichgeschmückten Pferden paradierten. Unter den Bäumen aber standen und wandelten die Bürger und sahen dem Treiben der Vornehmen zu.

Frau von Perponcher und Prinzessin Auguste Solms in einer Ferie,
wie sie am Hof am Anfang des 19. Jahrhunderts gespielt wurden.

Damals hatte Berlin eine Volksbelustigung, die alle Kreise zusammenführte, was schon so oft vergeblich in neuerer Zeit versucht worden ist, einen solchen gemeinsamen Sammelplatz zu schaffen, das brachten die kleineren Verhältnisse von damals ganz von selbst hervor. So hastig wie heute arbeitete man wohl noch nicht in Berlin. Und ein Spaziergang nach den „Zelten" genügte, um alles das betrachten zu können, wozu heute Ausflüge nach den großen Renntagen im Grunewald, in Hoppegarten und nach allen möglichen Vergnügungsstätten gehörten. Hof und Aristokratie, Kavaliere und Offiziere, das reiche Bürgertum und die höhere Beamtenschaft – alles fand sich im Paradekostüm dort zusammen, die Herren in der gepuderten Perücke, die Damen in gespreiztem Reifrock, stark geschnürt und dekolletiert. Nur die jüngeren Damen zeigten sich in enganschließenden Röcken und auf hohen Stöckelschuhen. Der Gouverneur der Residenz ließ an schönen Sommertagen, wenn Tausende zu Fuß, zu Pferde oder in vergoldeten glänzenden Karossen auf dem „Zirkel" zusammenkamen, von den Regimentsmusikern Konzerte aufführen. Und weil schließlich auch für Erfrischungen gesorgt werden mußte, wurde im Jahre 1745 mehreren Refugiés erlaubt, in Zelten Getränke und kleine Imbisse feilzuhalten. So kam der Platz zu seinem Namen, den er behielt, als nach einigen Jahrzehnten aus den Zelten schon Bretterhütten und feste Gebäude mit vollem Restaurationsbetrieb geworden waren.

Sintzenich: Hofdame Frl. von Knobelsdorf um 1800.

Fast gleichzeitig entstanden längs der heutigen Tiergartenstraße Kaffee- und Wirtshäuser. An der Bellevuestraße entstand aus der Schenke „Zum letzten Heller" der Kemperhof, über den im Jahre 1857 die Viktoriastraße angelegt wurde. Überhaupt wurden fast alle größeren Gartenwirtschaften jener Gegend im 19.Jahrhundert von Straßen durchschnitten und als Bauterrains für das entstehende Geheimratsviertel benutzt. Das „Elysium" lag dort, wo heute die Bendlerstraße entlangführt; und auch die Matthäikirchstraße ist im Jahre 1846 aus einem solchen Garten entstanden. Das Dreieck zwischen Bellevue-, Lenné- und Budapesterstraße aber wurde erbaut auf einem Gelände, das lange Zeit als Schulgarten gedient hatte; in ihm sollte die Jugend lernen, nicht mehr einseitig Buchwissenschaft zu treiben, sondern ihre Kräfte zwischen Körper und Geist zu teilen. Aus diesem gut erdachten Plan ist aber nicht viel geworden. Der Garten blieb im wesentlichen Erholungsort, bis er nach manchen Schicksalen bebaut wurde.

Die besetzte Bank unter den Linden.

Trotzdem nun der Strom der Spaziergänger abgelenkt wurde, blieb doch der Platz an den Zelten in der zweiten Hälfte des 18. Jahrhunderts die erste und hauptsächlichste Promenade Berlins. Mila, der im Jahre 1764 geboren wurde, erinnerte sich noch aus seiner Jugend, daß selbst die Mitglieder des königlichen Hauses und Personen vom ersten Rang sich unter die Menge mischten. In ihren mit vergoldeter Holzschnitzerei überladenen „Wurstwagen", an deren Schlägen Pagen und Heiducken standen, fuhren die Prinzessinnen die Hauptallee entlang. Und viele geputzte Damen begegneten den Herren, die in Zopf und Perücke, mit langen Rohrstäben bedächtig einherwandelten. Schönheit und Reichtum, Würde und Anmut, Wissen und Geist, die Eitelkeiten, der Stolz und die Geschmacklosigkeiten gaben sich hier in dem schönen waldigen Park ein Stelldichein.

Viel Gutes wissen die Zeitgenossen und Beobachter aus den letzten Regierungsjahren Friedrichs II. nicht von den „Frauenzimmern" Berlins zu melden, die sich in der Öffentlichkeit zeigten. Christian von Stolberg meinte, der Ton der großen Gesellschaft sei affektiert und afterfranzösisch. Die Weiber seien mit Federn besteckt wie Schlittenpferde, und die abscheulichsten Laster hätten ihr Wesen besonders in den prinzlichen Häusern und vergiften ein Volk, das den Damm der Religion schon durchbrochen habe. Andere Reisende, so Sticotti und ein französischer Beobachter behaupteten gerade das Gegenteil: Die Frauen sind meist blond, sehr stark ... man empfindet in ihrer Nähe weder die Unruhe noch die holde Verwirrung, die den Reiz der Liebe ausmachen ... Sie sind und fühlen sich stets wohlgeboren; die Damen des Hofes, noch sanfter und ehrsamer als die andern, tragen keine strenge, abwehrende Miene, sind aber nicht weniger geachtet. Ein anderer Reisender wieder sagt in seiner drastischen Weise:

„Nimm eine Marionettenpuppe, ausstaffiert mit Flitterstaat, und eitlem Prunk, in Berlin gedrechselt und stattlich nach der Mode geformt, und doch Körper ohne Seele, die erst durch den Draht des

Marionettenspielers muß regiert werden, und sieh da, du hast ein richtiges Konterfait des großen Teils des hiesigen weiblichen Geschlechtes."

Auch er gab, wie so viele andere, der mangelhaften Erziehung schuld; die jungen Damen würden zu frühe dazu angeführt, die Rolle einer Koketten zu spielen, den Busen zu lüften, auf Bälle und Picknicks geschleppt und sich selbst überlassen. Ihre Gespräche seien abgeschmackt, ihr Witz fade, der Verstand durchlöchert, und ihr lächerlicher Stolz verdiene nur Verachtung. Nur unter denen, die erst aus der Provinz nach Berlin gezogen, treffe man gute, ehrbare Geschöpfe, Tugend und Unschuld, volle Wangen und frische Farben. Ideale von Schönheit aber treffe man nicht, die Dauer der Reize sei zu kurz – eine unausbleibliche Folge der Bälle, des Tanzens, des erhitzten Blutes. Der Verfasser der Charakteristik fährt wenig schmeichelnd fort:

„Der Verstand ist beim hiesigen weiblichen Geschlechte ein Ding, das man bloß auf französisch radebrechen, Epigramme zu enthüllen und Liebes-Romane anzuzetteln reduziert; suchst du weiter, so findest du alles versperrt, alles wüst und leer. Ihre Sprache kennen sie nicht, und wenn sie auch affektieren einen Wieland und Goethe zu lesen, so verstehen sie ihn nicht und saugen Gift aus den Veilchen. Die Geschichte ihres Landes ist ihnen vollends unbekannt, und sie belustigen sich mit Stadtmärchen und altem Weiberklatsche, was auf dem Fischmarkt und Trödelkram zu Existenz kommt und in die großen Assembleen eindringt. Sie besuchen das Schauspiel um zu glänzen, plaudern mit ihrem Cicisbeo, den sie dahin zu Rendezvous bestellet, und empfinden garnichts."

Einem Mann, der so herzhaft und deutlich seine Meinung sagte – die wahrscheinlich eine durch irgendeinen Haß oder durch Vorurteile erzeugte Meinung war, die aber doch eine gewisse Berechtigung in sich haben mochte – einem solchen Mann mußte es auch auffallen, daß die Damen vom Adel sich durch besonders großen Stolz auszeichneten. Seine saftigen Worte mögen für ihn sprechen:

Muskaus Kaffeegarten in Charlottenburg.

obersten Stockwerk auf die bürgerliche Canaille herabblickt, wie sie gleich dem Pfau einher stolziert, sich über das bürgerliche Grobzeug moquieret, daß es sich besser und geschmackvoller kleide als sie selbst – wie sie auf den Assembleen und Festins die Nase rümpft, wenn eine bürgerliche Frau ihr den Rang abgewinnt, wie sie auf den Promenaden mit dem Wort *populace-bourgeoise* um sich wirft, und sich zu encanaillieren glaubt, wenn sie ein paar Worte mit einer Bürgerdame wechselt!" – Doch nicht nur dem Adel wurden seine Torheiten vorgeworfen. Der ganzen Damenwelt jener Jahre wird von vielen Reisenden nicht das Beste nachgesagt. Auch in den „Freyen Bemerkungen", die 1785 erschienen, wird über die verkehrte Erziehung der jungen Mädchen geklagt, die in den Pensionen mehr zur Galanterie als zu ernsthaften Beschäftigungen erzogen würden. Mit schlüpfrigen Romanen würden die jungen Herzen zu niedrigen Leidenschaften verderbt und wer ihren zudringlichen Äußerungen kein Gehör gebe, werde mit Sticheleien und Anspielungen verfolgt. Solche Mädchen müssen allerdings dann Frauen geworden sein, die nichts als den Putz im Kopfe hatten und ihren Mann ruinierten. Von andern aber wird erzählt, daß sie nicht minder verschwenderisch mit Modeartikeln waren, daß sie aber dafür zufrieden seien, wenn sie zu Hause ein Schälchen Kaffee und eine Butterstolle zum Mittagsmahle haben. Das war ein echt berlinischer Zug: im Hause sich einschränken, nach außen aber prunken. Viele Frauen der vornehmen Welt waren große Liebhaberinnen von Komödien, und der Hofmeister ihrer Söhne mußte die wichtigsten Arbeiten beiseite legen, wenn der neueste Roman aus dem Buchladen kam. Wollte er als Mensch von Talent und Geisteskraft gelten, mußte er bei jeder empfindsamen Stelle in Wonnegefühl und himmlischem Entzücken zerschmelzen. Trotz aller Aufklä-

Charlottenburg um 1820.

Winterbelustigung Anfang des 19. Jahrhunderts.

rung spielten sie leidenschaftlich gern Karten. Eine andere Unterhaltung war kaum in der damaligen Gesellschaft bekannt. Zwar zeigte sich schon damals die große Vorliebe der Berlinerinnen für die Musik. Sie musizierten selbst und sangen; diese Musikabende, deren bedeutendsten Menzel im „Flötenkonzert" verewigt hat, waren der Ausdruck der beginnenden feineren Geselligkeit, die bald die Epoche Friedrich Wilhelm I. überwand. Aber trotzdem jetzt mehr lasen, zeichneten, stickten und sich anderen verfeinernden Beschäftigungen widmeten, waren die Vertreterinnen der höheren Damenwelt noch in vielen Vorurteilen befangen und waren Freunde der Wahrsagerei, ließen sich, die neueste Mode mitmachend, hypnotisieren (siehe Chodowiecki, „Der Magnetiseur") und genasen von den schwersten Krankheiten, wenn das neue Kleid kam.

Auch in der Trauerkleidung, die auch damals schon von schwarzer Farbe sein mußte, blieben sie kokett. Von 1780 an wurde die Mode zwar einfacher. Aber sie bot immer noch Gelegenheit genug, um den vielen oberflächlichen Frauen, denen noch kein geistiger Inhalt gegeben war, die Lust am übermäßigen Prunk und am inhaltlosen Dahinleben der Tage zu lassen. Außer den eingebildeten Adeligen – unter denen oft wirklich Wohlerzogene waren – gab's ja auch genug Bürgerliche, die plötzlich, oft durch die vielen Kriege reich geworden waren. Deren Frauen galten damals sowohl wie heute als nicht gebildet und wurden ein wenig für unberechtigte Emporkömmlinge gehalten. Es waren eben Weibchen, von denen man nur weibliche Natur, aber keinen Inhalt verlangt hatte. Wenn solche Damen auch später dem klassischen Geschmack sich hingaben und Harfe spielten, wenn sie auch unter den unbeschnittenen Bäumen der neuen Gärten freier und weniger geziert dahinschritten – sie waren doch in vielen Beschränktheiten befangen, liefen zu den Kartenschlägerinnen, erquickten sich an den rohen Hinrichtungen und an den Moritaten – und zeigten tausend andere Mängel an Herz und Bildung. – Entführungen kamen häufig vor. Die obersten Kreise glaubten ein Privileg zu haben, sich bei schönen jungen Frauen die Rechte des Mannes anmaßen zu dürfen. Es war die Zeit, in der der Thronerbe, der spätere König Friedrich Wilhelm II., sich mit der Madame Enke, die später Gräfin Lichtenau hieß, liierte und vielen anderen Abenteuern nachging. Das gesellige Treiben der Berliner Gesellschaft bekam eine solche Wildheit, daß auf den Redouten keine Charaktermasken mehr

Winterbelustigung auf der Spree bei den Zelten.

geduldet werden konnten. Diese Redouten fanden zweimal wöchentlich im Opernhaus statt. Seitdem die Charaktermasken verboten waren, beklagte man sich weniger über Unanständigkeiten. Aber die Zeichen des Verfalls, der Entnervung und Erschlaffung begannen doch immer wieder hervorzutreten. Rousseau, Goethe und Wieland hatten gewirkt – und wurden in einer gewissen Entstellung die Schirmherren einer ziemlich bedeutenden Zuchtlosigkeit der höheren Kreise, die ihrem Treiben das so oft mißbrauchte Mäntelchen der Liebe umhingen. Weiberwechsel und Hausfreundschaften weitgehendster Art waren nichts Seltenes. Für alle diese Dinge hatte man ein Trostwort bereit. Als die Nichte von Henriette Herz drei Monate nach ihrer Hochzeit ein Kind zur Welt brachte, klagte die Tante empfindsam:

„Wie die Menschen durch ihre Unmäßigkeit sich die schönste Zeit verderben – das Erhöhen durch Entbehren verstehen die Gemeinen nicht. Die Verschämtheit ist aus der Welt gewichen, und zwar nicht aus dem schönen Grunde, weil die Welt unschuldig ist.“

Verkehrt wäre es, aus einem etwas freieren Liebesleben allein auf die Verderbtheit einer Epoche schließen zu wollen. Mit philisterhafter Engherzigkeit und mit der Forderung des Innehaltens vorgeschriebener strenger Schranken kann man keiner Zeit gerecht werden. Doch läßt sich an der Art, wie zweifellose Entartungen und Entgleisungen allgemein beurteilt werden, wohl ein gewisser Zustand des sittlichen Lebens erkennen. Und in der Berliner Gesellschaft am Ende des 18. Jahrhunderts war man geneigt, alles, was Höherstehende irgendwie sich erlaubten, für gut und sogar für nachahmungswert zu halten. Was in dem weiterentwickelten Frankreich zur Revolution und zum Zusammenbruch der höheren Schichten führte, brachte in Preußen-Berlin nur eine allgemeine Demoralisation zustande: Das Überwiegen des bevorzugten Adels und der ganz Reichen. Sie arbeitete der Katastrophe von 1806 vor. Ein innerer Zusammenbruch war bei der Zusammensetzung des preußischen Staates ja nicht möglich. Das Bürgertum war zu schwach und nicht zahlreich genug, um eine Änderung herbeiführen zu können. Aber einen Stoß von außen konnte ein geschwächtes und unentwickeltes Reich nicht vertragen – wo die führende Schicht so in Verweichlichung gesunken war und doch die erste Stelle beanspruchte und alle anderen Volksmitglieder niederhielt. An der moralischen Zerrüttung der oberen Stände allein wäre Preußen nicht zugrunde gegangen. Der Kreis um Napoleon war ja auch kein Tugendbund. Aber in Frankreich waren

Mode 1826.

die Folgen der Mätressen- und Günstlingswirtschaft längst beseitigt worden. In Preußen jedoch noch lange nicht. Die ganze Gesellschaft am Ende des 18. Jahrhunderts war von ihr durchseucht.

Die größte, einflußreichste, begabteste und gefährlichste Mätresse, die je in Berlin gelebt hat, war die Gräfin Lichtenau. Wie die Gräfin Wartenberg stammte auch sie aus Kleinbürgerkreisen: Sie war die Tochter eines Militär-Musikers. Daß sie eine so überragende Stellung gewinnen konnte, war zweifellos ein Verdienst ihrer Fähigkeiten wie auch der Unfähigkeiten ihres Verehrers, des Königs Friedrich Wilhelm II. Er hatte schon als Prinz untergeordneten Umgang, konnte sich nie zusammenhängend ausdrücken und fiel so in die Hände derer, die am leichtesten den Sinn seiner Worte verstanden. Politik war ihm gleichgültig; Kunst und Literatur aber interessierten ihn schon mehr. Wir wollen nicht vergessen, daß unter ihm Langhans das heutige Brandenburger Tor gebaut hat, daß er viele wirklich berlinische Häuser in einfachem, klassizistischem Stil auch für Bürger hat bauen lassen und also der Stadt einen bestimmten Charakterzug wies. Auch frischte er die verkommene Oper auf, war allgemein, auch für die neue Literatur interessiert und in vielen Dingen ein moderner Mann. Ihm war es z.B.

„Ach da hast Du einen schönen Hund!"
„Ein Hund?! ein Hund sagt man also in Berlin?
Hahaha, die Töle jehört ja zu Ihrem Jeschlechte, liebe Tante! –"

Ed. Gärtner: Die Königskolonnaden am Alexanderplatz
Anfang des 19. Jahrhunderts, jetzt vor dem Kammergericht in der Potsdamer Straße.

zuwider, gebildete Männer mit „Er“ anzureden. Er sprach alle Menschen mit „Sie“ an und hätte sicher viel für die neue Zeit getan, wenn er etwas mehr Energie besessen hätte. Vom Gepränge des Hofes mochte er nichts wissen und ging am liebsten in einem blauen Frack. Über seine Sucht, dem Theater, Konzerten und allerlei kleinen Händeln seine Tage, den Ministern aber nur Minuten zu widmen, berichteten Mirabeau und viele andere. Schon während seiner ersten Ehe war er mit der Gräfin Lichtenau bekannt geworden. Sie hieß damals noch Wilhelmine Enke. Der zweiundzwanzig Jahre alte Prinz lernte die Vierzehnjährige bei ihrer Schwester kennen, die von den Eltern als Figurantin bei der italienischen Oper angebracht und sich, gestützt von der Gunst vornehmster Herren, ein eigenes Hauswesen halten konnte. Als der Prinz bei seinen Besuchen sah, daß Wilhelmine von ihrer Schwester schlecht behandelt wurde, führte er die Mißhandelte ihren Eltern zu und befahl ihnen, auf seine Kosten für ihre sorgfältige Erziehung zu sorgen. Nach einem Jahr war sie zu einer blühenden Schönheit herangewachsen und der Prinz, entzückt von ihrer Grazie und Naivität, brachte sie ganz im geheimen nach Potsdam in das Haus eines seiner Getreuen. Sie wurde geschickten Lehrern übergeben, und der Prinz besuchte sie fast täglich. Er trieb selbst mit ihr Geschichte und Geographie, las mit ihr alte und neue Dichter und besonders Rousseau und Shakespeare. Er soll ihr auch mit seinem eigenen Blute ewige Freundschaft auf einem Papier zugesichert haben. Nach drei Jahren wurde sie mit ihrer Schwester nach Paris geschickt, die unterdessen russische Gräfin geworden und nacheinander von den verschiedensten russischen Edlen ausgehalten wurde. In Paris wurde die Lichtenau eine vollkommene Kurtisane. Als sie zurückgekehrt, fesselte sie den Prinzen mehr als zuvor. Auf ihre Empfehlung hin erhielten Personen ohne Verdienst ansehnliche Staatsämter. Friedrich II. verbot solche Protektionswirtschaft und befahl der Enke, den ersten besten Mann zu nehmen. Sie verheiratete sich mit dem Kammerdiener Rietz, der sich von seinem Herrn mißhandeln ließ, sich dabei mästete, unmäßig trank, nach oben hin kroch und nach unten hin trat – eine rechte Lakaienseele.

Madame Rietz blieb Favoritin, auch als der Prinz sich nach seiner ersten nicht glücklichen Ehe zum zweitenmal verheiratete. Lord Malmesbury schrieb 1776: „Sie ist groß von Person, munter von Aussehen, nachlässig in ihrer Kleidung und gewährt eine wahrhaftige Vorstellung von einer vollkommenen Bacchantin." Sie soll sehr verschwenderisch gewesen sein und verschaffte auch ihren Verwandten einträgliche Posten und große Vermögen. Außerdem aber war sie klug genug, den König nicht in seinen neueren und jüngeren Liebschaften zu stören. Sie wurde die berlinische Madame Pompadour. Sie suchte nur zu verhindern, daß ihr eigener Einfluß beeinträchtigt werde und traf deshalb selbst die Auswahl. Erst erhielt eine Madame Minette (Horst), ein früheres Waschmädchen, die Gunst des Königs, dann Madame Baranius vom Theater, endlich vom Korps de Ballet eine schöne frische Brünette, die Tänzerin Schulsky. Diese Tänzerin, eine junge Person, sollte den alternden König verjüngen. Nach des Königs Tode heiratete sie einen Gardeleutnant: Sie war eine reiche Partie geworden. Neben ihr wurden genannt: Silberminchen, die an einen Doktor verheiratet wurde, die kleine Französin und eine Bethmann.

Als der König den Thron bestiegen hatte, ließ er sich eine Dame aus dem Hofadel, Julie von Voß, zur linken Hand antrauen. Das devote Konsistorium fand allerlei Gründe für diese Doppelehe. Und ihre Verwandten, die in hohe Stellen einrückten, hießen die Ehe gut. Sie starb, bald nachdem sie einen Knaben, den Grafen Ingenheim, geboren. Der König war beim Beginn ihrer Krankheit schon zur Lichtenau zurückgekehrt, die damals noch Rietz hieß. Sie besaß immer noch so viel Reiz, daß der König nicht von ihr lassen konnte. Ihre Arme waren von großer Schönheit. Kaufte sie im Laden Paskels am Schloßplatze Handschuhe, dann fanden sich Kunstdilettanten ein, um zu bewundern, wenn sie beim Anprobieren ihre schönen Arme entblößte. Auch fehlte es ihr nicht an Unterhaltungsgabe.

Menzel: Neujahrsgruß um 1830.

Mineralbrunnen-Trinkanstalt um 1830.

Um sie zu stürzen, lenkte der Hofadel die Augen des Königs auf eine andere Hofschönheit, auf die üppige Blondine Gräfin Sophie von Dönhoff. Sie wurde ebenfalls ihm zur linken Seite angetraut. Wieder wurden alle möglichen Verwandten reich bedacht. „Die Komtesse Dönhoff blendete durch jenes gefährliche Zusammenspiel von Reizen, Liebenswürdigkeit, Kaprizen und Launen, welche die Leidenschaft noch mehr entflammen. War der König beharrlich in seiner Anbetung, so durfte er auf deliziöse Vergnügungen rechnen, nur mußte er dabei auf ein ruhiges und friedliches Leben verzichten." Diese Exaltiertheit führte den König dazu, mit ihr zu brechen. Und von nun ab blieb Madame Rietz – Roxolane, wie sie bei Hofe hieß – unumschränkte Beherrscherin des Königs. Wen sie begünstigte, der wurde begünstigt. Ja, sie soll sogar in den traurigen Kriegsaffären jener Jahre ihre Hände gehabt haben. Als sie zur Gräfin erhoben wurde – um sie hoffähig an anderen Höfen zu machen – wurden ihr vier Ahnen von väterlicher und mütterlicher Seite, Ebenbürtigkeit und Stiftsfähigkeit verliehen. Und die Minister Bischofswerder und Wöllner verbündeten sich mit ihr, um in einer spiritistischen Farce dem König einen verstorbenen Sohn der Lichtenau erscheinen zu lassen und um so ihren bigotten Einfluß aufrechtzuerhalten.

Als der König im Jahre 1796 schwer erkrankte, pflegte sie ihn. Wohl zum Dank erschien er mit der ganzen königlichen Familie zu einem Fest in ihrem Palais Unter den Linden. „Der Kronprinz konnte seine heftige Gemütsbewegung nicht verbergen. Er warf verstohlene Blicke bald der zärtlich geliebten Mutter (der Königin), bald der angebeteten Gemahlin (Luise) zu, als könne er es nicht begreifen, wie es möglich sei, sich mit ihnen in den prachtvollen Zimmern der Mätresse seines Vaters zu befinden." Als der König nach einer Badereise heimkehrte, wurden große Feste gegeben, bei denen die Lichtenau die Stelle der Königin einnahm. „Das Fest begann am frühen Morgen mit Glockengeläut und Posaunenblasen. Auf den Plätzen war Tanzvergnügen, Mastbaumklettern, Puppentheater, Speisung der Armen auf öffentliche Kosten.“ An allem nahm der König teil und erschien auch mit der Lichtenau, die im griechischen Gewand mit goldenem Diadem sich zeigte, auf dem großen Zweckessen der Bürgerschaft.

Sie muß eine große Gewalt über den König gehabt haben. Alle Zeitgenossen waren entzückt von ihr und ihrem kostbar eingerichteten Hause. Besonders wußte sie den König durch ihre Gemälde-Galerie zu fesseln, die Halb- und Ganzentblößte zeigte und deren Stoffe meist den Zärtlichkeiten der Zuneigung entnommen waren.

Kaum hatte Friedrich Wilhelm III. die Regierung angetreten, wurde die Lichtenau verhaftet und in Arrest gebracht. Das war eine Wohltat für sie. Die Bevölkerung von Berlin war gegen sie zu erbittert – sie wäre schwer mißhandelt worden. Hatte sie doch jeden, der mit der Günstlings- und Mätressenwirtschaft nicht zufrieden gewesen war, verfolgt. Nun endlich konnten alle reden. Und was vorher in zahllosen Schmähschriften heimlich von Hand zu Hand gegangen, ward nun von Mund zu Mund gerufen und verurteilt. Die Lichtenau ward schließlich freigelassen. Nach manchen Abenteuern – sie hatte sich durch Napoleon eine Entschädigung für die konfiszierten Güter verschafft, vorher den jungen Dichter Franz von Holbein geheiratet – kehrte sie nach Berlin zurück, wo sie in den Befreiungskriegen sich patriotisch betätigte und im Jahre 1820 starb.

Abendgesellschaft in einem Hause am Dönhofplatz, 1826.

Sie hatte also noch den Zusammenbruch Preußens miterlebt, an dem sie nicht ganz unbeteiligt war. Die Wirkung ihrer Verschwendungssucht und ihrer Günstlingswirtschaft soll gewiß nicht überschätzt werden. Aber ohne Einfluß ist sie nicht gewesen auf den zerrütteten Zustand und auf eine unentwickelte, fast nur auf Privilegien aufgebaute Staatsorganisation, die einem ernsten Anprall jüngerer und fortgeschrittener Kräfte nicht standhalten konnte. Selbstverständlich konnten die vielen Feste und Vergnügungen nur ablenken von ernsthafter Weiterentwicklung des Staates, den Friedrich der Große in unermüdlicher Tätigkeit aufgebaut hatte. Auch die vielen gelehrten Gesellschaften und Institute, die in den letzten Jahrzehnten des 18. Jahrhunderts gegründet wurden, konnten die allgemeine Stimmung, die aus „Freuen wir uns des Lebens, solange noch das Lämpchen glüht" hinauslief, nicht überwinden. Alle schlaffe Güte des Königs konnte nicht die notwendige Umwandlung des Staatswesens ersetzen. So wurden denn die Veteranen Friedrichs II. von den Volksheeren der französischen Revolution zurückgeworfen. Das Politisieren in den Gesellschaften, das damals alle scharfen Zungen beschäftigte, nutzte allein auch nicht. Der politische Aufbau des Volkes mußte erneuert werden, daran aber dachte noch niemand. Und so entschwand in diesen elf Jahren nach Friedrichs Tode auch das alte preußische Pflichtgefühl. Es hatte keinen rechten Halt mehr in dem Staatszustand. Das wirkte auf alle Sitten und Gebräuche.

Franz Krüger: Henriette Sonntag.

Im allgemeinen waren damals überhaupt die Sitten sehr ungezwungen. Auch am Hofe der Königin Luise wurden jene antikisierenden Moden getragen, deren durchscheinende Stoffe die weibliche Gestalt mehr enthüllten als versteckten. Im Tanz kam ebenfalls der Zug zur Klassik zum Vorschein. Und das jugendliche Tänzerpaar Vigano, das G. Schadow im Jahre 1796 zeichnete, hat wahrscheinlich künstlerisch schönere Eindrücke den Berlinern hinterlassen als die Duncan, die vor einigen Jahren Berlin mit ihren nicht bedeutungslosen, der gezierten und barbarischen italischen Balletthopserei fernen Tänzen begeisterte.

Bei den sittenlosen Zuständen in Berlin – und besonders in den oberen Schichten, wo eine Gräfin Lichtenau alles galt, ist es sonderbar, daß sich im Theater folgende Szene zutragen konnte:

Die Tochter Döbbelins hatte ein intimes vieljähriges Verhältnis mit einem Manne, den sie aus manchen Gründen nicht heiraten konnte. Als dies Verhältnis zum zweitenmal Folgen hatte, machte das Publikum bei ihrem Erscheinen großen Lärm. Sie mußte von der Bühne abtreten. Das Publikum gab sich nicht zufrieden bis der Direktor erschien und zwar etwas erregt, aber mit seinem gewöhnlichen Pathos begann: „Geschätztes Publikum! Tugend kann straucheln –"

Da rief jemand aus dem Publikum: „Aber nicht zweimal!" Unter Lärm und Gelächter mußte Döbbelin abtreten.

Diese rohe Demonstration des Publikums stimmte nicht ganz überein mit der Gelassenheit, die es sonst bei gewissen Ereignissen zeigte. Und Karoline Döbbelin faßte in ihrer Entrüstung den Entschluß, in Berlin nicht wieder die Bühne zu betreten. Der bessere Teil des Publikums aber verlangte so nachdrücklich ihr Wiederauftreten, daß sie den schmeichelhaften Aufforderungen nachgab und als – Orsina in „Emilia Galotti“ von dem übervollen Haus mit rauschendem Beifall empfangen wurde.

Nach dem Schlusse des Stücks sprach sie mit tiefer Bewegung folgende Verse:

Franz Krüger: Frau des Künstlers.

Nicht nur mit aller Welt, Nein! Mit mir selbst entzweit
Verließ ich Euch, erhabne Gönner
Und seufzte in der Einsamkeit
Euch Lebewohl! – Der Herzenskenner
Sey Zeuge! – Heil mir, Eure Huld
Und Großmut ruft mich wieder
Ins väterliche Haus zurück,
Woraus ein trauriges Geschick
Mich reisen hieß – von Euch, von Vater und von Brüder!
Zu voll ist meine Brust, die Freude macht mich stumm!
Hab' Dank, leb' stets beglückt! – Huldreiches Publikum! –

Die Worte machten auf das Auditorium durch die herzliche Ausdrucksform der beliebten Künstlerin tiefen Eindruck. Da ihre Kunst nochmals mit ihrem Übertritt ins komische Fach in einer neuen, ungeahnten Weise wuchs und sie zum Vorbilde aller berühmten „komischen Alten“ in Berlin gemacht hat, so ist sie eine für die Theatergeschichte Berlins unvergängliche Bühnengröße geblieben.

Döbbelins Tochter scheint nicht die einzige der Theaterdamen gewesen zu sein, deren Privatleben Stoff zu interessanter Unterhaltung bot. Als nämlich im Jahre 1786 die Döbbelinsche Truppe ans neu errichtete Nationaltheater überging, ermahnte der Direktor die Mitglieder zu ehrenhaftem Wandel.

In seiner eigenen Familie ereignete sich bald darauf ein Fall, der herzhaft besprochen und beklatscht wurde. Die von ihrem Mann geschiedene Madame Baranius, erste Liebhaberin und jugendliche Heldin in Oper und Schauspiel, lebte mit des Direktors Sohn Karl in wilder Ehe. Ganz naiv schrieben beide gemeinsam an den Geh. Finanzrat von Peyer, er solle für eine gewisse Summe gutsagen und wöchentlich einen Teil von ihrer Gage abziehen, damit ihre Haushaltung und Einrichtung schuldenfrei werde. Karl war gerade kein bedeutender Komödiant, während die Baranius ebenso talentvoll wie schön war. Was sie an ihn fesselte, ist schwer zu sagen. Vielleicht war's die Hoffnung, selbst Direktorin zu werden. Karl Döbbelin bewarb sich nämlich mit Erfolg um eine Konzession für die Provinz. Die Baranius aber wurde nicht Direktorin, vielmehr kam es zu bösen Auftritten zwischen den beiden. Karl Döbbelin mißhandelte sie in ihrem eigenen Quartiere. Ihm mußte die Entziehung der Konzession angedroht werden, worauf er verlangte, daß die Baranius ihm nichts in den Weg legen sollte und sich nicht unterstehen dürfe, gegen ihn Kabale zu machen. Wahrscheinlich war sie enttäuscht und erbost, daß er sie nicht zur Direktorin gemacht. Sie genoß übrigens auch die Gunst Friedrich Wilhelms II., soll sehr anmutig und reizvoll gespielt und so ihre sie weit überragende Kollegin Friederike Unzelmann glücklich ergänzt haben.

Unter der Regierung Friedrich Wilhelms II. und seines Nachfolgers war das Personal des Berliner Theaters von ganz ausgezeichneten Talenten zusammengesetzt. Neben den bedeutenden männlichen Kräften stand jene Friedrike Unzelmann, von der ein kritisches Urteil rühmte:

„Reiz, Jugend, rührenden Ton der Sprache, Wahrheit, Ausdruck, Innigkeit im Spiel und gute Methode im Gesang." Ein späterer Kritiker sagt von ihr: „Sie hat lichtbraunes Haar, ein großes durchdringendes dunkelblaues Auge und eine so zierliche Gestalt, daß es von ihr abhängt, wie viel jünger sie auf der Bühne erscheinen will, als sie ist und daß höchst wahrscheinlich irgend jemand, der gern die Gegenstände beim rechten Namen nennt, ihretwegen den Ausdruck ‚Schönes Kind' erfunden haben würde, wenn ihn die Sprache nicht schon gehabt hätte." Im Schauspiel war eine ihrer ersten Rollen die Marianne in Goethes „Geschwister", neben Fleck als Wilhelm. In der Oper sang sie zunächst noch die Rosine im „Barbier von Sevilla", worin ihr Mann den Figaro sang, und die Constanze in der ersten zur Aufführung kommenden Oper Mozarts, in welcher Lippert den Belmonte, der viel gerühmte Frankenberg Osmin und die Baranius Blondchen sangen. Nicht immer hatte sie solche schöne Aufgaben zu lösen. Von den neuen Generaldirektoren, den Gymnasialprofessoren Engel und Ramler waren Kotzebue und andere Fabrikanten von Rührstücken auf die Bühne des Nationaltheaters gebracht worden. Doch konnten sie nicht den großen Schauspielstil verderben, der sich unter Flecks und Ifflands Einfluß erhielt und auf ein großartiges Zusammenspiel und auf Schlichtheit und Natürlichkeit hinausging. Vor allen andern besaß die Unzelmann die größte Gunst der Berliner Theaterfreunde. Gubitz, der oft bei ihr verkehrte, erzählte von ihr, daß sie viel Verständnis und Geschmack für das Äußere der Frau hatte. Sie beherrschte die Frauenkleidung mit solcher Macht, daß selbst die Königin Luise sich oft Rat in Toilettesachen bei ihr holte. Dabei war sie selbst der größten Prunk-

Franz Krüger: Paul und Marta Taglioni.

Franz Krüger: Madame Crelinger mit ihren Töchtern.

losigkeit ergeben und verstand im einfachsten Kattunkleid schön zu sein. Sie gab sich auch den Zeitströmungen mit aller Gewalt hin und war eine große, ehrlich preußische Patriotin, die so erregt werden konnte, daß sie handgreiflich an Gubitz wurde, als er sie verspottete für ihre Absicht, sich an die Spitze eines Amazonenregiments zu setzen und gegen die Franzosen zu ziehen. Ihre Reizbarkeit machte sich bei jeder Gelegenheit geltend. Und wenn sie eine neue Rolle spielen sollte oder bei einem Konzert ein Gedicht aufzusagen hatte, konnte sie zittern und schwanken beim Auftreten wie eine Anfängerin. War die neueste Darstellung vorüber, dann konnte sie allerdings munter und mutwillig rufen: „Ach, warum kann ich nicht gleich nochmals spielen! Jetzt könnt ich's viel besser."

Daß sie frei war von jeder bürgerlichen Gebundenheit und ursprünglich und unbefangen auch in den ernstesten Zeiten blieb, bewies sie, als 1814 Bethmann ins Bad reiste. Da kam sie auf den Einfall, während der Abwesenheit ihres zweiten Ehemannes den ersten, Unzelmann, auf vier Wochen täglich zum Mittagessen einzuladen. Außer ihm nahmen ihre Freundin, Frau Liepmann und manchmal auch Gubitz an diesen Mahlzeiten teil, die den abenteuerlichen Jugenderinnerungen gewidmet waren und wo sie mit Genugtuung feststellte, ihr Stiefvater, Großmann, habe sie so hart behandelt, daß sie wohl Grund hatte, sich von Unzelmann entführen zu lassen.

Sie hat noch manche romantischen Erlebnisse gehabt. Gubitz sah sie einmal im Tiergarten, wie sie, ganz in Weiß gekleidet, bittend und beschwörend das Pferd eines Offiziers beim Zügel hielt, bei dessen plötzlichem Tod sie dann wochenlang trauerte. Daneben war sie eine sorgsame Mutter und wußte alle möglichen häuslichen Tugenden zu entfalten. Die Freunde, die an den Weihnachtsabenden bei ihr waren, behielten unvergeßliche Eindrücke von ihrer Innigkeit und ihrer Gabe, andere mit nicht sehr kostspieligen Geschenken zu beglücken.

Ihre Darstellungsfähigkeiten kannte keine Grenzen. Sie sang die schwierigsten Koloraturpartien, brachte in den Lustspielen durch ihren naiven Humor alle zum Lachen und erschütterte in den tragischen Rollen die anspruchsvollsten Geister, wie z.B. die Rahel bis zur vollsten Begeisterung. Sie

Franz Krüger: Parade am Opernplatz 1829.

konnte so zärtlich wie tragisch sein und blieb in allen Situationen, mochte sie in Possen oder ernsten Dramen auftreten, stets wahrhaftig und einfach. Sie bekam das für damalige Zeit sehr bedeutende Gehalt von 1.000 Talern jährlich und kannte schon nicht mehr die Sorgen und Unruhen, unter denen die voraufgegangene Schauspielergeneration zu leiden gehabt hatte. Als Schauspielerin war sie von einem ungewöhnlichen Zielbewußtsein. Sie empfand, wie ihr Direktor Iffland, deutlich die Schäden, die der Wahrheit des Ausdrucks, dem charakteristischen und doch poetischen Spiel durch den Überschwang Schillers drohten und ließ sich ihre Rollen wie Prosa ohne Absatz aufschreiben, um, soweit es möglich war, die natürliche Art der Rede durchzuführen. So ist es auch zu begreifen, warum Schiller an Körner über eine Berliner Aufführung der „Maria Stuart“ schrieb: „Die Bethmann spilet die Maria mit Zartheit und mit großem Verstande; ihre Deklamation ist schön und sinnvoll, aber man möchte ihr noch etwas mehr Schwung und einen mehr tragischen Stil wünschen. Das Vorurteil des beliebten Natürlichen beherrscht sie noch zu sehr, ihr Vortrag nähert sich dem Konversationston, und alles wurde mir zu wirklich in ihrem Munde. Das ist Ifflands Schule, und es mag in Berlin allgemeiner Ton sein.“

Franz Krüger: Fürstin von Liegnitz, morganatische Gemahlin Friedrich Wilhelms III.

Leider konnte sich die von Goethe und Schiller angegriffene Tradition der Ekhof-Schröderschen Schauspielkunst nur noch einige Jahre fest erhalten. Das weimarische Pathos zerstörte nach und nach die charakterisierende Natürlichkeit und das mag auch mitgewirkt haben, daß neben dem Tragischen sich in Berlin schließlich nur noch die Posse behaupten konnte.

Goethes Anschauungen waren zwar zu Anfang in Berlin auf Widerstand gestoßen. Selbst Lessing lehnte „Werther“ ab, und es bedurfte des feinen Verständnisses feinsinniger Frauen, um den Unverstand zu besiegen und um das nüchterne Berlin zur Anbetung zu zwingen. Karoline Böhmer, die später A. W. Schlegel heiratete, war die erste, die für Goethes Herrschaft eintrat. Sie führte die Romantiker in sein Wesen ein. Rahel gab ihr nichts nach. Voll inniger und heiliger Überzeugung wußte sie seinen Werken und Worten ihren Weg zu bahnen und sie in alle empfänglichen Herzen einzupflanzen, zur Blüte zu bringen. Seinen eigentlichen Erfolg in Berlin hatte Goethe den um 1800 neugebildeten Salons zu verdanken. Sie waren ein Nachrichtenbüro, eine Zeitung, ein Parlament wo jeder für seine Überzeugung und für seine Heiligen werben konnte. Weder Zeitung noch Parlament waren in ihrer heutigen Form vorhanden. Da mußte für die neuen geistigen Bedürfnisse was Neues geschaffen werden. Und das persönliche Aufeinandertreffen verfeinerte die Kultur. Heute, wo jede Kraft sich betätigen muß, wäre der geschäftige Müßiggang eines Salons ein Unding. In dem kleinen Berlin von damals war er eine Notwendigkeit. Berlin war noch so klein, daß man in wenigen Minuten alle wichtigen Punkte erreichen konnte. Was war natürlicher, als einander sich so oft wie möglich zu sehen und sich aussprechen über die Dinge, die einen bewegten? Die Schöngeisterei hatte natürlich den Vorzug. Und die Romantiker beherrschten mit ihrer neuen mystisch-sinnlichen Prophetie bald die Damen des Salons. Es wurde zur Modesache, August Wilhelm Schlegels Vorlesungen über Kunst und schöne Literatur zu hören. Die Beckmesser, die sich stets der Poesie und dem Neuen entgegenstellen, waren auch damals eifrig am Werke. In Zeitschriften und Pamphleten wurde die Begeisterung, die gewiß viel Überschwengliches an sich hatte, lächerlich gemacht. Kotzebue war darin besonders eifrig. Von einem solchen Gegner der Romantik stammen die folgenden Verse:

Sie müssen es glauben, besonders die Damen,
Die sollen mich auf dem Katheder sehen,
Mich preisen und kein Wort verstehen.
Die werden haufenweise zu mir rennen
Mit Cicisbeen und Ridikülen,
Ein Stündchen sitzen auf meinen Stühlen,
Damit sie nachher sagen können:
Als das Kollegium ward gelesen,
Bin ich auch ein paarmal dagewesen.
Und während ich strickte an meinen Strümpfen,
Habe ich lernen auf Wieland schimpfen
Und die Göttinger verunglimpfen
Und über Virgil die Nase rümpfen;
Die ganze Ästhetik in einer Nuß
Kostet mich nur zwei Friedrichsdor.

Dabei habe ich meinen schönen Fuß
Gezeigt der ganzen Versammlung vor,
Und mein elegantes Negligee
Ist auch nebenher bewundert worden.
Was nun gedruckt wird in Süden und Norden
Das kritisier' ich an der Spree
Nach dem echten kritischen Maßstab,
Bei dem es immer sehr viel Spaß gab!

Nicht ganz ohne Grund wurde diese einseitige literarische Liebhaberei angegriffen. Die Damen jener Epoche gingen ganz und gar in Gefühlsschwärmerei auf. Friedrich Schlegels Roman „Lucinde" ist ein Kronzeuge dafür. Allerdings ist er auch eine Bekenntnisschrift so unerschrockener Art, wie sie selten vom Sittenleben einer Zeit kündet. Die Frauen, von denen Schlegel schreibt, gingen ihren wahrhaftigen Trieben nach. Sie lebten zweifellos in einer höheren Sittlichkeit als viele Selbstgerechte. Und wenn Schlegel von so vielen Irrungen und Wirrungen in Herzensangelegenheiten schreiben konnte, so hat er nur das geschildert, was zu jeder Zeit immer wieder durchlebt wird. Nur daß es zum Motiv eines Kunstwerkes werden konnte, weist vielleicht auf eine stark erotische Färbung der Zeit hin – kündet von der Übermacht der Erotik. Die erotische Mode der Nacktheit hatte ja auch die Berliner Damenwelt in ihre leichten durchsichtigen Florkleider gehüllt. Selbst die Hofdamen ließen sich in solch durchsichtigen fließenden Gewändern abkonterfeien, daß ihre ganze Körperschönheit sich enthüllte und späteren Geschlechtern ihre schöne Linie überliefert wurde. (Siehe S. 73)

K. Seffeck: Franz Krüger beim Morgenritt.

Die laxe Lebensführung unter Friedrich Wilhelm II., den schlaue Dümmlinge mit einem Netz mystischer Gaukelkünste umspannt hatten, mochte immer noch nachwirken. Von keiner Zeit wird soviel über Sittenlosigkeit in Berlin geklagt, wie aus dem Ende des 18. Jahrhunderts. Viel Geschwätzigkeit, viel Skandalsucht mag in solchen Berichten mitgewirkt haben. Und doch waren sie nicht ohne Grund. Konnte doch damals eine Bordellmutter, die Madame Schowitz, einen fast historischen Ruf erreichen. Eine starke Laszivität durchzog das gesellschaftliche Leben. In einem Buch aus dem Jahre 1798 wurden aus dem damaligen Theater Dinge behauptet, wie sie heute nur in manchen Rauchtheatern üblich sind, wird das Übertreibende abgezogen, so bleiben doch noch recht merkwürdige Tatsachen übrig.

Nach jener Behauptung wurden die verschließbaren Logen zu Duodramen benutzt, die Freudenmädchen hatten freien Zutritt zum Theater, und vom sogenannten Paradiese berichtet der Beobachter: „Ein gewisser Schlächtermeister applaudiert hier nicht anders, als mit der flachen Herkulischen Hand auf den bloßen Hinterteilen seines Mädchens, daß das ganze Schauspiel-Haus davon ertönt."

Die Derbheit und Ungeniertheit, das Nachgeben der Augenblicksimpulse ist zweifellos eine allgemeine Zeiterscheinung gewesen, und zwar eine berlinisch gefärbte. Sie fand ihre vornehmste und fast veredelte Vertreterin in Pauline Wiesel. Diese vielgepriesene Frau von großer Körperschönheit und starker Unbefangenheit gab sich mit unwiderstehlicher Natürlichkeit der freien Liebe hin, wie einem zwingenden Menschenrechte, dem sich jeder bessere Mensch beugen müsse. Sie war zugleich die Gattin des zynischen Kriegsrats Wiesel und die Geliebte des genialischen Prinzen Louis Ferdinand. Großen Geist soll sie nicht besessen haben. Doch kann ihr der Witz nicht gefehlt haben, denn sie begrüßte einen Bildhauer einmal mit der echt Berlinischen Redewendung: „Na, Sie kleener Töpper!" Vor allem wird ihr eine große Wahrheitsliebe nachgerühmt, und selbst Varnhagen, der krittelnde Chronist, sprach ihr ein großes, immer neu hervorströmendes Naturgefühl zu. Diese schätzenswerten Eigenschaften und ihre bezaubernde Schönheit – Alexander von Humboldt schrieb ihr einmal: Ich ginge zwölf Stunden zu Fuß, um Sie zu sehen – berückten alle, die ihr nahe kamen. Und so ist auch wohl die Verhimmelung zu verstehen, mit der Pauline Wiesel von der Rahel bedacht wurde. Rahel, die Grüblerin, die trotz aller revolutionierenden Tendenzen doch nur im Denken handelte, feierte ihre Freundin, die unbedacht und wie selbstverständlich das Glück in ihre Arme nahm.

Nicht bei allen wurde ein solches freies Leben von der Natürlichkeit und persönlichen Eigenart, wie sie Pauline Wiesel in so reichem Maße zu eigen, geadelt. Doch nahm man nicht zu großen Anstoß daran.

Es war die Zeit, wo die Exklusivität der Stände ein wenig ins Schwanken kam. Wenn auch die große Mehrzahl der Gebildeten der französischen Revolution und den sich überstürzenden Ereignissen mehr wie ein Schauspiel zusah und das Ganze nicht recht begriff, so hatte sich doch ein gewisser liberaler Geist in die Gesellschaft eingeschlichen. Als die Herzogin von Kurland ihren „Salon" eröffnete, fanden sich bei ihr Vertreter aller Schichten ein. Sie besaß eben mehr als nur den Zauber der Persönlichkeit oder überragenden und anregenden Geist. Sie war hoffähig. Nur eine Dame von ihrem Range durfte auch die Damen einladen. „Und dennoch", sagt Henriette Herz, die eine ausführliche Schilderung jenes Salons gegeben, „gehörte die Unabhängigkeit, die Energie, der Geist und die taktvolle Humanität der Herzogin dazu, um nicht an dem Unternehmen zu scheitern."

Sie hat denn auch reichlich Verdruß mit der Durchführung des Salons gehabt. Und zwar vornehmlich durch die vornehmen Damen. Die Jüdinnen, die sich erst gescheut hatten, wurden bald heimisch in dem Kreis, der ihnen überdies nicht ganz unvertraut war. Wohl hatten die adligen Damen ganz exklusiv für sich gelebt. Aber die Kavaliere waren hingegangen, wo sie sich amüsierten. Sogar die Prinzen waren bei schönen und geistreichen Jüdinnen zu finden. Nun trafen die Damen der großen Welt nicht nur mit Gelehrten, Künstlern und Dichtern zusammen, sondern auch mit den Frauen, um die sich seit Jahren schon die geistige Elite der Stadt zu sammeln pflegte. Bald stellte sich ein wirklich freundlicher Ton zwischen den verschiedenen Elementen ein – dank dem anmutigen verbindlichen Wesen der fürstlichen Wirtin, die es verstand, Gegensätze zu überbrücken. Man speiste des Abends an verschiedenen Tischen, und es herrschte völlige Zwanglosigkeit der Plätze, die die Gäste einnehmen wollten. Aber mit großer Feinheit wußte die Herzogin doch auch hier eine ihr erwünschte Mischung zu bewirken. „So erinnere ich mich“, schreibt Henriette Herz, „öfter meinen Platz am Tische neben der liebenswürdigen Prinzessin Louise von Preußen, Gemahlin des Fürsten Radziwill, gehabt zu haben.“

Diese Frauen sind einander besonders nähergekommen durch die gemeinsame Begeisterung für Goethe. Die Jüdinnen, die fast ausnahmslos den unter Friedrich II. reichgewordenen Familien entstammten, führten alle eine Lebensweise, die sie aus der Enge der jüdischen Familien hinaushob. Moses Mendelssohn hatte schon die strenge Tradition des talmudistischen Judentums gebrochen. Er hatte seinen Stammesgenossen die deutsche Literatur zugänglich gemacht und auch deutschen Schulunterricht eingeführt. Die lebhaften jungen Jüdinnen, deren Männer den ganzen Tag über im Kontor

Stieler: Königin Elisabeth.

Schinkel: Altes Museum, Kuppelhalle.

saßen, arbeiteten sich in ihren Mußestunden in die literarischen Neuerscheinungen ein – und zwar mit jener Leidenschaft und Hingabe, die den Jüdinnen stets eigen. So kam es, daß sie wirklich von dem neuen Geist überwältigt wurden.

Diese Jüdinnen waren meist als halbe Kinder von ihren Vätern an ältere Männer vermählt worden, ohne daß man sie nach ihrer Neigung oder Abneigung gefragt hätte. Dorothea, die älteste Tochter Mendelssohns, ward dem braven Kaufmann Veit zur Frau gegeben; sie war dem ungeliebten Mann eine gehorsame Frau gewesen, hatte ihm auch zwei Söhne geboren – aber der Kontormensch konnte den hochgestimmten Bedürfnissen der schönen Seele nicht genügen. Und als der fünfundzwanzigjährige Friedrich Schlegel in das Haus der Dreißigjährigen kam, erblickte sie in dem schwärmerischen und witzigen Literaten das Ideal ihrer Jugend. Lange kämpfte sie mit sich, ob sie ihren Mann, den Vater ihrer Kinder, verlassen solle. Nach einer schweren Erkrankung hörte sie, daß auch Schlegel schwer erkrankt sei. Da wollte sie alle Hindernisse beseitigen, um ihn pflegen zu können. Henriette Herz vermittelte diesen bedeutsamen Schritt. Aber die ganze Stadt geriet in Aufruhr – besonders als nun der Roman „Lucinde“ erschien. Alle glaubten, sie habe das Vorbild abgegeben. Erst später heirateten sie, und sie ertrug um ihrer Liebe willen alle Wechselfälle, die das unruhige Literatenleben Schlegels mit sich brachte. Sie wußte selbst in der größten Dürftigkeit eine trauliche Häuslichkeit herzustellen und ihren literarischen Arbeiten zu leben.

Von anderer Art war Henriette Herz, die auch nach väterlichem Willen verheiratet worden war. Ihr Mann, Markus Herz, ein beliebter Arzt, der für vortreffliche Vorträge viele Jahre vor der Gründung der Berliner Universität zum Professor der Philosophie ernannt worden war, hatte sie unterrichtet und erzogen. Sie konnte schließlich einen Salon eröffnen, in dem die beiden Humboldts, Schleiermacher und viele andere geistige Kapazitäten Berlins verkehrten. In ihrem Salon und denen ihrer Freundinnen fanden die jungen Geister jene Anregung und geistige Befruchtung, die ihnen in den höheren Schichten durchaus versagt blieb. Eine besonders tiefe und originelle Persönlichkeit ist die Herz wohl nicht gewesen. Aber sie muß manche weibliche Gaben in hervorragender Weise besessen haben. Ihr muß es leicht gewesen sein, sich anzupassen, zur rechten Zeit zu schweigen oder auch durch irgendwelche angelesenen poetisch-philosophischen Aussprüche anregend zu wirken. Mochte vieles bei ihr, wie Geiger urteilt, auch geschehen, um nach außen zu glänzen, nicht aber, um einem inneren Drange zu genügen, so muß sie doch andern Jüdinnen ihrer Zeit viel Güte, Hoheit und Reinheit vorausgehabt haben. Henriette war schon als Kind so schön, daß die Juden Berlins sie als die prächtigste Zier ihrer Feierlichkeiten, ihrer Laubhütten vorführten. Mit ihrem Tanzlehrer führte sie Menuetts auf, wobei die Zuschauer auf Tische und Stühle kletterten, um sie sehen zu können. Der

Schinkel: Die Neue Wache.

geistvolle Vater, ein jüdischer Arzt portugiesischer Abkunft, der selbst einen Teil des Unterrichts übernahm, bildete seine Tochter fast zu einer Gelehrten. Aber auch er verheiratete seine Tochter früh und ohne sie zu fragen. Schon in ihrem dreizehnten Jahre wurde sie mit dem Arzt Markus Herz, einem Lieblingsschüler Kants, verlobt. Zwei Jahre dauerte der Brautstand. Und bis zur Hochzeit mußte sie jeden Abend am Spieltisch sitzen und zusehen, wie ihr Verlobter mit den Eltern Karten spielte. Am meisten verdroß es sie, daß er sie „das Kind" nannte. In ihrer Ehe fand sie auch nicht die ersehnte Zärtlichkeit. Und als ihr der Schmerz der Kinderlosigkeit bereitet wurde, suchte sie Trost im freundschaftlichen Umgang mit geistvollen und liebenswerten Menschen. Sie trat für ihre Freundin Dorothea Veit ein und wurde der gute Engel für viele unglücklich Liebende. Sie selbst war meist nur der Gegenstand platonischer Zuneigung. Schleiermacher, dem sie bei seinen ersten literarischen Arbeiten half, sagte selbst, daß ihre kolossale königliche Figur ihn davor bewahrte, ihrer in Leidenschaft zu gedenken. So wurde sie, die viele geschätzte Sprachen beherrschte, denn auch mehr wegen ihrer Schönheit bewundert als geliebt. Ihr ovales, ebenmäßiges Gesicht mit der griechisch gradlinigen Nase, den großen, dunklen Augen, dem frischen Teint, wurde umrahmt von einer ungewöhnlichen Fülle schwarzer Locken. Ihre schlanke, doch schön gerundete Gestalt war der Mittelpunkt eines Kreises von bedeutenden Menschen. Wilhelm von Humboldt faßte eine schwärmerische Neigung zu ihr. Sein Bruder Alexander fühlte sich mehr durch ihre Kenntnisse und durch ihr unablässiges Streben nach vollkommenerer Ausbildung zu ihr hingezogen. Sie unterrichtete ihn im Hebräischen und lehrte ihn die Kurrentschrift. Bei ihr verkehrten die Theologen Spalding, Zöllner, Fellner, der Dichter Ramler, Engel, der „Philosoph für die Welt", Mirabeau, Graf Nernstorff, die beiden Schlegel, Schadow, Gentz, Johannes von Müller, Zelter und viele andere. Schon damals wohnten viele Begüterte im Sommer außerhalb der Stadt. Herz hatte ein Landhaus im Tiergarten, wohin Schleiermacher oft auf einen ganzen Tag hinkam. Er schrieb seiner Schwester: „Sie (Henriette Herz) hat mich italienisch gelehrt oder tut es vielmehr noch; wir lesen den Shakespeare zusammen; wir beschäftigen uns mit Physik; ich teile ihr etwas von meiner Naturkenntnis mit, wir lesen bald dies, bald jenes aus einem guten deutschen Buche, dazwischen gehen wir in den

Feckert: Frau Fanny Hensel, geb. Mendelssohn.

Berliner Biedermeierzimmer.

schönsten Stunden spazieren und reden recht aus dem Innersten des Gemüts über die wichtigsten Dinge.“ Aus solchem Verhältnis heraus ist es wohl zu verstehen, daß Henriette die Vertraute Schleiermachers und seiner Geliebten, der Frau seines Amtsbruders Grunow, wurde.
Um ihre wirtschaftliche Situation zu heben, nahm sie den jungen Börne bei sich in Pension. Der unbeschäftigte junge Mann, der 22 Jahre jünger war als Henriette, verliebte sich in seine schöne Wirtin. Als er sich mit Selbstmordgedanken trug, weil sie ihn nicht erhörte, entfernte sie ihn aus dem Hause. Bald darauf verlor sie durch die unglücklichen Kriege ihre kleine Witwenpension. Trotz ihrer mißlichen Verhältnisse mußte sie einen ehrenvollen Heiratsantrag des Grafen Dohna-Schlobitten ablehnen, weil ihre noch lebende Mutter den Übertritt zum Christentum nicht gern gesehen hätte.

Im Alter kränkte es sie, daß die Gesellschaft sie nicht mehr so besuchte wie in der Zeit, als sie noch ein großes Haus hatte machen können. Am schmerzlichsten war es für sie, daß sie selbst nicht mehr so mildtätig sein konnte wie einst. In den Befreiungskriegen hatte sie, als sie kein Bargeld mehr geben konnte, die Soldaten gespeist und unbemittelte Mädchen unterrichtet, denen sie dann Stellen als Erzieherinnen verschaffte. Aber erst nach vielen Jahren, als ihr treuer Freund A. von Humboldt für sie eintrat, erhielt sie eine Belohnung in der Gestalt von jährlich 500 Talern aus der Privatschatulle des Königs.

Sophie Löwe. Henriette Hendel-Schütz.

Wenn auch die Juden unter Friedrich II. materiell und staatsrechtlich noch viel zu leiden hatten, so war doch die abgeschlossene Gesellschaft ihnen nicht mehr unzugänglich. Nicht nur die obengenannten waren gesellschaftsfähig und beliebt. Das wären ja schließlich Ausnahmen gewesen. Vielmehr konnten jüdische Frauen sich überhaupt einen Einfluß schaffen. Auch die Töchter des reichen und freigebigen Daniel Itzig, des Oberältesten der jüdischen Gemeinden in Preußen, wurden sehr geehrt. Die älteste, Blümchen, wurde die Frau des ersten jüdischen Stadtrats von Berlin, David Friedländer, dessen Haus sehr besucht wurde. Eine jüngere Tochter, Fanny, heiratete den Wiener Bankier von Arnstein. In der österreichischen Hauptstadt, wo kein Mensch von jener Bildung und Geistesfreiheit das geringste kannte und besaß, was die Juden in Berlin unter Friedrich II. schon lange genossen, wurde die schöne gebildete Jüdin, die frei und vornehm auftrat, angestaunt. Dieser berlinischen Jüdin blieb es vorbehalten, in der Stadt der behaglichen Üppigkeit und engherziger Vorurteile neue Gesinnungen auszusäen, die denn auch bis zu einem gewissen Grade Eigentum der Wiener Gesellschaft geworden sind.

Von den seelischen Zuständen der jungen gesellschaftlichen Kreise Berlins spricht die Gründung eines geheimen Tugendbundes durch Henriette Herz, in den nach angemessener Prüfungszeit W. von Humboldt, Caroline von Dacheröden, seine spätere Gattin, Karoline von Beulwitz, Schillers spätere Schwägerin und andere Bevorzugte aufgenommen wurden. Der Zweck dieser Loge war (nach Humboldts Worten) „Beglückung durch Liebe, weil der Grad des Glückes wahrer Liebe immer im genauesten Verhältnis mit dem Grade der moralischen Vollkommenheit der Liebenden steht, so ist moralische Bildung das, wonach jeder Verbündete am eifrigsten strebt. Die Verbündeten hatten alle Schranken des bloß konventionellen Wohlanstandes untereinander aufgehoben. Sie genießen jede Freude, die nicht mit dem Verlust höherer Freuden erkauft ist." – Die Bundesmitglieder nannten sich „du", schrieben einander lange, vertrauliche Briefe, zuweilen in fremder Sprache oder mit griechischen oder hebräischen Lettern – einige diplomatische Vorsichtsmaßregeln waren schon in Rücksicht

Charlotte von Hagen.

auf Henriettens Gatten geboten – Briefe, in denen sie einander ihre moralische Entwicklung auseinandersetzten, von ihren tiefsten Empfindungen Rechenschaft gaben, ihre gegenseitige Ergänzung untersuchten.

In dieser Gemeinschaft von Schwärmern, wo die Mitteilung der delikatesten Gefühle und das Schwelgen in tändelnder Selbstbetrachtung ebenso eifrig betrieben wurde wie der Austausch von Schattenrissen und Ringen, küßten verheiratete und ledige Männer und Frauen durcheinander bald den, bald jene! Schiller, Goethe, Jean Paul – alle stellten sich ja damals außerhalb der allgemeinen Ehegesetze. Wollte doch Schiller durchaus seine Schwägerin Karoline von Beulwitz in seinen Herzensbund mit hineinnehmen. Die Auffassung von der Ehe und die Lage der Frauen brauchte wahrscheinlich eine Erhöhung und Erneuerung. Und so war es natürlich, daß auch die Berliner intellektuellen und genialischen Kreise nicht die Mitglieder anderer Kreise an Ungebundenheit und Impulsivität hinter sich ließen. Es war die Zeit eines literarischen Überschwangs des Empfindens, wo das Gefühl alles galt. Solche Zeiten bringen stets ähnliche Situationen hervor. Wir haben erst vor kurzem eine solche Zeit erlebt. In der Neuen Gemeinschaft kam es vor einigen Jahren zu ähnlichen Verbindungen, die allerdings nicht alle glücklich endeten.

Daß die gebildetsten und bedeutendsten Männer und deren Schwestern und Frauen schon damals mit den Jüdinnen in so intime Beziehungen traten, hatte manche Gründe. Die Juden waren reich geworden und machten ein großes Haus, in dem manche junge Aristokraten verkehrten, um Kredit beim Hausherrn zu bekommen. Dann aber waren die Früchte des neuen geistigen Aufschwungs in Deutschland von den Jüdinnen so heißhungrig verzehrt worden und hatten in ihnen eine so glückliche Mischung ihres Rasseintellekts und ihres weiblichen Gefühlslebens zur Reife gebracht, daß die Jüdinnen wohl die Elite der Jugend anlocken und fesseln mußten. Mischehen waren damals vielleicht häufiger als jetzt. Aber es wurde kein Wesen davon gemacht. Das waren natürliche Dinge, über die sich kein Mensch aufregte – der beste Beweis, daß die Juden in Berlin schon längst in Wirklichkeit einen Rang einnahmen, den sie politisch erst viele Jahre später erreichten. Marianne Meyer, Tochter eines jüdischen Kaufmanns, ward in morganatischer Ehe die Frau des Fürsten Reuß, des damaligen österreichischen Gesandten, nach dessen Tode der Kaiser sie zur Frau von Eybenberg machte; ihre Schwester heiratete einen Herrn von Grotthuis. Zwei Töchter des reichen Moses Isaac waren zum Christentum übergetreten, und die eine hatte den Leutnant Kunkel, die andere den Kammerassessor von Bonn geheiratet. Die Anziehungskraft der Jüdinnen muß also wohl alle noch bestehenden Vorurteile überwunden haben.

Des Königs Palais um 1830 (jetzt Kronprinzen-Palais).

Piano Forte. (Satire auf die Musiksucht Anfang des 19. Jahrhunderts.)

Ein ganz Neues aber war in den Kulturkreis jener Zeit getreten: das Ideal der luxuriösen und leichtsinnigen Dame vornehmster Herkunft war stark verblaßt. Lessings Dame, die als Witwe in Minna von Barnhelm auftrat, folgten die „schönen Seelen", die Goethe in Wilhelm Meister gezeichnet: edel, empfindsam, unterrichtet, scheu und doch voller Freundschaft für strebende Männer und Jünglinge. Ihre Hilfsbereitschaft ist nicht die alte, die sich mit Geld loskaufte vom Leidenden. Sie helfen mit eigener Hand, spüren in ihren Schränken und in denen der Freunde nach Kleidung für die Darbenden. Dabei sind sie in mimosenhafter Zartheit fast unfähig, das eigene Glück zu umfangen. Sie leiden zwar unter dieser Überfeinerung, unter dieser Tyrannei ihrer eigenen „Haltung", aber sie behalten ihre Heiterkeit und ihr offenes Herz für die andern Menschen.

Das gerade machte sie so unwiderstehlich anziehend auf feine organisierte Männer. Von einer wirklich geheimen Anziehungskraft muß Rahel Levin gewesen sein, die wohl zu dem neuen Typus der Damen zu zählen ist. Sie ist die am meisten bewunderte und genannte der Berliner Jüdinnen. Ihre Wirkung war von solcher anhaltenden Intensivität und überragenden Bedeutung, daß neben ihr die Schönheit der andern verblaßt, der andern, neben denen sie eine unscheinbare kleine Person war ...

Rahel wurde im Frühling 1771 als Tochter des geschäftstüchtigen Kaufmanns Levin Markus geboren, und zwar im Mittelpunkt von Berlin, im Eckhause der Spandauer- und Königstraße. Ihr Vater war nicht weniger ein despotischer Familienvater wie andere jüdische Hausherren, die unbedingte Unterwerfung der Kinder und Frauen unter ihren Willen forderten und die ihre Oberhoheit oft mißbrauchten. – Auch Rahels Vater herrschte unerbittlich als Herr im Hause. Vor seinem Jähzorn und seinen despotischen Einfällen zitterten alle Familien-Mitglieder. Am meisten hatte seine Frau unter seiner Unbotmäßigkeit zu leiden. Die gedrückte Frau war eine gütige Mutter und tüchtige

Haushälterin und wußte auch den geistigen Bedürfnissen Verständnis entgegenzubringen. Trotzdem hatte Rahel im Elternhaus viel zu leiden. Von ungewöhnlich körperlicher Zartheit und großer nervöser Reizbarkeit, ward sie bei den geringsten Anlässen in innere Erregung versetzt. Und bei ihrer körperlichen Schwäche wurde sie von der sprunghaften und widerspruchsvollen Erziehungsart des elterlichen Hauses oft tief erschüttert. Bald durften sie und ihre Schwester treiben und tun, was sie wollten, bald kam der Vater mit tyrannischen Forderungen.

In solchen Zuständen war es ein Glück für Rahel, daß ihr Vater vorurteilsfreier war als viele seiner Zeitgenossen und Glaubensbrüder. Er pflegte in seiner Familie einen freieren Ton, als sonst üblich war. Musik, Theater und Lektüre, alle schönen Wissenschaften wurden mit Geschmack und Eifer betrieben. Aber eine systematische Bildung konnte sich Rahel doch nicht aneignen, und sie klagte oft später, daß es ihr an Orthographie mangele und daß ihr auch die Sprachen schwer würden. Was aber das zur Reife sich neigende deutsche Geistesleben an Früchten zeitigte, nahm sie ebenso willig auf wie so viele andere Jüdinnen. Damals waren gerade die jungen Frauen der reichen jüdischen Kaufleute bemüht, sich die Üppigkeit und Langeweile ihrer häuslichen Einsamkeit zu einer Welt feinen Geisteslebens umzugestalten.

Trotzdem die Juden noch durch teuer erkaufte Schutzbriefe sich das Recht der Niederlassung erwerben mußten und auch noch lange nicht den übrigen Staatsbürgern gleichgestellt waren, lebte in ihren Zirkeln zuerst eine freie und edle Geselligkeit auf. Sie sind nun einmal mehr mit der Gabe der Unterhaltung, des Plauderns und der Rede begabt.

Am Ende des 18. Jahrhunderts konnten sie diese Talente zum erstenmal voll betätigen. Bis dahin waren sie auf jede Weise noch mittelalterlich eingeengt, durften nur Geldgeschäfte machen, mußten sich auf Reisen bei jeder Zollstation wie das Vieh verzollen und durften die Stadt nur durch zwei Tore verlassen oder betreten. Abgeschlossen von der sie umgebenden Außenwelt, hingen sie an ihrem alten überlieferten Glauben mit orthodoxer Unbildung – bis Mendelssohn, der Freund Lessings, die Schranken durchbrach und seit der Mitte des 18. Jahrhunderts sein Volk aus den dumpfen Talmudschulen in die hohen Gewölbe der modernen Bildung einführte.

Den größten Vorteil hatten davon die Frauen. Die Männer trieben mit Eifer ihre kaufmännischen Geschäfte und fanden nicht genug Ruhe, sich gründlich in die damals viel studierte Philosophie zu vertiefen und die Kunst zu genießen. Die Frauen aber fanden, wie auch jetzt noch in den jüdischen Kreisen, reichlich Zeit, sich den literarischen Strömungen zu widmen. Schon damals war das Theater an manchen Abenden, besonders sonnabends,

„Ach, entschuldigen Sie – da kommt ein Ochse!"
(Satirischer Hinweis auf ein Erlebnis der Madame du Titre, einer Berlinerin, zur Zeit Friedrich Wilhelms III.)

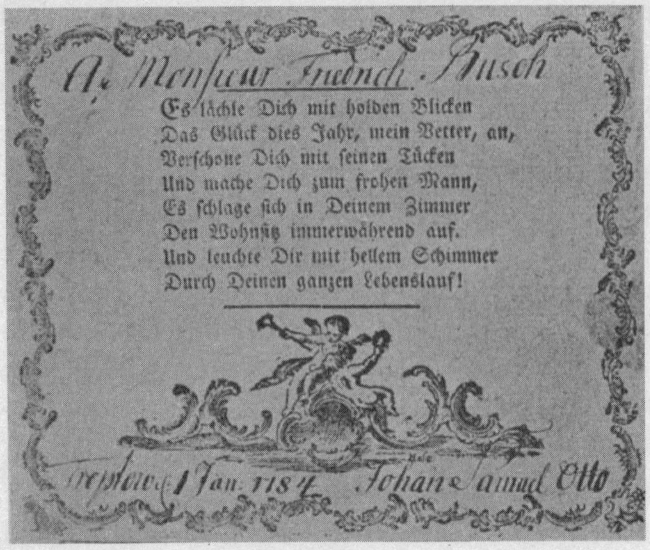
A Monsieur Friedrich Busch

Es lächle Dich mit holden Blicken
Das Glück dies Jahr, mein Vetter, an,
Verschone Dich mit seinen Tücken
Und mache Dich zum frohen Mann,
Es schlage sich in Deinem Zimmer
Den Wohnsitz immerwährend auf.
Und leuchte Dir mit hellem Schimmer
Durch Deinen ganzen Lebenslauf!

Treptow 1 Jan. 1784 Johann Samuel Otto

Neujahrsglückwunsch mit der üblichen Anrede: Jeder Mann war ein Monsieur, jede Frau eine Madame – wenn es auch nur arme Webersleute waren.

fast nur von ihnen besetzt. In manchen Handlungshäusern durfte bei Tisch nicht von Geschäften gesprochen werden, und in vielen Familien wurde des Abends mit Geschmack musiziert und vorgelesen. Da den anderen Kreisen ein solcher Bildungsenthusiasmus fremd war, ja die Zusammenkünfte nur zu oft leblos und geistlos waren – war es doch bis ins 19. Jahrhundert in vielen Offiziershäusern Sitte, daß die Frauen von den Gesellschaften ausgeschlossen blieben – fühlten sich viele bessere und intelligente Elemente von der jüdischen Geselligkeit angezogen. Künstler, Gelehrte, Diplomaten, Prinzen suchten die erfrischende Unterhaltung mit geistreichen Jüdinnen. Und da die Juden selbst bis dahin zu den Ausgestoßenen gehört hatten, war es natürlich, daß sie auch andere ebenso verächtlich Behandelte mit heraufzogen; sie machten die Theaterleute gesellschaftsfähig, und so flossen in den jüdischen Häusern die bis dahin isolierten Kreise durcheinander und ineinander.

In die jüdischen Häuser von damals kamen, wie schon erwähnt, viele Aristokraten – allerdings nur, um Geld zu leihen. Aber sie brachten doch eine Atmosphäre von schöngeistigen Neigungen mit, die durch die Emigranten der großen Revolution in den höheren Schichten heimisch geworden war. Auch die revolutionären Ideen der französischen Freiheitsbewegung wurden in die Salons eingeführt. Rahel Levin nahm sie auf und wußte bald so eigenartige Urteile und Anregungen zu geben, daß sie schließlich eine größere Anziehungskraft ausübte als das Kreditkonto des Vaters. Bei all dem ist es wohl kein Wunder, wenn Rahel sich von der Freiheit der Lebensart ihrer aristokratischen Freunde sehr angezogen fühlte – und auch oft in ihrem späteren Leben sich durchs Äußere täuschen ließ. Zweimal schenkte sie ihre Leidenschaft jungen Aristokraten und mußte sich von ihnen losreißen in der Erkenntnis, daß sie allein einen falschen Weg gegangen. Sich selbst konnte sie nicht beglücken. Aber sie besaß eine seltene Gabe: sie konnte andere zur Geltung bringen. Die jungen Leute von damals hatten sich enthusiastisch den neuen Männern des starken Gefühls, Schillern und Goethen zugewandt. Sie trat mit Leidenschaft für die Jugend ein und wußte in der Gesellschaft allen Wünschen und Fähigkeiten der Anwesenden gerecht zu werden, ohne einem vorbedachten Plane folgen zu müssen. So ward sie zum Mittelpunkt des Kreises. Das war ihr Beruf. Ein anderer war ihr nicht vergönnt, trotzdem sie eifrig dafür eiferte, daß auch die Frau einen Beruf ausüben dürfe.

Glückwunschplakette der Kgl. Eisengießerei.

Glückwunschkarte mit Spiegelfee.

Ja, sie fand scharfe Worte, um lebhaft gegen die läppische Ansicht zu protestieren, als dürfe die Frau nur eine altfränkische Kokette oder eine Küchenmagd sein. Eine Frau von solcher Art mußte natürlich manche bitteren Erlebnisse durchmachen.

Nachdem Rahel viele Enttäuschungen in ihrer leidenschaftlichen Zuneigung erfahren, wollte sie sich mit inniger, freundschaftlicher Hingabe begnügen. Und sie fand sie bei Varnhagen, dessen ganzes Wesen geeignet war, sich einer älteren und bedeutenden Frau anzuschließen. Er war wesentlich jünger als Rahel und ein weicher Charakter, der sich einer solchen impulsiven Intelligenz wie der Rahels wohl anzupassen verstand und gerade durch seine sorgende Freundschaft ihr fast mütterliches Interesse erregte – von der zueinander hinzwingenden großen Leidenschaft zwischen beiden kann nicht die Rede sein. Aber ein anderes muß wohl wesentlich bei ihr gedrängt haben, die Gemeinschaft mit einem Manne einzugehen: die Sehnsucht nach einem erweiterten Wirkungskreis.

Wohl waren auch in die nach dem Tode des Vaters und anderer Unglücksfälle sehr vereinfachte Mädchenstube Rahels noch immer Gelehrte, Künstler und Aristokraten gekommen; aber sie hatte auch in den Franzosenjahren Einsamkeit und Dürftigkeit kennengelernt. Am schrecklichsten war ihr die Verlassenheit. Ihre ganze Gesellschaft war zerstreut, tot, arm.

Sie war tief unglücklich, daß sie keinen Wirkungskreis hatte, daß sie kein Amt ausüben oder keine Mutter sein konnte. Das fehlte ihr zweifellos. Sagten doch Freunde von ihr, daß sie sich als „Mutter in Israel“ hätte frei ausleben können. Doch kam ihr die Zeit entgegen. Zwischen den Kriegen von 1806 und 1813 litten viele junge Leute an der Tatenlosigkeit, zu der sie verdammt waren. Rahel wurde ihnen eine Stütze. Sie richtete den verzweifelnden Alexander von Marwitz auf, der einer reichen märkischen Familie entstammte und nicht wußte, was er in dem von Empfindsamkeit angekränkelten

Zeitalter beginnen sollte. Leider konnte sie zu Heinrich von Kleist nicht in nähere Beziehungen kommen. Sonst hätte sie ihn wohl vor der ihn zermalmenden erbärmlichen Brotarbeit bewahrt und ihn dem Leben und dem Schaffen erhalten. War sie doch nach seinem Tode die einzige, die ihn nicht schmähte, sondern ihn betrauerte.

Auch Varnhagen, der ihr Mann werden sollte, war eigentlich eine anlehnungsbedürftige Natur. Er war einer von jenen jüngeren Männern, die sich stets älteren Frauen anschließen, die also im Weibe wohl mehr die Mutter als die Geliebte suchen.

Er kam auch gerade in ihrer Verlassenheit zu ihr, als sie verarmt und vereinsamt sich hatte bescheiden zurückziehen müssen, als die Härte der französischen Eroberer auf die Verhältnisse und Menschen wie ein grauer Alb drückte. Ihr wurde Varnhagen wirklich viel – wohl weil sie ihre übersprudelnde Kraft in ihn hineingießen konnte. So hatte sie nun wieder einen Wirkungskreis. Aus ihrem eigenen kleinen Kreis vermochte sie hinauszutreten.

In Karlsruhe, wo ihr Mann mehrere Jahre preußischer Geschäftsträger war, sehnte sie sich, als echte Großstädterin, heraus aus der beschränkten und dünkelhaften Residenz heim nach ihrem Berlin; nach dem Berlin beim Rathaus, bei der Post, bei der Seehandlung. Als sie aber 1819 zurückkehrten, fühlten sie sich doch nicht recht wohl in diesem Berlin mit seiner reaktionären Luft und seiner freudlosen, gedrückten Bevölkerung, wo selbst Stücke wie Egmont und Tell nicht gespielt werden durften und viele andere nur kastriert auf der Bühne erschienen. Von all den Hoffnungen und Zukunftswünschen, von all der Begeisterung der Freiheitskriege war nichts mehr zu spüren. Später, als ihr Salon wieder auflebte, sah sie allerdings ein, welche Vorteile ihr Berlin bot. Sie schrieb: „Auch muß ich der Stadt im Winter ihre Gerechtigkeit widerfahren lassen: es ist gewiß die reichste, vielfältigste und vielhaltigste deutsche Stadt in Rücksicht des geselligen Umganges. Mehr Frauen, die häuslich empfangen, findet man wohl außer in Paris nirgends: mehr Streben zum Wissen und Sein wohl auch schwerlich, trotz der allgemeinen Zerstörung und neuen Aufbauung der Gesellschaft, die allenthalben zu verspüren und auch hier nicht ohne Wirkung ist."

Biedermeierinterieur.

Auch zur Frauenbewegung nahm Rahel Stellung. Die Frauenfrage datiert ja nicht erst seit heute. Die Aufklärungszeit, die französische Revolution und auch die Romantik brachten die Probleme der Frauenbewegung immer wieder auf die Tagesordnung. Und so ist es wohl erklärlich, daß Rahel sie auch gründlich durchdachte. Sie selbst lebte ja im Ideal der Frauenbewegung, bestimmte ihr Leben selbst und wollte, daß auch ihre Geschlechtsgenossinnen reif würden, ihr Leben selbst zu überle-

Hosemann: Winter im Tiergarten im Jahre 1860.

gen, zu prüfen und sich eine freie Ausbildung aller Kräfte zu verschaffen. Auch sollte das Weib sich von allen gesellschaftlichen Vorurteilen frei machen. Sie selbst lebte jedenfalls so einfach, daß sie unwillkürlich putzsüchtige und eitle Weiber unausstehlich finden mußte.

Viele andere aber waren von der Not der Zeit in ganz neue Bahnen gedrängt worden. Die Katastrophe von 1806 und die ihr folgende Bedrückung durch den ewig im Lande liegenden und schmarotzenden Feind machten aus den leichtherzigen Menschen vom Jahre 1800 ernstblütige, reuige Männer und Frauen, wir können uns kaum denken, daß eine als Leidende in unserm Innern lebende Frau vor jenem Ereignis auch freudig und heiter gewesen. Aber die Königin Luise hat vor 1806 ebensolche Feste in Berlin angeregt und bei ihnen mitgewirkt, wie sie damals an vielen Höfen Mode waren. Fanny Lewald beschreibt in ihrem historischen Roman Prinz Louis Ferdinand einen Maskenball, der zu Ehren des Geburtstages der Königin im Schauspielhaus vom Prinzen veranstaltet wurde. Alle Räume waren in Bosketts verwandelt. Das ganze innere Schauspielhaus war als Tempel der Freude und Begeisterung dekoriert. Beim Festspiel, Alexanders Rückkehr von seinem indischen Siegeszuge, wirkten nicht nur die Hofgesellschaft, sondern die Königin selbst mit. Mitten auf der Bühne erhob sich der Tempel der Sonne, in dem Abgesandte wilder Völker, Magier und die Frauen des Darius opferten, angeführt von Statira, des Darius Tochter. Es war die Königin von Preußen. Die schönsten Frauen des Hofes, Prinzessin Wilhelm, die Fürstinnen Radziwill und Hatzfeld, die Gräfinnen Tauentzien, Hardenberg und Moltke bildeten die hervorragendsten Erscheinungen ihres Gefolges. Mit aller Würde stieg die Königin die Stufen des Altars empor, sich dreimal neigend und den Schleier zurückschlagend, welcher sie bis dahin verhüllt hatte. Mit ausgebreiteten Armen, das schöne Antlitz zur

Franz Krüger: Kaiserin Auguste als Prinzessin.

Sonne erhoben, flehte sie Segen herab auf diese Stunde – dann empfing sie aus der Hand der Prinzessin Wilhelm die goldene Opferschale; die Fürstin Radziwill füllte sie, und dreimal frisch gefüllt, goß die Königin sie in das heilige Feuer des Altars. Ein allgemeiner Ausruf des Entzückens ertönte durch das Haus, nur die Achtung hielt das donnernde Vivat zurück ...

Königin Luise ward seit ihrem Einzug in Berlin angebetet und vergöttert. Die Ankunft der siebzehnjährigen Kronprinzessin brachte in das vergnügungssüchtige Berlin unter Friedrich Wilhelm II. einen neuen Ton. Weder war sie eine Weltdame noch eine Salongröße. Mit ihrer Anmut und Herzensgüte gewann sie alle. Sie und ihr Mann Friedrich Wilhelm III. wollten nichts sein als das Schulzenpaar von Paretz, dem ganz abseits vom höfischen Potsdam gelegenen Landhaus. Sie wollten nicht durch die eingeführte französische Etikette beengt sein und im eigenen Hause das Vorrecht des Privatlebens genießen. Sie duzten sich gegen die Hofsitte, ließen sich nie beieinander melden, und der Hofmarschall durfte ihnen nie bei der Tafel aufwarten. Auch in der Einrichtung ihrer Wohnung sprach sich ein anheimelnder Zug zur Einfachheit aus. Ihr Zimmer war so gemütvoll eingerichtet wie das einer wohlhabenden Bürgersfrau. In der Nähe eines Klaviers stand ein Schreibtisch. Am Fenster stand ein Stickrahmen. Irgendwo standen eine Vase mit Kornblumen, ein Tisch mit Büchern (Luise las mit Vorliebe Aug. Lafontaine und andere Idylliker!) und eine große, grünumhangene Wiege auf einem Mahagonigestell. Das war ein richtiges bürgerliches Wohnzimmer. Das entsprach ganz und gar dem Wesen der aus einem einfachen fürstlichen Hause stammenden Königin.

Das entsprach auch einem ganz bestimmten Zuge der Zeit. Sie feierte zwei neue Typen nebeneinander: die geistreiche Salondame und die bürgerliche, hausfrauliche Mutter. Die Salons wurden Sammelpunkt der Geister. Die geistig begabten Frauen offenbarten ihre Originalität und wurden die Seelen-Freundinnen großer Männer. Beiden war es zum Bewußtsein gekommen, daß der Mensch des Menschen größtes Bedürfnis sei, und sie suchten im Austausch der Gedanken den höchsten Genuß. Aber zwischen den Geschlechtern wurde das oft zu einem sinnlich mystischen Taumel romantischer Gefühlsschwelgerei. Und nachdem die Frau die Freundin des Mannes geworden, führten sie die Propheten neuer Menschenerziehung (Rousseau, Pestalozzi) zur neuen Mütterlichkeit. Sie war nun nicht mehr nur die bloße Köchin, Amme und Krankenpflegerin, sondern hatte einen höheren Grad der Mütterlichkeit erklommen. Sie konnte ihren Kindern eine Erzieherin werden, den Erwachsenen eine Kameradin sein und das Familienleben und die Geselligkeit auf eine neue Stufe heben. Das Leben wurde bürgerlicher, geistiger, freier, wärmer. Und der Königin Luise gereicht es zum Ruhm, eine vorbildliche Gattin und Mutter gewesen zu sein – in einer Zeit, als am leichtfertigen Hof Ehrbarkeit zu den seltensten Tugenden gehörte. In der bürgerlichen Gesellschaft, die schon längst reif war für ein neues, idyllisches und würdevolles Familienleben, wurde Luisens Anmut und Milde, Reinheit und Schlichtheit bewundert, wie stark das reine und edle Wesen der jungen Königin wirkte, schilderte Novalis: „Die Königin hat zwar keinen politischen, aber häuslichen Wirkungskreis im großen. Ihr Beispiel wirkt unendlich. Die glücklichen Ehen werden wieder häufiger, und die Häuslichkeit wird mehr als Mode. Sie wird zugleich ein echtes Muster weiblicher Kleidung ... Vordem mußte man vor den Höfen wie vor einem Ort der Ansteckung mit Weib und Kindern flüchten. An diesen Hof wird man sich jetzt vor der allgemeinen Sittenverderbnis retten können."

Nur wo es das Hofzeremoniell unbedingt erforderte, erschien Luise in Prachtgewändern. Sonst sah man sie immer in leichten Mousselinkleidern, die damals ja allgemein getragen, von ihr aber bevorzugt wurden und in die sich wegen ihrer weiblichen Anmut auch die Berlinerinnen mit Vorliebe kleideten. Luise hatte bei der Zusammenstellung der einzelnen Gewänder die geschmackvolle und erfindungsreiche Schauspielerin Unzelmann hinzugezogen. Das war ein Ausdruck ihrer freien Lebensanschauung. Sie war zwar eine Frau, die sich im engen Familienkreis am wohlsten fühlte, aber ihre Ansichten waren durchaus nicht enge und beschränkt. Bei den Huldigungsfeierlichkeiten in Magdeburg fragte die Königin eine Majorin: „Was sind Sie für eine Geborene?" Verwirrt antwortete die Gefragte: „Majestät, ich bin gar keine Geborene!" Die Umstehenden verbissen sich mit Mühe ein

Magnus: Frau Brunzlow.

Magnus um 1860: Gräfin Lehndorf, geb. Hahn-Basedow.

höhnisches Lachen. Da nahm die Königin mit lauten Worten die Partei der Majorin und tadelte heftig die Einbildung jener, die „von Geburt sind". Sie sagte u.a.: „Äußere glückliche Vorzüge und Umstände kann man erben, aber innere persönliche Würdigkeit muß doch jeder für sich erwerben." Auch wendete sie sich heftig gegen die Unterschiede, die zwischen verschuldeter und unverschuldeter Armut gemacht wurden. Ihr kam es allein darauf an, daß ein Mensch der Hilfe bedurfte.

So war sie denn auch nur für den Krieg, um aus der unglücklichen zweideutigen Haltung herauszukommen. Mommsen schreibt von ihr: „Sonst hatte sie niemals mitregiert; ihr ganzes Wesen und Sein, ihr Lieben und Leiden war das einer Frau. Sie hatte nichts Besonderes, und Abnormes an sich, und eben daher war sie das Bild vollendeter Weiblichkeit. Eine unter vielen und doch die einzige unter allen. Und jetzt. Sie sah schärfer als alle, richtiger als die meisten Männer ihrer Umgebung. Mit unfehlbarer Sicherheit erkannte sie den Wert eines Blücher, eines Stein. Niemals hat sie an Napoleons Sturz gezweifelt."

Nur widerwillig ließ sie sich dazu herbei, Napoleon persönlich gegenüber zu treten. Seine Talente bewunderte sie, aber seinen Charakter, den sie für hinterlistig hielt, liebte sie nicht. Sie erkannte, daß Preußen auf den Lorbeeren Friedrichs II. eingeschlafen und nicht fortgeschritten war. Sie war es, die eine Reorganisation des Staates am eifrigsten befürwortete, ihre gebeugte Umgebung und den König aufrichtete. Sie wollte das Nationalbewußtsein stärken und eine neue Erziehung einführen. Und um deswillen, und weil sie im Unglück sich noch schlichter als früher gab, ein ganz einfaches bürgerliches, von allem äußeren Schmuck entblößtes Hauswesen führte, wurde ihr früher Tod als ein allgemeines Unglück empfunden. Sie wurde zu einem Vorbild. Und es gab wohl fast ein Jahrhundert lang kaum eine norddeutsche Familie, in deren Wohnung nicht ein Bild der Königin Luise an der Wand hing.

Wir Nachkommen vermögen uns keine rechte Vorstellung von den schweren Prüfungen zu machen, denen damals das deutsche Volk ausgesetzt war. Aber es muß hart gewesen sein, was den Menschen auferlegt wurde; sonst wären aus den Frohherzigen und Leichtsinnigen vom Ende des 18. Jahrhunderts keine solchen strengen Patrioten geworden, wie sie die napoleonischen Kriege hervorbrachten.

Die Damen sahen im Oktober 1806 dem anrückenden Feind mit gemischten Gefühlen entgegen. Zwar wurde nach Paris berichtet, das viele Beifall erflehende Damen dem Einzug der Sieger beigewohnt. Aber Raumer, der den Einzug mit angesehen hat, erklärt das für durchaus unwahr. Bassewitz berichtet, es habe unter den Neugierigen große Stille geherrscht, und die gedungenen Jungen aus dem Pöbel hätten mit ihrem Ruf keinen Anklang gefunden.

Es gab Damen, denen der oft monatelang währende Ton der französischen Trommeln zur Folter wurde. Manche zogen sich vom Familientisch zurück, wenn die aufgezwungenen Gäste um die Ehre des gemeinsamen Mittagsmahl baten. Später wußten sie sich besser zu beherrschen und fühlten sogar eine gewisse Teilnahme für solche Offiziere, die sehnsüchtig von Weib und Kind daheim sprachen. Doch versteckten sie sich meist in den abseits gelegenen Zimmern und erleichterten auch Ärmeren die Lasten der Einquartierung.

Aber andere hochadlige Familien empfingen die Franzosen wie liebe Gäste. Besonders beeilten sich Mitglieder des Hofadels, wie die Hatzfeld und die Rederns, sich den Eroberern gefällig zu erweisen. Sie sollen, um ihr Vermögen zu erhalten, sich gedrängt haben, mit den französischen Gesandten und hohen Beamten zu verkehren. Zum Dank wurden sie von den Franzosen in allerlei Unannehmlichkeiten verwickelt. Sie sollten mit ihnen Erfahrungen machen, die sie von den Fremden mit den verfeinerten Umgangsformen nicht erwartet hatten. Die eleganten und schön gekleideten Sieger waren gewohnt, die Frauen der eroberten Länder als Beute zu betrachten. Und sie haben sicher in Berlin keine Ausnahme gemacht. Die Berlinerinnen, voll vom Ruhm, der dem siegreichen Feinde vorausgeeilt, werden oft vergessen haben, daß ihre Brüder und Landsleute geschlagen und gefangen waren. Viele der reichen Damen heirateten einen Franzosen. So auch Dorothea, die schöne Tochter der Herzogin vom Kurland, die nach Paris an den Hof ging.

Auch Eberty meint in seinen Jugenderinnerungen: – Leider läßt sich nicht leugnen, daß die Frauen und Mädchen Deutschlands und namentlich in Berlin den fremden Eroberern und Unterdrückern gegenüber sich vielfach nicht so benahmen, wie es ihrer würdig gewesen wäre, und wie es bekanntlich die Französinnen im Jahre 1870 und 1871 im umgekehrten Falle in sehr achtbarer und anerkennenswerter Art getan haben. Vielmehr muß man eingestehen, daß seit jenen Tagen unendlich viel französisches Blut in deutsche Adern übergegangen ist, was nicht wenig dazu beigetragen hat, den leichtlebigen und beweglichen Geist der Berliner zu steigern und ihnen ein gewisses Etwas beizubringen, was an französische Art erinnert.

Schließlich muß wohl die gar zu herrische Art des Siegers und der Jammer und das Elend, die durch die unmäßig rücksichtslose und unendliche Aussaugung des Landes geschaffen wurde, auch die vielen unbedachten Frauen aufgeschreckt haben. Sie waren schließlich doch auch Schwestern, Mütter oder Töchter jener, die verfolgt und mißhandelt wur-

Hosemann 1848: „Legen Sie sich zu Bett, liebe Mumie!“

den. Als Fichte seine Reden an die deutsche Nation hielt und Schleiermacher zur religiösen Einkehr ermahnte, durchzog eine religiös-patriotische Hochstimmung auch die oberen Schichten. Ja, unter denen, die dann 1813 den Kranken und Verwundeten halfen, fanden sich auch genug Damen – die nebenbei auch noch die Tanz- und Spielgefährtinnen für die Freunde, für die Russen und die vielen andern Völkerschaften abgeben mußten, die in jenen Jahren über Deutschlands Fluren zogen.

Bald aber mischte sich in den ernsten Zug wieder das Freundlich-Eitle. Schleiermacher hatte wohl allsonntäglich in der Dreifaltigkeitskirche eine große Zahl von Zuhörern. Aber er soll gar nicht stolz darauf gewesen sein, sondern einst gesagt haben: „In meine Kirche kommen hauptsächlich Studenten, Frauen und Offiziere. Die Studenten wollen meine Predigt hören, die Frauen wollen die Studenten sehen, und die Offiziere kommen der Frauen wegen."

Sehr charakteristisch für ihre Zeit aber war Elisabeth Staegemann und ihr Kreis. Sie war im Jahre 1805 mit ihrem Manne, einem einflußreichen und sehr tätigen Beamten, nach Berlin gekommen und hatte auch einen Salon gegründet, in dem Heinrich von Kleist, Cl. Brentano, Gneisenau, Wilhelm Müller, die Rahel und Varnhagen verkehrten. Ihre Tochter Hedwig war die schöne Müllerin, zu deren Verherrlichung Schumanns Weisen dienten. Trotzdem nun zwar die Rahel bei ihr verkehrte, stand Elisabeth Staegemann doch in einem gewissen Gegensatz zu der aufgeklärten und leidenschaftlich denkenden Jüdin. Sie war vornehm, fast steif, prüde, aber hilfreich, edel und weich, niemals spitz. Ihre Ansicht – und die Ansicht der Damen ihrer Zeit – spiegelt sich in folgenden Aussprüchen wieder:

Es ist kein Amt so klein, das man nicht durch pünktliche verständige Erfüllung ehrenvoll machen könnte. Eine tüchtige Hausfrau erregt Achtung, wenn sie auch nichts als Hausfrau ist; aber selten kann ein Weib soviel Vollkommenheit besitzen, daß man den Abgang dieser einzigen nicht mit Widerwillen bemerken sollte.

Die Krankenpflege ist der erste und wichtigste Beruf unseres Geschlechts; Liebe, Zartheit und Geduld allein lehren uns dieses Aufmerken auf jedes Bedürfnis, dieses Auffassen des leisesten Winkes, den kein kaltes, fremdes Herz vernimmt.

Das war eine stille, recht menschliche Art, das Leben anzusehen – aber etwas hausbacken für eine Zeit, wo fast alle geistigen Menschen von goethischer Art ergriffen waren. Nicht nur die Jüdinnen hatten Goethes Sieg in Berlin vollendet. Auch einzelne der Aristokratie angehörende Frauen setzten ihren Einfluß für Goethe ein. Unter ihnen waren Amalie Helwig und Bettina von Arnim. Amalie lebte nur kurze Zeit in Berlin. Aber von ihr ging ein persönlicher Reiz aus; entstammte sie doch einer Familie (von Imhoff), die Goethe nahestand. Sie selbst war eine Schülerin von ihm und von dem Weimarer Dichter gütig behandelt worden. Solche Naturen mochten frohlocken, als die Goetheschen Werke auch in Berlin durchdrangen. Aber neben ihnen gab es gerade in der ersten Gesellschaft prüde Seelen. Als Fürst Radziwill in seinem Palast Szenen aus Goethes Faust aufführte, verließen mehrere Damen den Saal, weil ihnen Mephisto (den der verhaßte Herzog Karl von Mecklenburg spielte) gar zu teuflisch war. Dabei hatten gerade diese Kreise die leichtfertigste Lebensanschauung. Die Romanschriftstellerin von Paalzow hatte, wie Parthey in seinen Jugenderinnerungen berichtet, einmal mit dem Herzog Karl von Mecklenburg, dem Bruder der Königin Luise und dem entschiedensten Gegner einer freien Verfassung, einen verabredeten Briefwechsel. Der Herzog schrieb als Dame, Frau von Paalzow als Herr. Es war darauf abgesehen, sich mit den allerabgefeimtesten Schikanen der vornehmen Welt zu umstricken und jedem edleren Gefühl Hohn zu sprechen. Der Herzog hatte

Menzel 1848: Die Aufbahrung der Märzgefallenen.

Fanny Elsler.

die Genugtuung, daß Frau von Paalzow sich für überwunden erklärte.

Frivolere Spielereien konnte man wohl nicht gut treiben. Da ging es in anderen Salons doch ernster und bedeutsamer zu. Ein zeitgenössischer Bericht über einen Abend in dem Salon der Rahel Varnhagen meldete, wie dort Gesandte und Professoren, Gelehrte, Offiziere, Schriftsteller und Sängerinnen zusammenkamen, wie sie in den einfachen aber gut abgestimmten und daher elegant wirkenden Räumen betreut wurden und sich erhitzten an Gesprächen über theologische Streitigkeiten, über italienische Komponisten, über geschichtliche Ereignisse und philosophische Systeme. Gesang und Musik einte sie wieder einigermaßen.

In diesem Bericht werden die Räume einer höheren bürgerlichen Kultur folgendermaßen geschildert: „Mittlerweile besah ich mir die Örtlichkeit etwas näher; die hellblauen Zimmer waren geräumig und ziemlich hoch, mit freier Aussicht auf die Straße hinauf, rückwärts auf hohe Gartenbäume, übrigens ganz einfach ausgestattet, ohne Kostbarkeit und Glanz; ein paar geringe Bildnisse hingen an der Wand, zwei Büsten, die des Prinzen Louis Ferdinand und, ich glaube, Schleiermachers, standen zwischen Blumentöpfen; von Gerät schien nur das eben zum Gebrauch Nötige vorhanden; aber das Ganze machte dennoch einen eleganten Eindruck, oder vielmehr die Anordnung war so gefällig und bequem, daß sie jenes eigentümliche Behagen hervorbrachte, welches durch die höchste Eleganz bewirkt werden soll, und bei den größten Mitteln doch so oft verfehlt wird.

Auf dem Fortepiano lagen einige Bücher, die ich unwillkürlich in die Hand nahm. Ein Band von Saint-Martin und die Gedichte Uhlands, ein französischer Roman und Fichtes Staatslehre ruhten friedlich beisammen ...“

Der Berichterstatter aus dem Rahelschen Salon erzählte dann noch ausführlich, wie sich das lebhafte Gespräch bald der Politik, bald der Musik und dem Theater und seinen Personen zuwandte. Alexander von Humboldt kam hinzu, und der neue Berliner Pietismus und die Frömmelei, die sich in den aristokratischen Kreisen ausbreiteten, ward gründlich untersucht. Zuletzt kam Bettina von Arnim. Auch sie gehörte zum Rahelschen Kreis. Aber selbst dieser Kreis verstand die bedeutende Bettina nicht immer. Varnhagen nannte sie sogar: „– Bettina, die reizende, tiefsinnige, geistspielende. Bettina ist frech und schamlos im Lügen.“ Er wie so viele andere wußten nicht, daß sie mehr in der Phantasie als in der Wirklichkeit lebte, daß ihr das Leben oft genug zur Dichtung wurde, wie so vielen Romantikern. Goethe hatte sie wohl eher begriffen; er führte ihre Launenhaftigkeit auf ihre Abstammung von einem italienischen Vater und einer deutschen Mutter zurück. Ihr fortwährendes Schwanken brachte

Hedwig Niemann-Raabe.

ihr viel Ungelegenheiten – die aber mehr ihren Grund in der Verständnislosigkeit der nüchternen und moralisierenden Freunde Bettinas gehabt haben dürften als im Wesen der Schwester des Clemens Brentano.

Marie Niemann-Seebach.

Schmidt-Weißenfels schilderte sie in seinem Buche „Die Stadt der Intelligenz" als ein altes verschrumpftes Mütterchen in fast liederlichem Aufzuge, dem aber noch der romantische Geist aus den Augen glühte und aus dem Munde sprudelte. So wirkte sie, die in der Wirklichkeit wie eine Fremde lebte und doch mehr Wirklichkeitssinn als viele andere besaß – sie sah schärfer als die Berufenen das Elend gewisser Volksschichten. Bürgerlichem Formalismus mußte sie ein Rätselwesen sein. Schon ihre von feiner poetischer Scham durchwehte Hochzeit erschien den Bürgern absonderlich. Durch ihren, nach heiliger Glorie strebenden Bruder Clemens Brentano lernte sie dessen Freund Achim von Arnim in Berlin kennen. Sie wurde von ihm in die Salons geführt und lachte, als man die Nase rümpfte, weil sie ungeniert ihr Bein über den Stuhl legte. Von allen Streichen, die ihrer Ehe vorausgingen, waren die Vorbereitungen zur Hochzeit wohl die seltsamsten; denn das Brautpaar der Romantik hatte nichts weniger zu besorgen vergessen als das Aufgebot, das Bett und eine Wohnung. Arnim starb schon 1831 und hinterließ der Witwe zwei Töchter. Die eine, Gisela, heiratete Herman Grimm – ähnlich so, wie ihre Mutter sich verheiratet hatte. Jeder kam allein in die Kirche, wo sie getraut wurden, jeder fuhr dann allein nach seiner eigenen Wohnung.

War Bettina krank, so machte sie sich Schattenspiele von Pappdeckeln, bei denen die Katze und die Ritter die Hauptrollen spielten. Kam der erste Lenz ins Land, so ging sie Veilchen suchen und botanisieren, fuhr mit zwei Pferden, spazierte in die Gemüsefelder und half dem Gärtner alles nach der Schnur pflanzen. Plagte sie Langeweile, so stand ihr das Kammermädchen Modell zu den drolligsten, phantastischsten Figuren, die sie so kratzfüßig hinzeichnete, wie E. T. A. Hoffmann seine Teufel und Kater, um sie dann, die nackten Hexen, den Herren Studiosen zu zeigen, die sie oft besuchten. Unglückliche Armut und Bedrängnis klopfte nie vergebens an ihre Tür, noch weniger an ihr Herz; auch hier suchte sie gern Romantik zu pirschen und aus den Höhlen des Elends jammervolle Gestalten zu ziehen, gleichviel ob Juden, Türken oder Christen, denen sie dann weit über ihre Kräfte half. Und als wollte sie die Schöpfungen der Romantik, die ihr gehörten, nicht dem Materialismus der Zunft in die Hände geben, sondern unentweiht auch auf eine romantische Art in die Welt senden, beschäftigte sie sich am Ende ihres Lebens selbst mit der Herausgabe der Gesamtwerke ihres verstorbenen Gatten in eigenem Verlag. Sie scheute sich nicht, den Kampf mit der sie anklagenden Buchhändlerkorporation zu bestehen; sie bezahlte die Geldbuße, zu der sie verurteilt wurde, weil sie mit Büchern handelte; aber sie rächte sich damit, daß sie Buchhändler wurde und dann die Firma „von Arnims Verlag" gründete.

Sie schüttelte Briefe aus dem Ärmel, gab das Beste in Reden und Briefen, erwartete rauschenden Beifall von denen, zu denen sie sprach und wollte unmittelbar wirken. Der brutale Widerstand der rauhen Wirklichkeit schreckte sie, sie flüchtete in das Reich der Phantasie, wo ihre Hoffnungen leichter zu ungestörten Gebilden wurden. Trotz weiblicher Gefallsucht besaß sie eine fast männliche Entschiedenheit. Sie war und blieb stets frei, unabhängig und gänzlich unaristokratisch in Rede und Tun und allen Bedrängten und Bedrückten eine unerschrockene, nimmermüde Fürsprecherin. Trotzdem sie jahrzehntelang der aristokratischen Gesellschaft angehörte, wurde sie ein immer lauterer Anwalt freiheitlicher Forderungen. Im Jahre 1840 trat sie für die Berufung der Brüder Grimm ein, die in Göttingen ihrer Professur beraubt worden waren. Sie sagte einmal: Ein guter König müsse sich selber überall Schach bieten, und ein richtiger König müsse sagen können: „Ich will mich geirrt haben." Nach Varnhagen forderte sie in einem Brief an Friedlich Wilhelm IV. die Konstitution. Sie erklärte in ihrem Werke: „Dies Buch gehört dem König" die Hofleute und die Bürokraten für die schlimmste Gefahr nicht bloß gegen die Freiheit des Volkes, sondern auch gegen die Selbständigkeit der Herrscher. „Ihr Zusammenhalten, ihr strammes Verweilen beim König, ihr Zurückschieben des Volkes, das ist die große ‚Larifariverschwörung'. Sie wirkte auch gern auf jüngere Leute ein, so auf A. Stahr. Gegen die Religion hatte sie nichts, aber gegen Prediger und Inquisition, gegen die im Namen der Religion verübten Greuel, gegen das Äußerliche, das das Innerliche der Religion überwuchert. Sie verlangte vom Staat, daß er die Armen, Elenden und Unwissenden nicht strafe, sondern durch Erziehung rette und läutere. Auch verdammte sie die Todesstrafe. Sie schreckte nicht davor zurück, die sozialen, religiösen und politischen Mißstände hervorzuheben. Und wenn sie sich auch manchmal mit Prophetenschleiern schmückte, so blieb ihr doch der ideale Flug der Gedanken, das Verständnis für die Aufgaben der Zeit und die Forderungen der Zukunft. Ihr großes uneigennütziges Herz bewahrte sie ihr ganzes Leben lang. In ihren Briefen spricht sich eine heldische Frauenseele aus, die so hoch über allem Gewöhnlichen steht, deren Herz so stark schlägt, daß wir wünschen müssen, sie möge mehr geliebt und gelesen werden als bisher – sie möge unsern Töchtern und Frauen ein Vorbild werden.

Louise Mühlbach.

Sie mag sich in dem aufgeregten Berlin des Vormärz besonders wohlgefühlt haben. Hier gab es was zu erkämpfen. Sie selbst, die auch unter den kleinlichen Zensurstückchen der preußischen Beamtenhierarchie zu leiden hatte, tat einiges für Erleichterung der Zensur. Sie stand mit allen belebten Kreisen der preußischen Residenz in Verbindung. Bruno Bauer, der geistige Meister der „Freien", zu denen auch Max Stirner, der Verfasser von „Der Einzige und sein Eigentum", gehörte, spielte in Bettinas Umgangskreis eine hervorragende Rolle. Aber auch Rahel und Varnhagen und deren weitgreifender Kreis erhielt einen Teil seiner Bedeutung durch Bettina.

Die Emanzipierte.

Der gute Ton.

Sie kämpfte gegen die anmaßenden und brutalen Übergriffe der Polizei und für die armen Weber Schlesiens. Das trug ihr vom Minister von Arnim die Anschuldigung ein, „sie sei die Ursache des Aufstandes, sie habe die Leute gehetzt, ihnen Hoffnungen erweckt, durch ihre Reden und Briefe und schon durch ihr Königsbuch.“ Solche Anklagen und Humboldts Rat veranlaßten sie, ein Armenbuch fallen zu lassen, das sie plante. Aber ihre Vielgeschäftigkeit und Hilfsbereitschaft hatte sie zu einem Hort für Verfolgte gemacht. Sie galt als Vermittlerin beim König. Die Hilfeflehenden wandten sich an sie. Sie trat für polnische Aufrührer ebenso eifrig ein, wie für Deutsche, die wegen ihrer politischen Überzeugung füsiliert werden sollten. Sie ließ sich von dem drohenden Schicksal mancher Gefangenen und Verurteilten so rühren und ergreifen, daß sie bittere und herbe Worte an den König schrieb und mit mehr Geist und Überzeugung operierte, als der von der Revolution indignierte und ein wenig pharisäisch nach Gründen suchende König aufzubringen vermochte. In ihrem feurigen Zorn fand sie glühende Worte.

In einem wegen des mit dem Tode durch ein Kriegsgericht bedrohten Gottfried Kinkel geschriebenen, kühnen und sinnigen Brief verkündete sie das göttliche Recht der Gnade. Und als der König mit einem kalten, abweisenden und ironischen Brief antwortete, gab sie nicht nach und hielt ihm in einem schönen und starken Brief vor, wie ungerecht es sei, einen Menschen zu einem Bekenntnis seiner Unehrenhaftigkeit zu zwingen. Sie erinnerte ihn mutig an die Erschießung von Robert Blum und an alle übrigen Todesurteile und sparte nicht mit herben Worten gegen gütelose Menschen.

Hosemann: Damengesellschaft 1843.

Sie versuchte, durch Strenge und gemütvollen Ernst den König milde zu stimmen. Er aber ließ sich von ihren erhabenen Briefen nicht umstimmen und verschärfte das Urteil des Kriegsgerichtes noch, machte aus der lebenslänglichen Festungsstrafe eine lebenslängliche Zuchthausstrafe.

Dieser Mut, diese Begeisterung war bei ihr nichts Neues. Für die um ihre Befreiung kämpfenden Tiroler trat sie mitten im Lande des Feindes in solch tätiger Weise ein, daß ihre Freunde für sie fürchteten. Sie schrieb an den Kronprinzen von Bayern und will von ihm das Glas erhalten haben, aus dem er auf das Wohl der Tiroler getrunken, und seine Kokarde als Ehrenpfand, daß er jeder Ungerechtigkeit, jeder Grausamkeit steuern wolle.

Hosemann: Die Gesellschafterin.

In einer Teegesellschaft war sie die erste und versteckte sich hinter dem Ofenschirm. Die andern schmähten sie wegen ihres Ausbleibens und wegen anderer Sachen. Da trat sie vor und sagte: „Ja, ich bin eine abscheuliche Person, aber ich will mich bessern."

In der Cholerazeit 1831 pflegte sie die Kranken. In ihrem Buch (d. B. g. d. K. = Dies Buch gehört dem König) verlangte sie, die Reichen sollten ihre Luxushäuser und Gärten zu Wohnungen und Feldern für Arme hergeben.

Das war allerdings unverzeihlich phantastisch und romantisch. Eine glühendere, menschlichere Romantik, als sie der am Hofe und in der Gesellschaft über das

Maß verehrten Schriftstellerin Henriette Paalzow eigen war, die in ihren Ritterromanen dem Feudalismus einen Göttersaal erbaute. Sie beherrschte jahrzehntelang die Mode der Damenlektüre. Bei jeder großen Hoffestlichkeit erschien auch sie immer hofmäßig, Hofdame. Der König sagte ihr stets einige schmeichelhafte Worte, die sie mit Stolz erfüllten. – Die geborene und die Geistesaristokratie, die sich in den Sälen des königlichen Schlosses in glänzenden Massen zu drängen pflegte, begrüßte die Paalzow mit der Zuvorkommenheit, die man bei den Günstlingen dieser Sphäre gewohnt ist. Weder die Fürstin Liegnitz noch der alte Fürst Wittgenstein, weder Savigny noch der alte Minister Eichhorn, Fürst Pückler, Humboldt, Rauch, Schelling, Tieck, Meyerbeer, Graf Redern – niemand übersah die berühmte, gefeierte Schriftstellerin. Jeder hatte ein Kompliment, eine Liebenswürdigkeit für sie, und immer war sie inmitten einer Gruppe zu finden, wie eine Sonne, in deren Strahlen man sich wärmen wollte. Ein besonders herzliches Verhältnis bestand zwischen ihr und der Prinzeß Wilhelm, Tante des Königs, das so innig war, daß man die Autorschaft der Paalzowschen Romane sogar dieser Prinzessin zuschrieb.

Satire auf die Rundtänze 1847.

Die Gefeierte hatte auch selbst einen Salon in der Oranienburger Straße am Monbijougarten. Sie war sehr zeremoniös, sehr geziert, doch dabei nicht ohne Gemüt. Groß, schlank gewachsen, von schönen Gesichtszügen, hauchte sie doch eine Kälte aus, die frösteln machte. Ihr Gang war feierlich, ihre Miene ernst, ihr Gespräch langsam und gemessen, ihre Attitüde sogar theatralisch. Dabei zeigte sie sich in einer gesucht malerischen und auffallenden Kleidung; es schien, als ahme sie die aristokratischen, mittelalterlichen Heldinnen ihrer Romane in allem Äußerlichen nach, als gefalle sie sich, eine Burgfrau zu repräsentieren, eine *châtelaine* in faltigem Sammetkleide mit knapp anliegendem Oberkleid, dem Täschchen mit dem Bunde Schlüsseln an der Seite. In ihren Zimmern war alles gotisch, altdeutsch, als wären Stühle und Tische alten Schlössern entnommen, in denen einst ein Ritter mit seiner Dame gehaust. Mittelalterliches Geschirr wurde präsentiert und stand auf Konsolen und Tischchen und Nippes; ein Kruzifix stand zwischen Statuetten und Büsten moderner Koryphäen; Ölgemälde aller Art, meist Madonnen und Apostel, hingen an den Wänden. Ihr Arbeitszimmer war ein Turmgemach mit einer Aussicht auf den kleinen Park des Schlößchens Monbijou. Hier saß die Paalzow *en grande robe*, wie zum Empfang vornehmer Gäste bereit, am Schreibtisch, der natürlich gotisch war, und schrieb alle Tage regelmäßig ein genau vorher bestimmtes Pensum. Sie hatte ihre Arbeitsstunden als Dichterin, die so genau abgemessen waren, daß es nie eine mehr oder eine weniger zu zählen gab. Schlug die

Karrikatur auf den Korso im Tiergarten um 1860.

Ballmode um 1860.

bestimmte Zeit um Mittag, so hatte die Paalzow sicherlich auch ihr Pensum fertig, und keine Gewalt der Erde war fähig, sie zu bewegen, die Feder wieder im Verlauf des Tages in die Hand zu nehmen. Sie war stolz auf ihre Arbeiten, die sie förmlich für große, der Aristokratie geleistete Dienste hielt, weshalb sie auch die Schmeicheleien mit vornehmer Würde entgegennahm und sich völlig für berechtigt hielt, an dem Hofe des in mittelalterlicher Romantik sich gefallenden Königs eine vorzügliche Auszeichnung zu genießen. Diese Eitelkeit legte sie erst in der schmerzhaften, langwierigen Krankheit ab, an der sie endlich starb.

Hosemann 1845: Blindekuhspiel.

Sie hatte, wie gesagt, einen Salon, der alles besaß, was ihn zum ersten Berlins, zu dem einer Staël, einer Récamier machen konnte; sie selbst hatte Ruhm, der Hof protegierte sie, die vornehme Gesellschaft betete sie an, oder vielmehr ihre aristokratischen Romane. Gleichwohl war ihr Salon wenig mehr als eine pedantische, steife Reunion, zu welcher aus Höflichkeit alte feierliche Autoritäten wie Rauch, Humboldt, Schelling sich einfanden, schweigend durch die Zimmer schritten, allenfalls zu einer der Gruppen traten, die in den Fensternischen sich untereinander besprachen, und dann feierlich die Treppe hinunter zur alten Kutsche gingen, um sich nach Hause fahren zu lassen. Eine allgemeine Unterhaltung fand nicht statt; sie war nicht möglich, weil die Wirtin mit ihrem zeremoniösen Wesen alle anfröstelte. Deshalb mieden auch jüngere und gesellige Talente diese Sphäre, und eine Menge interessanter Berühmtheiten blieb fern, nachdem sie einmal einen Winterabend bei Frau von Paalzow zugebracht.

Es gab denn auch genug, die gegen die Sucht der Damen, Salons zu gründen, eiferten und sich überhaupt über die Teeabende lustig machten. Die schöngeistige Verlogenheit der ästhetischen Tees, die in allen Bürgerhäusern grassierten, wurde von E. T. A. Hoffmann mit der ganzen Ironie dieses Romantikers in „Johannes Kreislers, des Kapellmeisters, musikalischen Leiden" verspottet. Er schalt die übertriebene Höflichkeit und gesellschaftliche Falschheit, mit der die jungen und alten Dilettanten zur Preisgabe ihrer Unzulänglichkeit und die Gäste zum Anhören und zur unechten Begeisterung verurteilt wurden. Auch Ludwig Robert, der Bruder der Rahel, machte sich in den „Promenaden eines Berliners durch seine Vaterstadt" über die Mode der Teeabende lustig:

Blumen und Kerzen,
Spiegel und Lichter,
Geschnürte Herzen,
Bewachte Gesichter. –
Dort Federn und Spitzen
Und türkische Shawle:
Sind Damen, die sitzen
Im Kreise im Saale,
Und ferne stehen
Die Söhne, die Gatten,
Schwarz wie die Krähen
Mit weißen Krawatten. –
Grüßendes Neigen,
Tonloses Summen,
Verlegenes Schweigen,
Sprödes Verstummen.
Ein laulich Gebräue
Mit Zucker und Sahne,
Und immer aufs neue
Die schwache Tisane,
Und Kuchen und Backwerk
Und Backwerk und Torte;
Man öffnet zum Hackwerk
Das Pianoforte.
Nun trillern und stümpern
Die Virtuosen.
Und Tassen klimpern
Und Diener tosen.
Es flüstern und zischen

Krinolinenmode um 1860.

Die Frau'n unersättlich
Und rufen dazwischen:
Ah, bravo! wie göttlich! –
Es werden die Zimmer
Stets heißer und enger
Und immer und immer
Die Weile länger ...

Neben der Hofdame Paalzow besaß die Gunst der literarischen Mode die Gräfin Ida Hahn-Hahn, die Tochter des mecklenburgischen Grafen, der sich durch seine Theaternarrheit ruiniert hatte. Sie war exzentrischer, junkerlicher als die Paalzow, die für die kultivierte Hofaristokratie schrieb. Die Gräfin haßte den Hof ebenso wie die bürgerliche Kanaille. Wie kam das Bürgertum dazu, reich zu werden! Und der Hof hatte die Aristokratie ruiniert und beiseite gelassen! Sie schrieb, um sich Luft zu machen. Auch griff sie die Ehe an, die nur die Weiber einem „Herrn" unterwerfe. So nannte sie denn die Paalzow eine Kammerjungfer der Aristokratie. In ihren Werken mischte sich feudale Manier mit den Anschauungen des jungen Deutschland. Und die Hausmütter versteckten ihre gern gelesenen weltlichen Bücher vor ihren Töchtern. Als nach einem bizarren unsteten und genußreichen Leben ihre Jugend und Schönheit flohen, trat die erfahrene sinnliche Weltdame zum Katholizismus über und ging später in ein Kloster. Ihr Gefühl war also viel stärker, ihr Leben logischer als das anderer Aristokraten, in deren Kreisen damals ein leidenschaftlicher Pietismus Herzen und Köpfe beschäftigte. Neue Ziele fehlten der Aristokratie. Vor dem reifer und stärker werdenden Bürgertum rettete sie sich in eine romantische Sympathie mit dem Mittelalter und in einen weltenfremden Pietismus hinein. Da aber die Lebenshaltung der Aristokratie notgedrungen vielfach nur recht bürgerlich sein konnte, blieben doch manche Angehörige der Aristokratie ganz unmittelbar im frischen Leben festgewurzelt. Sie betätigten ihre Frömmigkeit, ihre religiösen Empfindungen in der Wirklichkeit. Hier war ein Feld, das ihnen nicht verschlossen war und das bis heute die Damen der Aristokratie beschäftigt. Persönliche Hilfe zu bringen, Schwachen beizustehen, war ein Vorrecht auch der innerlich vornehmen Dame.

Hosemann 1850: Besuch im Atelier.

Sie nahm das Leben ihres Schützlings wohl selbst in die Hand wie Fräulein Marie von Olfers, die sich einen unehelichen Säugling einer Magd ins Haus nahm – trotzdem doch in der eigenen Familie viele eigene Kinder vorhanden waren und sie selbst erst 23 Jahre alt war. Viele Bekannte und Verwandte waren denn auch außer sich über das Beginnen der jungen Dame, die durch ihren Vater, den Museumsdirektor, den vornehmsten Kreisen angehörte. Sie pflegte das mit häßlichem Ausschlag behaftete Kindchen selbst, badete es noch oft abends, wenn sie schon in Gesellschaftstoilette war und ins Theater oder auf Hausbälle gehen wollte. So wenig wie möglich wurde das Kind den Dienstboten überlassen und wurde auch nicht zum Dienstboten erzogen, sondern zwischen die Schwestern, zwischen die Kinder des Hauses eingereiht. Sie gehörte durchaus zur Familie. Und als der alte Herr von Olfers eine Pflegerin brauchte, durfte nur jene angenommene Tochter seiner Tochter um ihn sein. Joachim, der im Olfersschen Hause oft abends Violine spielte, entdeckte eine hübsche Stimme bei der Pflegetochter. Aber sie starb früh – wohl an den verdorbenen Säften, die sie ins Leben mitbekommen. Sie wurde nie vergessen. Ein Engel sei durchs Haus gegangen, meinten die Damen, die das Kind der freien Liebe zu einem Kinde ihres Hauses gemacht hatten.

Der religiöse Drang, das pietistische Sündenbewußtsein war in den Berliner Hofkreisen, zu denen Olfers gehörten, stets romantisch durchweht von Theaterliebhaberei, von Jean Paul, Tieck und Shakespeare, verknüpfte sich auch wohl mit berlinischem Wirklichkeitssinn wie im Falle der Pflegetochter. Beseligender Glaube, mystischer Tiefsinn walteten damals auf allen Schlössern und in allen Palästen. Bekehrungseifer, der besonders die Damen erfüllte, führte selbst einen Realisten wie Bismarck zu inbrünstigem Gebet, zur Erweckung. Am Hofe aber, zu dem ja immer die irdischeren Elemente, die vom diesseitigen Leben was haben wollen, sich hindrängen, am Hofe wurde schließlich trotz aller pietistischen Theorie die Ästhetik lebensbestimmend. Wer höfisch gesonnen war und zu gewissen ästhetischen und pietistischen Zirkeln gehörte, konnte sich zur ersten Gesellschaft zählen. – In den vierziger Jahren waren übrigens Hof und Diplomatie nicht das gleiche. Der Hof trat oft ohne jede Prätention auf. Wer sich gesellschaftlich benehmen konnte, brauchte nicht hohe Wechsel nachzuweisen. Die jungen Herren kannten noch keine so luxuriöse und komfortable Lebensweise wie heute. Wenn sie einen anständigen Rock besaßen, konnten sie sich überall sehen lassen. Sie wurden in die vornehmen Familien hineingezogen und erhielten Anregung von allen Seiten. Heute gibt es nur selten diese familiäre Geselligkeit in Berlin, die so bildend und erziehend und formend auf die jungen Menschen wirkte.

Hosemann: Die Freundinnen.

Selbst der Hof hatte damals etwas Familiäres an sich. Bei dem bekannten Museumsdirektor von Olfers wurde Theater gespielt, an dem sich der König, die Prinzen und allerlei junge Leute beteiligten. Keiner fragte: Hast du was? Bist du was? Viele Vornehme hatten auch in den Kriegen ihr Geld verloren oder hatten überschuldete Güter. So kam es, daß damals der Besitz nicht die Exklusivität ausmachte.

Eine Fülle von Lieblichkeit, Lebensfreude und Geschmack muß das vormärzliche Berlin gehabt haben. Die Wunden der napoleonischen Kriege schmerzten noch. Die allgemeine wirtschaftliche Depression nötigte selbst die höheren Kreise zu einer schlichten bürgerlichen Lebensführung. Die klassische Bauweise kam dem Bedürfnis nach vornehmer und doch bürgerlicher Repräsentation entgegen. Das

Versand der Liebesgaben auf dem Hofe der Garde du Corps-Kaserne, 1866.

U. Müller: Gesellschaft im Jahre 1852.

Bürgertum fing an, sich zu entwickeln und begünstigte alle diese Strömungen. So konnte sich denn das Berlinertum auch in einem einfachen, aber sehr anheimelnden und vornehmen Baustil ausprägen, von dem wir leider nur noch wenige Denkmale besitzen. (Siehe die Parochialkirche um 1830 u.a. Ansichten.) Aber diese Denkmale weisen eine bewundernswerte Einheitlichkeit auf, eine Einheitlichkeit, die das ganze Leben von damals durchzog, als der alte Schadow noch unter seinen bildhauerischen Schöpfungen, der Quadriga auf dem Brandenburger Tor, dem alten Zieten und Dessauer auf dem Wilhelmsplatz, dem wunderbaren Grabmal des Grafen von der Mark in der Dorotheenstädtischen Kirche und vielen andern bedeutenden Werken lebte und zum eigenen Vergnügen anzügliche Karikaturen zeichnete, als Schinkel das Schauspielhaus baute, als Rauch das Denkmal Friedrichs des Großen schuf, Dörbeck und Hosemann das Kleinbürgertum mit seinen charakteristischen Witzen und seiner derben gesunden Lebensauffassung populär machten – ja, als ganz Berlin, vom königlichen Hof bis zum Holzhauer und Eckensteher berlinisch war.

Diese Zeit entwickelte auch in der Damenwelt Persönlichkeiten, die besondere Eigenschaften der Berlinerin zeigten, wie z.B. die Madame du Titre, von der allerlei Schwänke und Charakterzüge mitgeteilt wurden. Daß sie die Berliner Volkssprache sprach, ist nur natürlich in einer Zeit, in der alle Künstler (z.B. Schadow) und Militärs (Wrangel) nur Berlinisch sprachen, als am Hofe „berlinert" wurde und auch sonst die meisten Berolinismen nicht als Pöbelsprache galten, sondern in zeitgenössischen Wörterbüchern als allgemeines Sprachgut mitgeteilt wurden. Madame du Titre stammte aus wohlhabenden Kreisen der französischen Kolonie, wurde 1748 in Berlin geboren und heiratete 1781 den reichen Seidenhändler Etienne du Titre, der in der Poststraße wohnte. Die über sie mitgeteilten Scherze stammen alle aus den ersten Jahrzehnten des 19. Jahrhunderts. Es erregte große Heiterkeit, als sie von ihrem Besuch bei Goethe erzählte:

„Ick hatte mir vorgenommen, Goethe doch och mal zu besuchen, und wie ick mal durch Weimar fuhr, ging ick nach seinen Garten und gab dem Gärtner einen harten Thaler, daß er mir in eine Laube verstechen und einen Wink geben sollte, wenn Goethe käme. Und wie er nun die Allee runter kam und der Gärtner mir gewunken hatte, da trat ich raus und sagte: Angebeteter Mann! Da stand er stille, legte die Hände auf den Rücken, sah mir groß an und fragte: Kennen Sie mir? Ich sachte: Großer Mann, wer sollte Ihnen nicht kennen? und fing an zu deklamieren:

Fest gemauert in der Erden
Steht die Form aus Gips gebrannt!

Darauf machte er einen Bückling, drehte sich um und ging weiter. So hatte ick denn meinen Willen gehabt und den großen Goethe gesehen."

Sollte auch manche der über die Madame du Titre erzählten Geschichten erfunden sein – diese trifft jedenfalls den Ton und den Bildungsgrad vieler wohlhabender Kreise ausgezeichnet. Sie wollen „die Mode mitmachen" – aber nur äußerlich. Sie konnten sich nicht aufschwingen zu einem wirklich geistvolleren Leben. Ja, trotz ihres Reichtums machten sie die damalige Mode der Salons nicht mit. Theodor Fontane äußert in einem Briefe 1897 darüber, ein Aufsatz über Henriette Herz habe ihn „wieder mit der Nase auf die Tatsache gestoßen, daß das gesellschaftlich höher potenzierte Berliner Leben immer nur ein Juden-, will sagen Jüdinnenleben gewesen ist. Eine Bourgeoisfrau oder -tochter hat Hierlands nie was gesprochen, um das man sich hätte kümmern müssen. Und der Adel, seitdem er fromm und noch einiges gewesen ist, versagt auch. Aus diesem Fakt erklären sich einige der wichtigsten unserer wenig erfreulichen Zeiterscheinungen."

Der Madame du Titre soll auch das Mißgeschick mit dem Ochsen zugestoßen sein. Sie mußte beim Spazierengehen vor einem wildgewordenen Rinde fliehen und betrat einen eleganten Laden mit dem Ausruf: „Entschuldigen Sie, da kommt ein Ochse!" – was auf sie selbst bezogen werden konnte. Ganz echt berlinisch ist die Abfuhr, die Madame einst ihrer Gesellschafterin erteilte. Mit lauter Stimme erzählte sie, wo sie am Vormittag schon überall gewesen sei: „Denken Sie sich, Liebecken, von de B. bin ick zu de D. gelofen, und von de D. bin ick zu de W. gelofen und denn bin ick wieder zu de F. gelofen und von de F. bin ick zu de K. gelofen. Und wie ick so gelofen bin –"

„Aber Madame du Titre!" flüsterte die Begleiterin – „gegangen, gegangen nicht gelofen!" – Aber da legte die alte Dame los: „Wat, gegangen, gegangen? Mamsellken, ick bin gelofen und habe den reichen du Titre gekriegt. Und Sie sind gegangen und gegangen und haben noch keenen nich gekriegt! Also is gelofen besser wie gegangen. Merken Sie sich das!"

Menzel: Modestudie 1871.

Menzel: Abendgesellschaft am Hofe Kaiser Wilhelms I. um 1880.

Diese Lebensanschauung, ganz aufs Materielle gestellt, war eben die Triebfeder großer Kreise. Und auch die Rücksichtslosigkeit, mit der sie betont wurde, war echt. Einzig und allein versöhnte mit ihr ein gewisser Humor und die hinter all den Schwänken hervorlugende Selbstverspottung – die unwillkürlich damals eine Brücke zu andern Kreisen schlug und oft unbemerkbar auch zu andern Kreisen hinüberführte.

Nicht nur das Stadtbild war damals geschlossen. Auch die Menschen lebten in einer geschlossenen Lebensweise. Und zwar durchaus berlinisch – schlicht einfach, aber sehr viele nicht ohne Geist und Geschmack. Eine berlinische Lebenskunst hatte sich entwickelt, die auch uns Nachkommen noch viel zu sagen hat und von der wir auch für unsere Zeit noch viele Vorteile erwerben können.

Auch in der lebendigsten aller Künste, in der Mode, war damals Berlin von einer reizvollen Geschlossenheit. In dem Werk eines Künstlers, des berlinischen Malers Franz Krüger, besitzen wir ein schönes Zeugnis für die liebenswürdige und geschmackvolle Art, mit der sich die Berlinerinnen der Biedermeierzeit zu kleiden wußten. Wir kennen ihn eigentlich nur als den großen Pferdemaler.

Winterhalter: Victoria als Kronprinzessin von Preußen.

Aber der Maler der Fuchsjagden, der Kavallerieparaden und Reitausflüge hat zugleich soviel Liebenswürdigkeit in seinem Stift gehabt, daß wir ihn doch auch einen Frauenmaler nennen müssen, um den wir unsere Großväter und Großmütter beneiden können. Mit einem feinen Verständnis für die persönliche Linie jeder einzelnen Frau hat er uns eine Reihe von Porträten hinterlassen, die alle Wesenszüge der Porträtierten und alle Reize ihrer Zeit übermitteln.

Immer tritt uns die Geschlossenheit der Mode jener Zeit entgegen. Prinzessinnen, Künstlerinnen, die Damen des vornehmen Bürgertums und die weiblichen Angehörigen des Kleinbürgerstandes – alle betonen ganz typische Modelinien. Während noch einige Jahre vorher der lose Hänger und die hochgeschnürte Brust der klassischen Periode alleinherrschend gewesen war, hatte sich durch eine altertümelnde Richtung im Anfange der zwanziger Jahre des 19. Jahrhunderts wieder die feste Taille, die Hervorhebung der besonderen weiblichen Linien durchgesetzt. Die Gretchentracht des Mittelalters blieb in der romantisch empfindenden Zeit, als in allen Almanachen Rittergeschichten standen, nicht ohne Einfluß. Aber niemand ahmte sie sklavisch nach. Als Krüger seine Studien machte, waren die altertümelnden Anklänge kaum noch zu erkennen. Sie waren ganz in die geschlossene, allumfassende Grazie des Biedermeierischen Stils übergegangen. Die fürchterlichen hohen spanischen Kragen aber waren längst einer künstlerisch reizvolleren Freiheit des weiblichen Halses und der Schultern gewichen, und die Schlankheit der Taille schien durch mehr senkrechte Linien schmiegsamer, zierlicher und jugendlicher zu werden. Durch verschieden angeordnete Schnallen, Bänder, Schleifen, Bäusche kam dann wieder jene Vielfältigkeit und Abwechslung in die Mode hinein, die sie bieten muß, will sie nicht langweilig werden und all den kleinen Wesensverschiedenheiten, Launen, Reizen und besonderen Schönheiten ihrer Trägerinnen genügen.

Auch in der Haartracht zeigte sich ein bestimmter Modezug: der feste, geschwungene Scheitel, den wir oft noch bei unseren Müttern und Großmüttern finden. Aber dieser Scheitel, der einer schön gewölbten Stirn so gut stand, war auch nur wieder eine Grundform. Über ihm wölbten sich hochgeschlungene Lockenwülste, wie sie zum Beispiel die Kaiserin Augusta als junge Prinzessin von Preußen trug. Ihr feingeschnittenes Gesicht mit dem schöngebildeten Ohr trat um so deutlicher hervor. Oder die Damen ließen ihr Gesicht von einem üppigen Lockengeringel umrahmen, das je freier und koketter aussah, desto fester der Scheitel und die Stirnhaare sich anlegten. Die liebliche, schöne Königin Elisabeth trug diese Haartracht schon als Kronprinzessin und behielt sie auch als Königin bei. Zu ihren vornehmen und edlen weichen Zügen, zu ihrem schwermütigen Blick paßte auch das Pelzwerk, das sie, sparsam angewendet, mit Vorliebe trug. Und auch die prächtigen Perlenketten, mit denen sie sich fast ständig schmückte, erhöhten die sanfte Schönheit dieser gebildeten und vom Schicksal so schwergeprüften Frau. Mit einem andern Schmuck sah man sie kaum.

Große, aufdringliche Diademe, festanliegende Halsketten, die den Hals stärker erscheinen lassen, als er ist und die jede Zartheit der Linien und der Bewegung des Halses verdecken, wurden in der Biedermeierzeit von keinen feineren Damen getragen. Vor allem zerstörte niemand die Reize des eigenen schönen Haares durch übermäßigen barbarischen Schmuck oder durch allzu viele Bänder und Schleifen und Federn.

Menzel: Etablissement Moritzhof (Tiergartenstraße, 1862).

Max Liebermann: Eingang zum Tiergarten um 1900.

Zu einer solchen Haartracht stimmte denn auch die Hutmode. Sie kam dem Bestreben, die frauliche Lieblichkeit des Gesichtes zu erhöhen, sehr entgegen. Die Hauben und Schuten umrahmten ein Köpfchen wie ein Bild. Freundliche Augen konnten wohl schelmisch herausschauen aus solchem Behälter, der die Frisur schützte. Auch diese Hutform wurde ganz persönlich angewendet. Die Sängerin Henriette Sontag, eine große Modedame der Biedermeierzeit, wölbte ihren Hut vorn schirmartig vor und besteckte ihn mit verwegenen Federn, was ihrem energischen, kapriziösen Gesicht außerordentlich fein sich anfügte (S. 85 u.f.).

Die Umschlagetücher aber, die alle Damen brauchten, wenn sie die Mode der freien Schultern mitmachten, wurden ebenso zum Schutz gegen die Witterung getragen, wie sie auch willkommene Gelegenheit zum reizvollen Spiel der Koketterie boten. Bald konnten sie die Schultern verhüllen, bald fielen sie über die Arme herab, wie es auf der Studie „Madame Crelinger mit ihren Töchtern" so fein von Franz Krüger angedeutet ist. Und die Hand, die aus einem solchen Tuch hervorkam, erschien schlanker und feiner als sonst. (Siehe: Paul und Marie Taglioni.)

Bei all dieser Geschlossenheit und scheinbaren Gleichförmigkeit der Mode, die ein vollkommenes Gemeingut aller war, wirkte sie doch nicht tyrannisch oder zwangsartig. Nein, kaum zu einer andern Zeit herrschte solch ein künstlerisch freier Ausdruck, solche freie Beweglichkeit in der ganzen Lebensform wie in den Biedermeiertagen, als Grazie und Lieblichkeit Ziel und Zweck der Mode waren und als sie allen Schichten der Bevölkerung zugleich die reiche Fülle ihrer Schätze bot.

Eine Dame, in deren Wesen die großen ästhetischen Vorzüge und die komplizierten seelischen Eigenschaften ihrer Zeit sich verbunden hatten, war die Königin Elisabeth. Sie war religiös wie ihr Mann, Friedrich Wilhelm IV., wurde sechs Jahre nach ihrer Vermählung protestantisch, baute die Friedenskirche in Potsdam, die Heilandskirche in Sakrow, beteiligte sich aber auch an den Entwürfen zu den Parkanlagen in Glienicke und Babelsberg, deren Pläne in ihrem Beisein in ruhigen Abendstunden entstanden. Ihr und ihren Anregungen haben wir manche prächtige Parklandschaft bei Potsdam zu verdanken. Sie schützte den Charakter der alten Säle und Gemächer in den Königsschlössern, besonders in Sanssouci. Sie las nicht umsonst die vornehmste Literatur aller modernen Sprachen, Geschichtswerke, Biographien und Briefsammlungen, verkehrte mit Gewinn mit allen Größen der Stadt, mit Humboldt, Tieck, Ranke, Ludwig Gerlach, Marcus, Schelling, Rauch, Cornelius, Schinkel, Stüler und anderen. – Ihre gepflegte Kultur kam überall zum Vorschein. Während der Märzereignisse beschwichtigte sie die beängstigende Erregung ihres Gatten und behielt immer die Fassung. Wo der König zu phantastisch war, verschaffte sie der Realität ihr Recht. Wenn er jähzornig aufbrauste, sah sie an ihm vorbei und sagte: „Ich suche den König!" Die Kinderlosigkeit, zu der sie verurteilt war, führte sie dazu, Kinderbewahranstalten zu gründen nach dem Muster von Wadzeck, der die erste 1822 errichtet hatte. Unter ihrer Obhut standen schließlich achtzehn solche Anstalten, für die sie jährlich 60.000 Taler gab.

So schuf sie die Tradition jener Organisation der Wohltätigkeit, die seitdem so eifrig von den Berliner Damen, und besonders von denen des Hofes, gepflegt wurde. So gab sie dem Damenleben einen Inhalt und eine Entschuldigung für das dekorative, aristokratische Dasein, das nun eine moderne Berechtigung erhielt und zugleich in Konflikte geriet. Wirkliche Christlichkeit und damenhafter Glanz vereinen sich schlecht. Wer am Tage Armensuppen austeilt, wird oft abends die Brillanten im Haar schwer wie Tränen tragen.

Max Klinger: Der Handschuh. (Auf der Rollschuhbahn um 1880.)

Nicht alle Berliner Damen jener Tage waren so reich an Lebensmöglichkeit wie die Königin Elisabeth, deren Mann so traurig endete und die Rückerts: „O, wie liegt so weit, was mein einst war" zu ihrem Lieblingslied erwählt hatte. In die späteren Jahrzehnte der Biedermeierzeit wetterleuchtete die Revolution schon hinein. Und wir dürfen nicht vergessen, daß im Biedermeier der Kampf um die Zensur, um politische Entwicklung bald mehr oder weniger unterirdisch sich tummelte. Er kam auch in den literarischen Bildern von der Dame zum Ausdruck. Gutzkows Wally, die hoch zu Roß, an der Spitze eines ganzen Trupps von Anbetern sich sehen ließ, die alle Ringe, die ihre Courmacher ihr schenkten, an ihre Reitgerte steckte, unter der Langeweile der großen Dame litt, witzig, spielerisch und abweisend sich unterhielt, das Hasardspiel liebte, keinen Sinn für die Schönheiten der Landschaft hatte, nicht das Unglück anderer fühlte und nicht selbst glücklich werden konnte, weil sie nicht andere zu beglücken vermochte – diese Dame, die so ziemlich der Aristokratin Ida Hahn-Hahn glich, war auch im vormärzlichen Berlin heimisch. – Die genialen Damen mit Madonnengesichtern, schillernden, launischen Augen, hatten die Fähigkeit, sich gehen zu lassen und doch immer die Dame zu sein, die wie ein Mysterium von Flammen umzüngelt wird, die ein kaltes, unnahbares Götzenbild bleibt. Scheinbar hat sie eine tiefe, nie zu ergründende Seele. Aber das ist nur Seelenlosigkeit und der Wunsch, diese langweilende Seelenlosigkeit auszufüllen. Fanny Lewald meinte über jene Zeit, in der sich die Revolution von 1848 vorbereitete: „Jene Zirkel, in denen die geistig Bevorzugten aller Stände sich getroffen, existierten nicht mehr. Die Geselligkeit war untergangen, in der Bildung die einzige Forderung war. Frieden und Reaktion trennten Fürsten vom Volke, Adel vom Bürgerlichen, Militär vom Zivil. In der Schaustellung des Reichtums suchten die Gewerbetreibenden Ersatz für den Verlust des geistig befreiten Verkehrs."

Und ebenso wie die religiöse Mystik dazu gebraucht wurde, ebenso wurden auch die weltlichen Freuden benutzt. Die Kulturwelt war fünfundzwanzig Jahre lang durch Krieg und Kriegsgeschrei beunruhigt worden. Nun wollte sie leben und genießen. Wenn auch die Mittel knapp waren, so war die Lebenslust um so kräftiger. Sie kam ja auch in der weiblichen Kleidung zum Vorschein, die mit der deutlichen Betonung der weiblichen Reize nicht kargte. Die Fülle der Brust wurde durch bauschige Falten gestärkt, die Taille durch festes Zusammenpressen schlanker und die Wölbung der Hüften durch krinolinenförmige Röcke recht augenfällig gemacht. Ganz bestimmte lebensfreudige Züge des Rokoko kehrten wieder. Das Heroische der klassischen Jahrzehnte mundete nicht in einer Zeit, als die heilige Allianz den Völkern noch einmal eine Periode der absoluten und bürokratischen Regiererei aufzwingen wollte. So konnte Lützow, der 1813 sein Vermögen und sein Leben drangesetzt hatte, wohl mit Berechtigung später schreiben:

„Berlin ist übrigens ein fatales Offiziantenloch. Alles äfft dem Hofe nach. Bildung des Verstandes will ich den Berlinern nicht allgemein absprechen, das Gemüt ist ohne Fülle, sie sind in Vielwisserei, äußeren Schein und Vornehmtun versunken. Der Luxus ist groß. Ein Hausvater läßt seine Kinder nach seinem Tode lieber betteln als seine Gäste ohne Champagner. Die Frauen bedürfen unaufhörlich neuer Lumpen, und bedenken nicht, daß ihre Kinder dermaleinst zerlumpt einher wandern müssen. In diesem Augenblick passieren lauter schöne Wagen und Pferde, die Livreen gleichen den Hoflivreen, denn jede arme Leutnantsfrau glaubt ein Stück des Hofes sein zu müssen. Hinter dem Wagen steht ein Neufchateller Jäger, der nie einen Hasen geschossen, und noch überdies das Französisch seiner gnädigen Frau nicht recht zu deuten versteht, so laut sie auch das ganze Publikum damit unterhält.

Begas: Die Mutter des Künstlers.

Vor 1813 hatte das Unglück die Berliner glücklich gemacht, seitdem die Staatskassen richtig zahlen und die Orden fliegen, sind sie die alten und noch schlimmer wie vor 1806.“

Keine andere Zeit hatte soviel spielerischen Kleinkram für die Damen bereit wie das Biedermeier. Eine Unmenge von zierlichen Geschenkartikeln wurde damals fabriziert. Die Damennähtische und Schreibsekretäre waren mit allen erdenklichen Luxusgegenständen vollgestopft, Whistkarten, so klein, wie wenn sie für Puppen bestimmt wären, in fein ziseliertem Silberschächtelchen. Silberne Nähbestecke in Zwergformat, fein graviert und mit Edelsteinen besetzt, in zierlichem Lederetuis. Niedliche Häuschen aus Zitronenholz mit Intarsien oder Silberbeschlägen öffneten unter einem leichten Fingerdruck sechs oder acht Türen und boten bei einer lieblichen Spieldosenmusik verschiedene Parfüms in fein geschliffenen vergoldeten Flakons. In dem Berlin von damals, das nach den Kriegen noch

Jugendbildnis der Sängerin
Lilli Lehmann.

nicht zweihunderttausend Menschen bewohnten, das sich aber in den Jahrzehnten vor der Revolution verdoppelte, gab es schon mehrere Luxusläden, in denen die Herren Aufmerksamkeiten für ihre Damen kaufen konnten. Dosen, Necessaires, Schnallen, Bonbonnieren, Flakons, Regenmäntel, Reise- und Badekappen, Geldschatullen, englische Sattel- und Reitzeuge, Pariser Schuhe, elegante Silber- und Goldwaren, Stahlwaren, Schnallen, Scheren und viele andere Gegenstände und Gebrauchsartikel für elegante Damen. Alle diese Sachen und Sächelchen waren mit einem köstlichen Geschmack und einer feinen formvollen Empfindung ausgestattet. Die Kräfte, die heute von der Technik, vom Verkehrswesen und anderen Organisationen des modernen Lebens aufgebraucht werden, konnten sich den ausschmückenden Kleinigkeiten des Alltags widmen. Auch war die gute Handwerkstradition noch lebendig. Zwischen Kleinkunst und Käufer hatte sich noch nicht die Maschine und die Technik gedrängt. Viel Interesse wurde den Glückwünschen zugewendet (S. 104 u.f.). Sie dienten der Freude, der heute die illustrierten Zeitschriften entgegenkommen: kleine, gefällige Lebensabbildungen und unterhaltsames Bildermaterial zu bringen. Wer sie sammelte, konnte zugleich schöne Erinnerungen gewinnen. Die Damen hatten wohl noch Zeit, ab und zu die vieldeutigen Glückwünsche aus dem Kästchen zu nehmen und sich die Freuden und Schmerzen ins Gedächtnis zu rufen, die sie ihnen gebracht. Da gab es aufklappbare Kärtchen, in denen sich ein junger Mann als Freund in allen Lebenslagen anpries. Auf anderen Kärtchen waren Blumen herauszuziehen, die den Lebensweg der Empfängerin schmücken sollten. Paradiesische Landschaften, denen kleine Spiegel als Seen eingefügt waren, blumenumkränzte Sinnsprüche, Häuschen mit Liebespaaren, hinter papiernen Spinnetzen versteckte Schönheiten, Mädchen, die sich zum Kusse neigen – alles das wurde auf Glückwunschkarten verschickt. Sehr vornehm und nur für wenige Exklusive bestimmt waren die eisernen Glückwünsche, die mehrere Jahrzehnte lang von der königlichen Eisengießerei verschickt wurden. Sie sind kulturhistorisch außerordentlich interessant. Im Jahre 1811 wurde das Innere der Eisengießerei dargestellt, mit Kanonenrohren, Kugeln und anderem Kriegsgerät; die kriegerische Stimmung der Befreiungskriege kündigte sich ungehindert an. Einige Jahre später wurden die erste Lokomotive, Dampfmaschinen und allerlei Gerät der friedlichen Arbeit abgebildet. Kirchen, besonders die von Friedrich Wilhelm IV. erbauten Kunstwerke und Denkmäler reproduzierte die Eisengießerei auf ihren Glückwünschen. Eines der hübschesten Neujahrsblätter aber ist „das entfliehende Jahr“, das von Schrödter entworfen und von Menzel lithographiert wurde. Der Herr steht in Verzweiflung und grübelt – die Dame aber möchte das festhalten, was ihr soviel fortnimmt ... (S. 82)

Ernestine Wegner.
(Zur Mode um 1880.)

K. Steffeck: Auffahrt zur Parade auf dem Tempelhofer Feld.

Gewisse Freiheiten hatten die Damen in Berlin immer gehabt. Sie waren hier eigentlich stets unabhängiger als anderswo. Die nordische Lebensart, die der Frau mit freiheitgewährender Achtung entgegenkommt, hatte sich trotz aller verzärtelnden französischen Einflüsse, trotz aller herunterdrückenden Galanterie behauptet. So waren die Damen im Biedermeier in den Gesangvereinen immer willkommen. Ja, in der Singakademie gab's im Jahre 1827 zwei weibliche Vorsteher. Doch bestanden auch einige Liedertafeln, die nur für Männer reserviert blieben. Nur alle Jahre einmal wurde ein Fest mit Damen gefeiert, ein Zeichen, daß die Frauen damals wesentlich mehr als heute auf das Haus angewiesen waren. Die Männer verkehrten viel in Klubs, in denen sie ihre Zeitungen fanden. Und auch in den Logen hatten die „Frauenzimmer" selten Zutritt.

Mochte die Zeit auch theaterfreudig sein, so wurde doch – noch im Jahre 1827 – nicht jeden Tag in der Oper und im Schauspielhaus gespielt. Dienstags war meist Redoute im Opernhaus und sonnabends Ball in den Sälen des Schauspielhauses – aber für Geld und nicht, wie noch dreißig Jahre vorher, unentgeltlich für Behörden, Adel, Hofstaat, Militär und Fremde. Außer guten Künstlerkonzerten im Schauspielhaus, bei Jagor, einer Stätte der Schlemmer und Feinschmecker Unter den Linden, und in andern Sälen gab es auch schon Gartenkonzerte in den Zelten, im Hofjäger, im Schulgarten, in Treptow und an vielen anderen Stellen. Die Zeltersche Singakademie hatte die Musikfreude der Berliner außerordentlich gefördert. Eine zeitgenössische Chronik schildert das mit Musik belastete Berliner Gesellschaftsleben jener Jahre sehr lustig: „Indessen feiern wir Berliner auch unsern Karneval, und wenn wir nicht durch eine Zeitung gerade an den Rhein erinnert werden, so sind wir dabei ganz vergnüglich zufrieden, denn wir haben ja doch einige, oder eigentlich viele Bälle und Maskenbälle, wir haben Konzerte, Konzerte und Konzerte, wir haben Punsch und Pfannkuchen und die letzteren gewiß so schön als irgendwer in der Welt, und wenn ein ächter Berliner und eine ächte Berlinerin,

Menzel: Drei Damen 1887.

d.h. solche, die nie in ihrem Leben weiter waren als bis Pankow und Treptow, Punsch und Pfannkuchen gut und in Fülle vor sich sehen, allenfalls auch noch einen Modetanz (dieses Mal war es „Immer Schott'sch meine Herr'n") aufspielen hören, so möchte es wohl schwer sein, dieselben von dem Gedanken abzubringen, daß sie die glücklichsten Sterblichen seien. Am 6. große Redoute im Königl. Opernhause, die erste seit Jahren. Überfüllt von Dominos, Charaktermasken wenige; und die wenigen ohne Charakter, ohne Leben, taub, stumm, wie es scheint selbst verwundert, daß das Schicksal sie in eine Maske stecken konnte; Harlequins im Überfluß, eine jede Frage mit einem Peitschenschlag beantwortend; kein Platz zum Tanzen, kein Platz zum Wandeln! Um 11 Uhr sind wir gekommen, – gegen 4 Uhr gehen wir und wir haben uns köstlich amüsiert. Sind wir Berliner nicht genügsam? Alles, was uns unterhielt (wir sprechen von der Redoute vom 6. Februar) war außer obigen Fatalitäten ein Gedichte auswerfender Matrose und ein paar neckischer niedlicher Fledermäuse, und doch, wir haben uns, wie gesagt, köstlich amüsiert; wir rühmen es sogar noch extra, indem wir nach Hause gehen, daß es so hübsch anständig gewesen, weil wir die curiöse Grille in unserem Kopf tragen, daß sich aufrichtige Lust und Heiterkeit nicht mit dem Anstande vertragen können. Das wäre also die Redoute im Kgl. Opernhause! Außerdem setzt das Colosseum seine Maskenbälle fort. Überreich aber war der Monat bis zum Schlusse an Konzerten, alle Abende, selbst die Mittage wurden in Anspruch genommen und fast lustig war es anzusehen, wie sich die Anzeigen höflich aus dem Wege balancirten."

In allen Berichten jener Zeit deutet sich übrigens schon manch ein Zug des heutigen Berlins an. In einem Buch „Berlin wie es ist“ vom Jahre 1831 wird die Pracht der Festlichkeiten geschildert. Die Dame in den modernsten Kleidern sei die Königin des Festes. Jede reiche Berlinerin sei unglücklich, wenn sie während des Winters nicht in jeder Woche zwei Bälle besuchen könne. „Wo soll sie glänzen? Wo affektieren? Wo seufzen und in Ohnmacht fallen?“ Der junge Heine, der in den zwanziger Jahren in Berlin studierte, hatte diese übermäßige und protzende Geselligkeit auch schon erkannt und von ihr geschrieben: „Oper, Theater, Konzerte, Assembleen, Bälle, Thees (sowohl *dansant* als *medisant*), kleine Maskeraden, Liebhaberkomödien, große Redouten usw.: das sind wohl unsere vorzüglichsten Abendunterhaltungen im Winter. Es ist hier ungemein viel geselliges Leben, aber es ist in lauter Fetzen zerrissen. Es ist ein Nebeneinander vieler kleiner Kreise, die sich immer mehr zusammenzuziehen als auszubreiten suchen. Man betrachte nur die vielen Bälle hier; man sollte glauben, Berlin bestände aus lauter Innungen. Der Hof und die Minister, das diplomatische Korps, die Zivilbeamten, die Kaufleute, die Offiziere usw., alle geben sie eigene Bälle, worauf nur ein zu ihrem Kreise gehöriges Personal erscheint ... Alle Bälle der vornehmen Klasse streben mit mehr oder minderem Glücke, den Hofbällen oder fürstlichen Bällen ähnlich zu sein. Auf letzteren herrscht jetzt fast im ganzen gebildeten Europa derselbe Ton, oder vielmehr sie sind den Pariser Bällen nachgebildet.“ Eine ziemliche Rolle spielten die Bälle der Künstlervereine, zu denen Schadow manch eine Einladung voller Anspielungen zeichnete (S. 441). Auf solchen Tanzfesten ging es wohl oft recht amüsant zu. Auch Sternberg erzählt von jener Zeit: „In den zwanziger Jahren war die goldene Zeit der Pfänderspiele, wurden Eccossaisen, Françaisen und Quadrillen getanzt, bei denen die Frackschöße flogen und die Schleppen der Damen im Staub wirbelten. Die Herren waren artig gegen die Damen, und die Damen – wie gefühlvoll! Mit sechzehn Jahren hatten sie ihren ersten Roman schon gespielt – damals als Caroline Pichler und Caroline la Motte-Fouque ihre unzähligen Bände schrieben.“

Slevogt um 1900: Die Witwe.

Während einige Schilderer des vormärzlichen Berlins von der Einfachheit und Gediegenheit der höheren Stände schwärmen, sind die meisten der Ansicht, daß die Damen alle an Überreizung leiden. Friedrich Saß erzählt 1846: „Hysterische Gesichter sind in Berlin bei dem größten Teile der feineren weiblichen Welt die Regel. Es gehört ja wohl zum guten Tone ‚leidend zu sein‘? Wozu auch die gemeine plebejische Röte der Gesundheit? Wofür bezahle ich denn den Hausarzt, wenn meine Tochter nicht leidend wäre? pflegte ein Berliner Banquier zu sagen. Und der Hausarzt muß allerdings eine bedeutende Rolle spielen.

Nach zwei Seiten äußern sich diese Abspannung und Überreizung der feineren Frauenwelt Berlins am deutlichsten. Auf dem Gebiete der Kirche und der Kunst. Hier wie dort pflegt Abgötterei getrieben zu werden, im Pietismus, wie im Kunst- und Künstler-Wahnsinn. Die gelangweilte, erschöpfte

Liebermann: Betende Dame.

Natur will eine Beschäftigung haben und wirft sich mit Hast den unglaublichsten Exzentritäten in die Arme. Die Krämpfe und Konvulsionen in den dämmrigen Konventikeln des Berliner Pietismus haben keinen anderen Grund, als die Krämpfe und Konvulsionen vor den langen Fingern eines Liszt.“ – Noch im Jahre vor den Märztagen dokumentierte sich dieser Musikfanatismus. Eau de Liszt gab es zu kaufen, Gläser mit dem Kopfe von Liszt und tausend tägliche Gebrauchsartikel mit dem Porträt des großen Klavierspielers. Die dem Pietismus oder irgendeiner anderen Suggestion erliegenden Damen des Vormärz lebten schon fast genau so wie die heutigen Berliner Damen. Sie standen spät auf, erledigten dann allerlei kleine Wirtschaftsangelegenheiten, schrieben kurze Billetts und Einladungen, lasen ein wenig oder machten kleine Besorgungen, gingen wohl auch ab und zu einmal auf den Markt, wo sie sich mit den Hökern herumärgern mußten und erledigten die oft sehr umfangreiche Korrespondenz – wenn nicht gerade vormittags schon das Zimmer voller Menschen war. Manchmal sprachen sie auch bei Verwandten oder Bekannten vor, besuchten auch wohl ein Maleratelier oder eine Bilderausstellung und das meist schon ohne Begleitung eines Verwandten oder eines Dieners. Die feudale Zeit, die der Frau bei aller Courtoisie keine Freiheiten gestattete, war trotz der heiligen Allianz vorüber. Die Damen hatten auch schon ihre Konditoreien, in denen sie ohne Herrenbegleitung verkehrten. Anfang der vierziger Jahre verkehrten sie fast nur bei Kranzler und d’Heureuse, wo die Schokolade mit Milch gekocht und mit Sahne serviert wurde. Auch bei Schauß war im vormärzlichen

Berlin die Konditorei der Damen. Alt, jung, hübsch und häßlich, Frauen und Mädchen, aber selten ein Mann verkehrten dort. Wer in die Damenkonditorei kam, wurde spöttisch als Eindringling betrachtet und durch ein boshaftes Kichern hinausgejagt.

Nachmittags machten die Damen wohl eine Promenade in der Tiergartenstraße, wo sie sich vom Diener den Schal nachtragen ließen. Oder sie machten an schönen Tagen eine Ausfahrt nach Charlottenburg zum türkischen Zelt oder zu Muskows Kaffeegarten. Zu solchen Fahrten waren 1837 zweispännige Fiaker eingeführt worden, die sich aber nicht lange halten konnten. Die hohe Aristokratie, die Gesandtschaften und die Großbourgeoisie, die in der Wilhelmstraße und Unter den Linden wohnten, hielten sich eigene Gespanne. Und die Fabrikanten und Kaufleute, die in der Königstadt und in der Luisenstadt wohnten, fuhren mit ihren Lastpferden in eigenen Kutschen spazieren oder benutzten auch, wie der ganze Mittelstand, die Torwagen und Kremserfuhrwerke, wenn sie nach Charlottenburg, Schöneberg oder Friedrichsfelde hinauswollten, die im Vormärz noch hübsche idyllische Dörfer waren. Bei schlechterem Wetter ging's oft ins Theater, das noch viel früher begann als heute. Und nach dem Theater gingen die Damen in die Salons – wo häufig bis nach Mitternacht geplaudert, musiziert und gestritten wurde.

Auf öffentlichen Festen zeigte sich die vornehme Welt fast nie. In einer Chronik wird allerdings berichtet, daß bei den neu eingeführten Pferderennen auf den dürftigen Tribünen auf dem Tempelhofer Felde eine Anzahl feingekleidete Damen zu sehen waren. Das Publikum bestand jedoch fast nur aus Bummlern. Sonst aber mieden die aristokratischen Damen jedes Zusammentreffen mit dem „Volke“. Sie suchten zum Spazierengehen die Stunden aus, in denen die Bürgerlichen keine Zeit hatten. Und selbst beim Schlittschuhlaufen hinter den Zelten, wo oft der ganze Hof zu finden war, vergnügten sich die verschiedenen Gesellschaftsschichten zu verschiedenen Tageszeiten. Die Damen durften noch nicht mit Schlittschuhen aufs Eis. Sie konnten sich wohl auf Pikschlitten schieben lassen oder konnten zusehen. Weiter ging die winterliche Sportbetätigung der Damen noch nicht, die doch schon reiten durften.

R. Breyer 1905: Lektüre.

Dora Hitz: Frau L. v. Hoffmann.

Eine Verschmelzung der verschiedenen Volksschichten gab es auch im Vormärz nicht. Die feine Gesellschaft beehrte wohl die Volksfeste, den Schützenplatz in der Linienstraße und den Stralauer Fischzug – aber nur von weitem, von den Balkonen des Schützenhauses oder von Treptow aus, durch die ganze Breite der Spree vom Festplatz getrennt. Mitunter besuchte auch der Hof das Volksfest, aber nur zu Schiff und ohne auszusteigen. In den vierziger Jahren verkehrte die feinere Gesellschaft, der Adel, die Finanz und die distinguierten Fremden im Krollschen Sommergarten, wo auch Feuerwerke und allerlei rauschende Feste stattfanden. Die Baronin Willmar, die Frau des belgischen Gesandten, war von all den Vergnügungen, von den Ausflügen und den Schönheiten Berlins ganz entzückt. Sie wohnte im Hause des geadelten Finanziers Venecke von Gröditzberg Unter den Linden (eines Schwiegersohns der bekannten Madame du Titre), fand es reizend, daß die Häuser so geräumig waren, daß mehrere Parteien in ihnen wohnten und daß Berlin so viele schöne Ausflüge bot. Sie schwärmte von der Umgebung. Wie eifrig die Damen damals sich an den spärlichen Reizen der Nachbarschaft Berlins erfreuten, geht aus den Zeilen der Baronin Willmar über Moabit hervor: „Moabit ist ein reizendes kleines Dorf, das man nach einstündigem Gange durch tiefen Sand erreicht. Die ganze Gegend ist sandig, doch ist es gelungen, den Boden für anmutige Zwecke nutzbar zu machen. Ich habe zwei reizende Vasen in etruskischer Form als Geschenk bekommen, die aus diesem Sande hergestellt sind (die wahrscheinlich aus den Charlottenburger Tonwerken stammten). Von hier kommen auch die herrlichen Spargel, die man das ganze Jahr in Berlin essen kann." Der Baronin und ihren Kreisen kam es selbst in den Gärungsjahren vor 1846 so vor, als sei das ganze Leben nur ein Vergnügen. Sie sah überall nur vergnügte Gesichter. Und doch hatte sich die neue Zeit selbst in den aristokratischen Amüsements bemerkbar gemacht. Ein Schriftsteller berichtet 1846, daß bei den Korsofahrten einige glänzende Equipagen reicher Vornehmer und der fremden Gesandtschaften ein kleines kärgliches Häuflein bildeten zwischen den herandrängenden Wagen der Bourgeosie und den Droschken und Fiakern der Kleinbürger.

Trotzdem nun das, was die Distinguierten zu ihrer Repräsentation in der Öffentlichkeit erfunden hatten, kein Sonderprivileg geblieben war, ergriff die Vornehmen doch ein Schauer, als die Märztage begannen. Manche der Damen hatte sie vorbereiten helfen. Aber die große Mehrzahl war erschreckt, wie jene alte Dame, der Hosemann als Personifikation des Adels riet: „Legen Sie sich zu Bett, liebe Mumie!“ (S. 111)

Aber die Herrschenden legten sich nicht zu Bett. Mochte sich die Entwicklung in den Märztagen gewaltsam Luft gemacht haben – sie war doch noch lange nicht so weit, daß die Struktur der Gesellschaft eine ganz neue hätte werden können. Die höheren Schichten waren nicht ausgeschaltet – sie waren nur erschreckt worden. Wenn sie auch einige Zeit weniger geräuschvoll ihre Feste feierten, es dauerte nicht lange, und der alte Luxus lockte zu neuen Festen. Ja, die neuen Zeiten brachten einen neuen Aufschwung, und neue Goldströme flossen. Sie befruchteten das Leben der luxuriösen Damen. Eine wiederholte Rokokoperiode trat ein. Nichts war geeigneter, das Leben mit einem spielerischen, genußfrohen Ornament zu umranken als das Rokoko. Auf den Zeichnungen von Adolf Müller, der das gesellschaftliche Leben der Reaktionsperiode und seine derb-realen schlemmerischen Äußerungen darstellte, erscheint dieser Zug ziemlich unverhüllt (S. 126). Auch in der Frauentracht kam es zum Ausdruck und dominierte jahrzehntelang. Zwar heißt es immer, die schöne Gräfin Montijo, Kaiserin Eugenie, habe die Krinoline wieder hervorgesucht, weil sie ihre nahende Mutterschaft verbergen wollte. Mochte sie auch tonangebend sein – der Ton wäre trotz alledem nie befolgt worden, wenn er den Stimmen des Zeitorchesters sich disharmonisch gegenüber gestellt hätte. Die ganze Frauenwelt war auf den passenden Ton gestimmt. Auf allen Bildnissen jener Zeit ist das erkennbar. Die Bühnenkünstlerinnen betonten besonders die Modeeigentümlichkeiten. Die Tänzerin Fanny Elsler, die auch in Berlin ihre Triumphe feierte, Pepita de Oliva, eine Vorgängerin der Otero, die zu berlinischen Skandalen Anlaß bot, Marie Niemann-Seebach, die ein schnippisches Kätchen spielte, die Geistinger – alle Größen trugen mit Stolz und Grazie die Krinoline (S. 114 u.f.). Auch die schöne Charlotte von Hagn, die wegen ihres herrlichen Nakkens bewundert und oft gemalt wurde, von der es aber hieß, daß sie wohl Salonschlangen, aber keine Seelentiefe darstellen könne, glänzte in den neuesten Moden. Sie kargte nicht mit ihren Schönheiten. Die Mode gab ihr ein Recht, ihre Schultern tief zu entblößen (S. 100). Kleinere Bühnensterne, wie Sophie Löwe, die ein außerordentliches Geschick für eine künstlerische Anwendung der Mode besaß, wußten ihre Reize ebenso-

Robert Breyer: Dame in Weiß (um 1905).

Max Slevogt: Dame in Gelb.
(Gesellschaftskleid um 1900.)

gut zu betonen. Die ganze Frauenwelt jener Tage legte besonderen Wert darauf, mit der weiblich gerundeten Schulterlinie zu glänzen. Auf den Porträts der Damen der guten Gesellschaft bezeugten sie mit den entblößten Schultern ihre volle Weiblichkeit. Nur wenige Frauen ließen sich abweichend porträtieren, wie die Sängerin Hendel-Schütz oder wie die jugendliche Tragödin Niemann-Raabe. Luise Mühlbach, die Frau des Literaturprofessors, machte jedoch die Mode mit (S. 116). Sie war übrigens eine von den weiblichen Vielschreiberinnen, die besonders im 19. Jahrhundert ihr Wesen trieben und das ganze Leben weiblich-tantenhaft umdichteten. Sie schrieb ungefähr hundert Romane, in denen sie leichtfertig die Geschichte weiblich verwässerte. Ihre Werke waren für das Lesepublikum der sich epidemisch vermehrenden Leihbibliotheken eine Goldgrube. Sie entsprachen so recht dem Bedürfnis des geistigen Kleinbürgertums, zu dem auch viele Damen gehörten. Die wollten von dem entnüchternden Zauber der Gegenwart nichts wissen. Sie gingen zwar auf der modernen Straße mit ihren vielen Meter breiten Krinolinen und den üppigen vielfarbigen türkischen Schals spazieren, sie waren aber auch überglücklich, wenn sie dem König ihre Verbeugung machen konnten. Zwar fuhren sie auf Rokokoschlitten durch den Tiergarten – aber sie lenkten wohl selbst die behängten, klirrenden Pferde. Ein neuer Damentyp kam auf: die Emanzipierte. Chodowiecki hatte schon im 18. Jahrhundert sich über die verwegenen Reiterinnen lustig gemacht. Löffler versuchte, den neuen Typ von 1860 zeichnerisch festzuhalten. Die Emanzipierte blickte keck und herausfordernd, trat männlich aktiv auf und versuchte durchaus nicht, weibliche Bedrücktheit und Scham zu heucheln. Die Bezeichnung „emanzipiert“ sollte allerdings kein Ehrentitel sein, sondern den Typ herabsetzen. Sein Gegenstück war der gute Ton: niedergeschlagene Augen, gesenktes Köpfchen, Zaghaftigkeit und Schüchternheit (S. 117). – Hinter diesen „weiblichen“ Eigenschaften stand Bleichsucht und ein schamloses Eingeständnis von sündhaften Gedanken. Das war das Ideal dieser Zeit.

Sie hatte das eigentlich Zeitgemäße von der Bildfläche verbannen, es degradieren wollen. Das unzeitgemäße Repertoire der Hofbühne stammt nämlich nicht erst von heute oder von gestern. Das „Urbild des Tartüff“ mußte im Friedrich-Wilhelmstädtischen Theater – dem heutigen Deutschen Theater – gespielt werden. Gutzkow, Freitag und alle andern bürgerlich empfindenden Bühnenschriftsteller waren vom Repertoire des Königlichen Schauspielhauses abgesetzt worden. Graf Hülsen, der als Regimentsadjutant 1848 in der Nähe Berlins gelegen und eine schöne und gebildete Gutsbesitzerstochter geheiratet hatte, wurde 1851 Intendant. Er richtete sich ganz nach der politischen Richtung und mußte sich schließlich nach Jahrzehnten sagen lassen, er habe die Schauspiele und die Oper zum Zirkus Hülsen gemacht. Das große Ballett war die wichtigste Aufgabe der Institute. Von den Damen revoltierte nicht eine dagegen. Sie hatten wohl alle einen ähnlichen, jede Eigenheit erstickenden Bildungsgang durchgemacht wie die Frau des Intendanten Hülsen. Auf einem märkischen Gut aufgewachsen, erhielt sie in Berlin Zeichenunterricht bei Professor Raabe, Musikunterricht bei Kullak. Tanzen lernte sie bei Frau Taglioni. Literaturgeschichte hörte sie bei Professor Schottmüller. All dies wurde damals nur zu gesellschaftlichen Zwecken gelehrt, nicht um irgendein Talent auszubilden oder gar produktiv zu machen. Irgendeine besondere Begabung wurde von all dem damenhaften Wesen begraben. Als Gegengabe konnten solche Damen allerdings oft eine Häuslichkeit bieten, in der sich Künstler wohl fühlten. Aber viele boten auch nichts als den berüchtigten Gesellschafts-Dilettantismus, eingewebt in eine blendende und rauschende Geselligkeit. Sie hatten eigentlich nur eine Aufgabe: schön zu sein und so wenig Geist und Erotik liebenswürdig und graziös zu entwickeln, um die Herrengesellschaft glauben zu machen, sie könne sich bei den Damen von den Anstrengungen der Arbeit, der Politik und der Börse erholen. Die Salondame war das Ideal der Jahrzehnte nach Achtundvierzig. Aber nicht jene Dame des Salons, die wie Bettina und Rahel anregend und fördernd wirkten. Die Salondame sollte nur unterhalten, über dies und jenes oberflächlich plaudern können und von ernsten Lebensfragen nicht reden. Die Dame war ein bleiches Wintergartengewächs. Der gesunde angelsächsische Einfluß, der durch Sport die körperliche und seelische Individualität stärkte und zur Selbständigkeit erzog, war wieder einmal den französischen Grazien gewichen. Die Dame mußte zart und blaß sein, wollte sie für eine Dame gelten. Natürlichkeit und Impulsivität durfte sie nicht zeigen, sondern still am Fenster sitzen und sticken oder immer liebenswürdige Mienen zeigen. So kamen denn jene, die keine Empfindung hatten oder sie ausschalten konnten, in die erste Reihe. Und Paul Lindau konnte das Wort von der Salonschlange prägen.

Ernst Oppler: Portrait. (Künstlersalon um 1910.)

Zur Grundlage des Damenlebens gehörte immer ein gepflegtes Gesicht. Das galt mehr als ein gepflegter Körper – wenigstens in den Zeiten, als das französische Ideal schwerer wog denn das nordische. Sommersprossen waren ein Verbrechen. Die Preußische Tintenfabrik annoncierte denn auch in den fünfziger Jahren Sommersprossenwasser. Schönheits-Gesundheitssaft und Schönheits-Gesundheitsseife gab's bei Lohse – zur Verjüngung und Verschönerung des Gesichts, des Halses, der Arme und der Hände, die einen jugendlichen Teint erhalten sollten. Also nur das in der Gesellschaft sichtbare sollte schön und gesund sein. Um das andere küm-

K. Münzer: Damenportrait 1907.

merte sich kein Mensch. Die Kultur der Badestube, die heute eine selbstverständliche Eigentümlichkeit Berlins ist, war noch ganz fern. Wasserklosetts wurden in Form von Kommoden und Lehnstühlen als großer Komfort angepriesen. Die Wasserleitung war erst in der Mitte des 19. Jahrhunderts in Berlin durch eine englische Gesellschaft eingeführt worden. Und erst 1873 entschied sich Berlin für die von Virchow im Interesse der Volksgesundheit lebhaft befürwortete Kanalisation und die Anlage von Rieselfeldern. Der Bau dieser Anlage dauerte mehr als zwanzig Jahre. Bis dahin mußte in den Familien, die an die inzwischen fertigen Teile noch nicht angeschlossen waren, das alte System des zweimaligen jährlichen Badefestes aufrecht erhalten werden. Selbst in vornehmen Familien wurden sonst nur sonntags die Füße gewaschen und zweimal im Jahr die Badewanne im Familienzimmer aufgestellt, mit warmem Wasser gefüllt und gemeinsam von der Jugend und hinterher von der gestrengen Mama benutzt. So lange die Kanalisation noch nicht bestand, wurden auch noch vielfach Nachtstühle in den eleganten Wohnungen gehalten. Ein wichtiger Artikel waren die Räucherpulver, mit denen man die schlechte Luft zu verbessern glaubte. Selbst im Palais des Königs existierte keine Badewanne. Wenn der alte Kaiser Wilhelm baden wollte, mußte das Hotel de Rome aushelfen ... An Modewaren aber war kein Mangel. Puffs à Bandeau, Haarunterlagen wurden empfohlen als etwas ganz Neues, den Scheitel abstehend zu erhalten. Pariser Korsetts, Tüllmantillen, Tücher und Escharpes hielten alle besseren Handlungen vorrätig. H. Gerson meldete, daß wieder billige Bastroben eingetroffen waren; auch bot er in Ausverkäufen zurückgesetzte Modewaren und weiße Gardinen. Englische gestickte Unterröcke, die früher 3-4 Taler gekostet, gab's für 1½, 1¾ und 2 Taler. Daß die Mode der türkischen Tücher, der Mantillen und Krinolinen, die aus den Damen Pyramiden von Samt und Seide, Spitzen und Blumen machte, ihre Reize und auch Grazie hatte, lehren die Modebilder von damals. Wir erleben jetzt gerade die Zeit, die das hervorholt – so wie wir schon das Biedermeier hervorgeholt haben. Allerdings wird die Krinoline jetzt nicht mehr allgemein gültig werden, sondern nur für die Gesellschaftsmode in Frage kommen; denn ein solches Verkehrshindernis, wie einst die Krinoline war, können wir in unserer eilfertigen Zeit nicht in der Öffentlichkeit brauchen. Selbst damals wurde der Reifrock als Modetyrannei empfunden. Aber keine Dame fand den Mut, das abzulegen, was Königin, Bürgersfrau und Bettlerin trug (S. 120 u.f.).

Diese jahrzehntelang unerläßliche Krinoline war aus leichten Stahlreifen hergestellt; wog ungefähr ein halbes bis ein ganzes Pfund, kostete etwa fünf Taler und beanspruchte eine Rockweite von sechs bis zu zehn Metern! Trotzdem eine auf diese Weise aufgeplusterte Dame wahrlich nicht wie eine

Heldin aus der germanischen Vorzeit aussah, tratendie Bühnengrößen selbst als Kriemhild und Walküre in Krinolinen auf, ohne ausgelacht zu werden. Sie wurden auch nicht ausgelacht, als sie dann mit Schleppen von ein bis zwei Metern Länge in allen Gängen und Zimmern, ja selbst auf der Straße den Staub aufwirbelten. Das war ja nun viel scheußlicher als die Krinoline. Diese veranlaßte wenigstens die Schusterjungs, die damals überall mit ihrem schnoddrigen Witz zur Hand waren, zu scharfsinnigen, wenn auch nicht zartfühlenden Zurufen, wenn z.B. beim Einsteigen in eine enge Berliner Droschke von damals der Reifrock trotz aller Vorsicht seiner Trägerin ganz nach eigener Willkür sich aufreckte und zum Vergnügen der Vorübergehenden mehr oder minder erquickliche Ansichten eröffnete – was von den Damen meist mit Hochmut übersehen wurde –, wenn es ihnen selbst auch gerade kein Vergnügen bereitete, sondern sie meist nur zum Vergnügen fuhren.

Zu den Damenvergnügen der fünfziger und sechziger Jahre gehörten die Weihnachtsausstellungen bei Kroll, Mäder, in der Musenhalle und in der Akademie. Da gab's Nebelbilder, mechanische Theater, Metamorphosen-Theater, Seestürme, Dioramen und Lotterien. Im Dom waren Transparentbilder von Schnorr von Carolsfeld und andern Malern zu sehen. Auf den Litfaßsäulen, die am 1. Juli 1855 zum erstenmal beklebt wurden, waren auch die Bälle angezeigt, die Litfaß bei Kroll abhielt und an denen 4.000 Personen sich beteiligten. Auch das Corps de Ballet hatte seine großen Bälle. In diesen Jahrzehnten nach Achtundvierzig hatte es seine große Zeit. Trotz aller rauschenden Feste aber gab es auch genug Menschen, die mit der Gegenwart haderten. A. v. Sternberg läßt im „Karneval von Berlin" 1852 eine alte Dame sich entrüsten über die Bälle ohne Souper, mit kaltem Büffet. Zu ihrer Zeit wären die Damen zu Tische geführt worden und hätten eine Stunde daran gesessen und bis zum Morgen sei getanzt worden. Froh sein heiße gesund sein. Das modische, zimperliche Wesen sei Kränklichkeit – und kein Herr gäbe sich Mühe, die Cour zu machen. Das war natürlich übertrieben. Aber die Männer, die nach den Märztagen beschäftigter waren als früher, mochten wohl nicht allzu viel Schwungkraft zu artiger erotischer Tändelei übrig haben. Und doch wurden die Damen immer noch umschwärmt. Auf allen Gesellschaftsbildern jener Zeit und in allen Romanen, besonders in denen Spielhagens, haben wir dafür viele Zeugen. Allerdings begannen sich auch ganz neue Formen des gesellschaftlichen Verkehrs zu bilden. Die schelmischen Pfänderspiele, die zu so vielem Flirt, zu Umarmungen und Küssen Gelegenheit gegeben hatten, waren der Damengesellschaft nicht mehr tief genug. Dem Pietismus folgte die Sucht nach Wunderbarem. Um 1860 wurde das Tischrücken gesellschaftsfähig.

L. Corinth: Bildnis der Frau Dr. J. W.
(Gesellschaftsmode um 1905.)

v. Kalckreuth: Bildnis seiner Frau.

Nicht alle Kreise empfingen dabei Offenbarungen. Bei Olfers und in manchen andern Häusern blieben die Damen bei der alten guten Tradition.

Um den runden Tisch bei Frau von Olfers fanden sich Minister und alle denkbaren Gesellschaftskreise zusammen. Frau von Olfers blieb bei der bewährten Weise der Tasse Tee und des belegten Butterbrotes. Bei dieser vornehmen Form konnte es kommen, daß die Fürstin Radziwill mit einer sehr schlichten Malersfrau dort zusammen saß, die in Filzpantoffeln gekommen war und aus allerlei Lappen Bilder zusammenfügte, wie sie heute so beliebt sind, die damals aber nicht die geringste Anerkennung fanden. Fanny Lewald und Missis Adams hatten bei Olfers ihren Sofaplatz. Mögen Olfers auch höfisch gesonnen gewesen sein und sich durchaus konservativ verhalten haben – sie pflegten doch nicht die Scheu vor zeitgemäßen Menschen, wie sie in so vielen andern Kreisen häufig war. Fanny Lewald, die auf ihre Weise für Fortschritte sorgte und durch einen Zeitungsartikel es durchsetzte, daß die Museen auch sonntags geöffnet wurden – um all den vielen in der Woche Beschäftigten Kunstfreuden zu verschaffen –, Fanny Lewald kann gewiß nicht zu den reaktionären

Persönlichkeiten gerechnet werden. Auch die Brüder Grimm und Andersen nicht, eher schon Geibel. Sie alle kamen zu den Kaffeegesellschaften, die Marie von Olfers mit ihren Freundinnen abhielt. Die Damen waren überhaupt noch sehr literarisch. Elise von Ahlefeldt, die als Gattin Lützows die Muse der Befreiungskriege gewesen, die dann Immermann begeistert hatte und in Berlin Tieck, Rauch und alle andern literarischen Größen zu ihren Bekannten zählte, die mehr durch ihr vornehmes Gemüt als durch Geist auf die jüngere Schriftstellergeneration, auf Gottschall, Fedor Wehl und Putlitz wirkte, zündete zu Goethes hundertstem Geburtstag alle Lampen und Kerzen in ihrem stillen Zimmer an, schmückte es festlich mit Blumen und las Iphigenie.

Diese Art von Damen, die stets im Mittelpunkt von allerlei Genies lebte und doch nie laut und aufdringlich war, starb im Beginn der zweiten Hälfte des 19. Jahrhunderts aus. Zu ihnen gehörte auch Luise Rückert, die beim damals üblichen schlichten Abendimbiß Zuhörerin der Männer war. Ihr Urteil war stets bescheiden. Alle Sorgen nahm sie ihrem Mann ab und ließ ihn in der stillen Welt des Schaffens und Dichtens. Mit feinem Takt behauptete sie ihre Stellung in der weiblichen Gesellschaft, war eine zärtliche Mutter, Notleidenden ein hilfsbereiter Schutzengel und verschaffte Freunden und Bekannten mit sinniger Gemütlichkeit Behagen in ihrem einfachen Hause. – Sie war eine der letzten, die im begrenzten Kreis Glück verbreiteten. Eine neue Dame trat in die Öffentlichkeit: die Organisatorin der Wohltätigkeit, die zugleich Modedame blieb, ja, bei der die Arbeit in der Wohlfahrtspflege ebensogut Gefühlstrieb wie Dekoration sein konnte. Das war nicht gut zu unterscheiden – blieb ja auch gleichgültig, wenn der Effekt ein guter war. Ludwig Löffler schilderte sie in seinem Werk „Berlin und die Berliner“:

„Unsere Damen sind es in der Regel, welche sich zuerst der Not unserer Mitmenschen erbarmen. Sie überlassen zwar den Männern das Arrangement solcher sogenannten Volksfeste, dafür singen und tanzen sie aber auch nach Kräften für das Unglück. Es sind Frauen, die nicht mehr, und Mädchen, die noch nicht wissen, was sie machen sollen. In Verbindung untereinander gesetzt, füllen sie auf diese nützliche Weise ihre Zeit aus. Ein neuer Schnitt des Hutes und die Sorge für die Armut irren in ihren Köpfen durcheinander; sie bemühen sich ebenso für die nächste Balltoilette, wie für die durch Feuersbrunst Verunglückten; sie hüllen sich in den Cachemirschawl und besuchen die Waisenkinder; sie fahren zum Wettrennen, oder sonst wohin, und sammeln für das ‚Nicolaus-Bürger-Hospital‘ oder für die ‚preußische Marine‘.“

Walter Leistikow: Villa im Grunewald.

Das war in den Jahren der Organisation. Alle Damen waren eifrig tätig, neue Formen zu schaffen. Überall trat der Zusammenschluß von Gruppen zutage. Die neue bürgerliche Gesellschaft, die sich Parlamente errungen, aber noch keinen ausgebildeten sozialen Aufbau besaß, mußte alles das durch Wohltätigkeit und Für-

Max Beckmann: Familienbild um 1910.

sorge ersetzen, was ihr an wirtschaftlicher Struktur fehlte. Und hier fanden die Damen ein Lebensziel. Die Kaiserin Augusta verschaffte besonders den Damen durch ihren Einfluß und ihre Machtstellung bei der Organisation der vaterländischen Frauen-Hilfs- und Landesvereine unter der Fahne des Roten Kreuzes, die freiwillige Krankenpflege in Krieg und Frieden und Hilfe bei allgemeinen Notständen gewährten, und auch in der Armenpflege eine bisher nie erreichte Stellung. Sie hatte allerdings hier nur ihren Einfluß einzusetzen. Die Organisationen selbst waren von Bürgerlichen angeregt und gegründet worden. Schon im Krimkriege hatte die Engländerin Nightingale die freiwillige Krankenpflege eingerichtet. Und in Deutschland war es Lina Morgenstern, die den Opfern der Kriege ein wenig Linderung brachte. Im Jahre 1870 hatte sie in Berlin die Verpflegung der nach Frankreich durchziehenden Truppen organisiert. An einem einzigen Tage kamen allein 14.000 Soldaten durch Berlin; jeder erhielt Fußlappen, Wein oder Bier, Zigarren und eine Verbandtasche. Als aber nach dem ersten Kriegsrausch die ersten Verwundeten von den Schlachtfeldern kamen, stellte es sich heraus, daß keine Behörde für sie gesorgt hatte. Kein Arzt und kein Heilgehilfe begleitete die langen Züge, in denen Verwundete und Sterbende in fürchterlichem Zustand beisammen lagen. Kein Arzt und kein Heilgehilfe empfing die Leidenden und Schmerzreichen an der Bahn. Da ergriff die Frauen ein Schauer. Sie verbanden selbst die Blutenden und Eiternden und gaben ihnen Reisegeld. Nur sechs Frauen konnten die vielen Tausende pflegen, die in den Schlachten nicht von Kugel und Schwert verschont worden waren. Einzelne Frauen blieben mehrere Tage und Nächte hintereinander in diesem Dunst von Blut und Tod – um zu erkennen, daß ihre schwachen Hände nicht ausreichten. Sie engagierten selbst zwei Ärzte und zwei Heilgehilfen. Aber auch jetzt konnten sie des Jammers und der traurigen Zustände nicht Herr werden, die von den Zügen, in denen Franzosen und Deutsche beisammen lagen und von denen schon viele verblichen waren, geradeswegs von den französischen Schlachtfeldern hergebracht wurden. Nun ging Lina Morgenstern zur Kaiserin Augusta. Die Kaiserin hatte 1866 täglich die Lazarette besucht und auch im Jahre 1870 Unter den Linden 12 ein Zentralbüro mit einrichten helfen, in dem die Liebesgaben registriert, Wäsche, Binden und Verbandszeug zugeschnitten und genäht worden war. Sie war auch täglich mehrmals in dies Büro gekommen. Aber um die vernachlässigten Verwundeten bemühte sie sich erst, als Lina Morgenstern, die am Ende ihrer Kräfte war, sie anrief.

Ihr Leben wurzelte eigentlich nicht in ihrer Zeit. Zwar hatte W. v. Humboldt von ihr gesagt: „Ihr lebendiger und durchdringender Geist spricht aus ihrem Blick." Auch war sie, die Weimarische Prinzessin, auf den Spaziergängen ihrer Kindertage von Goethe begleitet worden. Aber sie soll doch im Kulturkampf Partei gegen Bismarck genommen und für die Katholiken gegen Bismarck eingetreten sein. In Babelsberg, das erst 1849 zu einem Schloß im gotischen Stil ausgebaut worden war, hatte sie übrigens ihre kleine Betkapelle, die ganz katholisch ausgestaltet war. Vor einem Betpult hielt sie jeden Morgen ihre Andacht aus einer großen gotischen Bibel. Abends erschien sie stets am Bett der Kinder und erzog ihre Tochter, die spätere Großherzogin von Baden, zur größten Einfachheit und streng geregelten Beschäftigung.

Max Slevogt: Marietta.
(Im Kabarett zum siebenten Himmel 1903-1907.)

Das war in der neuen Weltstadt ein notwendiges Vorbild. Die großen Menschenmassen, die von dem geistig verödenden Land in die schillernden, alle Möglichkeiten des sozialen Aufstiegs bietenden Industriebezirke und in die Metropole zogen, die mit ihren billigen Händen neue Industrien ermöglichten und

Rosa Bertens als Klytemnestra.

durch ihre Arbeitsamkeit viel zur Bildung eines neuen Deutschen Reiches beitrugen, deren Konkurrenz auch ein wenig die Franzosen zum Kriege reizte – alle diese Menschenmassen hatten neue, ungeahnte Werte erzeugt. Sie hatten den Wert des Bodens außerordentlich gesteigert – allein durch ihre Anwesenheit. So entstanden die hauptstädtischen Bodenfürsten, die ebenso wie der neue Industrie- und Spekulationsadel ganz enorme, fast mühelos erworbene Renten bezogen. Hier blieb der Geburtsadel allein bei einer gewissen preußischen Lebenshaltung – allerdings nicht immer aus geistvoller Verachtung der Äußerlichkeiten, sondern nur zu oft aus Mangel an Mitteln. Wo er es konnte, umgab er sich gern mit aller denkbaren Pracht. Auf den Festen am neuen Kaiserhofe erschienen die Damen der Aristokratie gern im höchsten Prunk. Menzel hat jedenfalls diesen Eindruck mit seinen scharfen Maleraugen aufgefangen und oft wiedergegeben. Der Prunk der adligen Damen unter Wilhelm I. gab den luxuriösesten Zeitaltern nichts nach. Siege und Aufstieg hatten ja auch genug Reichtum gebracht. Und die Damen benutzten die Gelegenheit, ihn zu zeigen. Nicht immer waren sie geschmackvoll genug. Waren sie zu rasch reich geworden – oder lag die Protzerei in der Luft –, war die Entwicklung jäh unterbrochen worden – oder war die Produktion zu plötzlich in ganz neue Bahnen hinübergegangen –, viele Damen paßten sich nicht den neuen Formen an und bemühten sich nicht um

Geschmack und Kultur. Die Grundlage zu diesem Treiben war schon in den Jahrzehnten vor 1870 gelegt worden. Die Diplomatie und fast die gesamte vornehme Welt Europas erfreute sich an schwülen erotischen Bilderserien. Die schönen jungen Damen ließen sich von ihren Freunden die gewagtesten Blätter schenken und sammelten sie. Die vornehme Welt war von einem Taumel des Vergnügens und der Lebelust erfaßt. Sie traf sich in den süddeutschen Spielbädern, auf allen möglichen Rennplätzen, in den Pariser Premieren der Offenbachschen Operetten und überall, wo sie sich amüsieren und prunken konnten. Die Berliner Gesellschaft, die durch einen jähen Zustrom unternehmungslustiger, materieller Elemente viel von ihrer preußischen Einfachheit verloren hatte und der die Eisenbahnen einen intimeren Anschluß an die große Welt gebracht hatten, mischte sich mit ganzer Leidenschaft in das lebhaftere internationale Treiben. Zwar wurde damals noch gut klassizistisch gebaut. Zwischen dem Tiergarten und dem Landwehrkanal entstand das neue Bankier- und Geheimratsviertel, wo die Schinkelschüler, Hitzig und seine Kollegen und Nachfolger ein Viertel von eigenartiger Vornehmheit schufen. Keine andere Stadt der Welt hat ein solches Viertel architektonischer Werte und Reize aus jener Zeit. Leider wird es noch zu wenig beachtet. Und die Berliner werden es wieder einmal erst dann zu schätzen wissen, wenn nur noch armselige und kümmerliche Überbleibsel von einem vergangenen Reichtum übrig sind.

In diesem Viertel wohnten die schönen Frauen jener Epoche – meist allerdings nur zur Sommerfrische. Die Stadt hörte noch immer am Brandenburger Tor auf. Alle alten Herren sind heute noch einig, daß in den vierziger Jahren Charlotte von Hagen mit ihrer Schwester Auguste und die Stich-Crelinger mit ihren beiden Töchtern die schönsten Berlinerinnen waren. Wenn sie zusammen spazierengingen, sahen sie aus wie drei Schwestern. Trotzdem ihnen das Herz der Berliner gehörte, entrüsteten sie sich doch, als über die Mama das Gerücht in Umlauf kam, sie habe einem jungen Offizier ihre Gunst geschenkt. – Ein jüngerer Schriftsteller berichtete neulich sehr hübsch, was ihm alte Herren am Frühschoppentisch von den schönen Frauen Berlins erzählt haben: „Waren die schönsten Frauen Berlins in den vierziger Jahren dunkelhaarig und dunkeläugig,

Frau Eysold als Elektra.

A. Hayduk: An K. d. W.
In der Tauentzienstraße
um 1910.

so war die Schönheit der fünfziger Jahre, die Viereck, mehr brünett. Es erhob sich übrigens einiges Streiten zwischen den alten Herren, ob die Viereck mehr ein blonder oder mehr ein dunkler Typus gewesen sei. Mehr darf ich aus dem Frühschoppengespräch über die schöne Frau nicht verraten. Die sechziger Jahre beherrschte ein Name, Helene v. Dönniges, die Freundin Lasalles. ‚Mein Goldfuchs' nannte er sie ihrer wundervollen roten Haare wegen.

Für die siebziger Jahre einigten sich die Sachverständigen ohne Schwierigkeiten auf die dunkelhaarige Grete Begas und die blonde Gräfin Fifi Seidewitz. Die achtziger Jahre überstrahlte die Schönheit von Julia Marberg, der schönen Tochter Baumeisters, die eines so jähen Todes starb, daß den alten Herren jetzt noch das Herz weh tut, und Ida Herz. Meine alten Herren waren sehr strenge Sachverständige, und als ich einmal ein Wort über die wegen ihrer Schönheit bekannten drei Schwestern Moltke fallen ließ, erhob sich ein Einwand gegen die eine, die nicht im eigentlichen Sinne des Wortes schön, wohl aber sehr geistreich gewesen sei. Dabei stellte es sich denn auch heraus, daß als die schönste Frau von Berlin nur gelten konnte, wer in der Art der Klassik schön war."

Aber nicht nur diese Frauen waren schön. Die schöne Gräfin Carolath (die sich wegen Herbert Bismarck scheiden ließ und dann doch nicht von ihm geheiratet wurde, weil der Reichskanzler drohte, er werde Selbstmord begehen, wenn sein Sohn, in dem er allein noch Trost in allen seinen Kämpfen finde, eine geschiedene Frau heirate), Frau Brunzlow, die Frau des bekannten Tabakhändlers, und noch manche andere erfreute die berlinische Gesellschaft mit ihrer Schönheit und mit dem geschmackvollen Reichtum, den sie auf den Korsofahrten in der Tiergartenstraße und bei andern gesellschaftlichen Gelegenheiten zeigten (S. 109 u.f.). Ein solches Ereignis waren auch die Sonntagvormittags-Predigten in der Matthäikirche, zu der viele junge Offiziere und andere schönheitsdurstige Seelen sich drängten – ganz wie einst zu den Predigten Schleiermachers. Hier war denn auch eine der wenigen Gelegenheiten, wo sich die ziemlich scharf getrennten Berufs- und Gesellschaftskreise mischten. Sonst blieben der Hof, die Hochschulkreise, die Kaufleute und Spekulanten, ja selbst die Künstler in der werdenden Weltstadt für sich. Nur in Vereinen, und zwar vorzüglich in Wohltätigkeitsvereinen, fanden sich die verschiedenen Schichten. Da stand wohl die Hofdame neben der einfachen Künstlerin und die reiche Bankiersgattin neben der schlichten Rätin – aber selten dauerte das Beieinandersein länger als die gemeinsame Arbeit. Kaum, daß man sich bei der flüchtigen Berührung im Theater, Zirkus, in Konzerten oder Ausstellungen wiedererkannte und einige belanglose Worte äußerte.

Häufig war in Berlin der Typ der Frau zu finden gewesen, die emporgekommen war. Das machte die Großstadt mit ihren Erwerbsmöglichkeiten, die jedem klugen Kopf einige Spekulationen erlaubt, deren Gelingen ihn zum reichen Manne macht. Aber in Berlin war die Frau nicht immer imstande, sich ungehindert den neuen Lebenskreisen und Formen anzupassen – wenn es auch den Frauen gegeben ist, sich leichter in neue Verhältnisse hineinzufinden. Die Berlinerin der untern Stände hatte

Menzel: Ballpause.

Antoine: In der Tauentzienstraße.

nur selten soviel Kultur, wie als Grund für ein Leben in höheren Formen unbedingt nötig ist. Wenn sie französische Vorfahren hatte, brachte sie allerdings oft genügend Fähigkeiten und Talente mit. So waren wohl manche der Frauen noch in reiferem Alter von ernstem Bildungsstreben erfüllt. Aber viele ließen es sich an der luxuriösen Lebensführung genügen.

Einen neuen Typus brachte die Kronprinzessin Viktoria in die Berliner Frauengesellschaft. Während die Damen sich damals wenig oder gar nicht um den Haushalt kümmerten und ein rein geselliges, auf eine große Dienerschaft gestütztes Leben führten, nahm die Prinzessin die Zügel ihrer Hauswirtschaft selbst in die Hand, richtete ihren Kindern die Kinderstube nach englischem Muster ein, brachte englische Erzieherinnen und Dienerinnen mit und förderte die hygienische moderne englische Lebensweise. Ihre ungezwungene Natürlichkeit erregte am Hofe, so die Königin Augusta sehr auf feste Formen hielt, oft Anstoß. Aber die muntere Prinzessin ließ sich keinen Scherz verderben. Als die Hausmädchen im Volantkleid Besen und Schippe führten, schenkte sie ihnen einfache baumwollene Kleider und Häubchen, wie sie sich zur Beschäftigung mit Scheuereimer und Wischtuch und Staubwedel eignen. Sie führte auch bei ihren Kindern feste Lehrstunden ein. Im Winter wurde um 7, im Sommer um 6 Uhr mit dem Unterricht begonnen. Zeichnen, Reiten und Tanzen nahmen die Geschwister – es waren viele Schwestern und mehrere Brüder – gemeinsam. Auf Bornstädt bei Potsdam, das sie zu einer Musterwirtschaft machten, lebten der Kronprinz und seine Frau wie Gutsleute. Sie, die selbst malte und bildhauerte, besuchte ungezwungen Ateliers. In manchen andern Dingen war sie konsequenter als viele Damen ihrer Zeit. Sie trat nicht nur an die Spitze von Wohltätigkeitsgesellschaften. Sie beteiligte sich auch an der Frauenbewegung, beschirmte den Letteverein für Frauenbildung und Erwerb und half bei der Gründung des Viktoria-Lyzeums, wo die weibliche reifere Jugend, der die Hörsäle der Universität noch verschlossen waren, gediegene Bildung erwerben konnte. Sie, die Engländerin, war viel vorurteilsloser, vernünftiger und konsequenter als viele deutsche Damen, die scheu und schüchtern in Konventionen steckten. Ihr gelang es einmal – als in den achtziger Jahren Ischia von Erdbeben heimgesucht worden war –, den Hof und die Künstlerschaft zusammenzufassen. Und zwar erschien der Hof nicht nur als devot bewunderter Zuschauer, sondern er wirkte mit. Friedrich Dernburg erzählt davon: „Es kam ein Fest heraus, wie es Berlin vorher und nachher niemals gesehen. Es spielte im Ausstellungspark am Lehrter Bahnhof am lichten Nachmittag, es war ein griechisches Fest, soviel ich mich erinnere, mit allerhand Gruppen, mit Aufzügen und Tänzen. Götter und Göttinnen erschienen, die beiden schönsten Blondinen der Stadt strahlten in neidlosem Wettbewerb, und als eine gefangene orientalische Fürstin ritt eine klassisch schöne Künstlerfrau auf einem Kamel, Faune und Waldgötter trieben ihr Wesen. Ein Götterkarneval, man erkannte Berlin nicht mehr. Und das Merkwürdigste: es blieb selbst noch ein schöner Haufen Geld über für die Opfer von Ischia. Mit dem, was zusammengekommen, konnte man wohl ein ganzes italienisches Städtchen zusammenbauen."

Vielleicht war es vor vierzig Jahren noch weniger schwer als heute, alle möglichen Kreise zusammenzubringen. Zwar treffen sich ja auch heute auf gewissen Festen und bei manchen offiziellen gesellschaftlichen Gelegenheiten die verschiedensten Schichten. Auch bei den Hotel-Tees kommen allerlei verschiedene Gesellschaftskreise zusammen. Aber doch wird eine Dame wie die durchaus berlinisierte Schweizerin Frau Schmidt-Bürkly gepriesen, weil in ihrem Salon alle Kreise – Diplomatie, Politiker, Wissenschaftler, Künstler, Gelehrte, Großkaufleute, Offiziere und alle ihre Frauen – sich einfanden.

Vor mehreren Jahrzehnten hatte Berlin anstatt der Hotel-Tees den Korso als Ziel gesellschaftlicher Gemeinsamkeit. An der Tiergartenstraße entlang, durch die Siegesallee und in ihrer Nähe fuhren an bestimmten Wochentagen nachmittags Equipagen hin und her. Ein Zeitgenosse schrieb im Jahre 1865 über den Korso: „Und nun seht euch die Damen in dem Innern an! Kann man eleganter gekleidet sein, hübscher und anmutiger als die Tochter des Bankiers K ...? Unmöglich! Und doch zieht euch die junge, elegante, aber fast einfach toilettierte Frau viel mehr an, die in dem aristokratischen Wagen sitzt. Ist ihr Geschmack edler, ihre Haltung natürlicher, ihr Gruß, ihr Lächeln, ihr Blick gewinnender – oder liegt er in dem Vorurteil des Menschen, der, wie grundklarer Demokrat er sich auch zu sein dünkt, doch vor dem Aristokratischen mit der Muttermilch den Respect eingesogen hat und mit feiner Nase mißachtend wittert, was ohne die Natur der Aristokratie doch den Schein des Aristokratischen verbreiten und damit imponieren will?

Schlichting: Abends am Leipziger Platz.

Zuweilen an schönen Tagen, wenn viel Wagen und Herren zu Pferde den Korso besuchen, gewinnt er ein lebhafteres und anziehenderes Interesse. In den Fonds der Equipagen liegen unter den Wolken ihrer Kleider junge und alte, hübsche, schöne und nichts weniger als schöne Gesichter von Eva's Töchtern, kostbare Bouquets auf ausgeschlagenen Papiertellern vor und hinter sich und kleine Blumensträuße, die galante Herren beim Vorüberfahren hineinbombardiert, in den Händen, bereit, sie nach Laune in einen andern Schooß zu werfen. Die Wagen mit Herren haben ganze Körbe mit Bouquets, aus denen auf einzelne der wandelnden Schanzen ein sehr lebhaftes Feuer unterhalten wird. Offiziere zu Pferde und andere Reiter, auch sogenannte Philister, haben auf ihrem Sattelknopf gleichfalls Sträußchen zu 1 und 2 Sgr., mit denen sie den Schooß der Schönheiten bewerfen. Zwischen den Wagen durch, an ihrer Seite, rennen junge und alte Blumenverkäufer beiderlei Geschlechts mit dem Unkenruf: Ein' Silbergroschen! Ein' Silbergroschen! Es grüßen sich die Bekannten in den aneinander vorüberrollenden Wagen und manche Dame der Demimonde, mit oder ohne Camelie, entfaltet heimlich das kleine Billet, das ihr ein leidenschaftlicher Korsar in roter Husarentracht als Enterhaken zugeworfen hat, unbekümmert oder vielleicht recht vergnügt darüber, daß der Blick und das stille Lächeln der einsamen Schönen in der feinen Equipage dem alten abwesenden Herrn, der sein Geld bei der jungen Dame angelegt hat, ein derbes X für ein U zu machen verspricht."

Noch ein anderes Vergnügen zog damals Frauen aus allen Kreisen an: die Eisbahn bei der Rousseauinsel im Tiergarten. Aus den Zuschauerinnen der Eisbahnen der Biedermeierzeit waren in wenigen Jahrzehnten flotte und graziöse Läuferinnen geworden. Schon in der Mitte der sechziger Jahre schilderte ein Schriftsteller die Tiergarten-Eisbahn, wie sie noch viele Lebende aus den neunziger Jahren kennen, als noch nicht alle möglichen gegossenen Bahnen und der Eispalast die Schlittschuhläufer zerstreuten:

„Wenn die Sonne am höchsten steht, bevölkert sich jener Teil des Tiergartens, wo die Gewässer im Sommer am meisten Malaria entwickeln. Im Winter, wenn es friert, bilden sie eine der besuchtesten und angenehmsten Eisbahnen. Die elegante Welt der Hauptstadt giebt sich hier Rendezvous, die Garde und die *jeunesse doree*, die Mädchen des Geheimratsviertels und Damen noch höherer Art, auch geringerer, mit oder ohne brüderliche Begleitung, versammeln sich hier, sie schnallen sich den Stahl unter die Stiefeln und laufen Schlittschuh, eine bunte, sich tummelnde Gesellschaft mit rosigen Wangen und roten Nasen, der zuzuschauen nicht ohne Reiz ist. Um keinen Preis würden die edlen Berlinerinnen dies in letzter Zeit Mode gewordene Wintervergnügen wieder aufgeben, denn es ist zu bemerken, daß es vor allem die Damen sind, die um die sogenannte Rousseau-Insel herumschwärmen, und daß ihretwegen die Männerwelt für das Schlittschuhlaufen in jener Gegend ein unausrottbares *tendre* fühlt. Nicht etwa, daß es sich dabei um das vielseitige Vergnügen handelt, die Damen dahinschwirren, holländern und vielleicht auch fallen zu sehen – o nein! ein tieferer, edlerer, wahrhaft philantropischer Sinn liegt in diesem Spiel der Beine.

Es läßt sich nämlich nicht leugnen, daß bei der statistisch festgestellten Majorität des weiblichen Geschlechts gegen das männliche und bei der immer stärkeren Anhänglichkeit des letzteren an die Lehre des Paulus: ‚Heiraten ist gut, aber nicht heiraten noch besser', die Bedrängnisse der heiratslustigen Mädchen in bedenklicher Art sich steigern. In den großen Städten wie Berlin sind öffentliche Gesellschaften dem Terrorismus eines minder auf reelle Heiratsabsichten gerichteten Geschlechts verfallen und können daher für die Vermittelung solider Bekanntschaften von den besorgten Haus-

Antoine: Die Schloßwache.

müttern nicht benutzt werden. Der Winter bringt deren zwar in Konzerten und auf Privatbällen, aber doch nicht in nötiger Anzahl. So entspricht denn das Schlittschuhlaufen sowohl dem angenehmen Zweck der Bewegung für die gesunden Mädchen, als auch dem nützlichen, mit irgendeinem achtbaren jungen Mann zusammenzurennen und derart die große Schwierigkeit eines ersten Anknüpfungspunktes für weitere Ziele leichter als irgendwo zu beheben. Wenn er will, wird er schon um dieselbe Stunde alle Tage auf die Eisbahn kommen; er grüßt erst, dann begleitet er das Fräulein, dann bietet er ihm einen Schlitten an; ist er ein Mann, wie man ihn wünscht, so darf er auch das Mädchen mit der es bewachenden Schwester nach Hause begleiten usw. usw. Man wird gestehen, daß die Eisbahn also ein sehr wohltätiges Institut ist und schon manchem Ehepaar das Leben gegeben hat. Ach, und die Mädchen haben so brennende Blicke! Da mag die Temperatur noch so kalt sein, nur zu leicht fängt so ein armes Ding von Männerherz Feuer und dann ists geschehen.

Die Eisbahn im Tiergarten liegt überhaupt in dem Reviere, wo die geheimrätlichen Mädchen massenhaft wohnen und das Bewußtsein ihrer Lage einen ordentlichen Korpsgeist in sie gebracht hat. Eine Geheimratstochter oder dergleichen ist am allerschwersten an den Mann zu bringen; sie steht zwischen Bürgertum und Aristokratie und das liebe Geld fehlt gewöhnlich. Nach unten hin mag sie nicht, nach oben hin geht es zu schwer mit dem Heiraten, und alte Jungfer will sie doch um keinen Preis werden. Es ist also natürlich, daß jede anständige Gelegenheit eifrig benutzt wird, die Tochter des Hauses rechtzeitig den prüfenden Augen der Männer, und wären es die eines Leutenants, zu präsentieren. Darunter ist nun die Eisbahn eine sehr willkommene; sie gehört Mittags der eleganten Welt, im Übrigen dem ‚gemischten Publikum'. – Eine nicht minder eifrig benutzte Gelegenheit zur Unterhaltung eines noblen Heiratsbüros hat das Geheimratsviertel aus seiner Kirche gemacht,

Jul. Jacob: Hoffestzeit Unter den Linden Ende des 19. Jahrhunderts.

welche an der Lisiere des Tiergartens liegt, officiell Matthäikirche vulgo aber Polkakirche heißt und von dem orthodoxen Superintendenten Büchsel regiert wird. Hier ist Sonntagsvormittags der üppigste und lieblichste Damenflor vorhanden, weshalb auch eine stattliche Männerwelt die Räume dicht erfüllt und ‚Vater Wrangel' die Predigt so oft besucht." – Auch nach den Kriegen blieb die Tiergarteneisbahn ein Tummelplatz der Damen. Der Hof hatte allerdings sein abgegrenztes Plätzchen für sich. Aber die andere Damengesellschaft mischte sich nun ziemlich lebhaft. Wenigstens in den ersten Jahren des Milliardensegens. Und das Kronprinzenpaar, das ja immer in Berlin sich liberal gibt und dem dann alle Hoffnungen gehören, verkehrte auch häufig genug in der Finanzaristokratie.

Ihm allein gelangen solche geselligen Feste, wie sie Dernburg geschildert hat. Auch die Salons, die sich in der neuen Kaiserstadt auftaten, wurden vom Kronprinzenpaar gern besucht. Sie waren nicht immer literarisch, manche gehörten deutlich der jüdischen Finanzaristokratie an. –

Elise von Hohenhausen, die noch im Salon der Rahel verkehrt hatte und in Münster die Freundin der Annette Droste von Hülshof gewesen und deren Dichtkunst als erste durchgesetzt hatte, eröffnete in den siebziger Jahren in Berlin wieder einen literarischen Salon. Die Neuberliner hatten aber weder Sinn noch Zeit dafür, sich für solche Dinge gründlich zu interessieren. Prinz Georg von Preußen, der das National-Theater am Weinbergsweg unterstützt hat – mit Geldmitteln und seinen weniger glänzenden Dramen –, Gutzkow und Albert Lindner, der unglückliche Dichter der „Bluthochzeit", verkehrten bei Elisa von Hohenhausen – und Wildenbruch las hier zuerst seine heftigen Werke vor.

Doch die Berliner kümmerten sich wenig um solche Dinge. Sie wollten Geld verdienen und sich amüsieren. Und als sie in den folgenden Jahren ihr Geld verloren, als der Krach in der Mitte der siebziger Jahre viele neugegründete Fabriken verödete und ganze Scharen von Fabrikarbeitern brotlos in Berlin herumliefen, wollte die Berliner Gesellschaft sich erst recht amüsieren. Sie füllte das riesige Viktoria-Theater, in dem Ausstattungsstücke gespielt wurden, allabendlich fast bis auf den letzten Platz. Selbst die liebenswürdigen oder sentimentalen Possen der Kalisch und seiner Nachfolger, die Volksstücke von L'Arronge und seiner Kollegen, die doch alle nur der Unterhaltungslust des Publikums opferten, genügten ihm nicht mehr. Die Berliner brauchten stärkere Reize für ihre Augen, denn für die allein arbeitete die Bühne des Viktoria-Theaters. Ebenso wie im Opernhaus waren Ballettaufführungen mit vielen hübschen Mädchengestalten, leicht und malerisch gekleidet, der Hauptzweck des Theaters. Alles andere stand auf einem unerhört tiefen Niveau – wie die ganze zu frische Kultur dieses kulturlosen Kolonialvolkes, das plötzlich Berlin überschwemmte und auch in der Baukultur den vornehmen klassischen Berliner Stil mit protzigem Renaissancestuck verdrängte. In diesen Neubauten von 1875 bis 1900 dokumentierte es ein entsetzliches Protzentum.

Jeder wollte zeigen, was er für ein Kerl sei. Und die Damen wollten damals zeigen, was für prachtvolle Weiblichkeiten sie besaßen. Üppige Gestalten wurden bewundert. Der Busen galt ja immer viel in Berlin. Das wäre kein schlechtes Zeichen. Junge zukunftsreiche Völker verehren ja gern die Nährquelle der Säuglinge, der Volksjugend. Aber Berlin ehrte nicht diese Nährquelle, sondern die Augenlust der überquellenden Üppigkeit. Und die Wespentaille, die mit Korsett und Gewalt erzeugt wurde, sollte zugleich Jugendlichkeit vortäuschen, während Polster an den Hüften und an anderen unaussprechlichen Stellen reifste Fraulichkeit erzeugen sollten. In den siebziger und achtziger Jahren waren jene enganliegenden Kleider besonders in der höchsten Berliner Gesellschaft modern, gegen die Vischer seine Flugschrift „Mode und Cynismus" geschleudert hat. Siehe auch Klingers humorvolle Radierung von der Rollschuhbahn, auf der sich Anfang der achtziger Jahre die feine Lebewelt Berlins traf. In den Kleiderhandlungen wurden besonders Pariser Modelle gekauft – wie ja bis vor kurzem auch noch besonders die Festkleider. Diese Kleider verlangten alle die Wespentaille, die Fülle des Busens, der Hüften und auch dessen, was unter den Hüften liegt und was oft mit Kissen verstärkt wurde. Der Cul de Paris und die Turnüre erblickten das Licht der Welt, allerdings verhüllt und garniert mit Spitzen und Rüschen und andern gewaltigen Stoffmengen, was die Wichtigkeit des Körperteils, wo die Natur dem Rücken Halt gebietet, erst recht betont. Das war das Ideal der Männer von damals.

Das Ideal der jungen Damen in den siebziger und achtziger Jahren des 19. Jahrhunderts aber war natürlich Bismarck – Bismarck, der erfolgreiche, rücksichtslose und entschlossene Mann. An den parlamentarischen Abenden, die er in dem vornehmen, feudalen Reichskanzlerpalais gab, umschwärmte ihn oft ein Kreis von schönen jungen Frauen. Und während die bürgerlichen Kreise mehr für eine politische Befreiung der Frau kämpften, beteiligten sich die Damen auf ihre Weise an der Politik: Sie diplomatisierten und intrigierten. Sie maßten sich einen politischen Einfluß an, ohne für eine Beteiligung der Frau am politischen Leben offen einzutreten. Sie verschafften sich indirekt einen Einfluß ganz so, wie heute noch. – Bei der schönen Gräfin Waldersee traf der Hofprediger und Agitator Stöcker mit dem Prinzen Wilhelm, dem späteren Wilhelm II. zusammen, dem er seine christlich-sozialen Ideen vortrug und übermittelte.

Und dabei gab es unter diesen Exklusiven noch Damen, die entrüstet waren, wenn der Sohn einer altadligen Familie eine „Namenlose" heiratete. Aber solche Kreise wurden immer seltener. Es gab hier schon vielen neutralen Boden, auf dem sich die verschiedensten Elemente trafen. Wenigstens kamen

K. Walser: Kaffeekonzert um 1920.

sich die Frauen hier und da durch die Vereinswohltätigkeit nahe. Die simple Frau des Ministers oder des Generals galt zwar auch hier mehr als die beweglichere und hübschere Frau des Börsenmannes oder die intelligentere Arbeitskraft einer Angehörigen wissenschaftlicher Berufe. Die Ehre, die der Staat austeilte, bedeutete eben doch noch mehr als die Ehre des Besitzes. Und so kam es, daß die Damen des Geldadels wohl hier und da bei den gesellschaftlichen Ereignissen, bei Theaterpremieren, Fünfuhrtees in den ersten Hotels, in Ausstellungen, Gartenfesten, auf den Presseballen und an Renn- und Paradetagen von den Damen der Geburtsaristokratie und der höheren Bürokratie flüchtig begrüßt wurden; im übrigen aber blieben die Kreise ziemlich fest abgegrenzt für sich. Auf den großen Feierlichkeiten der Kohlenbarone, Börsenbeherrscher und Großunternehmer finden sich zwar auch heute schon häufiger als früher allerlei Kreise zusammen. Aber zu einem intimeren Verkehr und geistigen Austausch zwischen den verschiedenen Schichten kam es fast seltener als vor hundert Jahren. Die Töchter des Adels und der Bürokratie unterschieden sich nicht nur äußerlich von denen des Geldes und der Intelligenz. Sie gingen gern auf die Wohltätigkeitsfeste, auf Bazare und Konzerte. Sie arbeiteten auch gemeinsam in Sitzungen und Ausschüssen. Aber zu einer gesellschaftlichen Vermischung kam es trotzdem nicht. Gewisse Kreise blieben immer exklusiv und sahen den Besuch der Hoffeste immer noch als eine größere Notwendigkeit an als etwa den Besuch von Vorträgen oder andere geistige Tätigkeiten. Über diese Hoffeste und andere Festlichkeiten plauderte Felix Philippi: „Die vornehmste Veranstaltung war im Opernhause der Subskriptionsball, die einzige Festlichkeit, bei welcher der Hof in direkte Berührung trat mit dem Publikum, und da sich doch nun einmal nach scheinbar ewigen Gesetzen von Geschlecht zu Geschlecht die Neigung vererbt, sich in der Gnade königlicher Huld sonnen zu dürfen, erfreute sich dieser Ball außerordentlicher Beliebtheit. Als Heine hier lebte, 1822, war es, wie er erzählte, noch eine Redoute, bei welcher Maske und Domino vorgeschrieben waren und Maskenfreiheit nur in den Logen und Foyers herrschte. In den sechziger und siebziger Jahren war durch die Erhöhung des Parketts und durch die Vereinigung mit der Bühne ein Saal von gewaltigen Dimensionen und blendender Schönheit geschaffen. Den Höhepunkt bildete der Rundgang des Hofes. König Wilhelm war ein Mann von seltener Höflichkeit, und es war ein hübscher Anblick, ihn mit gütigem Lächeln durch dieses Spalier des Hochadels, der Hautefinance, der Künstler, der Gelehrten und der Beamten schreiten zu sehen. Wobei die historische Tatsache nicht unerwähnt bleiben darf, daß der König junge schöne Frauen und schöne junge Mädchen durch Ansprachen bevorzugte, während seine Majestät für ältere Jahrgänge eine Allerhöchste opportune Kurzsichtigkeit darzutun die Gnade hatte. Die Heiterkeit auf den Subskriptionsbällen war eine wohltemperierte, es herrschte, sozusagen, eine königlich preußische Fröhlichkeit, die sich erst, nachdem der Hof den Ball verlassen hatte, zu so übermütigem Frohsinn steigerte, daß sogar junge Leutnants mit älteren Damen vom Regiment tanzten und sogar alte Bankiers mit jüngeren Damen vom Theater Champagner tranken." Diese Bälle sind unter Wilhelm II. eingestellt worden, dem sie wohl zu vertraulich waren, zu volkstümlich. Unter ihm gab es nur noch die Ordensfeste, zu denen nur der Schwertadel und die mit Abzeichen frisch Dekorierten zugelassen waren. Außerdem wurden im Schloß noch einige Hofbälle veranstaltet. Aber auch auf diesen war jede ungezwungene Heiterkeit ausgeschlossen. Die Berliner Gesellschaft aber liebte durchaus eine ungezwungene Unterhaltung von Traditions wegen, wie das Philippi aus den sechziger und siebziger Jahren bezeugt: „Von den öffentlichen Bällen, zu denen man aber nur durch auf Namen lautende Karten Einlaß erhielt, erwähne ich die Juristen- und die Architektenbälle. Sie fanden entweder in ‚Arnims Hotel' Unter den Linden statt, oder im Englischen Hause in der Mohrenstraße. Auf diesen Bällen versammelte sich so recht eigentlich die beste Gesellschaft Berlins, hier herrschte echte Heiterkeit und graziöse Fröhlichkeit; hier sah man die schönsten Mädchen und die berühmtesten Männer ..." Ein Lohndiener erklärte dem jugendlichen Philippi einmal auf einem Ball im Hotel Arnim: „Der da drüben is der Rechtsanwalt Holthoff und der links von ihm is der berühmte Doktor Langenbeck; der Kleene mit den Schnurrbart is der Klavierspieler Hans v. Bülow und die Frau an seinem Arm is die Dochter vom jroßen Liszt. Der Drajoner is der Baron Korff, der Schwiegersohn vom ollen Meyerbeer, und mit den er jrade redt ... det is der berühmte Lassalle, und die mit de rote Locken heeßt Dönnijes oder so wat ähnliches."

„Die gleiche Anmut der Geister und der Herzen, dieselbe Harmlosigkeit und Fröhlichkeit der Grazie wie auf den großen öffentlichen Bällen herrschte auch auf den Privatbällen in den Bürgerhäusern. Unter dem mit Wachskerzen reich besteckten Kronleuchter – ‚Krone' nannte man's meist –, dessen Prismen in tausend Farben spielten, scharten sich die Tanzlustigen und freuten sich ihrer Jugend und ihres Glücks. Die zwanzigjährigen Lebegreise standen damals noch nicht mit den Händen in den Taschen vor den jungen Mädchen und tuschelten ihnen noch nicht Ungezogenheiten zu. In den Pausen gab's, selbst in sehr wohlhabenden Familien, Heringssalat und belegte Butterbrote und zum Schluß ‚Flammeri' mit Himbeersauce. Und trotzdem, oder ich glaube, weil noch kein Malossol in Eisblöcken und keine Trüffeln und Spargel und noch kein Lammrücken serviert wurden, waren

Max Beckmann: Im Café.

wir sehr fröhlich und sehr glücklich."

Es ist zu verstehen, daß sich die Jugend der sechziger und siebziger Jahre bei den einfachen Zuständen glücklicher fühlte als die Jugend der darauf folgenden Jahrzehnte, in denen von oben herab die Parole für eine üppigere Geselligkeit ausgegeben worden war. Die Zeiten hatten sich aber auch wesentlich gewandelt. Während vor 1870 die feinsten Geister „Männerstolz vor Königsthronen" gezeigt hatten, war die Stimmung nun gänzlich umgeschlagen. Alles folgte den Winken von oben. Der Zug zum Materiellen ward viel lebhafter als zum Geistigen. Die Damen legten viel mehr Wert auf Kaviar und Austern, auf lukullische Seltenheiten, sie setzten im Winter lieber frische Erdbeeren und Spargel vor als Erkenntnisse aus guten Büchern. Die scheußlichen „Prachtwerke" der achtziger und neunziger Jahre, die, inhaltlos, mit Goldschnitt und schlechten Holzschnitten verziert waren, waren zwar überwunden. Aber nur in wenigen Familien war jene persönliche Selbstschätzung und Würde zu finden, der es bewußt ist, daß der Aufschwung eines Volkes hauptsächlich auf seinen bürgerlichen Tugenden, auf seinen allgemeinen Leistungen, auf seiner inneren Größe beruht.

Sonderbarerweise gab es auch im reich gewordenen Bürgertum genug Damen, die sich in die Kreise der Bürokratie und des Hofadels einschmeicheln wollten, die dort mehr Werte zu finden glaubten als bei sich und in sich. Und doch hatten sie gewöhnlich ein eigenes Heim, das eleganter und vornehmer wirkte als die Mietwohnungen oder die wenigen Magnatenpaläste, die heute noch zwischen Schloß und dem Kurfürstendamm zu finden sind. Der Güter- und der Großindustrieadel gewöhnen sich übrigens immer mehr daran, in den großen Hotels zu überwintern. Und hier kommen denn auch die Damen in eine andere Luft und bringen oft in die Kreise der Diplomatie und des Bürokratenadels Frische und Anregung – die denen oft nottut, wollen sie nicht im Klatsch über Familienmitglieder und gute Freunde ersticken. Feinere, intimere Geselligkeit, zu der ja stets immer gewisse Herzlichkeiten gehören, sind hier sehr selten. Dazu fehlt es den Kreisen an Zeit und an jener Liberalität, die allein durch eine feine Mischung verschiedenster Anschauungen, verschiedenster Berufe und verschiedenster Veranlagungen Geselligkeit, Lebendigkeit und eine erfrischende Gärung erzielt.

Diese liberale Mischung fehlt heute fast dem ganzen Berlin. Sie fehlte ihm vor allem in den letzten Jahrzehnten des vorigen Jahrhunderts. Offiziere unterhielten außerhalb ihres Clans nur Verkehr mit

Slevogt: Die Tänzerin Pawlowa.

L. v. Hofmann: Ruth St. Denis.

reichen Schwiegereltern. Die hohen Beamten und Hochschullehrer, die meist nur von ihren Gehältern lebten, mußten sich sehr einschränken und konnten höchstens einigemal im Jahre eine „Abfütterung“ veranstalten, bei denen selbst die Schlafzimmer und Flure zu Gesellschaftsräumen umgewandelt wurden. Die Zeit der sogenannten Geheimratsstullen, der Butterbrote mit ganz wenig Fleischbelag, war vorüber. Man suchte die Menschen nicht mehr ihrethalben und um der Geselligkeit willen. In die Erwerbskreise traten zuviel Persönlichkeiten ein, deren Ziel nur der Erwerb war. Sie konnten auch nur mit dem Erworbenen sich wichtig machen. Was ihnen selbst am wertvollsten war, das erschien ihnen auch als ihr größter Wert. So entstand eine üppige Einladerei zu schlemmerischen Abendessen, die reicher und ausgiebiger waren als Mittagessen. Der gesellige Geist kam dabei zu kurz. Wenn der Magen überfüllt ist, wird das Hirn träge. Und bei den materiellen Genüssen wurde schließlich auch die Unterhaltung materieller, zwangloser, und der Witz übersprang die Grenzen, die ihm die Gegenwart von Frauen und Mädchen bestimmte. Die Damen gewöhnten sich aber auch hieran. Die ästhetischen Tees und die Salons der vorhergehenden Zeitspanne – in denen übrigens auch oft – und gut – gespeist worden war – hatten als Hort seiner Sitte jene Zwanglosigkeit erzeugt, die nur aus einem Boden allgemeiner und gesellschaftlicher Bildung herauswachsen kann. Die Geselligkeit war damals der Hauptzweck gewesen. Der Aufwand belastet den Geist und hindert jene feine Vermischung der Schichten, die zu reifer Geselligkeit nötig ist.

Am Ende des 19. Jahrhunderts gab es nur noch wenige alte Berliner Familien, die durch glückliche Grundstücksspekulationen und durch geschickte Erweiterungen der Geschäfte und Fabriken zu einem gediegenen Reichtum gekommen waren. Die Frauen kümmerten sich wohl noch persönlich um das Wohl der Familien aller Angestellten, bereiteten ihnen auch Weihnachtsfeste und besuchten die Bedürftigen nicht im Wagen, sondern zu Fuß. Aber die meisten Frauen fragten nicht, wo all der Reichtum herkam, der sie umgab. Sie lebten nur ihren eigenen engen Interessen. Und nicht alle pflegten eine gute bürgerliche Geselligkeit. Aber in einigen von den alten Bürgerhäusern fanden sich doch wenigstens sonntags Menschen zusammen, die sich allerlei zu sagen hatten: Gelehrte, Künstler und Angehörige des gebildeten Bürgertums. Ernsthaftere Musik wurde getrieben, über die neuesten Erwerbungen des Hausherrn – er war Sammler – geplaudert, politisiert und recht reichlich gescherzt. Denn zwecklose Heiterkeit war hier eine Hauptursache der Geselligkeit. Mit Neckereien war man nicht sparsam – und wenn sie auch manchmal schmerzten. Doch war der Grund auch hier oft Gemütsprüderie, die eine hilfsbereite Teilnahme verbergen sollte. Auch an den Wochentagen erschien in solchen Familien dieser oder jener Freund. Er wurde meist herzlich aufgenommen. Aber nicht immer war die Frau des Hauses mit ihrem Mann zu Hause. Die Zeit fing an, in der sich die wohlhabenderen Berliner mit ihren Frauen abends irgendwo in Gasthäusern trafen. Die elegant ausgestatteten Weinstuben konnten sich nur entwickeln, weil zahlreiche Besucher jeden Abend die Tische besetzten. Auch in vielen Hotels trafen sich die bekannten und befreundeten Familien. Die großen Weinlokale, die dann um die Wende des Jahrhunderts entstanden, ermöglichten es schließlich auch dem nur wohlhabenden Berliner, sich abends mit Frau und Töchtern in den Lokalen zu treffen. Auf diesem neutralen Boden wurden dann oft die verschiedensten Kreise anregend durcheinander gewirbelt. Aber die Kreise, die vielleicht ganz und gar in einem geistigen oder künstlerischen Leben aufgingen – Schriftsteller, Hochschullehrer –, mußten sich von einem solchen nicht kostenlosen Gesellschaftstreiben fernhalten. Die Klassengegensätze prägten sich schärfer aus – wenn auch die großen Lokale demokratisieren. Sie wirkten doch nur in den bemittelten oder gut verdienenden Kreisen.

Diese Kreise hatten sich in dem neuen Berlin auch nach der Gründerzeit stark vermehrt. Die Wohnungen dieser Besitzer der neuen Million wurden den Fabrikanten zur Einrichtung ausgeliefert, und der berüchtigte Tapezierergeschmack feierte wahre Orgien. Mit Butzenscheiben und vielen Vorhängen und Plüschdraperien verdunkelten die Wohlhabenden ihre Zimmer. An den Decken aber schwebte schwülstiger Gipsstuck, der oft noch vergoldet wurde. Überhaupt war Vergoldung sehr beliebt. In den Salons standen Tische und Stühle vergoldet. An den Draperien schwebten gipserne Engel: vergoldet. Große Spiegel glänzten in breiten Rahmen: vergoldet. Öldruckbilder hingen an den Wänden des Salons. Der Rahmen, kostbarer als das Bild: vergoldet! Und die Möbel waren mit unzähligen Knäufen, Knöpfen, Muscheln, Galerien und allerlei anderem Schnitzkram versehen, der nicht

A. Campf: Varietétänzerin.

wie die Vorbilder gute Handwerksmanier aufwies, sondern aus der Fabrik, aus der Maschine stammte, nicht geschnitzt, sondern gedrechselt und gestanzt war. All das war nur künstlich zusammengeleimt und fiel ab, wenn die Sachen in Gebrauch genommen wurden. An all den vielen Ecken und Winkeln stieß man sich die Glieder wund. Überall, auf dem Klavier, auf Bauerntischen, die gar keine waren, sondern einem gewitzten Fabrikanten ihr Dasein und ihren Namen verdankten, auf kleinen Schränken – überall standen Nippes – meist aus billigem schlechten Porzellan und aus bronziertem Zinkguß. Es war die Zeit der größten Unechtheit, die je in Deutschland gewütet und ganz besonders in Berlin fast den letzten Rest der guten Handwerkstradition zerstörte. Tischler gab es nicht mehr, sondern nur noch Möbelhändler. Die von ihnen fabrizierten Muschelmöbel, die Nippes, die Öldrucke mit dem protzigen Goldrahmen waren das Symbol der Zeit, in der die Schlafräume in die engsten und dumpfigsten Winkel der Wohnung verlegt wurden, während dieser ganze Kram und die mit Überzügen geschützten Polstermöbel in dem besten Zimmer als „kalte Pracht" aufbewahrt wurden, um an einigen Tagen im Jahr dem Besuch vorgeführt zu werden. Die Bürger glaubten repräsentieren zu müssen. Und hielten sich eine gute Stube, deren Kosten sie zwang, viele bessere und notwendige Dinge sich zu versagen. Es war die Glanzzeit der Simili, des Talmi und aller anderen Surrogate.

Nur wenige Familien hielten sich von diesem Getriebe fern. In den gut fundierten alten Familien, in mancher Künstlerbehausung und in manchem Heim der wirklich Reichgewordenen standen gediegene Möbel, deren gutes Material und gediegene Arbeit für sich sprachen. Und an manchen Abenden ging eine aus allen Gesellschaftskreisen zusammengesetzte Gesellschaft über die echten Teppiche.

In andern Häusern wieder brach das vordringliche Protzentum oft durch. Die Leute von der jungen Million wollten durchaus alle Formen der vornehmen Gesellschaft sich aneignen. Und wenn zu ihren Abenden sonst niemand von Bedeutung kam, irgendeinen jungen Attaché einer orientalischen oder balkanesischen Gesandtschaft trieben sie schließlich noch auf. Damals waren besonders junge Chinesen leicht zu haben.

Die Frauen dieses neuen bürgerlichen Reichtums fanden sich meist leicht hinein in die neuen Verhältnisse. Die Frau kann sich ja überhaupt leichter den äußeren Formen anpassen. Und hätten sie nicht oft die Geschmacklosigkeit begangen, auf der Straße in grellbunten Kleidern sich zu zeigen, wären sie vielleicht den Damen der alten Familien überlegen gewesen. Denn sie hatten oft ein ehrliches Streben nach geistigem Besitz, besuchten Vorlesungen und nahmen Unterricht in allen möglichen Gebieten. Bei manchen wurde die Bildung allerdings zu einem Toilettestück wie etwa die neueste Mantille. In diesen Kreisen aber ward mit der steifen preußischen Form gründlich gebrochen. Hier kam es vor, daß in einem kleinen Salon eine Dame auf einem Ruhebett lag und die Herren sich auf den Teppich rings herum kauerten. Hier durften Damen auch teilnehmen am Gespräch – mochte das sich nun auf Politik, auf die Vorstellungen der neugegründeten „Freien Bühne" oder auf Kunst erstrecken. – Auch durften sie über die nicht ganz und gar Familienblättern entnommenen Witze lachen. Hier fand man liebenswürdige Angehörige des schönen Geschlechts, die nicht nur hausbacken und nüchtern, sondern lebhaft, interessant und anregend sein konnten. Allerdings kam es wohl auch vor, daß sie zu laut waren und zu gern disputierten – was ja immer eine Schwäche der Berlinerin ist. Sie haschten auch zu gern nach Sensationen und Aufregungen. Und die „Freie Bühne" konnte Gerhart Hauptmanns Stücke und die vornehmere, tiefere Schauspielkunst nur hier wagen, wo die Sucht nach Neuem ebenso stark war, wie die literarische und künstlerische Bedeutung. Nur eine nicht zu sehr in Tradition befangene Gesellschaft konnte so unbefangen und vorurteilslos dem auf den besten Traditionen deutscher Theaterkunst – es ist an Eckhof, Koch und Iffland zu denken – beruhenden Spiel der Brahms-Bühne und seiner Hauptmann- und Ibsendarsteller gegenüberstehen und ihn enthusiastisch anerkennen. Ihr allein haben wir zu verdanken, wenn die bildende Kunst aus der Kleinheit akademischer Auffassung und Schönmalerei befreit wurde, wenn in der Sezession neue Elemente einen neuen Halt fanden. Den Künstlern der Sezession hat Berlin und haben die Berlinerinnen eine neue Geschmacksvertiefung zu verdanken. Die künstlerische Bewegung, die neue malerische Werte schuf, hing eng zusammen mit der ganzen geistigen und kunstgewerblichen Erneuerung. Auf den

Walter Leistikow: Grunewaldsee.

Festen und Feiern der Sezession kamen die elegant und schön gekleideten Künstlerfrauen mit den Damen der Aristokratie und des reichen Geldadels zusammen. Nichts aber erzieht mehr als das gute Beispiel. Und die Damen bemühten sich, die Künstlerfrauen noch an Exklusivität der Stoffe und Eleganz der Form zu übertreffen. So kam es, daß es in Berlin jetzt moderne Kreise gibt, die hinter anderen Weltstädten kaum an Glanz und Vornehmheit zurückstehen. Einzelne Künstler haben wiederum dadurch neue Anregungen erfahren. Interieurs, wie sie Fritz Rhein und Robert Breyer malen, können nur durch eine solche bedeutsame Wechselwirkung entstehen. Auch auf den Bildern von Max Slevogt, einem der reichsten und stärksten Künstler der Sezession, dokumentiert sich der neue Geschmack. Was sich in den Gemälden und Skulpturen der Sezession und auch in denen mancher Künstler der großen Kunstausstellung am Lehrter Bahnhof offenbarte – man braucht nur an Arthur Kampf zu denken –, war eine Teilerscheinung des Kampfes um neue Lebensformen. Die Architektur, die Innendekoration, der Schmuck, ja selbst die Kleidung erhielt neuen und köstlichen Wert. Messel schuf ja nicht nur das neue Geschäftshaus im Wertheim-Palast, er baute auch im alten Tiergartenviertel neue Bürgerpaläste. Der Burgenstil, der manches schöne Landschaftsbild draußen im Grunewald, am Wannsee und vielen andern Stellen verschandelt hatte, die mittelalterliche Kitschromantik – das war nun endgültig in Berlin überwunden. Die Künstler begannen an die guten bürgerlichen Traditionen unserer Urgroßväter anzuknüpfen. Die Butzenscheiben verschwanden. Licht und Luft kam in die hohen, hell und farbig ausgestatteten Räume. Bruno Paul wurde als Direktor ans Kunstgewerbemuseum berufen. Die Wohnräume, die er ausstattet, ähneln in manchem denen der Biedermeierzeit – und sind doch etwas Neues. Sie haben nur die wohldurchdachte Linie und die Gediegenheit des Materials jener Jahre, sind aber doch in der Wirkung und im Aufbau moderner. Er und sein Kreis, zu dem nicht nur die enger mit ihm Verbündeten, sondern alle mit gleichen Zielen zu rechnen sind, schufen Zimmer von außergewöhnlicher Behaglichkeit, zu der sich Eleganz und Pracht gesellten. In seinen Empfangszimmern stehen wieder Glasschränke, gefüllt mit feinen Poterien, Spit-

Liebermann: Bildnis der Frau L.

zen, feingearbeiteten Schmuckstücken und allerlei anderem kostbarem Kram. Die Wände sind mit Stoffen beschlagen. Größere, grünbelegte Tische stehen vor gemütlichen Eckpolstern; Fußbodenbelag, Fenstervorhänge, Sesselbezüge, das Holz der Möbel – alles eint sich zu einem malerischen Ganzen. Selbst kommodenartige Behälter stehen wieder in solchem Damenzimmer. In ihren Kästen und Schubfächern bergen die Damen kostbare orientalische Gewebe, Schmuckstücke und interessante andere Kleinigkeiten. Im Bücherschrank aber findet der Besucher neben Goethe Casanova, neben Wilhelm Bölsche Stefan George und neben Hofmannsthalschen Versen Neuausgaben vom Dekameron, die Briefe der Ninon de Lanclos und andere galante Literatur. Dazu dann auch wohl religiöse Literatur – Meister Eckehart, Kalthoffs Religion der Moderne – und pädagogische Streitbücher. – Auch andere Gebiete der Kunst erneuerten sich. Hatte Brahms das Wort und die Gedanken der modernen Dichtung darstellerisch gebracht, hatte Else Lehmann durch ihre schlichte seelenstarke Größe Ibsenscher und Hauptmannscher Gestalten sich treue Anhänger geworben, so die Sorma durch ihre Lieblichkeit als Nora, die auf das Wunderbare wartet und recht vielen Damen aus der Seele sprach. Rosa Bertens brach dann wieder mit leidenschaftlicher Glut heraus, als Hofmannsthal in seiner „Elektra" die Gattenmörderin Klytämnestra den Modernen naheführte. Frau Eysoldt, die in den modernen Stücken Wedekinds das männermörderische Weibchen Lu, den Erdgeist, zum Schrekken sanft Empfindender mit aller Kälte ausgestattet hatte, floß als Elektra von neuen Untertönen der

Jaeckel: Damenbildnis, 1913.

weiblichen Psyche über. Sie alle entblößten die zitternde, heiße und starke Seele der modernen Frau in einer tiefen Wahrhaftigkeit, die selbst mit den Ergebnissen der modernen Psychiatrie übereinstimmte.

Mit diesem Bruch von der falschen Pose der Wolterschule, zu der auch einst Amanda Lindners süße und rührselige Jungfrau von Orleans gehört hatte, trat zugleich auch die Wendung von der unechten Dekoration ein. Hatte die Wolter und ihre Genossinnen sich noch vor zwanzig – dreißig Jahren als Judith aufgeputzt wie eine spanische Kitschprinzessin der Renaissance, mit großen Glasdiademen und Riesentalmischmuck, mit Draperien von Seide und Posamenten, so werden die heutigen Künstlerinnen sich nicht mehr auf solchen kulturlosen Entgleisungen ertappen lassen. Auch hier erfreut eine künstlerische Wahrhaftigkeit, die doch nicht ohne Glanz und Pracht bleibt. Eher könnte man den Direktor der Kammerspiele und des Deutschen Theaters ermahnen, nicht nur das Bild der Stücke, sondern auch ihren Sinn gründlich und mit leidenschaftlicher Liebe auszustatten. Wirkt er doch auf gut gepflügtem Boden. In den Jahrzehnten der Entartung brachte hier der alte L'Arronge prächtige Klassikeraufführungen heraus mit Kainz, Adolf Müller, Nissen und der Sorma, die nicht vergessen werden dürfen. Und Brahm hatte hier seine glänzenden Erfolge mit Ibsen und Hauptmann. Auch das darf nicht vergessen werden.

Der Typus der neuen Dame nach 1900 hatte sich nun vollendet. Sie war weder allein matronenhafte, moralische Vereinsdame noch Modepüppchen, weder Familienmutter noch Weltdame, weder Blaustrumpf noch ätherische Empfindsamkeit, weder erotische Abenteurerin noch Lebensflüchtlerin. Es kann wohl geschehen, daß von allen ein wenig in ihr steckte – oder doch wenigstens einige Gegensätze unter ihrem neuen, schwungradgroßen Modehut beisammen wohnten. Eine solche Dame kannte ich, von der ich hier mehr erzählen möchte.

Als ihr ein Wissenschaftler, der für Rassenverbesserung und -erneuerung seine ganze Persönlichkeit eingesetzt hat, sagte, sie solle nur im stillen Kämmerlein für ihn wirken, lachte sie und antwortete: Dann könnten wir uns ja als Schinken in den Rauchfang hängen, wenn wir nicht auf andere einwirken wollten. Nein, sie wolle unter die Menschen gehen und so viele wie nur möglich für ihn gewinnen.

Das tat die Dame denn auch. Immer war sie mit anderen Menschen zusammen. Entweder empfing sie selbst Besuche zu Vorbesprechungen und zu Ausarbeitungen von Petitionen und zur wissenschaftlichen Vorbereitung von Eingaben, oder sie war unterwegs, saß vier Stunden in Arbeitsausschüssen, besprach sich im Reichstagsgebäude mit den Mitgliedern von irgendwelchen Kommissionen, hörte den Verhandlungen im Plenum zu – besonders, wenn ihre Petitionen besprochen wurden –, kontrollierte Wohltätigkeitsanstalten, zu deren Vorstand sie gehörte, lief bald in dies, bald in jenes Ministerium, um zu hören, welche von den von ihr vorbereiteten Aktionen Aussicht auf Erfolg hätten und das nötige Verständnis fänden, nahm an allen denkbaren gesellschaftlichen Ereignissen von Bedeutung teil, bald am Gartenfest im Reichskanzlerpalais, bald am Jubiläum oder an der Totenfeier einer literarischen Größe, an der Eröffnung von Ausstellungen und von Modesalons, besuchte Wohltätigkeitsfeste und arrangierte auch selbst welche, versammelte einen bedeutenden Teil der geistigen Elite Berlins, um irgendeinen Gast von Rang, der in der Reichshauptstadt Vorträge hielt, zu feiern – durch ein gutes Essen an blumengeschmückten Tischen, durch hübsche, gut gekleidete Damen mit all der Wärme, die ein solches geselliges Beisammensein auf alle Beteiligten ausstrahlt – und hatte immer noch Zeit, sich für das persönliche Schicksal eines Einzelnen, einer Unglücklichen oder eines Zusammen-

Pechstein: Dame vor dem Spiegel 1915.

gebrochenen zu interessieren, ihm ihren Trost zu spenden und ihm ihre Hilfe angedeihen lassen zu können. Was sie selbst nicht leisten konnte, erreichte sie durch Andere; wenn ihre Mittel und ihre Kräfte nicht ausreichten, nahm sie die von Freunden und Bekannten in Anspruch.

Und bei all diesem fand sie noch Zeit für ihre Familie, fand sie noch Kraft, entscheidend auf Familienangehörige einzuwirken. Damit ihre Tochter einst wirtschaftlich klar sehen könne, ließ sie das siebzehnjährige Mädchen ein Jahr von einem Bankbeamten unterrichten. Und als ein Offizier um die Hand der Tochter warb und sich auf gewisse Auszeichnungen berief, meinte sie zu ihm, es gäbe viel Protektion. Erst als er eine Schrift über Armeeverpflegung ausgearbeitet hatte, glaubte sie an ihn und gab ihren Segen.

Da war ein neunjähriger Junge, Stiefsohn einer Verwandten der Dame. Nie hatte er seinen Eltern einen „Guten Morgen" geboten. Nie hatte er ihnen irgendeine Freude gemacht. Vor einiger Zeit kam die Familie zur Dame auf einige Wochen zu Besuch. Die Dame war außer sich über den Jungen – und zwar vor allem seinetwegen. Sie sah die Konflikte, die ihm später bevorstanden, wenn seine Entwicklung nicht in eine andere Sonne kam. Und sie nahm sich den Jungen vor und sprach energisch auf ihn ein: Jeder Mensch müsse für das, was man ihm antue, auch Gegenleistungen erweisen. Die Eltern könnten für alle Liebe auch Gegenliebe verlangen. Außerdem: wenn er von ihr immer gut behandelt sein wolle, dürfe er sich auch bei ihr nützlich machen. Seitdem erfreute der Junge seine Eltern mit einem innigen Morgengruß und ordnete seiner „Tante“ die Zeitungen und machte ihr allerlei Handreichungen. Vor allem: Eines Mittags wollte ihm sein Vater Champagner eingießen. Der Junge weigerte sich standhaft, ihn zu trinken. Und es stellte sich nach der Mahlzeit heraus, daß die Dame ihm gesagt hatte, sie würde vom Tische aufstehen und nie wieder mit ihm und seinen Eltern zusammen an einem Tische essen, wenn er einen Schluck Wein trinken würde.

Das war schließlich auch ein Streben der Dame – Macht zu bekommen. Sie wußte, was Macht und Einfluß bedeuten und vermögen. Und sie war eifrig bemüht, ihren Einfluß zu erweitern und zu stärken. Sie freute sich aufrichtig, wenn sie oft in den Zeitungen erwähnt wurde. Einmal brachte die Post ihr einen Stoß Zeitungen, in denen erzählt wurde, sie hätte einen alten gotischen Kirchenleuchter dem und dem Museum geschenkt. Sie wußte, manche von ihren Freundinnen und Freunden würden sagen, sie hätte es eben nur getan, um in die Zeitung zu kommen. Aber diesmal hatte sie nichts davon gewußt. Um so größer war ihre Freude. Erstens glaubte sie, ihr Einfluß gewinne dadurch. Und zweitens freute sie sich selbst auch für ihr eigen Teil ein wenig an der öffentlichen lobenden Erwähnung ihres Namens.

So ganz frei von Eitelkeit war sie nicht. Sie hörte es gern, wenn man sagte, diese und jene gesetzliche Verbesserung hätten wir ihr und ihrer rastlosen Tätigkeit zu verdanken und es sei bewunderungswürdig, was sie alles leiste und erreiche und wie sie bei ihren tausend Interessen soviel Energie aufbringe, ihre Wünsche und Thesen durchzusetzen. Ja, sie zeigte wohl auch voll Stolz und Befriedigung die Werke von bekannten Autoren und berühmten Wissenschaftlern, in denen die Autoren eine eigenhändige sehr verbindliche Widmung eingeschrieben hatten. Sie beanspruchte auch ihr Teil von dem Erfolge der Berühmtheiten.

„Ja“, sagte sie, „habe ich nicht allen Leuten von ihm vorgeschwärmt? Und habe ich nicht dem Redakteur gesagt, er müsse viel schreiben über den Vortrag, der nächstens stattfinde? Wenn ich das nicht gesagt hätte, wäre vielleicht eine kleine Notiz gekommen, die kein Mensch beachtet hätte. Im Auto noch fragte er mich, was soll ich nur schreiben? Viel, viel! sagte ich. Über den Mann können Sie nie genug schreiben. – Na – und der Artikel hat doch auch geholfen. Wenn ich nun nicht geredet hätte?!“

Die Dame hatte tatsächlich nicht genug Zeit, um alle Visiten in ihrer Wohnung abzumachen. Oft genug kamen ihre Assistenten – wie sie alle die Redakteure, Schriftsteller, Assessoren, Doktoren und andern Leute nannte, die bei ihr verkehrten – zu ihr; eine Autodroschke hielt schon vor dem Hause im Tiergartenviertel, und die Dame erwartete oben den Besuch, vollkommen fertig zum Ausgang. Und der Besuch mußte froh sein, daß er noch fünf Minuten Audienz während der Fahrt zur Sitzung oder zur Schneiderin und Modistin erhielt.

Die Dame war nämlich durchaus keine von den grauenhaften Weibern mit sackartigen und ungraziösen Eigenkleidern – die doch nur fast immer ihre Trägerinnen einem bestimmten Typus

Pechstein: Bildnis in Blau 1920.

einreihen – trotz aller Bemühungen, der typischen Mode zu entfliehen. Die Dame strebte vielmehr nach Eleganz, Geschmack und einer nicht zu sehr auffallenden Auffälligkeit. Nicht immer gelang ihr alles. Manchmal war sie vielleicht zu farbenfreudig, und der Hut war zu reich besetzt. Auch vergaß sie es wohl nicht ungern, daß sie doch schon Großmama war und kam ein wenig zu jugendlich daher. Aber ihr haben wir es zu verdanken, wenn jetzt große Berliner Modehäuser eigene Modelle anfertigen und die Gesellschaft zu einem Tee laden, wo diese Modelle und auch französische Muster von den Damen selbst und von schön gewachsenen Modistinnen in vornehmen Salons vorgeführt werden, nachdem irgendein Modeplauderer sich und die Zuhörer mit hübschen Worten ergötzt hat. Die Dame vergaß nicht zu bemerken, daß sie die Anregung gegeben, daß sie den Inhabern des großen Modehauses gesagt hatte, wenn sie nicht mehr achthundert Mark fordern, sondern ihr einen annehmbaren Preis machten, würde sie sich selbst ein Kostüm zusammenstellen und nicht mehr Pariser Modelle tragen. Die Modehändler beteuerten, sie seien jetzt so weit, um das unternehmen zu können. Und als von diesem neuen Ereignis in den Zeitungen berichtet wurde, als alle die reizenden Schönen genannt wurden, die in neuen hübschen Kostümen erschienen, wurde auch die Dame genannt.

Aber daß ihr Lebensziel nun eigentlich nur der gedruckte Name war, kann man doch auch wieder nicht mit gutem Gewissen sagen. Sie hatte schon so manches wohltätige Unternehmen, so manchen vorbereitenden Arbeitsausschuß zur Vorbesprechung von Gesetzesverbesserungen gegründet. Aber bei solchen ehrenvollen Sachen hielt sie sich eigentlich meist im Hintergrund.

Und das war ihr großer Kummer und ihr Leidenszug: daß so viele Damen noch nicht fähig genug waren. Ja, sie konnte wohl laut jammern über die Mängel. Sie beklagte es, daß den meisten Frauen noch all die Sklavenketten der früheren Jahrtausende an den Knöcheln klirrten, daß ihr Geist noch nicht entwickelt war – trotzdem sie fest daran glaubte, daß die Frau dem Mann an Arbeitskraft, Ausdauer und Fähigkeiten überlegen sei.

Aber davon war sie doch auch überzeugt: die Damen intrigierten gegeneinander und an Neidern fehle es ihnen nicht. Wer darum im tätigen Leben stehe, der müsse einen stählernen Panzer tragen. Tausend Pfeile flögen klirrend gegen ihn. Aber – „ich halte meine Brust hin!"

Sie meinte: „Da sind so viele, die sich hinter andern verstecken. Sie geben ihr Geld für die Durchführung der neuesten Gedanken, sie schlagen mit goldenen Äxten den Anfang zu einem Weg durch den Urwald. Geben vielleicht die Mittel für ein Entbindungsheim unehelicher Mütter; stehen aber ängstlich hinter den radikalen Frauen, die das alles denken und durchführen. Die Geldgeberinnen schweben in steter Angst, daß ihr Name an die Öffentlichkeit komme und sein Glanz dann eine häßliche Patina erhalte.

Andere wieder nahmen nur die Ehrenstellen. Auch sie fürchteten, sich ihren Namen zu verunglimpfen. Sie wußten, daß viele andere nur darauf warteten, bis sie was verdarben. Dann fallen sie in den Orkus: besudelt, vergessen. Darum nahmen sie nur die Ehrenstellen. Und nur bei bewährten Gruppen und anerkannten Ideen. Wo es was Neues zu machen galt, da mußte in die gefürchtete und gemiedene Bresche jene Dame treten, die wußte, alles Neue braucht Mut und Leidenschaft – und die auch nicht weinte, wenn es einmal schief ging. Sie wußte, sie konnte das von sich abschütteln und hatte immer genug Verbindungen und andere Häuser im Bau, daß ihr ruhig eins einstürzen konnte.

Simmel 1920: Vornehme Gäste in der Kaschemme.
Die Dame aus dem Westen: „Sieh' mal an, Hugdietrich, hier tanzen sie auch Schieber!"

Sie war auch rücksichtslos genug, aus einem solchen wankenden Gebäude die Mieter hinaus zu jagen, die es unterwühlten. Als in einer Vereinigung zuviel Menschen östlicher Herkunft den Zustrom anderer verhinderten, strich sie einfach vier- bis fünfhundert aus der Liste – um eine gute Mischung zu erhalten und um ihrer Gründung wieder eine gute Fassade zu geben.

Und als in einer andern Gesellschaft der Vorstand die Ergebnisse der Tätigkeit des Arbeitsausschusses zerpflücken wollte, entschied sie nach vierstündiger Sitzung zugunsten des Arbeitsausschusses: „Wir mußten zu Ende kommen. Und die Vorstandsdamen haben die Ehre. Damit müssen sie sich begnügen. Wir wollen arbeiten. Aber nicht unnütz."

Sie war auch nicht ängstlich. Als sie einen jungen Sozialisten und seine Frau einlud zu kleinen Schlemmerabenden in bekannten Lokalen, flüsterten ihre anwesenden Freunde entsetzt: Aber wir haben gehört, er soll Sozialist sein! – Nun ja – was schadet das? Wir arbeiten ja auch auf unsere Weise, das Los der Menschheit zu verbessern. Da muß uns jeder willkommen sein! Und als ein Verwandter von ihr fürchtete, ihre ganze Art könne seiner Karriere schaden, da entschloß sie sich zu einem kecken Schritt.

Auf einem Fest traf sie einen hohen Militär. Liebenswürdig und ergeben lächelnd trat sie an ihn heran und fragte, ob er was dagegen habe, wenn seine Offiziere bei ihr verkehrten?

Er antwortete verbindlich: im Gegenteil, seine Offiziere sollten lernen, selbständig zu werden und mit allen Menschen umzugehen. Bei ihr sei ja solch neutraler Boden, auf dem sich die verschiedensten Menschen und Meinungen treffen könnten.

Und der Verwandte, der bei diesem Gespräch schon in Gedanken seinen Abschied eingereicht hatte, half nun selbst, der Dame die Gesellschaft zusammenzustellen, die an ihren Abenden in dem ältlichen, frisch gestrichenen Hause sich treffen sollte.

In den Zimmern der Dame traf sich wirklich eine merkwürdig interessante Gesellschaft. Der Dramatiker mit jesuitischem Schauspielergesicht brachte seine junge, blasse, ihn stets ängstlich mit den Augen suchende Frau und diskutierte mit irgendeinem Geheimrat. Der radikale Naturwissen- schaftler im braunen Samtrock sprach verbindlich mit dem Zentrumsabgeordneten über die Anhäufung der Bücher in den Bibliotheken – ob nicht ein alexandrinischer Brand nötig sei, um neue Wege zu ermöglichen? Der chinesische Gesandte sah von der kühlen Höhe seiner alten Kultur herab auf die lachenden, sprechenden, hastig aneinander vorbeidrängenden und sich über die andern mokierenden Europäer. Diese Frauen – waren nicht auch manche geschminkt und gepudert – und jene Frau, die so selbstbewußt über mondäne Kultur und Menschen plaudern konnte und in ihrer gedunsenen Fülle, mit Spitzen, Seide, falschen Löckchen, protzigem Brillantschmuck und Perlen behangen doch nur aussah, wie wenn sie weder mondän noch von Welt war. Alte, adlige Damen zogen mitleidig und ein wenig strafend die schöne, strahlende Frau eines Afrikareisenden aus der Gesellschaft von modernen Schriftstellern – oh – die sind so unzuverlässig. Dem großen, blonden Professor und

Ehrenberger 1921: Handball.

Frauenarzt, der so kluge Aphorismen schrieb, näherten sich Offiziere. Ein alter Stabsoffizier, dürr aber noch lebendig, schwärmte einigen jungen Damen – man sah ihren selbstgestickten Kleidern die Malerinnen und Ärztinnen an – vom alten Berlin vor, wo man noch beim Butterbrot sich traf und wo jeder zur Gesellschaft gehörte, wenn er nur nett sich benehmen konnte und irgendeine Hoffnung gewährte. Die Wirtin, die mit allen Anwesenden gesprochen, bestritt, daß jetzt nicht auch noch jeder Aussichtsreiche hereingezogen würde in bewegte und belebte Kreise. Sie brachte Beispiele – und führte dann den alten Herrn zu Tisch. Ganz plötzlich hatten Diener fertig gedeckte Tafeln hereingebracht und aneinandergeschoben. Und in den kleinen Räumen saßen nun sechzig bis achtzig Menschen – und ließen sich ein schlemmerisches Essen wohlschmecken. Der ein wenig gedrückte Arbeitersekretär und Abgeordnete wußte nicht recht, wie er mit dem Tischbesteck die Muräne zerlegen sollte. Heimlich guckte er es dem neben ihm sitzenden blonden, eleganten Grafen ab, der mit einem silbernen Obstmesser den Sekt im Glase schlug: „Um die Kohlensäure zu entfernen. Dann – ist er bekömmlicher! Wenn man eben erst aus dem Sanatorium kommt, muß man vorsichtig sein!“ Er lachte gezwungen und fragte dann den Herrn zur Rechten, was das Allerneueste in der Zeitung wäre. Der sah zwar gar nicht aus wie ein Journalist, sondern glich mit seinem glatten Gesicht, seinem verschnittenen Schnurrbart und den gelassenen Bewegungen irgendeinem glücklich handelnden Kaufmann. Aber er blieb bis zuletzt in den Räumen, ging zum Schluß noch einmal durch die hell erleuchteten, verlassenen Zimmer – durch den weißgoldenen Barocksalon mit seinen rotseidenen Damaststühlen und den vielen Meißner Figuren, durch das gotische Arbeitszimmer, wo die Bücher der Biologen und Rasseforscher auf dem Bücherbrett unter der echten, geschnitzten Madonna lagen, durch das getäfelte Renaissancezimmer und durch den großen Eßraum, in dem noch die letzte Gruppe saß: der Dramatiker mit einigen alten Damen und dem Obersten. Die Dame kam auf den Journalisten zu, fragte ihn, ob die Zigarre seinem Geschmack entsprach – sie hatte jedem Herrn ein Etui mit einigen auserwählten, köstlich nach Havannas Sonne duftenden Marken überreichen lassen – und geleitete ihn hinaus. Auf dem Flur, wo die Zofe – weißbehaubt und weißbeschürzt über schwarzem Kleide – dem zufriedenen Zeitungsmenschen in seinen Pelz half, auf dem Flur noch machte sie ihm klar, daß sie sich freute, keine Aristokratin zu sein, die an die Wege ihrer Familie gebunden wäre. Unter ihren Vorfahren seien Fabrikanten, Volksführer, Verwaltungsbeamte gewesen – und in ihr seien nun gewiß alle die Eigenschaften zusammengeflossen, sie zu solchem unruhigen Wesen zu machen. Übrigens – ob sie nun aus dem Elsaß oder aus Ostpreußen sei, das wäre ja ganz unwesentlich. Sie sei nun einmal so, daß sie in diesem Berlin sich wohlfühle – gerade in diesem Berlin, das ihr alle Möglichkeiten biete, ihre verschiedenen Anlagen zu betätigen. Hier könne sie doch tausend Sachen anfangen. Aber die größte Befriedigung habe sie immer wieder, wenn sie alle ihre Beziehungen nutzbar machen könne – wenn sie fühlen könne: hier ist was zu wirken, was zu erreichen. Sie müsse ja leider zuviel tun – tausend Sachen, tausend –, aber es mache ihr doch herzwarme Freude, daß sie in vier Jahren schon soviel erreicht habe wie andere in zwanzig Jahren. Und sie müsse ja auch so tätig sein. „Was ist denn bei so vielen Frauen? Wie sind sie hart!“ Entrüstete sich doch neulich eine, daß eine uneheliche Mutter von dem Vater ihres Kindes geheiratet worden sei. Die hätte doch zur Strafe keinen Mann bekommen sollen! ... Ja, so sind unsere Frauen noch! Und gerade die hübschesten. Die Radikalen? Die haben sich so mißliebig gemacht, daß alle ihre Sachen in den Papierkorb fliegen. Aber ich – ich bin keine Frauenrechtlerin. Das wissen alle von mir. Alle sagen das. Und darum kann ich mit allen Sachen kommen.

Wennerberg 1922:
Ach Gott – Der Hugo! – Er wird denken, ich rutsche vor ihm auf dem Bauch.

Ach – es ist so schön, so verjüngend, wenn man so vermitteln kann – zwischen der Wissenschaft und zwischen denen, die das Erfundene und Erdachte nun nutzbar machen sollen für die leidende Menschheit!

Über ihr Gesicht glitt ein begeistertes Leuchten und ihre fest zufassenden Hände drückten die Rechte des still Lauschenden.

Ihr Herz pochte wie Jugend.

Aber um ihren Mund lagen Erinnerungsfurchen von Stunden, die auch sie durch Leiden geführt hatten, die bewiesen, daß auch der Kampf für die Leidenden nicht ohne Leiden vorübergeht. Wenn aber die Augen und das Gesicht von Liebenswürdigkeit strahlten, wenn zu ihren Empfängen im Lyzeumsklub sechzig bis achtzig Menschen kamen, wenn zehn bis fünfzehn Herren dem Koloratur-Gesang einer von ihr protegierten Schülerin der Marchesi, einer jungen Rezitatorin oder einem bekannten Sozialpolitiker lauschten – wenn ihr von allen Herzen die Liebe wieder zuströmte, die sie allen mit charmanter Herzlichkeit bot, dann schwanden die Leidensfurchen. Die junge eifrige Weltstadt konnte kein echteres Symbol haben als ein Porträt solcher Dame.

Manche Eigenschaft dieser Dame war eine typische für ihre Periode und auch noch für heute. Viele Berliner Damen sind überall tätig, im Parlament, in Vereinen, in Klubs, versäumen fast kein gesellschaftliches Ereignis und müssen bei allen sensationellen Vorträgen, allen Erstaufführungen, allen großen Konzerten und bei noch einigen nichtigen Vorgängen dabei sein. Sie haben nicht immer die Fähigkeit, sich zu konzentrieren. Sie haben keinen eigenen Inhalt und haschen nun mit beiden Händen nach einem Halt und nach Dingen, die ihre Leere ausfüllen. Nirgends haben sie Ruhe. Nirgends finden sie Befriedigung. Den kraftvollen und lieblichen deutschen Frühling versäumen sie, weil sie nach Italien müssen. Die weibliche Inaktivität und Reproduktivität treibt sie von einem Genuß zum andern, stürzt sie von einer Unzufriedenheit in die andere. Wenn sie weniger Kultur konsumieren, aber mehr produzieren würden, würden sie glücklicher sein.

Ich denke hier an die Frau des Bürgermeisters Dr. G. Reike. Sie, die Tochter eines Baumeisters, hatte ihrer Familie selbst ein Sommer-Heim an einem der westlichen Seen gebaut. Ihre künstlerischen Qualitäten wendete sie mit feinem Gefühl auf die Alltäglichkeiten des Lebens an. Und auf ihren kleinen Montagstees fanden sich in ihrem entzückenden Biedermeiersalon französische Gräfinnen, deutsche Malmädchen, amerikanische Dollarprinzessinnen, kleine Schriftstellersgattinnen und allerlei anderes Publikum ein, daß anregend unterhalten und gemischt wurde. Dem Hause dieser modernen Bürgermeisterin merkte man es an, daß die Herrin wirtschaftlich war und wohl auch noch die Wäsche nicht in Waschanstalten gab, sondern im Hause besorgte.

Der Typ dieser intelligenten und lebensklugen, tüchtigen und warmherzigen Beamtenfrau ist gar nicht so selten in Berlin. Auch in den adligen Familien finden sich solche tätige Persönlichkeiten. Die Gräfin Mary von Schlieben, die besonders für die gebildeten, zum Erwerb gezwungenen Frauen geschäftliche Organisationen und sehr zweckmäßige Erholungsheime geschaffen hat und auch in anderer Richtung tätig war, wendete ihre beste Kraft für ihr Werk auf. Andere adlige Damen setzten wieder ihre Lebenskraft für diplomatische Vorgänge ein. Am Königsplatz wohnte in schönen Räumen die Gräfin Sascha Schlippenbach, geborene Metzler. In ihrem Salon wurde manche Personenfrage mit mehr oder weniger Erfolg, immer aber mit Eifer, erörtert. Die Gräfin Schlippenbach war seit 1882 Witwe; ihr Gatte war diensttuender Kammerherr der Prinzessin Friedrich Karl von Preußen. Die bedeutendste Rolle spielte im Salon der Gräfin Sascha Schlippenbach viele Jahre hindurch bis zu seinem im März 1907 erfolgten Tode der bekannte Zentrumsführer und Jugendfreund des ehemaligen Reichskanzlers Fürsten Bülow, Prinz Franz von Arenberg, dem es gelang, am Königsplatz einen Kreis von Diplomaten und Politikern zu sammeln.

Immerhin erlangte der Salon der Gräfin Schlippenbach nie die Wichtigkeit desjenigen der Frau v. Lebbin, geborenen v. Brandt, in dessen Mittelpunkt der auch nach seinem Scheiden aus dem Dienste zum großen Schaden Deutschlands einflußreich gebliebene Wirkliche Geheime Rat v. Holstein stand. Frau v. Lebbin, in ihrer Haupttätigkeit vor dem Weltkriege eine Fünfzigerin wie die Gräfin Schlippenbach, war die Witwe des verstorbenen Geh. Oberregierungsrates v. Lebbin, der in den siebziger und achtziger Jahren des vorigen Jahrhunderts Personalienrat im Ministerium des Innern war und von Bismarck in den „Gedanken und Erinnerungen" ziemlich ungnädig unter die „Reichsglöckner" gerechnet wird.

Heiligenstädt 1925:
Puder: „Nie wieder betrete ich das Lokal, es zieht so entsetzlich." – „Sind Sie denn so empfindlich gegen Zug, gnädige Frau?" – „Aber natürlich! Der ganze Teint fliegt einem weg!"

Noch ein anderer Salon, dem es nicht an politischen Ambitionen fehlte, war der der Freifrau v. Spitzemberg, einer Tochter des 1889 verstorbenen ehemaligen württembergischen Ministers Freiherrn Karl v. Varnbüler, der von 1864 bis 1870 die auswärtige Politik Württembergs leitete. Ihre Mutter war eine geborene v. Süßkind, Tochter eines baronisierten bayrischen Hofbankiers und Geldwechslers. Die Gräfin Sascha Schlippenbach und Frau v. Lebbin waren kinderlos, während die Baronin Spitzemberg Mutter und Großmutter war.

Interessant ist, was Fedor von Zobeltitz von der Berliner Aristokratin, wie sie unter Wilhelm II. sich gebärdete, erzählte: „Nur im höfischen Leben spielt unser Adel noch eine traditionelle Rolle, und da der Hof in Berlin residiert, würde hier die ‚Berliner Aristokratin' anfangen. Auf Namensnennungen verzichte ich. Dem Hofstaat der Kaiserin steht die Oberhofmeisterin vor: eine würdige alte Dame, seit dreißig Jahren Witwe, ihrer Herrin treu und in inniger Freundschaft ergeben. Dann folgen acht Palastdamen, meist die Gattinnen der hohen Hofchargen, des Oberstkämmerers, Oberstmarschalls, Oberhofmarschalls usw., hierauf die Hofstaatsdamen und zwei Hofdamen. Alle diese Damen werden vor der Öffentlichkeit meist nur in Gegenwart der Kaiserin sichtbar, und so ist es auch bei den weiblichen Hofstaaten der Kronprinzessin und der übrigen Prinzessinnen. Natürlich haben sie ihre Empfangstage, die auch von einigen Zeitungen regelmäßig angekündigt werden, und ihre Häuser erfreuen sich regen Verkehrs. Aber das große Publikum merkt davon nichts: der Hof ist noch immer der einzige Zirkel der Berliner Aristokratie, der auf eine gewisse Exklusivität hält.

Nur in Fragen der Wohltätigkeit steigt auch der von seiner Höhe. Und das muß betont werden: die Berliner Aristokratie tut ungeheuer viel für gute Zwecke. Die großen Wohltätigkeitsfeste des Winters häufen sich zuweilen derart, daß eine gewisse Ermüdung das notwendige Resultat ist. Aber immer steht unsere weibliche Aristokratie an der Spitze. Ist nicht die Kaiserin selbst Lady Patroneß, so gewiß eine der Prinzessinnen, und fast immer gehören Damen der Hofstaaten den betreffenden Komitees an. In früheren Jahren waren Schauspielaufführungen der Aristokratie zugunsten der Charitas häufiger als jetzt. Da konnte man Fürstinnen und Gräfinnen als Soubretten und jugendliche Liebhaberinnen agieren sehen, und das war natürlich sehr pläsierlich. Ich entsinne mich einer solchen Gelegenheit, bei der eine junge Komteß eine derbe Köchin mit so ausgesprochenem realistischen Talent spielte, daß die Kritik ihr ernsthaft riet, sich doch gänzlich der Bühne zu widmen. Sie tat es aber nicht, sondern heiratete schleunigst und vertauschte dabei ihre neunperlige Krone mit einer geschlossenen. Daß freilich auch auf Komteßchen das ‚lockere Spiel' zuweilen gefahrvoll wirken kann, wissen wir aus einer Affäre, die erst letzthin passiert ist. Das blaue Blut ist Blut wie das rote. Ach du lieber Gott!

Die Berliner Aristokratin ist natürlich auch Landpommeranze. Das liegt in der Natur der Sache. Der reichere Landadel hatte früher seine Paläste in Berlin. Er hat sie meistenteils aufgegeben, um der doppelten Besteuerung zu entgehen. Nun sitzt er obdachlos in den Hotels, wenn er in den Saisonmonden zu Hofe kommt. Nur wenige Adelsfamilien von der festen Scholle haben ihr Berliner Haus behalten, und immerhin: die kann man auch zur Berliner Aristokratie rechnen. Dazu kommt noch der Diplomatenadel, der wenigstens immer für Jahre an Berlin gebunden ist: die Damen des Corps diplomatique, die den strahlenden Mittelpunkt unserer Gesandschaftsbälle bilden und öfters sogar zu Berühmtheiten werden wie jene geniale Frau, der Richard Wagner so viel zu danken hatte. Dazu kommt ferner der garnisonierende und pensionierte Schwertadel: die kleine Offiziersfrau, die sich höchstens dadurch von der Kameradin aus der Provinz unterscheidet, daß sie einmal einen Platz im Opernhause frei hat, und die höher gestellte, reiche und vornehme, die als Planet um die Sonne des Hofes kreist und die großen Jagden mitreitet. Wer die Berliner Aristokratin kennen lernen will, die gewöhnlich keine Berlinerin ist, der muß eine Einführung zu den Kavalierbällen im ‚Kaiserhof' haben; wer aber den Ton mehr auf Berlin legt, der muß zunächst suchen: auf Wohltätigkeitsfesten, in den Premieren, auf dem Presseball. Und nicht zu vergessen: in den Krankenhäusern. Denn auch da ist sie zu finden. Aber die barmherzige Schwester von Adel gehört nie der Aristokratie der jüngsten Vergangenheit an.

Nun könnte ich auch noch vom Typus der Berliner Aristokratin sprechen. Uradel: meist blond; jüngerer Adel: doch mehr brünett. Die Einheitlichkeit des Schlages fehlt überhaupt der Berlinerin. Die Aristokratie kommt meist aus dem deutschen Nordosten, aus Schlesien, aus Niedersachsen, die jüngere oft noch viel weiter her. Neben der Schwäbin und Holsteinerin, der Bayerin und Österreicherin fehlt selbst die rassige Jüdin nicht. Es ist ein buntes Bild. Auch in der Toilette. Draußen hört man zuweilen, daß die Berliner Aristokratin sich nicht zu kleiden vermöge. Das ist längst nicht mehr wahr. Wer unsere großen Bälle besucht, den Hof, die Galavorstellungen, der kann sich überzeugen, daß wir die Zeiten der Geschmacklosigkeit wenigstens in dieser Beziehung glücklich überwunden haben. Aber unsere Aristokratie ist nicht gleich reich, und deshalb verschiebt sich auch das Toilettenbild. Indes kann eine billige Blumenranke ebenso hübsch wirken, wie ein Brillantriviere. Bei der Berliner Aristokratin ist beides vorhanden: Blumen und Brillanten."

Nicsky 1922: Auch ein Standpunkt.
„Ich denke, Sie sind jeden Abend zu Hause, Herr Baron."
„Ja, aber bloß bis zwölf Uhr, da ist doch Polizeistunde"

Zobeltitz kritisierte schmeichelnd und lobte tadelnd. Aber er hütete sich, Bitterkeiten zu sagen. Vielleicht empfand er sie auch nicht. Ob aber wirklich die luxuriöse Wohltäterei, der sich viele Damen widmeten, so ein herrliches Ding ist, das bestreiten andere, selbst Damen gebrauchten das Sprichwort: Für den lieben Gott tanzen. Sie fanden es unpassend, daß Hunderttausende für Toiletten, Schmuck und Arrangements ausgegeben wurden, um vielleicht einige tausend Mark für hungernde Mütter herauszuschinden. Eine von diesen herzhaften Berliner Damen schimpfte über all das Getue und meinte, wenn alle Künstler und Arrangeure ihre Kräfte nicht besser anwenden könnten, wären sie wert, tüchtig von den „Machern" solcher Unternehmungen ausgenutzt zu werden. Ihr wollten auch die deutlich erotisch gemodelten Tänze nicht gefallen, die jetzt überall getanzt werden.

„Ist das nicht was kulturell niedrig niggerartiges, diese breitbeinige Stellung – dies Kreisen des Beckens – all die andern Bewegungen? – Na ja – diese Damen wissen schon, warum sie solche Feste mitmachen. Wenn ein Kabarettist die unzweideutigsten Refrains vorträgt, erröten die Offiziere – die Damen aber kichern, sind entzückt und applaudieren begeistert. Die Jüngeren stehn in den Sektbuden, die Älteren hinter den Theekesseln. Glauben Sie nur nicht, daß die in den Sektbuden junge Mädchen sind. Frauen sind's! Verheiratete – mit Kindern zu Hause. Sehen Sie die junge Person in dem reizend einfachen Kleid mit dem fließenden Stoff – ein Diadem hat sie im blonden Haar – das ist auch unpassend – sechs junge Leute sind um sie herum. Lauter Offiziere. Das sieht aus, wie wenn die Heiratsabsichten haben. Ist aber nicht so. Sie ist seit einem Jahr verheiratet. Tochter aus alter Familie. Der Mann da hinten, der ein wenig zu fette, mit der Tonsur – Mitinhaber eines großen Geschäfts – das ist ihr Gatte. Ja, auf den Wohltätigkeitsfesten wirds bald wie auf dem Bösen-Buben-Ball: Der Mann sitzt resigniert beim Sekt und hält den Tisch fest. Die Frau sucht mit flackernden Blicken die Erfüllung ihrer Sehnsucht. Na – und im übrigen sieht man Waden – Waden – nichts als Waden ... Natürlich gibts auch andere Feste. Im Lyzeumsklub die Goethefeier. Die Damen in den echtesten Kostümen und mit Ernst bei der Sache. Alle im Zweck eines künstlerischen Ziels. Kein lächerliches Gehabe mit Wohltätigkeit. Es gibt auch hier schon genug, die zum Bewußtsein kommen. Die lieber tausend Mark hingeben und sich frei amüsieren mit dem einzigen Trieb des Vergnügens. Solche arbeiten wohl auch einen Tag in der Woche fleißig in einer Wohlfahrts-Gesellschaft und bringen Wöchnerinnen bei, wie sie ihre Kinder trocken zu legen haben. Außerdem gehen sie wohl zum Fünfuhrtee in ein Modehaus. Das war neulich ganz herrlich, ganz wunderschön! Ein Schriftsteller plauderte über die Mode, an kleinen Tischen gabs Tee. Musik wurde gemacht. Und die neuesten Hüte, Kleider, Mäntel und aller Tand vorgeführt. Ja, jetzt kommen doch die Damen wieder zu ihrem Recht! Man fährt nach dem Theater nicht gleich nach Hause. Haben wir uns von einer Wiener Operette aufheitern oder von einer nordischen Tragödie erschüttern lassen, fahren wir ins Hotel-Restaurant. Im weiten hellen Saal stößt Tisch an Tisch. Weiß gedeckt mit Blumen darauf. Auf den dicken roten Teppichen laufen die servierenden, sehr höflichen Kellner hin und her. Ein Duft von Speisen, Wein, Zigarren, Blumen, Parfüm und Puder – und von schön gekleideten Frauen schwebt unter den vergoldeten Decken. Wenn die Herren auch steif sitzen – sie bewundern uns ja doch alle und sind froh, wenn sie von ferne schöne Arme und Schultern durch Spitzen sehen – oder wenn sich mal ein großer Hut hebt und aus schönen glühenden Augen ein Blick zu ihnen fliegt ... Wir Damen? Na – wir sind auch nicht böse über die Blicke. Gott sei Dank ists nicht mehr so wie früher. Damals war ja bloß immer eine Dame schön in Berlin ... So verrückt wart Ihr Männer. Jetzt seht Ihr überall Schönheiten.

Natürlich – so'n bischen was Klassisches schätzt Ihr immer noch. Aber das Mollige und Rassige ist Euch doch lieber. Und gegen unsere kritischen Blicke habt Ihr auch nichts. Auch nichts gegen unsern spöttisch verzogenen berlinischen Mund. Wenn Ihr uns auf Euren Festen und Zusammenkünften habt, seid Ihr ja doch ganz froh. Und wir – wir erst recht. Was ist unsere Schönheit, wenn Ihr sie nicht seht – wenn Ihr sie nicht anbetet?"

So schloß die Dame, die sehr gut in solchen Dingen und in Berlin Bescheid wußte.

Sie plauderte dann noch über mancherlei. Das junge Berlin sei, wie Alberta von Puttkamer erkannt habe, eine ringende, sich stetig formende, aus Eigenem wachsende und aus internationalen Berührungen sich neue Elemente einverleibende Gemeinde, die schon ersichtliche Zeichen einer neuen deutschen Kultur aufweise. Mit ihrer ungeheuren Arbeitslust und Arbeitskraft wurde sie der Anziehungs- und Sammelplatz für die Tüchtigsten und Ausgesuchtesten aus allen deutschen Stammesarten. Das sei auch gerade bei der Berlinerin zu konstatieren. Eine Unzahl schöner Frauen und Mädchen finde man jetzt in Berlin, die auch alle fast immer hübsch und interessant gekleidet seien. Das internationale Hoteltreiben – die Tees mit Kunstbeigaben, die Soupers in Gesellschaftstoilette und die gemeinsamen Plauderstunden nach dem Essen in der Halle – das alles regt sehr an und schleift auch unkultivierten Elementen den Ungeschmack ab. Die Kleider sind einfacher, die Farben aparter, die Hüte und Schuhe eleganter geworden. Der große Hut steht der Berlinerin so gut und gibt einen ausgezeichneten Rahmen für ein Gesicht, das doch nun einmal nicht ganz allein von Lieblichkeit und fraulicher Koketterie beherrscht wird, sondern in dem auch ein wenig die berlinische Regsamkeit, die individualistische Selbsteinschätzung des Einzelnen und die weltstädtische Skepsis sich äußern. Von diesen Damen, wie sie in den Jahrzehnten vor dem Weltkriege gelebt haben, haben wir auch jetzt noch viele Typen; zum mindesten sind manche typischen Züge noch hier und da geblieben. Vor allem der Zug zur Wirtschaftlichkeit, die Freude am Wohltun, die Lust am Launischen der Mode, und das Bewußtsein ihres Wertes, wenn es auch nur auf der Stellung des Mannes beruht. Ja, sie pochen darauf, daß sie nicht zurückgesetzt werden und versäumen wohl manchmal jene feineren Höflichkeiten, die allen in einer gewissen Öffentlichkeit sich bewegenden Persönlichkeiten so wohl anstehen.

Nicht sehr selten ist auch die Gemütsnymphe, die nicht dankbar ist für die Höflichkeit der Männer – oder des Mannes, die fortwährend in den höchsten Gefühlen schwelgt, immer als ein besonderes Gottesgeschöpf bestaunt sein will und für die geringsten von ihr geleisteten kleinen Aufmerksamkeiten den ewigen Dank der anderen beansprucht. Sie beansprucht überhaupt immer, denkt nur an sich und kann sich in die Seelen der anderen Menschen nicht hineindenken ... Heute nehmen eben die Menschen zu viel Gedanken anderer auf. Fortwährend sind sie im Theater, im Hoteltee, in großen Gesellschaften, Vorträgen, Konzerten, Sitzungen und öffentlichen Schaustellungen. Sie kommen nicht mehr dazu, eigene Gedanken zu denken, sich gegen andere abzuwägen und richtig einzuschätzen. Die Dame, die immer einen Kreis von Genies um sich hat, Nietzsche gelesen, Rom und Venedig und alle Sanatorien kennt, sexuell oft unbefriedigt ist, rechnet sich zu den Höhenmenschen – nicht, weil sie Höhenwerte schafft oder zu solchen anregt, sondern oft nur, weil sie nichts erwerben muß.

Für sie sind auch alle die Damenspenden zu haben, die in den glänzenden Läden ausliegen: Fächer aus Federn und Spitzen, Puderquasten und Spiegel in goldenem oder emailliertem Miniaturetui, Bonbonnieren aus Gold und Porzellan und tausend kleine Sachen, die an Kettchen oder in eleganten

Ledertäschchen getragen werden können. Diese Damen sind von einem starken Lebenshunger beherrscht. Sie eignen sich ihre geistige oder sogenannte künstlerische Kultur meist nicht durch ernste Arbeit an. Alles ist bei ihnen Firnis. Die Arbeit fehlt, die ihr Bedeutung geben könnte. Solche Frau ist Drohne, nichts als Drohne. Die Möglichkeit, mehr als Mutter legitimer Kinder zu sein, ist geschwunden. Nur der Reiz des Geschlechtes blieb. Da hier der Besitz eine große Rolle spielt, ist die Ehe oft nur eine Vereinigung sozialer Positionen. Oder auch Kaufehe. Heute wird auch der Mann für die Ehe gekauft – und der Mann sucht außerhalb der Ehe den Genuß. Die praktische Dame, die sich da einen schönen Mann gekauft, war dann eben doch die Unpraktischste.

Ganz andere Strömungen erfassen einzelne geistig empfängliche Persönlichkeiten. Sie geraten in spiritistische Konventikel oder schließen sich den Nacktlogen an. Die Mitglieder der Nacktlogen versammeln sich im Winter in geschlossenen Räumen, im Sommer schwärmen sie über entlegene Waldwiesen oder an stillen Seeufern entlang – in der Überzeugung, daß der unbekleidete Mensch der schönste und gesundeste sei. Nur ist es merkwürdig, daß sie dabei ihre Großstadtfrisur nicht ablegen. Sie halten ihr Treiben für eine Kulturtat. Sonne und Luft ist ja stets was Gutes, schöne Glieder auch. Aber schließlich: in den privaten Familienbädern am Wannsee, wo auch manche Damen aus Wannsee und andern sommerlichen Vororten sich erfrischen –, wird dasselbe erreicht, nur mit ein wenig mehr zivilisierter Verhüllung des Menschlich-Allzumenschlichen. Die Damen haben doch noch nicht Sport genug getrieben, um die Amazonenschönheit zu besitzen. Und jene Lieblichkeit der Damen von der Mitte des 19. Jahrhunderts besitzen nur noch wenige – gerade wegen des Sports, den sie treiben.

Nixchen, wie sie Hans von Kahlenberg geschildert, gibt's auch genug. Aber die Berliner Dame hat doch meist einen andern Ehrgeiz, als nur zu spielen. Viele junge Damen besuchen Gymnasien und Hochschulen. Manche denken allerdings nur an gesellschaftliche oder höfische Vergnügungen. Ihr Ideal war bisher, Hofdame zu werden – wozu ja bei den vielen jungen Prinzenpaaren viel Gelegenheit war. Ältere Damen aber wollten im Leben was bedeuten. Da wäre für die Zeit von vor dem Weltkriege außer den schon Genannten noch manche zu nennen. Gräfin von der Gröben mit ihrem musikalischen Salon. Frau Schmidt-Bürkly mit ihrer lebhaften Pionierarbeit für Frauenrechte und Kulturarbeit. Frau Elli von Siemens, Gräfin Harrach, Frau Heyl, Exzellenz von Studt, die Wohltäterin, Frau Fürstenberg, in deren Salon die Diplomatie verkehrte, ohne Politik zu treiben, die Gräfin Schwerin-Löwitz, Gräfin von Rantzau und Fräulein v. Kröcher, die im Klub „Neue Zeiten" die Frau auf ihrem alten, etwas ehrpusseligen Piedestal erhalten wollten.

In diesen ernsten Kreisen gab es auch Damen, die nicht nur in altmodischen und häßlichen Kleidern herumliefen. Wenn sie im Zoo die alten Kriegsinvaliden zu einem opulenten Wohltätigkeitsmahle führten und mit ihnen zu Tisch saßen, prangten sie gern in ihrer neuen Schönheit. Solche Damen gibt es auch jetzt noch. Sie treiben Sport, um schlank zu bleiben, essen nur ein halbes Ei, leben rein und keusch – alles um des ästhetischen Zieles willen: andern als die neue Schönheit zu erscheinen. Ihre große Regsamkeit erlaubt ihnen nicht immer, die Schönheitspflege mit Muße zu treiben. Anstatt umständlich Nägelpolierfeile zu benutzen, träufeln sie einen Tropfen Kölnisch-Wasser und ein wenig Creme auf die innere Handfläche und reiben rasch die Nägel der andern Hand über diese beste und natürlichste Polierfeile. Einige von ihnen benutzen auch nicht mehr den bleich machenden weißen Puder. Sind sie in Gesellschaft und fühlen sie ihr Gesicht feucht oder glänzend werden, fahren sie mit feinem braunen „Sonnenstaub" darüber. Der Sport hat sie gelehrt, daß auch die Naturfarbe schön ist. Und nun gilt weiß und blaß für ordinär, ungebildet. Keine hübsche Frau will die kalte Farbe des Todes tragen. Manche wollen auch wieder gute Mütter werden. Die vielen Bilder, auf denen die Damen mit ihrem Kind abgebildet sind, weisen hin auf die neue Verehrung der Madonna. –

Dies war das Bild der Berliner Dame vor dem Kriege, wie es in vielen Dingen auch jetzt noch zutrifft. Es möge noch durch einige Linien ergänzt werden. Die Berlinerin kann heute natürlich nicht mehr Hofdame werden. In viele Familien hat auch der Krieg und die Revolution andere Ziele hineingetragen. Manche Damen haben nicht mehr die Mittel zur Verfügung, um gesellschaftlichen Ehrgeiz befriedigen zu können. Zahlreiche Familien sind durch den verlorenen Krieg und seine Folgen verarmt. Das allgemeine gesellschaftliche Schlemmen, das vorher üblich war, ist sehr zurückgegangen.

Irgendein ständiges gemeinsames gesellschaftliches Treiben wie andere Weltstädte hat Berlin nicht aufzuweisen, es sei denn das Prunkleben, das sich in einigen Hotels, wie Esplanade, im Kaiserhof, im Adlon, im Bristol, im Continental und in einigen westlicher gelegenen Lokalen meist gegen Mittag

Heiligenstädt 1925: Sie: „Bumms! Ein Vermögen verspielt!" – „Wessen?"

und zum Tee sowie abends entfaltet. Alle diese Hotels haben hallenartige Gesellschaftsräume, mit Marmor, Spiegeln, Bronze, echten Hölzern oder auch vergoldetem Stuck oft vornehm, oft zu üppig ausgestattet, in denen zeitweise mehr internationale Eleganz ihren luxuriösen Lebensgewohnheiten fröhnt, als daß Berliner Gesellschaftskreise ihre Gastmähler und Bälle dort abhalten. Vielfach treffen dort jüdische Bankiersfrauen mit eben angelangten Damen der russischen Flüchtlingskolonie zusammen. Diese Russinnen, von denen man nicht weiß, ob sie zur alten moskowitischen Aristokratie oder zu dem neuen kommunistischen Adel der Sowjetrepublik gehören, rieseln von kostbarem Geschmeide, wickeln sich und ihre Seidenkleider in weite kostbare Pelze ein und wollen ohne Ausnahme die Lebhaftigkeit ihrer Mienen durch grellrot geschminkte Lippen, geschwärzte Wimpern und Augenlider in einem blaß gepuderten, oft dick mit weißer Creme belegten Gesicht steigern.

Auch die Amerikanerinnen und Französinnen und fast alle die vielen Ausländerinnen, die als Angehörige von Kontrollkommissionsmitgliedern oder auch aus allgemeinen und besondern politischen, wirtschaftlichen oder sonstigen Interessen jetzt hier leben, machen die gleiche Mode mit und sind oft nur an ihrer eleganteren Figur zu unterscheiden. Mit Schmuck sind auch viele von ihnen überladen. Und damenhafter, vornehmer als unsere Damen benehmen sie sich gewiß nicht. Ja, man kann gewiß sein, wenn in dieser ultramodernen Umgebung mit ihren kosmopolitischen Gesprächen, zwischen dem Lachen und Scherzen, dem hurtigen Hin- und Herhuschen aller möglichen in- und ausländischen Diener und den schwarz befrackten Kellnern eine wirklich vornehm gekleidete, nicht zu auffallende Frau auftaucht, daß dies eine deutsche Frau, meist natürlich eine Berlinerin ist. Sie ist nicht ganz so elegant und luxuriös gekleidet. Aber sie hat es in den letzten zwei Jahrzehnten gelernt, mit ungleich weniger Mitteln doch passend und vorteilhaft gekleidet zu sein. Sie gibt jetzt mehr auf gute Schuhe, auf einen Hut, der zum Kleid oder zum Mantel paßt, als früher. Sie geht nicht mehr in Flanellblusen in die erstmaligen Aufführungen eines Stückes oder in die großen Konzerte oder gar in die staatliche Oper. Sie versteht es, sich zu allen Gelegenheiten richtig zu kleiden. Sie hat trotz der Zeiten, in denen die Offiziersdamen einen gewissen derben ländlichen Einfluß übten, gelernt, sich zu bewegen.

Unter diesen gibt's allerdings viele, die der verflossenen Zeit nachtrauern und ganz darin aufgehen. Einzelne von ihnen führen ein trauriges Dasein, wie jene Generalstochter, die außer freier Wohnung und Heizung jährlich nur wenige Mark bezieht und nun als Greisin, die ihr Los mit bewundernswerter Geduld trägt, in eine geradezu elende Lage gekommen ist. Aber beweglichere Naturen, zu denen nun einmal die Mehrzahl der Berlinerinnen gehört, wissen auch jetzt, sich zu behaupten. Da ist die Gräfin Z., die in den großen Hotels verkehrt, ausgezeichnete Verbindungen hat und durch den kommissionsweisen Verkauf von allerlei Gegenständen sich ganz beträchtliche Verdienste schafft.

„Oh – wir müssen uns jetzt alle umstellen!" sagte sie mit einer heiteren Gelassenheit. „Was nutzt es, wenn wir immer an die alte Zeit denken! – Sehen Sie, ich gehörte auch zu den Damen, die den Ehrgeiz hatten, zum ‚Ordensfest' an die kaiserliche Tafel zu kommen. Das stand nur Frauen mit Ehrenzeichen zu – und die waren selten. Ich hab's geschafft. Nun, mit einigen ordensgeschmückten Freundinnen und ein paar Krankenschwestern waren wir dann auch dabei. Aber an unserm Hof war ja nicht viel los. Die paar Bälle und Empfänge! Der Kaiser, ja, der hätte wohl gern öfter solch Festchen gegeben. Aber die Kaiserin war keine Freundin von Gelegenheiten, bei denen sie mit fremden Menschen liebenswürdig sein mußte. Sie wußte nicht, was sie sagen sollte. Wenn sie auch gern freundlich sein wollte – es fehlte ihr an Geist. Sie verbreitete eine solche Befangenheit um sich herum, daß ihre Umgebung ebenso wie sie wie unter einem unerträglichen Zwange litten. Selbst die Cercle, die sonst nach der Vorstellung, bei der ‚Defiliercour', abgehalten wurden, mußten der Kaiserin zuliebe eingestellt werden. Die Damen hatten sich hinterher in mehreren Salons versammelt, wo die Kaiserin an jede ein freundliches Wort richtete. Diese Aufgabe verlangte Takt, natürliches Wohlwollen, Schlagfertigkeit, Geistesgegenwart. Da der Frau von Wilhelm II. diese aristokratischen Eigenschaften fehlten, mußte diese schöne Einrichtung, die doch eine gewisse persönliche Verbindung herstellte, abgeschafft werden.

Nun – ich weine dieser ‚hoffähigen' Zeit keine Träne nach. Es war schrecklich, bei der alten Oberhofmeisterin Gräfin Brockdorff sich von einer Patin einführen zu lassen. Und dann, nachdem man eingeladen war, dies Vorüberziehen vor dem Kaiserpaar! Es saß auf hohen Thronsesseln. Die Brockdorff nannte den Namen jeder einzelnen, jede machte ihren Knix – und mußte sehen, wie sie ohne Ungeschicklichkeit vor all den Prinzen, Prinzessinnen, hohen Würdenträgern und Diplomaten sowie den frechen Pagen vorbeikam.

Die ganze Sache, mit all den goldstrotzenden Uniformen und den Schleppenkleidern – so tief ausgeschnitten! – war ein rechtes Theater, natürlich sehr glänzend, aber doch ohne innere Beziehung. Es war nur eine Schaustellung, ohne gemeinsames geistiges Leben. Die Kaiserin war so prüde, daß sie selbst griechische Statuen und Aktstudien anstößig fand. In gewissen philiströsen Kreisen fand sie damit Anklang. Aber alles, was einen etwas weiteren Blick hatte, was sich zu den Geistigen rechnete, wurde dabei unter einem unausstehlichen Druck gehalten. Wir gingen darum der ganzen Chose aus dem Wege, wo es nur möglich war. Uns fehlte am Hofe jede geistige Förderung.

Eins muß man ja allerdings der Kaiserin zugestehen: Sie war sehr wohltätig, sie hatte viel Interesse für Wohlfahrtsfragen. Aber auch hier fehlte ihr jede Großzügigkeit und Organisationskraft. Sie besuchte wohl arme Frauen, die Drillinge auf die Welt brachten. Aber für Wöchnerinnenheime war sie nur schwer zugänglich. So hingen denn nur die frommeren Kreise an ihr. Die waren auch am meisten enttäuscht, als der Kaiser so bald nach ihrem Tode irgendeine verwitwete Prinzessin heiratete. Erst jetzt war er ihnen zum Fahnenflüchtigen geworden – nicht schon im November, als er Volk und Heer heimlich verlassen und sich in Sicherheit gebracht hatte.

Aber wozu politisieren? – Ich habe mich, wie so viele aus meiner Umgebung, mit der neuen Zeit abgefunden, ja, ich habe mich eigentlich ganz gut in ihr zurechtgefunden. Sehen Sie, meine Einnahmen aus meinem Vermögen waren zusammengeschrumpft,

Wennerberg 1921: Tanzturnier
„Die Elli hat den ersten Preis gekriegt!" –
„Wahrscheinlich für die Pause, das war's Einzige, was sie richtig getantz hat."

daß sie kaum noch für Zigaretten reichten. Aber denken Sie, ich habe Lust, nun darum bloß in den Schmollwinkel zu gehen und bei trockenem Brot über die Vergangenheit zu weinen? – Ich habe Augen im Kopf und aus dem, was ich sehe, weiß ich was zu machen.

Das kann natürlich nicht Jeder. Dazu gehört schon allerlei. Man darf nicht schüchtern sein. Wenn ich zum Beispiel Perlenketten anbiete oder Perserteppiche oder auch sonst schöne Sachen – alte Bücher, Bilder, oder Stiche – oder auch mal einen Posten Stahl – da fühle ich mich gar nicht beschämt. Zuerst – ja! Aber schließlich: ich tue ja den Käufern einen Gefallen, eine Freude, wenn ich ihnen was Gutes nachweise ...

Allerdings – als der Umschwung kam, war ich ja auch wie vor den Kopf geschlagen. Ich ging damals mit meinem Ältesten, der von der Front gekommen war, die Linden entlang. Er war in Zivil, weil er mal eine Erlösung vom Kommiß brauchte. Bei Steinhardt wollten wir noch Wäsche kaufen. Da kamen wir in einen von den großen Zügen hinein, die vom Reichstag zum Schloß sich wälzten, schwarz und breit wie die Straße, und die dann vor der russischen Botschaft drohende Arbeiterlieder sangen.

Wir wurden von diesen Arbeitermassen und ihren Frauen und Mädchen richtig eingekeilt. Sie sahen ja wirklich verflucht blaß und verhungert aus. Aber wenn einige auch Drohworte gegen uns ausstießen: Kriegsgewinnler! – die meisten hielten sich zurück. Ich hatte nur Angst, daß wir unter die voran reitenden Polizisten kommen würden. Die wurden aber schließlich zurückgenommen. Und als ich am nächsten Tage ins Kriegsministerium gehen wollte, waren alle meine Bekannten nicht anzutreffen oder waren im Zivil erschienen, – ich ging verdutzt nach Hause. Nun war all dieser herzzerreißende Jammer, alles Ertragen, Blut und Tränen und Hunger und Geschrei aus der Not heraus umsonst gewesen ...“

Die Gräfin wurde ernst: „Ich sehe immer noch meine Nichte – die kleine Offiziersfrau. Sie saß in der Ecke bei einem musikalischen Nachmittag, wo für die Soldaten gestrickt wurde. Es war jener Nachmittag, als wir von dem Untergang einiger unserer Schiffe erfuhren. Die Hausfrau trat schonend zu ihr und meinte, sie könne ja noch Hoffnung haben. Ihr Mann könne ja gerettet sein.

Meine Nichte war bleich geworden und hatte einen Augenblick die Lider geschlossen. Dann hatte sie sich erhoben und schmerzlich lächelnd gesagt: ‚Wozu sich unnütz was vorlügen? ... Nein, nein, er war auf dem Schiff – er ist dahin. – Bitte, führen Sie mich hinaus. Ich möchte zu den Kindern‘, meinte sie leise. Und gefaßt ging sie zu den Kindern. Aber ihre Kleine hat mir später erzählt, daß ihre Mama sich im Schlafzimmer auf die Erde geworfen habe und immerzu geschrien: ‚Mörder! Mörder!‘ –

Ja – wenn wir auch über die neue Zeit ein wenig verblüfft waren – wir waren doch alle froh, daß nun die schrecklichen Kriegsberichte aufhörten, daß nicht immer wieder das herzzerreißende Abschiednehmen kam – und dies entsetzliche immerwährende Rollen der Eisenbahnwagen von West nach Ost und Ost nach West aufhörte – und dies Marschieren der Soldatentrupps – und dies fürchterliche Gefahre der Wagen mit den Verwundeten ...

Ach – Sie brauchen nicht zu denken, daß wir alle so still und ergeben wie die Schafe diese schrecklichen Jahre über uns ergehen ließen. Wir taten, was wir konnten, halfen in Kriegsküchen, versuchten, uns um die Ansiedlung von Kriegerwitwen zu kümmern – halfen den Müttern und Frauen, wo wir nur konnten. Aber bei allen Siegen wurde uns nur immer banger. Und manche von uns hatte eine heimliche Sympathie für den Bund Neues Vaterland, der ja Wege zur Beendigung des Krieges gesucht hat ...

Ist das zu verwundern – in einer Stadt, wo immer Wochen- und Monatsschriften ihre sehr dreiste, eigene freie Meinung geäußert hatten? Und wo schließlich sich gegen gar zu bombastischen und immer noch aufs ‚stilechte' gestellten Willen von oben her sich solche wirklich gewaltigen Bauten wie die vorbildlichen und zeitgemäßen Lichthofwarenhäuser Messels und die endlich einmal bürgerlichen schlichtlinigen, stuckfreien Wohnhäuser von Geßner, die gediegenen Stadthäuser von Hoffmann und die vielen, nun endlich nicht mehr Burgen und römischen Tempeln nachgebildeten, sondern echten norddeutschen Landhäuser, mit ihren Dielen, lichten und teppichgeschmückten Musikzimmern, mit ihren Salons ohne Butzenscheiben, ohne stilechte Möbel aus der Zeit Louis XV. oder irgendwelcher anderen Vergangenheit zu Hunderten und Tausenden um die Stadt herum.

Ach – ich sage Ihnen, ich sah da neulich im Grunewald einen Salon! So ein bißchen Anklang an Biedermeier. Aber nur von fern, so als Grundlage. Im Grunde aber etwas kräftiger, herzhafter und schwungvoller. Helles, poliertes Holz, grünschwarze Polster. Und das alles gegen entzückend mit schwarzweißen Ranken und bunten Paradiesvögeln schablonierte Wände. Und da saßen meine Freundinnen, die eine in schwarzem knappem Samtkleid, die andere in einem weitärmeligen buntbestickten Lilaseidenkleid, die dritte in goldgelbem Foulard. Und die eine las vor aus irgendeinem Buch von der Zuversicht zum Leben, vom Erreichen durch Denken und Glauben. Die zweite legte nachher Karten – ich sage Ihnen, das war uns gar nicht lächerlich, weil wirklich da allerlei herauskam, was wir geheim gehalten hatten und wir also annehmen mußten, daß auch die Prophezeiungen eintreffen. Übrigens erzählte eine von uns nachher, daß ihr Mann mit seinen Geschäftsfreunden stets zu einem Wahrsager geht – da im alten Westen, in der Nähe vom Bahnhof Bülowstraße – soll ich Ihnen die Adresse sagen? – Ja, die richten sich ganz genau nach den Worten des Wahrsagers! ... Bei dem stehen die Leute an wie im Kriege nach Butter. Das Wartezimmer ganz voll und die halbe Treppe hinab. Nun – wenn die Männer gern in die Zukunft hineinhorchen, warum sollen wir denn das nicht?"

Sie entschuldigte sich für einen Augenblick und ging zu einer zierlichen Dame, die mit ihren großen Augen, ihren rot geschminkten lechzenden Lippen und ihrem von kurzen, unter einem turbanartigen Brokathut herausquellenden Haaren umgebenen Gesicht einen der zahlreichen elegant gekleideten dunklen Ausländer beherrschte, der ihr und der Gräfin willig in das Schreibzimmer folgte.

Die Gräfin kam bald wieder mit den beiden heraus, setzte sich zu mir und sagte zufrieden: „Das Geschäft ist gemacht! Die kleine Frau Dolster hat ihren Willen. Ihr Mann, ein Bankier und Fabrikant aus einer alten Berlin-W.-Familie, hat ihr für eine Perlenkette siebzig Millionen geschenkt. Die Kette für siebzig war ihr zu klein. Nun legt ihr Freund dreißig Millionen zu – und die Perlen sind so groß und klar, wie das eben die Frau Dolster will ... Nun ja, sie hat ja weiter keine Interessen, als alles was materiell ist. Freut sich an den Schränken voll Silberzeug, das ihr Mann geerbt hat – und an all dem Schmuck. Aber die gilt auch nur äußerlich für eine Dame. Es ist eben jetzt alles vom Damenwahn besessen. Die Damen glauben nur zu oft, Luxus allein mache sie schon zur Dame. Sie leben in einer romantischen Ästhetik und kümmern sich nicht eine Minute um ethische Fragen. Reden vielleicht darüber, aber beziehen sie nicht auf sich. So suchen sie denn allerlei Sensationen, landen nachts in allerlei heimlichen Spielklubs, beteiligen sich ohne tieferen Sinn an Geisterbeschwörungen durch Tischrücken – und bringen ihr Leben nie mit ihren Anschauungen überein.

Sehen Sie da drüben die jugendliche Frau mit ihren Töchterchen? Die wohnen natürlich am Kurfürstendamm. Eine Riesenetage – Aufgang mit Marmor und Spiegel und dicken Teppichen. Die

Tochter Bolschewistin in Sealmantel, seidenen Strümpfchen, Lackschuhen und Kleidern von Niels Prien, dem neuen schwedischen Kleiderkünstler und ehemaligem Kinoschauspieler, bei dem die Damen oft einen ganzen Tag zubringen, um irgendeine Falte am Kleide fortbringen zu lassen. Sehen Sie, das Balg muß Schlagsahne futtern – redet aber von den verhungernden Arbeiterkindern! – An der Mutter ist das einzig Gute, daß sie immer zum Mann hält, auch wenn's Geschäftsglück mal ausbleibt. Sie hält ihren luxuriösen Haushalt aufrecht, hat jeden Abend Gäste, die glänzend bewirtet werden – und hält auch ihren Mann mit dieser Festigkeit aufrecht.

Aber sonst wüßte ich wenig von ihnen zu sagen. Nur, daß sie bekannte Künstler veranlaßten, den Mann zu porträtieren – aber so gut wie nichts dafür gezahlt haben.

Sehen Sie, sehen Sie – die andere Dame dort, die dunkle. Das ist die Frau von einem bekannten Privatbankier. Die wollte schon näher an das Damesein heran. Die sah oft Schriftsteller, moderne Politiker, Leiter von Wohlfahrtsinstituten bei sich. Aber sie wollte während der Revolution mal draußen in Pankow sprechen – vor hungernden Arbeiterfrauen – und kam dahin in Brokatkleid, Lackschuhen, seidengefüttertem Nerz-Pelz – na, und da schrien denn die Weiber: ‚Runter mit die Fetzen! Runter!' Da war's aus mit der Damenkarriere.

Und die schlanke blonde Frau, die so vornehm aussieht? Ach, das ist eine Tochter aus der Großindustrie, die mit ihrem Mann, einem abgedankten höheren Beamten der alten Schule, eine prächtige Wohnung hat – am Kaiserdamm, dieser breit in die dürre Grunewaldheide hineinführenden neuen Prachtstraße. Mächtige Zimmer, mit großen ererbten Möbelstücken und gewaltigen Teppichen. Aber diese blonde Dame mit der straffen Offiziershaltung hat kein Interesse weiter, als kleine Kommissionen zu verdienen beim Verkauf von Wäscheaussteuern, alten Teppichen, alten Vorhängen, Seife oder solchem Kram. Und die Leute hätten es gar nicht nötig. Die haben so viel geerbt, sind an den Gründungen des Vaters beteiligt, haben große Herrensitze, die ihnen Goldwerte tragen. Aber sie sind im Trubel drin. Stellt sich wegen einer kleinen Scheckprovision stundenlang hin in den großen Hallen der Bankhäuser zwischen alle die eleganten Fremden, die einfachen Kassenboten, die Kontroll- und Hilfstrupps der Fabrikarbeiter und Angestellten, na, in all dies Gewimmel, das jetzt die Bankschalter belagert und mit großen Haufen Papiergeld von zwei bis zehn Mark Goldwert

Heiligenstädt 1922: Ball der Kunstgewerbeschule.
„In seinen Palazzo bittet uns der edle Doge!"
„Na, seine Wirtin wird ihm schon die Flötentöne beibringen."

abschieben muß. Kein Mensch wäre früher wegen solcher kleinen Summe auf die Bank gegangen. Alles muß jetzt Geschäfte machen. Sie hat keine Ahnung, daß Damen auch Verpflichtungen haben, daß sie Geselligkeit pflegen müssen, daß sie entgegenstehende Elemente, Geistesentwicklungen fördern müssen, daß es nicht genügt, ab und zu Verwandte oder Leute aus dem gleichen Klüngel mal zum Essen einzuladen. Sondern eine Dame muß wissen, daß die Welt weit ist, daß vielerlei Menschen und wertvolle Menschen in ihr leben, in den verschiedensten Schichten – die man zusammenbringen muß – vermitteln muß man, fördern, sich Einfluß schaffen durch geschicktes Zusammenbringen. Durch bloßen Luxus ist man noch keine Dame. Wenn die Damen aus diesen Kreisen ihre Aufgabe erfaßt hätten – dann hätten wir keinen törichten Kapp-Putsch gehabt. Wären die in Frage kommenden Persönlichkeiten von klugen Damen beraten worden, nie wäre es zu solchem kindischen, der ganzen Volksstimmung zuwiderlaufenden Don-Quijote-Zug gekommen. Wie rasch war dieser Söldnereinmarsch in das arbeitsame Berlin erledigt. Am Sonnabend früh mit Musik einmarschiert. Und am Mittwoch schon vorüber! Ich ging gerade in der Nachtstunde kurz vor zwölf Uhr durch die Innenstadt, um selbst die Stimmung zu übersehen. Überall zogen noch Selbstschutztrupps, 10-15 Mann hoch, in ganzer Straßenbreite umher und räumten die Straßen. Und dann plötzlich, Ecke Leipziger und Friedrichstraße, zwei Offiziere ohne Waffen, nur mit Reitpeitsche: ‚Wir ziehen morgen ab!‘ Das an den Zäunen des Untergrundbahnbaues zusammengeströmte Publikum rief: ‚Bravo!‘ – und zerstreute sich lachend.

Ja – in den Kreisen der Kappisten fehlen eben die klugen Damen mit den vielerlei Interessen ... Ein gewisser Wohlstand gehört ja dazu. Aber wenn man ihn nicht hat, kann heute in Berlin immer noch beinahe jede Dame sich behaupten, die eine einigermaßen gut ausgestattete Häuslichkeit besitzt. Wenn sie dann eine gute Tasse Tee und etwas Kuchen vorsetzt, kommen die verschiedensten einflußreichen Persönlichkeiten noch zu ihr. Und die Dame, die mit Geist und Witz versteht, sie zusammen zu führen, kann bei ihnen noch allerlei durchsetzen. Mein Ziel zum Beispiel ist, für alle die notleidenden freien Bildungs- und Wohlfahrts-Institute zu sorgen, deren Kapital und Einnahmen durch die katastrophale Geldentwertung auf den Wert von einigen Pfennigen zusammengeschnurrt sind. Wie ich das mache? – Ich bringe die Leiter mit den maßgebenden staatlichen und städtischen Persönlichkeiten zusammen und überzeuge sie, daß die Sache verstadtlicht oder verstaatlicht werden muß – immer unter der Mitarbeit hervorragender freier Hilfskräfte, die ihren Einfluß nicht ganz verlieren dürfen. Sonst wird die Sache veramtet – und dann fehlt der Schwung. Augenblicklich interessieren mich die freien Hochschulen am meisten. Da steht ein Bildungsapparat auf dem Aussterbeetat, den wir nicht entbehren können. Gewisse Schichten müssen die Möglichkeit haben, am Geistesleben auf diese Weise teilzunehmen, Kultur zu konsumieren. –

Aber ich will Sie nicht mit Schlagworten und Fachausdrücken langweilen.

Warten Sie einen Augenblick!“

Sie eilte auf eine soeben hereingetretene Frau zu, die gut gekleidet war, aber einen geistig verarbeiteten Zug im nachdenklichen Gesicht hatte. Die Gräfin sprach längere Zeit ernst und lebhaft mit der Dame, die es sehr eilig zu haben schien. Beide waren sehr höflich und freundlich, fast freundschaftlich miteinander. Die Dame lachte, sagte der Gräfin einen Besuch zu und verabschiedete sich hastig.

„Eine Reichstagsabgeordnete. Von der linken Seite. Aber man muß auch mit denen Fühlung halten, wenn man was schnell und gründlich durchsetzen will. Gott – das ist ja nun die neue Zeit –

sie hat uns Frauen auch das Wahlrecht gebracht und wir können auch im Parlament mitreden. Wenn wir da auch keine Parteiführer sind – wir wollen uns doch nichts vormachen – aber wir können doch so manches Gute für die Frauen durchsetzen. Und die Dame, die es versteht, mit den Frauen aus dem hohen Hause gut Freund zu sein, die hat bei den Parteien eine unermüdliche, freiwillige weibliche Hilfstruppe für manche Zwecke. Trotzdem manche Frau ja lieber mit Männern verhandelt und bei ihnen mehr erreicht als bei ihren Freundinnen. –

Ja, wir sind nun auch etwas sehr überraschend politisiert worden. Viel gekämpft haben wir nicht dafür. Und ob zum Beispiel die zu früh verstorbene Lily Braun, die doch gewiß auf politischem Gebiet mitsprechen konnte, davon begeistert wäre –"

„Kannten Sie auch die kluge und temperamentvolle Schriftstellerin?"

„Aber gewiß! Ich habe sie noch draußen in ihrem Hause im Machnower Busch, nicht weit von Teltow, besucht – in diesem wirklich vornehmen Hause mit den großen sonnigen Zimmern voller Bücher und warmer Plauderecken. Sie gab noch manches aus ihrer interessanten Familiengeschichte zum Besten. Sie wissen doch, daß sie die Tochter eines preußischen Generals, die Nachkommin des König Lustick von Westfalen, Bruders von Napoleon, war – und in zweiter Ehe mit dem Sozialwissenschaftler Doktor Heinrich Braun lebte? – Aber hauptsächlich lagen ihr doch ihre Ziele am Herzen. Damals war sie gerade für eine besondere Schätzung des Mütterlichen eingetreten und hatte verlangt, daß die Mädchen wieder mehr zum Mutterwerden erzogen würden. Viele fortschrittlich gesinnte Damen und Frauen hatten ihr das verdacht. Aber sie wollte ja nur einen Ausgleich der Kriegsverluste und eine innere Läuterung der Frauenwelt – und ihre Rückkehr zu ihrem eigensten und sie am meisten beglückenden Beruf. – Nun – heute wäre vielleicht solch Weckruf noch viel nötiger als damals, im Kriege. –

Ja, wenn Fontane die Lily Braun und alle die andern Damen gekannt hätte, dann hätte er in seinem ‚Stechlin' nicht den Ausländer so summarisch aussprechen lassen: ‚Die Damen. Oh, die Damen serr gutt. Aber nicht spezifisch. Spezifisch in Berlin bloß die Madamen. Madamen nirgendwo: Madamen bloß in Berlin ... Dame denkt an Galan, Dame denkt an Putz; oder vielleicht auch an Divorcons. Aber Madame denkt bloß an Rieke draußen und mitunter auch an Paul. Und wenn sie zu Paul spricht, der ihr Jüngster ist, so sagt sie: Jott, dein Vater.'

Ganz so schlimm ist es ja nicht mehr bei uns. Gewiß gibt es unter unsern Berliner Damen genug, die gerne Mann, Kinder und Dienstboten regieren, treulich wie ein guter Dienstbote für die Ihren sorgen und dabei doch kalt und anspruchsvoll sind, ohne rechte Herzlichkeit und Güte. Aber unter unsern Damen sind doch auch wirklich genug, die mehr als das können, die zwar manchmal ein wenig übertreiben im Gebrauch von teuren Hüten und farbigen Kleidern, die aber in jeder Lage sich behaupten, immer liebenswürdig sind, nicht nur an Galane denken, sondern auch noch andere Interessen haben. Glauben Sie wirklich, daß hier umsonst so viele ernste Zeitschriften erscheinen? Die werden doch nicht nur von Männern gelesen. Und ebenso die kolossalen Mengen von Büchern, die in Berlin konsumiert werden! Vor allem aber unsere Schauspielkunst! Daß wir so schrecklich viele Unterhaltungsbühnen haben – du lieber Gott, früher gab's auch Operetten- und Possentheater. Aber schließlich kann man im Staatstheater immer noch Tell sehen, in der Volksbühne Gyges, im Deutschen Theater und im Lessingtheater gibt es immer noch interessante Aufführungen wertvoller Neuheiten und durchgearbeitete Aufführungen, ebenso auch öfter draußen in den neuen westlichen

Wasser: Kurfürstendamm.

Bühnen. Hat nicht Jeßner hier seine eigentümliche, vereinfachende Schärfe in die Regiekunst hineintragen können? Denken Sie nur an unsere verschiedenen Typen von Schauspielerinnen: dies warmblütige Gretchen der Dorsch, die kapriziösen Damen der Konstantin, die schauerlich-echten kupplerischen Wirtschafterinnen und Zimmervermieterinnen der Grüning, die Orska mit ihrer Mache und die Höflich mit ihrer erschütternden Gewalt ... Ist hier nicht eine ständige Weltmesse in Kunst, Handel, Industrie, Erfindungen, Gelehrsamkeit? Wird hier nicht alles mögliche produziert, nicht nur für Deutschland, nein, auch für den ganzen Weltmarkt! Hier wird das Geschäftsleben jetzt gründlich amerikanisiert. Dem Fabrikanten mit dem engherzigen kleinbürgerlichen Horizont wird es durch die Ereignisse und seine Fachzeitschriften beigebracht, daß er einen größeren Schwung annehmen muß, will er nicht herabsinken zum Kleinmeister. Und hier helfen auch vielfach die Damen, die eben nicht mehr bloß besser gekleidete Dienstmädchen sind. Sie helfen auch, daß die meisten Künstler nicht mehr so abseits vom Leben in ihren Ateliers und Bibliotheken und Musikstuben ein eigenes Leben für sich leben. Ich habe manche Freundin, die es versteht, junge Musiker den großen Kritikern nahe zu bringen – auf einem Tee oder einem gut servierten Abendessen. Berlin ist ja immer noch die Stadt, wo alle Musik von der Kritik als Genies oder zum mindesten als Talent abgestempelt sein müssen, wenn sie in der Welt was gelten wollen. Selbst die Völker, die vier Jahre mit uns Krieg gemacht, schicken uns wieder ihre Musiker. Sie schicken uns auch seit Jahrzehnten schon ihre Tänzerinnen. Die Pawlowa, die mehrmals in Berlin ihre Schwanentänze vorschwebte, gehört zum Bilde des Berliner Tanzlebens, das viele eigenartige Persönlichkeiten umfaßt, die ekstatische Ruth St. Denis, die geschickte, temperamentvolle Hannelore Ziegler, die kapriziöse Valeska Gert, die heißblütige Wigram, viele jüngere hoffnungsvolle Kräfte und zahlreiche tüchtige Talente, die auf allen möglichen Bühnen ihre reizvollen Phantasien austummeln.

Ja, das ist etwas Feststehendes in Berlin. Sonst aber sieht's ja beinahe alle Jahr anders aus bei uns. Die Stadt wandelt sich fortwährend, schichtet sich um. Wo soeben noch kleinstädtische Enge alter Zeit sich ausruhte, springt plötzlich ein modernes Bankhaus oder ein so kompaktes Verwaltungsgebäude wie das neue Stadthaus von Hoffmann mit seinem vielfältigen Getriebe herauf. Überhaupt: Vielfältigkeit! Weltstädtischer Braus, mittelstädtische Einfachheit, kleinstädtische Idylle, allerlei Landhauswesen, das schon oft beinah ländlich ist und dicht dabei wieder grauenhafte Fabrikbezirke! Es gehört schon viel böser Wille dazu, überall nur das Parvenühafte und Traditionslose der aus allen Weltrichtungen zusammen gelaufenen Ansiedlerstadt zu sehen. Aber in der Vielfältigkeit und im ständigen Wandel – vom staubigen Marktplatz zur Markthalle und von da zu den Kühlhallen der Warenhäuser – von der Elektrischen zur Hochbahn, von da zum Autobus – die Stadtbahn, die den Fahrgast durch soviel verschiedene Städte führt – die Einrichtung der Sportfeste im Stadion, die alle Welt an sich reißenden Wettfahrten auf der Autorennbahn im Grunewald – wer von dieser ständigen, veränderlichen Flut nicht mitgerissen wird, der ist nicht wert, die neuen Möglichkeiten Berlins ständig mit zu erleben.

Sehen Sie – die Hoffeste haben jetzt aufgehört. Aber die neue Gesellschaft schafft sich neue Gelegenheiten zum Zusammentreffen. Unter anderen auch die Pressefeste, die wir als Symbol unserer Zeit ansehen können. Keine abgetrennte Kaste mehr. Ausgewählte Vertreter des ganzen Volkes beisammen. Der Presseball im etwas zu pompösen Marmorsaal war ja wieder blendend mit all den schönen Frauen. Mit der schönen blonden Carola Toelle neben kleinen Japanerinnen, mit der Kinofürstin

Menzel: Fackelzug.

Henny Porten, die jetzt so fraulich wird – aber immer noch schöner – ach, was soll ich Ihnen alle die Hunderte aufzählen, die man nennen müßte! Und die Tausende, die dabei waren und tanzten und schauten – diese entzückenden Frauen, bald schlank eingewickelt, in Goldbrokat, bald ihre wiegende Üppigkeit in Schleiern und Chiffon bergend. Schmuck – Schmuck sah man allerdings weniger. Natürlich, die geistigen Kreise, Gelehrte, Künstler, Schriftsteller, Politiker, können nichts hinzuerwerben – bei diesen Zeiten! Aber prächtig war's doch ...

Viel feiner und intimer war aber der Empfang im Reichstag. Nur ungefähr tausend Menschen. Und alles da. Die Spitzen der Literatur und der Finanz, oberste Großindustrie, Wissenschaft, Kunst, Politik, Beamtenschaft, der Reichstagspräsident, ehemaliger sozialdemokratischer Redakteur, der Reichskanzler, ehemaliger wilhelmischer Oberregierungsrat, und Ebert, unser Reichspräsident, der einstige Sattlermeister. Sie auch dabei, die Mutter Ebert. Von der soviel Unsinn erzählt worden ist – als esse sie wie 'ne Budikerfrau die Bratensauce mit dem Messer und allerlei Witze – na, ich sage ihnen, die Frau ist sehr verständig, sehr interessiert. Ist vielleicht mehr Dame als manche Luxuspuppe. Ganz im Ernst. Fragen Sie mal die Herren, die sie als Tischherren hatte! Die schärfsten Anhänger des alten Systems sind von der Präsidentin begeistert. Sie soll sehr lebhaft sein.

Hoffentlich ist die schlanke Frau vom Reichskanzler ebenso Dame. Sie soll ja allerlei Beziehungen zum Ausland haben. Wenn wir jetzt eine ganz große Dame hätten, die verstände, Deutschland dem Ausland nahe zu bringen! Und das Ausland an Deutschland zu interessieren! ..."

Die Gräfin schwieg nachdenklich – – –

Ja, wer heute über die Berliner Dame etwas erfahren will, wird auf eine Fülle von Gestalten, Geistern, Persönlichkeiten und Schönheiten geraten, daß sich ihm nur schwer ein Bild formen kann. Viele Eigenschaften wird er finden: praktische Veranlagung, Regsamkeit, Zug zur Einfachheit und Geistigkeit, Lust am Luxus, am Trubel, am Glanz und an Geselligkeit, an Pracht und Kunst, oft Geschmack, der noch nicht geläutert ist, viel Hang zum leichten Vergnügen. Aber in allem: ein starker Lebenswille.

Und wenn die Berliner Dame noch mehr dem Lebenswillen nachgibt, mehr nach ihrer eigenen Veranlagung, als nach guten oder bösen Beispielen leben will, dann wird sie selbst das gute und viel nachgeahmte Beispiel werden.

Köchin um 1800.

Die Dienstboten

Ein Damenleben ohne Dienstboten ist nicht denkbar. Ja, viele und gute Dienstboten ermöglichen erst der Dame, ein Mensch zu sein, dem Geselligkeit, Unterhaltung, Plauderei, Amüsements, geistiges Getändel und vielleicht auch ein wenig Sport, Anregung und Förderung der kulturellen Güter Zweck und Ziel des Lebens sind. Darum halte ich es auch für gerechtfertigt, wenn ich hier gleich von den Dienstboten erzähle. Diese Schilderungen ergänzen auch manchmal die Schilderungen über die Damen.

Die Damen von heute sollen nur nicht glauben, daß ihre Mütter, Großmütter und deren Mütter und Großmütter nicht unter der Dienstbotennot zu leiden gehabt haben. In der Literatur aller Zeiten finden sich genug Klagen über die Dienstboten. Und auch die Hausfrauen aus dem Vormärz klagten lebhaft über ihr Gesinde. Besonders häufig wurde in der zweiten Hälfte des 18. Jahrhunderts in Sittenschilderungen und Lustspielen ein gerade nicht sehr schmeichelhaftes Bild von den weiblichen Dienstboten entworfen. Untreue, Putzsucht, Pflichtvergessenheit und Undankbarkeit wurden ihnen vorgeworfen. Eine Hausfrau meinte in der Berlinischen Monatsschrift vom Jahre 1788: „Für die erste und schädlichste Quelle des zunehmenden Verderbens des Gesindes halte ich den beinahe alle Schranken übersteigenden Kleideraufwand. Sonst pflegte ich es wohl für Eigensinn zu halten, wenn ich Hausfrauen sah, welche ihren Mägden diese oder jene Form des Anzuges zu tragen untersagten – nun aber habe ich schon längst zu meinem eigenen Nachteile erfahren, daß mit Form und Schnitt die Meinung dieser Leute von sich selbst und ihre Ansprüche ebenfalls eine ganz andere Gestalt gewinnen. Eine Dirne, welche die hier gebräuchliche Haub' und Mütze mit einer Haube – oder in ihrer Sprache Dormeuse – mit Band vertauscht, ekelt bald die Arbeit an, welche sie sonst mit ihrer Mütze willig zu verrichten pflegte. Eine solche Dormeuse zieht bald einen falbalierten Anzug nach sich, zu diesem gehört ein bekräuseltes Flortuch. Dies grenzt nun schon ganz nahe an eine florne Schürze. Um die Eleganz vollkommen zu machen, wird endlich sonntags das Haar gekräuselt und durch Puder oder Pomade verschönert. So wird oft die häßlichste Raupe in einen buntschimmernden Schmetterling verwandelt. Ohne Metapher: die schmutzigste Küchenmagd wird so auf diese Weise, der äußeren Form nach, in eine zierliche Zofe umgeschaffen. Natürlicherweise gefällt sie sich so, und wendet alles an, sich diesen Anzug zu erhalten, zu verschönern und zu vervielfältigen. Ein Mittel hierzu dünkt ihr die Zahlenlotterie. Sie setzt, gewinnt eine Kleinigkeit, setzt wieder – verliert und verliert immerfort. Für diesen Verlust soll ihr nun der Einkauf besonders solcher Dinge, die keinen bestimmten Preis haben, Ersatz geben. Aber auch dieser Betrug, der in ihrer Kunstsprache Eimergeld heißt, reicht nicht hin, um ihre Putzsucht zu befriedigen.

Der Kutscher
Le Cocher.

Zu der Legion einheimischer Dienstmädchen kommt jährlich eine nicht geringe Zahl Rekruten aus den Provinzen hinzu. So lange dieselben in ihrer einfachen Tracht recht und schlecht einhergehen, werden sie keineswegs zu den Zirkeln der verfeinerten Köchinnen und Hausmädchen zugelassen: dann erst tritt der Ankömmling in die edle Schwesterschaft als meine Beste und meine Liebe – denn mit diesen traulich süßen Beinamen pflegen sie sich nach dem Beispiele ihrer jungen Damen zu nennen, wenn sie sich nach Berliner Schnitt ausstaffiert hat. Das kleinstädtische, biedere Mädchen ahnt anfangs nichts Arges; erst schüchtern, dann, bei jeder Wiederholung schneller fortschreitend, besucht sie mit den andern jene schädlichen öffentlichen Lokale, die schon zu einer verderblichen Menge angeschwollen sind – ich meine die Tanzhäuser. Hier würden sie den Stutzern in Livree zum Gespötte werden, wenn sie nicht die englischen und französischen Pas und alle Touren der Tänze zu machen wüßten. Deshalb wird in verschiedenen Häusern und Gärten Unterricht im Tanzen für Dienstmägde und Lakaien gegeben. Unter anderen gibt ein müßiger Schneidergeselle in einem Garten in der Landsberger Straße für zwei Groschen die Stunde Unterricht. Dahin eilt nun öfters die Köchin vom Markte, setzt ihren Einkaufseimer vom Markte ab, spannt ihre breiten Füße ins Fußbrett, oder stolpert schwerfällig eine französisch Quadrille, indes ihre arme wartende Hausfrau in der rauchenden Küche schwitzt.

Gewiß gibt es in unserer Stadt noch gute und rechtschaffene Dienstboten: aber das Häuflein der Guten wird immer kleiner, und wenn wir zurücksehen, wie es sich in diesem Falle von zehn zu zehn Jahren verändert hat, so dünkt mich, können wir wohl nicht für die Zukunft stehen oder sagen: hier ist die Grenze, weiter wird das Übel nicht greifen."

Die Schreiberin in den Monatsheften glaubte, daß einem großen Teil des Übels abgeholfen werden könnte, wenn für das Gesinde eine förmliche Kleidermode entworfen würde. Damit wäre dann zu der Gesindeordnung vom Jahre 1740/78, die den Jahreslohn je nach Leistung auf acht bis zwölf Taler jährlich festsetzte, noch eine 3. Ordnung getreten. Ob sie gefruchtet hätte, muß man bezweifeln. Andere ernste Lebensbeobachter waren jedenfalls der Meinung, daß vom guten Beispiel der Herrschaft mehr abhängt. Chodowiecki veröffentlichte damals einen Kupferstich, auf dem er zur Besserung der Herrschaft riet; dann werde sich auch das Gesinde bessern.

Das Gesinde befand sich im 18. Jahrhundert überhaupt in einer Lage, die ihm heute selbst der strengste Dienstbotendespot nicht zumuten würde. Wenn nämlich das Gesinde irgendwo anders als im Hause der Herrschaft einen Teil von seinem Eigentum untergebracht hatte, konnte es mit 4 Wochen Gefängnis, Zucht- oder Arbeitshaus bestraft werden. Und eine Magd, die vier oder acht Groschen Handgeld genommen hatte, den Dienst aber nicht antrat, wurde ins Arbeits- oder Spinnhaus gebracht. Jeden Dienst, den die Herrschaft verlangte, mußte das Mädchen ohne Widerspruch verrichten, bekam den Lohn erst bei Ablauf der Dienstzeit und konnte wegen der geringsten Veruntreuung gefänglich eingezogen werden. Vor Ablauf der langfristigen Verträge durfte es nicht den Dienst verlassen, wenn es auch oft aus gewichtigen Ursachen heiraten wollte.

Wohl aber durfte die Herrschaft das Mädchen entlassen, wenn sie ihr den Lohn für das laufende Vierteljahr zahlte.

Noch früher, etwa um 1740, müssen allerdings recht eigenartige Zustände im Gesindewesen geherrscht haben. Alte Trödelfrauen beherbergten bis zu einem Dutzend Mägde, die eifrig über die Herrschaften klatschten und für die Alte strickten und spannen. Alle vier Wochen zogen sie zu einer neuen Herrschaft – und die Alte erntete stets ihren Teil von dem Handgeld. Ein Edikt des Königs von Preußen ging mit diesen Zuständen ins Gericht. Es verbot auch den Mägden seidene Kleidung.

Chodowiecki: Dienstboten im 18. Jahrhundert.
(Hausdamen, Zofen, Köchinnen, Ammen usw.)

Solchen, die trotzdem Seide trugen, sollte sie öffentlich abgenommen werden. Dennoch zierte sich auch damals manche Kammerzofe und anderes Gesinde mit gestärkten Brüstchen, echten Spitzen, Gold- und Silberborten, mit bunten Pantöffelchen, in denen die mit feinen Strümpfen bezogenen Füße steckten, und mit vielem andern Tand – den es sich wohl von heimlichen Pfennigen, die beim Einkauf erübrigt worden, angeschafft hatte. Kamen solche Unterschlagungen ans Tageslicht, so wurde der Magd wohl das Halseisen umgelegt. Im Jahre 1718 wurden zum Beispiele zwei Hofbediente hingerichtet, die das königliche Medaillenkabinett bestohlen hatten. Sie wurden mit glühenden Zangen gezwickt, gerädert und gevierteilt. Ihre Frauen mußten diesem gräßlichen Schauspiel zusehen. Der Prediger Schmidt von der Marienkirche warf mitfühlend seinen Mantel über die Köpfe der Frauen, um ihnen den Anblick der schauerlichen Exekution zu entziehen. Aber mit solchen abschreckenden Beispielen erzog man auch kein ideales Gesinde. Denn an Klagen über faule Mägde, die zu spät aufstehen, keine Stube kehren, über die Maßen naschten, mit den Handwerksgesellen und Soldaten schäkerten, anstatt auf die ihnen anvertrauten Kinder zu achten – an Klagen derart hat es nie gefehlt, seitdem Gesinde existiert. Alle solche Klagen aber fruchteten wenig, solange die Herrschaft mit gar zu verführerischen Beispielen voranging. Denn die Damen huldigten immer der lieben und reizvollen, unüberwindlichen Mode und allerlei Torheiten. So konnten damals durch die strengen Strafen und durch Einführung geschworener Gesindemaklerinnen wohl die schlimmsten Auswüchse beseitigt werden – aber viele Mißstände verschwanden nur äußerlich.

Unter den Dienstboten befanden sich auch viele Jüdinnen. In jüdischen Häusern bestand vielfach die Sitte, nur Glaubensgenossen um sich zu haben. Die ließen sich dann oft taufen, um den Schwängerer, meist irgendeinen Soldaten, zur Heirat zu zwingen oder sich das Aufenthaltsrecht zu erwerben. Diese mittelalterlichen Zustände währten bis ins 19. Jahrhundert hinein. Die großen Kriege wälzten auch diese merkwürdigen Vorkommnisse, die in den staatsbürgerlichen Beschränkungen der Juden ihren Grund hatten, in die Vergangenheit. Die Zeiten wirkten auch auf die Dienstboten. Sie waren auf ihre Art aufgeregt. Hatten doch auch sie unter der Unbill des Krieges zu leiden gehabt und die Verwandten, meist Kleinbauern der Umgebung Berlins, waren von den rohen Hilfstruppen

Der Stralauer Fischzug.

Dörbeck 1830:
„Aber Rieke, wie geht das zu, daß du mit deiner Küche heute so zeitig fertig geworden bist?"
„Ach, liebe Madamken, mein Sonntagscher Liebster wird in een Viertel-Stündeken hier sind un mir abholen uf die Maskerade zu gehen. Se erloben doch?"

Napoleons hart bedrängt worden. Sie wurden fromm und lasen in der Bibel, wo denn wohl manch Dienstmädchen in ihrer Einfalt die Apokalypse auf Napoleon bezog, wie Parthey erzählt.

In der Biedermeierzeit wurde wieder von dem übermäßigen Luxus der Dienstboten viel gesprochen. Ein Schilderer Berliner Zustände schrieb: „An Sonntagen, wenn den Köchinnen und Stubenmädchen gestattet ist, auszugehen, erscheinen sie in seidenen Schleppkleid ein, dito Schuhen, großen Umschlagtüchern und Federhüten. – Da zieht das Mensch auf der Straße einher, als ob sie gar von Adel war. Viele wissen sich gerade so zu zieren wie überbildete Fräuleins der großen Welt."

In einem Buche „Berlin, wie es ist" vom Jahre 1827 wird geschildert, wie eine Köchin in einen Putzladen kommt und fragt, als ihr der Kaufmann Hüte im Preise von sechs bis acht Talern vorlegte: „Haben Sie denn keene feinern?"

Mit dieser satirischen Schilderung wurde zweifellos ein Charakterzug der Dienstboten getroffen, der vielen von ihnen auch heute noch eigen ist: die Sucht, sich mit äußeren Mitteln aus ihrem ein wenig mißachteten Stand und Beruf herauszuheben.

Sehr gut hatten es die Dienstboten von anno dazumal nicht. Nach der Gesindeordnung stand dem Hausherrn ein gelindes Züchtigungsrecht zu. Aber auch die Dienstfrauen sollen damals nicht sparsam mit Streichen gewesen sein. Und wenn nur kein Blut floß, so wurde das klagende Mädchen von dem Polizeikommissar rauh und barsch abgewiesen. Und ihre Dienstleistungen waren um vieles schwerer als heute. Glaßbrenner schilderte im Jahre 1847 sehr gewissenhaft das Leben und die Arbeit eines Dienstboten, eines Mädchens für alles von anno dazumal. Sie mußten in der Küche oder irgendwo in einem kleinen Alkoven oder in einer winzigen Kammer schlafen, die nur zu oft lichtlos und so niedrig war, daß kein Mensch darin aufrecht stehen konnte. Den Raum, in dem sie den ganzen Tag zu arbeiten hatten, schilderte Glaßbrenner mit den folgenden Worten: „Gestalte dich vor mir Küche! Zeige mir die kleinen Fenster mit den bleieingefaßten Scheiben; links das weiße Spind mit den Tellern und Gläsern, gekrönt mit der umfangreichen Punschbowle, rechts den großen Schlachttisch, auf dem alle Kreaturen, die genießbar sind und kein Testament machen, ihr Leben aushauchen. Zeige mir im Hintergründe den rotgeschminkten Herd mit dem gekachelten Schachbrett, über ihm die bedeutende Nase, welche du vom Baumeister bekommen hast, die alle würzigen und nicht würzigen Düfte einatmet und oben wieder ausbläst; zeige mir an dieser Nase das blanke Kupfer, wie es im Bewußtsein deiner größten Zierde spiegelt und blitzt und stolz in seinem erborgten Glanz auf die irdenen Töpfe herabschaut, die bescheiden auf jenem Brette liegen. Zeige mir auch nahe deinem Herde noch die gescheuerte Bank mit den wassergefüllten Eimern, über ihr die Füllkelle, Siebe und so weiter. Und erlaube, daß ich den Leser in dir ein wenig umherspazieren lasse, während ich deine Königin wecke.

Tue dich auf, neidische Kammertür, und lasse mich hineintreten in das einzige Asyl der für Alles gemieteten.

Da liegt sie! Sie preßt einen tiefen Seufzer aus der Brust und dreht sich auf die andere Seite herum. Ich bin in das Spinnengewebe ihres Traumes getreten und habe wahrscheinlich irgendein schönes Bild zerrissen; sie hatte sich vielleicht mit ihrem geliebten Kürassier in einen kupfernen Kessel gesetzt, der, trotz seiner starken Füllung, zum Luftballon wurde und beide hinaufhob in den siebenten Himmel der Liebe, ich hatte durch mein Hereintreten zufällig den Kessel fortgerissen, und sie mit dem Militär herunterfallen lassen, durch den Schornstein auf den Feuerherd. Was könnte eine Berliner Köchin auch Anderes träumen, als von glücklicher Liebe und Freiheit, wenn die Traumdeuter Recht haben, daß der Traum meist den Empfindungen des Körpers und den Wünschen der Seele Befriedigendes gestaltet?

Eine Bücklingsverkäuferin 1830-1840.

‚Charlotte!' donnert soeben die Baßstimme des Hausherrn, der sich in der Nebenstube im Bett wälzt und das Mädchen weckt, damit er und seine Gemahlin den Kaffee fertig finden, und die Kinder nicht zu spät nach der Schule kommen. ‚Steh auf, es ist Zeit!' Da schreckt die Dienende aus ihren Träumen auf und blickt mit stieren Augen in die rauhe Wirklichkeit. All' die zarten Gebilde ihres spielenden Geistes hat der Donnerruf hinweggescheucht, sie macht den bisher geschlossenen Mund weit auf, gähnt und reckt sich die Müdigkeit aus den Augen und – erhebt sich endlich. Ich ziehe mich bescheiden zurück.

In wenigen Minuten steht sie, wie die Schöpfung die für alles Gemieteten haben wollte, im buntkattunenen Kleide, durch eine schwarze Schürze verwahrt, und den gelblichen Nacken mit einem leichten Tuche bedeckt, vor uns. Das Brunnenwasser hat Augen und Wangen ins Leben gerufen, und die letzteren blühen so rot von innerem Feuer, wie die Arme von dem des Herdes; in die fliegenden Haare sind die hemmenden Zähne des Kammes gesteckt, die strumpfumhüllten Füße in die Pantoffel, und diese klappern jetzt laut auf, und vermelden dem aufmerksamen Haushahn die Wirkung seines tobenden Kikriki's.

Nachdem unsere Heldin in ihre Spiegel-Scheiben gesehen, und natürlicherweise wohlgefällig das Bild aufgenommen hat, welches er ihr zeigt, greift sie unter den Herd, holt das gestern Abend kleingehauene Holz hervor und macht Feuer zum Kaffee. Ehe dasselbe gehörig um sich gegriffen,

Dörbeck 1850: Stiefelputzer und Pfeifenreiniger.

bleibt ihr eine kurze Frist, die sie zum Heraufholen des frischen Wassers bestimmt, sie nimmt den Ring des Eimers in die Hand, eilt hinunter nach dem Hofe und schwengt pumpend den eisernen Schwengel.

Da watschelt eine Collegin zum nämlichen Geschäft herbei: ‚Jun Morgen, Lotte', ‚jun Morgen Rieke!'

‚Sag mal, wat war denn noch jestern Abend so spät bei Euch los!'

‚I, der Alte hat sich mal wieder mit ihr jezankt. Er ging um Sechse in de Tabagie, un kurz druf ging sie fort und blieb zu lange, un wie er zu Hause kommt, legt er sich aus't Fenster un sieht denn, wie se wieder mit den Leitnant anjespaziert kommt. Da haben se sich denn wieder jekappelt.'

Auf solche Weise wird das Gespräch eine Weile fortgeführt, und das verschiedenartige Geheimnis der Herrschaften gegenseitig mitgeteilt, bis sich endlich oben das Fenster öffnet und die Hausfrau in der Nachtmütze herunterruft: ‚Aber Mädchen; wo bleibste denn wieder?' Unsere Heldin eilt hinauf und genießt den ersten Morgen-Skandal, der sich namentlich auf das unnütze Verbrennen des Holzes bezieht. Wollte ich dem Leser erzählen, wie oft und warum ein Zank zwischen der Hausfrau und ihrem Dienstmädchen entsteht, und wollte ich all die wichtigen Beschäftigungen des Letzteren mitteilen, so würde ich den mir bewilligten Raum bei weitem überschreiten müssen, ich hebe also nur das Weltgeschichtliche hervor.

Das ‚Klatschen' ist eine Hauptleidenschaft der Köchin. Kaum hat sie ihre Neuigkeiten mit den Haus-Kolleginnen ausgetauscht, so hüpft sie, einen Korb an dem Arme, nach der nahen Material-Handlung und läßt sich mit dem butterabstechenden, syrupgießenden, zuckerschlagenden, dütendrehenden, bevatermörderten Ladendiener in ein neues Gespräch ein. Dieser, der sogar auf einen Pfennig Lorbeerblätter etwas Liebe zugibt, kneift das gutmütige Mädchen von Zeit zu Zeit in die naturroten Wangen, oder schlägt seinen betranten Arm um ihre ungeschnürte Taille, und saugt begierig, wie ein trockner Schwamm das Wasser, die dargereichten Geheimnisse ein, um sie von der nächsten Allesmachenden sich wieder ausdrücken zu lassen. Ein Viertelstündchen ist wieder verplaudert, der Glückliche hat ihr zwei Rosinen in das Mündchen gesteckt, seine Liebkosungen verstärkt, und als Erwiderung schließlich ein schmeichelhaftes Maulschellchen bekommen." Also Glaßbrenner, der gewissenhafte Chronist.

Die Mädchen unserer Großmütter kannten noch keine Zentralheizung, Warm- und Kaltwasserleitung, Gaskochherde und viele solche modernen Bequemlichkeiten. Sie mußten noch in Wind und Wetter das Wasser vom Brunnen holen und auf den offenen roten Ziegelherden kochen, die ihren Ruß oft nicht in den darüber schwebenden Rauchfang, sondern in der ganzen Küche herumflattern ließen. Damals wurde noch in vielen Häusern geschlachtet, Wurst, Licht und Seife gemacht, ja sogar gesponnen und Hauswäsche genäht. Vor allem wurde fast überall selbst gewaschen. Solche „große Wäsche" war kein Spaß für die Dienstboten. Bis weit in die 2. Hälfte des 18. Jahrhunderts hinein kannte man in den wenigsten Berliner Häusern Kachelöfen. In den meisten Fällen begnügte man sich mit Öfen nach der Art der im Freien erbauten Backöfen, die ohne besondere Züge waren und also viel Heizkraft unnütz verbrauchten. Erst auf Betreiben Friedrichs II. wurde im Jahre 1763 ein Preisausschreiben „auf einen Stubenofen, so am wenigsten Holz verzehrt" erlassen. Die Dienstboten mußten also früher sich noch ganz anders als heute in den „Ofennahrungen" mit der Heizung abmühen. Dann aber mußten sie hauptsächlich noch das gesamte Trink- und Wirtschaftswasser heranschaffen und auch wieder fort besorgen. In den mittelalterlichen Zeiten standen nur Ziehbrunnen zur Verfügung. Das war eine bedenkliche Sache bei ungefähr 10-15.000 Einwohnern, die Berlin doch immerhin im 15. und 16. Jahrhundert zählte. Diese Wasserverhältnisse hatten sicher schuld an den Seuchen der Jahre 1348, 1500, 1598 und 1640-48. Ein einsichtiger Bürger, dem es nicht gefiel, daß das Trinkwasser in der Nähe von Düngerstätten, Jauchegruben und Rattenlöchern entnommen wurde, richtete eine hölzerne Wasserleitung ein. Aber sie verfiel bald. Erst Ende des 17. Jahrhunderts wurden wenigstens Pumpen aufgestellt. Aber da selbst im Todesjahr Friedrichs II. viele Frauen und Dienstboten noch die Angewohnheit hatten, morgens die Töpfe auf die Straße zu leeren, ließen die Gesundheitsverhältnisse immer noch sehr viel zu wünschen übrig. Erst im Jahre 1838 kamen die Ärzte auf die Idee, die entsetzlich duftenden Rinnsteine mit Spreewasser ausspülen zu wollen. Dann wollte man Leitungswasser aus den Seen beschaffen. Baurat Crelle trat damals bereits für eine Kanalisation ein. Doch erst nach dem Jahre 48 gab Polizeipräsident Hinckeldey an zwei Engländer eine Konzession für eine Wasserleitung, die endlich 1856 ihre fließenden Wasser selbst in alle Küchen hinauftrug ... Die Unrateimer jedoch mußten von den dienstbaren Geistern noch zwanzig und dreißig Jahre länger aus den Wohnungen heruntergeschafft werden. Erst in der Mitte der siebziger Jahre wurde in einzelnen Bezirken das Latrinenwesen abgeschafft, weil die Kanalisation fertig geworden. Noch manche Jahre gingen darüber hin, bis ganz Berlin an die Kanalisation angeschlossen war und die Dienstboten also wenigstens diesen Dienst los geworden waren.

Köchin am Sonntag (1830).

Von dem, was Glaßbrenner aus dem Dienstbotenleben im Vormärz mitteilt, möge hier noch einiges stehen: „So naht der Mittag. Die Suppe ist vielleicht versalzen, oder das Fleisch angebrannt, oder die Schüssel war unten schmutzig, als sie auf das am vergangenen Sonntag rein aufgelegte Tischtuch gestellt wurde: kurz, es muß etwas geschehen

Der Köllnische Fischmarkt mit alten Rathaus 1830.

sein, worüber die Wangen der Hausfrau sich ein wenig röter färben und aus dem Munde die Worte sprudeln: ‚Es ist doch auch gar nichts mit dir anzufangen, Mädchen.' Der für Alles Gemieteten, sich eines besseren bewußt, schwebt eine Verantwortung auf der Zunge, die sie indessen verschluckt, weil der Hausherr gegenwärtig ist, der sich gewöhnlich Liebeskind bei seiner Ehehälfte zu machen pflegt, wenn er die sich Verteidigende physisch und moralisch auf den Mund schlägt. Sie geht also in die Küche zurück und räsoniert für sich. Wenn die Familie drinnen gesättigt ist, muß eins der Kinder: ‚Charlotte!' rufen, damit sie den Tisch abdecke und das für sie bestimmte Mittagbrot in Empfang nehme. Das Verschlucken desselben ist ihr natürlich angenehmer als die der früheren Verantwortung, und mit neuen Kräften geht sie an das Aufscheuern – so heißt das Abwaschen der Teller, Schüsseln und Töpfe. Um drei Uhr kommt die Hausfrau wieder und bringt ein Lot Kaffee, den sie eigenhändig in der Kaffeemühle malt und das kochende Wasser über ihn gießt, damit das Mädchen nicht ein Viertel für sich oder ihren Geliebten beiseite bringe. – Übrigens würde es einen sehr bedeutenden Skandal geben, wenn die Herrin zufällig den kleinen Topf bemerkte, der vor einer Stunde hinter dem Holz unter dem Herde verborgen wurde, und in welchem sich ein gutes Stückchen Fleisch und so weiter befindet. Indessen, ich verrate nichts, die Liebe hat es gestohlen, und für zärtliche Gefühle kann auch eine Köchin nicht.

Es ist Abend geworden, und unsere Heldin schleicht sich dann und wann hinunter nach dem dunklen Hausflur, um mit einem Sohn des Krieges oder des Manövers friedlich zu kosen, an eine solide Uniform ihre Formen anzuschmiegen und dem starken Gewehrarme alles zu gewähren. Hinter der breiten Haustüre wird geschwatzt und geschmatzt. Dann und wann wird die zarte Szene freilich durch die Vorübergehenden oder den Ruf der Herrin gestört; aber sie beginnt nach kurzen Intervallen immer wieder, und erst wenn die Glocke zehnmal geschlagen und der bärtige, dickeingelegte Nachtwächter die Tür schon in der Hand hat, beschließt ein sehr langanhaltender Kuß das Rendezvous. –

Ich kann die Leidenschaft der Dienstmädchen für das Militär nicht als etwas Charakteristisches ihres Standes nennen, da so viele Damen den bunten, gold- und silberbesetzten Rock dem einfachen vorziehen, selbst wenn in dem letzteren ein Mann steckt, der besser, klüger und – was noch viel mehr sagen will – hübscher und liebenswürdiger als der im ersten ist. Ich will darüber nicht murren, obschon es der einzigste Grund ist, warum ich Soldat sein möchte." Für die schwere Arbeit entschädigte sie allein diese eine abgestohlene Viertelstunde am Abend und der Sonntag, von dem Glaßbrenner erzählt:

„Der Sonntag ist es, an welchem die Köchinnen am originellsten sind, das heißt wenn sie ‚ihren Sonntag haben', und dieser nicht der Herrschaft gehört, die gewöhnlich redlich mit ihnen teilt. Dann ist es ergötzlich, nachmittags zwischen drei und vier Uhr die Damen von der Küche zu sehen. Nun sind sie nicht mehr die Alten; neu verjüngt treten sie heraus mit turmhoher Frisur und breiten Locken, im modernen Kleide von feinem Gingan, einen großblumigen Schal leicht um den Nacken geworfen, um den auch ein rosa Flortuch geschlungen ist. Der Pompadour, mit Zwieback und anderen Materialien gefüllt, wird vom Arme hin und her geschleudert, dessen mehr als rosige Röte durch weißen Flor wenig gedämpft ist. Einen lächerlichen Kontrast bilden der schnelle watschelnde Gang und die nachlässige Haltung zu der aufgeputzten Figur, in deren Gesicht man die Sehnsucht lesen kann, das Tor zu erreichen, wo der Dragoner oder Grenadier mit der Pfeife wartet, um sie nach der nahen Tanztabagie zu führen.

Daß es da lustig und überlustig zugeht, daß mehr Stunden im Taumel des Vergnügens hingehen, als gesetzlich von der Herrschaft erlaubt, und daß diese das sehr erhitzte Gesicht der für Alles Gemieteten mit einigen Scheltworten kühlt, ist leicht zu begreifen, leichter, als daß es wenig wirklich liederliche Dienstmädchen gibt, da sie gar vielen Versuchungen ausgesetzt sind, und ihr Los wahrlich kein beneidenswertes ist."

Die Unterhaltungsspiele der Mädchen von damals waren so harmlos, daß sie heute fast nur noch Kindern Freude machen. Der „Gänsedieb" gab aber doch Anlaß zu vielem Scherz, wenn die Kette, die ihn tanzte, sich plötzlich löste und die verschiedenen Paare sich haschen konnten. Blindekuh, Bäumchenverwechseln, Plumpsack, Katze und Maus – alle solche Spiele wurden in der Biedermeierzeit von den Dienstboten und ihren Soldaten, Handwerksgesellen und Kaufmannsdienern gespielt, wenn der freie Sonntag sie vor der Stadt auf die Wiese bei den Gastwirtschaften hinausließ. Da lagerten denn die Trupps, umgeben von Umschlagetüchern, Hauben und Strickbeuteln. Auch in den Wirtshäusern suchten sie ihr Vergnügen. Beim Galopp und Walzer schmiegten sie sich an den tabak- und schnapsduftenden Mann an. Das war ihre Erholung für die lange, ununterbrochene Arbeit.

Franz Krüger: Kindermädchen 1824.

Im allgemeinen wurde auch damals den scheidenden Mädchen kein gutes Gedenken im Hause bewahrt. Und das oft mit Grund. Fontane berichtet in seiner Autobiographie:

„Jehts hier nach Bellevue?“ – „Nee, hier is der Schinkenplatz. Nu jehn man Se man durch den Schwippbogen und lassen Se den Lustgarten links liegen!“ (Dienstmädchenwitz aus den Jahren 1820-30.)

„Es wird auch heute noch über Dienstmädchen geklagt, aber darüber ist doch wohl kein Zweifel, daß es jetzt viele Tausende gibt, bei denen die Kinder nicht schlechter aufgehoben sind als bei den Eltern, oft viel besser. Ein starker, höchst erfreulicher Grundstock von Anstand, Bildung, Ehrlichkeit, ja, von feinstem Ehrgefühl ist jetzt reichlich zu finden, während es damals, wenigstens in kleinen Familien, nur die sogenannten ‚Trampel‘ gab. Diese Wandlung hängt mit mancherlei zusammen, nicht bloß mit dem allgemeinen großen Bildungsfortschritt, sondern viel viel mehr noch mit dem Umstande, daß sich die gegenwärtig dienende Klasse von weither rekrutiert. Früher war es nur lokal berlinisches oder aber aus dem zehnmeiligen Umkreise genommenes märkisches Landesgewächs, während jetzt der starke Zuzug aus Pommern, Mecklenburg, Sachsen und Schlesien für eine wesentliche Verbesserung gesorgt hat. Nicht die Bildung und Gesittung der aus diesen Provinzen Einwandernden ist größer, aber die Rasse ist im ganzen genommen um ein erhebliches feiner. Am frappantesten zeigt sich dies an der ganzen baltischen Küstenbevölkerung. Was das Rat Kummer'sche Haus damals beherbergte, stand auf einer allerniedrigsten Stufe. Der Rat selber war von Mittag an ausgeflogen. Erschien dann der soldatische Liebhaber, so wurde das arme, dem Dienstmädchen anvertraute Kind an einen Bettpfosten gebunden, und als sich dies auf die Dauer als untunlich herausstellte, sah sich die Kleine mit in die Kaserne genommen, wo sie nun auf dem großen quadratisch von Hinter- und Seitenflügeln umstellten Hofe herumstand, bis das Liebespaar wieder erschien und den Rückzug antrat. Es prägten sich die während dieses Umherstehens und Wartens empfangenen Bilder dem Kinde so tief ein, daß es sich, als es viele Jahre später am Nervenfieber darniederlag, in seinen Phantasien immer wieder auf dem furchtbaren Kasernenhofe sah, aus dessen hundert Fenstern eben so viele Grenadiere herniedergrinsten.“

Aber neben solchen gewissenlosen und herzlosen Menschen gab es doch auch unter den Dienstboten von anno dazumal „Juwele“. Im Hause des Berliner Schriftstellers Nicolai lebte ein altes Hausmädchen, das schon um 1800 an vierzig Jahre in der Familie zugebracht hatte. Sie hatte die Kinder aufwachsen, sich verheiraten und sterben sehen, sich selbst aber nie verheiraten wollen; ihr einziges Vergnügen war, ihre Schwester und deren Mann, einen armen Schneidermeister, an Sonn- und Festtagen mit Kaffee zu bewirten. Trotzdem sie ein altes Reibeisen, eine richtige Zankliese geworden war, die mit allen Dienern fortwährend in Streit geriet und dann wohl die Köchin, das Hausmädchen und auch das Personal der Buchhandlung zu Hilfe rief, behielt man sie im Hause wie ein altes Inventarstück, das man nicht vermissen kann. Sie wurde so sonderlich, daß sie dem Diener, der bei Regenwetter einen Gang besorgen sollte, den für die Dienstleute bestimmten Schirm verweigerte. „Ach was!" rief sie, „den Schirm kann ich Ihnen nicht geben, der wird ja naß!"

Trotz ihrer Verschrobenheit behielt man die alte Luise vierundfünfzig Jahre in der Familie. Bei ihrem fünfzigjährigen Jubiläum wurde eine kleine Feier veranstaltet, wobei die Alte eine goldene Kette und ein Geldgeschenk aus dem Gesindebelohnungsfonds erhielt.

Die Dienstboten lebten eben damals noch mehr in und mit der Familie: Und die Familie lebte auch noch mehr mit ihnen. Man hielt sich mehr aneinander und machte einander kleine Freuden. Allerdings weist der Gesindebelohnungsfonds darauf hin, daß auch vor hundert Jahren schon eine Verlockung zu treuem Dienst nötig war.

Während der Franzosenzeit kam es oft zu argen Mißverständnissen und Zusammenstößen zwischen dem deutschen Dienstpersonal und den Dienern der französischen Offiziere. Als ein Koch im Hause Nicolai Bindfaden verlangte, ihn aber niemand verstand, griff er nach einem Beil, durch dessen Stiel ein Bindfaden gezogen war. Die Köchin floh unter Zetergeschrei zur Herrschaft, die Mühe hatte, festzustellen, daß der Franzose nur den Bindfaden hatte zeigen wollen. – Nicht alle Dienstboten waren so verschüchtert. Ebenso wie unter den Damen, fanden sich auch unter dem ärmeren Volke viele, die dem französischen Sieger nicht widerstehen konnten. Der Gärtner Nicolais, Contwier, aus der französischen Kolonie, hatte eine Tochter Loth – ein kräftiges Mädchen, das viel bewundert wurde, wenn es mit den Obstkörben auf den Markt ging. Sie sprach geläufig französisch, was den vielen im Gartenhaus Einquartierten sehr behagte; konnten sie sich doch endlich mal in ihrer Sprache unterhalten. Zwar haßte Loth die Feinde. Aber auf die Dauer konnte auch sie der angebornen Freiheit nicht widerstehen und folgte im Jahre 1812 als Marketenderin einem nach Rußland weiterrückenden Regiment, unter dem besonderen Schutz eines schwarzbärtigen Tambourmajors. So erzählt von Parey, dem Erben Nicolais.

Nicht nur Nicolai hatten gute Dienstboten. Ein alter Berliner berichtet in seinen Jugenderinnerungen:

„Ein denkwürdiger und segensreicher Tag für meine Schwester und mich war der 13. September 1816, an welchem, nach Ausweis einer noch vorhandenen Anzeige, ein junges sechzehnjähriges Mädchen zur Unterstützung meiner Mutter und zur Mitbeaufsichtigung der Kinder ins Haus genommen wurde. Sie hieß

Wenn er nu nich jetzt, werd ik ihm jleich was mit de Hundelaterne leuchten! (Küche um 1830.)

Dienstmädchen: Na Sie blinde Kammermusikus, kann Sie denn nich sehn!

Bertha Gendrich, war die Tochter eines Försters in Neustrehlitz, und gehörte einer Familie an, deren Mitglieder seit hundert Jahren fast alle in herzoglichem Hofdienst gestanden hatten. Wahrscheinlich wurde durch irgendeinen Zusammenhang mit der Dienerschaft der Königin Louise die so überaus glückliche Wahl meiner Eltern vermittelt, welche in dieser Bertha die treueste und liebevollste Hausgenossin erwarben. Sie ist bis zu ihrem 1836 erfolgten Tode bei uns geblieben.

Bertha, oder wie wir sie nannten, unsere Bertha, war eine der trefflichsten weiblichen Erscheinungen, die mir im Leben begegnet sind. Ihr Äußeres konnte man nichts weniger als schön nennen; doch blickte man gerne in ihr gutes Gesicht. Vollständig und ausschließlich ihren Pflichten lebend, nachsichtig und liebevoll gegen andere, strenge gegen sich selbst, verständig, fleißig und sparsam, war sie treu im schönsten Sinne des Wortes. Nach dem frühen Tode ihrer Eltern hatte eine alte Großmutter das Kind in Frömmigkeit und Gottesfurcht auferzogen; ihr Gesangbuch lag beständig neben ihr; in Stunden des Zweifels und der Bekümmernis fand sie Trost in den alten Liederversen.

Von dem Tage an, wo sie unser Haus betrat, suchte sie meiner Mutter jede Mühe und Sorge abzunehmen, meine Schwester Mathilde und mich gewann sie bald lieb, und wir hingen an ihr mit größter Zärtlichkeit. – Wenn später einmal die Rede davon war, daß sie heiraten, oder aus irgendeinem anderen Grunde unser Haus verlassen könnte, so erhob sich ein unstillbares Weinen und Wehklagen der Kinder, in das sie dann selbst mit einstimmte, und unter Tränen versprach, bis an ihren Tod bei uns zu bleiben. – Bald betrachteten wir sie alle wie ein Glied der Familie und nicht bloß meine Eltern, sondern auch Freunde und Verwandte des Hauses befragten sie um ihre Meinung in Wirtschafts- und allen anderen Angelegenheiten. Den Scherznamen Geheimrat, den wir ihr beilegten, verdiente sie im besten Sinne, denn sie war ebenso verschwiegen wie verständig, und ein anvertrautes Geheimnis wurde nirgends besser bewahrt als in ihrer treuen Brust. Sie hat viel Freude und Schmerz, Krankheit und Genesung, auch Todesfälle in unserem Hause miterlebt, stets sich gleichbleibend in aufopfernder Pflege, und Tag und Nacht zu helfen bereit, niemals sich vordrängend, niemals anmaßlich, noch der dienenden Stellung sich schämend, der sie zur Zierde gereichte, und in der sie ihre wahre höchste Ehre fand." Sie wurde von allen Angehörigen und Freunden wie ein Glied der Familie betrachtet und auch nicht wie ein knechtischer Domestik behandelt, der sich nur wohl fühlt und nur dann seine Pflicht erfüllt, wenn man ihn recht streng von oben herab behandelt. Sie war eben selbst ein feiner Mensch – und lebte bei feineren Menschen. Und die hatten immer Verständnis und Gefühl für ihre Dienstboten. So auch Varnhagen von Ense, der tief erschüttert war, als ihm seine alte treue Dienerin starb. Über das Verhältnis zwischen Herrschaft und Dienstboten im Hause Varnhagens wird berichtet: „Dore, die Magd, ißt mit am herrschaftlichen Tische, weil sie krank gewesen. Hier weht uns der gute soziale Geist des Varnhagenschen Hauses entgegen. Rahel mit ihrem tiefen Wohlwollen für alles, was Menschenantlitz trägt, mit ihrem feinen Verständnis für anderer Lagen und Bedürfnisse, mußte ihrem Hausgesinde die gütigste Herrin sein. Sie behandelte ihre Untergebenen mit demselben Vertrauen und der gleichen Freundlichkeit wie ihre Freunde, redete mit ihnen wie mit Gleichgestellten. Besonders ihre alte treue Dore stand ihr nahe wie eine Freundin; Rahel pflegte sie selbst in ihrer Krankheit; und sie hielt sich nicht für zu fein, neben ihr vorn im ersten Rang des Königstädter Theater zu sitzen und die „Sieben Mädchen in Uniform" zu sehen. Karolinens, des zweiten Mädchens, Leidenschaft war das Blumenkaufen: „Sie kauft sie immer erst für ihr Geld", bemerkte Rahel, „und das ist immer mein Geld, die Freiheit hat sie obenein." Sind Herr oder Herrin auf Reisen, so werden zwischen ihnen und den Dienstboten oft Grüße gewechselt. Varnhagen nimmt in kalter Winterszeit Johann vom Bock zu sich in den Wagen; er gewinnt es nicht über sich, den vornehmen Herrn zu spielen. Kam je eine Unregelmäßigkeit oder Nachlässigkeit vor, so tat Rahel den bezeichnenden Ausspruch: „Ich glaube, es ist unnatürlich, ein Domestik zu sein; und wir alle wären und täten wie sie, wenn wir dienten."

Solche ideale Zustände zwischen Herrschaft und Dienenden waren aber auch damals sehr selten – wie eben ideale Dienstboten eine Seltenheit sind. Selbst Glaßbrenner, der doch oft für die Küchensklaven eintrat, gießt manchmal seinen Spott über sie aus, wie in folgendem Zwiegespräch, in dem allerdings auch die Hausfrauen nicht gut wegkommen.

Frau: Aber Friederike, Du hast schon wieder den Braten anbrennen lassen!
Köchin: Nee, Madam, der is janz alleene anjebrennt!
Frau: Was, Du willst mich noch zum Besten haben?
Köchin: Zum Besten? I davor hüte mir der Himmel! Nee, ick spaße ja man.
Frau (außer sich): Verdammtes Mensch, mach mir nich böse!
Köchin (ganz gleichgültig): Wozuden det noch. Sie scheinen mir schon etwas böse zu sind.
Frau: Du weeßt doch, daß De zum Ersten ziehst!
Köchin (die Hände faltend): Ach, wenn man schon der Zweete wäre!
Frau: Halt' Sie's Maul sage ich!
Köchin: Wozuden? Det is mir ja anjewachsen!
Frau (wüthend): Bist Du nu ruhig Knochen! oder ich rufe meinen Mann!
Köchin (achselzuckend): Ja, denn jeht et mir schlecht; jejen zehne kann ick mir nich vertheidigen.
Frau (verschluckt die Galle und wird etwas milder): Sag' mal, Friederike, hat Dich denn der Satan verführt, daß Du immer das letzte Wort haben mußt?
Köchin: Ja, ick habet von Ihnen jelernt!
Frau (indem sie fortgeht): Geh zum Deibel?
Köchin (ihr höhnisch nachrufend): Also soll ick wieder bleiben, Madam?

Glaßbrenner war nicht der einzige, der bösartige Dienstboten abmalte. In den sechziger Jahren schilderte Raymond de Beaux die Berliner Kinderfrauen in äußerst bissigen Worten (zwei Kinderfrauen, gefolgt von mehreren kleinen Kindern, gehen im Gespräch auf und ab, ohne sonderlich auf die Kinder zu achten):

Frau Schnudrich: Ick sage Ihnen, Frau Müllern, man hat seinen schweren Ärger mit diese Dienstmächens! Ick stand mir soweit jut mit de Vorige, muß der Deibel machen, daß se ziehen mußte. Die Vorige hat Nischt jesehen, wenn ick mir en bisken wat machte an Milch, Kaffee, Zucker und so dergleichen, wat ick vor die Kinders brauchte; nu Se wissen, liebe Müllern, davor drückt unsereens ooch mal de Oogen zu, wenn jegen Morjen Eener aus't Haus rausjelassen wird. – Diese neue paßt mir nu höllisch auf die Finger, un wie se erst raus hat, wie viel wohl so heimlich rauszuschlagen is, da hat se mir nich etwa verrathen – nee, se hat's besser ausjespekuliert! Wird se nu anfangen vorne bei de Herrschaft zu scharwentzeln und zu duckmäusern,

Ein Ehemann bei der Wiege:
Was gleicht wohl auf der Erden der Ehe Vergnügungen,
Wo sprudelt die Bosheit des Weibes so reich,
Dem Mann zu gebieten, die Kinder zu wiegen,
Und ihn zu bedienen mit Schlägen sogleich;
Das ist Weiberfreude, das ist ihr Verlangen,
Das stärkt ihre Glieder und würzet ihr Mahl,
Wenn oft die Pantinen mich klotzig empfangen,
Strahlt süßer dem Hausfreund der Liebe Pokal.
Tralala, Tralala, Tralala, la la la la la usw.
(Berliner Witz aus der Biedermeierzeit)

von ihre Liebe zu de Jöhren, un wie se sehr jerne die ooch noch warten möchte, un wie doch dabei die olle Kinderfrau jespart werden könnte, un kurz und jut, wuppdich, bin ick rausjedrängelt, un das Mächen wird sich nu unjestört eenen schönen Jroschen Jeld machen.

Frau Müller: Ja, liebe Schnudrichen, – es is kein Jemeinsinn mehr unter die Dienstleute! – Mir hat's besser jejlückt. Das war nemlich so: Ick diente zusammen mit 'ne hübsche Person, Allens was wahr is, – die sich jar keene Schwenzelpfennige machte, – warum? – Se hatte es nicht nötig, denn se hatte eenen alten dicken Rentier, von den zog se so viel se man immer wollte. Mir ließ se machen und nehmen, wat ick wollte. Davor war ick ihr ooch jefällig, besorgte ihr reines Wasser un machte ihr det Holz kleen, damit se keene rauhen Hände kriegen konnte. Also das war nur jut, bis eenes scheenen Tages, ick weeß jarnich mehr warum, wir uns gehörig kabbelten. – Scheen, denke ich in meinen Sinn, du kannst lange warten, ehe ick Dir wieder was helfe. Wissen Se, liebe Schnudrichen, was se daht? Bei's Schlafengehen unter vier Oogen sagt se mir mit'n meschantes Jrinsen: „Also dicknäsig wollen Sie mit mir sind, Frau Müllern? Wenn ick morjen uffstehe, un's frische Wasser is nicht in'n Emmer, un's kleene Holz liegt nich uff'n Herd, wie ich's von Sie jewohnt bin, denn werde ick mal morjen Vormittag bei de Frau Kommerzienräthin eenen janzen Roman von de Aussteuer von de Kinderfrauendöchter erzählen! Jute Nacht, schlafen Se wohl!"

Frau Schnudrich: I über so'ne Boshaftigkeit! Na, Sie natürlich –

Frau Müller: Mußte mir fügen, un ihr so bedienen, als hätte ick die reene Uffwartestelle bei ihr.

Frau Schnudrich: Is es wohl die Möglichkeit!

Frau Müller: Dieses unnatürliche Verhältnis spielte wohl so en Wochener sechse, bis es uff eenmal anders wurde. Eines Abends, de Kommerzienräthin war bei de Italiener, kommt späte noch ein Brief von des Mächen ihren Dicken, mit ne wartende Antwort druff. Ick denke, de Minna wird wohl vorn find, un mal wieder in Madam ihren Nähtisch kramen, un jehe vor, – aber keene Minna! Ick jehe immer weiter, durch 5-6 Stuben, noch immer keene Minna – endlich klinke ick in alle Unschuld de Schlafstube von'n Herrn uff, un wat sehe ick?

Frau Schnudrich: Nanu, wat denn?

Frau Müller: De Minne und den Kommerzienrat, – aber wie?! – Ick also janz perplex, stelle mir rot, sage bloß: „Ach so!“ und jehe rücklings aus de Stube.

Frau Schnudrich: Nu war se jeliefert.

Frau Müller: Un des richtig. Kaum bin ick in de Küche zurück, kommt se mir nachjestürzt, fliegt mir an den Hals, – beste Müllern hinten un beste Müllern vorne – drängelt mir eenen Fünfundzwanzig Talerschein von'n Herrn uff, aber keen Sterbenswort an ihren Dicken verraten, det mußte ick ihr zuschwören.

Frau Schnudrich: Na, und Sie schworen?

Frau Müller: Jewiß, der Schein stimmte mir barmherzig! Denn hier war der Schein nich jejen ihr – sondern für mir! Seit diese Zeit is de pure Herzlichkeit zwischen ihr un mir un den Kommerzienrat, un meine Dochter kann sich nich beklagen.

Frau Schnudrich: Der Witz is richtig.

(Während der Unterhaltung sind die ihnen anvertrauten Kinder ohne Aufsicht herumgelaufen; ein kleines Mädchen gleitet auf den regennassen Steinen aus, rollt mehrere Stufen der Treppe herab und schlägt sich die Stirn blutig.)

Frau Schnudrich (sieht es): Herrjes, Müllern, Ihr Kleenstes!

Frau Müllern (holt das lautschreiende Kind herbei, bindet ihm ein Taschentuch um die Stirn, nimmt es auf den Arm und stürzt wütend auf seinen größeren Bruder, der mit einer Peitsche mehrere Schritte davon entfernt spielt; sie entreißt ihm dieselbe, haut ihn derb damit, daß er ebenfalls zu brüllen anfängt, und reißt ihn dann am Arm zu Frau Schnudrich): Nee, nu bitte ich Ihnen, liebe Schnudrichen, haut dieser Bengel sein Schwesterchen mit den Peitschenstiel – o – o – armes Tildeken, – heele Kätzken, heele, – warte imfamigter Bengel, das wird Papa'n jesagt, warte! Du bist ja schon der reene Dodtschläger.

Frau Schnudrich: Aber, Müllern, der Kleene hat ja nich –

Frau Müller (leise): Ei weh! Haben Sie een zartes Jewissen! et is doch besser, der Junge kriegt zu Hause seine Keile, als ick selber een Rüffel.

Frau Schnudrich: Da haben Se ooch Recht.

Frau Müller: Was die Jöhre blutet, ick werde ihr man zu Hause dragen, sonst kriege ick noch Flecke in meine neue Jacke. Bleiben Se jesund, liebe Schnudrichen (geht mit den beiden schreienden Kindern ab).

Die in dieser Szene liegende Erbitterung gegen schlechte Dienstboten kam in der Mitte des 19. Jahrhunderts noch in mehreren ähnlichen Schriftwerken zum Ausdruck. In einer Szene von E. Jacobsohn und H. Salingre geraten Hausfrau und Mädchen heftig zusammen:

Eulalia, Guste kommen zankend durch die Mitte.
Guste: Das wollen wir doch mal sehen –
Eulalia: Stille biste. –
Guste : I vor was denn, un nu gradenich!–
Eulalia: Du wirst ja sehen, wer Recht behält.
Guste: Na, Sie doch lange nich – das wäre ja noch schöner. Sie wollen mit mir Pöbel anfangen, da müssen Sie doch früher ufstehn; und nich ne Stunde bleib' ich länger in Ihren Dienst.
Eulalia: So mitten im Monat, da könnte jeder kommen, den Funfzehnten kannste uffsagen und den Ersten ziehste, und nich 'ne Minute früher. –
Guste: Na ich werd mir das schon so einrichten, daß Sie mir jerne gehen lassen, und wenn ich Ihnen alle Töppe entzwei schlagen soll, die Suppe versalzen, Holz stehlen lassen, und alle Tage een Dutzend Teller klein kriegen soll. Sie sollen zuletzt Gott danken, wenn Sie mir los sind.
Eulalia: Is nich, was du entzwei schlägst, wird dir von's Lohn abgezogen.
Guste: I, so viel Lohn soll ja jarnich aufzutreiben sein, wie ich Geschirr klein machen kann –.

Hosemann:
Küche mit Sandjunge, 1847.

Glaßbrenner hatte doch versucht, auch den meist recht schwer arbeitenden Dienstboten gerecht zu werden. Er hatte vor allem erkannt, wie schwer es die Mädchen für alles in den einfacheren Bürgerfamilien hatten.

Fürs Gesinde gabs im 18. Jahrhundert z.B. in fast allen Herrschaftshäusern nur einfache Schlafbänke, pritschenartige Gestelle, auf denen zwei Mägde zusammen schlafen mußten. Noch hundert und mehr Jahre später mußten die Dienstboten mit ähnlichen Schlafgelegenheiten in irgendeinem Winkel oder auf dem berüchtigten Hängeboden vorlieb nehmen, zu dem sie auf eine Leiter emporklettern mußten, in dem kein Mensch aufrecht stehen konnte und der oft weder Licht noch Luftlöcher besaß.

Glaßbrenner hatte das wohl erkannt und hieß es nicht gut. Ihm war es nicht um den billigen Erfolg beim Publikum zu tun. Er redete nicht seinen Leserinnen nach dem Munde. Gemütvoll und künstlerisch ehrlich, versenkte er sich in das Leben seiner Motive. Sehr hübsch ist das kleine Intermezzo, das er von dem Berliner Dienstboten und von dem Sandjungen erzählt. Die Sandjungen waren bis in die neunziger Jahre stehende Figuren im Straßenleben. Sie kamen gewöhnlich aus den Rehbergen im Norden oder aus Schöneberg und Rixdorf mit dem weißen Sand, der auf die weißgescheuerten Dielen gestreut wurde. Mit dem Ruf: „Sand, weißen Sand!“ zogen sie von Haus zu Haus und Hof zu Hof. Mit den Mädchen machten sie ihren Scherz:

„Ju'n Morgen, Jungfer!“
„Ich bin Deine Jungfer nich!“
„Na worum den nich? Ick habe Ihnen doch noch nischt jedahn!“

Hosemann: Dienstbotenlust und -leid.

„Nee, aber Du kannst mir Mamsell nennen."
„Ach so, als wie Mamsell? I herrjees, hör'n Se mal, dadruf kann et mir ja nich ankommen. Jeben Se mir en Dreier mehr uf de Molle (Mulde) und ick will Ihnen Fräulein titelieren."
„Is jut, is jut! Laß' man Deine Witze sind un schüttele den Sand hier in die Tonne!"
„Schöne!"
„Aber wenn wieder so viele Steene drinn sind wie't vorje Mal, denn haste zum letzten Mal Sand hergebracht!"

Eine ganze Anzahl von Anekdoten, die Glaßbrenner aufschrieb, schilderte ohne Bitterkeit die geistige Armut der Dienstboten. In einer erzählt er von einem Mädchen, das Obacht geben sollte auf die Haustochter, die abends bei Licht im Bette las. Das Mädchen hatte Auftrag, das Licht stets auszulöschen, damit die Tochter nicht im Schlaf verbrennen könne. Eines Abends kam sie mit entsetztem Gesicht zur Hausfrau gestürzt:

„Madam! Madam!"
„Was ist?" rief die erschreckt.
„Wat soll ick blos machen? Fräulein hat das Licht alleene ausjepust't?!"

In den späteren Schilderungen wird der Berliner Dienstbote nicht nur als dumm, sondern als böswillig hingestellt. So auch in dieser:

Sonntag nachmittags: Frau und Tochter wollen ausgehn.
Rechnungsrätin: Du bleibst also zu Hause und paßt mir auf.
Mädchen: Amüsieren Sie sich man jut. Das Haus werde ich derweile schon verwarten. Verlassen Sie sich auf mir. (Als sie fort sind:) Jott sei Dank! Mein Wilhelm holt mir um viere nach Moabit ab.

Ganz unrichtig war das nicht gesehen und wiedergegeben.
Daß die Berliner Dienstboten nicht den sonst üblichen und gewünschten Respekt vor der Herrschaft haben, ist aus den vielfachsten Verhältnissen zu erklären. Was ist in Berlin meist eine Herrschaft? Eine dem besseren Mittelstand angehörende Familie, die oft recht im Lebenskampf bedrängt wird, die sich nach vielen Seiten einschränkt und von einem Dienstmädchen die vielfältigsten Talente und Fähigkeiten verlangt. Das Mädchen muß kochen, Zimmer säubern, waschen, nähen, flicken, Zofendienste leisten und als Kindermädchen sich bewähren. Solche viele Dinge sind nur von befähigten Menschen zu verlangen – aber die drängen sich nicht zum Dienstmädchenberuf. Die finden gewöhnlich Berufe leichterer Art, in denen ihre Intelligenz besser gewürdigt wird. Allerdings gibt es in der großen Stadt auch genug wohlhabende Häuser, in denen eine größere Anzahl von Angestellten beschäftigt wurden. In manchen Häusern gab es Hausdamen, die an Stelle der Hausfrau alles Häusliche besorgten, indes die Dame ihren gesellschaftlichen Pflichten nachging. Dann gab es Zofen – Zofen für die Mütter und für die Töchter. Auch die Künstlerinnen hatten ihre Zofen. Heute nennt man die Zofen Haus- oder Stubenmädchen. Sie sind meist nur dort, wo ein Diener oder eine Köchin und eine Aufwärterin die eigentliche Hausarbeit leisten. Eine Zeitlang wurden zu alten Da-

men Gesellschafterinnen gesucht, meist junge Mädchen aus verarmten Familien, die dann viele Lasten mit den kränkelnden nervösen Damen auf sich nahmen. Jetzt nimmt man meist „Schwestern", junge gebildete Mädchen, die in der Krankenpflege vorgebildet sind. Solche Mädchen werden auch in der Kinderpflege vorgezogen, während die früheren Generationen die Kinder meist älteren Frauen überließen – wohl in der Annahme, daß die alles Notwendige aus Erfahrung wüßten, und doch getäuscht; denn die alten Frauen brachten auch unendlich viel Aberglauben und Angewohnheiten mit ... In neuerer Zeit gehen vielfach besser ausgebildete Mädchen als Stütze der Hausfrau. Sie lehnen es ab, grobe Arbeit zu machen. Erst, wenn sie verheiratet sind – oft mit dem Gärtner oder Pförtner in irgendeinem Landhaus der westlichen Vororte –, bringt sie des Lebens Notwendigkeit dazu, ohne Scheu jene Arbeit zu machen, die sie vorher abgelehnt. Diese Haushalte sind jetzt typisch. In ihnen ist meist eine „Stütze", ein Hausmädchen und die Pförtnersfrau beschäftigt. Die gleichwertigen Haushalte in der Stadt begnügen sich fast immer mit einer Stütze und einem Mädchen. Die Stütze ist jetzt überall zu finden. Und heiratet sie nicht oder wird sie Witwe, dann führt sie irgendwelchen Herren mit mehr oder weniger Geschick den Haushalt. Dies tun jedoch nicht nur ehemalige Dienstboten. Auch verarmte Damen suchen oft als Wirtschafterinnen ihr Auskommen in der Erkenntnis, daß Arbeit immer ehrt.

Die meisten Dienstboten führten früher, besonders vor 1848, ein außerordentlich arbeitsvolles und dürftiges Leben. Die Frauen hatten es eben noch leichter, Dienstboten zu bekommen. Die Fabriken und Geschäfte verbrauchten noch nicht so viel Menschen wie heute. Für ein Mädchen aus dem Volke gab es kaum einen anderen Beruf, als Dienstmädchen zu werden. Wenn ein Mädchen nicht durch eine der Stellenvermittlerinnen eine Stellung erhielt, las sie das Intelligenzblatt, das an mehreren Stellen in der Stadt seine Inseratenseiten anschlagen ließ. Auch lag es in vielen Wirtschaften aus. Die Mädchen von auswärts mußten in bestimmter Zeit in Stellung sein, sonst mußten sie die Stadt verlassen. Aber diese Ausweisungen wurden oft umgangen. Kupplerinnen meldeten sie als ihre Dienstboten an. Dann wurden sie wohl von jungen Auskultatoren und Referendaren vernommen und ermahnt – worüber sie nicht wenig erstaunten: So junge Herren und schon Tugend predigen! –

Hosemann: Köck und Guste.

Jener, die Dienstboten geblieben waren, harrte das Los der Mädchen aus dem Volke: Die Dienstmädchen wurden meist von solchen Kleinbürgern und Arbeitern geheiratet, die wie sie selbst vom Lande stammten. Oft hatten sie vorher Verhältnisse miteinander, oft blieb das nicht ohne Folgen, aber oft führten die Verhältnisse auch zur Ehe.

Das gleiche war der Fall bei den Verhältnissen, die sich leicht zwischen den Fabrikarbeitern und Dienstmädchen bildeten. Man war in den auch für damalige Zustände großen Mietshäusern zusammen aufgewachsen. Nicht nur Arbeiterfamilien wohnten dort, sondern auch allerlei Volk. Schänken mit Mädchenbedienung befanden sich in der Nachbarschaft. Das Schlafstellenunwesen war weit verbreitet. Die niedrige Prostitution hauste oft auf gleichem Flur mit den anständigsten Familien. So wurden dann die Mädchen früh gewitzt – und hatten wohl im sechzehnten Lebensjahr schon einen „Bräutigam". Nicht immer ging das gut ab. Die Regel war aber doch wohl, daß die beiden jungen Leute zeitig zusammenzogen und auch zeitig heirateten. Das heißt: die Dienstboten heirateten wohl meist nicht so frühzeitig. Es war bei ihnen Sitte, sich eine Aussteuer zu verdienen. Auch heute ist das noch manchmal der Fall. Aber die meisten Mädchen, die heute als Dienstboten gehen, denken nicht an die Zukunft. Sie verspielen ihren Lohn, kaufen bei jeder Gelegenheit Ansichtskarten und teure Geburtstagsgratulationen, tragen auch die neuesten Hutformen – allerdings meist in höchst geschmacklosen und überladenen Nachahmungen – und geben einen großen Teil ihres Lohnes für die Stellenvermittlerin und für die Kosten des fortwährenden Stellenwechsels aus. Unerhört viele von ihnen sind von der modernen Unruhe besessen. Um der geringsten Dinge wegen geben sie eine Stelle auf – immer im Glauben, das nächste Mal eine ideale Herrschaft zu bekommen, sich zu verbessern. Schließlich wird ihnen die monatliche Veränderung schon fast zur Gewohnheit. Und da das Mädchen oft getäuscht worden ist – viele Hausfrauen haben leider die üble Taktik, dem Mädchen beim Mieten zu erzählen, daß es fast gar nichts zu tun habe – so wird es dreist und fragt jede Dame erst nach der Zahl der Kinder, der Zimmer usw. Die Damen sind darüber entrüstet. Aber schließlich: Das Mädchen hat doch die Arbeit zu leisten und ein Recht, sich solche Arbeit auszusuchen, die seine Kräfte nicht übersteigen. Daß die Verhandlungen nicht immer in den Formen geschehen, die von den Damen untereinander beachtet werden, ist auch begreiflich. Wenn so ein Mädchen einer vielfachen Mutter spöttisch ins Gesicht lacht: „Ich danke – fünf Kinder! Jeben Se man mein Buch her!" dann wird sich die Mutter wohl verletzt fühlen. Aber Menschen, die solche groben Arbeiten verrichten müssen wie die Dienstboten, werden selten sich feinere Umgangsformen aneignen – oder sie werden unehrlich kriechen und unaufrichtig, katzenfreundlich.

Hosemann: Dienstboten um 1850.
Der Herr Fischer ist nationalversammelt und setzt alles daran, jenes Mißtrauen zu besiegen, welches Wirths Röschen, Julchens Nachfolgerin, gegen sein neues Zweikammersystem hegt.

Solange die Dienstmädchen, wie in sehr vielen Fällen, 16 Stunden und mehr anderen Menschen zu Dienst sein müssen, solange sie keine bestimmte Arbeitszeit und keine bestimmten Freistunden haben, solange sie nie ihre eigene Meinung äußern dürfen und dem längst veralteten Gesinderecht unterstehen, also sogar gezüchtigt werden dürfen, werden sich nur die derberen und schwerfälligeren Elemente diesem Berufe zuwenden. Intelligentere Mädchen haben heute lockendere Laufbahnen. Als Geschäftsmädchen, als Warenhäuslerin, Schreibmaschinistin und Beamtin können sie moderner leben.

Gesetze, die Arbeitszeit, Ruhestunden und das ganze Arbeitsrecht der Dienstboten regeln, werden vom Reichstag beraten. Manche weibliche Abgeordnete der Linken scheinen den Dienstboten zu viel Idealismus zuzutrauen, scheinen nicht zu wissen, daß die Hausfrauen es meist mit einem sehr minderwertigen Material zu tun haben, das erzogen, ständig angeleitet und beobachtet werden muß. Den meisten Dienstboten schadet eine gewisse straffe Hand nichts. Sie lernen dann wenigstens wirtschaften und bringen in ihre spätere Ehe und Kenntnisse mancher Art, die sonst nie ins Volk gedrungen wären. Wohl gehen in die besseren Stellen, als Stütze oder als Hausmädchen, noch intelligente Kräfte. In besseren und größeren Haushaltungen haben sie es auch leichter, haben sie oft eine freie Stunde. Aber sie müssen auch sehr häufig bis in die späte Nacht zur Verfügung stehen, weil die Herrschaft Gäste empfängt. Auch müssen sie alle Launen der nervösen und aufgeregten Damen ertragen können. Sie tun das ja auch gern. Denn sie leben in einer molligen Schmarotzerstellung. Bis zu einem gewissen Grade nehmen sie an dem mehr oder weniger üppigen Leben der Herrschaft teil, essen gut und reichlich, kennen nicht die soziale Unsicherheit der anderen Berufe, bekommen oft die nur wenig getragenen Garderobenstücke der Gnädigen geschenkt, erhalten von den Gästen viel Trinkgelder – dafür sind sie dann schon Dienstboten. Solche Mädchen in den größeren Haushaltungen von Berlin W. und in den Villen der westlichen Vororte haben dann wohl ein Einkommen, das höher ist als das vieler Geschäftsmädchen. Wenn Wohnung, Beleuchtung, Wäsche und Geschenke gerechnet werden, kommt ein Gehalt heraus, wie es nur wenige weibliche Angestellte beziehen. Vor allem: Die Mädchen in den mittleren Klassen erhalten fast ohne Ausnahme das gleiche Essen wie ihre Herrschaft, werden also so gut beköstigt, wie ein Geschäftsmädchen sich nie allein beköstigen kann. Aber: Sie ist dafür Haussklavin, muß um sechs Uhr früh aufstehen, ob sie sich wohl fühlt oder nicht, muß Feuer machen, Heißwasser besorgen, Eß- und Herrenzimmer reinigen, erstes Frühstück kochen, die Kinder anziehen helfen und in die Schule besorgen, Schuhe und Kleider reinigen, Kinder- und Schlafzimmer säubern und in Ordnung bringen, einholen – das ist noch eine Erholung, denn im Grünkramladen, beim Schlächter und beim Kolonialwarenhändler wird meist ein wenig geschwatzt – Gemüse und Obst putzen, Mittag bereiten, Fleisch und Speisen braten, servieren – und nach dem Essen sofort abwaschen. Nur in ganz wenigen Familien darf das Mädchen sich beim Essen ein wenig ausruhen. Gewöhnlich muß sie sofort Kaffee kochen, dann die Küche aufwischen und ordnen und nachher Strümpfe stopfen, kleine Stücke waschen und plätten, einkochen oder mit den Kindern spazierenfahren. Diese Ausfahrt, wobei es oft ein Kind im Wagen schieben und mehrere andere Kinder beaufsichtigen muß, wird dem Mädchen als Erholung angerechnet, während die Frau doch nicht eine Stunde lang allein mit den Kindern sein kann, ohne vollkommen erschöpft zu sein. Nach der Ausfahrt heißt es Abendbrot besorgen, decken, abräumen und abwaschen. Wie oft kommt das Mädchen nicht dazu, eine Nadel für sich in die Hand zu nehmen und seine eigenen Sachen in Ordnung zu halten! Und dann nur alle vierzehn Tage „freien Sonntag", d.h. einen Nachmittag lang von 4 bis 10 Uhr darf sie ausgehen, darf sie Schritte machen, die nicht von anderen befohlen sind ...

Hosemann: Große Wäsche (1860).

Nun gibt es ja auch genug, die streng und fest gehalten werden müssen. Die Zustände unserer Übergangszeit beanspruchen außerdem, daß eine Hausfrau nicht zuviel Rücksicht auf einen familienfremden Menschen nehmen kann, will sie ihre eigene Familie in Ordnung halten. Rücksicht – das wäre wohl das Verkehrteste. Mit liebevollem Familienanschluß und ähnlichen gefühlvollen Dingen läßt sich die Dienstbotenfrage nicht lösen. Der Bedarf ist zu groß in Berlin. Wo die Nachfrage so groß ist, werden die Begehrten stets die Bedingungen stellen. Daher der forsche Ton in den Mietsbüros – die jetzt endlich der privaten Spekulation entzogen werden. Die städtischen Behörden errichten jetzt selbst Stellenvermittlungen. Allerdings gewöhnen sich die Mädchen noch schwer hin und lassen sich lieber von den Pförtnerfrauen aufhetzen und heimlich weitervermieten – wobei die Pförtnerfrauen stets ihr Mietsgeld von Herrschaft und Mädchen bekommen.

Nein, mit der besseren Behandlung, mit menschlicher Anteilnahme allein ist es nicht getan. Wir leben nicht mehr in patriarchalischen Verhältnissen. Die Menschen isolieren sich. Hier kann nur die Entwicklung helfen. Viele Herrschaften nehmen sich Diener, weil die umsichtiger, gewandter und leistungsfähiger als Mädchen sind. Auch wird ja den Mädchen durch die Zentralheizung, Gasherde, Teppichklopfanstalten, Waschinstitute usw. viel Arbeit abgenommen. Hier wird wohl die Zukunft liegen: in der Entlastung des Haushalts durch Unternehmungen, die einen großen Teil der Hausarbeit leisten. Wir werden amerikanisch werden müssen. Drüben ist ja manch wohlhabender Mann oft sein eigener Dienstbote, putzt sich seine Stiefel selbst, bürstet seine Kleider selbst, reinigt rasch das gebrauchte Geschirr am Abwaschtisch mit fließendem Wasser – und verfällt durchaus nicht der Verachtung, wird nicht irrsinnig davon. Vielmehr wird der Kopfarbeiter bei dieser Tätigkeit von seiner Einseitigkeit entlastet und eine Harmonie des Gemüts stellt sich ein, wie sie sonst nur eifrigen Sportsleuten eigen ist.

Soviel über die Dienstboten geklagt wird – das wird doch jeder zugestehen, daß er auch schon solche gehabt hat, die er nur ungern gehen ließ. Ein Schriftsteller erzählt: Eins der ersten Dienstmädchen, die wir hatten, war die schöne Emma. Alle Künstler lobten ihr feines Gesicht, ihre prächtigen schwarzen Haare und ihre Haltung. Sie besorgte alle grobe Arbeit, hing an unserem ersten Jungen, der etwa ein Jahr alt war, mit sonderbarer Innigkeit und duldete nicht, daß meine Frau, die in einem natürlichen, aber leidenden Zustand war, irgendeine schwere Arbeit machte. Und stets hatte sie weiße, gut gepflegte Hände! Außerdem kochte sie mit besonderer Freude und so gut, daß die verwöhnten Wiener, die uns besuchten, entzückt waren. Schließlich aber wurde sie rebellisch. Meine Frau mußte sie entlassen. Als sie fort war, ließ sie durch die Schlächterfrau bestellen, sie hätte einen Sohn, der am gleichen Tag wie der unsere, nur ein Jahr früher, geboren sei. Sie müsse mehr Kostgeld als bisher für ihn zahlen, wolle aber von meiner Frau nicht mehr Lohn fordern. Sie hätte also fortgemußt, sie hätte mehr Lohn haben müssen – der rote Husar, der Vater ihres Kindes, sei nie aufzufinden –, und meiner Frau wäre sie doch eigentlich die Wahrheit schuldig gewesen.

Dann hatten wir eine kleine Pommerin, die sich von der Portierfrau aufhetzen und weitervermieten ließ. Aber sie hatte stets, wenn sie mit den Kindern auf die Wiesen fuhr, Kränze geflochten und den Wagen bekränzt. Und als sie ging, weinte sie, weil sie die Kinder verlassen mußte.

Welche weinte überhaupt nicht! Die dicke Martha aus Westpreußen, die flattrig und leichtsinnig war, ihr Geld in lauter Spielereien und auf Tanzsälen verschwendete und nicht einmal ordentliche Leibwäsche besaß – bis wir ihr ins Gewissen redeten und Theaterkarten schenkten. Da wurde sie fast geizig vor Sparsamkeit. Auch die Polin, die ich gleich in den ersten Tagen überraschte, wie sie aus den

Hosemann: In der Küche (1860).

Hosemann: Reinemachen (1860).

Kästen Kinderwäsche und allerlei Kram stahl, das sie in die Heimat für ihr Kleines schickte – die Schützenliese, die jeden Abend mit den Schützen herumzog und schließlich mit ins Manöver ging – die treue und tüchtige Martha aus dem Spreewald, die so arbeitsam und ordentlich wie selten ein Mensch war, und an die unsere Kinder heute noch mit Liebe denken – die kluge Lene aus Lichterfelde, die mit ihren sechzehn Jahren soviel leistete wie eine fünfundzwanzigjährige, die aber auch schon mit dem Monteur im Neubau sich herumdrückte – die andere Lene aus der Altmark, die einen Schatz zu Hause und einen Unteroffizier in Potsdam hatte: „Man muß doch versuchen, wer zu einem paßt!" – Frieda, die zu einer „feinen" Herrschaft wollte, wo sie dann mit mehreren anderen Mädchen zusammen war und sich in der Domestikenstube so gedrückt fühlte, daß sie stets zurück wollte zu uns – die böhmische Rosa, die aus Neid auf ein von uns sehr geschätztes Kinderfräulein weggelaufen war und eines Abends spät ankam und nicht wieder fort wollte, weil sie Heimweh nach mitfühlenden Menschen hatte – das ostpreußische Fräulein, das fast den ganzen Lohn an die Familie schickte – ihr einst reich gewesener Vater lag krank – das Fräulein aus Oberbayern, die Verwandte eines bekannten Literaturprofessors, die sich vor keiner Arbeit scheute, die unzählig viele Schnurren im Kopf hatte und so schön mit den Kindern spielte, ihr Gemüt mit all den süddeutschen kleinen Innigkeiten und Aufmerksamkeiten erwärmte, die aber dann plötzlich nach Hause mußte, weil ihre Mutter schwer erkrankt war – sie alle weinten beim Abschied von den Kindern.

Inzwischen ist diese Sentimentalität ganz wesentlich verringert worden. Der Krieg hat auch hier vieles geändert. Besonders die Ehrlichkeit der Dienstboten hat außerordentlich gelitten. Wohl gab es auch vor dem Kriege Köchinnen und Mädchen für alles, die gern selbst einkauften und entweder beim Händler ihre Prozente bekamen oder sich selbst heimlich Prozente anzurechnen wußten bei der Abrechnung mit der Hausfrau. In Haushalten, in denen die Frau selbst einkaufte oder genau war, blieben sie eben nicht. Lily Braun, die nicht gern was mit den kleinen Alltagssorgen zu tun hatte, ist oft durch solche Rechenkünstlerinnen in größere Sorgen um das Herbeischaffen des notwendigen Haushaltsgeldes gebracht worden. Aber eine so allgemeine Angst vor unehrlichen Dienstboten wie jetzt hatte die Hausfrauen noch nicht erfaßt. Manche Mädchen mögen durch die gar zu geringen Löhne, die keine nennenswerte Anschaffung von Kleidungsstücken erlaubt, zur Unehrlichkeit getrieben werden. Da aber die meisten Herrschaften die Sorge für die Kleidung der Mädchen mit übernommen haben, handelt es sich bei den meisten Diebstählen nur um Unehrlichkeit, um Sucht nach mühelosem

Gewinn, der in leichtsinniger Weise verschwendet werden soll. Gewöhnlich werden die Mädchen von Dritten angeleitet, meist natürlich von gewerbsmäßigen Dieben, die mit den Mädchen ein Liebesverhältnis beginnen. Manchmal aber werden die Mädchen auch betrogen, von einem Helfershelfer des Spitzbuben mit Liebesbeteuerungen und allerlei Vorspiegelungen aus der Wohnung gelockt und auf diese Weise unfreiwillige Helferinnen bei Verbrechen.

Ein ganz typischer Fall war der Juwelen-Diebstahl bei der Opernsängerin Barbara Kemp im Jahre 1922. Die Künstlerin hatte während einer Gastspielreise ihre Juwelen in einem Stahlgeheimfach in ihrem Schlafzimmer sorgfältig verschlossen. Trotzdem wurden sie ihr gestohlen. Ein in den Verdacht des Diebstahls geratenes Dienstmädchen der Sängerin bestritt mit großer Entschiedenheit jede Schuld und suchte den Verdacht auf andere Angestellte abzulenken. Nach einigen Monaten aber beschlagnahmte die Polizei einen Brief, den das Mädchen an ihre Mutter in Breslau gerichtet hatte. Die Absenderin kritisierte darin die Berliner Dienstmädchen äußerst scharf: Diese Mädchen könnten nichts als essen, trinken, schlafen, spazierengehen und „klauen". Das „klauen" hatte sie dick unterstrichen. Das zog den Verdacht von neuem auf sie und das Mädchen wurde nochmals verhört. Sie räumte schließlich den Diebstahl bei Barbara Kemp ein. Allerdings habe sie nicht aus eigenem Antriebe gestohlen, sondern sei veranlaßt worden durch eine Gemüsehändlerin, die ihr die Stellung bei der Künstlerin nur zu dem Zwecke besorgt hatte, die Juwelen zu stehlen.

Viel schlimmer lag ein Fall, der an minderwertige amerikanische Kinodramen erinnert. Einem Kaufmann waren zu verschiedenen Zeiten eine Kassette mit 30.000 Mark, eine Brieftasche mit Dollarnoten, eine goldene Uhr und andere wertvolle Gegenstände geraubt worden. Erst nach Monaten wurde die dreizehnjährige Tochter des Kaufmanns als Täterin ermittelt. Sie wurde bei einem Selbstmordversuch aus der Spree gefischt und gab schließlich an, warum sie sich das Leben nehmen wollte: Von einer ehemaligen achtzehnjährigen Hausangestellten war sie zu den Diebstählen bei ihrem eigenen Vater verleitet worden. Das Dienstmädchen hatte der Schülerin auf dem Heimwege von der Schule aufgelauert und ihr gedroht, sie werde einen Diebstahl, bei dem ihr die Schülerin geholfen haben solle, anzeigen. Auch brauche sie Geld, um die Kriminalbeamten zu bestechen. Um die Kleine willfährig zu machen, schilderte sie ihr alle Schrecken des Zuchthauses. In ihrer Angst beraubte die Schülerin den eigenen Vater und gab die Beute der Erpresserin, die den Erlös mit ihrem zwanzigjährigen Geliebten in luxuriösen Nachtlokalen verpraßte. Nach dem Geständnis des an einem schweren Nervenfieber erkrankten Kindes wurde das Dienstmädchen verhaftet, als es abermals auf dem Schulwege nach seinem Opfer Ausschau hielt. – Es ist gar nicht ausgeschlossen, daß durch den Besuch schlechter Kinostücke allerlei solche rohen und phantastischen Verbrechertricks in den unreifen Köpfen der jungen Dienstboten erzeugt werden.

Döring und die Frieb-Blumauer in Benedix' „Dienstboten".

Dazu kommen natürlich auch noch allerlei andere Strömungen. Es ist nicht nur der Weltkrieg mit seinen verrohenden Folgen. Wir müssen auch gewisse Zeitströmungen erkennen. Das Zugehörigkeitsgefühl zur Familie, bei der ein Dienstbote dient, ist so gut wie ver-

Landwehrmann und Amme (um 1860).

schwunden. Selten haben auch die Hausfrauen die Fähigkeiten, die Mädchen an sich zu fesseln. Das fällt allerdings bei der allgemeinen Unrast, die auch die Hausangestellten erfaßt hat, außerordentlich schwer. Ganz wesentlich aber wird ein beiden Teilen nützlicher und wohltuender Zusammenhang erschwert durch gewisse kommunistische Instinkte, die auch in die Dienstbotenwelt eingedrungen sind. Sie werden nicht dahin verstanden, daß die Mädchen nun am höheren Leben der Dame, etwa auch an Bildungsbestrebungen teilnehmen wollen oder daß sie irgendwie Verpflichtungen gegen die Allgemeinheit fühlen. Sondern sie zerstören in dummdreister und törichter Weise das Eigentum ihrer Herrschaft. Außerordentlich häufig ist jetzt das Mädchen, das sich Wäschestücke und Strümpfe der Frau aneignet, bei der sie dient – nicht aber, um nun ernsthaft Vorteile zu haben. Sie tragen die Strümpfe acht bis zehn Tage lang, bis sie gründlich zerrissen sind. Dann werfen sie sie in den Müll oder verstecken sie in einer Ecke, anstatt sie zu waschen und zu stopfen. So treiben sie es, bis der Vorrat ihrer Dienstgeberin ziemlich erschöpft ist und ziehen auf eine andere Stelle, wo das gleiche Treiben von vorn beginnt. Es mag kleinlich scheinen, auf solche Dinge einzugehen. Aber sie sind charakteristisch, sind ein Zeichen allgemeiner Verwahrlosung. Anstatt in unsern gedrückten Zeiten mit allem, was vorhanden ist, vorsichtig und liebevoll umzugehen, wird in allen Dingen drauflosgewütet. Die Mädchen wüten nicht nur mit dem Gut der Familien, in denen sie arbeiten. (Das Strumpfbeispiel ist nur ein kleines.) Sie wüten auch mit ihrem eigenen Körper und mit ihrer Seele. Wenn sie schon die Frucht eines Liebesverhältnisses spüren, so haben sie weder Ehrfurcht vor dem Werdenden noch vor dem Mütterlichen in sich und zerstören in roher, sich meist selbst schädigender Art die Folgen einer zärtlichen Stunde.

Eine fast unübersehbare Reihe von solchen Mädchen, die von der allgemeinen Verwahrlosung besessen sind, könnte ich aus den Hausangestellten meiner Bekannten vorführen. Typisch war die blonde, bauernblütige und überreife Hedwig aus dem westlichen Deutschland, die derb und offen und ein wenig tölpelhaft ihr Wesen trieb, nachts aus dem Fenster kletterte und morgens auf einer Leiter einstieg. Nach einer gewaltsam herbeigeführten Fehlgeburt, während der sie liebevoll gepflegt wurde, verschwand sie plötzlich. Andere, die aus dem Osten stammten, wußten verschlagener vorzugehen. Sie bekamen meist Briefe von den Angehörigen, sie müßten nach Hause kommen. Die Mutter sei krank – oder sie müßten im Felde helfen. So wußten sie immer rechtzeitig zu verschwinden, wenn ihnen die Stellung zu brenzlich wurde, wenn man dahinter kam, daß sie allerlei fremdes Eigentum sich angeeignet hatten oder sie irgendwelche Folgen ihres Lebenswandels verwischen wollten.

Viele Hausangestellte aber wechseln nur so oft, weil sie den Anforderungen der Hausarbeit nicht gewachsen sind. Wie jene schwächliche Witwe eines Kriegsgefallenen aus dem Harz, die sich an die vielfachen Erfordernisse eines besseren bürgerlichen Haushaltes nicht mehr gewöhnen konnte und alles auf die einfache Art ihres einstigen Arbeiterhaushaltes einstellen wollte. Sie war gedrückt und weinte oft, weil sie sich in bessere Zustände nicht hineinfinden konnte. Das führte unwillkürlich zu gegenseitiger Unzufriedenheit. Wo aber eine Hausangestellte einigermaßen guten Willen zeigt, wo sie den richtigen Ton findet, wird sie sofort auch gewürdigt und geschätzt. Nie wird jene deutschböhmische Hedwig aus Bodenbach vergessen werden, die im zweiten Kriegsjahre zu uns kam. Sie griff heiter zu, war rührig, schaffte ihre Arbeit so leicht, daß sie jeden Nachmittag mit den an ihr hängenden Kindern in den Wald gehen konnte; dort fanden sie Trüffeln und Reitzker und Champignons und andere Pilze und kamen, bekränzt und mit Blumen geschmückt, mit großen Körben voll Sammelgut zurück. Sonntags aber gings gemeinsam nach einem westlichen Wald oder See, wo abgekocht wurde. Das arme Mädchen starb jäh an den Folgen eines Kropfes, den sie verschwiegen hatte.

Dienstbotenvergnügen um 1860.

Die Hausfrauen haben ihre Ansprüche wesentlich herabgeschraubt. Sie sind zufrieden, wenn sie ein einfaches, weniger kultiviertes Mädchen aus den östlichen Gegenden für die grobe Arbeit bekommen – und halten sie jahrelang, wenn sie nur einigermaßen ehrlich ist. Sie sehen einem solchen dummen Mädchen, das nicht einmal Wäsche plätten kann oder sonst eine etwas anspruchsvolle Arbeit nicht versteht, alles mögliche nach. Wie der kleinen Anna aus Wriezen, die am liebsten mit der Haustochter plaudert, heimlich für sie sorgt, ihr das Frühstück ans Bett bringt, sonst aber das Essen ohne Verstand und Würze kocht – wie eben fast alle Frauen aus der Odergegend. Zum Geburtstag ihres Schatzes, eines Kellners aus Berlin N., aber backt sie einen großen Kuchen aus unsern Vorräten. Das alles ist selbstverständlich. –

Auch die alte dicke Frau Sch., die in einer befreundeten Familie die Hausarbeit so gut und so schlecht macht, wie es eben geht, kocht hauptsächlich für sich. Von den großen Töpfen voll, die sie auf dem Gasherd und in der jetzt häufiger als sonst gebrauchten Grude kocht, kommt höchstens die Hälfte des Inhalts auf den Familientisch; die andere Hälfte braucht sie, um ihren Umfang aufrechtzuerhalten. Da ihr dies gestattet wird, ist „unsere Madam eine gute Frau". Im übrigen ist sie, die aus einem märkischen Obstdorf stammt, bei aller robusten Realität, fromm und buchgläubig. Sie hängt in ihrer Küche einen kleinen Wandkalender auf, dessen Abreißtage stets einen neuen Bibelspruch enthalten. Nach deren Inhalt, den sie morgens ihrer „Frau" ans Bett bringt, richtet sich ihre Stimmung. Aber Zerknirschung oder Demut halten bei ihr nicht lange vor. Das widerspricht ihrer derben, vor allem auf gute und reichliche Verdauung bedachten Natur.

Vor dem Museum 1860.
Amme: Ick sage Dir, was mir Kommerzienrats an die Oogen absehn können, das geschieht. Na un wenn se mal nich wollen wie ick, denn laß ick den Balg een Bisken hungern, daß er in eensweg brüllt – denn kriegen se die Angst und sind um den Finger zu wickeln.
Jette: Das wäre soweit allens janz jut – aber als Amme hat man doch keene Nacht keene Ruhe nicht.
Amme: Keene Ruhe? – Ick drinke heimlich des Abends 'n kleenen Kümmel, der jeht jleich in die Milch; davon wird der Schreihals janz bedämelt und schlaft wie 'ne Katze bis uf'n Morgen – natürlich ick ooch! -

Auch die allzugroße Sauberkeit in den Berliner Haushaltungen läßt unter diesen Umständen nach. Die Hausangestellten lassen sich nicht mehr so kommandieren. Die Hausfrauen müssen vielfach auch bei dem meistens minderwertigen Personal mit dessen minderen Leistungen zufrieden sein – was nicht immer zum Vorteil des Volkes ist. Denn die Mädchen, die bei einer tüchtigen und ordentlichen Hausfrau längere Zeit ausgehalten haben und angeleitet worden sind, bringen so viele hauswirtschaftliche Kenntnisse in ihre spätere Ehe hinein, daß diese Schule nur dienlich ist. Zwar kommen heute nur noch wenige Mädchen in die Lage, Hausangestellte zu werden. Sie gehen in die Büros und in die Fabriken. Aber viele vernünftige Ärzte empfehlen den Mädchen und Frauen, die das anstrengende Arbeiten und Verweilen in den Fabriksälen nicht vertragen, zur gesunderen Hausarbeit zurückzukehren und Angestellte in einer guten Familie zu werden. Doch die meisten Mädchen ziehen wohl vor, einige Stunden am Tage vollkommen frei zu sein, als eine gesunde Beschäftigung zu haben. Einzelne allerdings wissen die gesunde Tätigkeit im Haushalt zu würdigen und leben wieder auf, werden von blassen, blutarmen Menschenkindern zu vollbackigen Wesen mit klar blickenden Augen. Sie wissen auch bei den immer bedrängter werdenden Wohnungsverhältnissen das gesunde Mädchenzimmer zu würdigen, das ihnen jetzt meistens zugewiesen wird. Die Schlafbänke in der Küche oder in einem finsteren Korridorwinkel sind verschwunden. Neben der Küche liegt ein zwar nicht sehr breites, aber hohes, luftiges Zimmer, in dem ein weißlackiertes Bett, ein Waschständer, ein Tisch und ein Stuhl stehen und noch Platz ist für ein Wäschespind oder eine Kommode und einen Garderobenschrank, für den Reisekorb und allerlei andere Sachen. Auf der Kommode und auf dem Tisch stehen allerlei Photographien, vom Schatz, von Freundinnen, von Kinoschönheiten, ferner Parfümflaschen, Porzellanfigürchen, Nadelkissen und – die Brennschere. Aus dem mit einer weißen Mullgardine verhängten Fenster sieht das Mädchen auf einen großen, mit Bäumen bepflanzten Gartenhof hinaus. Denn in den Berliner Wohngegenden sind jetzt alle Höfe mit gärtnerischen Anlagen geschmückt – und die Hinterhäuser heißen alle „Gartenhaus".

Die moderne Küche aber ist in besseren Häusern bis zur halben Höhe mit hellen Kacheln geschmückt, zum mindesten aber hell gestrichen. Die Möbel sind weiß lackiert. Der Herd ist ebenfalls aus weißen Kacheln, mit einer Kochplatte, mit Bratofen und Gaskochern versehen. In den meisten Fällen ist auch Zentralheizung vorhanden und kann also immer auf dem nicht rußenden Gas gekocht werden. Abends und besonders im Winter wird der Raum mit elektrischem oder Gaslicht hell beleuchtet. Das ist ein ganz anderes Arbeiten als früher! Selbst der Hausmüll braucht in manchen ganz modernen Häusern nicht mehr mühsam hinunter getragen zu werden nach dem in einem Hofwinkel stehenden Müllkasten. Nicht weit von der Wasserleitung und dem Ausgußbecken für Schmutzwasser befindet sich die Klappe des Müllschluckers. Das Mädchen öffnet ihm den weiten Rachen – und hinunterrutscht, was hineingetan wird: Asche und Kehricht, Papier, Flaschentrümmer, Speiseabfälle und Knochen. Durchgebrannte Kochtöpfe oder alte Regenschirme oder anderes Sperrgut will der Rachen allerdings nicht immer glatt hinunterwürgen und es beginnt allerlei Zetergeschrei – bis der Müllkutscher mit einem langen Draht oder Stock die unverdaulichen Dinge dem armen Schlucker wieder aus dem Rachen zieht. Aber der Müllschlucker nimmt das nicht lange übel und gestattet bald wieder der Anna unten und der Else oben, ihn als Sprachrohr zu benutzen – über das Ziel des nächsten Ausgangs, über den neuesten Hut der Gnädigen, über die letzte Lohnerhöhung – und was sonst das Herz bewegt. Noch zu vielen Dingen ist der Müllschlucker gut. Vor allem erleichtert er der „Minna" das Leben. Auch durch Teppichklopfanstalten wird den Mädchen eine schwere Arbeit abgenommen. Zahlreiche Hausfrauen geben ferner die Wäsche an die großen modernen Wäschereien zum Reinigen.

Diese Verbesserungen im Haushalt genügen aber doch noch nicht, um genügend Mädchen zu veranlassen, als Hausangestellte ihren Lebensunterhalt zu suchen. Nur wenn großer Arbeitsmangel in den Fabriken herrscht, wird das Angebot von Stellensuchenden größer. Doch auch das reicht nicht aus. So behelfen sich viele Hausfrauen mit Aufwartefrauen, mit Hilfskräften, die nur stundenweise kommen, die Zimmer aufwischen und das Geschirr abwaschen. Diese Arbeit wird von Frauen geleistet, die einen Haushalt versorgen, aber selbst noch hinzuverdienen müssen: Witwen, bei denen ältere Kinder wohnen, oder jüngere Frauen, die noch keine Kinder haben und die sich für das erworbene Geld besondere Stücke für ihren Haushalt anschaffen möchten. Solche Frauen sind weniger wählerisch in der Arbeit als viele Dienstmädchen. Sie haben die Erfordernisse des Lebens kennengelernt. –

Übrigens sind nicht alle Frauen des Bürgertums mehr in der wirtschaftlichen Lage, sich Dienstmädchen halten zu können. Viele Arzt-, Künstler- und Rechtsanwaltsfrauen und auch manche andere

Jul. Jacob: Markt am Dönhoffplatz 1878.

begnügen sich mit Aufwartefrauen für einige Tagesstunden, weil sie die Ausgaben für die Beköstigung des Dienstmädchens sparen müssen. Ist doch die Ausgabe für das Essen, das ein Mensch braucht, heute so ausschlaggebend, daß viele Hausfrauen sie nicht mehr erschwingen können. Dort aber, wo sonst zwei Mädchen im Haushalt tätig waren, begnügt man sich mit einem und mit einer gelegentlichen Hilfskraft – mal einer Wäscherin oder Plätterin, mal einer Ausbesserin. Oder es findet sich auch ein guter Hausgeist ein wie unsere Amanda. Trotzdem sie hüftschwach ist und nur schwer und mühsam vorwärts kommt, geht sie täglich ihren Weg zur Fabrik und arbeitet dort ihre acht Stunden. Wird die Arbeit knapp, werden Feierschichten eingelegt, oder ist es zu kalt und ungemütlich in ihrer Kammer, oder glaubt sie, daß alle unsere Strümpfe aufgebraucht sind, kommt sie zum Strümpfestopfen, freut sich des warmen, hellen Zimmers, des warmen Mittagessens, das ihr aufgehoben oder auch bereitet wird, genießt noch das Abendbrot und läßt sich, wenn es heißt „Schlafengehen", von der Anna nach Hause geleiten.

Sie hat sich schon von vielen Mädchen geleiten lassen. Ist sie doch schon seit Jahren gewohnt, öfter bei uns einzukehren. Und Anna ist erst seit einem Jahre bei uns. So manche war bei uns.

An Gemüt und gutem Willen fehlte es kaum einer. Aber nur zu oft an Gewandtheit und jener Intelligenz, wie sie feinere Damen brauchen. Die Damen im Westen, die besseres Personal verwenden, müssen das oft erst viele Monate exerzieren, bis es brauchbar ist. In den Haushaltungs-Schulen, die jetzt unterhalten werden, lernt das Personal gegen hohes Geld zwar allerlei.

Viele dieser Schulen locken junge Lehrmädchen an, indem sie ihnen gute Stellen nach den Lehrmonaten versprechen. Da stehen dann zehn bis zwölf Mädchen herum und sehen einmal zu, wie ein Braten gemacht wird. Einmal dürfen sie auch selbst braten oder backen. In der übrigen Zeit aber müssen die Mädchen Kartoffeln und Gemüse putzen für irgendeinen Mittagstisch, den die Inhaberin der Schule unterhält. Ab und zu gibt es dann noch eine theoretische Unterrichtsstunde. Nach einigen Monaten Lehrzeit werden die jungen Mädchen als Stütze gegen möglichst hohen Lohn vermietet – sie, die noch gar nichts selbständig machen können! Schon am dritten Tage merkt die Hausfrau, daß sie keine Stütze bekommen hat, sondern ein gänzlich unwissendes, unpraktisches, ängstliches und durchaus nicht bestimmungsfähiges Lehrmädchen, das mindestens ein Jahr lang erst in einem besseren Haushalt tätig sein muß, um überhaupt nutzen zu können. Die Hausfrau hat anstatt einer Stütze, die ihr die Last des Hausbetriebes abnehmen soll, eine neue Last hinzubekommen. Und die Eltern bekommen bald ihre Tochter zurück, von der sie glaubten, sie werde bald einen großen Jahreslohn erhalten. Die Schule war doch so teuer! Auch im Dienstbotenbetrieb erwartet man heute alles von den „Akademien". Aber die Haushaltungskunst will allein in der Praxis erobert werden – genau wie die bildende Kunst.

Und allein in der Wirklichkeit liegt die Wahrheit. Nicht in der Theorie. Und in der Wirklichkeit werden manche Hausfrauen in Berlin mit ihrem Personal mehr zufrieden sein, als sie wahr haben wollen ...

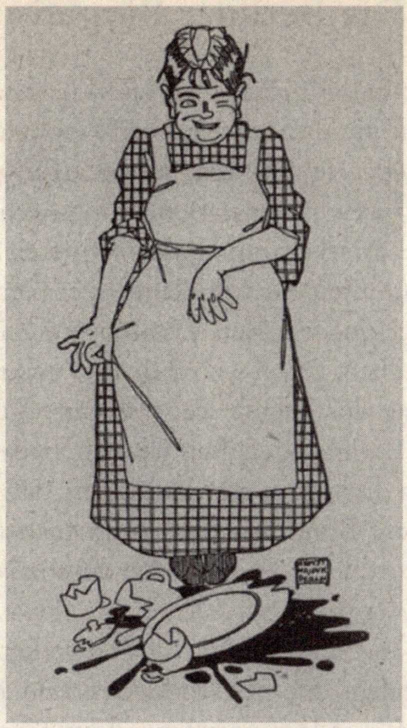

Aug. Hajduk 1910:
Det is mir aus de Hand jerutscht!

Die Berliner Bürgerin

Das Leben der Bürgerfrauen in der preußischen Residenzstadt war den gleichen Verhältnissen unterworfen, wie sie schon in den vorstehenden Kapiteln beschrieben sind. Als Berlin eine Stadt von europäischer Bedeutung wurde, war das Bürgertum ziemlich bedeutungslos geworden. Die Stadt selbst hatte stets eine gewisse Bedeutung, wenigstens für die Mark Brandenburg gehabt. Beim Regierungsantritt der Markgrafen und Kurfürsten wurde Berlin meistens als Huldigungsort bevorzugt. Die Fürsten mußten im Mittelalter die alten Privilegien, Lehns- und sonstige Rechte bestätigen, ehe sie unter der „neuen Herrschaft" wieder ihre Vollgültigkeit erlangten. Diese Bestätigung war meist selbstverständlich. Doch waren die Fürsten im gewissen Sinne auch an die Huldigung gebunden. Die Anerkennung der Rechte war also bis zu einem gewissen Grade eine gegenseitige. Da auch viele Ständetage in Berlin abgehalten wurden, hatte die Stadt schon im Mittelalter eine bemerkenswerte Geltung – die auch darin zum Ausdruck kam, daß Berlin meist an der Spitze der märkischen Städtebündnisse stand. Diese Bündnisse hatten im frühen Mittelalter den Zweck, den vom Kaiser oder vom Landesherrn angeordneten Landfrieden durchzusetzen oder zu hüten. Später kamen auch andere Gründe hinzu.

Die Bürger, insbesondere auch die selbständigen Handwerker, hatten ihr Geld in ausgedehnter Weise auf dem platten Lande angelegt. Sie erwarben Besitz in mehr als 90 Dörfern. Nicht allein Grund und Boden wurde erworben, sondern vorwiegend nutzbare Rechte, Zinse, Wagendienst usw. Und da bei der Übertragung nicht immer alle Formen gewahrt wurden, konnten um die Mitte des 15. Jahrhunderts die Hohenzollern alle diese Besitztümer anfechten und sie für den Landesherrn in Anspruch nehmen. Das traf nicht nur die reichen Patrizier, sondern hauptsächlich die eigentliche Bürgerschaft, die kleinere Teile dieser Hebungen und Nutzungen aus Lehnsgütern erworben hatte. Die gesamte Bürgerschaft war in Mitleidenschaft gezogen worden. Während sie einen Ausgleich, der das Vermögen der Stadt empfindsam betroffen hatte, stillschweigend hingenommen hatte, wurde sie, nun es jedem einzelnen an die eigene Tasche ging, erregt, störte den Schloßbau, den Kurfürst Friedrich II. unternommen hatte, wehrte den kurfürstlichen Dienern den Verkehr mit der Stadt, beschlagnahmte die Mühlen und die Zölle, setzte einen Richter gefangen und erbrach die Lehnskanzlei, um die urkundlichen Beweise vernichten zu können, aus denen der Kurfürst seine Ansprüche auf verfallene landesherrliche Lehen herleitete.

Der Kurfürst ging rücksichtslos gegen Berlin vor. Hunderte von Bürgern wurden nach Spandau vor ein Lehnsgericht gefordert und hohe Geldstrafen und Lehnsverluste trafen alle. Besitz und Rechte der Bürger erfuhren eine gründliche Regelung zum Vorteil des landesherrlichen Vermögens. Die Bürger mußten schwören, „willige, untertänige und ganz gehorsame Bürger zu sein, demütige und getreue Untersassen der gnädigen Herren zu Brandenburg".

Diese Regelung der wirtschaftlichen Rechte schädigte die Berliner Bürgerschaft mehr als alle bisherigen Schicksale, selbst als der große Brand von 1380, der die bis dahin fast nur aus Holz und Fachwerk errichtete Stadt fast vernichtete, die nun aber aus Stein wieder aufgebaut wurde. Zwar wurde sie um 1443 für die Wegnahme der Lehnsrechte entschädigt, indem sie die Residenz des Kurfürstentums wurde. Aber auch hierin lag einstweilen für die Bürgerschaft eine große Last. Unendlich viele Hofangestellte und Bedienstete bekamen „Freihäuser" zugewiesen, die von allen Steuern befreit waren. Die Bürger aber mußten die ganzen Steuern und Lasten für die Gemeinde aufbringen ... Aus den der Bürgerschaft abgenommenen Lehen aber wurde die Hofhaltung fast ganz durch Naturalwirtschaft versorgt und bestritten. Bare Mittel zog der Hof aus dem Mahlrecht, aus der Münze, aus Zöllen, aus der Roggenpacht in den Dörfern und aus dem Gerichtswesen, dessen Einnahmen bisher städtisch gewesen, nun aber hauptsächlich landesherrlich wurden.

In dieser Zeit erschien auf dem Wappen Berlins ein an die Kette gelegter Bär, auf dem ein Adler mit ausgespannten Flügeln thronte. Bis dahin waren die Bären ungekettet gewesen. –

Berlin hatte selbst Schuld an diesem Übergang. Es hatte erst den Hohenzollern ohne klare Forderungen beigestanden gegen die übermütigen Ritter, gegen die Quitzows und Putlitz und gegen die Pommern – weil es eben froh war, die entsetzliche Plage der wegelagernden Junker loszuwerden. Diese Raubritterzeit, besonders in den Jahren 1406 bis 1410, hatte die Stadt mehr geschädigt als alle andern kriegerischen Ereignisse. Berlin ist im Mittelalter nie erobert worden. Niemals brach ein Feind in die Mauern der Stadt ein, auch die benachbarte Landschaft wurde nur selten von Heereszügen berührt. Die Böhmen drangen 1345 nur bis Mittenwalde. Der König Woldemar von Dänemark belagerte zwar 1349 die Stadt, jedoch nur kurze Zeit und ohne ihr etwas antun zu können. Karl IV., der 1373 in feindlicher Absicht heranzog, kam nur bis Fürstenwalde, wo Frieden geschlossen wurde. Die Pommern kamen 1402 nur bis Straußberg und die Hussiten 1432 nur bis Altlandsberg.

Chodowiecki: Der Künstler und seine Familie.

Chodowiecki: Liebeswerben.

Die Quitzows und ihr Anhang aber trieben die Berliner Herden fort, nahmen Bürger gefangen, für die sie große Lösegelder forderten, störten Handel und Wandel auf jede Art – und das, nachdem sie mit der Stadt gegen Pommern verbündet gewesen, im Rathause von der ganzen Bürgerschaft und deren geschmückten Frauen und Töchtern wie Fürsten gefeiert worden waren. Aber da sie gewaltige Gewinne machen wollten und sich wie die Herren des Landes gebürdeten, kam es zum Streit, der erst ein Ende nahm, als die Fürsten die unbotmäßigen Junker gezähmt, sich mit den andern Junkern aber auf Kosten der Städte und Bauern verständigt hatten.

Das Gewerbe hat im mittelalterlichen Berlin nie solche große Bedeutung gewinnen können, wie in den süd- und westdeutschen Städten. Die Berliner Handwerker erzeugten keine Waren, die neben den Erzeugnissen anderer Städte hätten auf den Markt gebracht werden können, trotzdem aus den Funden aus dem Mittelalter hervorgeht, daß die Leistungen des Kunstgewerbes, der Volkskunst und mancher Handwerkszweige recht ansehnlich waren. Schmiede, Töpfer, Holzschnitzer und Kupferschmiede müssen nach den Mustern im Märkischen Museum Tüchtiges gekonnt haben. Die Berliner Kaufleute, die meist nur in Getreide und Heringen handelten, kamen höchstens bis Stettin und Leipzig und Hamburg. Gewerbeerzeugnisse wurden kaum ausgeführt.

Dabei ist Berlin keine volksarme Stadt gewesen. Es gehörte im Mittelalter vielmehr zu den volkreichen Orten. Irgendwelche bestimmten Zahlen sind allerdings nie ermittelt worden. Wohl aber kann die Zahl der Einwohner geschätzt werden. In Berlin gab es damals 46 Knochenhauer. Im allgemeinen kommt in mittleren märkischen Städten auf je 200 Einwohner ein Schlächtermeister. Das würde für Berlin etwa 14.000 Einwohner, für Kölln und Berlin zusammen 20.000 Einwohner ergeben. Soviel wird Berlin kaum beim Übergang von der Bürgerstadt zur Residenz gehabt haben. Aber eine große, volkreiche Gemeinde war es gewiß. Sonst wäre sie nicht zur Hauptstadt erwählt worden. Auch hatte sie immer noch den Vorzug, durchaus zentral zu liegen und gewisse Handelswege zu beherrschen. Diese wurden ihr allerdings im 16. Jahrhundert erheblich entzogen, als die Wasserwege der Oder und der Elbe gebräuchlicher wurden und den Verkehr vom Osten und Südosten nach dem Westen und Norden um die Mark herumleiteten, was auch von den sächsischen Kurfürsten mit ihrem großen Gebiet gefördert wurde. Nun war die Bürgerschaft im wesentlichen auf die kurfürstliche Hofhaltung, auf die Anwesenheit der Landesregierung, auf die häufigen Versammlungen der Landstände angewiesen. Die brachten der Bürgerschaft immer wieder Zufluß an Geld, wenn sie auch zugleich mit Lasten bedacht wurde und fortan noch weniger in der Stadt zu bedeuten hatte, als vorher, da die Patrizier regiert hatten.

In jenen freien städtischen Zeiten waren die Bürger zwar dem Rate untergeordnet; die Innungen z.B. hatten kein Gerichtswesen und ihre Mitglieder konnten vom Rate ernannt werden. Aber sie wurden doch manchmal bei Verträgen und andern Gelegenheiten hinzugezogen. Sie galten für gesellschaftsfähig, zum mindesten die Zunftmeister der Viergewerke mit ihren Frauen und Töchtern.

Anton Graf: Frau Chodowiczka.

Als Dietrich von Quitzow in Gemeinschaft mit den Berlinern die Pommern zurückgedrängt hatte, wurden ihm zu Ehren große Feste im Rathause veranstaltet, an denen die Patrizier und die Zunftmeister mit ihren Familien den trotz des hellen Sonnenscheins mit einer Unzahl von Kerzen beleuchteten Saal füllten. Gegen die schwarzen, mit Pelz besetzten Feierkleider der Männer leuchteten die buntfarbigen Gewänder der Frauen. Die Frauentracht war zwar im Schnitt klösterlich streng, doch farbenfroh. Aber die Frauen, die so streng auf den Anstand der Tracht achteten, waren durchaus nicht zimperlich. Sie lachten so herzhaft wie die Männer über die jungen Leute, die unter tollen, oft zotenhaften Verrenkungen dem Reigen voransprangen – buntbekleidet, grell geschminkt und grün bekränzt. Und sie geleiteten nach dem Fest, das sich in ein wüstes Bacchanal auflöste, unter Musik und beleuchtet von Fackellicht, den verwegenen Junker in sein Quartier – wo ihm, dem verheirateten Manne, noch zwei Berliner „Stadttöchter" zur weiteren Ergötzung zugeführt wurden.

Die alte Berliner Bürgerschaft war in diesen Dingen durchaus tolerant, wie ja Unduldsamkeit nur eine Eigenschaft gewisser orthodoxer Klüngel und Sekten, insbesondere im 17. und 18. Jahrhundert,

Chodowiecki: Skizzen aus dem Familienleben.

war – in denen oft straßenweise ganz bestimmte festumrissene pietistische Überzeugungen zu finden waren.

Geistliche Brüderschaften, allerdings anderer Art, waren schon im Mittelalter in Berlin zu finden. In den Kirchen waren um gewisse Altäre herum, die oft von ihnen gestiftet und erhalten wurden, die verschiedenen Ackergenossenschaften, Innungen und andere Verbände zusammengeschlossen. Diesen geistlichen Körperschaften fielen bestimmte abgegrenzte Arbeitsleistungen bei Aufgaben der Polizei, beim Armenwesen, bei der Sicherheit und bei der Verteidigung der Stadt zu. Hier fanden die verschiedenen Bürgergruppen einen gewissen Zusammenschluß, der nicht nur geistlicher Art war. Später tauchten allerdings auch andere geistliche Brüderschaften auf. So gründete z.B. der Küchenmeister Zeuschel des Kurfürsten Friedrich II. eine Liebfrauengilde, die ein zierliches silbernes Abzeichen an Rock und Hut trug, und die eine heute noch bestehende zweigeschossige Marienkapelle an der Nikolaikirche erbaute. Dieser Küchenmeister war eine Art Finanzminister. Er regelte den ganzen Haushalt des Hofes. Aller Nutzen aus Zöllen, Mühlen, Gerichten usw. wurde ihm, als dem Lehnsmann des Kurfürsten, überwiesen. Ulrich Zeuschel bestritt dafür die Kosten der Unterhaltung der kurfürstlichen Küche, des Kellers, des Marstalls. Berlin und Kölln trugen also von nun an die Kosten des gesamten kurfürstlichen Haushaltes.

Der Kurfürst und seine Berater waren übrigens kluge Leute. Nachdem sie die laufenden Einnahmen aus Stadt und Dorf in ihre Hände gebracht hatten, erließen sie einer großen Anzahl von Berliner Familien die ungeheuren Geldstrafen, die gleichzeitig mit der Aberkennung der zahlreichen Lehnsrechte ihnen auferlegt worden waren. Wahrscheinlich haben hier auch Frauen ihre Hand im Spiele gehabt, denn ausdrücklich werden in den Gnadenbriefen vom 30. Mai 1449 und vom 3. August 1449 die Frauen mitgenannt. So erhielten verschiedene Angehörige der stark wegen Ungehorsams bestraften Familie Winse samt ihren Ehefrauen Barbara und Katharina und ihrer Mutter Anna gegen das Versprechen beständiger Treue wenigstens ihr unbewegliches Vermögen zurück. Auch Jakob Heidecke mit seiner Hausfrau Katharina wurde begnadigt. Endlich erhielt sogar Gertrud, die Frau des arg kompromittierten abgesetzten Bürgermeisters Thomas Wins ihr Eigentum zu Blankenburg, Hermsdorf und Wartenberg zurück, das ihr Leibgedinge gewesen.

Diese Großmut gegen die einst aufsässigen Bürgerfamilien, in denen gewiß die ehrenfesten Frauen den Bürgerstolz der Städter gegen die höfische Rücksichtslosigkeit bestärkt hatten, brachte allerdings den Bürgern eine gewisse Möglichkeit zum Weiterleben. Aber ihre irgendwie maßgebende Rolle in dem Gemeinwesen war ausgespielt. Und das wird ihnen und ihren Frauen arg angekommen sein. Stammten doch die Bürger fast ohne Ausnahme von den freien niedersächsischen Landsassen ab, die bei der Gründung der Stadt, zwei Jahrhunderte vor der Erhebung zur kurfürstlichen Residenz, zugezogen waren. Nur selten, so um 1280, wird z.B. im Rat ein Wende, Lüdecke, genannt. Die Bürger hatten alle ihren Familienstolz, versahen ihre Häuser mit Hausmar-ken, mit Zeichen und Wappenschilden. Ihrem herrischen und eigensinnigen Wesen hatte Berlin mehrmals allerlei schwere Zeiten zu verdanken. Mit der Geistlichkeit kamen sie öfter in Konflikte. Als sie 1225 zu ihrem geächteten Landesherrn, Ludwig dem Bayern, hielten, machte ihnen ein Priester Nicolaus von Bernau öffentlich heftige Vorwürfe. Das reizte den unabhängigen Sinn der Gescholtenen derart, daß sie den Priester, der wohl den Landesfeinden, zu denen auch der Erzbischof von Magdeburg gehörte, zum Munde geredet hatte, sofort packten und inmitten eines wilden Volksaufruhrs auf dem Neuen Markt verbrannten. Das brachte einen jahrzehntelangen Kirchenbann über Berlin, d.h. nicht nur der Gottesdienst ward eingestellt, sondern alle Berliner galten für vogelfrei. Schließlich wurden die Härten gegenseitig immer heftiger. Viele Geistliche wanderten 1344 aus oder wurden von den kaiserlich gesonnenen Patronen während der Kämpfe zwischen Papst und Kaiser vertrieben. Sie hielten sich vielfach auf den Friedhöfen auf und sollen dort verhungert und in Kälte verdorben und schließlich ohne Feierlichkeit begraben worden sein.

Chodowiecki: Liebeserklärung 1780.

Solche erbarmungslose Härte war allerdings trotz ihres harten Schädels nicht immer Sache der Berliner. Ihr müssen von der andern Seite viele aufreizende Drangsale voraufgegangen sein. Auch in Berlin bestand eine Elenden-Gilde. Und zwar war sie schon vor der großen Pestzeit gegründet worden, die in der Mitte des 14. Jahrhunderts in der Folge von allerlei Kriegen durch Europa ihre schwarzen Geißeln schwang. Schon im Jahre 1317 gründete eine Witwe Mar-garethe von Knobloch, sowie die drei Priester Johannes, Berthold und Peter von Keller aus Einkünften zu Mittenwalde und zu Markee bei Nauen einen Altar Exulum in der Petrikirche. Dort sollte für jene gebetet werden, die in Not und Elend stürben.

Unter Elend aber verstand das frühe Mittelalter Heimatlosigkeit, Verbannung und Flucht. Die Elenden sind also die Wandernden. Für den vertriebenen oder geflohenen mittelalterlichen Bürger gab es außerhalb der heimatlichen städtischen Ringmauer, falls ihm nicht sehr reiche Mittel zu Gebote standen, nichts als bittere Not. Um diesen Heimatlosen zu helfen, traten daher in fast allen niederdeutschen Städten Frauen und Männer aus den angesehensten Familien zusammen. Vermochte leibliche Labung und Hilfe nicht mehr, das sieche, erlöschende Leben zu retten, so sorgte man wenigstens für ein christliches Begräbnis.

Diese Elendsgilden standen im allgemeinen unter bürgerlicher Leitung. Neben ihnen aber entstanden ähnliche fromme Brüderschaften, die unter anderm Namen das gleiche wollten. Sie nannten sich Kalandsgilden und hatten meist Geistliche an ihrer Spitze. Ob

Chodowiecki: Kopfputz Mitte des 18. Jahrhunderts.

die Elendsgilden sich allmählich zu Kalandsgilden umgewandelt haben, oder ob die getrennten Vereine sich später vereinigt haben, ist noch nicht ermittelt worden. Jedenfalls werden die Elendsgilden seltener, die Kalandsgilden immer häufiger. Der Name „Kaland" ist noch ungeklärt. Vielleicht stammt er von „Calendae", dem römischen Wort für den ersten Monatstag – vielleicht wurden an diesem Tag ihre Zusammenkünfte abgehalten. Ihr Zweck waren neben der Wohltätigkeitspflege Zusammenkünfte zu gemeinsamer Erbauung und zur Verbreitung von Zucht und Sitte. Sie gewannen bald durch allerlei Zuwendungen so viel Vermögen, daß sie eigene Gebäude erwerben konnten. Die Berliner Kalande hatten ihren Hof in der Nähe der Marienkirche, der später bis nahezu 1800 als Gefängnis benutzt ward, in dem vorher aber wahrscheinlich Heimatlose gastfreundlich verpflegt wurden.

Doch waren die Zusammenkünfte der Kalandsgilde allmählich ausgeartet – trotzdem doch die Frauen, Matronen sowohl wie auch jüngere, an ihnen teilnahmen. Vielleicht waren dem Kaland zuviel reiche Stiftungen zugeflossen. Die Gesellschaft besaß einige Zeit den Stralauer See, war zu Schöneberg begütert und hatte sonst mancherlei Renten. Die Einwirkung der Frauen war also leider nicht stark genug, die Zucht und gute Sitte aufrechtzuerhalten – was doch sonst gern ihre Aufgabe ist. Um die Zeit der Reformation war der Ausdruck aufgekommen: „Er trinkt wie ein Kalandsbruder!" Ja, den Müßiggang nannte man „Kalandern"! Und das, trotzdem Geistliche die Gilde leiteten und den gemeinsamen Mahlen immer Gottesdienste vorausgingen.

Und so brachen denn die Kalande ebenso leicht und rasch mit der Reformation zusammen, wie viele andere Institutionen.

Vielleicht wären die Kalande vor dem Zerfall gerettet worden, wenn die Frauen einen kräftigeren Einfluß besessen hätten. Aber sie hatten, trotzdem sie Mitglieder der Gilde waren, eben noch wenig zu sagen. Die Frauen waren eben wahrscheinlich nur zugelassen, weil man sie zur Pflege, zur Ausübung der Wohltätigkeit brauchte. Das war ja das einzige Gebiet, auf dem sie im Mittelalter irgendwie in der Allgemeinheit wirken konnten.

Im Süden von Kölln stand die Gertraudenkapelle, ein kleines gotisches Gotteshaus inmitten grüner Friedhofslinden, in dem Frauen beteten und im nicht weit davon liegenden Spital Greise und Greisinnen, sowie elende Wanderer pflegten. Und am Ende der Brüderstraße besaßen die Beguinen, die sich einem mystisch-asketischen Leben und der Krankenpflege weihten, einen Konvent. Auch diese Schwesternschaft, die halb weltlich, halb geistlich war, verschwand mit der Reformation. Und das Wirken der Frau in irgendeiner öffentlichen Weise hatte in Berlin vorläufig aufgehört.

Berliner Kostüme um 1780-90.

Einstweilen machten nur jene Frauen von sich reden, von denen man sagte: Die beste Frau ist die, von der man nicht redet. – Viel wird über die schöne Gießerin, über Anna Sydow, die Frau eines kurfürstlichen Geschützgießers, erzählt, die als Geliebte Joachims II. mit auf die Jagd ritt, wo die bäurischen Treiber gemurrt haben sollen, daß der Kurfürst wohl zwei Frauen haben dürfe, sie aber nicht. Doch auch vorher haben die Frauen eine Rolle am kurfürstlichen Hofe gespielt. Von Joachim II., dem treuen Anhänger des Papsttums, wurde berichtet, im Jahre 1516 sei ein Achatius von Brandenburg geboren worden – wir wissen nicht, von welcher Mutter, aber der Vorname läßt auf ein Fräulein aus altmärkischem Geschlecht schließen. Der heranwachsende Achaz mußte sich dem geistlichen Stande widmen: Er wurde Domherr zu Mainz. Als dann die lutherisch gesinnte Frau des Kurfürsten geflohen war, störte der zugleich päpstlich und humanistisch gerichtete Kurfürst eine Bürgerehe.

Der Kurfürst hatte die Ehefrau des Berliner Bürgers Wolf Hornung liebgewonnen. Wolf Hornung scheint Rüstmeister auf der Harnischkammer gewesen zu sein; er mußte, da er anscheinend ein wackerer Kriegsmann war, Amt und Stadt meiden. Tödlich in seiner Ehre verletzt, wandte er sich an den Doktor Luther. Mit milden Worten und in schonendster Weise schrieb nun anfangs der große Gottesgelehrte an den Kurfürsten. „Aus der Harnischkammer selbst", so sagt er, „bin ich ersuchet worden, zu raten, ob man wohl könnt' ein paar Volkes wieder zusammenbringen." Joachim aber antwortete ihm nicht. Luther versuchte daher die heikle Angelegenheit kühnlich auszufechten. Jetzt aber gebrauchte er andere Worte. „Ei, da könnt' Einer mit Füßen d'reinspringen und mit Fäusten d'reinschlagen!" So hieß es jetzt. Den Fürsten öffentlich bloßstellend, schrieb er an die Landesbischöfe und an die Ritterschaft, „auf daß das schändliche Ärgernis zum Berlin aufhöre", und der Frau Hornung drohte er, „ein Liedlein aufzuspielen, welches sie zum zweitem Male zu hören nicht gelüsten werde". Über den Ausgang des beklagenswerten Handels vernehmen wir nichts.

Die Öffentlichkeit fand sich mit diesen Dingen ab. Sie war nicht prüde. Und im allgemeinen war man dem Sinnenleben noch nicht sehr entfremdet. Auch war das Volk von ganz andern Dingen bewegt. Der Bauernkrieg hatte 1525 in Süddeutschland getobt. In Wittenberg predigte Luther. Der Bauernkrieg bestärkte den über den Aberglauben des Volkes lächelnden Kurfürsten noch mehr gegen das Luthertum. Doch konnte er es nicht verhindern, daß in Berlin die Flugschriften Luthers, insbesondere auch „Von der Freiheit eines Christenmenschen", gelesen wurden und daß auf der Straße oder in der

Chodowiecki 1775: Wallfahrt nach Frantzösch Bucholz.

Kirche plötzlich Lutherlieder angestimmt wurden. Das Volk drängte unaufhaltsam nach religiöser Gemeinschaftlichkeit und erzwang sich die Predigt in der Landessprache, das Abendmahl in zweierlei Gestalt und das evangelische Kirchenlied. Unter Joachim II. wurde dann die Reformation endgültig und öffentlich eingeführt.

Mit der Reformation änderten sich nicht nur die kirchlichen Zustände, sondern auch manche anderen. Die Armenpflege war bis dahin hauptsächlich von der Kirche und den Zünften getragen worden. Die Stadt hatte nur 6 Taler jährlich zuschießen brauchen. Auch entstanden im 16. Jahrhundert noch keine wesentlichen Ausgaben für Schulen. Aber neue ungeahnt hohe Ausgaben wurden für den Staat und den Hof erforderlich, die damals noch ungetrennt waren. Das prunkvolle Hofleben Joachims II. erforderte gewaltige Summen. Hier ist besonders an seine Bauten, an den Schloßbau von Caspar Theiß zu denken, der auch das Jagdschloß Grunewald erbaute, wo er und seine Mitarbeiter in einem launigen, die lebenslustige Zeit versinnbildlichenden Architektenscherz abgebildet worden sind. Bauten und Feste kosteten aber viel Geld. Der Nachfolger Joachims II., Johann Georg, hatte zwar erbarmungslos über den Juden Lippold, den Agenten seines Vaters, Gericht gehalten, doch war er nicht weniger prunkliebend und verschwendete auf seine Weise ungeheure Summen. Große Ausgaben verursachte ihm sein Günstling Thurneisser zum Turm, ein typischer, genialer, scharfsinniger und vielseitig tätiger Scharlatan. Auf zahlreichen Reisen hatte dieser Baseler Goldschmied medizinische Kenntnisse der Orientalen, der ungarischen Zigeuner und besonders der damaligen besten Ärzte, der Juden, gesammelt. Der unruhige Mann, der bald in Tirol, bald in Münster lebte, kam um 1570 nach Frankfurt an der Oder, wo seit der Gründung der brandenburgischen Universität 1502 auch das Buchdruckwesen sich entfaltet hatte, dort ließ Thurneisser sein großes Werk über die Gewässer drucken, in dem er auch vom Goldsande in der Spree, von Rubinen und Saphiren bei Teltow und Buchholz sprach.

Calon: Die Zelten um 1820

Johann Georg kam 1571 mit seiner leidenden Frau nach Frankfurt. Thurneisser gelang es, in kurzer Zeit das Leiden der Kurfürstin zu heben und der Kurfürst erhob ihn in den Adelsstand und machte ihn zum Leibmedikus mit einem bedeutenden Gehalt. Im Schlosse zu Berlin erhielt er ein Laboratorium, wo er nicht nur Goldtinkturen, Perlen-Elixiere und andere dergleichen Heilmittel zu gewaltigen Preisen herstellte und verkaufte, sondern auch dem damals besonders durch die Köpfe der

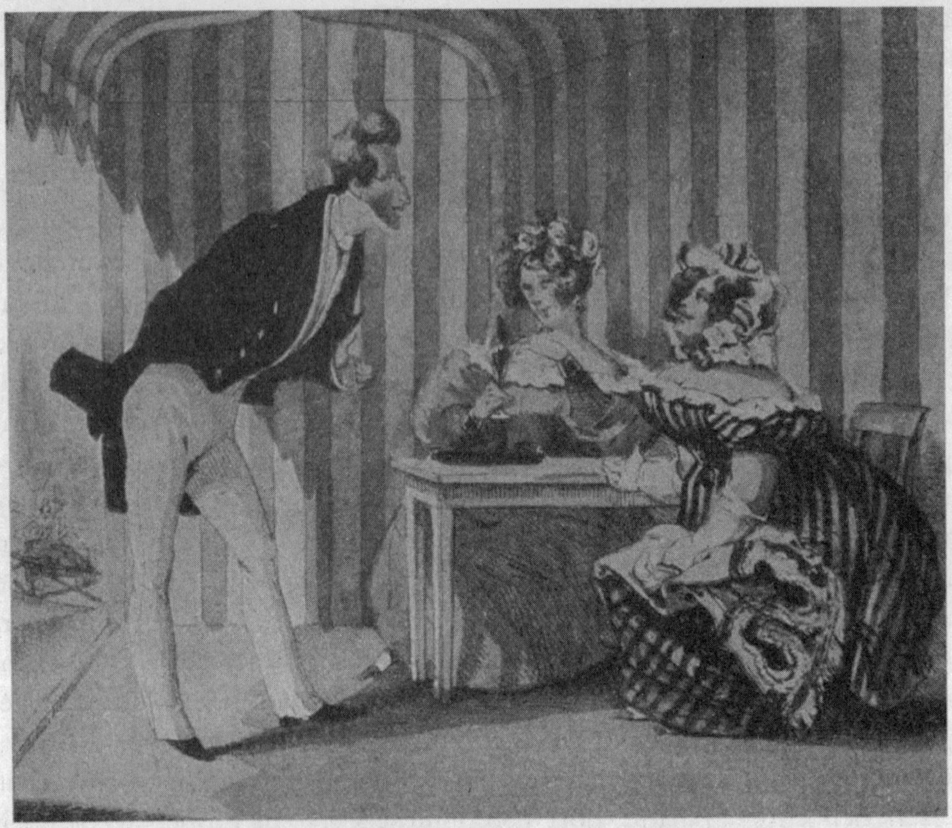

„Kann ich die Ehre haben mit Ihrer Fräulein Tochter –"
„Ne Herr Reffendarius, nu nich mehr, se hat schon Enen jehen lassen,
der och ken Schlechter war, et möchte am Ende Stänkerei jeben."

oberen Zehntausend spukenden alchimistischen Phantom im Auftrage des Kurfürsten zuleibe ging, aus unedlen Metallen Gold zu machen. Zahlreiche Fürsten, wie der Dänenkönig Friedrich II., Stephan Bathori von Polen, Philipp II. von Braunschweig, schrieben an ihn und wollten von ihm Ausblicke in die Zukunft. Er gab schließlich neben zahlreichen andern Schriften auch Kalender heraus, die er alle selbst drucken ließ und zwar in einer großen Druckerei, ausgestattet mit Typen fast aller morgen- und abendländischen Sprachen. Seine Druckerei, untergebracht im Grauen Kloster, beschäftigte Hunderte von Künstlern und Handwerkern. Ihre Erzeugnisse wurden von den bedeutendsten Buchhändlern in Nürnberg, Wien, Prag und andern Städten für jeden geforderten Preis verlangt. Seine Kalender enthielten politische Prophezeiungen, Wettervorhersagen und allerlei andere Deutungen von „Constellationen". Niemand ließ sich zur Ader oder sein Kind entwöhnen, ohne den Kalender befragt zu haben.

Thurneisser war ein Mann von stattlichem Äußern, lebhaft und prachtliebend. Er kleidete sich in schwarzen Samt und Seide, trug täglich seidene Strümpfe, was selbst hochgestellte Personen nur an Festtagen sich leisteten – fuhr nur in vierspänniger Karosse und ließ sich, wenn er zu Fuß ging, von zwei Edelknaben begleiten.

Als schließlich verschiedene gelehrte Schriften ihn entlarven wollten, ging er zurück nach Basel, wo er 1580 zum drittenmal heiratete. Vom Kurfürsten ließ er sich bestimmen, wieder nach Berlin zu gehen. Dort aber wurde seine junge Frau wegen ihres ungebührlichen Betragens bald zum Stadtgespräch. Der in seinen sonstigen Unternehmungen glückliche Mann hatte kein Glück in der Ehe; er schickte zwar seine Frau zurück an ihre Eltern, verlor aber den größten Teil seines Vermögens in dem folgenden Prozeß und reiste schließlich, nachdem ihm in Berlin der Boden zu heiß geworden, nach Italien. Niemand weiß, wo der vielgewandte und unternehmungslustige Mann geendet.

War er auch in vielen Dingen ein Scharlatan – wohl mehr unbewußt als bewußt – so hatte er doch großen Einfluß auf das Bildungsleben und auch auf die allgemeine Tätigkeit in Berlin geübt. Er hatte Silberschmelzen angelegt, Schmuckhandel im großen betrieben, hatte Gobelins und mancherlei andere kunsthandwerkliche Gegenstände anfertigen lassen und mit all seinen vielen Büchern zum mindesten die Masse der Bürger aus ihrer Gleichgültigkeit geweckt und auch manche neue Forschung angeregt. Allerdings hatte er auch die Haupteigenschaft aller dieser Glücksritter: Er verbrauchte viel Geld und ließ sich an den gewaltigen Einnahmen aus seinen Betrieben nicht genügen, sondern nahm große Summen vom Kurfürsten. Und das mußte das Bürgertum aufbringen. Zwar hatten die Stände es übernommen, alle Schulden des Kurfürsten zu tilgen. Die neu entstehende Steuerlast aber mußte von den kleinen Vermögen, vom eigentlichen Bürgertum getragen werden. Der Adel, die Staatsdiener, die Wohlhabenden, die in Freihäusern wohnten, entzogen sich vielen Abgaben. Nur die Hauseigentümer mußten unbedingt zahlen. Die Häuser aber befanden sich zum größten Teil in den Händen von Bürgern geringen Wohlstandes. Viele Zünfte hatten, um die Vermehrung der Meisterzahl möglichst zu verhüten, durchgesetzt, daß zur Meisterschaft ein eigenes Haus notwendig sei. Diese unbemittelten Handwerker wurden nun nicht nach dem Ertrage ihrer Vermögen, sondern nach seinem Werte besteuert. Von der Habe war nur das steuerfrei, was Mann, Frau und Kind auf dem Leibe trugen. Das führte dazu, daß schließlich gewaltige Rückstände entstanden. Nun wurden 1572, 1593 und 1602 neue Steuern auf Mehl, Vieh, Wein und Wolle ausgeschrieben. Eine wesentliche Aufbesserung der städtischen Finanzen brachte die Verpachtung der Stadtgüter 1607 für 1.000 Taler, die in eigener Bewirtschaftung nur 400 Taler abgeworfen hatten. Ein Vorbild für die heutige „Kommunalisierung" ... Aber sie konnten die Schulden nicht aus der Welt schaffen. Und als der 30jährige Krieg kam, versiegte das Schuldenzahlen und schließlich auch das Steuerzahlen immer mehr.

Bis dahin hatte das Bürgertum sich immer noch einigermaßen durch Fleiß und Arbeit über Wasser gehalten. Ja, es konnte seine Familienfeste noch mit einem gewissen Pomp begehen. Zu Hochzeiten kamen die Gäste mit Musik – Pfeifer und Fiedler – ins Haus. Die Braut überreichte dem Vater und den Brüdern ihres Verlobten am Abend vor der Hochzeit zierliche Hemden von eigener Arbeit. Der Bräutigam überreichte aber seiner Auserwählten, sowie ihrer Mutter und ihren Schwestern je ein Paar Schuhe oder Pantoffeln – als Erinnerung an das altdeutsche Recht, laut dem die Übergabe eines Schuhes das Zeichen der Besitzübertragung war. Der symbolische Hochzeitsbrauch bedeutete also, daß der Bräutigam fortan seiner Erwählten angehören wolle.

Darf ich bitten? „Doch nicht ohne Handschuh!"
Det macht nischt, ick wasche mir nachher schon wieder.
(Berliner Scherz um 1830.)

Die Braut selbst war kostbar geschmückt, mit einem faltigen, goldbetreßten Kleid aus blauem Seidendamast, mit Atlasmieder

Hosemann 1844: Liebeserklärung.

und Samtkoller, schweren goldenen Ketten um Hals und Schultern und Perlenschnüren oder Rosenkränzen im Haar. Myrten waren damals in Berlin noch unbekannt. Der Festzug, mit vielen Brautführern, Brautjungfern, aufgeputzten Ordnern und Fackelträgern zog am hellen Tage zur Kirche und setzte sich nach dem Kirchgang im Brauthause zu Tisch. 80 bis 150 Gäste wurden mit vier bis fünf Gängen und Nachtisch, Rheinwein und Landwein bewirtet. Schaugerichte, Süßweine und größere Üppigkeit und noch mehr Gäste waren verboten. Den Handwerkern waren sogar noch viel weniger Gäste und viel weniger Schmaus erlaubt. Der eigentliche Prunk sollte den Vornehmen vorbehalten bleiben. Trotzdem wurde zwischen Mittagsmahl und dem ähnlich hergerichteten Abendbrot zum Festsaal ins Rathaus gezogen, dort fleißig getanzt und nach dem Abendbrot noch einmal bei Fackellicht zum Tanz gegangen. Solch Hochzeitsfest dauerte oft zwei bis drei Tage und mag wohl dazu beigetragen haben, daß die Bürgerschaft Berlins verarmte. Doch hätte sie getrost üppige Feste feiern können, denn sie arbeitete ja auch fleißig. Aber sie war durch die gewaltigen Lasten ständig derart bedrückt, daß sie nicht aus einer gewissen Enge herauskommen konnte.

Dafür führte der Kurfürst, besonders der lebenslustige Joachim II., um so üppiger Hof. Er berief Caspar Theiß, ließ das Schloß bunt und üppig ausbauen, kaufte viele Kunstwerke, z.B. auch von Cranach, veranstaltete große Turniere und Feuerwerke und veranstaltete sogar eine Knüppelschlacht zwischen den Berliner und Spandauer Bürgern, die in eine recht ernsthafte und gefährliche Schlägerei ausartete. Dazu waren die Bürger herabgewürdigt worden!

Das Schulwesen wurde nicht wesentlich ausgebaut. Nur an den Kirchen bestanden kleinere und unbedeutende Schulen. Die einzige Schule von einiger Bedeutung ward erst 1574 in den verlassenen

Räumen des Klosters in der Klosterstraße gegründet, wo denn auch von den Schülern bald allerlei Komödien aufgeführt wurden. Die allgemeine Bildung aber wurde nicht gehoben. Zwar verkehrten am Hofe schon allerlei Humanisten. Auch waren tüchtige Ärzte in der Stadt. Als aber 1572 nach dem Tode von Joachim II. wieder ein Sturm gegen die inzwischen ins Land zurückgekehrten Juden losbrach, benutzte die Berliner Bürgerschaft die Gelegenheit, sich Luft zu machen. Die Juden, von denen manche sich wohl zu unangenehm als Wucherer bereichert hatten (sie hatten 50 und mehr Prozent Zins gefordert), wurden ausgeplündert. Und keine Stimme erhob sich für den Agenten, Münzmeister, Kammerdiener und Rechnungsführer des verstorbenen Kurfürsten, den Juden Lippold ben Chluchim aus Prag, der auf unmenschliche Weise hingerichtet wurde. Seiner Witwe wurden von seinem großen Vermögen nur auf Fürsprache des Kaisers einige tausend Taler zugesprochen.

Kleinbürgerhochzeit im Anfang des 19. Jahrhunderts.

So ist es zu verstehen, daß in dem Berlin von damals keine Strebsamkeit in gewerblicher Tätigkeit, wenig Fortschritte in Bildung und Gesittung zu finden waren. Der Handel war nicht sehr ergiebig; er erstreckte sich nur auf Holz und Korn. Die Zünfte waren nicht vielseitig. Bei allen Kirchen zusammen befanden sich weniger Altarslehne, als anderwärts bei einer einzelnen Kirche. Berlin war hauptsächlich eine Ackerstadt, die nur durch die Hofhaltung zunahm. Alles geistige Leben beschränkte sich auf das Kirchenwesen. Und auch hier wurde durch engherzige und unduldsame Geistliche nur ein beschränktes, zelotisches, weltenges Wesen gepflegt, das in böse Unruhen ausartete, als der Hof um 1600 zur reformierten Kirche übertrat, die damals viel weltgewandter und weitsichtiger war als die lutherische Geistlichkeit.

Selbst unter den Drangsalen des großen Krieges ruhten die gegenseitigen Anfeindungen der kirchlichen Parteien nicht. Dabei traf doch der Dreißigjährige Krieg die Bürgerschaft nicht weniger hart als manche anderen Städte. Allerdings wurde die Stadt nie den Gefahren einer Belagerung ausgesetzt, weil sie viel zu schlecht befestigt war und sie auch als Residenzstadt von Freund und Feind ein wenig respektiert wurde. Aber die weitere Umgebung der Stadt, die Mark Brandenburg, gehörte zu den Ländern des deutschen Reiches, die unter dem Dreißigjährigen Krieg am meisten litten. Bald waren die Dänen, bald die Kaiserlichen, bald die Schweden, dann wieder die Kaiserlichen im Land. Und alle lebten nach dem Wahlspruch, den Wallenstein besonders betonte: Das besetzte Land muß das Heer ernähren. Die Wallensteiner erhielten pro Mann täglich 2 Pfund Brot, 2 Pfund Fleisch, 2 Maß Bier! Ja, selbst die kleinen Truppen, die der mit allen Mitteln nach Neutralität ringende Kurfürst einigemal aufstellte, gingen nicht immer säuberlich mit den Einwohnern um. Ohne jedes Heer war die Mark eben jedem räuberischen Einfall ausgesetzt.

Berlin selbst kaufte sich immer beizeiten von Besetzungen durch fremde Truppen los. Schweden kamen nur in geringer Zahl in die Mauern, als Gustav Adolf 1631 den Kurfürsten, dessen Schwester er geheiratet hatte, zur Teilnahme am Kriege nötigen wollte.

Von eigentlichen Kriegsschäden wurde Berlin weniger betroffen, als angenommen wird. Nur um 1640 und 1641 wurden die Vorstädte niedergerissen und niedergebrannt. Ernsthafte Lebensmittelnot scheint nur im Jahre 1639 eingetreten zu sein, als die Hausfrauen das Zweipfennigbrot nur zum halben Gewicht, nämlich zu 7 Loth anstatt zu 13 Loth annehmen mußten. 1642 wurden aus der Umgebung von Berlin wieder große Lieferungen für die Schweden gemacht und die Kaiserlichen erbeuteten 1643 im Teltow und im Havelland eine große Menge Vieh, ein Zeichen, daß die Gegend noch leistungsfähig war.

Auch müssen in Berlin selbst noch die Haushaltungen gut imstande gewesen sein. Im Jahre 1636 wurden z.B. 20 Pipen spanischen Weins, ebensoviel Oxhoft französischen Weins, über 40 Eimer Rheinwein und mehr als 300 Tonnen Landwein in Berlin eingelagert. Diese Zufuhr beweist gleichzeitig eine gewisse Sicherheit der Handelswege der Stadt, die ferner bestätigt wird durch den brandenburgischen Geheimrat, der 1640 die Sicherheit der Posten betonte.

Die Bürger klagten zwar damals außerordentlich, um von Kontributionen und Wehrleistungen befreit zu werden. Aber sie waren wohl weniger vom Kriege geplagt worden, als durch die jahrzehntelangen ungerechten Steuern, die in Gemeinschaft mit den Geldopfern und der Pest den letzten Wohlstand der Stadt vernichteten und ihre Entwicklung unterbrochen hatten. Noch mitten im Kriege, 1629, hatten sie öffentliche szenische Aufführungen veranstaltet und bei den Hochzeiten Geschmeide und güldene Ketten gezeigt vor den fremden Soldaten, die dadurch Appetit nach so glänzenden Dingen erhielten. Die Kontributionen wie alle sonstigen Steuern waren wieder hauptsächlich den schon nicht sehr leistungsfähigen Hausbesitzern aufgebürdet worden. Schließlich wollte kein Mensch mehr die von ihren Eigentümern verlassenen Häuser kaufen, weil zuviel Steuerschulden auf ihnen lasteten. Noch 1654 gab es 147 „ungenießbare“ unbewohnte Häuser neben 727 bewohnten. Die vielen Offiziere, Beamte, Hofleute usw. waren eben von allen Lasten befreit. Für sie mußte die andere Bevölkerung alle Lasten mit aufbringen.

Unter diesen Umständen ist es denn auch zu verstehen, wenn die in jeder Beziehung aller Selbständigkeit und Bewegungsfreiheit beraubte Bevölkerung einem dumpfen Dahinbrüten verfiel, wenn sie selbst nicht mehr im Kriege die zur Verteidigung des Landes und der Stadt notwendige Mannschaft stellen wollte. Ihr Stolz und Heimatgefühl war gebrochen. Nur bis zum Jahre 1685 wurde ab und zu einmal ein Mitglied der Gewerke Ratmann. Im übrigen durften sie wohl bei der Beratung der Steuerangelegenheiten gehört werden, blieben aber stets Magistrats „unterdienstschuldigste“ Verordnete.

Daß der Bürger nun, wie der Kanzler von dem Borne berichtet, an Sonn- und Festtagen sich stattlich aufgeputzt und der Gewohnheit nach zweimal oder noch öfter ohne einige Andacht in die Kirche gegangen ist, um dann alle Sünden, die man werktags nicht hat üben mögen, mit freudigem Mute zu treiben, ist zu begreifen. Der strenge Sittenrichter meinte 1641: „Da hat es müssen gefressen, gesoffen, gespielet, banquettieret und bulieret sein, da hat man alle Gasthöfe, Schänken, Wein- und Bierkeller voller Gesellschaft gesehen, die sich toll und voll gesoffen und bis in die Nacht hinein geschwärmet, sich auch mit Trommeln, Pfeiffen, Geigen usw. aufwarten lassen. Da hat man müssen nach den Scheiben oder nach dem Vogel schießen, und öfters hat man Comoedianten auch wohl in den Kirchen, auch Fechtmeister, Springer, Tantzmeister, Beeren, Affen und anderer wilder Tiere eitel Spectacel und Kurtzweil machen lassen, welchem selbst die Geistlichen mit sonderbarer Ergötzlichkeit beigewohnt." Er schalt auch über die Frauen. Wie den Töchtern Israels zu den Tagen Jesaias stehe ihnen der Sinn „nur nach köstlichen Schuhen, Hafften, Spangen, Ketten, Ohrringen, Flittern, Hauben, Gebräme, Schnürlein, Bisamtöpfchen, Ringen, Haarbändern. Sie schmückten sich und strichen sich mit Farben an, streueten sich Puder de Cypre ins Haar. Es sein unsere Weibsbilder in dieser verkehrten Zeit auch so delikat und verzärtelt, daß sie es vor eine Schande und Unehre achten, ihre Kinder an ihren eigenen Brüsten, welche ihnen doch Gott und die Natur dazu gegeben, zu säugen und mit ihrer eigenen Milch zu nutrieren."

Hosemann 1839: Berliner Karneval.

Wie sollte ein Bürgertum, das von allem Aufwärtsstreben ausgeschlossen war, sich anders betätigen? Irgendeinen geistigen Aufschwung oder Rückhalt fand es ja selbst nicht bei den Geistlichen. War doch sogar Paul Gerhard, trotz seiner schönen Lieder – „Geh aus, mein Herz, und suche Freud' in dieser schönen Sommerzeit", „Nun ruhen alle Wälder", „O Haupt voll Blut und Wunden" – doch so unduldsam gegen die nicht ganz orthodox Lutherischen, daß er schließlich aus Berlin entfernt werden mußte. Das Bürgertum ward eben nicht auf sich selbst gestellt, so daß es in edler Selbstzucht sich hätte entwickeln können. Es ward nur mit Steuern und Einschränkungen bedacht.

Zu den alten Steuerlasten kam im Laufe des 17. Jahrhunderts die Akzise, so daß von allen eingeführten Lebensmitteln jeder Einwohner Steuern entrichten mußte. Hier hörte die Bevorzugung auf. Aber bei der nun einsetzenden Einquartierung des vom Großen Kurfürsten geschaffenen stehenden Heeres wurden die eigentlichen Bürger wieder gesondert belastet. Um 1660 wurde Berlin Garnison und Festung. 150 Freihäusern standen 508 belegbaren Bürgerhäusern gegenüber, in die ohne Entschädigung 2.000 Soldaten mit 1.000 Weibern und Kindern einquartiert wurden. Die Bürger leisteten nur hier und da noch Tordienste. Schließlich wurden sie nur noch zum Feuerlöschen herangezogen. Einige Zeit putzten sie sich noch mit Degen, bis ihnen auch dies Spielzeug verboten wurde. Damit war denn auch äußerlich gekennzeichnet, daß die Bürger einstweilen in Berlin nichts mehr zu sagen hatten.

Schon unter den ersten Hohenzollernfürsten hatten die Bürger geklagt, daß die besten Häuser und Grundstücke in die Hände von Hofdienern und Höflingen übergingen. Aus einer Bürgerstadt war

Hosemann: Die gemeinschaftliche Laube.

eben eine Residenz geworden. Der Hof bestimmte das Leben. Die Bürger, einst selbstherrlich und mit Bedacht ihr eigenes Leben politisch und künstlerisch ausgestaltend, wurden nun im besten Falle Hoflieferanten. Unter Friedrich Wilhelm I. wurde es ihnen am fühlbarsten beigebracht, daß der Hof zu bestimmen hatte. Die Bürgerfrauen mußten ganz genau so unter der Strenge des Königs leiden, wie die Damen. Auch sie konnten ihr Schmuckbedürfnis nur in Kanten und Spitzen äußern, die sie sich auf die sonst einfache Kleidung hefteten. So ist denn auch nicht bekannt geworden, daß dem König die Frauen mit besonderer Schwärmerei anhingen. Seinem Sohne aber streuten sie Blumen auf den Weg und warfen sie Lorbeerkränze in den Wagen, als er aus dem Ersten Schlesischen Kriege heimkehrte: Sie waren ihm dankbar, daß er ihr Leben bereichert, daß er Sinn für Theater, Konzert, Literatur, Kunst und Wissenschaft und alle schönen Dinge des äußeren Lebens gezeigt hatte. In der Haushaltung waren sie trotz des freieren Lebens nicht weniger sparsam und streng. Die Bürgerinnen arbeiteten mit in der Küche, spannen an den Winterabenden mit ihrem Gesinde und geizten nach dem Ruhme eines wohleingerichteten Haushalts. Der Besitz eines reichen Vorrats an selbstbereiteter Leinwand gehörte zum Stolz der Bürgersfrau.

Auch der gesellige Verkehr der Bürger nur in den Familien hatte noch viel Vernünftigkeit. In befreundeten Familien wurden die Freundinnen der Schwester und die Kameraden des Bruders Hausgenossen. Nicht nur beim Pfänderspiel küßte man sich und umhalste sich. Diese Vertraulichkeit brachte eine heitere Sinnlichkeit in die Jugend, die durch solche Beziehungen eine gewisse dreiste Unbefangenheit erwarb. Aus solchen Verhältnissen wuchs selten eine große Leidenschaft auf, die Poesie verglomm und die Heirat wurde mehr ein Geschäft. Der Haushalt der Bürger brauchte eine tüchtige Frau. Und die Frau suchte die Ehe wie eine Stellung, wie ein Amt, das mit Pflichttreue zu verwalten und nicht nach den Einfällen gaukelnder Phantasie zu besetzen sei. Die Frauen waren einfach, schlicht, klar, innig, fest, kurz entschlossen, gute Hausfrauen – und hatten auch einige Sinnlichkeit. Sie wurden die Ahnfrauen unserer bedeutenden Männer, die dem deutschen Leben neuen Inhalt, neue Höhen, neue Bedeutung gaben. Die Lebensführung der vornehmen Welt färbte natürlich auf die minderbemittelte ab. Auch in den Bürgerhäusern schliefen die Frauen in Himmelbetten, die allerdings nicht immer mit seidenen Vorhängen geschmückt waren. Zum mindesten waren die Alkoven, in denen die Ehebetten standen, mit Kattunvorhängen verhüllt. Die Kommoden in den Putzstuben waren schon einfacher. Auf den Schränken gabs weniger Beschläge und an den Wänden anstatt der Bilder Kupferstiche. Einzelne Porzellanstücke fehlten wohl auch in den besseren Bürgerfamilien nicht, ebensowenig wie die damals modischen Nußbaummöbel mit geschweiften Blättern und gebogenen Füßen, zwischen denen wohl oft schon ein Schreibbüro zu finden war.

Hosemann: Alle Teufel, meine Frau! (Karnevalserlebnis).

Wie Du mir -

So ich dir!

Wenn auch die Mittel nicht immer zur Beschaffung der neuesten Pariser Mode reichten – so wollte doch auch die Bürgersfrau auf ihre Art die Mode mitmachen. Und da brachten die Dresdner Kaufleute denn die neuesten „Dresdner Moden", die natürlich nur ein billiger Abklatsch der Pariser waren, mit billigerem Material arbeiteten, aber schließlich doch ihren Zweck erfüllten, den Frauen und Mädchen die Illusion der Schönheit zu geben. Außerdem gab's auch manche Geschäfte, die sich auf das Auffrischen von nicht mehr ganz sauberen oder beschädigten Kleidungs- und Modegegenständen legten und damit recht gut durchkamen. Denn bei den modischen hellen und bunten Farben, bei den vielen Litzen, Tressen und Aufschlägen war bald ein Fleck zu entfernen oder ein Stück aufzuarbeiten. Die Bürgerinnen kauften auch jene buntbedruckten Stoffe, deren Herstellung der Soldatenkönig verboten, um die Wollindustrie zu heben. Weil keine solchen Kattune geführt werden durften, gaben die Fabrikanten und Buntdrucker dem Kattun andere Namen. So nutzte auch die größte Strenge nichts gegen die Mode, die nun einmal für bunte Zeuge war – die zu Röcken, Schürzen, Halstüchern und zu allen möglichen Zwecken verwendet wurden.

Trotzdem die Häuser nicht sehr hoch im Wert standen, mußten sich die gerade nicht sehr bemittelten Kreise auch damals schon mit ihren Wohnungen recht einschränken. Prediger, Hofräte und Angehörige ähnlicher Berufe begnügten sich mit zwei bis drei Stuben und Kammer und Küche. Ihre Frauen mußten nicht weniger genau und übersichtlich wirtschaften können, wie die Frauen derselben Kreise in unsern Tagen. Bei ihnen gab's keine mit Gobelintapeten ausgeschlagenen Zimmer; selbst die Tapeten aus Leinwand, worauf Personen oder Ornamente mit Ölfarben gemalt, waren in den bürgerlichen Häusern nicht zu häufig; viele begnügten sich mit bedrucktem Wachstuch, mit dem die Wohn- oder Prunkstube ausgeschlagen war – in den andern Zimmern gab's vielfach nur weiße Wände.

Hosemann 1860: Plätten.

Das häusliche Leben der Bürger änderte sich nur wenig im 18. Jahrhundert. Die Geselligkeit kam noch nicht zu kurz. In manchen Häusern gab's zwar schon die jährlich einmalige General-Abfütterung, bald dürftig, bald derb und üppig. Aber viele Reisende wissen von einem eifrigen geselligen Verkehr zu berichten. Durch die vielen Bälle und Picknicks, durch die wollüstigen Lieder von Voltaire, Grecourt und Rost würden die jungen Mädchen abgehalten, sich Kenntnisse zu erwerben, ihren Geist zu vervollkommnen; nur auf Buhlerei und Eitelkeit würden sie beschränkt. „Die Mütter haben Schuld daran, wenn du die junge Unschuld unter den Klauen der nichtswürdigen Buben findest. Wer gab ihr Gelegenheit, wer weihte sie ein in die satanischen Künste der Buhlerei? Wer anders als die Mutter, die schamlose Gauklerin."

Hosemann 1860: Am Fenster.

Der rücksichtslose Sittenprediger hat hier bestimmt zu schwarz gemalt. Gerade in den Bürgerkreisen Berlins hielt sich eine angenehme, sittenstrenge Einfachheit, die von Chodowiecki mehrmals geschildert wurde. Saßen hier und da Männer und Frauen abends zusammen und lachten über die derben Scherze, die vorgelesen wurden, so gab es doch viele Familien, in denen solche abendlichen Vorlesungen wirklich der Belehrung und der gesitteten, nicht ganz geistlosen Unterhaltung dienten. Und die Lust zum Spazieren im Freien war gewiß ein gesunder Trieb. Die Bürgertöchter, die gern am Dönhoffplatz herumspazierten, lustwandelten auch ebenso gern am Weidendamm, der im 18. Jahrhundert noch hinter Gärten entlang führte, an dessen Ufern Weidengärten und von dem es köstliche Blicke in den Garten vom Schloß Monbijou und seiner Nachbarn gab. Der Sinn für die Natur war viel zu stark, als daß jene Verderbtheit, von der am Ende des 18. Jahrhunderts so oft gesprochen wurde, tiefer hätte eingedrungen sein können. Wohl priesen Zahnärzte – die Zahntinkturen verkauften, die in einem Augenblick alle Zahnschmerzen vertrieben, ohne Mund und Zahn anzurühren – Waschwasser an für „Mängel im Angesicht", für „Muttermale und Leberflecke"; sie ließen sich auch eine Kugel abkaufen, welche die Eigenschaft hatte, „Haare wachsend zu machen und auch wegzubringen, wo sie nicht nöthig seyn". Beliebt war auch ein Teig, der schöne weiße Hände machte. Und eine „Essenz, die alte häßliche Weiblein wieder jung und schön machte", wurde auch in Inseraten und Plakaten angepriesen. Das mag ja wohl darauf hinweisen, daß es recht viele eitle und vertrauensselige Frauen im alten Berlin gab. Aber auch heute finden solche Wunderdoktoren noch ihr Brot und ihren Reichtum durch den Glauben der Frauen an

Hosemann 1860: Am Nähtisch.

Hosemann um 1860: Kaffeeklatsch auf dem Windmühlenberg.

Mittel, die alle Haare von falschen Stellen entfernen, die jede Altersrunzel wieder anfüllen mit rosiger Jugendglätte und eine üppige und volle Büste hervorzaubern.

Nicht nur über die Eitelkeiten wurde berichtet. Manch Reisender hatte auch einen andern Eindruck. So berichtete ein Schriftsteller: „Besonders behaupten die jungen Berliner Mädchen noch immer den alten Ruf, daß sie sich durchgängig einfach und bescheiden kleiden, und edle Eleganz von eitlem Schimmer zu unterscheiden wissen. Dagegen sieht man an ältlichen Damen weit häufiger modische und reiche Kleider, und es macht einen seltsamen Gegensatz, eine solche mit einem ganzen Putzladen behangene Dame oder Antike in Orange Batavi[8] neben einer jungen Grazie in einfachem Anzuge zu sehen."

Oft wurde den Jüdinnen der Vorwurf gemacht, daß sie sich zu sehr mit Schmuck und Mode brüsteten. Das machte sie ein wenig verhaßt. Der große Kurfürst hatte sie und ihren Reichtum einst willkommen geheißen, als sie, die aus Wien vertrieben worden waren, ein Asyl in Berlin suchten. Und selbst der einseitige König Friedrich Wilhelm I. war ihnen wohl gesonnen. Als ein unbesonnener Mensch 1715 mit entblößtem Degen in die Synagoge eingedrungen war und die Juden, besonders aber deren Frauen, erschreckt hatte, erklärte der König seinen ernsten Willen, die Juden gegen jede Tätlichkeit, Beeinträchtigung und Beleidigung zu beschirmen. Später aber, als er sich bei Bankrotten übervorteilt glaubte, ließ er die Juden in ihre mit einer Wache umstellte Synagoge rufen und sie förmlich mit einem Bann belegen. Jüdische Verbrecher wurden besonders hart bestraft und grausam hingerichtet. Er mochte an die Hofjüdin Liebmann denken, die unangemeldet in seines Vaters Gemach hatte treten dürfen und dies Vertrauen in den letzten Wochen vor dessen Tode mißbraucht hatte, um ihn im Verkauf von Juwelen zu übervorteilen. Die Juden mußten nach den Hofjagden eine große Anzahl der erlegten wilden Schweine kaufen und den Freunden des Königs Tribute für ihren Aufenthalt in Preußen zahlen. Und als sich herausstellte, daß 120 jüdische Familien in Berlin 250 Dienstboten hielten, verbot er ihnen, mehr als 200 zu halten. Bis zum Ende des 18. Jahrhunderts durften Juden keine öffentlichen Ämter bekleiden und keinen Landbesitz erwerben. Auf dem Theater wurden sie nur als mauschelnde Wucherer dargestellt. In der Literatur wurden sie schon eher gewürdigt. Im Jahre 1779 meldeten die Bemerkungen eines Reisenden durch die königlich preußischen Staaten: „Das schöne Geschlecht der Israeliten spielt in Berlin eine große Rolle. Es gibt wirklich Schönheiten im eigentlichen Sinne unter ihnen. Hübsche Kleidung und leichter Anstand erhöhen ihre Reize. Sie sind äußerst empfindsam und treiben ihre ohnedies schon hohe Reizbarkeit oft zu weit."

Im 18. Jahrhundert hatten sich die Völker und Klassen noch nicht so recht gemischt. Zwar hatte sich von Sanssouci und seinem literarisch-militärischen Kreis aus eine scharf pointierte, schlagfertige Redeweise verbreitet, die zwar nur die Sprache der höheren Gesellschaftsschichten war, die aber doch

Die erste Eisenbahn am Potsdamer Bahnhof.

L. Löffler 1860: Privattheaterzirkel.

Anschluß an die breite Mittelschicht fand. Und zwar meint Fontane, daß es vor allem Lessings „Nathan" mit seinem Evangelium der Aufklärung war, der auf die gebildete berlinische Mittelklasse wirkte. Doch „Nathan" war nicht nur Ursache, er war auch Wirkung. Längst schon waren die gebildeten Schichten von einem spitzfindigen und nationalistischen Geist durchsetzt. „Nathan" war doch schließlich nur ein Erzeugnis seiner Epoche. Und das zugespitzte berlinische Räsonnement mit seiner Schärfe und Herbheit entstand schon damals. Aber ein einheitliches Fühlen und Denken, eine gewisse Familiarität, wie sie zu jedem ausgesprochenen Volkswesen nötig ist, entwickelte sich erst mit den Befreiungskriegen, die fast alle gesellschaftlichen Schranken beseitigten. Nun wurde in allen Familien berlinisch gesprochen. Und der Witz, dieser aus Kritizismus, Selbstironie und Gutmütigkeit geborene berlinische Witz glänzte auch in jenen Bürgerfamilien, die ihn heute nur noch vom Hörensagen kennen. Der Witz wandte sich gegen alles Unpraktische, Unklare und Nebelhafte. Mit diesem Witz entwickelte sich auch endlich jener Gemeinsinn, der bis dahin dem Berliner Bürger nahezu gefehlt hatte. Sonst wäre es wohl nicht möglich gewesen, daß ein Mann, der im Siebenjährigen Kriege Berlin vor vieler Drangsal und schwerer Not bewahrt hat, von seinen Zeitgenossen ohne jedes Mitgefühl, ohne jede Hilfe selber dem Untergang in Not überlassen worden wäre.

In die Familie des Hoflieferanten Blume hatte ein junger Kaufmann, Gotzkowsky, hineingeheiratet. Er stammte aus Westpreußen, war als vierzehnjährige Waise nach Berlin gekommen und hatte hier sechs Jahre bei einem Materialien-Händler die Lehre „ausgestanden". 1730 trat er in die Galanteriewarenhandlung seines Bruders ein, kam bei Kommissionen in Rheinsberg mit Friedrich II. zusammen und zog auf dessen Befehl, sobald Friedrich zur Regierung gelangte, so viele nützliche und geschickte Künstler und Arbeiter nach Berlin, daß er beinahe halb Deutschland mit Bijouterien versorgen und dadurch viel Geld ins Land ziehen konnte. Dann legte er eine Samtfabrik nach Genueser Art an, über-

Künstlerwirtschaft, 1842.

nahm im Jahre 1753 noch eine Seidenstoffefabrik auf der Friedrichstadt und gab schließlich an 1.500 Menschen Brot und Nahrung. Nach Rußland und Polen verkaufte er wohl jährlich für 100.000 Taler. Friedrich beauftragte ihn auch, in Holland, Frankreich und Italien für 100.000 Dukaten Gemälde anzukaufen. Diese mußte er aber in seinem Hause behalten, da der Siebenjährige Krieg ausgebrochen war und der König nicht seine Aufträge einlöste. Die Schrecknisse des Krieges trafen den Großkaufmann besonders hart. Er blieb aber trotzdem großzügig. Die Einnahme der Stadt durch die Russen 1760 gab ihm reichlich Gelegenheit, das zu beweisen. Zum Kommandanten der Stadt wurde ein Herr von Bachmann ernannt, dessen Freund, ein russischer General von Sievers, von Gotzkowsky während einer Gefangenschaft in Berlin aufmerksam behandelt worden war. Gotzkowsky bat, daß ihm der Adjutant des russischen Feldherrn von Tottleben in sein Haus einquartiert würde. „Sobald dies bewerkstelligt war, so suchte ich mir dieses Adjutanten Freundschaft zu erwerben. Ich brachte Alles vor, um demselben Vergnügung zu schaffen und fand dabei auch gar bald, daß ich mich an den rechten Mann adressieret hatte, weil dieser, so zu sagen, die andere Hand des Grafen von Tottleben konnte genennet werden."

Gotzkowsky erreichte dann auch durch sehr gefühlvolle Vorstellungen, daß die damals ganz ungeheure Forderung von 4 Millionen Taler Kontribution auf weniger als die Hälfte und „200.000 Taler Douceurgelder" für die oberen Offiziere herabgesetzt wurde. Wie es damals in Berlin zuging, mögen die Worte Gotzkowskys schildern: „Mein Haus war Tag und Nacht voll feindlicher Truppen, welches ohnedies schon überflüssig mit geflüchteten Personen und einer unbeschreiblichen Menge fremder Effekten und Geld beschwert war. Ich selbst war, so lange die Feinde die Stadt beherrschten, in kein Bett gekommen. Tag und Nacht in der allerelendesten Witterung mußte ich auf der Straße zubringen, teils denen Österreichern und Russen Genugtuung zu verschaffen, teils denen überfallenen und ge-

1861: Freundinnen nähen gemeinsam das Kleid der Braut.

mißhandelten Einwohnern selbst Genugtuung zu verschaffen und ihnen hinwieder zu dem Ihrigen zu verhelfen."

Er bewahrte durch seine Fürbitte die Fabrik vor der Zerstörung, weil er nachwies, daß ihr Ertrag nur zum Unterhalt von vielen hundert Waisen diente. Auch beschützte er zwei „Zeitungsschreiber" von der Vossischen und Spenerschen Zeitung vor dem Spießrutenlaufen. Sie hatten sogenannte Bauerngespräche veröffentlicht, in welchen Muhme Liese (die Kaiserin von Rußland), Muhme Tillacksche (Maria Theresia) und Vater Fink (Friedrich II.) sich allerdings sehr unangenehme Dinge sagten. Auch schützte er die angesehenen Bürger davor, von den abrückenden Russen als Geiseln mitgenommen zu werden. Unter großen persönlichen Opfern regulierte er die Kontributionszahlungen, verschenkte viel Pretiosen an die Russen, um zum Ziele zu kommen, übernahm mitten im Kriege die Porzellan-Manufaktur, die später königlich wurde, sagte gut für Kontributionen, die Sachsen an Preußen zu zahlen hatte und ging daran und an einem Bankrott eines ihm nahestehenden Amsterdamer Bankiers nach einigen Jahren selbst in den Bankrott. Kein Mensch sprang ihm helfend bei. Er arbeitete aus seinem Geschäft so viel heraus, daß er wohl mit der Zeit alle Gläubiger hätte befriedigen können. Aber nur Wucherer wollten ihm über die schlechte Zeit hinweghelfen. Und man gab ihm nicht einmal Zeit, Geld aufzutreiben, sondern ließ ihn gleich arretieren. „Dieses war das Schicksal eines Menschen, der so oft vor die Stadt und seine Mitbürger sein Vermögen und sein Leben gewaget und dem man einige Jahre vorher (laut Brief des Magistrats) das Zeugnis gegeben hatte, es sei ein Exempel ohne Exempel, daß ein ehrlicher Mann ohne allen Eigennutz ausgestanden und unternommen, was ich als ein redlicher Patriot für meine Mitbürger ausgestanden und unternommen hätte." Friedrich II. hatte nicht Herz genug, dem verdienstvollen Mann aufzuhelfen. Und so starb er 1775 in drückender Armut. Erst im Jahre 1865 hat man der Witwe seines Enkels eine kleine Pension von der Stadt aus bewilligt – rücksichtlich der Verdienste Gotzkowskys um der Stadt willen.

Die schweren Jahre des Siebenjährigen Krieges waren nicht ohne Spuren über Berlin dahingegangen. Vor allem hatte die Stadt selbst die Feinde in den Mauern gehabt und hatte auch die Wirkungen des langen Krieges reichlich gespürt. Doch brachten die folgenden Jahrzehnte mit ihrem allgemeinen Aufschwung eine starke Zunahme. Sie kam um 1800 auf mehr als 150.000 Einwohner. Immerhin waren noch viele Zustände recht rückständig. Die Gemeinde hatte nur gewisse Gerichtsbarkeiten, alle wirtschaftlichen Aufgaben, selbst die Armenpflege, löste der Staat fast ganz allein. Die Steuern erhob der Staat und gewährte der Stadt die Mittel zur Verwaltung, darunter litten alle Wohlfahrtseinrichtungen, der Zustand der Straßen, das Armenwesen, die Schulen, die Kirchen. Es ist zu verstehen, daß die Bürger am Zusammenbruch des Staates, der Napoleons Ansturm so rasch unterlag, nicht allzusehr interessiert waren. Erst die rohe Kontributions- und Requisitionspolitik der Franzosen erweckte wieder einen deutschen Patriotismus.

In jener Zeit hatten sich die Berliner Bürgerinnen übrigens recht gut benommen. Das Wehen der Tücher aus den Fenstern, das von den Franzosen gewünscht worden war, mußten die einziehenden Sieger vermissen. Aber die Frauen wurden doch durch die Artigkeit der Fremden erobert. Schließlich erwartete man auch von den Franzosen eine Befreiung von vielen mittelalterlichen Rückständigkeiten. Die besiegten Soldaten und vor allem ihre Offiziere hatten sich im Bürgertum keine Freundschaft zu erwerben gewußt. Besonders hatten die hübschen Bürgertöchter unter dem Übermut der adligen Offiziere zu leiden gehabt. Doch als nun die Franzosen die erhoffte Freiheit nicht brachten, als das goldene Zeitalter nicht mit ihnen kam, als die Bürger in eine große Notlage gerieten, Beamte und Pensionäre unregelmäßige oder gar keine Bezüge erhielten und alle Einwohner, selbst die Dienstboten besteuert wurden, als ein Pfund Butter einen Taler, ein Ei zwei Groschen kostete, mag manche Bürgerin gedacht haben wie die Predigertochter Karoline Sack, die auf ihrem Zimmer speiste, wenn Franzosen zu Tisch waren.

Und 1813 gaben die Berlinerinnen an Tapferkeit keiner deutschen Frau nach. Als das feindliche Heer ganz in der Nähe stand, flohen zwar einige Familien, aber die meisten Frauen wollten das Schicksal ihres Mannes teilen und blieben in der Stadt. Sie hatten in den letzten Jahren zu viele Drangsale überstehen müssen, als daß sie nicht zuletzt gleichgültig oder heroisch hätten werden müssen. Ja, die kleine Lili Parthey wollte sogar Napoleon mit eigener Hand erstechen, um das Vaterland zu retten.

Das Leidenschaftliche und Temperamentvolle mag nun gerade nicht immer Sache der Berlinerin sein. Aber es fehlt ihr durchaus nicht an Romantik. Das tragische Schicksal von Charlotte Stieglitz ist ja ziemlich bekannt. Sie wollte ihrem Manne, den sie für einen großen Dichter hielt, ein tiefes und aufrüttelndes Erlebnis verschaffen und erstach sich. Sie nutzte ihm und seinem Talent zwar nicht. Aber

Hosemann 1854: Die Virtuosin.

Vor dem Delikatessenladen um 1860.

sie hatte doch bewiesen, daß es auch in Berlin stark empfindende Frauen gab. Ja, es gab zu allen Zeiten in Berlin solche Frauen, die dem Ungewissen und allem, was von Gefahr bedroht war, mit Schwärmerei ergeben waren. Zu nennen wären viele. Aber ich will hier nur auf eine hinweisen, auf Emma Siegmund, die Braut Georg Herweghs. Als Tochter eines bekannten Berliner Großkaufmanns wußte sie eine gewählte künstlerische und gelehrte Gesellschaft um sich zu scharen. Ihre Briefe an ihren Bräutigam sind von großer Begeisterung erfüllt und zeugen von einer tiefen Neigung für den bewunderten Geliebten, der sich im vormärzlichen Deutschland als ein Rufer für politische Freiheit und gegen jede Engherzigkeit unmöglich gemacht hatte und der von den Mächtigen verfolgt wurde. Wer mit ihm war, setzte sich vielen Gefahren aus, durfte nicht kleinmütig sein. Auch die vielen Liebestragödien, die wir in der Gegenwart erleben, zeugen von einer Kraft des Gefühls, die bis zum letzten standhält.

An feinerem Gefühl mangelte es den Berlinerinnen auch nicht immer. Washington Irving erzählt in seinem „Skizzenbuch“: „Als ich in Berlin war“, „folgte ich dem berühmten Iffland zum Grabe. In der Pracht des Begräbnisses konnte man auch viel wirkliches Gefühl unterscheiden. Mitten in der feierlichen Handlung ward meine Aufmerksamkeit durch ein junges Mädchen angezogen; sie stand auf einem mit frischem Rasen bedeckten Hügel, den sie ängstlich vor den Füßen der vorüberdrängenden Menge beschützte. Es war das Grab ihrer Eltern; und die Gestalt dieser liebenden Tochter erschien mir wie ein Denkmal, ergreifender als das kostbarste Werk der Kunst.“

Die Mehrzahl der Berliner Bürgerinnen aber brachte nicht immer solch feines und starkes Empfinden zum Vorschein. Ein sehr gutes Beispiel erzählte Parthey aus dem Anfang des 19. Jahrhunderts: „Die alten Beamtenfrauen und besseren Bürgerinnen hielten vielfach mit verwandten und befreundeten Familien ein Abendkränzchen, das bei den Mitgliedern herumging und jedesmal gewaltige Vorbereitungen von Tee und Backwerk erforderte. Das Gespräch verlor sich sehr bald in ein allgemeines lautes Geschwätz, vermischt mit gellendem, krampfhaftem Lachen und ohrenzerreißendem Kreischen. Die Kinder saßen ängstlich in einer Ecke und wurden ausgescholten, wenn sie sich rührten. Am meisten zuwider war ihnen eine alte reiche Witwe, die mit einem mürrischen und bissigen Schoßmops in eigener Equipage angefahren kam.“

Solche familiären Zusammenkünfte waren einst sehr wichtig. Eberty erzählt: „Die ganze Familie versammelte sich mehrmals jede Woche zum Abendessen in den Zimmern der alten Frau (der Großmutter) zu ebener Erde. Es wurden dann gewöhnlich Fische gespeist, deren die Spree bekanntlich die verschiedensten Arten liefert, und die damals von den Fischhändlern in den Straßen zu unglaublich billigen Preisen ausgerufen wurden. Die alte, über siebzigjährige Köchin Dörte war berühmt wegen der Art, wie sie Hechte, Karpfen, Barsche, Zander und Schleie zuzubereiten verstand, und noch weiß ich ganz wohl, wie sie eines Abends, wo ein größerer Kreis zu heiterem Mahle beisammen gewesen, ins Zimmer gerufen und mit einem Kranze aus solchen Lorbeerblättern gekrönt wurde, wie sie als Zutat bei den Karpfen verwendet werden." Auch Parthey erzählt oft von der häuslichen Geselligkeit Berlins: „Im Nicolaischen Hause fanden sich oft und zahlreich Künstler und Kunstfreunde ein. Am Klavier wurden ganze Opern aufgeführt, bei denen auch alle möglichen jungen Mädchen mitwirkten; manche von ihnen soll so hervorragend musikalisch begabt gewesen sein, daß sie mit jeder Primadonna es hätte aufnehmen können. Die vielen nach den Franzosenkriegen aufkommenden Volkslieder wurden mit ebenso großem Eindruck von den jungen Mädchen gesungen wie die Lieder Beethovens. Außerdem wurde von den jungen Leuten auch im Hause Theater gespielt – leichte kleine Ware, zu der sich aber doch oft ein auserlesenes Publikum zusammenfand: Tiedge, Schinkel, Rauch und andere Notabilitäten."

Dieser herzlichen, schlichten Geselligkeit, die dem ganzen Bürgertum, ja, der neuen Zeit überhaupt, Licht und Freude gab, entsprachen auch die Wohnräume mit ihrer schlichten und lieblichen biedermeierischen Ausschmückung.

Ganz anders als im 18. Jahrhundert sah es in den Wohnräumen des Bürgertums aus, als das Empire mit seinen strengen Linien das üppige Barock verdrängt hatte, und als nach den großen Kriegen die große Armut das Schlichte und Liebliche des Biedermeiertums begünstigte.

Buffets, Anrichten und Speisezimmer von der heute üblichen Größe waren gänzlich unbekannte Dinge. Selbst wohlsituierte Bürger kannten als Eßraum nur die große Wohnstube, in der die Hausfrau ihr Reich aufgeschlagen hatte. Nur bei seltenen Gelegenheiten wurde die „gute Stube", die „Putzstube", als feiertäglicher Speisesaal benutzt. Schokolade, Leckerbissen, ja selbst der Zucker wurden in den Pfeilerspindchen oder Spiegelschränken der Wohnstube aufbewahrt. Die Frauen saßen, wenn sie nicht Staub wischten oder an ihrem kleinen Schreibtisch Rechnungen ordneten, mit einer Handarbeit am Fenster – oft auf einem erhöhten Tritt.

In der Putzstube waren die besten Möbel und Geräte aufgestellt und gewöhnlich gegen Rauch und Staub mit Leinwandhüllen geschützt. Das war das, was man im heutigen Berlin die „kalte Pracht" und auch Salon nennt. In solcher Putzstube durfte die Servante nicht fehlen, ein Glasschrank, in dem auf

1864: Im Konzertgarten.

1852: Die Zeiten ändern viel – ja viel! (Satire auf die Reaktion).

verschiedenen Etagen blitzendes Silbergeschirr, buntbemalte oder echtvergoldete Porzellantassen und allerlei Reiseerinnerungen aufgestellt waren: Böhmische geschliffene Gläser aus Rotfluß, Holzschnitzereien aus Thüringen und Muscheln von der Küste. – Noch größere Einfachheit muß in den nicht sehr bemittelten Gelehrtenkreisen zu Hause gewesen sein. Paul Heyse, dessen Vater bekanntlich Professor an der Berliner Universität war, berichtet, daß man in den Jahren seiner Kindheit nichts von einer künstlerischen Ausstattung in den gebildeten Bürgerhäusern gewußt habe. Niemandem fiel es ein, die Einrichtung der Heyseschen Wohnung in der Behrenstraße mit alten Mahagonimöbeln und einem winzigen Teppich vor dem schwerfälligen Sofa spießbürgerlich zu finden. Die Bilder an den Wänden waren Familienporträts, die von der Mutter mitgebracht worden waren. Einige Kupferstiche, kolorierte Schweizerlandschaften und eine Menge jener reizenden Miniaturbildchen auf Elfenbein verdeckten die Wände. Nur im Arbeitszimmer des Professors hingen einige wertvollere Ölgemälde, vor dem Spiegel standen auf einem niederen Schränkchen Rauchs Gipsstatuetten von Goethe und Wilhelm von Humboldt, oben auf dem Pult die lebensgroße Büste Hegels; ein großes Porträt F. A. Wolfs hing an der letzten freien Wand, während die ganze lange Wand gegenüber von der wissenschaftlichen Bibliothek ausgefüllt wurde.

Löffler: Omnibus nach dem Finkenkrug 1855.

Die Räume der Heyseschen Wohnung müssen sehr begrenzt gewesen sein. Denn wenn im Wohnzimmer die Frau Professor mit ihren Kindern spielte und sich auf dem Sofa mit ihnen herumbalgte, wurde der Professor in seinem Arbeitszimmer vom Lärm aufgestört. Und dennoch muß in solchen einfachen Räumen ein fröhlicher, schöner und munterer Lebensgeist gewaltet haben. Die damaligen Kulturgrößen wußten, daß es auf das Äußere nicht ankam. Ihnen und ihren Frauen waren der Geist und das Leben, die in ihren Räumen herrschten, das Wesentliche. Und die waren nicht die geringsten und gewöhnlichsten. In der Mansarde des Geheimrats Kugler verkehrten allerlei Gelehrte und Künstler, wie Jakob Burckhardt (Basel), Felix Dahn, Roquette, Storm, Heyse, Fontane und viele andere. Franz Kugler wohnte in einem Hause der Friedrichstraße unweit vom Belle-Alliance-Platz. Er war mit der jüngsten Tochter des Kammergerichtsrats Hitzig verheiratet, einer vielumworbenen und vielbe-

Das Berliner Füllhorn wird geleert.

Omnibus nach der Hasenheide um 1860.

sungenen Schönheit, an die, wie Fontane berichtet, viele Gedichte mancher lyrischen Größen des Vormärz und auch späterer Jahre gerichtet waren. Mit ihrer Liebenswürdigkeit verband sie einen feinen Geschmack, der ihr die seltene Fähigkeit gab, aus den sehr einfachen Zimmern anheimelnde Räume zu schaffen. Da wo die weit vorspringenden Mansardenfenster ohnehin schon kleine lauschige Winkel schufen, waren Efeuwände aufgestellt, die, sich rechtwinklig bis mitten in die Stube schiebend, das große Zimmer in drei – vier Teile gliederten, die einen ungemein freundlichen Eindruck machten. In solchen schlichten Wohnräumen konnte eine heitere anspruchslose Geselligkeit selbst dem Alltag das Alltägliche nehmen. Abends fand sich ein kleiner Kreis zusammen. Von der noch recht stillen Straße kam kaum ein Laut herauf. Von dem Tisch aus gab eine hohe Schirmlampe gedämpftes Licht. Rund herum saßen die Damen: Die Frau, die Tochter und andere junge Bekannte des Hauses. Allzuwarm muß es wohl nicht gewesen sein. Denn ein Gast saß fast stets in der Nähe des Ofens auf einem Holzkorb. Zur Teestunde erschien Kugler selbst und setzte sich an das Klavier, über dem eine gute Kopie des heiligen Franziskus von Murillo hing. Und nun spielte und sang er in bunter Reihenfolge deutsche und dänische, venezianische und neapolitanische Volkslieder. Jeder wünschte sein besonderes Lieblingsstück. In seiner unvirtuosenhaften, anspruchslosen Art erhob er keinen Anspruch, mit Gesang und Spiel Vollkommenes zu geben. Aber diese Art entsprach der wohltuenden Geselligkeit einer Zeit, wo noch die Holzkörbe in den Zimmern standen und man sich an den Kachelöfen wärmen konnte.

Das heißt: Nicht in allen Wohnungen, nicht in allen Zimmern gab's Kachelöfen. Die Heizvorrichtungen waren noch sehr mangelhaft. Viele Öfen hatten nur eine rauhe Oberfläche von Gips, die bunt bemalt worden war. Nur in den besseren Zimmern standen weiße Kachelöfen, in den anderen standen braune oder grüne, die oft noch, wie in alten Schlössern, vom Flur aus geheizt wurden. Durch diese Heizmethode fehlte den Zimmern die nötige Ventilation. Um nun die rasch verdorbene Luft erträglich zu machen, wurde geräuchert mit Kerzen oder Essenzen. Die vornehmeren Frauen sammelten Rosen oder andere wohlriechende Blätter, salzten sie und stellten diese Mischung in Vasen auf, die dann einen milden, gleichmäßigen Duft verbreiteten.

Auch die großen literarischen und politischen Salons der ersten Hälfte des 19. Jahrhunderts wurden nicht etwa in großartigen Prunkräumen abgehalten. Die Herzogin von Kurland, die im ersten Jahrzehnt Unter den Linden in ihrem Palais empfing, konnte allerdings fürstliche Räume öffnen. Aber andere Frauen, die nicht über die großen Einkünfte einer Herzogin verfügen konnten, waren aus solchen Gründen nicht von der Möglichkeit ausgeschlossen, einen Salon zu unterhalten. Rahel Varnhagen, bei der alle literarischen, politischen und wissenschaftlichen Berühmtheiten jener Zeit verkehrten, konnte nur in einfachen Räumen empfangen. Einer ihrer Besucher kam einmal zu ihr, als sie auf einem Sofa saß, neben sich ein schlafendes Kind, eine Nichte. Rahel schob den Tisch ein wenig beiseite und erhob sich, um dem Besucher entgegenzugehen. Hier haben wir also das bescheidene altväterliche Sofa mit dem Tisch davor. Nicht nur in Spießbürgerwohnungen war es zu finden. Selbst die Geistreichen der Zeit wußten feine Gemütlichkeit zu schätzen.

Der Geist und das Behagen, die in solchen schlichten Räumen walteten, die seelische Regsamkeit und das seelische Gleichgewicht unserer Vorfahren – das war es, was die Räume schmückte und sie zur großen Welt machte – auch wenn die Räume nur klein und beschränkt und nur mit bescheidenen Mitteln ausgestattet waren.

In solchen Räumen wurden denn auch die Errungenschaften der Zeit durch Aussprache und andere Wirksamkeit der Zeit weitergetrieben. Die neue Städteordnung, von Stein und Hardenberg begründet, gab Anlaß, daß die Berliner Bürger wieder zur Selbstverwaltung übergehen konnten. Es dauerte allerdings Jahrzehnte, bis die einzelnen Zweige der städtischen Betriebe von den Stadtbehörden geleitet wurden. Erst 1819 wurde die städtische Armendirektion gegründet, die mit vollem Erfolge arbeitete. Zehn Jahre später begann die städtische Schuldeputation ihre Wirksamkeit. Erst seitdem wurde für den Unterricht aller Kinder in der Stadt gesorgt und die heutige Volksschule in ihrer Vollkommenheit begründet. Auch Mittelschulen, aus denen später die Realschulen hervorgingen, wurden gegründet. Weitere öffentliche Einrichtungen wurden der Stadt erst 1844 (das Privilegium der Gasbereitung) und 1848 (die Straßenreinigung) gewährt. Die Straßenreinigung blieb allerdings bis 1875 mit der königlichen Feuerwehr verbunden. Die Straßen bekam die Gemeinde ebenfalls endlich 1875 als Eigentümerin. Seitdem erst konnte sie auch für besseres Pflaster sorgen.

Die Gründe für die langsame Entwicklung der städtischen Verwaltung lagen im Steuerwesen, das staatlich war und nur kleine Beteiligungen der Stadt zugestand. Auch waren die Bürger der langgewohnten Meinung, in der Residenz müsse der Staat für alles sorgen. Erst nach 1860, als der Staat der Selbstverwaltung wirklich freien Weg ließ, konnte sie sich zugunsten der Stadt voll auswirken, konnte, wie es die Steinsche Städteordnung so schön wollte, „der Gemeinsinn erregt" und „die Bürgergemeinde – eine tätige Einwirkung auf die Verwaltung des Gemeinwesens einlegen."

Erst nach langen Jahrzehnten wurde das Gemeindeleben wirklich eine Angelegenheit der Bürgerschaft. Von Verwaltung und ähnlichen Dingen sollte sie ja im Vormärz nicht behelligt werden. Und so suchte sie sich denn mancherlei andere Beschäftigung.

Die Bürger fanden ihre Welt auch noch im harmlosen Theaterspiel. Ja, den Berlinern war das Theater jahrzehntelang die beste Bildungsschule. Öffentliches Leben fehlte ihnen. So

Wasserpartie nach Treptow.

„Wir sind erst neune, die anderen kommen nach."
(Sommerfreuden in Schöneberg um 1860.)

ergaben sie sich denn dem Theaterspiel. Es gab kaum begeistertere Zuschauer und Betrachter als in Berlin – wo zahllose Theatervereine in allen Kreisen gegründet wurden und zur Verfeinerung der äußeren Sitte redlich beitrugen und auch geistig anregend wirkten. Das Hoftheater genügte den Ansprüchen durchaus nicht. Unter Iffland herrschte ein ziemlich philiströses Repertoire. Die Klassiker kamen wohl auch zu Wort. Aber Kleists „Kätchen von Heilbronn" kam z.B. nicht zur Aufführung. Über Ludwig Devrients genialischen Wirkungsjahren, die auf Ifflands Tod folgten, lag ein anderer, glühenderer Schein – den dann die klassische Periode des Ehepaares Wolff wieder abkühlte. Von dem Volkstheater, das der Kommissionsrat Cerf gründete, versprach man sich damals alles. Aber es kamen keine neuen Dichter. Raupach kümmerte sich nicht um Volkstümliches und Angely reichte nicht aus. So schufen sich denn die Berliner, die sich gern zusammenschlossen, um recht viel Pläsier für recht wenig Geld zu haben, ihre Theatervereine. Nicht etwa, um revolutionäre Stücke im heutigen Sinne aufzuführen. Aber Schiller wurde doch bevorzugt. Selbst auf dem Dachboden wurde die Bühne aufgeschlagen. Rodenberg schilderte diese Vereinssucht der Berliner sehr hübsch:

„Jeglicher guter Hausvater des Vormärz, der einen Anspruch auf Bildung, Wohlanständigkeit und leidliche Existenz machte, schloß sich einem dieser Vereine an. Sie waren verschiedener Art, verschiedenen Charakters, je nach den Elementen, die sie bildeten. Die einen huldigten lediglich dem philiströsen Genuß des Tabakrauchens aus langen Stammpfeifen, wobei Weißbier getrunken, „warm Abendbrot" gegessen und entweder gekannegießert, oder ein Boston, ein Whist, ein Pollack, wenn nicht gar ein Schafskopf gespielt wurde. Diese nannten sich meist Ressourcen.

Andere wieder waren dem Tanz gewidmet, den „Kränzchen", abgelöst alle vier Wochen durch einen „Ball". Solche Gesellschaften bildeten sich meist aus jüngeren Männern, die ihre Frauen, Schwestern oder Bräute springen lassen wollten und selbst noch leidenschaftlich mitsprangen. Die meisten Vereine und zugleich die beliebtesten waren aber jene, die alles verbanden: ein oder zwei Zimmer für die Spießbürger zum Tabakrauchen, einen Saal zum Tanzen, ein Billard für die jetzt gleichfalls abgeschaffte Attaque auf die gelbe Caroline, und ein Theater, wo Liebhaber, Dilettanten und Anfänger ihre Kunst, natürlich gratis, probierten. Der gebildetste Teil der Bourgeoisie bis zum schlichten Handwerker herab, strebte, einem derartigen Verein anzugehören, sich hier vollständig mit Frau und Kindern dem Teufel zu verschreiben. Gewöhnlich war alle Sonntage Theater und nachher Kränzchen; im Sommer schoben die Alten im Garten Kegel, und die junge Welt trieb Spielereien und Spiele, die oft zu anständigen „Verhältnissen" und dann gewöhnlich zu ehelichen Verbindungen führten. Das Theater selbst wurde heiliggehalten, die Schauspieler und Schauspielerinnen spielten die ersten Geigen in der Gesellschaft, waren die aristokratische Kaste. Man stattete die Bühne oft sehr reich aus, und unter den Dilettanten war ein Wetteifer, den Herr von Hülsen nur gekannt hat, als er noch nicht Generalintendant der Königlichen Schauspiele war. Mancher treffliche Künstler, manche berühmte Schauspielerin der öffentlichen Institute ist aus diesen Pflanzstätten hervorgegangen und hat diesen selbst eine höhere Weihe, ein stolzes Selbstbewußtsein zurückgegeben. Unter diesen Liebhabertheatern Berlins haben namentlich „Urania“ und „Concordia“ solche Ehrenplätze errungen und auch glücklich bis heute den Sturm überstanden, der so viele dieser alten Gesellschaften seit 1848 vernichtet hat. Wohl existieren noch viele dergleichen, alte wie neue; aber der alte Geist ist nicht mehr in ihnen, ihre soziale Seite ist lahm geworden. Das Theaterleben speziell, sonst in geschlossenen Kreisen mit Enthusiasmus und Freude wie der Dienst einer Gottheit gepflegt, von schlicht bürgerlichem Charakter, ist lediglich nur in den öffentlichen Naturen zu finden und hat dadurch seine Originalität und seine keuschere Bedeutung verloren.

Selbst wenn der alte kleinstädtische Berliner eines der drei öffentlichen Theater besuchte, geschah es mit großer Würde und mit Scheu vor der höheren Kunst, die hier entfaltet werden konnte. Daher ward auch ein solcher Theaterabend in der Familie für eine Art Fest angesehen, und ein Bürger aus den wohlhabenderen Mittelklassen verschaffte sich und seiner Frau höchstens alle Monat einmal solchen Genuß; die erwachsene Tochter kam selten mehr als zweimal im Jahre in den Tempel der Kunst.“

Die Seltenheit des Theaterbesuches und ähnlicher anregender Bildungsmöglichkeiten bedingte nicht, daß die jungen Mädchen keine Gelegenheit zur geistigen Entwicklung hatten. Einige junge Mädchen wußten sich im Vormärz trotz der mangelhaften Schulen eine ziemlich gute Bildung anzueignen. Wenn sie einen echten Lerntrieb hatten, konnten sie von diesem und jenem aus dem Bekanntenkreise gute gediegene Kenntnisse erwerben. Jettchen Eichmann, die im Nicolaischen Hause lebte, hatte sich schon früh mit dem Französischen und Italienischen bekannt gemacht; als sich einmal die Aussicht zeigte, mit einer verwandten Familie nach England zu reisen, lernte sie noch geschwind das Englische. Von einem jungen Dozenten, der in ihrem väterlichen Hause verkehrte, hatte sie sich in Physik und Chemie unterrichten lassen. Von einem Professor ließ sie sich in die Mineralogie einführen und von anderen Gästen des Nicolaischen Hauses lernte sie Botanik. Auch konnte sie gut die Violine spielen, auf dem Klavier leichtere Sachen wiedergeben und gar nicht schlecht zeichnen. Dabei war sie doch kein Blaustrumpf, sondern in allen weiblichen Arbeiten so geschickt und erfahren wie in Sprachen und Wissenschaften. Sie führte die feinsten Stickereien aus und verschmähte es nicht, Staubtücher für die Küche zu stopfen. Nicht zufrieden damit, ihre eigene Wäsche und die ihrer Eltern auf das sauberste zu nähen (ohne Maschine!), kam sie auf den barocken Einfall, sich ihre Stiefel selbst zu verfertigen. Sie schaffte sich alles nötige Handwerkszeug an und nahm förmlich Unterricht bei einem anständigen Damenschuhmacher. Bald konnte sie auf selbstgearbeiteten Sommerschuhen gehen und ihrer Nichte rotseidene Tanzschuhe schenken, die auf mehr als einem Balle glänzten. Aber eins konnte auch sie nicht, die Taschenuhr in Ordnung halten. Diese Gabe scheint dem weiblichen Geschlecht durchaus versagt zu sein. Aber die umfangreiche Bibliothek hielt sie in Ordnung, sorgte für die Erhaltung und Reinhaltung der Marmorsachen und führte zugleich die Rechnungen über Ausgaben und Einnahmen in musterhafter Weise.

Solche häuslichen Tugenden fanden sich im Vormärz in vielen Familien. Paul Heyses Mutter war eine unermüdliche Strickerin, hatte sogar, während sie las, immer das Strickzeug in den Händen und verfertigte dazwischen künstliche Häkelarbeiten, große, rot- und gelbgestreifte Bettdecken oder weite, wollene Tücher, die sie freigebig rechts und links verschenkte. Auch ihre Schwester, Fanny Hensel-Mendelssohn, schreibt einmal in einem Briefe:

„Dazu kommt, daß wir Frauenzimmer, unsern Beschäftigungen zu Folge, weit länger als die Männer an diese Weihnachtszeit gefesselt, uns mit wirklich kindischem Sinn so darin gebannt fühlen, daß wir wirklich in der letzten Zeit vorher keine andere Bestimmung kennen als stickerliche. Ich bin wenigstens erst in den Feiertagen gewahr geworden, daß es andere Instrumente gibt als Nadeln und andere Fäden als seidene. Hätten Sie aber auch unsre Meisterwerke gesehen, wir haben eine Decke gearbeitet, die uns viele Bewunderung zugezogen hat, und Sie würden gewiß Ihren Brill mehr als einmal in Bewegung gesetzt haben, um uns bei der Arbeit zuzusehen."

Hausfrauliche Eigenschaften besaß die Berlinerin überhaupt. Hier und da gab es wohl auch schon eine Künstlerwirtschaft, in der die Frau nicht auf ihre Kinder achtete. Aber das waren Ausnahmen. Die Berlinerinnen wollten doch alle gute Hausregentinnen sein. Und wie sie heute für alle möglichen technischen Fortschritte zu haben sind – besonders wenn sie Zeit und Geld sparen – so nahmen sie auch damals schon die Neuheiten auf.

Für tüchtige Hausfrauen gab es schon 1827 eiserne emaillierte Kochgeschirre – und außerdem transportable Sparöfen zum Heizen, Kochen und Braten – Plättmaschinen und Beefsteaks-Maschinen, worin in fünf Minuten Beefsteaks und andere Speisen bereitet werden konnten. In vielen anderen Dingen aber war die bürgerliche Hausfrau recht sparsam. Die Astrallampen, beliebte Geschenkartikel, wurden meist nur zu Ehren der Gäste angezündet. Nur wenige Familien hatten den Schneiderschen Badeschrank, in dem sich der Badende mit einigen Litern Wasser bespritzte. Badestuben kannte kein Mensch. Die erste Badeanstalt war in den zwanziger Jahre eröffnet, aber für die Frauen gab es im Jahre 1837 noch keine Freibadeanstalt. Zündhölzer und Zylinderlampen, die mit raffiniertem Öl gespeist werden mußten, verdrängten im Jahre 1827 Kerzen und Lichte und die offenen „Funzeln". Damenputz wurde von mehreren Geschäften „geschmackvoll verfertigt"; aber einige Frauen hatten schon Putzateliers, so Madame Löwe in der Friedrichstraße und Madame Bartz Unter den Linden. Die Schneiderei war nicht minder weit als die Putzmacherei vorgeschritten. Und wenn auch in der einen oder der andern nur nach Mode-Journalen oder Mustern aus London und Paris gearbeitet wurde, so zeichneten sich doch durch Eleganz ihrer Arbeiten manche Schneider aus. Luxuswaren aller Art gab es bei den Gebrüdern Arnous. Sie führten bronzene, marmorne und alabasterne Kunstsachen, englische und französische Kleider-, Kopf-, Zahn- und Nagelbürsten, Gläser aller Arten, Kästchen mit Jagdinstrumenten, Arbeitskästchen, Liköre, englische Saucen, eingemachte Früchte, Lorgnetten, Brillen, Parfümerien, Schminke, Pomaden, Riechwasser, wohlriechende Seifen und Venusmilch für den Teint. Für die elegante Welt gab es also schon Warenhäuser – trotz der nicht vorhandenen Gewerbefreiheit. Allzu großen Umsatz können die Luxusgeschäfte nicht gehabt haben. Die Berlinerin war äußerst arm an Schmuck. Hatten die französischen Kontributionen schon manchen Familienschatz aufgezehrt, so gaben die Berlinerinnen 1813 noch das wichtigste Schmuckstück hin: ihre Trauringe. Der Unternehmer einer Zeitungslesehalle hatte sie aufgefordert, ihre Ringe auf den Altar des Vaterlandes zu legen und dafür solche aus Eisen anzunehmen mit der Inschrift: „Gold gab ich für Eisen". Schon am ersten Tage wurden 150 goldene Ringe gebracht. Aber es blieb nicht bei den Ringen. An 150.000 Schmuckstücke wurden hingegeben. So mußten in den bescheidenen Zeiten auch die

Blick aufs Schloß um 1860.

Frauen recht bescheiden mit dem Schmuck sein. Perlen und Brillanten trugen sie selten. Aber ihr einfacher Schmuck war künstlerisch gedacht. Selbst die Medaillons und Kreuze, die von den jungen Mädchen an Samt- oder Seidenbändern getragen wurden, trugen einen künstlerischen Stil. Auch die Jüdinnen, die sonst gern mit Schmuck prunken, trugen im Vormärz die vornehmen Schmucksachen, die mit farbigen Halbedelsteinen besetzt waren. Die Juden waren übrigens im Vormärz in eine sonderbare Lage geraten. Im Frühjahr 1813 erhielten die Juden größere bürgerliche Freiheiten; sie dankten, indem viele von ihnen mit ganzer Begeisterung in den Krieg gegen Napoleon zogen. Manche jüdische Mutter sah weinend ihrem ausmarschierenden Sohne nach und die jüdischen Frauen Berlins waren, wie Geiger feststellt, in den Werken der Barmherzigkeit, wie sie der Krieg fordert, nicht schwächer als ihre christlichen Mitbürgerinnen. Nach den Kriegen wurden den Juden viele von den erreichten Vorteilen und Rechten wieder genommen. Das führte erst zu einem Niedergang, brachte aber zuletzt doch einen Reichtum des inneren Lebens hervor und war wohl geeignet, die Juden zu eifrigen Mitkämpfern für eine neuere Zeit zu stempeln.

Hier muß allerdings vermerkt werden, daß sie in den vorhergehenden Kriegen erst gewaltsam genötigt werden mußten, aus ihrem Reichtum zu den Kontributionen beizutragen.

Die neue Zeit meldete sich auch im Bürgertum an. Solche Gestalten wie Herweghs Braut waren keine Seltenheiten. Auch an Marie Dähnhardt muß gedacht werden, die sich mit dem Ichphilosophen, dem Bohême-Denker Max Stirner, verheiratete. Als der Pfarrer in die Wohnung der Brautleute kam, waren keine Trauringe vorhanden. Ein Freund mußte die Ringe von seiner Börse hergeben, damit die Trauung vollzogen werden konnte. Nicht nur die Dähnhardt war so gar nicht weiblich konventionell ängstlich. Die schöne Demokratin Lucie Lenz nahm in den Märztagen in männlicher Verkleidung am Sturm auf das Zeughaus teil. Sie wurde verhaftet, aber sofort auf Befehl des Polizeipräsidenten entlassen. Später wurde von ihr erzählt, sie wäre Spionin und Spitzel gewesen. Ob das stimmte, ist noch die Frage. Gerade in den gebildeten Bürgerfamilien gärte es am meisten. Die konnten die Verhältnisse am weitesten überschauen und empfanden alle Vorgänge am heftigsten.

Aber viele, die im Vormärz revolutionär gewesen, wurden nach den Märztagen pietistisch und bigott. Die Schrecken der Umwälzungen und der folgende Druck der Reaktion hatte das besitzende Bürgertum ängstlich gemacht. Blieben auch die Männer noch in der Opposition – fortschrittlich – konstitutionell –, die Frauen ließen sich von dem forschen Auftreten der anderen Gruppen erschrecken und auch imponieren. Eine gewisse frömmelnde Weltanschauung gewann die Oberhand. Zum guten Ton gehörte es, recht schüchtern und schamhaft zu erscheinen. Wer ehrlich, offen und temperamentvoll auftrat, galt für emanzipiert. Und ... redende Emanzipierte wurden verachtet.

Und doch meldete sich auch hier von selbst eine neue Zeit. Die Frauen kamen von selbst in die Öffentlichkeit. Zuerst eroberten sie als Virtuosinnen den Konzertsaal. Das war bis dahin auch nicht dagewesen. Die Frau, ausübend im Konzertsaal. Das war die intelligente Frau. Die minder intelligente war ja schon längst auf dem Podium heimisch: die Ballettänzerin. Das Ballett war in diesen reaktionären Jahrzehnten von großer Bedeutung. Von 1850 an wirkte Paul Taglioni an der Hofoper. Unter seiner Direktion erreichten die Bühnentricks, die glänzend ausgestatteten Massengruppierungen einen ungeahnten Höhepunkt. Von der besonderen Huld Wilhelms I. beschienen, verschwenderisch dotiert, konnte Taglioni das modische Ausstattungsballett schaffen, in dem die Tänzerinnen mit ihren Fußspitzentrillern und Tanzarabesken die feinere Tanzmimik von der Bühne jagten. Allerlei virtuose

Max Klinger 1885: Auf der Rollschuhbahn.

Kunststücke, in kurzen Röckchen getanzt, fanden den größten Beifall der Theaterbesucher. Manche Balletts erreichten an dreihundert Aufführungen. So konnte jene Anekdote entstehen: Rudolf von Gottschall wurde einer Berliner Hofdame als Dichter von Pitt und Fox vorgestellt. Sie gratulierte ihm zum Erfolg seines reizenden Balletts „Flick und Flock". – Auch in der Theaterliteratur sprach sich der verminderte Geschmack aus. Neben Gutzkow, Laube und Freytag, die eine moderne Richtung bedeuteten, wurde die rührselige und unwahre Birch-Pfeiffer mit Begeisterung empfangen. Trotzdem die Berliner gewiß nicht rührselig sind – im Theater ließen sie sich von der zeitgemäßen Rührseligkeit fangen. Nur Hebbels „Nibelungen" und Brachvogels „Narciß" konnten es zu einem stärkeren Erfolg bringen.

Was der Literatur entzogen wurde, kam den Schauspielern zugute. Die Berliner waren um die Mitte des Jahrhunderts alle durchaus begeistert für die großen Talente, die am Gendarmenmarkt sich zusammengefunden hatten. Die Crelinger, die Viereck, die Doellinger, die Frieb-Blumauer wurden ebenso angeschwärmt wie die männlichen Mitglieder der Bühne Dessoir, Hendrichs, Döring – und wie Niemann an der Oper, der mit ebenso großen Stimmitteln wie genialer schauspielerischer Begabung der Kunst Wagners die Wege ebnete und neben dem Pauline Lucca alle mit ihrer Anmut und Grazie bestrickte. Das Publikum feierte die einzelnen Künstler, trieb Personenkultus – und hatte längst vergessen, daß es einst eine Bühne gehabt, auf der es ein prachtvolles geschlossenes Zusammenspiel gegeben. Wenigstens zeichnete es manchmal die wirklich Verdienstvollen aus; denn die vielverehrte Frieb-Blumauer wußte mit ihrer gesunden Natürlichkeit und humorvollen Einfachheit allen falschen Direktiven aus dem Weg zu gehen und die Berliner zur Bewunderung hinzureißen.

Die höhere Schauspielkunst hatte sich nicht mit der Hauptstadt gleichmäßig entwickelt. Wohl gab es außer dem erstarrten Hoftheater noch einige andere Bühnen in der Stadt, die bald eine Million Menschen beherbergte und auf die fast die ganze Erde neugierig und auch neidisch zu blicken begann, als die großen politischen Ereignisse Berlin in den Vordergrund rückten. Aber die Kultur war bei dem zu raschen Wachstum zu kurz gekommen. Es ging der jungen Millionenstadt wie jungen Menschen in gewissen Jahren: sie haben ihre Flegelzeit. Sie wachsen rascher, als sie sich entwickeln können.

Seit der Mitte des Jahrhunderts spielten auf der Krollschen Bühne manche bedeutenden Gäste. Auch wurden Opern und Possen gegeben. Die Posse begann ihre Siegeslaufbahn. Den vielen frisch Emporgekommenen mochte diese robuste, halb derb-komische, halb sentimentale Art am meisten zuzusagen. Und da die Darsteller der Possenfiguren jedenfalls lebensechter und vollblütiger waren als manche der Hofbühne, so kann man verstehen, warum die Berliner damals in hellen Scharen nach dem Wallner-Theater und nach dem Woltersdorfer, dem heutigen Deutschen Theater liefen und Ernestine Wegner feierten. Sie wußte mit ihrer kecken und fidelen Art den Kontakt mit den Berlinern herzustellen, die ja nie Freunde von Traurigkeit waren. Ein Wunder war's nicht, denn außer den vielen hervorragenden männlichen Künstlern, wie Helmerding, Thomas und Blenke kam auch Hedwig Niemann-Raabe auf die Bretter. Diese Schauspielerin muß von ähnlicher Art wie die Unzelmann gewesen sein. Sie konnte weinen, daß es erschütterte – und konnte lachen, so echt und frisch, wie es sonst nicht zwischen den Kulissen üblich ist. Der Umschlag von Lieblichkeit und Reiz zur Teufelei und Niedertracht gelang keiner Darstellerin so überzeugend wie ihr, die aus einer armen Magdeburger Familie stammte und nun so viel künstlerischen Reichtum austeilen konnte. Später hatten wir noch diese

Das alte Berliner Rathaus vor dem Abbruch um 1860.

gesunde Darstellungskunst in der verehrten Anna Schramm, die ganz ebenso wie die Frieb-Blumauer gewirkt haben muß und die seit den siebziger Jahren, als sie in den weichherzigen Volksstücken von L'Arronge auftrat, bis vor 15 Jahren, als sie die natürlichen Dienstboten in Molièreschen Stücken spielte, tausende von Berlinerinnen zum Lachen gebracht hat.

Für den einfacheren Bürger sorgte Mutter Gräbert am Weinbergsweg im sogenannten Stullentheater, wo große Rühr- und Schauerstücke aufgeführt wurden. Rodenberg erzählt von ihr: „Vor dem Tode ihres Mannes hatte sie sich nicht bemerklich gemacht, still und sittsam vielmehr zwischen den Schmortöpfen des Untergeschosses gewaltet. Wie denn aber der Krieg sich seine Feldherren selbst erzieht, und die Not es ist, welche groß und erfinderisch macht: so stieg nun auf einmal das Aschenbrödel von Wollanks Weinberg aus der Tiefe herauf, – den Kochlöffel und die Weißbierflasche in der einen, den Zügel des Thespiskarren in der andern Hand, und der Ruhm von Mutter Gräbert fing an, den des Vaters Gräbert zu verdunkeln. Eine rüstige Matrone, mit aufgeschürzten Ärmeln und hochrotem Gesicht, so hab' ich sie noch gekannt und gesehen, gleich vornan in der ersten Stube hinter dem Schänktisch, in der ernsten Ausübung ihrer dreifachen Pflicht begriffen – in die Küche hinunter kommandierend, die Kellner kontrollierend, und nur dann und wann einmal verschwindend, um auf der Bühne Ordnung zu machen." – Sehr beliebt waren in den fünfziger und sechziger Jahren als Sonntagsunterhaltung die „Lebenden Bilder", an denen die sämtlichen jungen Damen des Kreises mitwirken mußten, während die Tanten und Mütter mit den älteren und den meisten jüngeren Herren zuschauten. Zu den Bildern wurde gewöhnlich klassische Musik getrieben – was allerdings oft nicht zu den dargestellten Bildern stimmen wollte. Als Sujets galten mit Vorliebe: Das Milchmädchen; Der Räuber, von seinem treuen Weibe bewacht; Der

Fischerknabe; Ritter und Zigeunerin; Im Walde schlafende Kinder, bewacht von Schutzengeln und ähnliche Talmi-Romantik. In den kleinen Beamtenfamilien, bei Kanzleiräten und Registratoren wurden „Bälle“ veranstaltet, wenn die Töchter heiratsfähig wurden. Aus Apfelwein wurden Bowlen gebraut, Mohnpielen gebacken und im ausgeräumten Wohnzimmer getanzt. Bessere und gebildete Bürgerfamilien zogen nach Schöneberg oder auch in nähere Gartenlokale zum Kaffeekochen. Besonders die vielen Lokale in der Nähe des Landwehrkanals füllten sich an schönen Sommernachmittagen mit bürgerlichen Damen, die bei der Handarbeit ihren Kaffee tranken, bis zum Abend nichts weiter verzehrten – um sich dann an einer Satte dicker Milch mit Zucker und Schwarzbrot gütlich zu tun. Im Zoo begnügte man sich mit einem Glas Milch. Weinterrassen, auf denen geschlemmt wurde, gab es damals noch nicht. Und ein Ausflug zu Fuß nach Pichelsdorf, wo die Familienmutter aus mitgebrachten Vorräten in irgendeinem Bauernhaus das Mittagsmahl bereitete, war vielen eine solche ungewöhnliche Erquickung, ein solcher Reichtum an Einsamkeit und Idyll, daß er ihnen unvergeßlich blieb. Die Kremserfahrten kamen allerdings damals auf. Bis Schlachtensee oder Finkenkrug fuhr die Gesellschaft, verlebte den Tag schmausend, tanzend, spielend oder schlafend und fuhr abends heim in den Wagen, in denen bunte Ballons nur gerade so viel Licht verbreiteten, daß jeder Bräutigam seine Braut finden konnte.

Menzel 1857: Die Schwester des Künstlers.

Das war die Zeit der Heiratsgärten, in denen die jungen Mädchen unter Aufsicht der Mutter Bekanntschaft mit heiratslustigen Herren suchten. In die Familien wurden nur selten Junggesellen eingeführt. Jeder wollte ungezwungen für sich leben und keinem verpflichtet sein. Die Mädchen wollten auch nicht ins Gerede kommen, wenn etwa ein Herr in ihrer Familie verkehrte und schließlich ohne Resultat davonging. So waren denn die Konzertgärten immer gut besucht, wo jeder aus seiner Tasche lebte und wo man anständig und besonnen zusammenkam. Das war auch die Zeit der Wespentaille, in der man die weiblichen Eigenheiten, den Busen und die Hüfte, rücksichtslos zur Geltung brachte und hier fast mehr Opfer darbrachte als in Männerkriegen.

Und das waren die Jahre, als Friedrich Spielhagen seine „Problematischen Naturen" schrieb, in denen er Menschen schilderte, die sich in der neuen Zeit nicht ohne Kampf zurechtfanden und die doch schon eigene Wege gehen wollten. Aber auch sie waren dem Äußerlichen der Zeit unterworfen und unterwarfen sich dem Rokoko des zweiten französischen Kaiserreichs. In diesen Kreisen wurden allerlei Bestrebungen gepflegt. So konnte sich 1869 ein Anonymus über den Bildungstrieb der Berliner mokieren, der sich z.B. auch in einem „Verein zur Hebung des deutschen Dramas" betätigt haben soll. Ein paar kritisch aussehende ältliche Damen mit scharfen Gesichtszügen; jüngere desselben Geschlechts, sehr blaß, sehr gelockt und blau bebrillt, sollen neben einigen professorlichen Herren in Arnims Hotel getagt haben – um die Vorlesung irgendeines Jambendramas über sich ergehen zu lassen.

Kritische Naturen machten sich darüber lustig, daß die Hausbibliothek nur aus den Klassikern, aus einem alten Konversationslexikon und einigen Bändchen lyrischer Gedichte bestand, die nach dem Weihnachtstisch und nach dem Parfüm irgendeines früheren schwärmerischen Verehrers der Frau vom Hause rochen. Die ganze schöngeistige Literatur ging nur im schäbigen Gewand der Leihbibliothek durch den Familienkreis. Und von den Gärten, die bei den Häusern lagen, oder in den Stadtlokalen aufgeschlagen waren, konnte auch damals schon gesagt werden: „Fritze, trag' den Garten raus." Sie bestanden meist nur aus einem Hofraum, in dem einige Levkoien und Oleander die ganze Flora vorstellten. Die reichen Bewohner der oberen Wilhelmstraße und des Tiergartenviertels hatten allerdings ausgedehnte Gartenanlagen zur Verfügung. Aber sie gehörten ja nicht zur Masse des Bürgertums, die sich mit solchen jämmerlichen Stadtgärten begnügen mußte und die schon damals anfing, den altväterischen Weißbierkneipen den Rücken zu kehren.

Kossak kritisierte auch um 1860 die beinahe zahllosen, höchst geputzten Frauenzimmer, die in der Mittagsstunde mit einer förmlich geschäftsmäßigen Hast die Straßen Berlins durchschweiften und mit ihren steifen weiten Röcken die Fußpfade verengerten. Er schrieb: Verfolgt man einen Schwarm dieser Damen, so entdeckt man sehr bald, daß sie einige der besuchtesten Modewarenmagazine aufsuchen, nach etwa einstündigem Aufenthalt aber wieder auf der Straße erscheinen und nach allen Richtungen verstäuben. Sie machen jetzt das, was der Sprachgebrauch „Visite" nennt, d.h. sie laufen von einem Hause ihrer Bekanntschaft zum andern, äußern eine lebhafte Freude, die teure Freundin und ihre lieben Kleinen wiederzusehen, empfangen eine Menge ähnlicher Versicherungen und entfernen sich so geräuschvoll wie möglich. – Diese Art weiblicher Völkerwanderung findet jedoch nicht nur allein an Herbsttagen statt, sondern wiederholt sich vielmehr an jedem schönen und warmen Tage ... In jener Zeit scheint das Visitemachen sehr überhand genommen zu haben. Kossak spricht von „Visitenaffen" und von der unleidlichen Manier, bei den geringfügigsten Gelegenheiten Antritts-, Beileids-, Gratulations- und wer weiß was noch für Visiten zu machen. Und da die Frauen sich damals

Menzel 1892: Die Geheimrätin mit zwei Frauen aus dem Volke.

noch in keinem öffentlichen Lokal allein treffen und aussprechen konnten, so besuchten sie einander, und in gewissen Häusern hing die Klingel von 12 Uhr vormittags an nicht mehr ruhig; kein Hausmitglied konnte sich fünf Minuten ungestört der Arbeit hingeben.

Diese große Geschäftigkeit stimmte noch nicht zu dem ganzen Stadtbilde. Die Läden waren vor 1870 noch alle schlicht. Die Posamentiergeschäfte mit den simplen Bedürfnissen der Näherinnen und Hausmütter kokettierten in ihren niedrigen Schaufenstern mit einzelnen Glaces und einer Schwimmhose. An den billigen Kleiderläden hingen Plakate „Feuer, Mord!" In zahllosen Kellergeschäften gab es Stiefel, Geschirr, Obst, Gemüse, Holz, Torf, Kohlen, Milchbüros hatten Drehrollen. Nur wenige Geschäfte führten Italienerwaren (Delikatessen). Das Geschäftszentrum befand sich noch in der Nähe vom Schloß, wo die Juweliere wohnten und der bewunderte Bazar von Gerson auf die späteren Warenhäuser hinwies; das dreistöckige Gebäude hatte schon seinen Oberlichtsaal. Zeitgenossen schrieben entzückt: „Welch ein bewegtes, schillerndes Leben in diesen Räumen voll Seidenglanz, zwischen diesen mit strahlenden Teppichen behangenen Wänden, auf den mit weichen Decken belegten Treppen, unter diesem Heer von rechnenden und schreibenden Comptoiristen, von verkaufenden Commis und Ladenjungfern, von begehrlichen, verschwenderisch freigebigen oder ängstlich feilschenden Käufern!"

So hatte sich Berlin zur Weltstadt entwickelt. In den Kriegen hatten besonders die bürgerlichen Frauen ihre weibliche Pflicht getan und die Wunden gelindert. Nach den Kriegen und Siegen, als Berlin eine richtige Millionenstadt geworden war, hörte das Übergewicht des behäbigen und intelligenten Kleinbürgerlichen auf, das so lange noch immer das Berlinertum beherrscht hatte. Am deutlichsten trat das im Kult der Bierpaläste zutage. Die kleineren Kneipen mit ihren Stammtischen gingen ein. Ein unpersönliches Verhältnis zwischen Wirt und Gästen entstand. Schon in den achtziger Jahren wohnten viele Geschäftsleute, Beamte und Schriftsteller in den Vorstädten und Vororten – weil dort die Mieten niedriger waren und die Kinder gesunde Spielplätze fanden. Die Väter gewöhnten sich tagsüber an die Kneipen und gingen auch abends hinein. Die Frauen, zu Hause der Langenweile überlassen, gingen schließlich mit in die Kneipe. Und weil die Kneipenräume reicher und reicher wurden, fühlte man sich nicht wohl in den engen Wohnungen und gab in den Kneipen mehr aus als für die Wohnung. Auch gingen die Frauen nach dem Theater und dem Konzert ins Kaffeehaus. Im Fasching saßen sie dort wohl in Ballkostümen neben den Kokotten bis morgens. Das war die Zeit, als die Maskenbälle immer prunkvoller wurden und als die Künstler ihre historischen Feste veranstalteten. In jenen Jahren entstand auch die erste Rollschuhbahn, auf der eine kleine Zahl von Angehörigen der Künstlerkreise und aus der Gesellschaft vor den zahlreich zuschauenden jungen Damen und Backfischen ihre Übungen machten und mit den Offizieren kokettierten. Aus dem Skating Ring, der in der Bernburger Straße erbaut worden war, entstand schließlich die Philharmonie, weil die Rollschuhlauferei nicht genügte, die Ausgaben für das große Etablissement zu decken.

Eine große, reiche Schicht existierte ja auch noch nicht, die solche Säle füllen konnte. Und der gebildete Mittelstand mußte sehr genau mit seinem Gelde rechnen – wie auch heute noch. Seine Frauen holen meist selbst ein, greifen in der Küche zu, nähen manche Kleidungsstücke, putzen sich selbst die Hüte und haben mit dem „Vater“ erst einen Kampf zu bestehen, wenn sie sich ein neues Kleid kaufen wollen. Gewöhnlich wird wegen der Wohnung, der Kleidung, der Schulgelder und des „standesgemäßen“ Auftretens die Ernährung über Gebühr geschmälert. Die Portierfrau in den Häusern des Mittelstandes kauft mehr Fleisch beim Schlächter und mehr Gänse auf dem Markt als

Menzel: Josef Joachim und Clara Schumann.

die Frau des Redakteurs. Waren Töchter im Hause, so mußten die Kränzchenkleider vom Munde abgespart werden. Jetzt ist das ja anders geworden. Die Mädchen des Mittelstandes sitzen nicht mehr unnütz zu Hause, wo sie das Klavier und ihre Umgebung quälten. Sie gehen jetzt in die Büros oder verdienen sich ihr Brot als Lehrerinnen. Die Frau im Mittelstand muß eben tüchtig arbeiten. Und darum ist wohl auch die sittliche Lebensführung der Berlinerin des Mittelstandes einwandfreier.

Die heutige arbeitsame Tochter hat Vorläuferinnen gehabt, die noch unter allen Vorurteilen zu leiden hatten. Da war Jenny Hirsch, die Schriftführerin des Lettevereins, unermüdlich tätig für besseren Erwerb der Frau. Nicht vergessen dürfen wir den ersten weiblichen Berliner Arzt: Dr. Franziska Tiburlius. Sie stammte aus Rügen, erzog die Kinder ihrer an einen Geistlichen verheirateten Schwester und wurde von ihrem Schwager in Latein, Mathematik und neueren Sprachen unterrichtet, machte das Lehrerinnenexamen und ging nach England, wo sie den Entschluß faßte, Medizin zu studieren, um den Frauen als Ärztin zur Seite stehen zu können. Nachdem sie unter der Leitung ihres Bruders die notwendigen Examen abgelegt hatte, studierte sie von 1871-76 in Zürich, machte ihren Doktor und ließ sich zu einer erfolgreichen Tätigkeit in Berlin nieder, wo sie jahrzehntelang besonders das Vertrauen zurückhaltender Frauen genoß. Antonio Biel, eine Malerin, erlebte in den sechziger und siebziger Jahren bittere Schicksale und sagte trotzdem: „Das Leben ist doch schön, wenn man Freude an seiner Arbeit hat.“ Sie war eine der ersten, die Heimat und Familie verließen, um ihrem Trieb zu folgen. Damals gab es noch nicht viel freie Bewegung und Entgegenkommen für fleißige, talentierte Frauen. Und so gründete Ursula Petzel, die Unterricht von Oskar Vegas und Gustav Richter erhielt, den Verein Berliner Künstlerinnen, der gegenseitige Förderung, Unterstützung und Ausbildung auf seine Fahne geschrieben hat. Heute ist er eine große Gemeinschaft, deren Kostümfeste berühmt sind. Alle Männer sind verbannt. Viele Frauen und Mädchen tollen in dem Saal der Philharmonie als Männer herum, die auch die Tänzerrolle übernehmen.

Aber man muß nun nicht glauben, daß das Leben der Künstlerinnen oder aller selbständigen Frauen in Berlin seinen Brennpunkt in solchen Festen findet. Das Leben der Mehrzahl heißt Arbeit – Arbeit in den Ateliers, in den Laboratorien, in den Kunstgewerbeschulen und in den vielen anderen hochschulartigen Unterrichtsanstalten, wie im Lettehaus oder im „Victoria-Lyceum“, wo Vorträge über Philosophie und Geschichte, Mathematik, Literatur und viele andere Fächer gehalten werden. Aber hier finden sich viele ein, die das erworbene Wissen nicht für das Leben verwerten und nachher nur an der Überfütterung der Gehirne leiden, die nicht mehr genug Harmlosigkeit für ihr späteres Leben aufbringen. In anderen wieder wird der Durst nach mehr und gediegenem Wissen erweckt. Und sie kämpfen für die Gleichstellung der Mädchen mit den Knaben im Schulwesen. In ihren Reihen finden sich auch manchmal sozialistisch Gerichtete. Das sind nicht immer Blaustrümpfe oder Petroleusen. Viele sind ganz ausgezeichnete Hausfrauen – während andere wirklich über die vier Klassen auf der Eisenbahn entrüstet sind und doch selbst stets nur zweiter Klasse fahren und über Erziehung schreiben, während ihr eigenes Kind im Schmutz und ohne mütterliche Liebe zugrunde geht. Doch haben wir den sozialistisch Gerichteten manche gute neue Wohlfahrtseinrichtung und manchen Fortschritt zu verdanken. Die Wöchnerinnen- und Säuglingsheime – das sind alles sozialistische Wünsche ...

In diesen Kreisen ist auch Sinn für eine feinere Geselligkeit zu finden, die nicht nur aufs Materielle, sondern vorzüglich auf geistige Erquickung, Aussprache und Scherz gerichtet ist. Manche Salonheilande finden allerdings auch hier vorübergehend ihre Anhänger. Der Messias im Frack, der von hübsch gekleideten und apart frisierten Damen angeschwärmt wird, weiß selbst geistige Kreise oft eine Zeitlang zu täuschen – wohl, weil er sich selbst täuscht. In der Neuen Gemeinschaft lief mancher verzückte Heiland zwischen den gar zu erwartungsvollen Damen herum.

Schlichting um 1910: Berliner Straße im Regen.

Nun ist ja auf der andern Seite des Bürgertums, wo mehr das Materielle geschätzt wird, auch nicht alles einwandfrei. Die Frauen sind oft von einer schrecklichen Einseitigkeit fürs Äußerliche. Sie müssen jeden Abend ausgehen. Sonst „haben sie ja gar nichts vom Leben!" Im Winter füllen sie die Theater, Konzerte und vor allem die Kaffeehäuser. Im Sommer bevölkern sie die Terrassen am Halensee, diese geschmacklose Anhäufung von Lokalen – und den Zoologischen Garten.

Die gleichen Damen bevölkern auch abends die neueste Berlinische Promenade. Zwischen Warenhaus und Gotteshaus pendelt es abends von 6 und 8 in der Tauentzienstraße hin und her: reife Frauen in mädchenhaften Kleidern, junge Mädchen in fraulichen Kostümen – herausfordernde Blicke, kecke Sehnsucht, lässiges Schlendern, interessante, kluge Augen – aber auch viel Oberflächlichkeit.

Solch ein Bummel am Spätnachmittag, wenn die märkische Sonne ihren letzten Schimmer zwischen die grauen Häuserreihen gießt und wenn aus den kolossalen Schaufenstern der vornehmen Kaufhäuser und den Reihen der Auslagen goldig und silbern strahlendes Licht strömt, ist das Schönste, was Berlin bietet. Die Häßlichkeiten der großen Stadt mit ihren abgezirkelten geraden Straßen tauchen dann unter in ein Lichtmeer. Die ruhelosen Perspektiven werden von Flammen, Lichtkugeln, Strahlenkränzen und Glanzbächen erfüllt wie auch am Potsdamer Platz und an vielen andern Stellen der Stadt. Und die Schönheit der großen Stadt erwacht und spiegelt sich in tausend und abertausend von schimmernden Frauenaugen. Vor den Schaufenstern des Messelbaues am Leipziger Platz drängen sich die Damen, um die neuesten Moden in den kostbar ausgestatteten Schaufenstern zu bewundern. Aus den Teppichsälen fließt das Licht weihevoll gedämpft wie aus einem Dom. Aber nicht nur hier wird dem neuen Gotte – Umsatz – solch ein feierliches Lichtopfer gebracht. Über die ganze Stadt sind die Warenhäuser gestreut, die vornehm, üppig oder marktschreierisch dastehen, die aber alle ihren festlichen Glanz in die nüchternen Großstadtstraßen hinausfluten lassen.

Doch nicht nur diese großen Kaufhäuser erhellen die Stadt. Aus vielen Tausenden von Schaufenstern strömt Licht und Farbe und Glanz. Wie unabsehbare Galerien einer Riesenausstellung begleitet den Spaziergänger eine ununterbrochene Reihe von großen Spiegelscheiben, hinter denen Luxus,

Mode und Geschmack ihre lockenden Werbemittel ausgelegt haben. Es gibt Frauen, die dem Rausch eines täglichen Bummels durch die Straßen und durch die Warenhäuser verfallen sind, deren wichtigste Stunden vor den Schaufenstern oder in den gleißenden Hallen der Warenhäuser verbracht werden. Im Winter besuchen diese Damen auch die Hoteltees. Aus den stillen Zimmern der Privatwohnungen, wo es ein persönliches Verhältnis zwischen Wirt und Gast, Gast und Gästen gab, ist der Tee in das blendende Licht der Hotelhallen getreten. Diese „Geselligkeit mit Hut", vom Oberkellner geleitet und ohne die geringste persönliche Verbindung zwischen all den Gruppen an den kleinen Tischen bietet zwar ein neues malerisches Bild, aber es ist in den Hotels alles zu glanzvoll und lärmvoll, um feinere Geistigkeit auszulösen. Dem Publikum wird es leicht gemacht, es wird unterhalten. So wird es entwöhnt, sich selbst zu äußern. Andere Feste feiern die Frauen in ihrem Heim. In vielen Bürgerhäusern lebt oft noch zarte Herzlichkeit, feine Aufmerksamkeit, die reichlich, doch nicht üppig gibt, nicht komisch nötigt und ein frohes, geistvolles Beisammensein liebt. Ihm ist auch oft ein leichter Flirt beigemischt, der den im Alltag und Beruf Gefangenen gar oft aus seiner harten Enge lockt und alle Fähigkeiten, die sonst in ihm schlummern, hinausführt. Solche gemeinschaftlichen Vergnügungen sind geradezu ein Heilmittel für Überanstrengte und Ermüdete. In solchen Kreisen wird die Hausfrau auch oft das Beste erreichen durch ein leichtes Sichgehenlassen und durch ein Improvisieren, das die Kameradschaftlichkeit zwischen den Gästen fördert. Allerdings sind es nicht mehr wie einst die Professorenkreise, die den größeren Wert auf das Geistige legen. Sie gaben ihre Abendgesellschaften oft bis zum Kriege so üppig wie die reichen Unternehmer.

Lesser Ury: Café Josty um 1910.

Vornehmer sind die Feste in den Künstlerkreisen. Oft sind auch sie sehr üppig und gar zu sehr aufs Dekorative gestimmt, auf Prunk und Pracht, wie in den Kreisen der Sezession, wo die Kommerzienrätinnen herumgehen: „Was is nu los?"

Harmlose, ungezwungene Geselligkeit erwärmt jene, die intimere Feste mitfeiern, wie die Bauernfeste eines bekannten Baumeisters. Die Architekten spielen überhaupt jetzt im bürgerlichen Leben Berlins eine bedeutende Rolle. Sie erbauen die vielen Landhausvororte, wohin besonders die bürgerlichen Familien vor dem Trubel der Weltstadt fliehen.

Um den Kindern frische Luft und Auslauf zu geben, verzichten Tausende von Müttern auf viele Großstadtgenüsse, fragen nicht nach den großen Festen, nach dem offiziellen Presseball mit den ordengeschmückten Größen aus allen Kreisen, fragen nicht nach dem wilden „Bösen-Buben-Ball", nach dem großen Blumenfest in den Ausstellungshallen, wo Hunderte von jungen Mädchen aus der Gesellschaft solche ähnlichen Tanzstückchen aufführen, wie die Zirkusse sie bieten. Auch verzichten diese bürgerlichen Frauen oft auf die Theaterbesuche – nicht immer gern. Aber dies Vergnügen ist jetzt so teuer geworden – Fritz Engel schätzte es vor dem Kriege für zwei Personen auf 20-30 Mk. –, daß manche Frau es sich überlegte, ob sie das von ihrem Manne verlangen sollte. Auch macht sich eine gewisse Theatermüdigkeit bemerkbar. Die Menschen wollen nicht mehr erregt werden – das Großstadtleben ist schon so erregend. Sie ziehen leichte Genüsse, Operette und Kinematographen vor – und gehen am liebsten hinaus ins Freie. An jedem schönen Tage ist die Berliner Umgebung überschwemmt mit Menschen. Sie wollen Sonnenschein und Baumgrün, einen freien Blick über weites Wasser, Waldstille und reine Luft genießen. Das alles brauchen sie notwendiger als Theatererregungen. Und wenn auch die zertrampelten Waldwege, die fortgeworfenen Stullenpapiere und der grelle Gesang überfröhlicher Leute manch feineres Gefühl stören – diese Sehnsucht ins Freie ist das Beste am Bürgertum. In diesen gediegenen Kreisen des Bürgertums werden auch noch die alten derben Berliner Gerichte – Erbsen mit Pökelfleisch und Sauerkohl, Rotkohl und Bratwurst, Karpfen in Bier, die „jut jebratene Jans", braun gebraten und mit Äpfeln gefüllt – sehr geschätzt. Wo das alles mit einem künstlerischen Anstrich, mit Scherz und geistvoller Unterhaltung gewürzt wird, ist das alles beneidenswert. Wo aber die nüchterne Sparsamkeit und geistige Leerheit sich blähen, da wird dann wohl die Unterhaltung aus großstädtischen Klatschblättern bezogen – die organisierte kleinstädtische Topfguckerei.

J. Jacob: Blick auf Spreearme, die Ende des 19. Jahrhunderts zugeschüttet wurden.

In den gleichen Kreisen aber wachsen auch die jungen Mädchen auf, denen der Gedanke an den Mann und an die Ehe nicht mehr der Drehpunkt aller Empfindungen ist. Überall dringen sie ein und pochen an alle verschlossenen Türen des Lebens. Einst war das Reformkleid ihr Zeichen. Vor dem Kriege und noch einige Kriegsjahre erkannten sie einander an den Zopfschnecken über dem Ohr. Neuerdings verstehen sie wieder, sich mit selbstgemachten geschmackvollen Kleidern, passenden Hüten und Schuhen der Mode anzupassen. Von ihnen und den geistig Verwandten, die sich stets für die neuesten Dichter interessieren, gilt, was Alberta von Puttkammer sagte: „Es ist wie ein Formen-

J. Jacob: Blick von den Mühlen aufs Schloß um 1880.

und Farbenwunder, das sich da vollzogen hat ... Es ist ganz erstaunlich, wie fein das Stilgefühl für den Rahmen der eignen Persönlichkeit (Kleider, Haartracht usw.) sich da entwickelt zeigt."

Selten sind die Berlinerinnen ob ihrer Tracht gelobt worden. Im Mittelalter wurden sie oft wegen ihrer Luxusliebe gescholten und es sind z.B. nach dem Dreißigjährigen Kriege manche Schriften erschienen, die den Berliner Bürgerinnen heftige Sittenpredigten hielten – nicht zarter als Abraham a Santa Clara den Wienerinnen. Schon 1334 wurden die „Wourwenspangen" (Armspangen) getadelt, ebenso „goldstrypende Duken und Rysen". In dem Totentanze der Marienkirche aus dem 15. Jahrhundert finden wir auch eine Damenkleidung. Die Kaiserin, eine jugendliche, schlanke Erscheinung, verhüllt ihr blondes Lockenhaar mit einem lang herabwallenden Schleier. Das scharlachrote, dem zierlichen Wuchs genau angepaßte und nach unten sich erweiternde Gewand fließt in schönem Faltenwurfe herab, wird mit der Rechten aufgenommen und läßt sowohl das graue Unterfutter wie die blaue Tunika sichtbar werden. Ob die Frauen damals schon linnene Hemden getragen, ist fraglich. Aber sie waren jedenfalls sehr luxusliebend, wie die Männer ja damals auch in der überhäuften Tracht der geschlitzten Landsknechtskleidung einherstolzierten. Die Üppigkeit der bürgerlichen Kleidung gab 1580 zu einer Kleiderordnung den Anlaß, in der es z.B. heißt:

„Da auch an Kleidung mancher Bürger mehr wendet als sein Vermögen zuläßt, daher dann auch bald nach den Hochzeiten die Kleider hin und wieder auf den Trödelmärkten spiel- und feilgehalten werden, so sol der erste Stand außer ererbten Seidenkleidern, welche er auftragen darf, nehmen Tobin, Zindeldort und Camlot und was darunter ist, auch ein ehrlich Tuch, die Elle höchstens 2 oder 3 Taler und zum Unterfutter Marder-, Fuchs- und Wolfspelz. Damast und seidener Atlas soll nur den Doktoren erlaubt sein, immer zu tragen, andere Männer sollen sich dieser Stoffe nur zu Wämsern, Harzkappen und Ehrenkappen bedienen. Zum Gebräme des Wamses und der Beinkleider werden zwei Ellen Sammet erlaubt, ganz samtene Wämser sind verboten." In diesem Tone geht es weiter für Männlein und Weiblein – lange, lange Reihen. Wir gewinnen ein Bild der Altberliner Trachten aus diesen Verordnungen gleichwohl nicht, wenn wir uns nicht der Beihilfe alter, authentischer Denkmäler bedienen. Interessant aber ist, daß Perlengewinde an den Frauenröcken jetzt ganz und gar verboten wurden, sie durften hinfort nur dann getragen werden, wenn sie ererbt waren. Die schöne Zier der Perlen wurde überhaupt nur noch den Jungfrauen des ersten Standes zu tragen verstattet, und auch bei ihnen durfte der Perlenschmuck den Wert von 16 Gulden nicht übersteigen. Die goldenen Ketten und Gehenke der Frauen dieses Standes durften zum höchsten 60 Gulden wert sein. Sehr eigentümlich klingt ferner die Bestimmung:

„Vergoldet Kupfer oder Messing, daran die Arbeit teuer ist, darf man hinfort zum Scheine nicht mehr tragen.“

Zobel wurde nur den vornehmsten Mannspersonen an der Mütze und zum Gebräme zugestanden, auch der Kartek unter den Hosen, also die Pluderhosen, wurden auf die beiden ersten Stände beschränkt.

In ihrem Schlusse kommt die Verordnung endlich auf die Dienstmägde zu sprechen. Es wurden ihnen seidene Gewänder, Perlen-Bändchen und Netz-Gold für immer verboten, sie sollten sich ihre Jacken, Brüstlein und Brustlatz aus Brüggischem Atlas, Vorstadt oder Arras fertigen lassen. Wenn sie aber „zu Ehren ausgesteuert“ wurden, so durften auch sie den Brautrock sich mit einem Wülstlein Atlas verbrämen lassen. Zum Hauptschmucke waren ihnen Kränze mit Spangen und sammetnen Borden freigegeben, zum Aufschlage aber sollten sie weder Marder noch Marderkelchen, sondern nur Grauwerkskehlen nehmen, Lundisch Tuch war ihnen verboten. Selbst dann, wenn eine Frau ihrer Magd besseres Tuch schenkte, war es letzterer nicht verstattet, dasselbe zu tragen.

J. Jacob: Der Krögelhof um 1880.

In Wirklichkeit kam die Kleiderordnung nur darauf hinaus, die Stände abzugrenzen, die Hofdamen gegen die Bürger durch kostbarere Kleidung hervorzuheben. Ob das in Berlin so nötig war, ist zu bezweifeln. Denn trotz aller Verbote von Luxus finden wir kein Dokument, das diesen Luxus nun wirklich darstellt. Auf allen Denkmälern, Grabsteinen und den zahlreichen Votivgemälden in unsern alten Kirchen finden wir nur höchst einfache Kleidung. Ein dunkles oder schleierähnliches weißes Kopftuch, das bis auf die Schultern fällt, ein schwarzes, von einem Gürtel über der Hüfte zusammengehaltenes Gewand – das ist alles. Schmuckgegenstände kommen überhaupt nicht vor, es seien denn Fingerringe.

Um 1600 trugen die Frauen ein Unterkleid, das keine ganze Taille, sondern nur ein zierliches Mieder hat. Der obere Teil ist durch ein gesticktes Tuch verdeckt, das nach aufwärts gebogen ist. Über dies Gewand legt sich, ganz an die Taille sich anschmiegend, ein Überrock aus damasziertem Stoffe, dessen Kragen zurückgeschlagen ist. Auf dem Haupt trugen manche Frauen eine Mütze, deren Rand gleich einem breiten Bande die Stirn umrahmte. Andere hatten ihr Haar fast gänzlich unter einer

J. Jacob: Blick auf Alt-Berlin.

koketten Haube verborgen. Um den Hals schloß sich ein schmaler Kragen, während ein zweiter auf die Brust herabfiel. Unter ihm trugen sie goldene Ketten, die bis auf die enge Taille herabfielen. Die Ärmel waren gepufft und weit aufgebauscht.

Die einfacheren Bürgerfrauen trugen um den Kopf ein Band, das an der linken Seite in einen Knoten geschlungen war und in zwei Enden auf die Schulter herabfiel. Über dem engen Kleide trugen sie ein Mäntelchen mit kleinem Kragen. Ihre mit drei Bandstreifen besetzten Röcke waren nicht so lang wie die der Vornehmen, sondern ließen den ganzen Fuß und einen Teil des Beines frei. Diese Frauen mußten eben ständig arbeiten.

Im größeren Teil des 17. Jahrhunderts und dem strengen Luthertum jener Jahre kam dann die „steifleinene" Periode, in der die niedlichen Hauben, Barette, Kränzlein und Wulsten fast ganz verschwanden, vor allem aber der faltige Schleier, mit seinem stets kleidsamen Faltenwurf, verpönt wurde. Dicke Stoffe, meist schwarz, gaben der graziösesten Gestalt den Charakter des Ungelenken und Gepolsterten.

Das änderte sich aber wieder gründlich am Ende des Jahrhunderts. Die französischen Refugiés waren ins Land gekommen. Und wenn sich auch unter ihnen die besten und ernsthaftesten Elemente Frankreichs befanden, so waren sie doch meist einem lebensfreudigeren Äußern nicht abhold. Dazu kam die gewaltige höfische Sucht zu präsentieren, die König Friedrich I. bevorzugte. Und es blieb nicht aus, daß wieder Anklageschriften gegen den „Teutsch-französischen Moden-Geist" erschienen, die besonders auf die Berlinerinnen gemünzt waren. In ihnen wurde mit großem Aufwand von Worten gegen die Sucht gepredigt, sich über den Stand hinaus zu kleiden. Köstlich sind die Worte über die Kopfbedeckung:

„Die Köpffe sehen aus, daß man dafür erschröcket, und es nicht weiß, ob es Schweins-Köpffe seyn, oder ob sie Ruß-Butten feiltragen? Wie viel tausendmahl sind die Häubchen bishero geändert worden? Bald trägt man Standarden, bald Cornet-Hauben, bald fliegende Fahnen, bald Wiedehoppen-Nester usw. Und ist das das allerärgste, daß nicht nur das Frauenzimmer deßwegen selbst in Frankreich reiset, sondern noch Model oder angekleidete Puppen aus Frankreich bringen läßt für viel Taler, damit man genau des Teuffels Hoffart nachmachen könne."

Die Predigten gegen die Üppigkeit der Frauenkleidung wiederholten sich noch lange. Sie gehen schließlich bis in die heutige Zeit. Manches über diese Predigten und über die von ihnen bekämpften Moden findet sich an andern Stellen dieses Buches, insbesondere im Kapitel über die Damen.

Doch gab es auch anders gerichtete Modeprediger, die den Berlinerinnen nicht Einfachheit predigten, sondern sie ihnen vorwarfen. So wurde ihnen nach dem Weltkriege vorgeworfen, daß sie überall als Dirndl herumliefen, in geblümten Kleidchen mit kurzem Rock, halsfreier Taille und halben Ärmeln, wie die Mädchen der Alpenlande. Für die jungen Mädchen, die mit den Gruppen der Wandervögel oder auch nur in Gruppen ohne vereinsmäßige Bindung durch Wald und Feld wandern wollten, war solch leichtes, buntes Kleid mit allen erdenklichen Vorzügen ausgestattet. Wenn aber ältere Damen, oft sogar in Lackschuhen und mit Brillantschmuck behangen, in Berlin und vor allem in den Badeorten kokettierend herumliefen, so war das allerdings stilwidrig. Denen, die das Dirndlkleid trugen, weil ihnen der verlorene Krieg und die Teuerung keine andere Wahl gestatteten, sei verziehen. Die andern aber sollten sich an jene Kreise halten, die eine Mode des Erschwinglichen schaffen wollen. Unter der geistigen Leitung einer eleganten Reichstagsabgeordneten, der Frau von Oheimb, wurde in einem Berliner Versammlungssaal den Berlinerinnen nahegelegt, ihren äußeren Menschen zu berücksichtigen. Das gute Recht jeder Frau sei zu gefallen, und die Frau, die gefällt, kann unendlich viel für Staat und Familie leisten. Junge Damen, keine Berufsmodistinnen, führten hierauf Brautkleider, Backfischanzüge, Matronenkleider und Pyjamas vor. Alles war im Schnitt lebhaft, doch mehr der solideren Art der Berlinerin angepaßt. Nur Schuhe, Schirme und Hüte stimmten noch nicht immer zu den Kleidern.

Das aber braucht nicht immer eine Luxusangelegenheit zu sein, wie sie z.B. in den großen Modeschautagen in den großen Hotels, in Luxuslokalen wie etwa dem hocheleganten, in lebhaften Farben ausgestatteten „Prisma" zutage tritt, wenn große Konfektionsfirmen oder Modekünstler sie veranstalten – und wohin jetzt auch manche Bürgerin geht, nicht um selbst mitzumachen, sondern um wenigstens einen Ersatz zu finden – im Anschauen. Da gibts launige Ansprachen von Kabarettkünstler und Modezeichner führen geschmackvolle Improvisationen vor. In wenigen Minuten bekleiden sie Frauen mit Stoffen, ohne die Stoffe zu zerschneiden – nur mit Stecknadeln werden diese, im Augenblick geborenen – und scheinbar für den Augenblick bestimmten, kleinen Kostbarkeiten hergestellt – in Anlehnung an ägyptische Moden, bald aus Samt mit Band, bald mit Marabuts an sommerlichen Straßenkleidern oder mit Pelzstreifen auf den breiten Volants weißer Kleider; bald mit Puffärmeln, bald mit weiten, langen oder kurzen Ärmeln. Weiße Sommergewänder, bunt bestickt, begleitet von weißen Hüten und sehr kostbaren, üppigen Spitzenschirmen. Straßenkostüme mit langen, bunten Taillen. Spitzenkragen und Manschetten spanisch hochgestellt. Weiche Foulardseide wird mit Seidengaze gemischt; Frotteekleider in rot werden mit weißen Vierecken bestickt. Unendliche Variationen gibt es. Hauptsache bleibt die schlanke Linie mit halblangem, engem die wiegenden Hüften enthüllenden Rock und koketter loser Taille.

Schaper: Interieur um 1880.

Ein Teil der Mode war immer die Haartracht. Gingen vor dem Kriege die wenigen nur geistig Interessierten häufig mit gedrehten Zöpfen, so wurde diese Mode von den Wandervögeln, den vielen Gruppen selbständig Ausflüge machenden Mädchen, verallgemeinert. Eine kurze Zeit gingen viele jungen Mädchen im Kriege ohne Hut – weil sie aus Patriotismus sparen wollten oder auch um ihr leuchtendes Haar zur Geltung zu bringen. Jetzt aber haben wir die „Buschweiber". Also genannt wegen der Frisur. Triumph der Brennschere. Mit ihr läßt sich wunderbar aus dem schönsten Haar ein asiatisch-afrikanischer Wuschelkopf zurechtknutschen, der es langsam, aber sicher vernichtet. Diese mißverstandene Nachahmung ist eine für die hübsche junge Berlinerin ganz unpassende Modelinie.
Hier kommt der Einfluß der Zuwanderung aus dem Osten zum Vorschein, den uns die bolschewistische Welle hierhergespült hat: Kommunisten in Lackschuhen und Seidenstrümpfen und eine Unzahl, wohl Hunderttausende von Resten der zaristischen Oberzehntausend. Sie haben besonders in den Berliner Westen einen so aufdringlichen Ton von unwahrhaftigem Wohlstand hineingetragen, daß er unwillkürlich auf die Berlinerin abgefärbt hat. Sie fängt an, sich zu schminken, patzt knallendes Rot auf die Lippen, blaßlila Puder auf die Wangen, schwärzt die Augenbrauen, unterlegt Wimpern und Augen – und gleicht im besten Falle den östlichen Ausländerinnen, denen man das Aufgetragene und Aufgemachte sofort anmerkt –, was eben weder beim Schminken noch sonstwie zutage treten soll.

Dies Schminkwesen entspricht weder dem Berliner Typus noch dem inneren Wesen der Berlinerin. Die Berlinerin ist ein ernster Arbeitsmensch, wie sie das auch in den letzten Jahren besonders bewiesen hat. Im Kriege wurden viele männliche Arbeitskräfte zum Heere einberufen und den städtischen Betrieben entzogen, so daß bald zahlreiche weibliche Hilfskräfte eingestellt werden mußten. Überall konnten sie allerdings nicht beschäftigt werden. In den Gaswerken z.B. und auf den städtischen Gütern wurden Kriegsgefangene beschäftigt, deren Zahl schließlich auf nahezu 5.000 anwuchs. Trotzdem waren die städtischen Werke, der Gemeinde stolzester Besitz, durch den Verlust der kräftigsten und besten Arbeiter schwer bedroht. Die geringen Fähigkeiten des Ersatzes und die Ernährungsnöte drückten die Arbeitsleistung auf zwei Drittel herab. Wären nicht nach dem Kriegsende viele Heeresangehörige wieder an ihre alten Plätze zurückgekehrt, dann wären die Gesamtleistungen ganz unzulänglich geworden und hätten zu Katastrophen geführt, weil die gleichzeitige Verkürzung der Arbeitszeit, als eine Errungenschaft der Revolution, einsetzte.

Die Stadt hatte im Kriege und kurz nach der Revolution zahlreiche große Werke übernommen. Im Oktober 1915 wurde sie Besitzerin der Berliner Elektrizitätswerke, die fast ganz Großberlin mit elektrischem Licht und viele Industriebetriebe und Werkstätten mit Kraft versorgten. Dem Drängen der sozialistisch gerichteten Bevölkerung wurde in einer bestimmten Richtung nach der Revolution

Klinger um 1880: Tragödie.

nachgegeben: Die Straßenbahn wurde in städtische Verwaltung übernommen, sehr zum Schaden des wichtigen Verkehrswesens. Die amtliche Verwaltung konnte den gewaltigen Schwierigkeiten, die durch den verlorenen Krieg sich ganz besonders in den städtischen Betrieben einstellten und die durch die in die Angestellten gekommene Unruhe manchmal bis zur Unerträglichkeit verstärkt wurden, nicht ausweichen. Zwar ebbte die Streiklust, die mit dem Zusammenbruch sich überall bemerkbar machte, wesentlich ab. Ob hier wieder mehr Ruhe eintrat, weil die leicht erregbaren weiblichen Hilfskräfte, besonders die vielen Schaffnerinnen, Witwen und Frauen von Straßenbahnangestellten, wieder durch männliche Arbeitskräfte ersetzt worden waren, oder ob die Frauen sich vor neuen Streiks fürchteten, nachdem sie mehrmals dies zweischneidige Schwert geführt und gespürt und bittere Verluste erlitten hatten – das ist schwer zu entscheiden.

Die städtischen Besitztümer, zu denen trotz Krieg und Zusammenbruch manch neues hinzukam, unter anderem auch die im Anfang des Jahres 1923 endlich eröffnete Hauptstrecke der Untergrundbahn Nord-Süd, mehrere Brücken, der zwischen dem Juli 1914 und dem Ende des Jahres 1916 erbaute Lindentunnel, der endlich eine annehmbare Verbindung zwischen den nördlich und südlich der Linden endigenden Straßenbahnlinien möglich machte, der Neubau des Erziehungsheims Struweshof bei Großbeeren für schulentlassene Fürsorgezöglinge, sowie zahlreiche Schulbauten und Lazarette, legen allerdings der Gemeinde jetzt derartige Lasten auf und sind durch die bürokratische Verwaltung so unbeweglich, daß z.B. schon mehrere Güter durch Verpachtung in eine Art Privatwirtschaft übergeführt worden sind. Die Pacht bringt ansehnliche Überschüsse, die Allgemeinwirtschaft aber erfordert unaufdringliche Zuschüsse. Aus diesem Grunde sollen auch die Rieselgüter und manche andere Werke irgendwie durch Privatwirtschaft, die bisher immer noch Produktion und Ertrag mehr zu steigern wußte als die administrative Wirtschaft, zu der letzten Endes jede verstaatlichte oder sozialisierte Wirtschaft ausarten muß, wieder fruchtbringender für die Gemeinde gestaltet werden. Hier scheint eben die Gemeinschaftsarbeit eine unübersteigbare Grenze zu finden. Im übrigen mußte die Gemeinde in den Kriegs- und Nachkriegsjahren eine gewaltige Arbeit leisten. Es gibt keine Berlinerin, die nicht mit einer Anzahl der Aufgaben, die der Stadt von diesen ganz ungewöhnlichen Zuständen gestellt wurden, in Berührung gekommen ist. Das sogenannte Kartenwesen, das mit den Brotkarten einsetzte, dann Fleisch, Fett, Milch, Zucker, Kaffeersatz, Petroleum, Kohle, Seife und schließlich Bezugscheine für Schuhe und Wäsche und Kleidung und noch manches andere umfaßte und das heute noch nicht

Leo v. König um 1910: Das Frühstück.

Leo v. König: Im Bohèmecafé

ganz überwunden ist, brachte jede Frau und jedes Mädchen mit den zahlreichen Kommissionen und Stellen in Berührung, die für alle diese besonderen Zwecke gegründet werden mußten. Viele Frauen werden über diese Zwangsregelung des Verbrauchs, die tief in jede Haushaltung eingriff und manches individuelle Gelüst ausschaltete, erbittert gewesen sein. Die Mehrzahl aber fügte sich einsichtsvoll oder notgedrungen und begann, die Vorräte und zugeteilten Mengen peinlich genau einzuteilen. Das Brot wurde jedem einzelnen Familienangehörigen für jede Woche und jeden Tag berechnet, die einzelnen Schnitten jeder Mahlzeit entsprechend zugeteilt. Die Kartoffeln wurden abgewogen und jedem Speisenden zugezählt. Ach – wie wenige waren das manchmal! Und die gesetzlich vorgeschriebenen fleischfreien Tage wurden bald durch freiwillige fleischfreie Tage ergänzt. Wie sollten 200 bis 250 Gramm Fleisch auf sechs Tage verteilt werden? Wäre die Berlinerin nicht eine so große Künstlerin in der Hauswirtschaft, könnte sie nicht so systematisch denken und wirtschaften – sie hätte niemals die jahrelange Periode der Hungerblockade überwunden oder überwältigt.

Zwei Jahre lang fast fügte sie sich ohne jede Einschränkung dem System und begnügte sich mit den durch Karten zugeteilten Lebensmitteln. Erst als ihre Kräfte dann rapide verfielen, als viele von ihnen jäh um die Hälfte ihres Körpergewichts abmagerten und auf den Straßen nur noch hagere und verhungerte Gesichter zu sehen waren, setzte eine Ergänzung der gar zu knappen Rationen durch den Schleichhandel ein. Das Grundsystem als solches blieb aufrecht. Und zahlreiche Frauen vermochten keine Mittel aufzubringen, um „hintenherum" kleine Zubußen für ihre Angehörigen zu beschaffen. Nur durch solche Ergänzung der Zwangswirtschaft konnten die meisten Frauen und Mütter ihre Familie kümmerlich vor dem schlimmsten Hunger bewahren. Gewiß war das in vielen Fällen ein

Durchbruch durch die Zwangswirtschaft ... Wir werden es auch gewiß verzeihen, wenn nach dem schrecklichen Kohlrübenwinter 1916-17, in dem die Hauptnahrung aus Kohlrüben und wässerigen Gerichten aus den Kriegsküchen bestanden hatte, eine Mutter das Datum auf der Milchkarte fälschte und ihrer kränklichen Tochter anstatt für 2 Wochen für 4 Wochen ein viertel Liter Milch täglich verschaffte. –

Solche „Verbrechen" wurden selbst von Frauen begangen, die in leitenden Stellen der Fürsorge tätig waren. Der Kriegsausbruch fand zwar vielerlei Hilfsorganisationen jeder Art vor. Die gewaltige Zunahme der Bevölkerung Großberlins in den letzten Jahren vor dem Kriege, bis an vier Millionen Einwohner, machte aber Neueinrichtungen notwendig, die denn auch in Berlin prompt wie immer dastanden.

Die bedeutsamste Neueinrichtung auf dem Gebiet der Wohlfahrtspflege war wohl der „Nationale Frauendienst", der, am Tage des Kriegsausbruchs von den Organisationen aller Frauenkreise und Richtungen gegründet, seine Aufgabe in zahlreichen, den amtlichen Unterstützungsbüros angegliederten Fürsorgestellen durchführte, die in den ersten Kriegsjahren wöchentlich von 10-25.000 Bedürftigen aufgesucht wurden. Seine Tätigkeit erstreckte sich besonders auf die Beratung und Fürsorge für Kriegerfamilien, auf die Erhaltung einer gleichmäßigen Lebensmittelversorgung, auf Arbeitsvermittlung und Auskunfterteilung. In den Kommissionen waren viele Hilfskräfte, fast ausschließlich ehrenamtlich, tätig. Geleitet wurden sie von zwei freiwilligen Kräften, von denen immer die eine von bürgerlichen, die andere von gewerkschaftlichen oder sozialdemokratischen Organisationen gestellt wurden. Die Arbeit des Nationalen Frauendienstes erweiterte sich immer mehr zu einer wohlgegliederten Hilfstätigkeit, die für alle Anforderungen der Stadt zur Verfügung stand, mochten sie Ernährung, Kleidung, Beratung, Gesundheitsfürsorge, Arbeitsbeschaffung, Hinterbliebenenfürsorge, Flüchtlingsfürsorge, Kriegsgefangenenheimkehr, Jugendwohlfahrt oder Liebesgabenversendung zum Ziele haben. In einer eigenen Fürsorgestelle für Angehörige der freien Berufe wurde diesen durch den Krieg besonders betroffenen Gruppen in umfassender Weise geholfen. In enger Verbindung mit allen Stellen der freien Liebestätigkeit (die vielen auf eine bestimmte Frage eingestellten Wohlfahrtsvereine bestanden ja noch außerdem) bildete der Nationale Frauendienst einen Mittelpunkt in jedem Bezirk und leistete auch in der Demobilmachungszeit bei der Rückkehr in die Friedensverhältnisse wertvolle Dienste. Die aus dem Osten oft ganz ausgeplünderten Scharen von zurückkehrenden Kriegern, die aus dem Westen noch einigermaßen in Ordnung heimwärts flutenden und rasch aufgelösten militärischen Verbände mußten wieder in die Friedensarbeit eingereiht werden. Das drängte viele Frauen aus ihren im Kriege eingenommenen Stellen heraus. Zeitweise, als besonders viele Arbeitslose die Straßen bei den Arbeitsnachweisen füllten, wurden besonders die Ehefrauen von Beschäftigten entlassen. Aber das war nur vorübergehend. Und bald wurden auch die meisten der

Geßner: Moderne Wohnhäuser in Charlottenburg.

bisher freiwilligen Hilfskräfte irgendwo fest angestellt. Die wirtschaftlichen Zustände nach dem verlorenen Kriege verschlechterten sich derart, daß jeder, der über eine Arbeitskraft verfügte, sich einen Erwerb suchen mußte, weil keiner mehr von den bisherigen Einnahmen aus Vermögen oder Rente, ja selbst nicht immer aus dem Erwerb des Mannes oder Vaters leben konnte. So wurde die Frauenarbeit, die im Kriege schon in vielen Berufen allgemein geworden war, endgültig verankert.

Die Frauen, und besonders auch die jungen Mädchen aus den besseren bürgerlichen Kreisen, fügten sich, halb aus materieller Notwendigkeit, halb aus ideellem Trieb, von der halb drohnenhaften Existenz der Familientochter loszukommen, irgendeinem Berufe ein. Und nicht mehr so spielerisch, wie oft vor dem Kriege, sondern mit ganzer Kraft und Hingabe, gänzlich beansprucht vom Beruf. Viele mag auch die Erkenntnis oder der Instinkt geleitet haben, daß bei einem Überschuß von etwa zehn Frauen auf hundert Männer, wie nun jetzt einmal die Verhältnisse in Berlin liegen, nicht an eine Ehe zu denken ist. Sie wollen aber nicht abhängig sein und sich eine Existenz suchen. Wohl gehen manche erst in den Beruf hinein, um überhaupt unabhängig zu bleiben. Aber viele von ihnen sehen doch schließlich ein, daß ein Mensch erst vollkommen ist, wenn ein zweiter zu ihm gehört, daß die Zweiheit erst einen Menschen ausmacht.

In den politischen Verhältnissen hat diese Entwicklung zur Berufstätigkeit der Frau und Loslösung von der Hauswirtschaft ihren Widerhall gefunden. Zwar hatten die alten Behörden überall die Mitarbeit der Frau gefordert und gefördert, hatten sie in allen Institutionen und Betrieben hinzugezogen. Aber sie hatten ihr keine Rechte irgendwelcher Art zugestanden. Es ging ihnen wie der Stadt, die auch auf eine Erweiterung ihrer Rechte gehofft hatte. Alle optimistischen Erwartungen einer Umkehr der Regierung von ihrer starren Herrschsucht waren enttäuscht worden. Die Kundgebungen während des Krieges, die besonders im vierten Kriegsjahre zunahmen, wurden nicht beachtet. Als dann auf die Unmöglichkeit, den Krieg zum siegreichen Ende zu führen, der Zusammenbruch kam, war es besonders der Berlinerin und ihrer großen, aufopfernden Besonnenheit zu danken, daß die nun folgenden unruhigen Zeiten nicht stürmisch verliefen. Sie wirkte nicht nur dämpfend auf die aufgeregteren Männer ein. Sie beteiligte sich an allen möglichen Beratungen und wirkte überall beruhigend. Nur wenige ließen ihr Temperament durchgehen oder ließen sich hinreißen von der revolutionären Stimmung.

Wie besonders die bürgerlichen Kreise dachten, bewiesen bald die Wahlen. Die Revolution hatte auch den Frauen das uneingeschränkte passive und aktive Wahlrecht gebracht. Gleich bei den ersten Wahlen stellte sich heraus, daß die Frauen nicht den rasch vorwärtsstürmenden und radikalen Parteien sich zugewandt hatten, sondern in der Mehrzahl den ruhiger arbeitenden Parteien sich zuwendeten. Diese waren auch schon vorher fast alle für die politische Mündigkeit und Mitarbeit der Frauen eingetreten.

Von den Frauen waren derart umfangreiche Leistungen und Lasten im Kriege gefordert worden, daß es unmöglich war, ihr Rechte zu verweigern, wenn man ihr Pflichten auferlegte. Außer der vielen Arbeit und Entbehrungen, die man von ihr verlangte, waren ja noch immer die rein persönlichen Leiden und Erlebnisse des gewaltigen Krieges zu ertragen. Einige kleine Porträtskizzen aus dem Kriege mögen das erläutern:

Wie viele Mütter sind durch den Krieg anders geworden. Wir kannten sie alle, wir trafen sie jeden Tag im Warenhaus, in den Konzerten, Ausstellungen, in den Kaufstraßen, in den Kaffeehäusern, die immer noch „junge" Mutter. Sie hatte schon Söhne, die längst im Wandervogel eine Führerrolle

Trier 1918: Die blanke Tafel.
Hochzeitsvater: Also, meine Herrschaften, Tischtücher gibt's nicht.
Deshalb begrüße ich Sie mit dem alten deutschen Ruf der Kegelbrüder:
Gut Holz!

übernommen hatten, oder die auf der Universität hörten. Allzuoft sah man Mutter und Söhne nicht beisammen. Und irgendeine Näharbeit, eine Handarbeit wurde nicht für die Kinder in die Hand genommen. Man hatte doch durchaus keine Zeit. Es gab ja auch alles so billig fertig zu kaufen. So gut konnte man es gar nicht zu Hause herstellen.

Heute strickt diese Mutter: in ihrer eigenen Wohnung, bei Bekannten, wenn sie Besuche macht und auch an den Nachmittagen, an denen sie sich mit ihren Freundinnen im Kaffeehause trifft.

„Das hält doch noch mal so warm, was die eigene Mutter gestrickt hat!" behauptet sie. Und niemand streitet ihr das ab.

Auch die jüngere Frau ist gar nicht selten, die bisher nie einen Pfennig für den Haushalt hinzuverdiente und die nun arbeitsam wurde, um recht viel Geld für Liebesgaben in die Hand zu bekommen, um über recht viel Geld selbst verfügen zu können. Manche bessere Beamtenfrau hat sich eine Tätigkeit gesucht, die sich lohnt. Vor allem aber haben die Frauen der gut bezahlten, der „gehobenen" Arbeiter, die es sonst für unter ihrer Ehre gehalten hätten, „auf Arbeit zu gehen", nun eine andere Ansicht von der Arbeit bekommen. Und weil sie nicht erst lange lernen wollten, gingen sie als das, was sie eben gelernt hatten: als Hilfe in der Wirtschaft, als Aufwartefrau, als Zugeherin. Vielleicht vormittags zwei, drei Stunden. Der Mann, der sonst so stolz war, der das sonst nie geduldet hätte, hatte auch nichts dagegen. Mutter meinte eben:

„Ich muß doch auch für meinen Jungen sorgen. Der liegt da draußen im Schützengraben. Da muß ich auch was für ihn tun!"

Daß es viele arme Mütterchen gibt, die sich für ihre Kinder alles absparen, die sich selbst nichts gönnen, um nur alles den Kindern zuwenden zu können, das gehört zu jenem Großen, das auf jede Mutter einen Schimmer von der Mutter Gottes gleiten läßt. Aber was im Kriege Hunderte, ja Tausende von Müttern fertig brachten, das grenzte an das Unmögliche. Da ist so ein altes Flickweibchen, das immer beschenkt wird, weil kein Mensch glaubt, daß es mit den wenigen Groschen auskommt, die es erwirbt. Und doch, wie oft ging sie jetzt auf das Postamt und gab dort einen Feldpostbrief ab, der zu dick war und nicht in den Briefkasten ging! Ab und zu fragte ich sie, was sie denn fortschicke. Bald waren es Zigarren, bald Schokolade, bald ein selbstgestrickter Kopfschützer.

Reichte ihr sauer verdientes Geld nicht aus, um Wolle zu kaufen, oder fehlten einige Groschen am Kaufpreis für die Schokolade, wußte es das alte Flickweibchen gar geschickt bei der Herrschaft anzubringen, bei der es gerade die Wäsche ausbesserte. Ja, wenn alles nichts half, bat sie wohl auch offenherzig darum. Sie, die sonst nichts umsonst angenommen, scheute sich nicht, für ihre Feldgrauen zu betteln.

Und alles aus Mütterlichkeit.

Wenn unsere Frauen sich hinstellten und warteten, um die Verwundeten zu begrüßen, die mit der Bahn kamen und in die Lazarette übergeführt wurden, so war das auch nichts als gutgemeinte Mütterlichkeit. Sie wollten ihnen die ersten mitempfindenden Blicke zuwerfen, sie wollten ihnen ein tröstendes, zuversichtliches Wort zurufen, sie wollten ihnen wohl auch einen Apfel, eine Blume, einige Kekse reichen.

Das war so recht zu erkennen, als eine Anzahl Verwundeter gekommen war und die Frauen alles fortgegeben hatten. Da griff die Obstfrau, die am Bahnhof wohnt, mit beiden Händen in ihre Körbe und warf die Apfel und Nüsse in die Wagen hinein: „Das geht doch nicht! Die müssen doch auch was haben!"

Das war so eine recht mütterliche Gebärde.

Sie alle wollten eben zeigen, daß wir um die Kämpfenden sorgten, daß wir um sie bangten und daß wir jeden, der vor dem Feinde erkrankte oder der verwundet wurde, mit dem großen mütterlichen Mitfühlen umfaßten.

Und wieviel Überwindung mußten Soldatenmütter aufbringen. Wie jene Frau, deren Jüngster – der liebste Sohn – schon gefallen und die dann an einem Tage von zwei andern Söhnen besucht wurde: von einem, der aus dem Lazarett nach seiner Garnison zurückging, und von einem andern, der auf einen Tag zum Abschiednehmen beurlaubt war.

Trier: Tischrücken.
„Vater, jetzt wollen wir deinen verstorbenen Reisenden herbeizitieren!"
„Nee, nee, Kinder – der berechnet jetzt zu hohe Spesen!"

An diesem Tage legte sie ihre Trauerkleidung ab, kochte und schmorte für die beiden andern und war heiter und guter Dinge.

„Ich kann ihnen doch nicht das Herz schwer machen", sagte sie zur Tochter.

Die große Beherrschung und Arbeitsamkeit waren ja im allgemeinen immer Eigenschaften der Frau. Diese Eigenschaften aber prägten sich besonders bei der Berliner Bürgerin im Kriege und auch nach dem Kriege aus. Zu diesen Eigenschaften kam im Kriege und auch nach dem Kriege die notwendige Anpassungsfähigkeit und Beweglichkeit. Unzählige mußten ihren Beruf wechseln, mußten sich umstellen von häuslicher zur Berufsarbeit. So brachte ihnen die neue Zeit, die unendlich viele nur voll Widerstreben über sich ergehen ließen, neben all den vielen neuen Rechten auch neue Ehrenämter. Seit dem 1. Januar 1923 ist die Frau als Laienrichterin zugelassen. Sie sitzt als Geschworene in den heiligen Sälen der Rechtsprechung, vereinzelt noch in den Reihen der Elfe, die das Recht finden sollen. Und man merkt, daß sie anders als die Männer auf die Verbrecher blickt. Auch die Schöffin, die im Schöffengericht neben dem skeptisch lächelnden Amtsrichter sitzt, sieht aufmerksam drein und wundert sich nur, daß ein Mädchen für eine erhaltene Ohrfeige Schmerzensgeld bekommt, der Mann aber, den sie zu der Ohrfeige reizte durch allerlei Pflichtvergessenheit, kein Schmerzensgeld fordert, sondern zahlen muß, trotzdem er doch unter der Widerspenstigkeit und Bosheit hatte leiden müssen. Die Geschworene aber scheint im Beratungszimmer noch zurückhaltender zu sein. Aus dem Urteil der Geschworenen ist nur Mitleid mit dem wegen Straßenraub Angeklagten zu hören, aber kein Mitleid mit den durch die nach dem Kriege stark verbreitete Unsicherheit der Straßen Geängstigten. Sie sind auch oft recht milde mit all den vielen Verbrechern, die jetzt mit besonderer Frechheit auftreten und gegen die von der Polizei die Überfallkommandos errichtet sind. Eine Frau, die merkt, daß Einbrecher an ihre wenigen Silberstücken, an ihre Wäsche- oder Kleidungsschrank sich heranmachen, braucht ins Telephon nur „Überfall!" hineinzurufen. Und nach wenigen Minuten werden die Einbrecher umstellt und überwältigt.

Abeking: Heimgefunden. (Zur Wohnungsnot.) Nebenan ist noch ein Quartier frei geworden. Nun können wir heiraten.

Sind es doch besonders Frauen, die auf den Straßen Berlins zu nächtlicher Stunde angefallen und ihrer Handtaschen, Uhren und Schmucksachen beraubt werden. Nicht alle sind so geistesgegenwärtig wie die Rezitatorin Resi Langer. Auf dem Heimweg nach ihrer Wohnung wurde sie in einer schwach beleuchteten Gegend von verdächtig aussehenden Gestalten verfolgt. Sie, die gerade ein Liedchen trällerte, ahnte Unheil und zog einen kleinen Revolver. Die beiden Kerle sprangen ihr plötzlich in den Weg und gaben ihr gleich einige Schläge über den Kopf. Sie hielt aber rasch den beiden Räubern die Pistole unter die Nase und rief „Hände hoch, oder ich schieße!" Die Kerle stutzten und liefen davon. Die Künstlerin aber verfolgte sie und konnte mit Hilfe von Vorüberkommenden einen der Burschen festnehmen.

Nicht alle sind in dieser verwilderten Zeit so schlagfertig im besten Sinne. In der durch die lange Entwicklung der

Selbsthilfe entwöhnten Bevölkerung Berlins gab es viele, die z.B. ohne jeden Widerspruch dem Uniformzauber erlagen. In den Tumulttagen im Januar 1919 drangen Trupps von Soldaten in einzelne Wohnungen ein und fahndeten auf eigne Faust nach Mehl und Geld. Als eine Frau bat, ihr wenigstens einige Mark für Milch und Nahrung für ihr kleines Kind zu lassen, wurde sie gebackpfeift. Und als sie gefragt wurde, ob sie sich das so ohne weiteres gefallen ließ, antwortete sie mit schüchternem Lächeln:

„Aber die Herren waren doch in Uniform!"

Viele Berlinerinnen sind eben durch die Leidenszeit der letzten Jahre entkräftet. Und zwar besonders die Angehörigen des Mittelstandes. Sie haben ihre Beweglichkeit und Widerstandskraft zum größten Teil eingebüßt. Sie sind schüchtern und verschämt und werden schließlich in ihren Wohnungen verhungert und entkräftet gefunden, wie die 67jährige Arztwitwe Johanna Hofmann mit ihrer Tochter Wally, die beide bald darauf starben. Viele Frauen, die vor dem Kriege ein leidliches Auskommen hatten, sind in den wirtschaftlichen Zusammenbruch der freien Berufe mit hineingerissen worden. Sie beziehen irgendwelche kleinen Pensionen oder Renten, von denen sie heute nicht einmal mehr trocken Brot kaufen können. Zum Umstellen auf Erwerb durch irgendwelche Brotarbeit sind sie zu alt oder zu schwächlich. Sie gehen in Not und Entbehrung zugrunde und geben dem Tod den Vorrang vor einem Leben, das von Almosen erhalten werden müßte.

Aus diesen Schichten stammen auch die vielen neuen Kunden der Leihhäuser. Dorthin bringen sie ihre entbehrlichen Wäsche- und Kleidungsstücke, ihre alten Silbersachen und ihre oft nur dürftigen Schmuckstücke, immer in der Hoffnung, sie wieder zurückholen zu können. Ihre Teppiche, ihre Bilder, ihre Musikinstrumente – und was ihnen sonst das Leben ein wenig verschönte und lebenswert machte – das ist alles längst an die vielen Althändler und Aufkäufer verhandelt worden. Manche Frau hat sich nur mit Tränen in den Augen von dem Pelzkragen getrennt, der ihr im Winter den Ofen ersetzte – Kohlen hat sie seit Jahren nicht kaufen können. Eine andere hat von ihrer Klassikerbücherei, die sie in einem ganzen Leben zusammengespart hat, Stück für Stück verkauft; das Verlangen nach leiblicher Nahrung behielt die Oberhand über das Verlangen nach geistiger Nahrung.

Das Erste aber, was für entbehrlich gehalten wurde, ist immer noch der Schmuck. Das ist den Berlinerinnen schon oft klar gemacht worden. Im Mittelalter und im Dreißigjährigen Kriege mußten sie öfter ihr Geschmeide hingeben. Und als es hieß, im Jahre 1813 den napoleonischen Eroberer zurückzuschlagen, als ein Vaterlandsfreund mit hoher Genehmigung die Berlinerinnen aufforderte, ihre Trauringe und Verlobungsringe auf den Altar des Vaterlandes zu legen und dafür solche aus Eisen anzunehmen mit der Inschrift „Gold gab ich für Eisen", wurden am ersten Tage 150 goldene Ringe beigebracht. Aber es blieb nicht bei den Ringen allein. Im damaligen, schon durch Siebenjährige Kriegsnot und Einquartierung ausgeplünderten Berlin, das noch nicht den zwanzigsten Teil seiner heutigen Einwohner aufwies, wurden 160.000 Schmuckstücke abgeliefert.

In den folgenden Jahrzehnten war Schmuck eine Seltenheit in Berlin. Ja, bis in die neueste Zeit war es in wirklich vornehmen Familien nicht üblich, daß die Töchter Perlen und Brillanten trugen. Die Damen aus Nordamerika, die mit einem gewaltigen Aufwand an Schmuck daherkamen, wurden nur nachgeahmt in jenen Kreisen, die zu den allzu neuen Reichen gehörten oder die noch keinen gesicherten Standpunkt auf dem Gebiet der Bildung erreicht hatten. Zu diesen gehörten viele Angehörige der frisch aus dem Osten Zugewanderten – und auch die Frauen jener Männer, die in dem entstandenen

L. Corinth: Die Familie Rumpf.

Durcheinander irgendwo jäh obenauf gekommen sind oder die sonst irgendwie in dies wirblige elegante Treiben des Berliner Westens hineingerissen werden. Wie die Frauen in dem Prozeß Morvilius und Genossen, die in einem großen Konfektionshaus beim Ladendiebstahl abgefaßt und von dem Mann, einem Direktor einer Reichstreuhandgesellschaft, dort dreist befreit worden waren. Seit zehn Jahren hatten sie gestohlen – in 68 Geschäften und Warenhäusern – Kleidungsstücke, Wäsche, ganze Tafelgeschirre, kurz, alles, was in einer einigermaßen luxuriös eingerichteten Wohnung am Kurfürstendamm gebraucht wird. Auburtin machte sich über diese Gesellschaft und über ihre Verteidiger lustig: „Wenn es nach ihnen ginge, müßten bei Warenhausdiebstählen nicht die Warenhausdiebe, sondern die Warenhausbesitzer bestraft werden.

Nicht der Dieb, der Bestohlene ist der Schuldige, wie bei Herrn Werfe!

Warum legen die Warenhausbesitzer solche Sachen in ganzen Haufen aus? Warum passen sie nicht besser auf? Warum sind diese Sachen alle so gut und warum sind sie so teuer? Muß da ein schwaches Weib wie dieses hier nicht geradenwegs zum Stehlen verleitet, herausgefordert werden? Denken Sie doch, meine Herren, nur gütigst an die furchtbaren Preissteigerungen, die in allen Schichten der Bevölkerung so viel böses Blut gemacht haben.

In jedes Hörers Brust und wohl auch in den Herzen der Richter regt sich ein menschliches Mitverstehen. Wer ist denn in diesen Zeiten den Warenhausbesitzern gänzlich grün?"

„Diese umschatteten Herren und die Damen in den Blusen, die uns so merkwürdig erscheinen, sie alle sind im Leben anständige Nachbarn gewesen, denen jeder mit Achtung begegnete. Sie haben ein Privatauto, ein Bankkonto in Holland und eine Wohnung am Kurfürstendamm.

Wenn sie keine Wohnung am Kurfürstendamm hätten, so würde das Wohnungsamt sich beeilen, ihnen binnen vierzehn Tagen eine Wohnung am Kurfürstendamm zu verschaffen."

Da haben wir den Groll über eine Einrichtung, die auch eine Kriegsfolge ist und die uns eigentlich erst so recht zum Bewußtsein bringt, wie arm wir geworden sind. In Berlin werden keine Wohnungen mehr gebaut – nur ganz wenige! Alle Familien rücken zusammen. Die verarmten Frauen des Bürgertums ziehen sich in kleine, enge Räume zurück und vermieten ihre Zimmer an junge Ehepaare. Wer das nicht beizeiten tut, bekommt Zwangsmieter. Manche alten Damen sind glücklich, daß in ihr verlassenes Alter nun die Jugend hereinkommt mit ihrem frischen Leben. Aber die jungen Leute, die nur heiraten können, wenn sie Platz bei den Eltern finden, denken oft:

„Man will nicht fortgesetzt unter Kontrolle stehen! Jeder kleine Ehezwist wird zur Staatsaktion, wenn noch zwei Augen- und Ohrenzeugen zugegen sind, und zwar gleich Zeugen, die sich ihrer elterlichen Autorität bewußt sind. Und dann die Frage des Hausschlüssels ... Man ist doch schließlich ein erwachsener Mensch mit eigenem Bestimmungsrecht. Aber wenn schon, ... mütterliche Strafblicke, zumal am Morgen, nach dem Fest, mit seiner grauen Aschermittwochstimmung haben etwas eigenartig Zermürbendes."

B. Paeschke: Friedrichstraße im Flaggenschmuck.

Den gleichen Standpunkt vertritt eine resolute junge Ehefrau: nur nicht gemeinsame Wirtschaft mit der Schwiegermutter! Das ist der Unfriede, wie er nicht besser gedacht werden kann. Drei Wochen habe ich es ausgehalten, dann habe ich meinem Manne gesagt: „sie oder ich!“ Jetzt habe ich mein eigenes kleines Reich, und die Schwiegermutter ist darin der froh begrüßte Sonntagsgast.

Der Besitz einer Wohnung, vor dem Kriege kaum beachtet, ist jetzt schon so wertvoll, daß in den Heiratsinseraten sich die ehelustigen Damen mit einem „schönen Eigenheim“ oder „Wohnung, vollständig ausgestattet“, anbieten.

Durch diesen Wohnungsmangel ist denn auch jene Zwiespältigkeit in der Wohnungskultur, die in der verflossenen Periode Berlin beherrschte, fast überall beseitigt worden. Früher wurden meist die besten und gesündesten Zimmer der Wohnung abgeschlossen, die Möbel wurden in steifleinene Überzüge gesteckt und in dem dumpfen, nach dem Hof zu gelegenen Zimmer lebte man eng gedrängt alltags dahin. Nur an festlichen Abenden wurden die in imponierender Neuheit strahlenden Repräsentationsräume vorgeführt.

Viele von diesen Unarten sind in den letzten Jahren abgelegt worden. Wohl ist Berlin noch die hastig und ungleichmäßig gewachsene Arbeitsstadt geblieben, die keine gleichmäßige Entwicklung in allen Lebensäußerungen aufkommen ließ, deren Bürger sich oft würdelos zu irgendwelchen Schaustellungen drängten, die im Arbeitsanzug und ohne Festlichkeit in Theater und Konzert gingen und damit dokumentierten, daß sie noch keinen ausgeglichenen Lebensstil besaßen. Inzwischen ist aber die Berlinerin ebenso durch scharfe Kritik von allen Seiten wie auch durch eigenes Hineinwachsen in eine sichere Form in ein festes Stadium der Entwicklung getreten. Die Generation der „kalten Pracht“ ist längst überwunden worden von einer neuen Generation, die viel mehr Lebensgefühl und Liebe zur Echtheit und Bürgerlichkeit in bestem Sinne hat.

Kokoschka um 1920: Freunde.

Walser: Am Bahnhof Tiergarten.

In ihren Kreisen fand Reinhardt mit seinen prachtvollen, farbenkräftigen, mit einem neuen starken Atem herausgebrachten Klassikeraufführungen und mit Modernem seine große, hallende Resonanz. Seinem Mitarbeiter Felix Hollaender verdanken wir, daß Reinhardt nur Gutes mit den allerbesten Kräften spielte, das dem erstarrenden Spiel wieder das Recht des Theaters mit seinen Kulissenbedingungen abtrotzte. Und Barnowsky danken wir es, daß er an seinen Bühnen dem überwuchernden Theatergeschrei das ernste und doch farbige Bild der wohl aufgebauten und durchgearbeiteten Komödien und Tragödien festhielt. Nie wird jener „Faust", gespielt am Lessingtheater, vergessen, wer Käthe Dorsch in ihrer scheuen, hingebenden, hindrängenden und zerschmetterten Weiblichkeit gesehen. Auch alle die andern, das Bühnenbild auffrischenden und bereichernden Bestrebungen von Jeßner (Staatliches Schauspielhaus) und Meinhardt und Bernauer (Theater in der Königgrätzer Straße) fanden in den Bürgerkreisen das notwendige Verständnis und die unentbehrliche Begeisterung. Und Ilka Grüning, die mit einem fast schauerlichen Humor verschlampte und kupplerische Zimmervermieterinnen wie auch Frau Marthe darstellt, sei nicht vergessen. Desgleichen nicht Waßmann mit seinem liebevollen lachenden Blödsinn, die blendende Operettenspielerin Massary, der vergnügte mauschelnde Pallenberg, der im schneidenden Tempo sprechende Graetz, der wuchtige, erdrückende Holofernes von Wegner, der unter der Uneinigkeit der Deutschen aufschreiende Florian Geyer von Klöpfer – sie alle und die unendlich vielen andern, die hier nicht genannt werden können, sonst müßte dies Buch eine Theatergeschichte Berlins werden, sie alle fanden ihren Dank in der Liebe und der Begeisterung der Berliner und insbesondere der Berlinerin. Denn sie ist es ja besonders, die immer wieder die Theater füllt – und dort die Erfüllung sucht dessen, was sie sonst vergebens sucht. Diese große Theatersucht der Berliner ist jedenfalls ein Zeichen, daß sie nicht bar jeder Phantasie sind. Denn das Theater ist ja immer nur ein künstliches Surrogat, und in neuester Zeit beschränkt es sich ja auch im Wesentlichen auf seine Eigenart, nur anzudeuten, zu stilisieren, der Phantasie der Zuschauer vielleicht mehr zu überlassen, als gut ist. Zum mindesten in der Ausstattung. In der Geste und im Ausdruck aber scheint es über den Gipfel hinaus zu sein. Die Pantomime und der Tanz, die sich stark in den Vordergrund drängten, haben sich in einigen Manifestationen übersteigert, die als Einzeltänzerin hochbegabte Valeska Gert z.B. glaubte, mit einigen dürftigen Springübungen das gesamte Seelenleben darzustellen. – In den vielen Filmateliers, die in Berlin, das auch zu einer Kinozentrale der Welt geworden ist, ständig zahllose Filme fabrizieren, gilt natürlich nur die Geste. Und die augenaufschlagende Kinoprinzessin und der gebügelte Kinoheld haben auch ein wenig auf die Jugend abgefärbt. Aber Berlin ist doch auch der Geburtsort der neuen Filmart, des phantasiereichen Stilfilms Dr. Caligari und auch vieler anderer phantasievoller Effekte des Lichtspielwesens.

Der Tanz spielt auch eine große Rolle in den vielen Kabaretts und all den vielen luxuriösen Weinstuben, in denen Musiker, Schauspieler, Rezitatoren und alle die vielen Künstler und Zwischenkünstler auftreten. Sie sind einem auf leichte und groteske Abendunterhaltung gestimmten Publikum, das Betäubung vom Alltagstrubel sucht, stets willkommen, wenn sie nur elegant und zugleich frech sind. Der Geist und was sonst einst bei den Vätern des deutschen Kabaretts, bei Wolzogen und Bierbaum, vor zwanzig Jahren betont wurde und den Marzell Salzer, dieser große und genialische Meister der satirischen Vortragskunst, immer noch, zum mindesten in kleineren Zirkeln, pflegt, turnt im Kabarett, allerdings meist als spielerischer Witz, fast auf dem einen immer wieder belachten Thema herum. Eine kurze Zeit lang schien es nach dem Kriege, als könnten auch literarisch-politische Kabaretts sich durchsetzen. Aber die Berliner Bürger wollen nicht mit Politik unterhalten sein – nachdem die Politik ein so garstiges Gesicht für die Deutschen angenommen hat und so unendlich viele Kreise des Bürgertums sich nun so heftig umstellen mußten. Sie lieben auch im Theater die varietéartige Unterhaltung durch sogenannte Operetten und bejubeln jeden Schauspieler, der sich, wie etwa Adalbert, durch allerlei schnoddrige und kaltschnäuzige Einfälle beliebt macht. In solchen Theatern singen und summen sie auch die neuesten Schlager mit.

Auch ernstere Naturen vergessen in solchen Stunden wohl einmal auf kurze Zeit ihre Beschwernisse. Im allgemeinen ist aber in allen diesen Vergnügungsstätten, die in der Friedrichstadt zwischen der Spree und der Leipziger Straße und am Kurfürstendamm beim Bahnhof Zoologischer Garten ihre grellen Reklamelichter und ihre grellen Plakate entfalten, jenes Publikum zu finden, das zum Sechstagerennen im Sportpalast sich nächtelang in dumpfer Luft hinkauert, auf Stürze, auf Vorstöße und andere Sensationen lauert und von einer anderen geistigeren Welt wenig oder gar nichts weiß.

Solche Schichten, solche Schaustellungen aber gibt's in jeder Weltstadt. Sie sind auch nicht maßgebend im Bilde des modernen Berlins. Typisch sind eher all die vielen Frauen und Mädchen aus solchen Gruppen, die im alten kaiserlichen Berlin eine bevorzugte Rolle gespielt haben und die sich nun haben umstellen müssen. Viele militärische Kreise haben ihr Wohlergehen und ihre Zufriedenheit in einem bürgerlichen Beruf gefunden. Zahlreiche weibliche Angehörige dieser Schichten, die sonst nur ein familiäres und geselliges Leben verbracht hätten, finden nun ihren inneren und ihren äußeren Halt in einer Berufstätigkeit.

Walser: Blick aus dem Atelierfenster.

„Ja“, sagte eine Freundin zur andern, als sie nach Feierabend beim Tee zusammensaßen, „ich fühle mich viel wohler bei der Arbeit, als wenn ich zu Hause herumgesessen hätte!“

„Ach, um Himmelswillen – zu Hause – und ganz unselbständig!“ – fügte eine andere hinzu. „Mit dem, was ich verdiene, kann ich unternehmen, was ich will. Geh ich in die Philharmonie oder in die Staatsoper – am liebsten, wenn Schlusnus singt. Was für ein Rigoletto! Und was für eine Stimme! Und wie sauber und seelenvoll singt er! Wie herrlich war das, als er zum erstenmal bei uns draußen in Zehlendorf sang. Schade, daß die Nikischkonzerte vorüber sind. Aber es werden ja neue Dirigenten kommen. Ach – ich hoffe auf Furtwängler ...“

„Ob wir bedauern, daß wir keine Zeit haben, in den Chören mitzusingen?“ fragte eine dritte. „Ja – das kann schon sein, daß dieser oder jener Chor eingehen muß. Oder er muß sich umstellen auf unsere Zeit. So viele Frauen, die Zeit für die Proben haben, wird's wohl nicht mehr geben. Das konnten sich doch bloß die früheren Haustöchter leisten – so'n bißchen malen, sticken, musizieren!“

„Brandmalen! Bitte!“ rief eine vierte ironisch dazwischen.

„Gräßlich!“ sagte eine andere. „Dann male ich lieber solche wilden Dinge, wie in der ‚Sturmausstellung‘ zu finden sind.“

„Oh – bitte, da finden Sie auch bedeutende Sachen!“ meinte ihre Nachbarin.

„Selbstverständlich – überall sind schließlich solche zu finden. Diese verrückten Expressionisten haben auch ihren Zweck in der Malerei zu erfüllen gehabt. Das war doch wieder Farbe. Ich bin gewiß nicht für Einseitigkeit. Ich weiß am allerbesten, daß es nur auf das Können und auf jene Vertiefung ankommt –“

„Ach – Sie – wie lange haben Sie denn noch zu lernen?“ fragte eine Ältere.

„Noch zweieinhalb Jahre!“

„Nun hat sie sechs Monate in eine Reklamemalerei hineingerochen – und spricht schon von Können usw.!“

„Also – das Alter spielt doch nicht immer eine entscheidende Rolle für eine Erkenntnis!“ wies ihre Nachbarin die Ältere zurück. „Ebensowenig wie eine Frau nun durchaus mehr bedeuten soll als wir jungen Mädchen. Ich will gern anerkennen, daß die Hausarbeit auch ebenso bewertet werden soll wie unsere Berufsarbeit. Einen Hausstand gut und richtig führen ist auch eine Leistung. Aber sich draußen im Leben behaupten – das ist nicht weniger wert!“

Alle stimmten ihr zu. Nur die Ältere sagte: „Aber einen Mann haben und seiner Bestimmung folgen –“

„Selbstverständlich! Aber erst einen kriegen!“

„Und den, der einem gefällt!“ meinte eine kleine Dunkle. „Meine Eltern haben schon drei für mich gehabt. Aber ich suche mir doch den aus, den ich will!“

Und nun sprachen sie über die Kernfrage ihres Lebens. Sie wollten nicht unter der Mutter Schürze flüchten, wenn ihnen ein Mann entgegenkam. Sie waren gewohnt, mit Männern zusammenzuarbeiten – als ihre Kollegen, ihre Untergebenen und selbst als ihre Vorgesetzten. Manche arbeiteten als Privatsekretärin oder als Leiterin eines Büros irgendeines Berufsverbandes. Sie waren gewohnt, in den Männern nicht nur das einzige Ziel ihres Lebens zu sehen. Sie waren gewohnt, ständig wie Kameraden mit ihnen zu verkehren – im Büro, im Atelier, auf dem Sportplatz – sei es nun der Tennisplatz oder der Wannsee zur Kanufahrt – in den Erholungsorten, die sie häufig allein aufsuchen muß, weil die Eltern nicht die gleiche Ferienzeit haben wie sie. Und es bleibt ihr nichts übrig, als ihr Leben unter eigener Verantwortung zu führen. Daß manche darunter ist, die bei der durch den Krieg verursachten Dezimierung der Männer mit einem freieren Instinkt doch zu ihrem erotischen Recht kommen will – ja, daß die jungen Mädchen dem jungen Mann selbständig und sicher gegenübertreten, auch mit gewissen selbständigen Ansprüchen, daß sie mit jungen Männern auf gleichem Fuße verkehren, ohne sein „Verhältnis" zu sein, ohne sich von ihm freihalten zu lassen oder Geschenke anzunehmen – auch manchmal mit dem Anspruch, einem Manne Liebe schenken und von ihm Liebe nehmen zu dürfen – um ihn dann wieder zu vergessen –, alles das darf nicht darüber hinwegtäuschen, daß wir in einem Zeitalter leben, das für manche Menschen und Dinge auch neue Lebenswege öffnen muß. Auch die vielen Menschen, die ständig zuströmen, wollten hier ihre Ziele erreichen.

Das sind oft die Eroberernaturen, wie sie in die neue Weltstadt kommen, die ja nicht nur Hilfsbedürftigen und Gescheiterten als letzte Zuflucht gilt. Sie sind ebenso oft tüchtige Eigene, wie Familienmütter und Geschäftsfrauen, die in den Läden und Werkstuben das Ganze machen. Hier findet man wahre Muster von Geduld und Fleiß. Sie wohnen zwar nicht in Berlin W. mit Fahrstuhl, Warm- und Kaltwasser, Luftheizung, elektrisch Licht, haben keine Diele in orientalisch, friesisch oder Möbelhändler-Geschmack, gehen nicht jeden Tag ins KaDeWe oder zu Wertheim, besuchen keinen Jour, keinen Klub, machen keine Hochzeitsreise nach Italien oder nach Paris, schließen ihre Ehen nicht nach Mitgiftgröße durch Schadchen, wie das Edmund Edel einmal recht drastisch alles ausgeplaudert hat – und sie sind doch gute Bürgerinnen, die weder egoistischen Modepuppen, noch beschränkten Hausglucken gleichen, die eine glückliche Mischung von Häuslichkeit und Weltlichkeit besitzen und das Glück der Besten bedeuten. Bei ihnen trifft man sich heute noch ab und zu abends zur „Stulle", zum belegten Butterbrot und zum Glase Bier – oder kommt auch oft nach dem Abendbrot zusammen, um ein Stündchen geistvoll und lustig zu verplaudern.

Berliner Kinder

Die Kindheit unserer Vorfahren verlief noch nicht unter dem glücklichen Stern des Jahrhunderts des Kindes. Noch manche von unsern Eltern mußten ihre Eltern mit dem ehrerbietigen „Sie" anreden. Eine solche enge Kameradschaftlichkeit, wie sie heute oft zwischen Vätern und Söhnen, Müttern und Töchtern vorhanden ist, wird es gewiß auch schon hier und da gegeben haben. Sie liegt eben in der menschlichen Natur, in dem Bedürfnis, sich anzulehnen und nicht alleinzustehen. Aber sie war nicht so ins Bewußtsein des Volkes eingedrungen wie heute. Der Vater galt vor allem den Kindern als der gestrenge Hausherr, als der oberste Richter. Die Mütter – nun, die Mütter waren natürlich stets verliebt in ihre Kinder; sie waren stets zärtlich mit ihnen und verstanden die kleinen Geschöpfe besser als der Vater. Und die kleinen Wesen, die ja soviel Zärtlichkeit brauchen, wußten denn auch damals schon das schwache Herz der Mutter zu ihrem Vorteil auszunutzen.

Eine der schönsten Unterhaltungen, die Kindern geboten werden können, ist auch heute noch das Geschichtenvorlesen und Märchenerzählen. In diesen guten Dingen waren viele unserer Urmütter wohlgeübt und erfahren. Abends in der Schummerstunde setzten sie sich auf einen Stuhl. Die kleine Gesellschaft auf Bänken und kleinen Stühlen rings herum – still – lauschend – mit glänzenden, erwartungsvollen Augen. Und nun floß es von den Lippen: kleine, lehrhafte Fabeln von Gellert, alte Volkssagen von der bösen Hexe und dem Knusperhäuschen, Teufelsgeschichten und Märchen von

Hänsel und Gretel und dem Rotkäppchen. Und war eine Erzählung so recht schön gewesen und den Kleinen so recht ins Herz gegangen, dann umarmte wohl ein begeistertes Bürschchen in Dankbarkeit die Erzählerin und gab ihr seinen kindlichen Kuß. Chodowiecki hat eine solche Szene mit seinem liebenswürdigen Stift aus der Mitte des 18. Jahrhunderts aufgezeichnet. In neuerer Zeit wird das Märchenerzählen wieder geschätzt. Nur finden sich wenige Frauen in den Familien, die den Geschichtenschatz auf dem Gedächtniswege überliefert erhalten haben, wie unsere Urmütter. Meist wird den Kindern jetzt vorgelesen. Und nur von Berufs wegen finden sich Märchenerzählerinnen. Und auch nur im eleganten Berlin W., wo die Mütter so „schrecklich wenig Zeit“ haben, wo alles spezialisiert wird und sich so zwischen Mutter und Kind immer neue Elemente eindrängen.

Chodowiecki:
Satire auf die reichen Mütter.
(Vorführung der Amme.)

Den Kindern des 18. Jahrhunderts lachte allerdings noch nicht der Weihnachtsbaum. Der war nur in Südwestdeutschland ein Schmuck des Weihnachtsfestes. Dort, wo die hügelige Landschaft mit dem duftenden Tannengrün gesegnet war, kam man auf den Gedanken, das Wintergrün auch zur Verschönerung des Winterfestes zu benutzen. Aber in Norddeutschland, in den Städten der Ebene, wußte man noch nichts vom Weihnachtsbaum. Es gab ja auch noch keine Bahnen, die den deutschen Wald hätten in die Städte fahren können. Selbst die Vornehmen kannten zu Anfang des 19. Jahrhunderts noch nicht die weihnachtliche Tanne. Die Herzogin von Kurland, die in Berlin ein großes Haus hielt, in dem der Adel mit dem gebildeten und dem wohlhabenden Bürgertum zusammenkam, hatte für ihre Gäste am Heiligabend in den hellerleuchteten Sälen ihres Palastes bunte Weihnachtspyramiden, Gestelle, die mit farbigem Papier beklebt und geschmückt waren, aufgebaut. Auch im Hause des Schriftstellers und Buchhändlers Nicolai, also im Heim eines festgewurzelten Bürgers, gab's ebenfalls nur Pyramiden zur Weihnacht. Den Duft der festlichen Tanne kannte man noch nicht. Und im 18. Jahrhundert war der Weihnachtstisch nur von Kerzen in langen Kerzenstöcken und hohen Leuchtern erhellt gewesen. An den Stöcken hingen die neuen Kleidchen und Hüte, die Hauben und Puppen. Und auf dem Tisch standen die buntlackierten Holzsoldaten, die Dragoner und Grenadiere, da lagen die Honigkuchen und die Nüsse, die Schokolade und allerlei anderes süßes Zeug, ganz so wie heute auch – und doch ein wenig anders. Denn das war alles noch Spielzeug, mit der Hand hergestellt. Maschinenarbeit war noch nicht dabei, wenn auch schon automatische Spielzeuge nicht ganz fehlten. Aber sie waren so kostspielig, daß sie nur von ganz Vornehmen erworben werden konnten.

Chodowiecki:
Besuch in der Wochenstube
im 18. Jahrhundert.

Eines hat sich wohl ein wenig geändert. Die Kinder nahmen ihre Geschenke mit größerer Ehrfurcht und Dankbarkeit entgegen aus der

Eltern Hand als heute. Jedenfalls wurde mehr Ehrfurcht und Dankbarkeit von ihnen verlangt, wo es oft schon das Glück der Eltern bedeutet, ihr Kind glücklich zu sehen.

Nun hatten ja allerdings die Kinder des 18. Jahrhunderts eine schwere Plage noch nicht durchzumachen. Schulen gab es nur wenige. Vor allem gab es keine Mädchenschulen von Wert. In dem sonst so gut organisierten Berlin waren die Mädchenschulen den Kirchendienern und allerlei anderem Volk überlassen.

Im Mittelalter war das weibliche Geschlecht fast von allem Schulunterricht ausgeschlossen. In der katholischen Zeit bestanden nur einige Parochialschulen, die aber nur von den Kindern der Wohlhabenden besucht wurden und wo sie so viel Latein lernten, daß sie die Universität besuchen konnten. Bis zum Anfang des 16. Jahrhunderts mußten sie in entfernte Städte ziehen. Dann erst wurden in der Nachbarschaft, in Wittenberg und Frankfurt a. d. Oder, auch Hochschulen gegründet. Adlige Familien scheinen sehr wenig auf Ausbildung gegeben zu haben. Die Kanzler der Kurfürsten waren fast alle bürgerlich. Erst die Reformation lenkte die Aufmerksamkeit auch auf die Fürsorge für den Unterricht der Mädchen. Luther sagt in seinem 1524 erlassenen Rundschreiben: „An die Ratßherren aller Stötte Teütschlands, daß sie Christliche schulen aufrichten und halten sollen“ – – – „wenn den schulen und sprachen gar nichts derffte umb der schrift und Gottes willen, So were doch allein dise ursach genügsam die aller besten schulen bayde für knaben und Meydlyn an allen orten aufzurichten, das die welt, auch yren weltlichen stand eusserlich zu halten, dah bedarf seynner geschickter menner und frawen, da die menner wohl regiren künden land und lewt, die frawen wohl ziehen und halten künden hauß, kinder und gesinde. Nun solche menner müssen auß knaben werden, und solche frawen müssen aus medlin werden. Darumb ist's guthun, das man kneblin und meydlin dazu recht leere und auffziehe.“

Johann Bugenhagen übte als Verfasser der Braunschweigischen Kirchenordnung einen großen Einfluß auf die Gestaltung der Mädchenschulen aus und wird als Begründer der deutschen Mädchenschule bezeichnet.

Diese Anregungen der Reformation und ihr Einfluß auf die Ordnung und Verbesserung des Schulwesens machten sich auch in Brandenburg bemerkbar. Spätere Visitationsabschiede und Konsistorialordnungen erwähnen die Mädchenschule.

Nicolai sagt zwar: „Die erste Mädchenschule wurde erst 1670 von des kurfürstlichen Kammerlakaien Christian Schmols Ehefrau auf dem Nikolaikirchhofe errichtet“, doch zeigen die Visitations- und Konsistorialordnung vom Jahre 1573 und „der Visitations-Abschied wegen der Kirchen und Schulen in Berlin u. Kölln an der Spree 1574“ in denen von „Jungfer-Schulen“ die Rede ist, daß schon vor dem Dreißigjährigen Kriege drei Mädchenschulen in Berlin und Kölln bestanden haben. Sie mögen allerdings während der Kriegswirren wieder eingegangen sein. Selbstverständlich waren diese drei Schulen nur dürftige Elementarschulen, in denen die Mädchen außer dem religiösen Lehrstoff nur notdürftig lesen und schreiben lernten und im Stricken und Nähen unterwiesen wurden. Im Kalandshofe in der Klosterstraße befand sich die Marienschule, in dem Küsterhause auf dem Nikolaikirchhof die Nikolaischule. Nebenbei wurden die Kinder auch im Gesang unterrichtet, um in der Kirche, bei Begräbnissen usw. mitsingen zu können, wofür sie dann Stipen, d.h. Spenden in Form von Lebensmitteln, Bier oder Geld erhielten.

Wenngleich der Große Kurfürst nach Kräften für die Hebung des höheren Schulwesens, der gelehrten Schulen sorgte, so scheint er dagegen das Volksschulwesen noch nicht hinlänglich gewürdigt zu haben. Die städtischen Behörden aber, in steter Sorge um die darniederliegenden materiellen Interessen der Stadt, besaßen weder die Mittel, noch das Verständnis für die Bedürfnisse der Schule. Da somit von den weltlichen Behörden fast nichts für die Schule geschah, mußten die kirchlichen Gemeinden sich der Kinderschulen annehmen, und so entstanden zunächst unter der Leitung des Kantors und anderer niederer Kirchenbeamter dürftig organisierte Parochialschulen für beide Geschlechter und bald auch viele von Leuten aller Art gehaltene Winkelschulen, die ohne jede Aufsicht waren. Besondere Mädchenschulen scheinen während und kurz nach dem Dreißigjährigen Kriege nicht bestanden zu haben. Die etwa vorhandenen waren Strick- und Nähschulen. Die Töchter aus den höheren gesellschaftlichen Kreisen erhielten ihren Unterricht durch Gouvernanten und durch Privatlehrer.

Auch während der Regierung Friedrichs I. geschah wenig für die Elementarschulen. Erst Friedrich Wilhelm I. wandte seinem praktischen Sinne gemäß ihnen eine große Sorgfalt zu. Er ist der eigentliche Begründer der preußischen Volksschulen und übte schon einen strengen Schulzwang aus.

Durch ihn entstand hier auch wieder eine besondere Mädchenschule, als Parochialschule der Domgemeinde, indem durch ein königliches Reskript vom 18. 3. 1715 die beiden Domschulen für Knaben und Mädchen begründet wurden. Als Schullokal wurde diesen Schulen das frühere Domschulhaus an der Ecke der Brüderstraße überwiesen. Beide Schulen hatten nur je eine Klasse.

Als Zweck der Schule gibt das betreffende Reglement an: „Die neuen Lehranstalten sollen, wie Seine Majestät der König ausdrücklich befielt, völlig freie reformirte bürgerschulen sein und bleiben, und daher in denselben die Kinder der Domgemeinde reich oder arm, in Allem, was dem schlichten Bürgerstande, besonders in religiöser Beziehung zu wissen nothwendig ist, nicht nur sorgsam, sondern auch unentgeltich unterrichtet werden.“ Zu den Unterrichtsgegenständen der Mädchenklasse gehörten Religion, Lesen, Schreiben, Rechnen und weibliche Handarbeiten. Die erste Lehrerin dieser Schule war die Frau des Schreiblehrers Guth, die vorschriftsmäßig geprüft und tüchtig befunden wurde. Nach dem Prüfungsbericht ergab sich, „daß die Katechismuserkenntniß vor eine Frau sonderlich wohl beschlagen sei, Gedrucktes und Geschriebenes mit Ausdruck lesen, und in Knitten und Nähen informiren könne folglich sich zu einer Schulfrau eigene“. Die Schulen wurden am 11. November 1715 eröffnet. Da schon verschiedene Privatschulen vorhanden waren, so bestimmt ein Reglement von 16. Oktober 1738, daß sich Lehrer wie Lehrerinnen einer Prüfung vor

Chodowiecki: Taufe im 18. Jahrhundert.
Eintritt in die Welt.

Im gebildeten Hause.

Im Protzenhause.

Erziehung zur Hausarbeit im besseren Bürgerhaus um 1760.

dem Prediger zu unterziehen haben und ohne ein darauf bezügliches Zeugnis, vom Magistrat und Ministerium bestätigt, nicht unterrichten dürfen.

Wir dürfen nicht übergehen, daß die französische Kolonie in Berlin keinen unwesentlichen Einfluß auf das Berliner Schulwesen ausübte. Ihre Elementarschulen gingen zu jener Zeit nicht viel über das Ziel der deutschen Privatschule hinaus, leisteten aber dasselbe in zwei Sprachen, da die Gemeindezwecke eine ausgedehnte Beschäftigung mit der französischen Sprache erforderten. Es war dies auch der Grund, daß die mit der 1747 gegründeten *Ecole de Charité* verbundene öffentliche Schule, wie auch die entstehenden französischen Privatschulen, sowohl von Knaben wie von Mädchen, deren Eltern der Kolonie nicht angehörten, vielfach besucht wurden. Die Mädchenabteilung der *Ecole de Charité*, die sich von 1765-1843 in der Klosterstraße neben der französischen Kirche befand, hatte zeitweis sogar eine große Zahl von Pensionärinnen, und viele ihrer Zöglinge ergriffen später das Lehrfach oder gründeten Privat-Mädchenschulen.

In demselben Jahre wie die erwähnte *Ecole de Charité* wurde in Verbindung mit der von Hecker um 1738 gegründeten Realschule, mit der auch schon ein vor dem Potsdamer Platz befindlicher Schulgarten verbunden war, auch eine Mädchenschule eröffnet. Zu dem Unterricht im Lesen, Rechnen und Christentum kam hier noch in der ersten Klasse eine Unterweisung in allerlei weiblichen Handarbeiten, in Nähen, Stricken, Sticken usw., so- wie auch im Französischen und in den Anfangsgründen der Geographie und Geschichte, diese jedoch nur als eine Belohnung des Fleißes und des Wohlverhaltens der Schülerinnen. Trotzdem waren die Leistungen dieser Schule nur gering. In der Schulze'schen Geschichte dieser Schule heißt es von ihr: „Mit Überzeugung dürfen wir behaupten, daß es eine wirkliche Blütezeit für diesen Teil der Heckerschen Anstalten in den ersten 60-80 Jahren gar nicht gegeben, daß dieselbe stets nur eine untergeordnete Stellung einnahm. Die Mädchenschule bewegte sich noch 50 Jahre nach ihrer Begründung in einer niedrigen Sphäre, wie der Lektionsplan vom Jahre 1797 aufs deutlichste beweist. Aus demselben ergibt sich nämlich, daß für gewisse Unterrichtsgegenstände 3, für andere 2 und für manche nur eine einzige Klasse bestand, daß die Kinder in der Elementarklasse ausschließlich mit der Buchstabenkenntnis, mit Buchstabieren und Lesen beschäftigt waren, und der ganze Unterricht sich nicht über den Kreis der eigentlichen Elemente erstreckte.“ Diese Anstalt wurde 1827 als sechsklassige höhere Töchterschule reorganisiert und erhielt nach der damaligen Kronprinzessin den Namen Elisabethschule.

J. W. Weiß: Gemeinschaftliche Schule Ende des 18. Jahrhunderts.

Die Ausbildung von Lehrerinnen speziell für ihren Beruf fehlte gänzlich. Erst 1803 verband ein Frl. v. Krosigk mit ihrer Töchterschule in der Neuen Schönhauser Straße 5 eine Lehrerinnenbildungsanstalt, die später, unter königlichen Schutz gestellt, Königliches Seminar für Erzieherinnen genannt wurde. Die Seminaristinnen waren in zwei Klassen geteilt (13-16 und 16-20 Jahre).

Über Mädchenunterricht und -erziehung schreibt ein Schriftsteller aus dem Jahre 1779: „Der Unterricht bey den Töchtern des Mittelstandes ist größtentheils schlecht. Wenn auch die jungen Mädchen in öffentlichen Frauenzimmerschulen – und deren sind hier (in Berlin) nur wenige, und diesem Wenigen stehen alte sachunkundige Mamsells vor – geschickt werden, so ist dies auch alles.“ „Die adeligen Mädchen haben französische Mamsells zu Erzieherinnen.“ (Märkische Forschungen IX, p. 293.) „Die Frauenzimmerpensionen sind größtentheils mit vornehmen Mädchen besetzt. Ich habe mich so genau nach diesen Anstalten erkundigt, als irgendein Reisender thun kann. Das Resultat meiner Forschungen ist dieses. Die Pensionen Madame Fäsch möchte wohl die vorzüglichste sein. Dann folgt die der Madame Philippe. In beyden sind viel Fräuleins, beyde lassen sich gut bezahlen. Die Direktrizen beyder sind zwei würdige Frauen, denen Tugend und Rechtschaffenheit ihrer anvertrauten Kinder äusserst am Herzen liegt. Ob aber die innere Einrichtung für die jungen Frauenzimmer vortheilhaft sei, ist eine Frage, welche schwerlich bejahet werden könnte. Außer der französischen Sprache, welche aber nur mechanisch gelehret und gelernt wird, werden die für ein Frauenzimmer nöthige und nützliche Kenntnisse ganz und gar versäumt. Zum Theil abgeschmackte Lehrer, theils unkundige Aufseherinnen.“

Große Gelehrsamkeit wurde also den „jungen Frauenzimmern“ nicht beigebracht. Mit vielen Schulaufgaben wurden sie nicht gequält. Aber trotzdem durften sie ihre Kindheit nicht verspielen. Jede ordentliche Mutter hielt ihr Kind frühzeitig an, sich in häuslichen Arbeiten zu üben. Die einen mußten Garn wickeln, die andern genau Obacht geben, wie gesponnen wird. Und so mußten sie zeitig sich einarbeiten, um einst eine gute Wirtschafterin zu werden. Und das wurden sie denn auch. Die Frauen unserer Urväter sind jedenfalls tüchtige und praktische Menschen gewesen, die für alles Sinnfällige ein gutes Verständnis und in häuslichen Dingen eine geschickte Hand hatten.

Chodowiecki: Unterricht im Spinnen.

Die Wohlhabenderen und Vornehmeren ließen ihre Kinder von Gouvernanten und Privatlehrern unterrichten. Bessere Schulen existierten ja überhaupt nicht für Mädchen. Um 1740 unterrichteten z.B. ein betagter Einwohner, eine alte Frau und ein Unteroffizier ganz unregelmäßig und dürftig die Kinder beiderlei Geschlechts des Sprengels der Berliner Dreifaltigkeitskirche. Mit großer Mühe schuf ein Schüler August Hermann Franckes eine bessere Schule, aus der sich dann später die Königliche Realschule in der Kochstraße mit der Elisabethschule entwickelte. Bis 1827 waren beide Anstalten in einem Hause. In manchen solchen Anstalten war auch der Unterricht in einzelnen Fächern gemeinschaftlich. Was heute also angestrebt wird, bestand einst schon als natürliches Ergebnis der Verhältnisse.

Bei einem sehr mangelhaften Schulwesen war das Wesen der Erzieher und Erzieherinnen sehr verbreitet. Besonders waren viele französische Erzieherinnen in deutschen Häusern zu finden. Ein Reisender äußerte sich dazu: „Viele französische Erzieherinnen sind dieses Namens in jeder Beziehung unwürdig ... Und wenn sie nur wenigstens wüßten, was es mit der Ausbildung des Charakters für eine Bewandtnis hat! Eine Verbeugung *à la mode française*, einige französische Komplimente ohne Saft und Kraft, enge Kleider, ein Schnürleib oder Korsett, eine Frisur, wie sie in Paris getragen wird, Auflegen von Puder nach dem feinsten Geschmack, Kleider, Bandschleifen und ähnliches – das nennen sie *monde* und lehren es die ihnen anvertrauten jungen Mädchen.“ Sie verdürben die gediegenen Dinge, die die Kinder von den Hofmeistern lernten. Nun waren aber die Hofmeister auch nicht immer die Vernünftigsten. Auch unter ihnen fanden sich Scharlatane und hohle Gesellen, die beim Unterricht mehr schauspielerten, als Wissen mitteilten. Sie paßten ganz gut in die Häuser protzenhafter Adliger und Lieferanten, die ihre Kinder zum Unterricht wie zu einer Masken-Redoute aufdonnern ließen. Das Beachtenswerte in jener Zeit aber war, daß die Kinder beim Unterricht meist stehen mußten. Oft standen auch die lehrenden Personen. Aber nicht immer. Die Kinder mußten jedoch stets stehen und so die Ehrfurcht vor dem Älteren ausdrücken.

Chodowiecki:
Wirtschaftsrechnen.

In der letzten Hälfte des 18. Jahrhunderts war viel von Reisenden und Beobachtern geklagt worden, daß die Mütter in bürgerlichen und vornehmen Kreisen ihre Kinder nicht mehr selbst stillen wollten. Sie übergaben sie gleich nach der Geburt einer Amme. Und wo der Mann darauf hielt, daß eine Mutter ihr Kind an die eigene Brust legte, taten es die Mütter nur in der verborgenen Kammer. Das änderte sich um die Wende des Jahrhunderts. In Preußen ward die junge Königin Luise eine vorbildliche Mutter. Und bald wurden jene kleinen Stiche und Bilder modern, auf denen das „Häusliche Glück“ überzeugend und herzlich dargestellt worden war. Und die Ärzte von damals berichteten allgemein, daß die Mütter alle die Pflicht, ihre Kinder selbst zu stillen, nicht vernachlässigten. Selbst in den höheren Ständen blieben die Mütter ihrem Kinde treu. Das Ausgeben der Kinder zu Ammen auf dem Lande, wie es in Frankreich Sitte war, war in Deutschlandnicht bekannt und führte sich, trotz aller Nachahmerei französischer Moden und Gebräuche, auch nie in Deutschland ein. Wenn wirklich Gesundheitsumstände die Mutter hinderten, das Kind mit der eigenen Milch zu ernähren, so entzogen sie ihm doch nicht die unentbehrliche und unersetzliche mütterliche Sorgfalt. Sie trennten sich doch wenigstens nicht leichtherzig von ihrem Kinde.

Ebensowenig wie die Mütter dem Kind die erste Liebe entzogen, ebensowenig überließen sie es nachher seinem Schicksal in Pensionen und anderen Unterrichtsanstalten. Selbst in vornehmeren Familien herrschte nie die Unsitte, die Töchter ganz und

Chodowiecki:
Kinder werden belehrt um 1770.

Der Berlinische Christmarkt.
(Stich aus dem Ende des 18. Jahrhunderts.)

gar Institutionen zu überantworten und sie so für die mannigfachen und notwendigen Anforderungen des Haushalts untauglich werden zu lassen. Stets wurde auf eine gewisse Geistesbildung gehalten.

So empfingen im Anfang des 19. Jahrhunderts viele Kinder vornehmer und reicher Familien besonderen Schönschreibunterricht. Ein Kalligraph, der z.B. Meyerbeer, die Kinder des englischen und des österreichischen Gesandten, des Ministers Berenstorf, vieler Staatsräte und fast aller Bankiers in die Schönschreibekunst einweihte, war D. Curländer. Ein von ihm seinen Schülern hinterlassenes Album zeigt eine Fülle von Typen der verschiedensten Schreib- und Druckschriften – und zugleich führt es in den damaligen Bildungsstand ein. Allerlei Anekdoten wechseln mit scherzhaften Gedichte. und von allen möglichen Zeitschriften sind die Titel wiedergegeben. Ihre Zahl war nicht gering – ein Zeichen von der Lebhaftigkeit, die in populärer Gelehrsamkeit schon damals Berlins Eigenart war. Da gab's den Gesellschafter, der für gotische Schrift schwärmte. In der Schnellpost persiflierte Saphir mit Behendigkeit berlinische Züge: die wäßrige Milch, das scheußliche Pflaster und die kriechenden Droschken. Außerdem erschien das Morgenblatt für gebildete Stände, der Beobachter an der Spree, der Freimütige, die Zeitung für die elegante Welt und das Berlinische Wochenblatt. Es waren Blätter von gewisser Harmlosigkeit, deren Vorzug darin bestand, daß sie in unterhaltender Form manches Wissenswerte boten. Sie waren sicher so gut wie viele unserer heutigen Familienblätter. Allerdings waren sie mit vielem romantischen Kram und mit Dingen beladen, die heute nur noch in Kinderzeitschriften stehen. Manche arbeiteten auch in Klatsch. Auch aus ihnen werden die jungen Mädchen von damals hauptsächlich ihren Bildungsstoff entnommen haben.

Aber das Praktische des Lebens wurde nur in seltenen Fällen mißachtet. Viele Generalstöchter und Geheimratskinder mußten beizeiten in der Küche helfen und den Staublappen in die Hand nehmen. Große Üppigkeit im Halten von Dienstpersonal konnten sich nur wenige leisten. Und in den Familien, die es konnten, war es nicht immer Sitte, die jungen Damen ganz dem praktischen Leben zu entfremden. Wohl wurden auch manche Mädchen in Pensionen gegeben. Und eine ernste Frau urteilte über die Pensionen von anno dazumal sehr schroff. Ihre Leiterinnen hätten die Pension nur unternommen, um ein Brot zu finden. Sie seien Kinderfreundinnen, die den Mädchen keine ernsten Kenntnisse, sondern nur Geziertheit und Koketterie, Putzmachen und Tanzen beibrächten.

Bettelndes Soldatenweib im 18. Jahrhundert.

Früher aber war es wohl natürlicher und vernünf-tiger, wenn die Mütter ihre Töchter bei sich behielten. Die wurden denn auch daheim in allen weiblichen Arbeiten gut unterrichtet. Und es fanden sich wieder weibliche Seelen, die den Kindern Geschichten vorlasen, wie es Hosemann 1839 schilderte.

Um jene Zeit begann überhaupt das Kind eine wichtige Rolle zu spielen. In Berlin mieteten die Mütter, die nicht selbst einen Garten besaßen, in Gärtnereien oder bei Sommerwirten in den Vorstädten für die Sommerzeit ein Plätzchen, um ihren Kindern eine Ecke zum Spielen in frischer Luft zu sichern, da wurden Schaukeln an den Bäumen angebracht, Ringelreihen gespielt und Reifen geschlagen. Die häuslichen Spiele der Kinder jener

Zeit waren außerordentlich reich. Die kleinen Mädchen zeigten sich als künftige Mütter, ermahnten ihre Puppen und kochten für sie, als wären es menschliche Wesen. Auch trugen sie ihr „Julchen“ so sorgsam spazieren, wie wenn es ein Geschöpf von Fleisch und Blut wäre. Und die Brüder mußten sich als kleine Pastoren verkleiden und ihnen die Staatspuppen taufen. Da offenbarte sich denn manch kleines Rednertalent. Die Großen waren nicht minder überrascht wie die Kleinen. Das war die Zeit der Reaktion, als die Beamtenfamilien und auch manche anderen Kreise wieder pietistisch geworden waren. Von den Kindern wurde eine übermäßige Ehrfurcht verlangt. Jene Kameradschaftlichkeit, die heute so viele Eltern und Kinder beglückt, gab es nicht.

Im Leben der Schulmädchen spielte früher der Lumpenmatz eine wichtige Rolle. Er zog mit einem Hundekarren durch die stillen Straßen und meldete sich mit einem Pfiff an. Dann bettelten sich die Kleinen von der Mutter Lappen und Flicken zusammen und liefen an den Wagen des Lumpensammlers, der Stecknadeln oder unechte Ringe, die mit bunten Glassteinen prahlten, dafür gab.

Waren die Mädchen größer, so kamen sie wohl zum Kgl. Tänzer Thürnagel am Gendarmenmarkt, wo bei der Musik eines Geigers ernsthaft die Figuren geübt wurden. Wer schon ein wenig das Tanzbein schwingen konnte, wurde aufgefordert, bei „Großer Musik“ zu tanzen. Ein kleines Orchester spielte den im Sonntagsstaat sich spreizenden kleinen Koketten und ihren Kavalieren auf – die sich auf solche Weise für ihre Teilnahme an den großen Bällen vorbereiteten, zu denen damals die Juristen-, Architekten-, Studenten- und Vaterlandsbälle gerechnet wurden. Die Vaterlandsbälle wurden fast nur von Offiziersfamilien besucht. Fast alle Bälle begannen schon um 7 Uhr und die in billige, aber duftige Mullkleider gehüllten jungen Mädchen wurden mit großen zweispännigen Karossen nach Kroll hinausgefahren. – In manchen jungen Mädchen war schon der Geist der Selbständigkeit und der persönlichen Freiheit lebendig, von dem wir glauben, er stamme aus unsern Tagen. Eine Gruppe, unter der sich auch Agathe Rutenberg, die Tochter des ersten Redakteurs der Nationalzeitung, befand, wanderte häufig nach Stralau hinaus, trank dort in der Taverne des Segelklubs mit jungen Studenten Kaffee, ruderte und wanderte mit ihnen und zog abends gemeinsam mit den buntbemützten jungen Leuten heim, wobei von allen die lustigen oder sentimentalen Studentenlieder gesungen wurden.

Unterrichtsstunde 1839.

Noch vor sechzig Jahren lebte man an vielen Stellen Berlins wie auf dem Lande oder wie in einer Kleinstadt. Vor der Stadtmauer, deren Linien noch heute von der Ringbahnlinie der elektrischen Straßenbahn umfahren werden, gab's nur wenige Häuser; fast überall zogen sich Felder und Wiesen entlang. Die Hausfrauen konnten ihre Betten noch im Freien sonnen, die Kinder konnten unbehelligt auf den Straßen spielen – höchstens einmal in Angst gejagt von einer durchgehenden

Un weil ick 'n rummer drehe, denke ick der Schlag regiert mir, seht der Junge aus wie 'n Komödienzettel.
(Biedermeierscherz.)

Kuh, die nicht auf den Hof irgendeines Schlächtermeisters wollte. Ja, viele Kinder brauchten nur wenige Minuten zu gehen, um auf einer Wiese sich gelbe Butterblumen zu Kränzen flechten zu können. Andere wiederum fanden noch Gärten an ihren Häusern, z.B. in der Wilhelmstraße, Friedrichstraße und auch in manchen östlichen und nördlichen Vierteln, wo heute nicht ein grüner Trieb aus dem Asphalt oder den Steinmauern sprießen kann. Die Schülerinnen der Elisabethschule konnten auf dem weiten luftigen Hof ihres Direktors Ranke unter den Bäumen ihre kindliche Lust austoben. Allerdings wurde auch noch nicht viel auf körperliche Übungen gegeben. Mädchen durften weder turnen noch schwimmen noch Schlittschuh laufen. Nur wenige modern denkende Eltern kauften auch ihren Töchtern Schlittschuhe und sorgten dafür, daß ihre Kinder auf den vielen überschwemmten Wiesen der Umgebung oder auf den zugefrorenen Flußläufen sich tummeln konnten. Auch mit dem Baden im Freien sah es recht trübe aus. Zwar waren ja überall kleine Badeanstalten – aber erst in den fünfziger Jahren wurden sie häufiger von Frauen und Mädchen besucht. Und auch nur wieder von Angehörigen bestimmter Kreise.

An Augenschmaus für die Kinder fehlte es nicht. Da gab's die vielen Puppentheater mit ihrem phantastischen Flimmer, da begann am 10. Dezember der Weihnachtsmarkt mit seinem Gelärm von Knarren, Walddeubeln und Tuten und dem bunten Kram in den Buden. Der Weihnachtsmarkt, einst eine poetische Angelegenheit des Berliner Winters, dessen Buden auf den Plätzen am Schloß aufgebaut waren, wo sich alle Stände an dem Flimmer und dem Lärm gemeinsam vergnügten, ist jetzt in die nüchternen, viereckigen Plätze des neuen östlichen Berlins verlegt, wo er viel von seinem Glanz eingebüßt hat. Allerdings ist Berlin in der Weihnachtszeit ein großer Weihnachtsmarkt. Alle

Die Kurrende in der Biedermeierzeit.

Schaufenster sind besonders festlich geputzt und überall, auf allen Plätzen und an allen Ecken schmückt das Grün der Festbäume die winterliche Stadt. Die harmlose Zeit, als die Kinder noch ausriefen „Een' Dreier das Schäfchen, Een' Sechser der Bock!" ist allerdings vorbei. Die armen Kinder, die sonst wochenlang die Straßen bevölkerten und mit Hungeraugen Hampelmänner und anderen Kram anboten, die frierend mit zerrissenen Schuhen in Kälte und Nässe standen, sollen ja nun nicht mehr so verschleiert betteln dürfen. Sie werden aber doch so schlau sein, andere Wege zu finden, auf denen sie zu ihrem kleinen Verdienst kommen. Das sind die Kinder aus den Familien, wo der Vater trinkt oder die Mutter krank ist oder wo die Arbeitslosigkeit eingezogen ist und auch manchmal Verschlagenheit die Kinder verdirbt. Diese Kinder, die krumme Füße und auf den Köpfen Ausschlag haben, die zu selten in frische Luft kommen und wohl gar im kindlichen Spiel den Schmutz von der Straße zusammenpappen, weil ihnen die mütterliche Erde fehlt. In den Volksvierteln spielten die Kinder schon in der Biedermeierzeit in Rinnsteinen, in die aller Unrat aus der Küche und anderen Orten hineinkam und in denen die ekelhaften Wasserratten hausten. Solche Spiele waren auch den Kindern der Millionenstadt noch angenehmer Zeitvertreib. Bis ums Jahr 1880 die Kanalisation in Betrieb genommen wurde, machten die Proletarierkinder Jagd auf die Rinnsteinratten. Sie hatten es allerdings noch besser als die heutigen Großstadtkinder. Das einzige, was die der Vergangenheit voraushaben, sind die besseren Schulen. Im Jahre 1827 besuchte mehr als ein Viertel der schulpflichtigen Mädchen nicht die Schule.

Für die Handwerker- und Taglöhnerkinder gab's bis 1826 nur die Parochialschulen, die von Küstern, vielfach aber auch von alten Soldaten und andern Leuten gehalten wurden, die nur wenig

Befähigung zum Unterricht besaßen und oft fast gar keine Kenntnisse mitbrachten. Auch die Witwen der Lehrer führten die Schulen. Daneben gab's die zahlreichen sogenannten französischen Schulen. Diese von dem französischen Konsistorium konzessionierten, ursprünglich für Kinder der französischen Kolonie bestimmten, recht oft von ganz ungeeigneten Persönlichkeiten (Bedienten, Friseuren, Schneidern, Tanzmeistern) geführten Lehranstalten fanden auch lebhaften Zuspruch von der eingeborenen Bevölkerung. Außerdem gab's noch allerlei Winkelschulen und für die Soldatenkinder besondere Soldatenschulen; ferner noch die Armenschulen, in denen 1770 an 1.000 Kinder unterrichtet wurden. Der Lehrplan umfaßte Unterricht im Katechismus, Buchstabieren, Lesen, Schreiben und Rechnen; die Unterrichtszeit fiel in die Vormittagsstunden von 8-11 und wurde nachmittags von 2-4 fortgesetzt. Das Einkommen der Armenlehrer war sehr gering, es waren eben verunglückte Handwerker und Alte oder Gebrechliche, denen man kein Almosen geben wollte. Später wurden die lutherischen Armenschulen den Parochialschulen angegliedert, wofür die Lehrer in den Parochien gewisse Unterstützungen bekamen. Die Freischulen der übrigen Bekenntnisse blieben bestehen. So waren wohl viele Schulen vorhanden. Aber sie müssen gerade nicht im besten Zustand gewesen sein, denn an Klagen über mangelhafte Unterrichtserfolge war kein Mangel. Geordnete Lehrpläne gab's nicht, und die moderne deutsche Pädagogik mußte vor den Türen der damaligen Volksschulen haltmachen. Der Religionsunterricht war die Hauptsache und zwar nur das Auswendiglernen vieler Bibelstellen und Kirchenlieder; auf Sittlichkeit und Duldsamkeit kam es nicht an. Und auf keinen Fall durften die Kirchenlieder zugunsten von Geographie oder Naturgeschichte zurückgesetzt werden. Der Buchstabenglaube ging vor. Um 1800 regten sich zwar manche, um die traurigen Zustände zu beseitigen. Aber die Kriegsjahre 1806-1815 verhinderten viel. Für die Unbemittelten waren inzwischen Arbeitsschulen eingeführt worden, in denen die Kinder einige Stunden unterrichtet wurden, in der übrigen Zeit aber wurden sie unter den Augen besonderer Aufseher beschäftigt. Die meisten Armenkinder gingen jedoch noch immer in die Parochialschulen. Als 1820 das Armenschulwesen den städtischen Behörden unterstellt wurde, wurden aus den einklassigen Schulen, in denen die jüngsten mit den ältesten zusammengesessen, zweiklassige gemacht und den Schulen endlich Utensilien, Lehrmittel und ein Lehrplan gegeben. Für die Mehrzahl der Kinder aber gab's immer noch nichts weiter als die mangelhaften Privat- und Parochialschulen, die mit ihren beschränkten Mitteln nur wenig leisten konnten – trotz aller Verordnungen und trotz aller Aufsicht. Erst von 1844 ab gab die Stadt solchen

Plundermatz 1830.

Hosemann 1859: Konfirmation.

Schulen, in denen Kinder unentgeltlichen Unterricht erhielten, einen festen jährlichen Zuschuß. Vom Jahre 1826 ab hatte die Stadt auch begonnen, eigene Armenschulen zu gründen. Die vorgesehenen vier Klassen genügten bald nicht mehr. Jede neue Schule mußte mehr Klassen erhalten. Aus ihnen gingen schließlich die allgemeinen Volksschulen hervor. Ihre Lehrfächer waren auch nicht allzu sehr erweitert. Die Religionslehre und die Kirchenlieder nahmen immer noch den wesentlichsten Raum ein. Doch wurde auch schon Unterricht in einfachen weiblichen Handarbeiten erteilt. Im Jahre 1827 besuchten mehr als ein Viertel der schulpflichtigen Mädchen nicht die Schule. Als strenge vorgegangen wurde, sank diese Zahl bedeutend. Aber noch im Jahre 1856 befanden sich in den engen, in jeder Beziehung unzureichenden Privatschulen 13.755 Kinder, für die von der Stadtverwaltung Zuschüsse geleistet wurden.

Bis in die sechziger Jahre gingen noch Tausende von Kindern in die engen und unzureichenden Privatschulen. Erst in den sechziger Jahren wurden aus den Armenschulen Gemeindeschulen und bekamen sie dann auch andere Lehrfächer als nur Religionslehre und Kirchenlieder. Die Bewegung für eine bessere Ausbildung der Kinder hat nach dem Weltkriege zur Errichtung von Begabtenschulen geführt. Begabte Kinder aus den unbemittelten Kreisen sollen dort unentgeltlich die gleiche Schulung finden wie an den höheren Schulen. Ob dies der richtige Weg ist, scheint unsicher. Wahrscheinlich ist es besser, solche Begabten in die bestehenden Schulen einzugliedern. Daß auch ihnen der Weg zum Aufstieg in die höhere Bildung geöffnet ist, wird jeder gutheißen.

Für die Kinder der Wohlhabenden war besser gesorgt. Seit Anfang des Jahrhunderts gab's höhere Töchterschulen. Auch hatten sie bessere Spielgelegenheiten. Viele Wohlhabende hatten Gärten. – Die Gärten vom Anfang des 19. Jahrhunderts sahen wesentlich anders aus als die, in denen die Damen 50 Jahre früher in Reifröcken und auf den koketten Stöckelschuhen lustwandelten. Aus dem kühlen Saale der Gartenhäuser trat man auf eine Terrasse hinaus, die von mehreren großen Lindenbäumen beschattet wurde und einen Blick auf einen weiten, von Ahorn- und Akaziengängen umzogenen Grasplatz gewährte. Links vom Grasplatz sah man einen von Hecken umzogenen Raum, der Fliederlauben mit Bänken und Blumengestellen enthielt, rechts lag ein dichtverwachsenes Wäldchen, der liebste Spielplatz der Kinder. Dort legten sie ihre Robinsonhöhle an oder schauten von den hohen Linden und Platanen über die Nachbargärten hinaus. Zwischen zwei hohen Pappeln im Hintergrund sahen sie den glänzenden Vollmond aufsteigen. Hinter dem Wäldchen aber lagen die Gemüsebeete, die Himbeerhecken und Erdbeerpflanzungen, ein Pfirsich- und ein Ananashaus und Weingeländer. Die Kinder durften dort zur Vespersemmel so viel Beerenobst essen, als sie vertragen konnten. Zum Herbst, wenn die Gartenhäuser verlassen wurden, holten sich die Damen aus den Lavendelbeeten des Hintergartens große Büschel, die sie daheim in die Wäscheschränke legten, die so den Duft des Gartens noch lange bewahrten.

Der Bildungstrieb, der auch die Mädchen in besseren Kreisen verfeinern sollte, kam erst nach 1850 so recht zur Wirkung. Von 1850 bis 1860 stieg die Zahl der Besucherinnen der höheren Töchterschulen fast auf die doppelte Zahl. Die Mädchen sollten doch alle ein bißchen Französisch können und feinere Art annehmen.

Aber so entstand auch die unleidliche höhere Tochter. Ohne wirkliches Wissen, ohne vornehmere Charaktererziehung, ausgestattet mit dem Hang zur Kritik, der gerade in gewissen Jahren so stark und so unberechtigt ist, wurde die höhere Tochter in den achtziger Jahren schließlich zu einer Plage. Leixner äußerte sich damals recht herb über sie. Er äußerte auch über die Töchter aus Handwerker- und Arbeiterfamilien, daß sie hübsch und richtig schreiben, gut lesen, und sicher rechnen könnten und daß sie das in der Volksschule Gelernte sicher anwenden konnten. Von den „höheren Töchtern" war Leixner nicht so begeistert; ihm wurden sie in der höheren Mädchenschule zu sehr mit Dingen vollgestopft, die es geradezu unmöglich machten, daß sie gute Hausfrauen, Gattinnen und Mütter oder erwerbsfähige Mädchen werden konnten. Einige konnten sich wohl ein wirkliches Wissen auf einem bestimmten Gebiet aneignen. Aber viele von ihnen bezahlten das mit ihrer Gesundheit. Eine Menge von Mädchen litt an Blutleere und trug dann die Keime der Hysterie in die Ehe.

Neben der Überbürdung durch die Schule kommt noch die durch unvernünftige Kunstspielerei. Jede höhere Tochter soll perfekt Klavierspielen, Malen und wer weiß was noch. Die wenigsten hatten es nötig. Und in den Ateliers der bekannten Maler quälten sich 30-60 meist talentlose Mädchen – um schließlich nur ästhetisch aufgeputztem Müßiggang nachzugehen und die so kostbare Gesundheit zu verlieren.

Hosemann: Kollekte.

Nur in den höchsten Kreisen und reichsten Familien gab man auch früher schon auf Körperpflege; die jungen Mädchen bekamen Reitunterricht und wurden etwas weniger mit wissenschaftlicher Bürde bepackt. Heute ist das ja wesentlich anders. Geturnt wird überall. Und wo ein Bauplatz in Berlin W. frei ist, entsteht ein Tennisplatz. Das Radfahren ist ja nicht mehr so ganz schick für die jungen Mädchen, die zwischen der Kindheit und der Ballfähigkeit stehen. Aber Rollschuhlaufen auf dem Asphalt – ja, das machte noch vielen solchen Backfischen Spaß. Auch im

Hosemann: Sommergarten Mitte des 19. Jahrhunderts.

Eispalast tummelten sie sich – und ein Mädchen, das nicht Schlittschuh laufen kann, gibt es schon gar nicht mehr in Berlin. Gegen diese gesunde Bewegung hat heute kein Mensch ein Wort zu sagen. Überhaupt genießt die Zukunft Berlins recht große Freiheiten. Manche gar zu viel. Das Wandeln im Korso der Tauentzienstraße, das Beäugen der männlichen und weiblichen Moden, das Besuchen der Erfrischungsräume der Warenhäuser – mal mit Notenrolle oder Büchermappe, mal ohne jede Last, dies Sitzen zwischen zudringlichen Halbwüchsigen und starrenden älteren Herren ist nicht gerade gut. Manche Familien nehmen die Halbflüggen sogar bis in die Nacht hinein in Kaffeehäuser mit, wo sie dann das Berliner Nachtleben an der Quelle studieren können.

„Du hast ja die schönsten Augen mein Liebchen, was willst Du noch mehr ...“
Lithographie von Hosemann.

Es ist nur gut, daß die meisten Mädchen trotzdem noch kindlich bleiben und mit kindlicher Anhänglichkeit die Mutter verehren und, trotz allzu großer Sicherheit, nie die Wohlerzogenheit verlieren. Die höhere Tochter hat sich ein wenig entwickelt.

Das Wichtigste ist, daß die meisten von ihnen jetzt wissen, daß sie lernen müssen, um später auch einmal in einem Beruf bestehen zu können. Diesem Zwange folgt jetzt auch die preußische Unterrichtsverwaltung, die, um das Bildungsbedürfnis der weiblichen Jugend zu befriedigen, alle höheren Lehranstalten für Mädchen so umgestaltet, daß sie ihren Schülerinnen den Zugang zu allen praktischen und wissenschaftlichen Berufen eröffnen. Die Mädchen sollen also auch Anspruch auf das Hochschulstudium haben. Da aber der Druck der wirtschaftlichen Verhältnisse nach dem Kriege schon die Zahl der Mädchen, die höhere Schulen besuchen, verringert hat, weil sie beizeiten verdienen und ihr Brot selbst erwerben müssen, wird wohl nur eine beschränkte Anzahl von Mädchenschulen gymnasialen Zuschnitt mit mathematisch-naturwissenschaftlichem Unterricht bekommen und also auch nur eine beschränkte Anzahl von Mädchen in regelrechter Schulausbildung den beschwerlichen Weg zum Hochschulstudium wandern.

Die Stadt, die den Erwachsenen eine verschwenderische Fülle von Kulturgütern und Bildungsmöglichkeiten bietet, in deren Mauern Kunst, Politik, Theater, Wissenschaft und noch viele andere Gebiete des modernen Lebens täglich so viel Genüsse bereithalten, daß ein einzelner nur einen Bruchteil genießen und bewältigen kann – diese Stadt ist oft hart und geizig, lieblos und unmütterlich gegen die jungen menschlichen Geschöpfe, die ihr anvertraut werden. Was für eine traurige Kindheit verleben die Massen der Großstadtkinder! Kaum kann man es noch eine Kindheit nennen. Die Wagen und Klingelzeichen der elektrischen Straßenbahnen und das Töfftöff der Autos spielen eine größere

Rolle in ihrem Leben und in ihrer Phantasie als etwa das Leben unserer Haustiere. Von dem Pflegen und Gedeihen der Blumen und vom Beackern der Scholle, vom Säen und Ernten wissen sie nichts aus eigener Anschauung. Und was nicht aus eigener Anschauung oder in voller Tätigkeit erworben ist, das ist ein tönernes Wissen, dem fehlt der Inhalt.

Doch daran wird wenig zu ändern sein. Die großen wirtschaftlichen Umwälzungen und Umbildungen, die unser Volk durchzumachen hat, bringen eben schwere Schäden mit sich. Die Bevölkerung ist nun einmal von dem Zug in die Industrie und in die Großstadt ergriffen worden. Sie befindet sich im Stadium einer Völkerwanderung, wie sie die Menschheit noch in keiner Epoche erlebt hat. Sie löst sich los von ihrer alten Scholle und schafft sich eine ganz und gar neue Heimat in den Großstädten. So müssen denn die Familien auch sehen, wie sie ihre Kinder in den Lebensverhältnissen der neuen Heimat großziehen.

Am schlimmsten und erbarmungswürdigsten geht es nun natürlich den Kindern der größten Großstadt von Deutschland, den Kindern in Berlin – dieser Stadt, die mit ihren Vororten zusammen ungefähr vier Millionen Menschen beherbergt. Manche der Vororte haben ja noch einen nicht zu weltstädtischen Charakter, sie bieten also den Kindern wenigstens Luft, Sonne, Erde und Grün. Aber gerade die kopfreichsten größten Vorstädte wie Schöneberg, Lichtenberg, Rixdorf, Charlottenburg und Wilmersdorf sind schon so verwachsen mit Berlin, so berlinisch geworden, daß ihre Kinder nicht anders aufwachsen wie Weltstadtkinder.

Und wie ist das nun?

Rodenberg erzählte schon in den achtziger Jahren: „Die Kinder sind die Tyrannen dieser Gegenden. Sie sind überall und sie sind einem überall im Wege, schreiend, laufend, tanzend und springend. Es sind ihrer so viele! Aber sie haben auch so guten Mutterwitz! Da steht ein kleines, naseweises Ding mit langen, gelben Zöpfen mitten auf dem Trottoir, und ihre Gespielinnen, Hand in Hand, im Kreise um sie her.

‚Was spielt ihr denn da, Kinder?'

‚Ringel-Ringel-Rosenkranz!'

Ich kann mich nicht enthalten, dem hübschen munteren Mädchen über das gelbe Haar zu streichen.

‚Bitte, bitte', ruft sie, ‚nicht anfassen!'

‚Et färbt ab!' ruft eine andere mutwillig, und alle lachen. Dann schließen sie die Kette wieder und jauchzend um die mit den gelben Zöpfen herumspringend, singen sie:

Ringel-Ringel-Rosenkranz,
Setz' ein Töppken Wasser an,
Morgen woll'n wir waschen.
Jroße Wäsche, kleene Wäsche;
Wenn der Hahn wird krejen,
Schlagen wir'n uf'n Brejen –"

In diesen kinderreichen Vierteln sind denn auch die Gesundheitsverhältnisse besonders schlimm. Die ganze Rückständigkeit der hygienischen Zustände der früheren Zeit ist natürlich überwunden. Aus dem Jahre 1810 wurde z.B. berichtet, daß von 5.837 Neugeborenen jedes fünfzehnte ein totgeborenes war und die Hälfte aller Geborenen an Zahndurchbruch, Krämpfen und anderen Kinderkrankheiten zugrunde ging. Im Jahre 1876 vollendeten von den in Berlin geborenen Knaben fünf Achtel, von den in Berlin geborenen Mädchen zwei Drittel das erste Lebensjahr.

Diese Säuglingssterblichkeit ist durch die moderne Gesundheitspflege, durch bessere Ausbildung der Hebammen, durch Wöchnerinnenfürsorge, durch Kanalisation, Wasserversorgung, Milchüberwachung usw. zurückgedrängt worden. Vor dem Weltkriege starben von allen Geborenen in den ersten 15 Lebensjahren nur noch 30 Prozent.

Hosemann: Spaziergang.

Nun aber kam der Krieg. Und was er für unser Volk, für die Berliner Kinder bedeutete, ist am besten aus den Berichten der Stadt über ihre Kinderfürsorge zu ersehen. Sie gründete selbst ein Jugendamt, dessen Vertreter, mit allen Fragen ihres Problems betraut, in jeder Bezirksstelle arbeiteten und darauf hinwirkten, daß Halbwaisen von gefallenen Kriegern bei der Mutter blieben und Vollwaisen nicht in Anstalten, sondern in Familien untergebracht wurden. Berlin hatte 10.000 Waisenkinder zu versorgen, die bis auf wenige Hundert in Familien lebten. Zuerst kamen die Waisen in ein Aufnahmeheim und wurden dann so rasch wie möglich untergebracht, nur in seltenen Fällen im Waisenhaus in Rummelsburg. Jetzt aber haben sich die Verhältnisse so verschlechtert, daß fast alle in Anstalten untergebracht werden müssen, weil keine Familie andere Kinder aufnehmen und ernähren kann. Für begabte Schüler wurden Erziehungsbeihilfen gewährt, um die Kinder auf der gleichen sozialen Stufe ihrer Eltern zu erhalten. Die Jugendverbände, die sich in einem Hauptausschuß für Leibesübungen und Jugendpflege zusammengeschlossen hatten, wurden kräftig unterstützt. Leider konnten sie die seelischen Gefahren des Krieges nicht ganz von der Großstadtjugend abwenden. Im letzten Friedensjahr hatte die Zentrale für Jugendfürsorge in 5.000 Fällen eingegriffen, 1917, nach drei Kriegsjahren, mußte sie für mehr als 16.000 Jugendliche eintreten, die sich irgendwelche Vergehen hatten zuschulden kommen lassen: Schulschwänzen, nächtliches Herumstreifen, Großtuerei, Zügellosigkeit der Mädchen, Verschwendung und ernsthafte Vergehen gegen die Strafgesetze.

Die unehelichen Kinder wurden hauptsächlich in den zehn Säuglingsfürsorgestellen überwacht. Helferinnen überwachten die Mündel in den Wohnungen, ein Vormundschaftsamt wirkte auf die Adoption solcher Kinder durch geeignete Ehepaare hin, und schließlich wurde eine Fürsorgestelle für werdende Mütter ins Leben gerufen und damit die Arbeit an den Kindern schon vor ihrer Geburt begonnen. Die in ihren Wohnungen von den Helferinnen besuchten Mädchen empfanden darüber so

Hosemann: Kinderspiele in der Mitte des 19. Jahrhunderts.

viel Freude und Dankbarkeit, daß eine Stelle eingerichtet wurde, die alle unehelichen Mütter berät und unterstützt mit Mietsbeihilfen, Lebensmitteln und Kinderwäsche, Rechtsbeistand und ärztlicher Fürsorge. Die Zahl der Mündel, die das Vormundschaftsamt zu betreuen hatte, wuchs von 6.000 Anfang 1914 auf über 13.000 Ende 1918. Um den schlimmen Einflüssen des langen Krieges, der den Geist des ganzen Volkes ungünstig beeinflußte, so weit wie möglich entgegenzuwirken, wurde die Schulschwänzerei strenger bestraft, Schulwanderungen gefördert, die Schulhöfe als Spielplätze geöffnet, Ferienspiele auf 6 Außenplätzen und 15 Innenplätzen unter Leitung von Lehrkräften eingerichtet – wo anfänglich Milch, Suppe und Kuchen, schließlich aber nur Suppe und 50 Gramm Brot gegeben werden konnte –, Unterricht in Knabenhandarbeiten und Strick-, Stopf- und Flickstunden eingeführt.

Um 1890.

Für alle die vielen Kinder, deren Mütter im Laufe des Krieges in die Industrie eintraten, wurden außer den zahlreichen bestehenden Horten noch viele andere errichtet, in denen nicht nur tagsüber, sondern auch am Abend Kinder versorgt und unterhalten wurden. Einige Vereine mußten sogar für Kinder von Müttern, die Nachtschichten mitarbeiten mußten, Tag- und Nachtheime einrichten. Schließlich mußte sogar ein Kriegsausschuß für die Berliner Jugend gegründet werden, in dem der Magistrat, Arbeitgeber- und Arbeitnehmerorganisationen sowie viele geeignete Männer und Frauen wirkten. Sie hatten sich insbesondere auch um die vielen Fürsorgezöglinge zu sorgen, deren Zahl von 4.000 während des Krieges auf 6.300 stieg. Unter ihnen waren nur ein Drittel Mädchen, während doch die Zahl der Mädchen unter den mehr als 200.000 Schulkindern der inneren Stadt Berlin (500.000 in Großberlin) immer höher war als die Zahl der Knaben.

Aus diesen Ziffern geht hervor, daß die Mädchen eher still leiden, als sich selbst durch irgendwelche Vergehen zu helfen. So ist es denn auch zu verstehen, wenn meist von den hilfsbereiten neutralen Ausländern Mädchen auf längere Zeit eingeladen wurden, um sie den Wirkungen der Hungerblockade zu entziehen und durch eine Liebestat die unschuldigen Opfer des Weltkrieges zu beschirmen und den Gedanken internationaler Versöhnung durch gastliche Aufnahme zu pflegen. Nach dem Kriege lichteten selbst Wohlfahrtsvereinigungen der feindlichen Länder, besonders der Quäker, umfangreiche Speisungen für täglich über 60.000 Kinder und werdende und stillende Mütter ein. Sie wollten den Glauben an die Macht brüderlicher Menschenliebe auch in den schwersten Enttäuschungen nach dem Friedensschluß wachhalten.

Wie dringend not dies tat, bewies eine kleine Schrift vom Oberbürgermeister Böß. Aus dem Kapitel über das Kinderelend infolge des fortgesetzten Wirtschaftskrieges seien einige besonders markante Sätze, die sich auf die Berichte des Jugendamts und der Hauptfürsorgestelle für Kriegsbeschädigte und Hinterbliebene stützen, wiedergegeben:

„Zahlreiche Kinder, auch im zartesten Alter, nie einen Tropfen Milch – ohne warmes Frühstück zur Schule – als Schulfrühstück trockenes Brot – oder als Aufstrich gequetschte Kartoffeln – schwere Psychosen der Mütter infolge Entbehrungen – kein Fleisch und kein Fett – Kinder vielfach ohne Hemd und warme Kleidungsstücke zur Schule – Betten und Bettwäsche fehlen oft – in unbezogenen Betten

Theo v. Brockhausen 1908: Schulausflug.

oft drei bis vier Kinder oder zusammen mit Erwachsenen – häufig auch Zusammenschlafen der Kinder mit lungenkranken Eltern oder Geschwistern – nicht selten ferner Schlafen auf dem schmutzigen Boden ohne Betten – schwere sittliche Gefahren – Not erstickt oft allmählich jedes Gefühl für Ordnung."

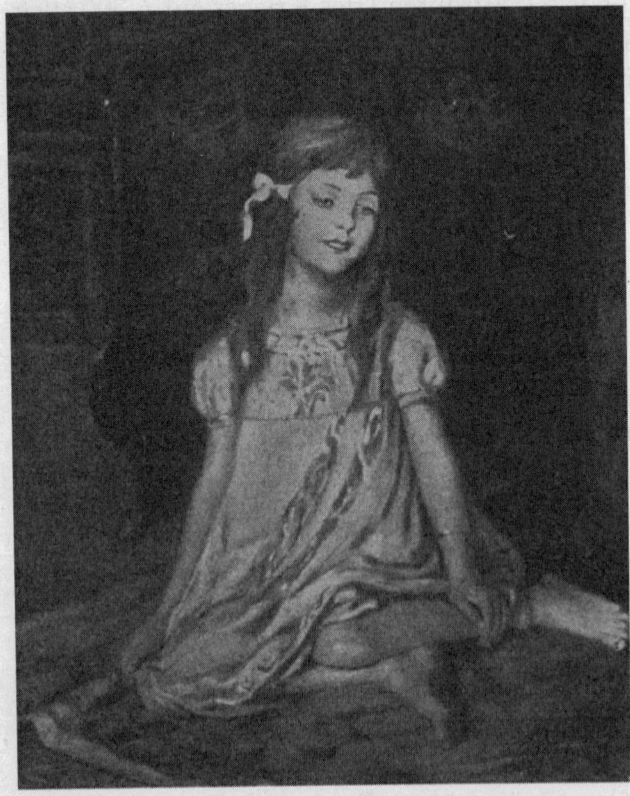

Sabine Lepsius 1907: Portrait meiner Tochter.

Einige Zahlen: Konstitution der Schulanfänger des Bezirks Schöneberg 1913 bei 13,9 Prozent schlecht, 1922 bei 27,2 Prozent. Tuberkulose bei Lernanfängern im Bezirk Neukölln 1914 bei 0,5 Prozent der Kinder, 1922 bei 3,2 Prozent. Rhachitis bei den Schulanfängern in Schöneberg 1913 bei 0,8 Prozent, 1922 bei 8,2 Prozent.

Die Besserung, die in den Jahren 1920 und 1921 sich im Gesundheitszustand der Kinder gezeigt hatte, ist durch die zunehmende Teuerung wieder empfindlich verlorengegangen. Diese Teuerung, ein Nachklang des Friedensvertrages von Versailles, wirkt wie eine neue, endlose Hungerblockade, die von Zeit zu Zeit immer wieder verstärkt wird. So ist es denn kein Wunder, daß zu all den Gesundheitsschäden die Lebensmittelnot mit ihren Begleiterscheinungen, Schiebungen, Diebstählen alle sittlichen Begriffe verwirrt und besonders die Kinder schwer leiden. Aus Schulen und Erziehungsanstalten wird von verringerter seelisch-geistiger Leistungsfähigkeit berichtet. Schwindelanfälle, Kopfschmerzen, erhöhte Unrast, gesteigerte Überlebhaftigkeit und Überempfindlichkeit, Mangel an Konzentrationsfähigkeit, Nachlassen der Merkfähigkeit, Verwischung sittlicher Begriffe, Lügenhaftigkeit und Unehrlichkeit, Schachern und Schieben mit gesammelten und entwendeten Gegenständen, geschlechtliche Verfehlungen, Ausreißen von den Eltern (täglich 15 Vermißte gemeldet), teilweise erschütternde Berichte der Schulschwestern. Wer jetzt zu den Familien mit kleinen Kindern geht, der kann das Folgende erleben:

Das war die Schwester jener Gebrechlichen aus der V...straße. Sie wohnte nicht weit von ihr. Irgendwo auf einem Hof. In einem düsteren Winkel – einige Stufen hinunter. Die Tür öffnete sich unmittelbar in die Küche hinein. Eine schmale, verhärmte Frau hockte mit drei Kindern um den Küchenherd.

Leo v. König 1908: Bildnis der Frau F. mit Kind.

„Na, denn steh doch wenigstens uff!" sagte die Gebrechliche, die mich hingeführt hatte. Mit ängstlichen Augen sah mich die junge Mutter an und reichte mir stumm die Hand über den Säugling hinweg, den sie an der Brust trug.

„Sehn Se – so is se nu – Se schämt sich, daß es ihr schlecht jeht ... Mächen, sei doch nicht so dumm! Kümmer dir doch um deine Sachen! Sehn Se – da sitzen de kleenen Würmer – nich mal 'n Hemd haben se an. Na – nu dhu doch den Mund uff und erzähl dem Herrn, wie 't dir jeht!" schalt die Schwester.

Aber die junge Frau stand wortlos da.

Die Schwester faßte den Herd an: „Kalt!?"

Sie blieb eine Weile vor Ärger stumm. Dann schimpfte sie ihre Schwester aus:

„Also, du verdienst det ja nich besser. Bloß de Kleenen, de können eenen leid dhun. Nischt warmet uff 'n Leibe. 'ne kalte Bude – un denn womöglich noch nischt warmet im Leibe? Wat? Wat habt ihr denn heute Mittag jehabt?"

„Kalte Kartoffeln von jestern!" antwortete der Älteste.

„Weeste Else – nu sei bloß nich so vernagelt ..."

Die Gebrechliche sah ihre Schwester an und schwieg still.

Der jungen Mutter liefen die Tränen die Backen herunter ...

Ihre Schwester winkte mich ins Zimmer, in dem mehrere Betten, ein Tisch, Stühle und zwei Schränke standen.

„Da – da – sehn Se, sehn Se? De Betten ohne Bezug. De Schränke leer. Keen Stick Wäsche mehr drin! Ick sage ja, de Kinder haben keen Hemde uff 'n Leibe! Na ja, arbeeten jehn kann se nich bei de

Corinth um 1910: Unter dem Tannenbaum.

kleenen Kinder. Un irgendwo hinjehn – nee – is nich! – Aber da sitzt se un sitzt se zu Hause – in de Ecke, an ’n kalten Ofen ... Se sagt bloß, se kann nich betteln jehn ... Oder se is janz stille ... Wat soll man dazu sagen ...“

Wir gingen durch die Küche.

Die Mutter stand zwischen ihren Kindern, die sich an sie drückten. Mit geschlossenem Mund und gesenkten Augenlidern stand sie da.

„Na, laß man, zu Weihnachten wirste schon wat kriegen. Da werden se dir schon finden!“ tröstete die Schwester.

Die Mutter drückte die Kinder an sich und erwiderte keine Silbe.

Liebermann: Kind mit Wärterin.

So sieht es in unzähligen Familien aus, so wachsen unsere Kinder auf. Wären in Berlin nicht so viele breite Straßen und so viele grüne Plätze und Parkanlagen mit Bäumen und Sträuchern, zwischen denen die Kinder herumspielen können, es wäre unerträglich und mörderisch, jetzt als Kind in Berlin zu leben. Ist es doch wahrlich jammervoll genug.

Da sah ich neulich von der Hochbahn aus auf einem richtigen Berliner Hof einen kleinen Jungen stehen. Einen Jungen, dessen Geschwister wohl zur Schule gegangen waren und der nun auf sich allein angewiesen war. Er stand da, die eine Hand an der blauen Schürze, die andere verlegen am Mund. Hilflos sah er sich um auf dem asphaltierten Hofe. Nichts als grauer Stein ... so ganz abgeschlossen von der lebendigen Erde, mit der er hätte spielen können. Was hatte er davon, daß er die

Käthe Kollwitz: Selbstportrait.

Hochbahn und die Elektrische, die vielen Autos und die Omnibusse sehen konnte? Am Ende stand er doch da, wie wenn er gefangen wäre ...

Dieser traurige Junge auf dem asphaltierten, engen, luft- und sonnenlosen Hof ist das Sinnbild des Lebens der Weltstadtkinder. Ihnen fehlt der frische Sauerstoff, der aus den lebenden Pflanzen und aus der Erde aufsteigt. Ihnen fehlt die Sonne, die nicht in die hochummauerten schachtartigen Höfe hinein kann und die selbst in die Straßen nur kurze Zeit ihre Wärme hinabschickt über die hohen Häuserreihen.

Am schlimmsten sind jene Kinder dran, deren Eltern erwerbsunfähig sind oder die als Heimarbeiter sich ein kärglich Brot verdienen. Allein in der Konfektion sind mehr als hunderttausend Heimarbeiter in Berlin beschäftigt; dazu kommen noch viele Tabaksarbeiter, Portefeuillenmacher, Schuhmacher, Plätterinnen und allerlei andere Heimarbeiter. Die leben fast alle in kleinen Wohnungen von einem Zimmer und Küche, von denen sie oft das Wohnzimmer an Schlafburschen vermietet haben. Nun hausen sie mit ihren Kindern in einem engen Raum, wo geschlafen, gekocht, gearbeitet und gegessen wird; das ganze Familienleben spielt sich in diesem engen, von Ausdünstungen aller Art geschwängerten Gemach ab.

Da ist eine typische Familie: Vater, Mutter und fünf Kinder. Der Vater ist lungenkrank und liegt fast den ganzen Tag hustend auf dem Sofa oder in einem alten zerschlitzten Lehnstuhl. Die Mutter tritt am Fenster von früh bis spät die Nähmaschine. Die Kinder – nun vormittags sind sie in der Schule, nachmittags aber lungern sie auf dem winkligen, dumpfen Hof oder im Hausflur herum. Oft müssen sie auch schon helfen, Fäden ausziehen, Nähte trennen – alles in dem engen Raum, dessen Luft verbraucht und verdorben ist.

Zu all diesem äußerlichen Elend kommen noch die Eindrücke der weltstädtischen Umgebung. Weltstädtische Umgebung! Welch ein Hohn!

Gerade nüchterne Straßen. Eine, wie die andere. Selten unterbrochen von einem kleinen Schmuckplatz oder einer breiteren Straße, deren Bäume ebenso am Sauerstoffhunger leiden wie die Weltstadtkinder. Und die Bewohner dieser Straßen? Außer den kleinen Geschäftsinhabern fast alle Lebensgenossen jener Familie. Auf gleichem Flur mit ihr wohnt ein ehemaliger Bauarbeiter, der jetzt den ganzen Tag mit einer Schnapsbrüderkolonne an der Ecke bei einer Destillation steht, abends betrunken nach Hause kommt und seine Frau und Kinder schlägt. Die Frau ernährt die ganze Familie – sie geht waschen. Die Kinder aber sind sich den ganzen Tag selbst überlassen.

Ein anderer Nachbar jener Familie ist die Frau, deren Mieterinnen bis in den Nachmittag hinein schlafen, dann halbangekleidet in der Wohnung herumlaufen, in den Fenstern liegen und abends aufgedonnert auf die nächtliche Straße gehen. Manchmal werden sie wohl auch von Schutzleuten

Käthe Kollwitz: Überfahren.

Wennerberg 1917: Kleine Finanzwelt:
„Papa hat mir hundert Mark für die Kriegsanleihe gegeben."
„Aber für so 'n Stück brauchst Du ja bloß 98 Mark einzuzahlen."
„Au fein! Da gibts Anleihe und Bongbongs dazu!"

fortgeführt. Und der Hallo, der dann entsteht! Die Redensarten und Schimpfworte! Das ist dann ein Hauptvergnügen für die johlende Kinderschar, die bis zum Polizeibüro hinschwärmt und wartet, bis die neuerdings blau angestrichene „Grüne Minna" – der Polizeiwagen – die Häftlinge nach dem Alexanderplatz schafft.

Wahrlich, ein weltstädtischer Eindruck.

Was bleiben den Kindern dieser Arbeiterstraßen noch für Spiele und Unterhaltungen? Blumenpflücken und ein Austummeln auf sonniger Wiese, ein stärkendes Buddeln im Sand lernen sie nie kennen. Also bleibt ihnen nur immer wieder der Hof und die Straße. An der Teppichstange dürfen sie nicht herumklettern. Die Hofsänger, die täglich kommen, plärren die zweideutigen Gassenhauer.

Außer allgemein bekannten Bewegungsspielen – Kreisel und Murmel, Greifzeck, Fuchs aus dem Loch – die wegen des häufigen Wagenverkehrs aber nur auf dem schmalen Bürgersteig gespielt werden dürfen, bleibt also nur noch jene Art von Spielen wie „Himmel und Hölle". Nach der Revolution ist auch ein Spiel aufgetaucht, bei dem zwei Knaben einen dritten auf ihren verschlungenen Händen tragen und singen:

Der König will auf seinen Thron –
Holla, holla, hopp!
– Da sitzt er schon!

Nachdem sie ihn eine Weile mit baumelnden Beinen umhergetragen, werfen sie ihn mit einem Ruck ab:

Der König muß von seinem Thron –
Holla, holla, hopp!
– Da fliegt er schon. –

Wenn die Straße mal umgepflastert wird, wenn neue Gasröhren gelegt werden, feiern diese Kinder wahre Freudenfeste. Die Sandhaufen sind Berge. Und endlich sehen sie die Erde! Aber lange dauert das nicht! Und es wird wieder wie vorher.

Nun bieten ja die Schaufenster alle möglichen Anregungen. Da liegen Waren aus vielen deutschen Orten, aus den Obstdörfern, aus dem westfälischen Industriegebiet, aus dem Erzgebirge und von der Wasserkante, ja, aus allen Erdteilen. Aber haben die Kinder davon tiefere Anregung? Selten, nur ganz selten.

Sie gehen an den Dingen vorbei, nehmen sie mit den Augen auf, aber ins Gemüt und in den Geist gelangt dabei nur wenig. Kirschen sehen sie wohl, wissen auch, wie sie schmecken. Aber wie ein blühender Kirschbaum aussieht, davon wissen sie nichts.

So bleibt denn auch das Gemüt der Kinder meist leer und ungepflegt. Im besten Falle kommen sie zu jener Gewitztheit, die ja in dem Weltstadtleben ganz angebracht ist, die aber doch nur wenig Liebe erweckt. Sie wird sehr gut illustriert durch den Witz: Mehrere Kinder einer armen Familie kommen heim zur Mutter und legen der eine gestohlene Gans auf den Tisch: „Da Mutta – die fühlte sich so einsam – da haben wir se mitgenommen!“

Diese groteske Gewissenhaftigkeit ist nur eine zweischneidige Waffe, die sich gegen die Umwelt ebenso richtet wie gegen die Kinder, die seelisch dabei den größten Schaden nehmen. Sie wird vervielfacht durch die endlose erdrückende Hungerblockade. Täglich, stündlich prägt sie sich mit ihren Bildern ein. Am lebhaftesten wohl an den „Bollewagen“, der Milchkuh des Berliners. Diese große Meierei läßt jetzt die Milch in sauberen Lastwagen in der Stadt verteilen. In Scharen erwarten Frauen und Kinder das weiße Gefährt – um anstatt eines Liters nur einen halben oder gar nur einen viertel in den bereit gehaltenen Topf zu bekommen. Vor dem Kriege verkaufte Großberlin täglich etwa 1.500.000 Liter Milch. Jetzt müßten 700.000 Kinder und 120.000 Kranke mindestens 600.000 Liter erhalten. Aber es kommen nur 600.000 in diese Weltstadt.

Heinrich Zille: Proletarierkinder.

Zu all diesem kommt noch die sich immer mehr vollziehende Trennung der Klassen. Die Reichen ziehen immer mehr nach gewissen

Straßen des Westens und nach bestimmten auserwählten Vororten. Die Wohlhabenden und der Mittelstand drängen sich in den großen Wohnvierteln von W.-W. zusammen. So bleiben denn die niederen Klassen in gewissen Vierteln ganz unter sich – wodurch die Einseitigkeit der Kindheitseindrücke immer größer wird. Auch von der Arbeit sehen die Weltstadtkinder nicht jene befruchtende Vielheit wie Kleinstadt- und Dorfkinder. Für sie existiert nur die geisttötende Heimarbeit. Und wenn sie außerdem auf der Straße noch Eindrücke erhaschen, so sind es Luxusreize: das Auto des Großhändlers, die Auslagen der Juweliere und Modegeschäfte, Stiefelhandlungen und Warenhäuser.

Alles das und nicht viel mehr bekommen die Kinder des kleinen Mittelstandes zu sehen: der besser gestellten Arbeiter, der Buchdrucker, Mechaniker, der Büroangestellten und Tausenden von Beamten und der kleinen Geschäftsleute. Auch sie wohnen in diesen Zimmern, in die so selten die liebe Sonne hineinscheint. Ja, die Kinder der Geschäftsleute haben es noch schlechter. Denn bei den Läden befinden sich nur zu oft die engsten und beschränktesten, dumpfigsten Wohnräume. Vor allem aber, was sehen alle diese Gastwirtskinder! Was hören sie! Denn daß der Alkohol die besten Instinkte löst, wird niemand glauben. Und in den Berliner Destillen wird nicht die zarteste und gemütvollste Sprache gesprochen ... Wenn nun in das Leben der Kinder dieser Schichten, deren Lebenshaltung zwischen der proletarischen und der bürgerlichen steht, manchmal ein Lichtblick fällt – es kommt doch im Effekt beinahe auf das gleiche heraus wie das der proletarischen Klasse. Schön – sie werden im Sommer ab und zu einmal mitgenommen zu den Kinderfreudenfesten der Biergärten. Aber auch dort kommen sie nur wieder in ein neues großstädtisches Milieu.

Diese Gärten sind heute fast ohne Ausnahmen eingerahmt von hohen Mietskasernen, die womöglich kahle Brandmauern den Gärten zukehren. Unter den Baumreihen stehen gerade aneinandergereihte Tischreihen – Tisch bei Tisch, Stuhl bei Stuhl. Nirgends ein Tummelplatz für die Kinder. Nachmittags ist Konzert, abends aber oft Tingeltangel, wo die Kinder geschminkte, halbbekleidete Soubretten krähen und allerlei Zweideutigkeiten hören können. Und Kientöppe, Kinomatographentheater gibt's fast in jeder Straße. Noch lange nicht ist das Repertoire dieser Bühnen für die Kinder berechnet. Aber gerade das lockt sie.

Außer diesen gibt's ja noch Kreise, die mit ihren Kindern es besser meinen und sonntags oft Ausflüge machen. Aber: welcher von den Familienvätern vermag immer die Fahrgelder aufzubringen, die meist eine solche Fahrt ins Freie kostet? Und was nutzt auch solch Sonntagsausflug, wenn die sechs Wochentage auf dem Asphalt der Weltstadt und im Banne ihrer Zustände verbracht werden?

Ganz anders wachsen jene Kinder auf, die sich den „Wandervögeln" angeschlossen haben. Sie unternehmen in kleinen Gruppen ständig tagelange und wochenlange Fahrten durch die Umgebung Berlins und auch durch weitere Gebiete Deutschlands, schlafen nachts im Heu und kochen sich ihr Mittagbrot selbst im Freien. Sie erziehen eine freie Kameradschaftlichkeit, eine liebevolle Genügsamkeit und Beweglichkeit aus dem kindlichen Wesen heraus – ohne Anleitung Älterer. Im Kriege hatten sie allerlei Erlebnisse mit besorgten und hartherzigen Landbewohnern – und auch mit Gefangenen, mit denen sie ihren Schatz von Volksliedern austauschten. Jetzt trifft man überall diese fleißig marschierenden Trupps von Knaben oder Mädchen. Sie errichten sich jetzt Jugendherbergen. Wo aber keine sind, ersingen sie sich bei Bauern und Förstern ein Nachtquartier und Abendmahlzeit.

Nun haben ja auch Tausende von Vätern und Müttern ein Stückchen Land in den Laubenkolonien gepachtet. Die Kinder, die dort ihre Freistunden verbringen, sind allerdings ein wenig besser dran.

Aber sie leben doch im Bannkreis der „Weltstadtkultur". – Und auch die „Tiergartenmischung" – wie die Sprößlinge der wohlhabenden Viertel nach einer bekannten Grassorte genannt werden, sind eigentlich bedauernswerte Geschöpfe. Auch sie sind vielfach auf die engbebauten Straßen angewiesen und können nicht den ganzen Tag im Tiergarten spazieren geführt werden. Und sie leiden unter einem Zuviel, wo die Proletarierkinder unter einem Zuwenig leiden: Sie werden nur zu oft mit teuerem Putz und allerlei Tand behängt, der ihnen alles Kindliche nimmt. Wieviel Vier- und Sechsjährige sieht man mit Sonnenschirm und Handschuhen und in einer Kleidung, in der sie aussehen wie eine Miniaturausgabe der lächerlichsten, oberflächlichsten, aber so oft verhimmelten Modedamen!

Sie – denen die Sonne doch so gut tut – müssen sich mit einem Schirm schleppen.

Arme, reiche Weltstadtkinder! ...

Heinrich Zille: Tiergartenmischung. (Eine bestimmte Grassorte.)

Max Klinger: Streit (typisches Berliner Bild 1880.)

Kleinbürger und Proletariat

Die Frau des kleinen Beamten und der Kleinbürgerkreise, die Handwerksmeister-, Vorarbeiter- und kleine Händlersgattin ist selten engherzig egoistisch. Sie sieht viel zu viel Auf und Nieder um sich herum, als daß sie verhärten könnte. Sie bringt allen Unglücklichen jenes mütterliche Gefühl entgegen, das auch die einfachste Frau mit einem verklärenden Schein umgibt. Die kleinbürgerliche Berlinerin hat stets ungezählte Wohltaten geübt, ihrer Nachbarin in schweren Stunden beigestanden, Hungernden den knurrenden Magen gestillt, alten Bettlern irgendein Kleidungsstück aus dem Schrank des Mannes hervorgesucht, armen Kindern der Verwandtschaft einen Weihnachtstisch bereitet und so im stillen in ihrer bescheidenen Art nicht weniger Wohltaten verrichtet, wie manche öffentlich gelobte Vereinsdame und Wohltätigkeitshyäne. Und dabei sieht es meist in ihrer Häuslichkeit sauber aus und hält sie die Wäsche und die ganze Wirtschaft allein in Ordnung. Ihr haftet allerdings oft was Spießbürgerliches an; sie ist gar nicht interessant und pikant – denn sie hat reichlich genug mit ihrer Wirtschaft, ihren Kindern und ihrem Mann zu tun. Die Frau des kleinen Handwerkers und des Arbeiters ist immer dem schwersten Lose des Weibes verfallen gewesen. Sie mußte, wenn sie nach jahrelangem Arbeiten für andere endlich dazu kam, für sich zu wirtschaften, alles in Ordnung halten, mit bescheidenen Groschen die Mahlzeiten bereiten, die Kinder besorgen, den Mann betreuen und nur zu oft noch selbst mit hinzuverdienen. Jede Frau wird wissen, was es heißt, mit zwei Armen Geld schaffen und zugleich kochen, scheuern, nähen, waschen, Kinder nähren und warten und doch die gute Laune behalten. Denn die hat die Berlinerin sich meist nicht nehmen lassen. Wenn es ihr zu arg wurde, schimpfte sie sich mit den Nachbarinnen oder mit ihrem Mann herum – und sie war wieder obenauf. Wie viele solcher Frauen haben schon stets unermüdlich für andere gearbeitet, gewaschen, geplättet, aufgewartet und gescheuert! Sie sparten sich womöglich dabei das Essen vom Mund ab, um es ihren Kindern heimlich mitbringen zu können. Chamisso hat das Motiv zu seiner so hat das Motiv zu seiner „Waschfrau" ja nur in Berlin gefunden. Und es muß wohl ein häufiges gewesen sein. –

Typus der Kleinbürgerin im 17. Jahrhundert.

Für Bildung hatten diese Arbeitsbienen nie viel Zeit. Aber irgendein Monatsblatt wurde doch manchmal in solchen Familien gehalten – allerdings auch oft Kolportageromane. Aber mit den vordringenden radikalen Anschauungen, die seit den vierziger Jahren des 19. Jahrhunderts überall hinfanden, verloren diese Schunderzeugnisse ihren Boden in vielen Familien – leider nicht in allen. Und ein Gegengewicht gegen die Verwüstungen, die von den sozialen Zuständen in manchen Familien herbeigeführt wurden, fand sich nur selten. Die Töchter der Fabrikarbeiter besuchten zwar die Volksschule, aber wie oft mußten sie zeitig mitverdienen und so früh wie möglich in die Fabrik gehen. Da hieß es früh aufstehen und fast den ganzen Tag in eintöniger Arbeit an einer Maschine verbringen. So fand sie die Ehe, die oft frühzeitig geschlossen wurde, als eine Frau, die von der Hauswirtschaft nur wenig verstand, die mit Ach und Krach die kleine Wohnung von Stube und Küche sauber hielt, die Kinder in Ordnung brachte und nur zu oft die ganze Wirtschaft gehen ließ, wie sie wollte, weil sie selbst noch arbeiten mußte und sich nur abends um die Familie kümmern konnte. Trotzdem – es gab auch hier immer zahllose Frauen, die sich keine Minute Ruhe gönnten und lieber sich abrackerten, als ihre kleine Wohnung oder gar ihre Kinder in Schmutz verkommen zu lassen. Allerdings: die Wirtschaftskunst mußte bei solchen Verhältnissen leiden. Und so mag es kommen, daß die Berlinerin der unteren Kreise nur zu oft nicht fähig ist, das Heim so recht gemütlich zu machen. Diese schweren drückenden Verhältnisse brachten es auch mit sich, daß die Lebensart des niederen Volkes sich nicht verfeinern konnte. Wo Frauen in Masse bei schwerer Arbeit zusammen sind, werden gewöhnlich keine bildenden Gespräche geführt. Mehrere haben immer frühzeitig intime Beziehungen zu den Männern – und ihre zynische Offenheit nimmt den andern die Reinheit und reizt ihre Neugier und Eitelkeit. Der Lohn wird bald nicht mehr ganz zu Hause abgegeben, sondern zu Putz verwendet, und das Tanzlokal vollendet die Erziehung zu jener üblen Großstadttochter, die manchmal durch einen braven fleißigen Mann oder durch eine Mutterschaft zu einer verehrenswürdigen Frau wird, die aber auch oft der Prostitution anheimfällt. Die schlechten Wohnungsverhältnisse haben auch stets beigetragen, den Mädchen jede Unbefangenheit zu nehmen. Oft mußten von den Eltern Schlafburschen gehalten werden. Das enge Beieinanderleben, das Reinigen der Männer und Mädchen zu gleicher Zeit am Morgen in einer Küche, die jedem Ohre zugänglichen Gespräche nicht allzu keuscher Art und vieles andere mußte manches Mädchen rauh und leicht machen. Andere blieben weiblich trotz aller Anfechtungen bis an ihr Lebensende, ließen sich von dem später geheirateten Mann geduldig mißhandeln und sorgten wohl gar noch für ihn. Sie schlugen sich durchs Leben und meinten humorvoll: „Herrjott, sind wir verjnügt und haben't jarnich nötig!" Sie ließen sich als echte Berlinerinnen nicht unterkriegen und meisterten in ihrer Weise ihre Lebensverhältnisse. Sie mußten, um sich erhalten zu können, praktisch und derb werden. An Pflichtgefühl, Nüchternheit und einem gewissen gesunden, sparsamen und anstelligen Ordnungssinn fehlte es ihnen nicht. Aber manche Frauen aus dem Volke, besonders aus dem ein wenig bemittelten Kleinbürgertum, können widerwärtig engherzig, neidisch und kleinlich sein; andere wieder sind gastlich und durchaus frei von jener Eitelkeit, die kleine eigene Taten für das Bedeutendste hält und darüber die großen der andern vergißt.

Der Neidkopf.
Soll nach der Sage an dem Hause eines Goldschmieds, Heilige Geiststraße 38, angebracht worden sein, dem von der gegenüber wohnenden Frau eines Berufsgenossen ein großer Auftrag für Friedrich Wilhelm I. mißgönnt wurde.

Aber auch in Berlin hat es Frauen aus dem Volke gegeben, die sich großherzig benahmen. Aus dem Mittelalter berichtet Wilcken, wie Kohlhase mit seinen letzten Gefährten im Jahre 1540 in Berlin überlistet wurde. Georg Nagelschmidt fand man in einem Hause eines alten Bürgers Putlitz. Hierauf erging zuerst ein hartes Gericht über den alten Putlitz und seine Frau, welche ihren Freund bis zu dem letzten Augenblick zu verbergen versucht hatten; sie wurden sogleich in der

Das Potsdamer Tor im 18. Jahrhundert.

ersten Hitze auf den Neumarkt geführt zur Enthauptung auf einem dort aufgerichteten Gerüste, ohne daß ein rührender Auftritt, der sich ereignete, die Gemüter der erbitterten Richter erweichte. Denn als der alten Frau Begnadigung angeboten wurde, wies sie diese Gnade ab, umarmte ihren Mann und segnete ihn mit einem Kusse, und beide empfingen hierauf, weil sie vor Altersschwäche nicht zu stehen vermochten, auf Stühlen sitzend, den Todesstreich.

Manche Frau aus dem Volke fiel auch den mittelalterlichen Hexenprozessen zum Opfer. Aber diese dunklen Zeitumstände drückten auf den frohen Lebenssinn des Volkes nicht allzusehr. Berlin lag zwar zwischen Sumpf und Sand. Doch führte der wichtige Handelsweg vom Osten nach dem Westen, von Polen nach Flandern und Holland, vom kunstreichen Franken nach dem fernen Moskau über Berlin, das einen Übergang durch die märkischen Sümpfe bot. Auch der Fischreichtum der Spree und der Havel und ihrer Ausbuchtungen kam der Bevölkerung zugute, so lange sie noch eine Kleinstadtbevölkerung war.

Wie das Volk in dieser mittelalterlichen Stadt lebte, ergeben schon viele der vorhergehenden Schilderungen, besonders auch die aus dem Rechtsleben. Es sei hier noch ergänzt durch Strafbestimmungen des Schöffenbuches, einem Teil des „Buyk der Overtredunge".

„Nun vernehmet um Verbrechen, welch' Gericht darüber ergeht! Den Dieb soll man hängen. Dasselbe Gericht geht über unrechtes Maß, über unrechte Wage und über falschen Kauf, so oft man dessen findig wird. Alle Mörder und alle diejenigen, welche Pflüge rauben oder Mühlen, Kirchen und Kirchhöfe bestehlen, und alle Verräter und Mordbrenner oder alle, die ihre Botschaft zu ihrem Frommen benutzen (Siegelfälscher?), die soll man allzumal radebrechen. Wer einen Mann schlägt oder fängt oder beraubt oder verbrennet sonder Mordbrand oder ein Weib oder eine Maid nötiget oder wer den Frieden bricht oder im Ehebruche betroffen wird, dem soll man das Haupt abschlagen. Wer gestohlenes hütet oder Raub oder einen Mann mit Hülfe dazu stärket, – wird er dessen überführt, so soll man ihn richten wie den Täter selbst. Welch' Christenmensch aber mit Zauberei umgeht oder mit

J. W. Meil: Moritaten.
(Im Armenviertel des 18. Jahrhunderts.)

Giftmischerei, den soll man, wenn er dessen überwunden wird, auf einem Herde verbrennen, offenbare Fälscher aber soll man in einer Kufe sieden. Stehlen Frauen, so begräbt man sie lebendig, gehn sie mit Zauberei oder Vergiftung um, so muß man sie verbrennen. Auch schlägt man einen Mann oder eine Frau, die gestohlen haben, an dem Kaak, wenn das, was sie gestohlen haben, weniger denn drei Schillinge wert ist."

Frauen aber, welche sich schelten und schlagen, sollten den Stein tragen und sich „underlang prekelen", d.h. sie sollten, nur mit dem Hemde bekleidet und aneinandergebunden, den flaschenförmig gestalteten „Lästerstein" tragen und mit spitzen Stöcken zum großen Jubel des Publikums aufeinander losstechen.

Alle diese Strafen trafen nur die Minderbegüterten, wie das schon dargestellt ist. Die Wohlhabenderen konnten sich loskaufen. Dies Loskaufen war bei gewissen Übertretungen bis in die neuere Zeit hinein üblich. In der Mitte des 17. Jahrhunderts mußte ein Nadlermeister 200 Taler für eine Gotteslästerung entrichten, für die dann der Neue Markt gepflastert wurde.

Auch die Üppigkeit wurde unter Strafe gestellt. Für die reiche Ausstattung der Familienfeste waren stets die unteren Schichten zu haben. Dem dritten Stand, zu dem die zu Miete wohnenden Handwerker und Bürger gehörten, waren zu Hochzeiten und Verlöbnissen nur vier Tische erlaubt, dem vierten Stand jedoch, zu dem Gehilfen, Tagelöhner, Knechte und Mägde gerechnet wurden, nur zwei Tische.

Die Strafen, die auf Übertretung der einzelnen Bestimmungen dieser nach unseren Begriffen immer noch sehr weitherzigen Hochzeitsordnung gesetzt sind, bewegen sich in einer Höhe von 1, 2, 3 bis 50 Talern. Bezeichnend ist, daß der „langsame" Kirchgang untersagt wurde. Man war in der fröhlichen Zeit vordem nämlich manch liebes Mal prunkend durch die Stadt gezogen, ehe man dem Portale des Gotteshauses sich zuwendete. Der Zeit nach erfolgten die Trauungen, wie es scheint, allgemein entweder vormittags um ¼11 oder nachmittags um 4 Uhr, so daß man sich um 11, beziehungsweise um 5 Uhr zu Tische setzen konnte. Eine schöne Sitte der Vorfahren war es, daß man der Braut im Sommer Kerzen, im Winter Fackeln vortrug – die Kerzen im Sommer wurden freilich schon damals als überflüssig abgeschafft, und die Zahl der Fackeln beschränkte man auf zwei.

Auf dem Tanzboden im Rathause aber scheint auch zu Herrn Johann Georgs Zeiten das alte, schämliche „Umkusseln", das Niederwerfen der Tänzerin, noch vorgekommen zu sein, nur nannte man dasselbe unpoetischer jetzt „Verdregen". Natürlich war es streng verpönt.

Erscheinung
der
weißen Frau im Schlosse
und ihre merkwürdige Prophezeihung
in der Nacht zwischen dem 31. März und dem 1. April dieses Jahres
mitgetheilt von einem Musquetier
der in jener Nacht die Wache auf dem Schlosse hatte.

Berlin. 1700.

Flugblatt, das die abergläubische Geistesverfassung des niederen Volkes um 1800 illustriert, das an die weiße Frau, ein Gespenst einer Gräfin von Orlamünde, glaubte, die wegen eines Hohenzollern einst ihre eigenen Kinder umgebracht haben soll und seitdem im Schlosse spukte, weil sie verschmäht wurde.

Sympathisch mutet es uns jedenfalls an, wenn die „Brautsuppe", zu der nicht selten „ein halber Ochse eingehauen wurde", nicht nur den Küstern und den Kalkanten zugetragen wurde, sondern auch den Schwangeren und den Kranken.

Bei den Hochzeitsfesten durften die „Kunstpfeifer" nicht fehlen; doch durfte er nicht länger als bis des abends um 9 Uhr aufwarten, weil er dann vom Rathausturm abblasen und die Nachtwachen bestellen, d.h. über das Feuer im Umkreise der Stadt und in ihren Mauern warten mußte.

Nicht bloß vom Hof aus ist in Berlin die Musik eingeführt worden. Im Hornruf des Torwächters, der das Herannahen des Feindes und den Ausbruch des Feuers verkündete, haben wir die Anfänge und die primitivste Form der städtischen Musik. Die Torwächter hatten zu besorgen das Ausblasen der Stunden und ausgedehntere Melodien, mit denen vom Hauptwächter und seinen Gesellen bestimmte Tageszeiten hervorgehoben wurden. Aus diesen Melodien entstanden die Turmsonaten, die Ende des 17. Jahrhunderts ihre höchste Stufe erreichten.

Die Stadtpfeifer reihten auch aneinander muntere und feierliche Marschsätze, fröhliche und zeremonielle Tänze, sowie modische Liedchen und alte kirchliche Weisen. Sie spielten zum festlichen Aufmarsch der Gewerke, zum Hochzeitszug zur Kirche, zum ersten, gehaltenen Reigen der Brautgesellschaft und zum heiteren Brauttanz auf dem Rathaussaal. Im 18. Jahrhundert verfiel die Stadtpfeiferei, die Pflege der guten Orchestermusik ging auf Hof- und Adelskapellen über. Außerdem unterdrückte Friedrich Wilhelm I. alle „unnütze" Kunst und besteuerte schließlich alle „Musicanten, ohne Unterschied ihrer Personen, Instrumente, jedesmahl, da sie auf Hochzeiten, Kindtauffen, Ehrenmahlen, Gelagen und zum Tantz oder sonsten zur Lustbarkeit mit der Music aufwarten wollen".

Ende des 18. Jahrhunderts waren die Stadtpfeifer so heruntergekommen, daß der Meister und die Meisterin sich vor Verzweiflung dem Trunk ergaben. Außer den Instrumenten fand der Gerichtsvollzieher nichts mehr zu pfänden in dem Hause, in dem es täglich Streit und Prügelei zwischen den Eheleuten gab. Kein Wunder, es wurden nur Militärmusiker mit Invalidenschein angestellt. Die Musik aber nahm andere Entwicklungswege.

Trompeter, Zinkenbläser, Fiedler und andere, aber keine Trommler, spielten beim Einholen der Prinzenbräute und bei den Übungen der Bürgergarde, ebenso die Begleitung der Gemeindelieder an Sonn- und Feiertagen in den Kirchen. Dies wurde bis 1838 ausgeübt, dann eingestellt, weil der Magistrat nicht mehr für eine Kirchenmusik zahlen wollte, die durchaus untergeordnet geworden war.

Nicht nur zu Feiern und Hochzeiten liebten die Berliner einen starken Fleischgenuß. Schon im Jahre 1311 bestanden auf Straßen und Plätzen 46 Scharren zum Fleischverkauf, wie aus einer Urkunde hervorgeht, laut der die Knochenhauer nicht in ihren Häusern, sondern nur in jenen Scharren verkaufen durften, die bis dahin vom Rat an die Knochenhauer vermietet, dann aber erblich gegen 6 Schilling und 5 Pfennige Zins überlassen wurden.

Ebenso, wie bei Hochzeiten der Armen und Kranken gedacht wurde, hatten die Berliner durch zahlreiche milde Stiftungen für alle Armen und Elenden gesorgt. Im Abschnitt über die Bürger ist das bereits ausführlich dargestellt. Hier sei nur noch auf das Spital zum Heiligen Geist hingewiesen, dessen Kapellenreste vor wenigen Jahren in die Handelshochschule eingebaut wurden. Dies Spital öffnete den Alten seine Pforte. Dort konnten sie im Frühjahr unter blühenden Fliederbüschen sitzen und den schneeweiß im Sonnenglanze glänzenden Tauben zuschauen, die über die Spreewiesen dahinschwebten.

Auch für Ärzte und Apotheker wurde gesorgt. Schon im 16. Jahrhundert gab es in Berlin zwei Apotheken. Barbiere und Wundärzte, die nicht bei den Patienten erschienen, die sie hatten rufen lassen, mußten Strafe zahlen. Ein „Franzosenarzt“ wurde dringend begehrt, doch ließ sich solch ein Medikus in Berlin noch nicht nieder. Das war in derselben Zeit, als Tetzel in Berlin zweimal mit seinen Ablaßbriefen gute Geschäfte machte.

Wie die Reformation und das folgende Jahrhundert, besonders aber der Dreißigjährige Krieg auf die Stadt und ihre Einwohner wirkten, ist hauptsächlich in dem voraufgehenden Abschnitt über die Bürger dargestellt worden. Kleinbürger und alles, was zum vierten Stand gehörte, ward gewiß von den Drangsalen der Kriegsjahre nicht verschont, in denen nur jener, der zu den Fahnen lief, sich gegen gar zu große Bedrückung und Ausplünderung wehren konnte. An Bedrückung war ja das untere Bürgertum während der Zeit gewöhnt worden, in der es hauptsächlich die Kosten der Hofhaltung der Kurfürsten hatte bestreiten müssen. Und an Arbeit war es gewöhnt, wenn auch allerlei über Feste aus dem alten Berlin berichtet wird.

Die fürchterliche Zeit des Krieges, die Pestjahre und alles Elend ward rasch überwunden, als neue Friedensjahre die Arbeit wieder lohnend machten, als durch den nun tatsächlich erfolgten Anschluß des Herzogtums Preußen und der Lande Kleve usw. Berlin die Hauptstadt eines weitgespannten Reiches geworden war und von 1650 ab Posten nach Königsberg, Kleve, Hamburg und bald auch nach Breslau eingerichtet wurden. Zwar war schon 1569 der Anschluß Preußens prunkvoll gefeiert worden; alle Mädchen über 10 Jahre gingen in weißen Kleidern und mit fliegenden Haaren. Doch erst von 1662 an, als der Oder-Spree-Kanal eröffnet und Berlin zum Sitz eines bedeutenden Speditionshandels zwischen Elbe und Oder wurde, als die Entfernung zwischen dem Westen und dem Osten Europas wesentlich abgekürzt werden konnte, begann der Aufstieg Berlins. Fünfundzwanzig Jahre später hatte es seine Einwohnerzahl von etwa 10.000 auf 17.400 gebracht. In Zwischenräumen von 20 bis 30 Jahren stieg es stets auf die doppelte Einwohnerzahl. Damit mußten sich denn auch die Lebensbedingungen der Volksmasse erschweren. Ihr wuchs das Notdürftige nicht mehr so leicht zu. Sie mußte auf andere Weise ihren Lebensunterhalt verdienen. Gleichzeitig aber wurde durch die neuen Verkehrswege und die neuen Lebensbedingungen auch wieder einer größeren Volksmenge das Leben erleichtert und neue zivilisatorische Werte geschaffen. Im Jahre 1665 wurden viele Plätze gepflastert, die bis dahin öde gelegen. Die Häuser, die durch den Dreißigjährigen Krieg entvölkert worden waren, wurden wieder bewohnt. Die offenen Dorfbrunnen wurden abgeschafft, sowie Spritzen und manch anderes wurden eingeführt, was auf neue Ordnung und Wohlstand schließen läßt. Das Volk hatte sich zwar auch in den bösen Zeiten auf seine Weise sein Vergnügen geschaffen. Zur Fastnacht hatte es mit Spielen, Mummereien und Prozessionen Karneval gefeiert. Die Handwerker hatten Aufzüge veranstaltet, mit Geld- und Bierforderungen die übrigen Einwohner belästigt, in den Wirtshäusern wahre Orgien abgehalten und mit Raufereien diesen lustigen Fasching beschlossen. Mehrmals, 1659 und 1690, war das von den Kurfürsten verboten worden. Aber das Volk zeigte keine Neigung zum Pietismus, der von manchen Kanzeln, besonders von dem Süddeutschen Spener gepredigt wurde. Ein innerliches Leben des Einzelnen, ein Hinneigen zum individualistischen Hochmut und zur religiösen Überhebung des pietistisch Kultivierten entsprach nicht den rauhen Lebensbedingungen des Volkes. Das war nur den Damen vorenthalten, die fern von allen Sorgen ums Brot des Lebens lebten und nur die eine Aufgabe hatten, ihre Seele zu verfeinern und zu verschönen.

Mögen die Pietisten auch manche wüsten Roheiten, die der große Krieg hinterlassen hatte, gemildert haben, sie lebten doch zu sehr in pharisäischem Hochmut, als daß sich mehr als das „Däumeln“ auf das Volk übertragen konnte. In jeder Unsicherheit wollte man das Wort Gottes als letzte Entscheidung gelten lassen und schlug die Bibel ganz beliebig auf. Den Spruch, den der Daumen traf, den nahm man als den „Fingerzeig Gottes“.

Im übrigen herrschte auch im Kleinbürgertum ein linkisches Streben nach Anstand und Würde. Der kindliche Frohsinn und der Mutwillen waren durch die Religionszänkereien und durch die Leiden des Dreißigjährigen Krieges in ein steifes und unbeholfenes Wesen verwandelt worden. Bei Festen war man ausgelassen und trieb Übermaß in Speise und Trank, scherzte in der Liebe nicht mit Unbefangenheit, sondern mit Lüsternheit[9] und würzte die Unterhaltung weniger durch munteren Scherz als durch Verspottung und Verkleinerung anderer.

Von munteren Volksfesten im alten Sinne war nicht mehr die Rede, und nur mit Mühe wurden nach dem westfälischen Frieden die Schützengilde, die während des Dreißigjährigen Krieges sich aufgelöst hatte, und das fröhliche Fest des Königschießens zur Pfingstzeit auf dem deutschen Schützenplatze in der Lindenstraße wiederhergestellt. Dieses Fest erinnerte jedoch einigermaßen an die alte muntere Zeit. Dabei wurde um Zinn-Krüge und andere Sachen gespielt und vielfältiger anderer Zeitvertreib geübt, auch war alsdann nicht leicht in der Lindenstraße und den benachbarten Straßen ein Haus, worin nicht grüne Lauben, Musik und Trinkgelage waren; besonders aber wimmelte die Marklingswiese, die also nach ihrem Besitzer genannt wurde, von fröhlichem Volke. Auch die Zeit des Christmarktes, der damals noch auf dem Köllnischen Fischmarkte und späterhin in der Breitenstraße gehalten wurde, war eine Zeit gemeinschaftlicher Freude.

Je mehr die Unterhaltung auf Gesellschaften in den Häusern und auf Zusammenkünfte in den Schenken sich zu beschränken anfing, um so willkommener waren die neuen Hilfsmittel, welche diese Zeit zur Abkürzung der Langenweile darbot: das Tabakrauchen und der Genuß des von den Holländern aus China eingeführten Tees und auch die Zeitungen, denen vornehmlich Ludwig des Vierzehnten fast ununterbrochene Kriege, sein Streben nach der Herrschaft über Europa, der Franzosenhaß, welcher dadurch im Volke aufgeregt wurde, und für die Berliner insbesondere die Teilnahme des großen Kurfürsten an den Welthändeln, ihren Reiz gaben. – Überhaupt war man bei dem Gefühle der Unbehaglichkeit, das alle Stände der Gesellschaft durchdrungen hatte, damals in Deutschland sehr geneigt, alles anzunehmen, was zur Erleichterung, Erheiterung oder Verschönerung des Lebens, wenn auch nur scheinbar zuträglich, das Ausland darbot. Darum fand auch die französische Tracht, seitdem der Hof Ludwig des Vierzehnten für die übrigen den Ton angab, bei den Deutschen großen Beifall und verdrängte in kurzer Zeit von den Höfen die spanische Tracht, und aus dem Bürgerstand die alte würdige deutsche Tracht in ihrer mannigfaltigen, fast jeder Landschaft und Stadt eigentümlichen Gestaltung. Besonders kam dem herrschenden Streben dieses Zeitalters nach einer mühsam erkünstelten Ernsthaftigkeit und Würde die neue Art der französischen Perücken sehr gelegen, als ein treffliches Mittel, dem Haupte einen Ehrfurcht gebietenden Umfang zu geben.

Die Franzosen, die sich damals in Berlin niedergelassen hatten, mochten viel von dieser Art mitgebracht haben. Sie waren ernsthafte Protestanten. Allerdings mögen viele von ihnen auch ihre Heimat verlassen haben, weil der neue Pariser Absolutismus ihnen nicht behagte und ihnen zu viel bürgerliche Freiheiten genommen hatte. Sie brachten jedenfalls viel gesunden, realen Sinn mit, der sich mit zuversichtlicher Lebenssicherheit paarte, die doch nicht nur am Praktischen und Nüchternen klebte, sondern mit den herben Eigenschaften des Märkers zusammen neues Leben von Kraft und Reichtum der märkischen Residenz brachte. Erst seitdem gewann das Berlinertum einige Bedeutung. Die Handwerker besaßen damals eine ziemlich hohe Kunstfertigkeit, die im Schloß, in den Kirchen und vielen anderen Gebäuden Spuren hinterlassen hat, die an die Kraft des Mittelalters erinnert. Rubingläser wurden angefertigt, Textilwaren, ja sogar Gobelins von ziemlichem Wert gewebt, Chinawaren von bedeutender Feinheit hergestellt. Und die Juwelierarbeiten Berlins, die besonders aus der französischen und der jüdischen Kolonie stammen, sind voll künstlerischen Sinnes und reicher Pracht. – Die Kleinbürger aber hatten nicht viel von ihrer mühsamen Arbeit. Sie begnügten sich mit kienenen Möbelstücken und konnten sich nur selten ein Fauteuil oder ein Kanapee aus einem Nachlaß kaufen. Meist ruhten sie aus in einem Stuhl mit Armlehnen aus weißem Holz. Sie saßen im ganzen 18. Jahrhundert abends bei einer Ölfunzel, während die Frauen spannen. Tee durften die Kleinbürgerinnen nicht trinken, wenn sie nicht als verschwenderisch gelten wollten. Schokolade aber schon gar nicht; die war ganz und gar ein Luxusgetränk. Eher durfte mal eine Tasse Bohnenkaffee die Eintönigkeit der Mehlsuppen und Eichelkaffees ablösen. Das Handwerk hatte stark unter dem heimlichen Wettbewerb der zahlreichen Soldaten zu leiden, die keine ausreichende Löhnung bekamen und in ihrem Widerstand gegen die Zünfte durch die Offiziere bestärkt wurden. In den künstlerischen Handwerken mochte ja die Lebenshaltung noch reichlich sein. Solche Kleinbürger begnügten sich mit den älteren Eichenmöbeln und kauften vielfach ihr Hausgerät beim Althändler oder auf Auktionen aus Hinterlassenschaften. So kamen sie zu geschmackvollerem Porzellan, Kupfer- und Zinnsachen, als heute das gesamte Kleinbürgertum besitzt. Ja, in fast allen haushälterischen Kleinbürgerkreisen waren sogar einzelne Silberstücke zu finden.

Chodowiecki: Illustration zu „Kabale und Liebe". (Kleinbürgerwohnung im 18. Jahrhundert.)

Trotz aller Konkurrenz und Bedrückung durch das viele Militär hatten die Berliner den Vorzug, daß sie nicht dienen brauchten und auch von Werbungen für das stehende Heer ausdrücklich verschont wurden. Die Könige wollten „insonderheit wohlhabende Leute anher ziehen" zur „Aufnahme der Stadt", was denn auch gelang. Berlin zählte 1712 = 61.000, 1740 = 90.000, 1786 = 145.000, 1797 = 165.000 Einwohner und stieg nun auch, nachdem 1808 die Kantonsfreiheit beseitigt worden war, ebenso schnell weiter: 1840 = 330.000, 1860 = 500.000, 1877 = 1.000.000 Einwohner.

Aber außer den Kleinbürgern, die wohl alle den wohlhabenderen Zünften angehörten, gab es im 18. Jahrhundert auch große Armut. Der „gewöhnliche Mann", das „niedere Volk", das als Arbeitsmann, Holzhauer, Wegebauer sich durchbrachte, lebte in der Stralauer Vorstadt in Holzhütten, wo es viele halbnackte Menschen zu sehen gab, die nicht so viel besaßen, sich gut bedecken zu können.

Chodowiecki:
Satire auf das falsche Christentum.

Und im Vogtland, den Straßen nördlich vom Hackeschen Markt, wo arme Weber und Maurer aus dem sächsischen Vogtland angesiedelt worden waren, soll nie Wohlstand geherrscht haben. So lange die Weberei noch künstlich durch Zölle und Begünstigung gefördert wurde, hat sie manchem ein ausreichendes Brot gewährt. Aber sie war schon damals ein Sammelbecken aller proletarischen Elemente, die keine Scholle und kein Dach besaßen. Das Manufakturwesen, das dem Produzenten schon die Rohstoffe lieferte und seine Fertigware aufstapelte, nahm dem Weber seinen Hauptverdienst und drückte ihn zum schlecht entlohnten Proletarier herab, dessen Frauen von früh bis spät Spulen drehen mußten. Nur wenige Weberfrauen hatten ein besseres Los. Von ihnen mögen einige sich wohl, so wie manche Soldatenfrau, zum Hökern aufgeschwungen haben. Das Hökern war noch das Einträglichste für die Frauen des armen Mannes. Und da der Kleinhandel in den Läden noch ganz unentwickelt war, da es nur wenige Fabrikzweige gab, die Stapelware fertigten, war das Hökern noch allgemein. Alle öffentlichen Plätze, alle Brücken, ja selbst das Zeughaus wurde durch hölzerne, häßliche Krambuden verunstaltet. Das war eine der wenigen Konzessionen, die dem ärmeren Volk gewährt wurden. Sonst aber wurden die armen Frauen in harte Zucht genommen.

Die Kirchenbuße gehörte auch mit zu den Strafen, die in jener Zeit besonders häufig waren. Sie war nicht nur die Strafe für gefallene Jungfrauen, sondern auch für Frauen, die die Ehe gebrochen hatten. Sie hatte bis dahin darin bestanden, daß die Delinquenten drei Sonntage hintereinander während der ganzen Predigt vor dem Altar knieen und der versammelten Gemeinde zum Schauspiel dienen mußten, wodurch dann die Aufmerksamkeit für die Predigt sehr gestört wurde. Der König hielt dies noch nicht für hinlänglich. Er verordnete am 31. Oktober 1716, daß der Fehltritt an den Verbrecherinnen noch außerdem besonders geahndet werden sollte und daß der Ehebruch ferner nicht mehr durch Geldstrafe gebüßt werden dürfte. Dieser Fall ist auch nur einmal bei der Witwe des Herrn v. Kniephausen vorgekommen, welcher der König, um die Sache, bei der der Graf Kurt v. Schwerin beteiligt war, im stillen abzumachen, eine Strafe von 12.000 Talern auflegte. Die muntere Witwe äußerte bei dieser Gelegenheit: „Der König hat mich um ein außereheliches Kind um 12.000 Taler gestraft: ich habe ihm aber um ebensoviel defraudiert, denn ich habe deren zwei."

Die ärmeren Frauen konnten allerdings ihre Strafen nicht mit Geld abmachen und nicht so muntere Scherze äußern. Wenigstens nicht bei solchen Gelegenheiten. Sonst aber zeigten auch sie eine gesunde Vergnügungslust. Schon im Mittelalter hatte sich das Kleinbürgertum Berlins gern schwankmäßig belustigt. Am Gründonnerstag abends wurde in den Kirchen die Rumpelmesse abgehalten, bei der die Bürger sich schließlich in der Dunkelheit küssend und herzend auf dem Boden fanden. Hatten auch solche heidnischen Bräuche mit der Reformation aufgehört, die doch schließlich alles Kirchliche vertiefte, so hatten sich die Kleinbürger ihre naturfreudigen Vergnügen nicht nehmen lassen. Waren sie schon immer bei gewissen Handwerkerfesten und an bestimmten Feiertagen aufgeputzt auf die umliegenden Dörfer gezogen – der Ausdruck „Aufgeputzt wie ein Pfingstochse" stammt von einem solchen Fest der Fleischerzunft – so machten sie auch jetzt, in den Tagen größerer Sicherheit, gern ihre Ausflüge.

J. W. Meil: Die Seidenwirker im 18. Jahrhundert.

Welch realen Sinnes sie dabei waren, zeigt das Blatt von Chodowiecki: Wallfahrt nach Französisch Buchholz. Der gute Happen Pappen gab die Hauptlust. Das war ja auch das Selbstverständliche in einer Zeit, die oft den Wert des irdischen Lebens betonte und die sich bemühte, den religiösen Verstiegenheiten ein Ende zu machen und an Stelle der unduldsamen Glaubensschaften eine erkennende Wissenschaft zu setzen. Trotzdem das Nebeneinanderleben verschiedener Bekenntnisse nun auch die Toleranz und religiöse Freiheit im berlinischen Volke förderte – man ließ schon lange jeden nach seiner Fasson selig werden, ja manche zweifelten, ob ihr Gott denn besser wäre als der Gott des Nachbars und resignierten – wollten sich doch die Gläubigen nicht das alte Gesangbuch nehmen lassen, in dem neben widerlichster Blutrünstigkeit geile Wollust sich breit machte. Einige Lieder hatten den gleichen Gedankengang wie die schlüpfrigsten Schäferlieder. Die große Masse machte sich jedoch schon nichts mehr aus solchen kirchlichen Zwistigkeiten. Sie war von der Kirche abgerückt. Pastor Ziethe berichtet zwar, daß wohl einer der Hauptgründe der Abkehr von der Kirche in der Einführung eines neuen Gesangbuches gelegen habe, das Friedrich II. um 1780 verordnete und dem die damals recht aufklärerisch gesonnenen Prediger vergeblich Anerkennung verschaffen wollten. Die besten Lieder, selbst die von Gerhard, waren herausgestrichen (Friedrich II. nannte das prächtige „Nun ruhen alle Wälder" dummes Zeug) und die Bürger wären so erbost worden, daß sie die Kirchen mieden. Aber Pastor Ziethe nahm hier zu Unrecht Partei.

Wohl waren einige gute Gemeindelieder gestrichen, die Mehrzahl der beseitigten Lieder war roh und ordinär gewesen. Und wegen einiger Lieder hätten sich die Berliner gewiß nicht von der Kirche abgewendet. Das lag vielmehr in der Zeit, die sich von dem übertriebenen und in Überhebung verfallenen pietistischen Zwang abwendete, die außerhalb der kirchlichen Formen viel mehr wirkliche Religiösität und wahres Menschentum zu finden hoffte. Trotz Aufklärung und Philosophie äußerte sich aber noch oft der Hang zum Aberglauben. Das Kartenlegen und Wahrsagen aus Kaffeegrund spielte in Berlin stets eine Rolle. Das im übrigen sonst recht aufklärende Leben in der Großstadt änderte daran nichts. Mercier schilderte 1798 eine kleine Entdeckungsfahrt in diesen dunklen Winkel:

„Eines Abends begegnete ich vier schönen jungen Damen in einem von ihrer Wohnung ganz entlegenen Viertel der Stadt, es war kurz vor Mitternacht, und die Neugierde hieß mich ihre Spur

Der Schuster
Le Cordonnier.

verfolgen, weil ich sie persönlich kannte. Endlich erreichten sie eine Vorstadt, pochten in einer engen Gasse an einem Fensterladen, und stiegen durch die aufgeschlossene Türe eine schmutzige Treppe hinunter in eine unterirdische Höhle.

Ich hatte mich unterdessen vor einem der Fensterladen gelagert, dessen Spalten mir die Übersicht des ganzen Loches gewährten; im Hintergrunde lag eine scheußliche Gestalt auf einem Bette von zusammengerafften Lumpen, und nur an der schwachen Stimme konnte ich ein altes Mütterchen erkennen. Eine der Damen hielt eine kurze Anrede, mit einigen Lobeserhebungen untermischt, wie man ungefähr einen großen Gelehrten zu bekomplimentieren pflegt. – Ein junges Mädchen, wahrscheinlich die Tochter der Alten, trug sogleich ein Spiel Karten vor das Bette der Wahrsagerin. Führwahr eine malerische Gruppe, der Tod im Bette, das Leben vor demselben, und die Unschuld des dienenden Mädchens! Nun begann die Prophezeiung, ein Geschwätze von Wahrscheinlichkeit und Möglichkeit, von Hoffnungen und Versprechungen, mit welchen aber die horchenden Damen nicht wenig zufrieden zu sein schienen. Das hübsche Mädchen allein lehnte sich an den Ofen mit einer Miene, als wenn die ganze Szene wenig oder gar kein Interesse für sie hätte. Jetzt konnte die Alte vor Schwachheit nicht mehr reden, und die Tochter ging mit einem Teller bei den Damen herum, die milden Beiträge zu sammeln. Wie gerne hätte ich dem armen Kinde auch geopfert! Es war aber Zeit, mich zurückzuziehen, die Damen kamen mir auf der Ferse nach, und stritten sich heftig um die wahren oder falschen Gründe der Prophetin. Das Sonderbarste von allem war dieses, daß sich eine Dame in dieser Gesellschaft befand, deren Beruf es ist, solche Szenen auf dem Theater lächerlich zu machen; aber eben sie glaubte am meisten an den Wahrsagungsgeist der alten Lügnerin und warum? weil der vornehme Liebhaber, mit welchem sie gerade um diese Zeit umging, ihr zum Manne verheißen ward. Solcher Schlupfwinkel gibt es hier eine Menge."

Auch in der heutigen Zeit beschäftigen sich Tausende von Frauen des Kleinbürgertums und des Proletariats mit Wahrsagen durch Kartenlegen, Traumdeuten, Bleideuten, Sympathie, Tischrücken und allerlei andern Mitteln dieser Zunft. Es ist ein Wunder, daß diese Sucht, auf solche mehr oder weniger magische Weise irgendwelche Anhaltspunkte für die Zukunft zu finden, in dem nüchternen und auf seine unbestechliche Verständigkeit so stolzen Berlin so verbreitet ist – oder auch: Es ist kein Wunder. Denn die weibliche Seele begnügt sich nur ungern mit dem ganz Handgreiflichen.

Unter den Ausübenden aber sind manche absonderlichen Talente, die ihr Gewerbe bald mit außerordentlichem betrügerischen Raffinement, wie das durch Eberhard Buchner entlarvte Medium Frau Abend, ausüben oder die auch selbst an ihre eigenen überirdischen Kräfte glauben. Manche von ihnen ist fast gut bürgerlich eingerichtet. Die Mehrzahl aber haust irgendwo in den alten Winkeln der alten Stadt oder in dumpfigen Hinterhäusern. Im Vorzimmer oder in der Küche, in der die Kundinnen warten müssen, brennt nur eine kleine Funzel. Eine alte, dürftige Frau empfängt. Dunkle Katzen streifen herum. Und wenn man sich an das Zwielicht gewöhnt hat, erkennt man Dienstmädchen in alten Jacken, Frauen in schillernden Pelzen, ja, selbst Männer; Männer, von denen man meinen könnte, es seien Detektive ... Sie behaupten, daß diese Frau im Nebenzimmer, auf die alle geduldig warten, ihnen wichtige Hinweise zur Aufklärung irgendeines großen Diebstahls geben könne.

Chodowiecki: Bettelndes Soldatenweib.

Es ist, als wolle diese Stadt der Realitäten zugleich bekunden, daß es Dinge zwischen Himmel und Erde gäbe, von denen sich keiner träumen lasse. Jedenfalls ist ein starker Zug vom rein Realen fort oft in Berlin zu spüren gewesen. So allein ist auch der ziemlich starke Erfolg der Heilsarmee und ähnlicher Gemeinschaften zu verstehen. Sie erlauben eben einer beträchtlichen seelischen Erschütterung, sich heftig auszudrücken. Sie geben Raum und Anlaß für heftigere Gemütsbewegungen. So allein ist es wohl zu verstehen, daß vor einigen Jahren die begabte und temperamentvolle, vollblütige Hedwig Wangel unmittelbar vom Bühnenleben in die Heilsarmee entlief. Ähnliche Schicksale ereigneten sich in Berlin schon seit 150 Jahren.

Die vielen extremen Erscheinungen einer Großstadt traten im nördlichen Deutschland zum erstenmal auf und erregten die Gemüter. Berlin zählte am Ende des 18. Jahrhunderts doch schon 150.000 Einwohner. Da trat denn auch die Verlockung durch den Reichtum an die ärmeren Bürgertöchter immer stärker heran. Schriftstellern aus jener Zeit fiel es auf, daß die jungen Bürgermädchen große Putzsucht zeigten und auch gefährliche Wege nicht scheuten – um zu hübschen Kleidern und Hüten zu kommen. Aber das wird wohl in Berlin nicht schlimmer gewesen sein als an anderen Orten und zu anderen Zeiten. Eine andere Zeit als die bisherige, in der das niedere Volk noch geduzt worden war, meldete sich.

Friedrich Gedike berichtet darüber: „Noch sichtbarer ist das Hinaufdrängen der niederen Klassen bei dem weiblichen Geschlechte, was unter anderem schon aus dem jetzt häufiger gewordenen Gebrauche der französischen Anrede Madame und Mademoiselle oder wenigstens Mamsell – denn dem Sprachgebrauche nach scheint allerdings diese ver-stümmelte Form um einen Grad tiefer zu stehen als die vollständige französische – hervorgeht. Die Zahl derjenigen, welche diese Anrede für sich beanspruchen, hat sich seit kurzer Zeit unglaublich vermehrt. Frauen und Töchter jedes nur einigermaßen bemittelten oder bemittelt scheinenden Handwerksmannes machen auf dieselbe Anspruch, und sehen diesen Anspruch wenigstens in dem engeren Kreise ihrer häuslichen Verhältnisse erfüllt, besonders, sobald es ihnen beliebt, die Haube und Mütze mit

Chodowiecki:
Altes Weib, das in Berliner Tabagien i. J. 1758 Lieder auf die Siege Friedrich II. sang.

einem sogenannten Kopfzeuge zu vertauschen, welches letztere nun einmal ein konventioneller Beweis für die Rechtmäßigkeit des Anspruchs auf die Anrede mit Sie, Mamsell und Madame ist. Deshalb ist denn freilich sehr begreiflich, daß Haube und Mütze auch für die Weiber und Töchter des armseligsten Schreibers zu verächtlich geworden ist.

Überhaupt ist es – nicht eben sehr vernünftig, aber doch sehr gewöhnlich, daß sich die Anrede einer unbekannten Person nach der Kleidung richtet, und daß einer und derselbe Du, Ihr, Er oder Sie heißt, je nachdem er besser oder schlechter gekleidet erscheint. Dokumente für diese Ansprüche der weiblichen Personen aus den niederen Klassen auf Gleichheit der Anrede mit den höheren sind unter anderem die halbgedruckten Gevatterbriefe, in welchen die Küster, wenigstens die Berliner, mit den beiden französischen Prädikaten Madame und Mademoiselle so freigebig sind, daß selbst die weiblichen Dienstboten der niederen Klassen, Köchinnen und Stubenmädchen, mit dem Prädikat Mademoiselle beehrt werden." Ein wenig lächerlich erscheint uns das Gejammere über dies Zeichen einer neueren Zeit.

Persönlichkeiten traten damals wenig aus der Masse hervor. Eine immerhin eigenartige Person war die Karschin, eine Autodidaktin, die mit ihrer improvisatorischen Art in den Jahren nach dem Siebenjährigen Krieg einem breiteren Publikum sehr gefiel und in der Königlichen Familie vorgestellt wurde und Proben ihres dichterischen Talents ablegte. Sie hatte schon manche trüben Erlebnisse hinter sich, als sie im Alter von 38 Jahren nach Berlin kam, war unglücklich verheiratet gewesen und hatte gar keinen praktischen Sinn. Zu Anfang war man begeistert von ihr. Alles lief ihr zu, beschenkte sie oder kaufte ihre gerade nicht klassischen Gedichte. Als sie aber keine Entwicklung zeigte, als Lessing und andere die Mängel ihrer Produktion aufdeckten, ließ man sie unbeachtet stehen. Die Sensation war befriedigt. Sie geriet in Armut, die allerdings durch bestimmte Bezüge und durch manche freundschaftliche Zuwendung gemildert wurde. Übrigens war sie leicht zufrieden zu stellen. Eine fröhliche Bewirtung konnte sie ungemein vergnügt machen, so daß ihr den ganzen Abend improvisierte Gedichte entquollen. Dabei zeigte aber auch sie den merkwürdig kecken Ton des Berlinertums. Als ihr Friedrich II. auf eine Bittschrift 2 Taler schickte, sandte sie es eingesiegelt mit folgendem Vers zurück:

Zwei Taler gibt kein großer König;
Ein solch Geschenk vergrößert nicht mein Glück.
Nein! es erniedrigt mich ein wenig;
Drum geb' ich es zurück.

Als er ihr ein andermal 3 Taler sandte, quittierte sie im bitteren Ton:

Aber für drei Taler kann
In Berlin kein Hobelmann

Mir mein letztes Haus erbauen;
Sonst bestellt' ich ohne Grauen
Heute mir ein solches Haus,
Wo einst Würmer Tafel halten
Und sich ärgern über'n Schmauß
Bei des abgegrämten alten
Magern Weibes Überrest,
Die der König darben läßt.

Erst der Nachfolger des alten Fritzen erfüllte ihre Bitte, schenkte ihr ein Haus, das ihr einen kleinen Überschuß brachte, den sie aber nicht mehr lange genießen konnte – sie starb 1791, beinahe 69 Jahre alt.

Sie hatte viel vergehen und entstehen sehen. So ward am Ende des 18. Jahrhunderts der Tiergarten immer mehr zum Ausflugs- und Belustigungsort der Berliner. 1788 stieg Blanchard mit seinem Luftballon vom Exerzierplatz vor dem Brandenburger Tor auf – bei einem unbeschreiblichen Andrang der Bevölkerung, unter der sich viele Damen mit ballonartigen Hüten und allerlei an die Luftschiffahrt erinnernden Hutschmuck befanden. Zur selben Zeit wurde die Rousseauinsel angelegt und aus den Sümpfen des südwestlichen Tiergartens ein englischer Park gemacht. Hier promenierten in den eleganten Kaffeegärten morgens im Sommer Frauen und Mädchen der reicheren Kreise zur Brunnenkur; andere vertieften sich unter einem Baum in ihre Lektüre, und Liebespaare schäkerten – nach einem Bericht – ungeniert umher oder verschwanden wohl auch Hand in Hand in den dichten Laubengängen. In den späteren Vormittagsstunden führten die Mütter ihre Kleinen in den Park. Am Eingang zum Tiergarten standen im Schatten der ersten Bäume Händler mit Branntwein, Brezeln, Semmeln und Würstchen – ein Zeichen, daß Berlin damals noch im ganzen eine kleinbürgerliche Stadt war und daß ein Platz von der Größe des Tiergartens noch allen Klassen ein gemeinsamer Erholungsort sein konnte. War damals doch noch Charlottenburg ein bevorzugter Ausflugsort der Kleinbürger, die auf Stühlen, Bänken und auf Bauholz unter den Linden auf beiden Seiten der Straße saßen und Weißbier tranken. – Großen Komfort verlangte niemand. Wurde doch sogar erst von Friedrich Wilhelm III. die große Fahrstraße fertig chaussiert. Das alles entsprach noch den einfachen Lebensgewohnheiten jener Tage, wo im Anfang des 19. Jahrhunderts für die gutsituierte Gesellschaft des Westens von Herrn George, Tiergartenstraße 9, des Mittwochs zum Abendessen „frische Wurst" angekündigt wurde und wo in den Zelten und anderen bürgerlichen Lokalen die Frauen beim „Mohrrübenkaffee" ellenlange Strümpfe strickten und die jungen Mädchen mit den Häkelhaken klapperten und zugleich den Studenten und Referendaren Blicke zuwarfen. Der Tiergarten war

Die Karschin.

Weindauer 1830: Bettelweiber.
„Wat gibt sie denn vor det Balg den Tage
Miete zum Betteln gebn?"
„Icke, sieben Silbergroschen."
„Det sollte mir fehlen, mit Bälger schleppen. Da gebe ick
doch lieber acht Silbergroschen. Da kriege ick den schönsten
blinden Mann, un der muß alleene lofen."

inzwischen wieder zum Wald verwildert. In der Franzosenzeit und auch noch mehrere Jahre später war kein Geld für die notwendige Melioration vorhanden, für die Lenné Pläne entworfen hatte. Erst im Jahre 1833 konnte mit ihrer Ausführung begonnen werden, nachdem die innere Stadt durch die klassischen Bauten Schinkels – die Neue Wache, das Schauspielhaus, das Alte Museum u.v.a. Gebäude – verschönt worden war. 1844 wurden der Zoologische Garten und der Krollsche Wintergarten eröffnet.

So wurde der Tiergarten den Berlinern immer wertvoller. In der Mitte des 19. Jahrhunderts hatte er geradezu eine vorherrschende Stellung im Leben Berlins. Als Vergnügungs- und Erholungsort bedeutete er viel mehr als heute. Dort, wo heute der Königsplatz mit seinen Anlagen sich ausbreitet, weitete sich früher ein Exerzierplatz, auf dem das einfache Volk sich vielfach in jener Art vergnügte und erholte, wie es das später auf dem Tempelhofer Felde machte. Der Bürger zog hinaus nach den Zelten und ließ sich wohl auch bei Leierkastenmusik von dort auf großen Booten nach Moabit übersetzen, wo noch keine hochummauerten Straßenzüge standen, sondern Kaffeegärten auf den Wiesen eine bescheidene Sommerlust boten. Die vornehmere Welt ging in den Krollschen Konzertgarten oder auch in die Reste der vielen Lokale, die meist am Rand des Tiergartens in der Nähe des Landwehrkanals lagen. Auch beteiligten sie sich am Korso, der einige wirkliche Blütejahre sah und viel Volk anlockte.

Berlin war eben noch eine Stadt, deren Dimensionen noch nicht das Volksleben in soviel Teile wie heute auseinandergedrängt hatte. Die ganze Bevölkerung konnte sich noch in einem Park zusammenfinden – einem Park, der heute weniger eine allgemeine Erholungsstätte als ein Lustgarten für die bemittelten Anwohner und deren Kinder ist.

Trotz der besseren Luftverhältnisse in der Stadt, die noch nicht 200.000 Einwohner zählte, waren die Gesundheitsverhältnisse nicht die besten. Der Oberstaatsmedikus Dr. Formey schrieb 1796 über die Wohnungshygiene: „Überhaupt tragen die elenden Wohnungen, die der gemeine Mann in Berlin hat, zu den Krankheiten dieser arbeitsamen Klassen unserer Mitbürger viel bei, und die vielen Bauten in Berlin sind ein wahres Unglück für sie. Jeder, der ein altfränkisches Haus, worin dergleichen Leute wohnten, niederreißt, erbaut an dessen Stelle ein Prachthaus und richtet es zu großen Wohnungen für wohlhabende Leute ein. Daher sind in Berlin große Wohnungen im Überfluß, kleine hingegen werden immer seltener und teurer, und der Arme findet kaum ein Obdach für sich und die Seinigen. Er schränkt sich daher immer mehr ein und behilft sich mit einem einzigen Zimmer, worin er nicht allein sein Handwerk treibt, sondern auch mit seiner ganzen Hausgenossenschaft wohnt und schläft. Bei den hohen Preisen des Brennholzes versperrt er nun im Winter der äußeren Luft allen Zugang aufs sorgfältigste, und so leben diese Menschen in einer Atmosphäre, die beim Eintritt in ein solches

Zimmer jeden Menschen zu ersticken droht." Formey klagt auch über die Verunreinigung des Spreewassers, das an sich gut, aber durch die Sitte der Berliner, die Nachteimer hineinzuleeren, die Quelle schwerer Gesundheitsschädigungen würde, zumal da der Unrat nicht mitten in den Strom, sondern auf die Seiten, wo er oft lange liegen bleibt, oder sogar in die Schleuse, die des Nachts verschlossen bleibt, ausgeschüttet wird. Er tadelt ferner die Neigung der Berliner, Bier, Kaffee und Tee zu trinken. Bier und Kaffee seien so allgemein eingeführt, daß es kein Haus und keine Haushaltung gibt, wo sie nicht täglich genossen werden. Er eifert namentlich gegen den Tee, dessen häufiger Genuß zu Nervenanfällen Anlaß gibt. „Es gibt Leute in Berlin, die den Kaffee so häufig wie die Türken und den Tee so übermäßig als die Chinesen trinken." Man führe allerdings auf den Genuß von Tee und Kaffee die Abnahme der Blasensteine, Kröpfe und der Lungensucht zurück. Der Branntwein ist das Lieblingsgetränk des gemeinen Mannes. „Es müßte schlechterdings nicht gestattet werden, daß sich Menschen zum Branntweintrinken an einem Orte versammelten." Seine Klage nutzte aber nicht viel. Vom Jahre 1800 bis 1819 stieg die Zahl der Branntweinschänken von 150 auf 567! Die Zeiten der großen Kriege hatten das Volk verarmt und dem Schnaps zugeführt. – Im Berlin vor hundert Jahren gab es ungefähr 12.000 Arme, die ohne Hilfe nicht bestehen konnten. Die napoleonischen Jahre hatten dem Volke nur schwere Lasten gebracht. Hatte es zuerst wohl dem Sieger hier und da zugejubelt, so war es bald eines anderen belehrt worden. Den Franzosen fiel es nicht ein, ihre Freiheit den Besiegten zu bringen. Sie beuteten die Unterjochten nur gründlich aus. Nur indirekt kamen die neuen Zeiten. Die Machthaber erkannten, daß zur Befreiung andere Zustände als die bisherigen nötig waren. Des Volkes Kräfte mußten sich freier regen und entfalten können. So kam das Ende der Leibeigenschaft, und so kam auch nach dem Unglückskrieg von 1806 die städtische Selbstverwaltung.

Franz Krüger: Blumenmädchen 1829.

Der Abzug des Feindes gab dann allerlei Gelegenheiten zu Illuminationen und Volksfesten. Er hatte übrigens noch Spuren hinterlassen: Im Jahre 1809 war jedes fünfte Kind ein unehelich geborenes, im Jahre 1810 nur noch jedes sechste. Die wirtschaftlichen Verhältnisse waren noch so unsicher, daß fortwährend Brandstiftungen und Einbrüche gemeldet wurden. Sonst hatten sich die Frauen aus dem Volke ganz gut gehalten. Eine Gastwirtin Voigt, die an der Köpnicker Brücke wohnte, verpflegte 1806 nach den ersten verlorenen Schlachten viel Soldaten, die nach Kolberg zogen. Und die Art, wie die Frau aus dem Volke überhaupt dem Sieger entgegentrat, illustrierte Gottfried Schadow. Eine französische Wache ruft eine Wäscherin an. Die ruft zurück: „Jott, hab Sie sich nich! La Vache!"

Pfui Deibel – Noch eenen!

Schüchtern und ängstlich war die Frau aus dem Volke in Berlin überhaupt nicht. In einer kleinen Biedermeierszene von Glaßbrenner schildert er, wie eine Kleinbürgerin resolut von Franz Liszt, der mit Begeisterung empfangen worden war, ein Wohltätigkeitskonzert verlangt. Aber es gab auch feinere Menschen im Volke. Paul Heyse, dessen Eltern am Weidendamm in einem einfachen Hause wohnten, erzählt aus seinen frühen Kinderjahren: „Ich sah im Geiste wieder den dicken jungen Wirt, der dort mit seiner blassen, schwindsüchtigen Schwester hauste. Sie war zu zart für diese Umgebung, saß still in ihrem Stübchen mit einer Näharbeit und sah unseren Spielen zu oder rief uns herein, uns Kuchenwerk zu geben und Geschichten zu erzählen. Zuweilen wurde für die Schenke ein Schwein geschlachtet. Dann mußte ich meinen Kopf in den Schooß des Mädchens legen, und sie hielt mir fest die Ohren zu, damit ich das Todesstöhnen und Röcheln nicht hören sollte. Ich hatte sie sehr lieb. Als sie gestorben war, führte mich ihr Bruder in das niedere Zimmer, wo sie im Sarge lag, und deutete stumm auf das feine, wachsbleiche Gesicht, während ein Weinkrampf seine derbe Gestalt erschütterte."

Damals gingen die Frauen noch mit der Kiepe an den Fluß, um zu waschen. Das ganze Leben war noch robuster. Oft kamen schwere Seuchen, wie im Jahre 1837, die das Volk nicht zarter machten. Den Frauen im Volke sagte am meisten die blutrünstige Lektüre der Geschichte vom Räuber Rinaldo Rinaldini zu. Es ist ja auch kaum ein volles Jahrhundert her, daß in der Stadt der Aufklärung und der Intelligenz von Amts- und Rechtswegen ein Scheiterhaufen errichtet wurde. Am 28. Mai 1813 war Berlin der Schauplatz einer Hinrichtung, deren Art an die dunkelsten Zeiten des Mittelalters erinnert. Zwei Menschen, ein Mann von 30 und ein Mädchen von 21 Jahren, wurden öffentlich lebendig verbrannt. Morgens um 6 Uhr wurden die beiden Verbrecher, die sich wiederholt der Brandstiftung schuldig gemacht hatten, aus der Stadtvogtei unter Begleitung der Gendarmerie und unter militärischer Bedeckung eines Detachements der Schützengilde sowie der reitenden Nationalgarde auf zwei großen Leiterwagen abgeholt. Auf dem ersten Wagen stand der Brandstifter Horst, von drei Gerichtsdienern an den Armen festgehalten. Auf dem zweiten saß die Diebin und Brandstifterin Christiane Delitz auf einem Bunde Stroh, neben ihr standen zwei Gerichtsdiener. Der traurige Zug ging langsam zum Oranienburger Tor hinaus nach dem eine halbe Stunde von der Stadt entfernten Schindacker, auf dem am Tage vorher der Scheiterhaufen er-

Die eine Bedienerin mit einem Luftballon in der Hasenheide niederkam.

richtet war. An zwei eingerammten Pfählen in seiner Mitte waren Sitze für die Verurteilten angebracht. Schon vom frühen Morgen an umgab den Hinrichtungsplatz eine doppelte Reihe von Nationalgarden, Infanterie und Kavallerie. Fast eine Stunde hatte es gedauert, bis der Zug zur Richtstätte gelangt war. Die Verbrecher mußten von dem Wagen steigen, das Urteil wurde ihnen nochmals vorgelesen. Dann breitete man eine Kuhhaut aus. Auf diese mußten sie sich, die Rücken gegeneinander gekehrt, setzen, und so wurden sie bis vor die auf den Scheiterhaufen führende Holztreppe geschleift. Tausende und aber Tausende von Berlinern waren herbeigeströmt, um das seltene Schauspiel mitanzusehen. Männer und Frauen, selbst Kinder, auch Angehörige der vornehmsten Stände. Reiche Kaufleute und hohe Beamte waren in Equipagen mit ihren Familien gekommen. Beide Verurteilten zeigten ungewöhnlichen Mut, was beim niederen Volke lauten Beifall erweckte. Ohne Sträuben ließen sich beide mit Leib, Hals und Armen an den Pfählen festbinden. Die Scharfrichterknechte zogen darauf den Verbrechern die Mützen über das Gesicht und zündeten den Scheiterhaufen an. Der starke Wind fachte das Feuer bald zu hellen Flammen an. An solchen traurigen und verrohenden Vorfällen war damals kein Mangel. Bestand doch die Prangerstrafe bis 1848. Während des Märzjahres wagte die Behörde sie nicht anzuwenden. Aber sie ist später noch oft in Übung gewesen.

Dörbeck um 1850: Ekel, wenn er nun nich jeht, werd ick ihm jleich zeigen, was ne Harke is.

Vor dem Jahre 1848 war Berlin in seiner Hauptmasse ein kleinstädtisches Straßengewimmel. Manche Straßen waren aber auch damals schon nicht ohne bürgerliche Größe. Die Königstraße mit ihren Kaufmannshäusern, die Klosterstraße, der Molkenmarkt, das Schicklerhaus in der Gertraudtenstraße und viele andere Gebäude zeugten von einem beginnenden bürgerlichen Reichtum und Geschmack im Wohnen. Auch die Vorstädte mit ihren Sommerhäusern, Charlottenburg, die Potsdamer Straße und viele Repräsentationsgebäude gaben der Stadt eine gewisse Würde. Selbst die Kleinbürgerhäuser jener Zeit hatten Stil. Der Platz war noch nicht so beschränkt und ausgenutzt. Konnten doch Mendelssohns noch auf dem jetzigen Herrenhausgelände große Gebäude und Gärten bewohnen. Das Leben in den Straßen war allerdings vorwiegend kleinbürgerlich. In „Bunten Erinnerungen" beschreibt ein Zeitgenosse das vormärzliche sonntägliche Leben in der Leipziger Straße: „Welch ein buntes Gewühl in der schönen breiten Straße! Unteroffiziere mit kurzgeschwänzter Uniform und dem mit weißen Fangschnüren drappierten Tschako – ihre Liebchen zärtlich am Arme führend, die ihren dienenden Stand noch nicht unter großen Cachenieren und reich garnierten Strohhüten verbargen – Handwerksgesellen, à la Rösicke im ‚Fest der Handwerker' kostümiert, mit ‚Vatermörder, Schleife, Bolivar und Pfeife' – Kommis aus dem Gewürzladen, kennbar an den roten dicken Händen ohne Handschuhe, – lustige Studenten in burschikoserer Tracht als heute, die mit den Farben ihrer Landsmannschaften prangende Pfeifenquaste aus der Tasche des Flausches baumelnd, – an diesen flotten Burschen vorüberstreichend Grisetten, die damals noch den deutschen Namen ‚Schneidermamsells' führten, in kurztailligen, knapp über die hübsche Wade reichenden, mit kalbskeulenförmigen Ärmeln prangenden Kleidern, – in gemessenem Schritte das Heer der Geheim-Sekretäre mit ihren Ehehälften am gekrümmten Arme, während in ihren Fußstapfen das neunzehnjährige Töchterlein im bescheidenen, aber nicht ohne anmutigen Koketterie-Anflug aufgeputzten Kleidchen niedergeschlagenen Auges trippelt und dieses nur momentan aufschlägt, um sich den kecken Leutnant zu betrachten, der dem hübschen Mädchen unter den vorjährigen Strohhut schaut. Als drittes Glied hinter diesem zweiten weiblichen der geheimsekretärlichen Marschkolonne trottelt in schiefgetretenen Stiefeln das ‚jüngste Kind der Laune' des vielgeplagten Aktenmannes, in der linken eine in Papier gewickelte Butterstulle tragend, die zur Ersparung der Kosten im Schulgarten für den Magen des blondhaarigen, schafsmienigen Fritze bestimmt war, von welcher aber der gierige Jüngling, schon ehe das Tor erreicht ist, die gut gesalzene Butter – ‚4 Jroschen das Pfund' – abgeleckt hat. – Zwischen diesen verschiedenen Sorten ‚Berliner Menschheit' bewegt sich das elegante Völkchen der Auskultatoren und Referendarien. Im Jahre 1826 erkannte man sie vornehmlich an bunten seidenen Freischützwesten, ungeheuren steifen Vatermördern und an braunen, großköpfigen Fischbeinhüten, sowie an der ungenierten Art und Weise, mit der sie in die geöffneten Fenster des hohen Paterres hineinstierten, an welchen hinter Hortensien und Balsaminen – Gummibäume und Efeu waren dazumal noch nicht Mode – zarte Bankiers- und Rentierstöchter zu sitzen pflegten. – Während dies Getriebe die Leipziger Straße auf den Trottoirs – damals aus kleinen, stiefelfeindlichen und schusterfreundlichen Steinen bestehend – belebt, wackeln mitten in der Straße, gehüllt in Staub, mehrere noch in der Entwickelungsperiode begriffene Droschken, wiegen sich Herrschafts-Equipagen, gefüllt mit schönen und unschönen Exemplaren der zarteren Hälfte des menschlichen Geschlechts, galoppieren Sonntagsreiter mit bis zum Knie herausgerutschten Hosen, die Fußspitzen ängstlich den verlorenen Bügel suchend, die Hand krampfhaft in die Mähne des geplagten Mietsgauls gekrallt, während dieser, besonnener als sein Ritter, der scharf dahertrabenden gelben Leipziger Extrapost ausweicht."

Dörbeck um 1830: Um de Ecke schenken se Weißbier!

Intimer führte Glaßbrenner in das Treiben auf der Berliner Straße des Vormärz ein. An einigen Stellen dieses Werkes habe ich schon einige Abschnitte aus seinen Schilderungen gegeben, so auch in „Dienstboten". Hier mögen noch einige Bilder folgen:

„Ein kohlschwarzer Leichenwagen rumpelt langsam vorüber und knarrt mit seinen breiten Rädern das traurige *memento mori*; sieben Kutschen mit Menschen und Kummer folgen ihm, sie begleiten ein Stückchen Staub aus der Stadt, das sich nicht mehr putzt und keine Pläne mehr macht. ‚Verdammter Esel' schreit ein erzürnter Tischlerbursche, der eine Wiege und ein Hochzeitsbett karrt, und von einem drallen Schusterbuben unsanft gestoßen wird. Der Rentier streckt die lange Pfeife aus dem Fenster, verpafft ein Paar Blätter der amerikanischen Tabakspflanze, ohne dem Christoforo Colombo dafür zu danken, und sieht zu, welche Eile diejenigen Menschen haben, die nicht Rentiers; eine Schwalbe fliegt schnell über seine Nase. Einige trübe Wolken drängen sich zusammen und scheinen die Sonne verdunkeln zu wollen, von Zeit zu Zeit bläst ein kalter Wind über die sandigen Fluren der Mark Brandenburg; ganz in der Ferne läßt sich ein Gendarm sehen. Nun wird es lebendiger und immer lebendiger. Die Eckensteher taumeln schon vor den Schnapsläden, die Brauerknechte jagen mit langen tonnenbeladenen Wagen durch die Stadt und bringen den Tabagiewirten und Viktualienhändlern das vortreffliche Weißbier, auch die Destillateure, die Priester Bachus II, laden ihre Fässer auf und sorgen für Witz und Roheit, Militär zieht mit lärmender Musik durch die Straßen, zu Fuß und zu Pferde. Die hübschen Tänzerinnen fahren zur Probe, damit sie sich nicht erkälten und abends ihre Füße nicht heiser werden. Die Zettelankleber, mit kleiner Leiter und Kleisterfaß, benachrichtigen die Berliner durch große Affichen ‚wat heute los is', ‚wat jejeben wird' und ‚wo se heute den Dollen ausdreiben'. Musikanten, blinde und lahme, gehen in die Höfe und erspielen oder ersingen sich ein paar Pfennige, die ihnen bald aus diesem, bald aus jenem Fenster zufliegen, jener Schneiderbursche, welcher soeben von seiner Meisterin eine Maulschelle empfing und zur Tür hinausgeworfen wurde, hört zu einer alten Harfe von kreischender Stimme das Lied:

Dörbeck um 1830: Aber, mein Herr, das verbitte ich mir, das finde ich von Ihnen sehr inklusiv!

Was soll ich in der Fremde tun?
Es ist ja hier so schön!
Sie reichte mir die zarte Hand
Und sprach: Nun kannst du gehen!

Die Höker und Hökerinnen rufen ihre Waren aus, die Männer im tiefsten Basse, die Weiber mit heiser kreischender Stimme, je nachdem die Jahreszeiten wechseln, hört man: ‚Beeren, Beeren, Beeren!' ‚Kiirsch, Kiirsch!' ‚Eepel, Eepel, Eepel!'[10] ‚Koft Pflaum!' ‚Radi, Radi, Radi!'[11] ‚Rüberett, Rüberett, Rüberett!'[12] ‚Bücklingeeh!' ‚Stiint, koof Stiint!'[13] ‚Spandauer Zimmtprätzel, Spandauer!' ‚Flootmielek!'[14] ‚Neun Ogen, Fisch, Fischi!' ‚Karebsa, Krebs!' Die fortlaufenden Hausartikel und Ausrufungen dagegen sind: ‚Koof Beß, Beß!'[15] ‚Sand, weißen Sand!' ‚Klamir, Klam!'[16] ‚Koof Stitz, Stitz!'[17] ‚Kien, Kien!' Der Lumpensammler, genannt Plundermatz, karrt seinen Kasten langsam von Haus zu Haus, pfeift und ruft: ‚Plundern, bring Plun!' Die mit alten zerrissenen Hemden, Tuchflicken

Dörbeck um 1830:
Dhun Se mich den Gefallen und reden Se nich von desjenige.

Tuchflicken und anderen Embryos der Literatur und Intelligenz herantretenden Weiber und Kinder erhalten von diesem wichtigen Staatsmanne Stecknadel, Zwirn, Fingerhüte usw. Der Gipsfigurenhändler trägt auf seinem Kopfe ein langes Brett, auf welchem die Büsten fürstlicher Häupter, Schiller, Goethe, die medizäische Venus, ein großer Hund, mehrere die Köpfe bewegende Katzen und andere Figuren stehen, und schreit: ‚Figurika, schöne Figura kaaf!' Auch der Bürstenbinder trägt seine Ware durch die Stadt und ruft ‚Bürst, Bürst!' Der Nadler: ‚Mausefallen, Brille, Nähnadel, wer kauft', und der Kesselflicker setzt sich mit seinen rußigen Weibern und Kindern vor einem Hause nieder, schnarrt seinen Spruch: ‚Ha'n Se nischt zu löten, Teekessel auszukloopen, Löffel zu gießen, Töpfe zu flechten, Lampen zu löten?' schnell herunter und klopft und flechtet und lötet dann auf offener Straße mit Hilfe eines Kohlentopfes.

Der Mittag ist herangekommen, die vornehme Welt promeniert ein wenig, die Garçons und Studenten gehen in die Restaurationen, Gasthäuser und Weinstuben, ihren Hunger und Durst zu stillen, die Kinder spielen, die eigentlichen immerwährenden Straßenjungen haben sich bei den Küstern der Kirchen erkundigt, wo Hochzeiten, Kindtaufen oder Leichenbegängnisse stattfinden, und verdienen sich ein paar Groschen mit dem Öffnen der Kutschen, springen hinauf und versehen die Geschäfte der Bedienten. Zwei blau equipierte Beamte, von der Regierung Armenwächter, vom Volke Bettelvoigte genannt, schleichen umher und suchen das zu verhindern, was die notwendige Folge der menschlichen Raub- und Herrschsucht ist: ein armer Handwerksbursche, der sich ein paar Groschen zur Weiterreise erbetteln wollte, wird gepackt und nach der Stadtvoigtei gebracht, eine fürstliche Equipage fährt mit raschen, strotzenden Pferden und goldgezierten Bedienten vorüber. Die Torfweiber tragen aus jenem Schiffe das schwarze Brennmaterial auf die Straße, reißen Zoten, schimpfen und prügeln sich, der Briefträger springt mit tausend Hoffnungen, Plänen und Wünschen Treppe auf, Treppe ab, auf der Brücke aber steht ein Unglücklicher und sieht hinunter in die dunkle Spree, welche vielleicht schon morgen über seinen Leichnam hinwegflutet. Die Kolporteure der Journale werfen ihre letzten Blätter in die Läden, ein magerer Zensor schleicht gekrümmt und mit Orden geschmückt an den Häusern vorbei, ein Verbrecher gegen die Menschheit, wahrscheinlich ein Dieb, wird von einem Gendarmen gefaßt, und ein erzürnter Meister gibt seinem Lehrburschen eine gewichtige Maulschelle und ruft: ‚Dir wird der Deibel schon holen!'

Es ist Abend geworden, die Theater sind erleuchtet, die Straßen werden es soeben, bunt strahlen die Gewölbe der Kaufleute. Ein Posthorn schmettert, der Fiaker schreit, daß man sich nicht überfahren lasse, ein Betrunkener wird mit lautem Jubel verfolgt. In den Restaurationen klappern die Billardkugeln, in den Schnapsläden und Weinhäusern klingen die Gläser, die Wagen rasseln und rollen, die ästhetischen Tees und die schlichten fröhlichen Familienfeste rauben den Straßen nach und nach

Sonntag im Vorort zur Biedermeierzeit.

ihr Leben. Die helle Akademieuhr unter den Linden zeigt auf Neun, die bedeutungsvollste Stunde für jene alleinwandelnden Damen, die feurige Blicke aus ihren verglimmenden Augen schießen und auch wohl die Männer ansprechen, wenn keine Polizei in der Nähe. Um zehn Uhr wird es schon still und leer, der Nachtwächter piept und ruft: ‚Zehn ist die Glock!' schließt die Häuser und legt sich auf die nahe Treppe, um von seinen Pflichten zu träumen – ."

Dies kleinbürgerliche Leben enthielt noch wenig Züge von der Erschütterung, die das Jahr 1848 brachte. Von weltstädtischen Zeichen war noch wenig zu spüren. Die Rinnsteine, die sich zwischen Bürgersteig und Fahrdamm befanden, nahmen alles das auf, was heute in die Kanalisation fließt. Bis lange nach 1870 waren diese Unratgräben und die darüber führenden Brücken ein Tummelplatz der Kinder. Primitiv wie Pflaster und Straßenreinigung, die noch von den Hauswirten jede Woche zweimal besorgt wurde, war auch die Beleuchtung. Die vielen Ölfunzeln und die wenigen Gaslaternen wurden nur angezündet, wenn „kein Mondschein im Kalender stand". Schmiede, Böttcher, Holzhauer – alle arbeiteten auf der Straße. Und da fast alle Öfen mit Holz geheizt wurden, standen überall Gruppen von sägenden und schlagenden Holzhauern. Diese Holzhauer fabrizierten auch die Pyramiden, die als Weihnachtsbaum früher den Kindern leuchteten. Ehe es Eisenbahnen gab, konnte der Weihnachtsbaum auch in Berlin nicht zur Herrschaft gelangen. Die Stelle des Baumes ersetzte damals die Pyramide oder, wie der Berliner gern sagte, „Perjamide", ein aus Holz und Papier gefertigtes Kunstwerk in Pyramidenform, das mit Lichtern, bunten Bändern usw. geziert wurde. Alle Festlichkeiten wurden überhaupt sehr wichtig genommen – wie auch heute noch im Volke, wo ein Geburtstag oder eine Taufe zu den höchsten Feiertagen gerechnet wird. Für Hochzeiten gab eine „anständige Familie" oft zwei Drittel ihrer Ersparnisse aus. Leute, die sonst so dürftig wie nur irgend möglich lebten, die sich von Kartoffeln, Kaffeeaufguß und Schmalz nährten, mußten in der Galaequipage zur Kirche fahren, wenn ein Familienmitglied heiratete. Hier wollten die Frauen, die sonst filzig und knauserig sich allen

Luxus und alle Vergnügungen der Großstadt versagten, geradezu leichtfertig werden. Solche Feste waren eben Höhepunkte ihres Lebens. Und sie hielten es vor den Märztagen im übrigen schon so, wie es später dem Volke im Kartoffellied empfohlen wurde. Dieser Lobgesang der Genügsamkeit entsprach so recht dem kärglichen Leben des untergehenden Kleinmeistertums, das noch jahrzehntelang in der Familie eine ziemlich rohe Tyrannei ausübte. Alles, auch das Geringste, mußte sich um den „Meister" drehen. Daß „Mutter" ihm den Rock auszog und die Tochter ihm die Hausschuhe an die Füße steckte, war ein Symbol für die Stellung der Frauen im Kleinbürgertum. Sie setzten meist nur ihren Willen bei Feierlichkeiten durch.

Zu den Feierlichkeiten gehörten im Volke auch die Ausflüge. Unsre Vorfahren, die alle die bequemen und fast immer bereiten Beförderungsmittel nicht kannten, die nicht auf Autobussen, Dampfern, Motorbooten, Eisenbahnen und Elektrischen jeden Augenblick ins Freie konnten, waren darum doch nicht weniger ausflugslustig als wir. Sie ließen sich auf den primitiven Wegen von den stuckernden Wagen durchschütteln, sie marschierten stundenweit und nahmen mit den anspruchslosen und schlichten Wirtshäusern vorlieb, schleppten sich selbst mit dem Proviant für den ganzen Tag und die ganze Familie – und waren doch dabei ausgelassen und lustig. Diese Lust an dem Laufen in der frischen Luft, unter Bäumen und durch die Felder ist auch unsern Vätern und Großvätern, Müttern und Großmüttern schon ein Quickborn des Lebens gewesen. Schon vor zweihundert Jahren begann im jungen Frühling die Auswanderung ins Grüne.

Wasserfahrten nach den Vororten sind von je beliebt gewesen. So schnell und so weit wie heute mit den Spree- und Haveldampfern kam man früher natürlich nicht. Aber der größte Reiz der märkischen Landschaft liegt ja in ihren Seen und in den weit ausgebuchteten Stromlandschaften. Das Kleinbürgertum begnügte sich mit Fußwanderungen nach den Nachbarorten. Die nächsten Dörfer

Dörbeck um 1830: Sie Mühlendammscher Jüngling,
beplanschen Se uns nich de reenen Strümpe mit Ihre nasse Achte!

Franz Krüger: „Herr Baron, fahren Sie mit, es fehlt bloß noch eene lumpigte Person!"

Schroeder: Kremser 1830.

Schöneberg, Französisch-Buchholz, Treptow, Stralau, Orte, die heute in das weltstädtische Stadtbild von Groß-Berlin aufgegangen und mit ihm verwachsen sind, wurden besucht. Solch ein Ausflug war ein wichtiges Ereignis. Die Familienmitglieder wurden mit Proviant beladen, als gälte es, eine wochenlange Wallfahrt anzutreten. Der derbe reale Sinn des genußfrohen Zeitalters hatte in den deutschen Bürgern frohe Proselyten gefunden. Sie schwärmten wohl für die Idylle, für Spaziergänge im Grünen. Aber diese Spaziergänge mußten auch Gelegenheit zu einem reich ausgestatteten Picknick geben. So konnte denn Chodowiecki die Kleinbürger mit ihrer Wallfahrt nach Französisch-Buchholz verspotten. Die jungen Männer zogen mit blauen Röcken, gelben Westen und Schnallenschuhen hinaus ins Freie. Die schönen und zierlichen Mädchen aber schmückten sich mit plissierten Reifröcken, feinen Handschuhen, Blumen, Federn und Bändern, als ginge es zu einem großen Tanzfest, aber nicht in Wald und Feld hinaus. – Einige Zeit später zeigten sich schon die ersten Anfänge der romantischen Naturschwärmerei, die gar nicht mehr an die realen Anforderungen des Lebens dachte. Als „Werthers Leiden" und die Rousseauschen Schriften in allen jungen Leuten die Sehnsucht nach der schlichten, nicht von der Kultur belasteten Idylle auslösten, als die Schönheit einer verfallenen altersschwachen Weide, aus der ein fröhlicher Frühling noch frische, grüne Triebe und Äste lockte, den wie Entdeckern aus den gestutzten Gärten des Rokokos in die Natur Ausziehenden Tränen entlockte, da schwärmten die romantischen Geister durch die nächste Nachbarschaft der Städte. Die ganze jugendliche Welt von damals ging in Naturschwärmerei auf. Liebespärchen kannten nichts Schöneres, als über die reichen Farben des Sonnenuntergangs in Entzücken zu geraten.

Dörbeck um 1830:
„Was gibt es da schönes Kind?"
„Gespickte Maikäber, Musjeh!"

Ein Ausflug, der in der deutschen Literatur eine Bedeutung von großer Traurigkeit gewonnen hat, schloß die romantische Periode jäh ab: Kleist, dessen Größe in dem gedrückten und zermalmten Berlin von damals kein Mensch recht beachtete, der sich in der niedrigsten Brotarbeit todwund arbeitete und so wenig Freunde fand, daß sie ihm nicht einmal die Hoffnung auf eine bessere Zukunft geben konnten, wählte einen Ausflug zum letzten Lebenswege. Vor sich die geliebte märkische Landschaft, den großen Wannsee mit seinen Kiefern- und Birkenufern, so gab er sich den Tod.

Nach diesem tragischen Ausflug setzte wieder eine heitere Periode ein. Die liebe freundliche Natur, die anspruchslos jedem Wanderer ihre Kraft mitteilt, ihn auffrischt und von all den niederdrückenden Schlacken der Stubenhockerei befreit, die ihre Schönheit frei und offen jedem bietet, der sie mit verständnisvollem Auge betrachtet, soll ja auch eigentlich nicht durch Schwermut und Lebensfurcht entweiht werden. Sie, die Schönste von allen, gibt ja so reichlich Lebensmut und Lebensfreudigkeit. Das Volk hatte das schon lange begriffen. In der ihm eigenen Zunftverfassung feierte es Feste, die mit dem Handwerksbrauch zusammenhingen: das Mottenfest der Kürschner und das Fliegenfest der Wollweber in Pankow und andern Vororten. Die Gesellen der Innung zogen dann aufgeputzt mit vorausmarschierender Musik zum Tore hinaus. Und die jungen Handwerkstöchter folgten ihnen ebenso wie die Meister mit ihren Familien. Im übrigen huldigte das Volk schon im 18. Jahrhundert dem System, das in den drastischen Berliner Worten verspottet wird:

Und so jehn wir und so jehn wir
Unser janzet Leben lang
Aus det eene Restorang
Mang det andre Restorang!

Später fuhren Mittelstand und Kleinbürgertum auf den Kremsern nach Charlottenburg hinaus, die am Brandenburger Tor hielten und von derben und verschlagenen Kutschern gelenkt wurden, Kutschern, die alle Vorübergehenden mit lauter Stimme und anzüglichen Redensarten zum Mitfahren nötigen wollten.

Berlin hatte damals erst zwei- bis dreihunderttausend Einwohner. Und alle die Ortschaften, die heute nur noch Vororte oder Nachbarorte sind, waren damals idyllische Dörfer wie Schöneberg und Friedrichsfelde.

Moabit war übrigens nicht nur ein Ausflugsort der feineren Gesellschaft. Jahrzehnte hindurch zogen Handwerksgesellen, Schreiber, Dienstmädchen, Näherinnen und viel andres kleines Volk sonntags hinaus, um auf den Wiesen Gesellschaftsspiele zu spielen – Blindekuh, Fangen, Topfschlagen und allerlei Pfänderspiele – und dann abends in den Gartenwirtschaften zu tanzen. Größere Fährkähne, auf denen ein Leierkasten bescheidene Musik bot, setzten die Ausflügler von den Zelten nach den Moabiter Wiesen über. Glaßbrenner schildert dies Leben sehr hübsch:

„Mit dem Ende dieses Gesanges ist das Ufer erreicht, die Musikanten bekommen hier und da einen halben Silbergroschen, die Schiffer ihr kleines Honorar für die Überfahrt, alles, was sich heute ‚jöttlich amüsieren‘ will, steigt aus und wandelt die kurze Allee hinunter bis zur ‚grünen Wiese‘, beschattet von dichtbelaubten Eichen und Linden und belebt durch unschuldige Spiele und fröhlichen Gesang.

Brendicke, halte mir, ick werde schwinnelig!

Die Bäume tragen hier ganz besondere Früchte: Leibröcke und Umschlagetücher, Stroh- und Filzhüte, Hauben- und Strickbeutel, von allen ist aber nur die letztere Frucht, deren eine Menge Abarten vorkommen, genießbar. Sobald die Schale geöffnet, stößt man zuerst auf das Fleisch dieser Frucht, nämlich auf ein Stück Hammelfleisch, Kalbs- oder Rinderbraten, von der Natur oder von der Köchin sorgfältig in ein Blatt der Berliner Intelligenz eingewickelt ...

Wer eine Gans gestohlen hat,
Der ist ein Dieb,
Und wer sie mir dann wiederbringt,
Den hab' ich lieb,
Da steht der Gänsedieb!

singt dort ein Kreis von Herren und Damen, wie sie sich sich nennen, ein bewegter Kreis von buntgeschmückten Köchinnen und früchtetragenden Mädchen, von Gesellen und Bedienten aller Art. So lange der Gesang dieser fünf Verse währt, dreht sich die menschliche Kette um den Gänsedieb, der in der Mitte steht, dann lassen sie sich plötzlich los, das Männchen greift nach einem fremden Weibchen, das Weibchen nach einem fremden Männchen, und das Wesen, das nicht so glücklich war, ein anderes Geschlecht zu erwischen, ist der Gänsedieb – oft eben der, der keine Gans genommen hat. Ich hätte genügende Gründe, dieses Spiel langweilig zu nennen, aber ich will nicht in den Fehler unsrer meisten Autoren verfallen, die eigentlich nur kritisieren, wo sie darstellen sollten und wollten.

Aber was singen sie dort, sie, in deren Mitte ein Mann mit verbundenen Augen geht und mit einem Stock irgendein Frauenzimmer zu berühren sucht? Treten wir näher!

Wünschen Sie vielleicht zu Hause beglitten zu sind? Ich bin derjenigte welcher!

Amor ging und wollte sich erquicken,
Doch das Ding, das wollte sich nicht schicken;
Er ging wieder
Auf und nieder,
:,: Bis er seine Schöne fand! :,:

:,: Ihm zu dienen, bin ich hier erschienen, :,:
Und dies Händchen
Soll ein Pfändchen
:,: Unsrer treusten Liebe sein. :,:

Mehrere Male sieht man den blinden Liebesritter vergebens stoßen und schlagen, ehe er auf ein weibliches Wesen trifft. Jetzt ist es ihm endlich gelungen, die Getroffene umfaßt ihn mit Wonne und dicken Händen, spaziert mit ihm im bunten Kreise herum und singt mit ihm:

Ach, ach, ach, mein allerliebstes Kindchen!
Reich mir doch dein zuckersüßes
Mündchen!
Fein gelinde,
Fein geschwinde,
Denn es geht zum Hochzeitstanz!

Hosemann 1835: Putzmacherin.

Schmatz! Da hat der befreite Ritter einen Kuß weg, der sich gewaschen hat, einen Kuß von zwei dicken, strotzenden, dunkelroten Lippen; einen Kuß, der acht Tage hindurch Spuren zurückläßt, entweder innerlich oder äußerlich! Zwanzig Schritte weiter spielen die gemütlichen Leute Blindekuh, wieder zwanzig Schritte weiter Bäumchenverwechseln, rechts geht der Plumpsack herum, links sucht eine maurergesellige Katze ein Hausmädchen-Mäuschen zu erhaschen, hier und dort liegt eine jubelnde Gruppe im Grase, ein Betrunkener auf der Nase, links und rechts aber, hinter den breiten Alleen, steht Wirtshaus neben Wirtshaus. In diesen ertönen Geigen und Bässe, Trompeten und Klarinetten, und alles, was nicht unter Gottes blauem Himmel spielt, tanzt hier unter der gläsernen Krone seinen Walzer und seine Galoppade; schmiegt sich einerseits schwitzend an die Brust des geliebten, tabak- und schnapsduftenden Mannes und schreit anderseits sein Juchhe während des wilden Drehens, knallt mit den Absätzen auf die Erde und bezahlt, sobald die Klingel der Musikanten ertönt, seinen Silbersechser für das genossene Vergnügen.“ So ähnlich war das Treiben der Ausflügler anno dazumal überall. Das war der Grundton aller Ausflüge: artige oder unartige Tändelei, frische Lust im Freien und körperliche Bewegung auf jeden Fall.

In Berlin wurde das bezeichnende Wort geprägt: „Keilerei und Tanzvergnügen“. Es galt besonders bei den Volksfesten in den Vororten.

Die Hauptsache war, daß die Feste Gelegenheit zum Trinken boten. Überall standen Buden, in denen Weißbier und Kümmel ausgeschenkt wurden. Der Schnaps spielte damals eine große Rolle im Volksleben. Viele Hausierer und Hausiererinnen schleppten Körbe mit Schnapsflaschen durch die Menge und riefen: „Vielleicht noch ’n feiner Berliner gefällig?“

Als dann nach Achtundvierzig neue Zeiten kamen, als aus den Handwerksgesellen Arbeiter wurden, verloren diese Volksfeste ihren Wert, die Massen strömen wohl immer noch hinaus. Aber es war nicht mehr das ganze Volk mit all seinen verschiedenen Klassen und Berufen.

Ein beliebter Ausflugsort des Kleinbürgertums, das ja immer noch seine Rolle spielt, war inzwischen die Försterei Finkenkrug in dem Laubwald hinter Spandau geworden. Leiterwagen fuhren die Familien mit Vater, Muttern, Kindern. Töchtern und deren Tanzgefährten hinaus. Mutter öffnete draußen das Berliner „Füllhorn“, und alle waren freundlich zu ihr. Auch Schöneberg war ein beliebter Ausflugsort. Ein Omnibus fuhr jede Person für zwei Groschen hinaus.

Hosemann: Biedermeiertanz.

Tragbares Gas.

In all diesen kleinen Ortschaften blühten die kleinen Gastwirtschaften, in denen die Schilder verkündeten: „Hier können Familien Kaffee kochen“, oder auch: „Der alte Brauch wird nicht gebrochen, hier können Familien Kaffee kochen.“ Hosemann hat uns ein schönes Bild von einem solchen behäbigen ländlichen Kaffeegarten entworfen. Vergnügt sitzen die Ausflügler an rohgezimmerten Tischen unter freiem Himmel. Die braune „Kaffeetante“ steht in der Mitte. Die meisten haben ein Tässchen vor sich. Großmutter gibt dem Hündchen, Vater bestellt die „Weißen“ oder „Braunen“, Onkel sitzt verquer auf der Bank und betrachtet verliebt sein Gläschen.

Ein beliebter Ausflug war in jener Zeit auch noch ein Spaziergang zur Milchfrau. An schönen Tagen ging wohl die Mutter mit der Tochter hinaus, kontrollierte die Sauberkeit der Ställe und Gefäße und erquickte sich dann an Kaffee, derbem Bauernbrot und saurer Milch im Schatten der Bäume vor dem Hause. Diese Ausflüge waren übrigens auch oft von ganzen sonntäglichen Gesellschaften unternommen worden. Der Milchbauer hatte dann zum Mittagkochen seinen Herd hergeben müssen. Nach dem Essen hatte sich die Gesellschaft im Wald oder unter dem Busch gelagert, geschlafen und gespielt, getrunken und gegessen. Abends wurde wieder der Leiterwagen oder der Kremser bestiegen und im Dunkeln heimwärts gefahren. War die erwartete Verlobung bis dahin nicht zustande gekommen – im trauten Nahesein und in der nächtlichen Finsternis überwand selbst der Schüchternste die Scheu ... Diese Kremserfahrten blieben lange ein beliebtes Ausflugsmittel. Jetzt werden sie nur noch ausnahmsweise ausgeführt. Wie sollten auch solche Fuhrwerke die Massen befördern, die heute aus den Großstädten von den Eisenbahnen, den Elektrischen und den Dampfern hinausgeschafft werden in die freie, erfrischende Luft und ins erquickende Grün?

Aber alle die Hunderttausende, die heute mit der Bahn hinausfahren, machen es genau wie ihre Mütter und Großmütter: Sie sind naturselig, schwärmen jeden stangenartigen Kiefernwald an: „Wer hat dich, du schöner Wald!“ – spielen im Walde und tanzen zur Grammophonmusik – essen „Stullen“, „Karbonaden“ und gekochte Eier – und gehen abends singend heim – immer paarweise – jedes Weiblein hat sein Männlein gefunden. Und der „Herr“, der vielleicht schon nachmittags mit dem Kopf in „ihrem“ Schoße geschlafen, dem sie die Mücken abgewehrt, legt zärtlich den Arm um ihre Hüfte – und sie nimmt ihm den Bierhauch nicht übel ... Bis in die Stadt hinein wird gesungen; und je enger es in der Vorortbahn ist, um so schöner. Wenigstens für die jungen Leute ... In diesen Kreisen werden an solchen Tagen noch die alten Berliner Humore wach, die sonst ein wenig durch die Jagd nach dem Gelde verblassen. Selbst die vielen Zugewanderten bekommen dann einen berlinischen Schwung und nehmen einen Witz, der auf ihre Kosten gemacht worden ist, nicht übel.

Diese Freude am Wortwitz ist aber fast nur noch in den Arbeiter- und Kleinbürgerkreisen zu finden. Nur wenige Kreise, die aus alten einheimischen Familien stammen, haben noch das Verständnis und das Empfinden für die schlagfertige und treffende, oft ironische Unterhaltung des Berlinertums.

Kleinbürger-Verlobung um 1850.

In der Biedermeierzeit war das anders. Da bildete Berlins Bevölkerung wirklich ein volkstümlich Ganzes. Die Menschen der Biedermeierzeit waren durchaus nicht einseitig. Romantische Empfindsamkeit galt ebensoviel wie die bescheidene bürgerliche Idylle. Behäbigkeit fehlte der Biedermeierzeit auch nicht. Und an Scherz und Satire scheint sie erst recht keinen Mangel gelitten zu haben. In dem Berlin der Biedermeiertage ist jedenfalls der eigentliche berlinische Witz zum erstenmal vollendet in die Erscheinung getreten. Die verschiedenen fremden Elemente, aus denen ja Berlins Bevölkerung schon seit Jahrhunderten besteht, hatten sich damals wenigstens in den führenden Kulturkreisen ganz bodenständig eingewurzelt. Die künstlerisch Regsamen gruppierten sich um den alten Schadow, um Rauch, Krüger – alles echte Berliner. Die politisch Regsamen verkehrten wohl bei Varnhagen und Rahel. Wissenschaftlich Interessierte traten mit den beiden Humboldts, mit Schelling und all den andern Größen in Verbindung, die in der ersten Hälfte des 19. Jahrhunderts die Berliner Universität schmückten. Alle diese Kreise lebten nun wiederum nicht für sich ein abgeschlossenes Leben,

Hosemann 1858: Die streitbare Madame.

sondern berührten fortwährend einander und nahmen am Wohl und Wehe des andern nachbarlichen Anteil.

Berlin war noch klein. Wer in der Leipziger Straße wohnte, wie Mendelssohns, der wohnte schon weit draußen. Das geistige Berlin lebte zwischen dem Schloß und der Mauerstraße. So konnten alle in kurzer Zeit zusammenkommen und in persönlichem Verkehr sich anregen, Ansichten und Absichten austauschen.

Das Leben der ganzen Stadt hatte etwas Einheitliches, was ihm heute fehlt: es war bürgerlich. Das Bürgertum hatte durch seine fleißige Arbeit die Aristokratie ziemlich überwunden. Viele vornehme Familien hatten auch in den napoleonischen Kriegen ihre Besitzungen verloren. Und so war denn überall ein bürgerlicher Zuschnitt des Lebens vorhanden. Selbst am Hofe war er beliebt. Friedrich Wilhelm III. war durchaus nicht für große Staatsaktionen eingenommen und haßte das steife Hofzeremoniell. Der Kronprinz aber lebte ganz wie die Künstler und Wissenschaftler, die er verehrte, verkehrte in Teegesellschaften, ging zu Liebhaberaufführungen und kannte auch in seiner Häuslichkeit keine höfischen Abendtafeln. Abends wurde nur Tee gereicht, kein Tischtuch gedeckt, sondern nur Rohrteller unter die Porzellanteller gelegt und nur nebenher während der Unterhaltung gespeist.

Die Unterhaltung, das geistige Miteinanderleben war das Ziel des Lebens. Aber es war nicht mehr die aristokratische Form der Unterhaltung. Das Bürgertum war herangewachsen und hatte alle Lebensformen durchdrungen. Auch die Bauformen waren diesem einheitlichen Zuge unterworfen. Und so hat wohl Berlin kaum wieder einen solchen geschlossenen künstlerischen Eindruck gemacht wie in den Biedermeierjahren, das äußere Berlin wie auch das geistige.

Solche Zustände waren geeignet, auch einen bestimmten Charakter der Bevölkerung klar und dokumentarisch zum Vorschein kommen zu lassen. In Wirklichkeit hat sich denn auch das Berlinertum nie so lebhaft und unverfälscht geäußert wie in der Biedermeierzeit. Zwar befanden sich auch damals genügend Fremde, nicht in der Stadt Geborene, in Berlin. Das war eben immer so – seit Berlin sich rührte. König berichtete ja schon Ende des 18. Jahrhunderts, daß er nur wenig „echte“ Berliner gefunden habe, wohl aber viele Zugezogene. Aber die Stadt und ihr Leben wandelten damals rasch die neuen Elemente um. Alle befleißigten sich, das Berlinertum anzunehmen.

Die Haupteigenschaften des Berlinertums aber waren damals seine Lustigkeit, sein Witz und seine Satire. Schon in Chodowiecki waren sie manchmal in die Erscheinung getreten. Er hatte sich über die kranke Frau lustig gemacht, die sofort gesund wird, wenn das neue Kleid kommt; er hatte über

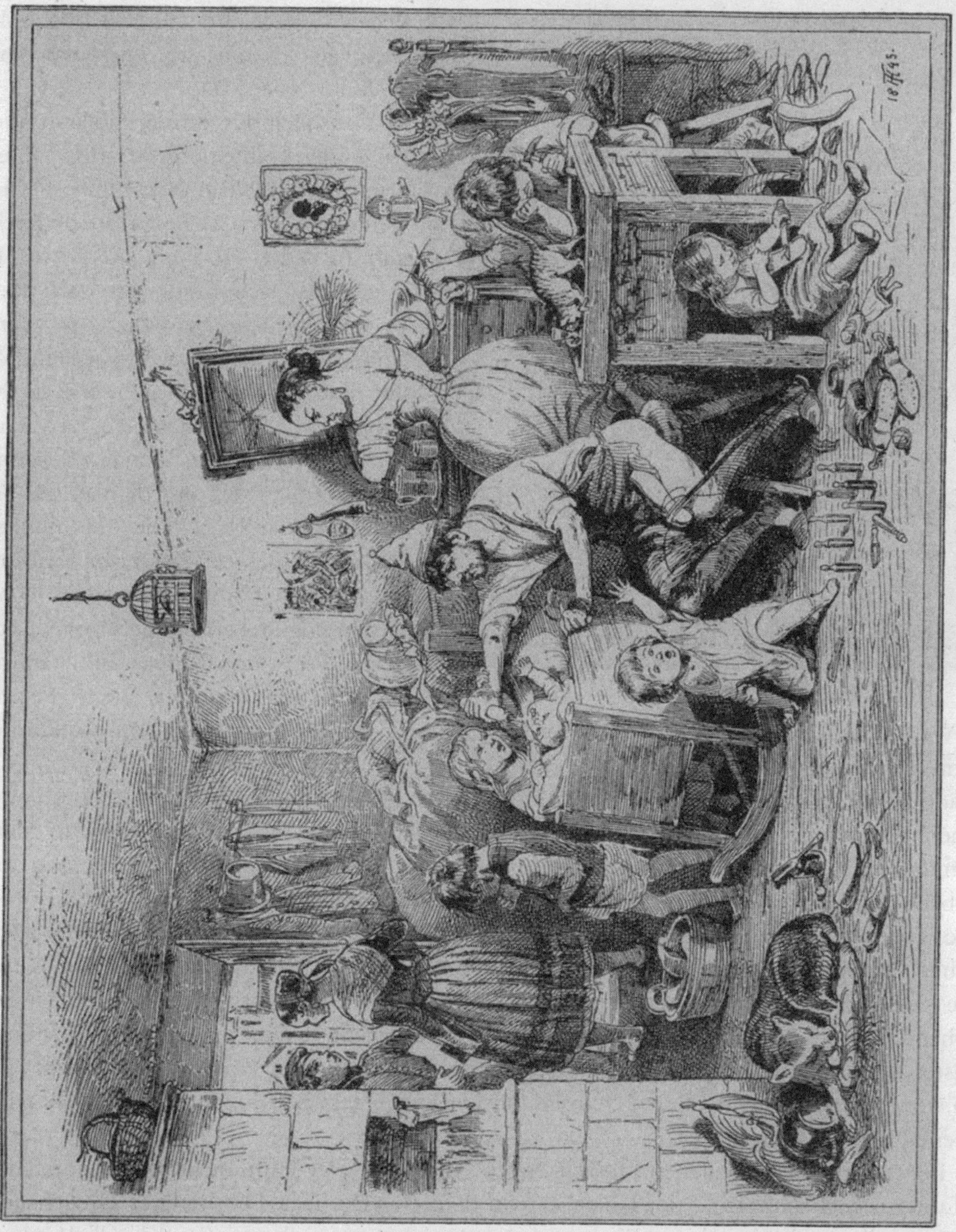

Hosemann: Schuhmacherfamilie.

Sonntag in Moabit. Volksspiele im Vormärz.

„disputierende, nicht zankende Schöne" gescherzt; er hatte die Berliner Kleinbürger gezeichnet, wie sie, mit Proviant aller Art beladen, nach Französisch-Buchholz ziehen, als hätten sie eine wochenlange Wallfahrt vor sich.

Das Kleinbürgertum gab nun auch der folgenden Künstlergeneration eine willkommene Gelegenheit, ihre berlinische Vergnügtheit zu zeigen. Gottfried Schadow gab hier den Ton an. Als guter Patriot machte er sich besonders gern über die Franzosen lustig. Sein Blatt, auf dem eine französische Schildwache mit dem Bajonett auf eine Waschfrau losgeht und sie ihm zuruft: „Jott, hab' Sie sich nich, La Vache!", ist ja ziemlich bekannt. Weniger bekannt aber wird das Blatt sein, auf dem er eine Tanzgesellschaft parodiert. Die übermütige Darstellung findet sich auf einer Einladung zu einem Fest Berliner Künstler. Unter der Zeichnung stehen die geflügelten, aus Angelys „Fest der Handwerker" stammenden Worte: „Na, dadrum keene Feindschaft nich!" Wahrscheinlich bezog sich Schadows Darstellung des Tanzvergnügens auf bestimmte Vorkommnisse im Künstlerverein.

Schadows Blätter leiteten ganze Serien von satirischen Schilderungen aus dem Berliner Leben ein. An ihnen beteiligten sich alle bekannteren Künstler. Auch Franz Krüger, der elegante Maler der Paraden und Reitausflüge, tat sein Scherflein dazu. Von einer Serie „Berliner Fuhrwerke", zu der wohl B. Dörbeck die meisten lieferte, wird ein Blatt ganz bestimmt Franz Krüger zugeschrieben. Es schildert die Kremser, die vor dem Brandenburger Tor hielten und die Berliner zu Ausflügen nach dem idyllischen Charlottenburg einluden, einem Dorf, das damals noch weit, weit hinter dem Tiergarten lag. Die Kutscher hatten das richtige Berliner Mundwerk. Laut und aufdringlich forderten sie die Vorübergehenden zum Mitfahren auf. Es kam ihnen auch nicht darauf an, zur Unterhaltung ihrer Fahrgäste, die wegen des langen Wartens ungeduldig wurden, mit den Vorbeigehenden ihre Späße zu treiben. Ein beliebter Ausruf dieser Kremserkutscher war: „Herr Baron, fahren Sie mit; es fehlt bloß noch eene lumpigte Person!"

Ein Blatt zeigt einen gefallenen Droschkengaul, der trotz aller Hilfe nicht wieder aufstehen will. „Des Luder is tück'sch!" sagte der Kutscher von dem elenden Tier. Die Berliner Droschkenpferde waren eben selbst in den behäbigen Biedermeiertagen nicht wegen allzu großer Schnelligkeit berühmt. Glaßbrenner berichtet das folgende Geschichtchen, das zum mindesten hübsch erfunden ist:

Einem „Droschkisten“ passierte ein merkwürdiges Schicksal: sein Pferd ging nämlich durch. Ohne den Zügel anzuziehen, saß er erstaunt da. Die Dame aber, welche sich in der Droschke befand, wurde ängstlich und schrie: „Um Gottes willen, lassen Sie mich heraus!“ – „Bleiben Se ruhig sitzen“, entgegnete der Phlegmatische, „ick kenne mein Pferd besser, det is nischt als Verstellung.“

Nein, die Berliner Kutscher befleißigten sich von jeher keiner allzu großen Liebenswürdigkeit. Ihr derbes, ungalantes Wesen entsprang allerdings weniger einer boshaften Absicht als vielmehr einer gewissen Ungelenkigkeit und Beschränktheit. Holt da ein Kutscher eine junge Dame von der Oper ab. Es regnet, und große Pfützen bedecken das recht fragwürdige vormärzliche Berliner Pflaster. „Kommen Sie man, Fräuleinken“, sagt der Kutscher zu der zierlich beschuhten jungen Dame, „ick habe Stiebeln an!“

Diese biedere Art wurde oft verspottet, die gutmütige Satire darauf ins Unendliche variiert. Forderte irgendein derber Handwerksmeister auf einem Tanzfest eine hübsch und sorgsam aufgeputzte Schöne zum Tanz auf. Sie blickt erschreckt auf seine derben Hände und fragt: „Doch nicht ohne Handschuh?“ Er tröstet sie: „Ick wasche mir nachher wieder!“ Freilich, es ist auch möglich, daß die Zimperlichkeit mancher Damen getroffen und die Unerschrockenheit und Unverfrorenheit des echten Berliners anerkannt werden sollte, der die kränkende Äußerung mit einer Zurechtweisung ihrer noblen Ansprüche erwidert.

Solche Charakteräußerungen des Berlinertums wurden in einer ganzen Reihe Blätter, „Berliner Volksleben“ und „Berliner Redensarten“, geschildert. Mit besonders großer Liebe wurde die Geistesgegenwart und das Sichnichtverblüffenlassen der Berlinerin behandelt. Bruno Dörbeck illustrierte eine ganze Anzahl solcher spitzfindigen und spitzigen Redensarten: der gar zu neugierige Student, der gern mit dem hübschen Dienstmädchen oder der niedlichen Kleinbürgertochter bekannt werden möchte, wird abgefertigt, als er fragt: „Was gibt es da, mein schönes Kind?“ – „Gespickte Maikäber, Musjeh!“ Und der gar zu aufdringlich Arm, Schirm und Geleit Antragende – eine Szene, die sich in vielfachen Variationen findet – wird resüsiert mit den deutlichen und offenherzigen Worten: „Ekel, wenn er nu nich jeht, werd' ick ihm jleich zeigen, wat'ne Harke is!“ Die lieblichen jungen Mädchen hatten ihren Mund auf dem rechten Fleck und wußten ihn auch gut zu gebrauchen. Zur Not machten sie auch aus den Fingern eine Harke und fuhren dem gar zu Aufdringlichen damit ins Gesicht. Bei dem „verwegenen Menschenschlag“, der nach Goethes Wort in Berlin lebte, war das vielleicht selbst in der Biedermeierzeit nötig.

Kleinbürger-Verlobung um 1850.
Gericken, mach mir nich tüksch, det sich nich meine Fäuste mit deine Backzähne familier machen.

Und auch die hübschen jungen Frauen, die zum Einkauf auf die Märkte gingen, durften nicht nur liebliche Geschöpfe sein. Die Berliner Höker- und Marktweiber waren allezeit gefürchtet ob ihrer furchtlosen Rede.

Dörbeck um 1830: Der eklige Wind. (Eine Schneidermamsell.)

Dörbeck hat eine von ihnen gezeichnet, wie sie zwischen ihrem Kram sitzt, die Arme verschränkt und herausfordernd fragt: „Wat, Sie will mir!"

In diesen Worten liegt die ganze kriegerische Stimmung des Berliner Marktweibes. Glaßbrenner hat im dritten Band „Berliner Volksleben" eine Anzahl Anekdoten von ihnen mitgeteilt, von denen hier noch einige stehen mögen:

Das Stehlen.

Mehrere Hökerinnen saßen auf einem Platz und unterhielten sich. Während des Gesprächs zog die eine aus Scherz der andern das Schnupftuch aus der Seitentasche. Diese bemerkte es erst, als die andern lachten, und sagte, indem sie das Tuch wiedernahm: „Det muß ick sagen, det Stehlen verstehste meisterhaft!" – „Na, hör' mal", antwortete die andre und sah sie ein wenig von der Seite an, „dein Lob könnte mir wirklich stolz machen!"

Die Stinte.

Eine Hökerin, welche Stinte zum Kauf umhertrug, ließ auf dem Hofe ihre Stentorstimme erschallen. Der Wirt dieses Hauses steckte seinen Kopf aus dem Fenster und rief: „Na, dummes Weib, geh Sie doch auf die Straße und schreie Sie hier nicht Ihre Stinte aus!" – „I", antwortete die Hökerin, „seh Er doch mal! Worum soll ick denn nich schreien? Wenn meine Stinte so'n großet Maul hätten wie Er, denn könnten se sich freilich alleene ausrufen!"

Gar keine Zeit.

Ein Herr fragte neulich zur Mittagszeit eine Hökerin, was die Glocke wäre.
„Nischt!" war die Antwort.
„Wieso?"
„Nu, et is noch nich mal eens!"

Aber nicht nur die Frauen wußten so drastisch zu antworten. Die Männer gaben sich auch keine Mühe, liebenswürdig zu ihren Käuferinnen zu sein. Das schöne Wort von den Ochsen, die auf Bratwürsten laufen, stammt von einem Berliner Marktfleischer.

Die großwerdende Stadt hatte natürlich auch in den untern Schichten eine gewisse Halbbildung erzeugt. Diese Halbbildung war denn auch oft ein Ziel des Spottes. Auf einem hübschen Hosemann-Blatt fragt eine Bäuerin eine Hökerin, was für eine Puppe auf dem Brandenburger Tor fahre. „Ja, nu, wat wird det sind! Alte römische Geschichte, Kurfürsten von Brandenburg, Siebenjähriger Krieg, det is et!" antwortete die Hökerin.

Aber nicht nur die Kulturzustände des niederen Volkes wurden verspottet. Die Berliner waren immer große Musikenthusiasten. Als Liszt spielte, fielen die Damen vor Enthusiasmus in Ohnmacht; der Sängerin Jenny Lind warfen sie ihre kostbaren Armbänder auf die Bühne. Die Begeisterung für die Musik drang in jede Familie ein; überall wurde musiziert. Webers „Freischütz" erregte einen unbeschreiblichen Taumel; jedes junge Mädchen sang: „Kommt ein schlanker Bursch gegangen", jeder Jüngling schmachtete: „Einsam bin ich nicht alleine", jeder Malergeselle übte auf seiner Leiter: „Durch die Wälder, durch die Auen", und jeder Bäckerjunge pfiff den Jägerchor oder „Wir winden dir den Jungfernkranz".

In einer solchen musiktollen Stadt gab es denn auch genug zu persiflieren. Und das Blatt „Wie die Berliner zwei Taler mit Gewalt loswerden" ging kräftig mit den Musiknarren ins Gericht. Die sentimental-dilettantische Hausmusik aber wurde von dem anonymen Blatt „Piano – forte" getroffen.

„Ick sage ja keen Wort, Herr Kumsarjus."
„Halt Sie's Maul! Sie raisonniert inwendig!"
(Vormärzliche Satire.)

Max Klinger: Märztage.

Auch an den Sittenzuständen gingen die Karikaturenzeichner der Residenz nicht still vorüber. Hosemann, der feine Zeichner des alten Berlinertums, hat manch solch Blatt geschaffen wie das „Alle Teufel – meine Frau!“ betitelte, auf dem ein abenteuerlustiger Ehemann entdeckt, daß ihn die bisher unbeachteten Schönheiten und Reize seiner eignen Frau verlockt hatten, als er sie auf dem Maskenball umwarb und um ihre Gunst anflehte.

In den Zeiten der administrativen Verwaltung, als noch keine Preßfreiheit den Ausdruck jeder beliebigen politischen Meinung erlaubte, als selbst die Werke der Bettina von Arnim noch allerlei schikanösen Verfolgungen der Polizeiorgane ausgesetzt waren, mußte die Karikatur auch gewissen politischen Anspielungen dienen. Auf einer Lithographie aus dem Vormärz verteidigt sich eine Reinigungsfrau gegen einen strammen Polizisten: „Ick sage ja keen Wort, Herr Kumzarjus!“ – „Halt Sie's Maul!“ fährt er sie an. „Sie räsoniert inwendig.“

Aber solche Blätter sind selten. Niemand mochte sich mit der allmächtigen Polizei einlassen. Höchstens wurden die allgemeinen öffentlichen Zustände gegeißelt. Das Berlin der ersten Hälfte des 19. Jahrhunderts war nämlich ebensowenig eine saubere, mit allen erdenkbaren Zivilisationserrungenschaften ausgestattete Stadt wie alle anderen Städte von anno dazumal. Die Mangelhaftigkeit des vom Staat unterhaltenen Berliner Straßenpflasters war geradezu sprichwörtlich, und der Dichter Ludwig Robert, ein Bruder der Rahel Varnhagen, machte sich das Vergnügen, in den ergötzlichen „Promenaden eines Berliners in seiner Vaterstadt“ zugleich Straßenpflasterung und Straßenbeleuchtung des vormärzlichen Berlin zu verspotten:

... Vier Monde dauern
Die dunklen Mysterien;
Und während vier Monden darf
Kein leuchtendes Lämpchen
In dem prachtvollen Berlin,
In der Hauptstadt der Brennen, brennen. –
Nur nicht ängstlich, mein Freund!
Nur ruhig! ich führe dich ja
Und kenne genau,
Empirisch, a posteriori,
Die Topographie der Vaterstraßen. –
Jetzt geht es bergauf,
Jetzo herab,
Gleich kommt ein Brückchen mit schwankendem Brett,
Ein Rinnstein jetzt.
Nun schreite, aber ich bitte, nur ja recht weit aus;
Denn hüben und drüben
Pranget in Häuflein
Der Schlamm der gereinigten Rinne.
Hier ist ein Loch im Pflaster,
Wir müssen hinein

Hosemann: Das überraschte Liebespaar. (Der tapfere Soldat.)
(Vor der Tür steht der Ehemann, von dem Frau und Liebhaber glaubten, er sei im Straßenkampf gefallen.)

Und jenseits hinaus.
Fluche nur nicht; das ist gottlos!
Es könnte der Teufel sein Spiel ...
Da hast du's! Da liegen wir beide am Boden!

Eine Lichtstadt wie heute war Berlin also damals nicht. Mit ihrem Blendwerk lockte sie niemanden. Von den Wohltaten der Kanalisation wußte kein Mensch das Geringste. Aber die Düfte, die bei der nächtlichen Reinigung der Gruben den Eimern entströmten, veranlaßten die Berliner doch, von „tragbarem Gas" zu sprechen. Sie waren überhaupt nicht allzu zart und schüchtern, die Berliner jener Tage. Selbst in den höchsten Kreisen zirkulierten eine Anzahl von kolorierten Blättern, auf denen saftige Witze, derbe Redensarten und unfreiwillige Entgleisungen illustriert waren. S. 354, 355 u.a. Doch bezweckten solche Blätter eigentlich nur die Darstellung des Kulturzustandes gewisser Schichten. Und mit Vorliebe wurde die Derbheit, Geistesgegenwart und Schlagfertigkeit der Frau aus dem Volke illustriert, wie auch ihre komische Redeweise, die oft die harmlos gemeinten Ausdrücke in ungewollte Zweideutigkeit umprägte.

Redensarten derber und doch harmloser Natur zirkulierten damals zahllos. Die Dienstmädchen gaben besonders viel Anlaß zu solchen Aussprüchen. Auf einem Blatt ist einer festgehalten. Ein Dienstmädchen, das eine Torte trägt, ist von einer blinden Harfenspielerin angerannt worden. Sie ruft der Blinden zu: „Kann Sie nich sehn, Sie, blinde Kammermusikussen?" Auch Glaßbrenner hat einige solcher klassischen Aussprüche von Berliner Dienstmädchen aufgezeichnet:

Glücklicherweise kein Malheur.

Eine für alles, die von ihrer Herrschaft bei einer Lustfahrt über Land mitgenommen worden und das Unglück erlebt hatte, daß der Wagen umwarf, erzählte diesen Vorfall ihrer Hauskollegin und äußerte schließlich: „Ja, et is noch en wahres Jlück, det bei det Unjlück jlücklicherweise keen Maleer passiert is."

Es gab aber auch unter den Dienstmädchen genug, die deutlich und mit aller berlinischen Pfiffigkeit antworten konnten. Ja, sie wußten sich auch damals schon im Leben zurechtzufinden. Selbst die Ärmsten, die Bettelweiber, verstanden ihren Vorteil zu suchen. Weindauer, von dem wir leider nur wenige Berliner Blätter besitzen, hat eine Bettlergruppe von ausgezeichneter kräftiger Echtheit gezeichnet. Dies verschlagene Weib, das sich einen Blinden als Aushängeschild für seine Bettelei nimmt, könnte auch von einem heutigen dargestellt sein, könnte auch heute noch sein unverfroren-herzloses Wesen treiben.

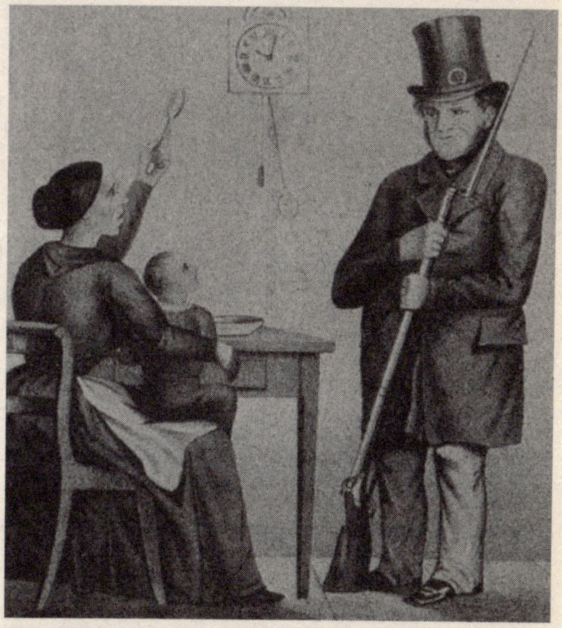

Die Nachtpatrouille. „Aber Heinrich, es is ja gleich 10 Uhr und du holst das verdammt Jewehr schon wieder aus der Ecke?" – „Liebes Kind, meine Pflicht ruft mir – wir haben heute bloß eene kleene Nachtpatrulje." – „Nachtpatrulje! Ich wees schon, was das vor eene Nachtpatrulje is! Morjen jeh ick bei Aschoffen, die Jeschichte mir die Nachtpatruljen muß uffhören oder ick steck des Jewehr ins Kamin." (Satire auf die Bürgerwehr 1848.)

Aus Berlins Belagerungszustand 1849:
Soldat: „Das hilft all nix! Sie sind 11 Personen, – ich arretiere Ihnen!“
Frau Willebrut: „Wat? Mir und die Meinigten arretieren? – Ne, det is schändlich!
Aber ick werd an Wrangeln schreiben! Wenn der Mensch nich mal mer eenen Jatten
un 9 Kinder haben darf, denn hol der Deibel den ganzen Belagerungszustand.“

Doch blieben auch die höheren Kulturgebilde nicht von der Ironie verschont. E. T. A. Hoffmann schildert in seinen Schriften des Kapellmeister Kreisler einmal spöttisch, wie die Töchter des Hauses sich von den Gästen quälen lassen, wie sie sich zieren und drehen, nur um zum Gesang genötigt zu werden. „Das Talent der Fräulein Röderlein ist wirklich nicht das geringste. Ich bin nun fünf Jahre hier und viereinhalb Jahre im Röderleinschen Hause Lehrer. Für diese kurze Zeit hat es Fräulein Nanette dahin gebracht, daß sie eine Melodie, die sie nur zehnmal im Theater gehört und am Klavier dann höchstens noch zehnmal durchprobiert hat, so wegsingt, daß man gleich weiß, was es sein soll ...“

Hoffmann blieb nicht allein mit seiner Kritik der übertriebenen Höflichkeit und gesellschaftlichen Unaufrichtigkeit, durch die junge und alte Dilettanten zur Preisgabe ihrer Unzulänglichkeit und die Gäste zu unechter Begeisterung verurteilt wurden.

Die ganze Skala der kulturellen Erscheinungen reizte das Berlinertum der Biedermeiertage, seinen Witz leuchten zu lassen.

Vor allem aber erkennen wir, daß im Berlin der Biedermeiertage nicht nur romantische Empfindsamkeit oder idyllische Bescheidenheit die Hauptziele des Lebens waren. Wo der Witz so hoch im Kurse steht, da ist Rührigkeit und Regsamkeit, da gehen die Ideale des Lebens nicht in genügsamer Behäbigkeit unter. Und einen solchen Witz besaß Berlin in den Biedermeiertagen. Die besten Persönlichkeiten schufen ihn und erfreuten sich an ihm.

Genre-Bild aus dem Belagerungszustand 1849.
Ach loofen Se, Tambauer, Sie treiben et zu doll: Das Belagern un Umzingeln, das wollen wir recht jerne leiden, aber das Vereinigungrecht aufzuheben, das ist unmenschlich.

Aber in diesem Witz stak viel behagliche Kleinbürgerlichkeit. Stärkere, kulturkritische Töne oder gar Sozialsatire fehlten ihm nahezu ganz. Das Proletariat wurde als ein verkommenes oder rohes Pack betrachtet, über das man seine Scherze machen konnte. Eigentlich existierte für die Kulturwelt noch kein Proletariat. Es gab nur Holzweiber, Torfweiber, Unratweiber, die sich zankten, prügelten und Zoten rissen. Weiter hatte man an ihnen noch nichts beobachtet.

Und doch war die Stadt schon mit einem hunderttausendköpfigen Proletariat gefüllt. Das Kleinbürgertum lebte zum überwiegenden Teil in proletarischen Zuständen. Und an Menschen, die nicht einmal eine kärgliche, aber selbständige kleinbürgerliche Existenz hatten, fehlte es auch nicht. Die tapfere Bettina von Arnim hat in ihrem Werk: „Dies Buch gehört dem König“ ja genug und deutlich von dem großstädtischen Elend gesprochen. Und auch andere Schriftsteller veröffentlichten genaue Untersuchungen und Darstellungen des Berliner Proletariats. Am gründlichsten war Ernst Dronke in seinem Werk über Berlin, 1846, aus dem wir erfahren, daß es damals schon Stepperinnen, Spulerinnen, Zigarrenmacherinnen und wohl an 50 verschiedene Gewerbe für die Mädchen aus dem Volke gab. Viele verdienten täglich nur 3-5 Silbergroschen und hatten meist 4 Monate stille Zeit im Jahre. Und manche, wie die Stickerinnen, hatten unter der lohndrückenden Konkurrenz der Frauen und Töchter der mittleren Bourgeoisie zu leiden, die sich nur ihr Taschengeld verdienen wollten. So trat denn damals unter den jungen Arbeiterinnen das Grisettenwesen auf. Das alleinstehende Mädchen,

Holzhauerfamilie.

das irgendwo ein Dachkämmerchen bewohnte, als Schneidermamsell sich ernährte, sich alles selbst kochte und einrichtete, hatte auch meist in ihrem dürftig, aber sauber eingerichteten Stübchen einen Stiefelzieher – nicht für sich, sondern für den jungen Mann, der sie ab und zu sonntags ausführte oder ihr auch mal ein Halstuch schenkte. Diese sozial gar nicht so tief stehende Klasse war nicht das einzige Proletariat. Trauriger ging es in den Familienhäusern zu, von denen ein Buch der vierziger Jahre berichtete: „Am leichtesten übersieht man einen Teil der Armengesellschaft in den sog. Familienhäusern. Sie sind in viele kleine Stuben abgeteilt, von welchen jede einer Familie zum Erwerb, zum Schlafen und als Küche dient. In 400 Gemächern wohnen 2.500 Menschen ... Der Vater webet zu Bett und Hemden und Hosen und Jacke das Zeug und wirkt Strümpfe, doch hat er selber kein Hemd. Barfuß geht er und in Lumpen gehüllt. Die Kinder gehen nackt, sie wärmen sich eines am andern auf dem Lager von Stroh und zittern vor Frost ... Kreuzweis wird durch die Stube ein Seil gespannt, in jeder Ecke haust eine Familie; wo die Seile sich kreuzen, steht ein Bett für den noch Ärmeren, den sie gemeinschaftlich pflegen."

Ernst Dronke behauptete 1846: „Berlin zählt unter anderen 10.000 prostituierte Frauenzimmer, 12.000 Verbrecher, 12.000 latitierende Personen, 18.000 Dienstmädchen, 20.000 Weber (die bei ihrer Arbeit sämtlich ihr Auskommen nicht finden), 6.000 Almosenempfänger, 6.000 arme Kranke, 3-4.000 Bettler, 2.000 Bewohner der Zuchthäuser und Strafanstalten, 1.000 Bewohner des Arbeitshauses, 700 Bewohner der Stadtvogtei, 2.000 uneheliche Kinder, 2.000 Pflegekinder, 1.500 Waisenkinder; das ist nahezu der vierte Teil der Einwohner der ganzen Hauptstadt."

In einer solchen Bevölkerung, die unter den denkbar schlechtesten Bedingungen lebte und sich fast nur von Kartoffeln und Kaffeewasser nährte, mußten Gärungsstoffe entstehen. Als im Winter 1847 die Bauern und Höker die Kartoffelpreise aufschlugen, da riß den Arbeiterfrauen die Geduld. Auf dem Markt am Rosentaler Tor war es eine Frau, die das Signal zum Aufstand gab.

Mit einem scharfen Messer schnitt sie einen der zum Verkauf ausgestellten Kartoffelsäcke auf, die Kartoffeln rollten auf den Boden und sofort warf sich jubelnd und schreiend die Menge über die Knollen. Jeder suchte zusammenzuraffen, was er finden konnte, niemand dachte mehr ans Bezahlen. Die Verkäufer schimpften und tobten, sie versuchten ihr Eigentum zu retten, aber sie wurden zurückgestoßen und mißhandelt.

Wer dachte jetzt noch an das Kaufen! Die Kartoffelsäcke und Brotschragen wurden geplündert und die ohnmächtige Marktpolizei mußte tatenlos zuschauen, denn die wenigen Polizisten vermochten nichts gegen die wütende Menge auszurichten. Männer, Frauen und Kinder beteiligten sich mit gleicher Energie bei dem Raubwerk, ja die Frauen waren am kühnsten und rücksichtslosesten. Auf dem Molkenmarkt hatten sich zu gleicher Zeit ähnliche Exzesse zugetragen. War es infolge einer

Verabredung geschehen? Schwerlich! Die gleiche Ursache hatte an verschiedenen Orten dieselbe Folge gehabt.

Mit der Plünderung auf den Märkten war der Skandal nicht beendet, er begann vielmehr erst. Die Arbeiter rotteten sich zusammen. Eine wilde Schar, welche zum großen Teil aus Weibern bestand, zog durch die Straßen, um die Bäcker- und Fleischerläden zu plündern.

So hatten sie denn gründlich demonstriert gegen die Zustände, die ihnen trotz schwerer und unermüdlicher Arbeit nicht einmal ein Sattessen gebracht hatten. Diese Vorkommnisse schürten die Stimmung, die eine Umwälzung, eine beschleunigte Entwicklung des Staates und der wirtschaftlichen Möglichkeiten forderte. Das Volk brauchte Brot. Die alten Zustände versagten es ihm. Und da, wo die Mutter mit den Kindern hungert, ist sie die erste, die beweist, daß es anders werden muß.

Hosemann 1852: Das Kartoffellied.

So halfen denn auch viele einfache Frauen in den Märztagen. Es ging eben um die Lebensmöglichkeit. Auch manche Kleinbürgerin stellte sich tapfer an die Seite des Mannes. Wenn sie auch nicht auf die Barrikaden ging, – sie gab ihm daheim Recht. Wenn auch viele Frauen um den Mann bangten, wenn er als Bürgerwehrmann mit dem Schießprügel abzog, so wußten doch auch viele in der beginnenden Reaktion der spionierenden Polizei ein Schnippchen zu schlagen, und sie kaltblütig um die konfiskationsfähigen Sachen herumzuführen. Manche, die das ganze Getriebe nicht empfunden hatten, waren allerdings froh, daß der Unruhe gewaltsam ein Ende gemacht wurde. Sie lieferten selbst die Waffen ab, oder denunzierten, in der Haustür stehend, einzelne Bewohner.

So hatten die Frauen denn auch ihren Anteil an wichtigen Zeitereignissen genommen. In der Öffentlichkeit traten sie dann lange Zeit nur als das schönere Geschlecht auf. In den vielen Konzertgärten am Rande der alten Stadt suchten die Töchter der Kleinbürger ihre mädchenhaften Siege. Auch als Zuschauerinnen beim Korso und bei andern gesellschaftlichen Ereignissen hofften sie Beziehungen mit jungen Männern aus höheren Klassen anknüpfen zu können. Denn das war schon immer ein Charakterzug der Berlinerin: sie strebte auf frauliche Weise hinauf. Die werdende Millionenstadt bot dazu viele Gelegenheiten.

Diese werdende Millionenstadt, die 1861 fast 550.000 Menschen, 1877 tatsächlich schon eine Million zählte, brachte auch ganz neue Verhältnisse hervor. Die Dichtigkeit der Bevölkerung, der noch keine modernen Verkehrsmittel zu Gebote standen, er-

Heimkehr des Vaters.

forderte neue Unterkunftsmöglichkeiten. So entstanden die Mietskasernen. Und so entstanden auch die Kellerwohnungen. Von 1850 an wohnten jahrzehntelang Zehntausende in Kellern. Viele kleine Geschäfte, Schuhflicker, Barbiere, Obst- und Blumenhändler, Kohlen- und Grünkramgeschäfte und vor allem die „Budiker" hausten mehrere Meter unter dem Straßenniveau. Damals hatten die Mietshäuser noch nicht soviel Stockwerke wie heute. Überall standen noch Gärten hinter den Häusern. Viele Straßen liefen ins freie Feld hinaus. Die Häuser bildeten noch nicht die kompakte Masse wie heute. So kam selbst in viele Kellerwohnungen Licht und Luft hinein. Und die Berlinerin aus dem Volke wußte diesen Wohnungen, in die der Bewohner oft auf winkliger Treppe hinabsteigen mußte, Behaglichkeit und Daseinsfreude zu geben. Das von einem verirrten Sonnenstrahl erhellte Zwielicht, Blumentöpfe und ein Vogelkäfig am Fenster, das Sofa mit einem Tisch davor, der Nähtisch und viele andere Kleinigkeiten brachten in die Räume jene familienhafte Wärme, die auch einen Winkel noch menschlich und möglich macht.

Die Proletarier von damals wußten sich überhaupt ihr Leben behaglich zu machen. Sie schlossen sich oft eng ans Kleinbürgertum an. Heimarbeiter, die in Stube und Küche arbeiteten, wohnten und schliefen und mit der ganzen Familie hausten, nannten sich Meister. Sie hatten auch damals schon die Sehnsucht ins Freie und mieteten sich für einen Taler 20 Quadratfuß auf dem Windmühlenberg, wo sie sich eine kleine Laube errichteten. Hosemann hat diese Idyllen mit feinem Humor sehr lustig auf den Blättern von der gemeinschaftlichen Laube festgehalten.

Den Zug in die Sommerfrische fühlten übrigens auch damals schon die Kleinbürger. Sie zogen nach Schöneberg oder Pankow, wo sie ganz ländlich lebten. Der Vater ging am Tage in die Stadt, um seine Arbeit zu erledigen. So konnten wohl mehr einfache Familien sich eine Auffrischung gönnen als heute, wo die Sommerfrischen nicht mehr so dicht vor den Toren liegen.

Auch die Gartenlokale waren noch leicht erreichbar. In der Hasenheide, die wirklich eine Heide war, von Wiesen und Feldern umgeben, gab es bei Streitz Konzert, bei Happoldt Ball und bei Höfchen verkehrten die hübschen Putzmacherinnen, – so wie heute in Halensee und Südende. Belegte Stullen wurden mitgenommen. Ebenso Kaffeegebäck im „Freßkober". In diesen Kreisen war noch eine gewisse Bedürfnislosigkeit, in der allein die Überlegenheit der jungen Stadt liegt. In den Kaffeeküchen gab es Heißwasser, Milch und Geschirr, Kaffee wurde gemahlen mitgebracht und viersträhnig (stark) oder „daß er nich alleene aus der Kanne loofen dhut" (schwach) gekocht. In den achtziger Jahren war die Hasenheide noch ein großer Rummelplatz. Sie war ein seltsames Gemisch von Wohnhäusern, Gastgärten, Tanzlokalen, Bretter- und Leinwandbuden. Zwischen Kiefernbeständen lagen kleine Sandstrecken und ein Turnplatz in der Nachbarschaft vieler Kirchhöfe.

L. Löffler: Kranzlerecke 1855.

Hier amüsierten sich sonntags der kleine Handelsmann, die besseren Arbeiter, Büroangestellte, untere

Beamte, Näherinnen, Ladenladys, wie der scharfsichtige und treffsichere, mit vielem Humor und rücksichtslosem Temperament vieles Moderne deutende und darstellende Hans Brennert sie so hübsch nennt, und Studenten in den großen Biergärten der Brauereien und zwischen Buden und Schießständen, deren bemalte Leinenwände allerlei Sensationen versprachen. Hier gab's nicht nur das größte Panorama der Welt, Flohtheater, Riesendamen, Zwergfamilien, hier gab's auch die Geheimnisse des Bagnos zu sehen und Somnambulen wurden vorgeführt und bestaunt. Hans Baluschek hat dieses berlinische Bild wie so viele andere mit großer Treue und Stimmung gemalt.

Im Bouillonkeller 1860-70.

Die Bewohner des Nordens gingen zu „Würschten". Roller erzählt: „Bei Würschtens zahlte der Besucher als Garantie, daß er überhaupt etwas verzehre, an der Kasse ein Entree von 30 Pfennig, erhielt aber dafür eine Marke, ‚für welche Speisen oder Getränke verabreicht werden', wie die Aufschrift derselben lautete, und in der Tat wurde diese Marke auch von den Kellnern des Lokals, die damals noch ‚Marqueur' genannt wurden, in der Höhe von 30 Pfennig in Zahlung genommen. Das Lokal selbst bot einen nach damaligen Begriffen hübschen romantischen Garten; aber eine Tiroler Sängergesellschaft, ein dünnes Streichquartett, welches die Gesangspiecen dieser Gesellschaft begleitete, eine saure Weiße, kalte Küche, – das war so ziemlich alles, was bei Würschtens los war. Wer etwas Warmes genießen wollte, der konnte bei einem im Garten herumwandelnden, mit Mulde und weißer Schürze ausgestatteten Saucischenverkäufer auch dieses luxuriöse Gelüste befriedigen. Das Hauptvergnügen des Lokals jedoch bildete für viele das Karussellfahren."

Auch andere Vergnügungen gab's. In seinen Erinnerungen berichtete Roller auch: „Der Puppenspieler" – oder wie er sich nannte – „mechanische Künstler" Julius Linde feierte damals in den obskursten Kellerlokalen große Triumphe. Ein solches Lokal, größtenteils von Lehrjungen besucht, war das von Fischer in der Königstraße 44, woselbst man für einen Silbergroschen „die Wilddiebe oder der bayrische Hiesel" sehen, komische Gesangsvorträge, auf einem Wimmerholz (Guitarre) begleitet, hören, ungeheure Hitze, unerträglichen Rauch einatmen und noch unerträglichere Redensarten hören und Rippenstöße fühlen konnte. Die Hautevolee war es nicht, welche sich um Julius Lindes Bühne versammelte. Erst in den letzten Jahren tauchte er auch hier und da in besseren Lokalen auf, wo ihn der Bürgersmann „des Ulks halber" auch einmal gern hörte oder sah; er wurde da als Zugmittel für schwachbesuchte Lokale von halb ruinierten Wirten engagiert resp. einmal geduldet. Als die Stadt sich rascher der Million näherte, als die Maschinenfabriken immer größer wurden und bei Borsig am Oranienburger Tor und bei Schwartzkopf am Stettiner Bahnhof Schneider und Schuster als Dreher angestellt wurden, die sich dann auch den stolzen Titel des Maschinenbauers gaben, gingen die Arbeiterfrauen wohl auch einmal in der Woche mit ihren Kindern in den Berliner Prater, in Puhlmanns Lokal, in Weimanns Volksgarten auf dem Gesundbrunnen, in den Schweizergarten, in den „Eiskeller" am Wedding oder zu Schönrock nach Plötzensee. Diese Lokale waren bis in die

Im Krollschen Tunnel um 1860.

Gegenwart sehr beliebt. Aber ihre Glanzzeit fällt doch in die Zeit von 1870 bis 1900. Rodenberg schilderte sie noch 1891:

Mit dem ersten Pfingsttag und einem Frühkonzert eröffnen sie ihre „Saison". Dann werden Puhlmanns Garten, die Neue Walhalla und der Berliner Prater mit Tausenden gefüllt sein. Im Hintergrund steht ein kleines Theater, auf welchem, unter freiem Himmel, abwechselnd sentimentale Sängerinnen und Tanzkünstler sich produzieren, Komödien und Zauberpossen aufgeführt werden, von denen jedoch nicht der dritte Teil der bis an den äußersten Rand gedrängt stehenden oder sitzenden Zuschauer ein Wort verstehen oder einen Ton erhaschen mag, wie gespannt sie auch lauschen. Gleichzeitig ist vorn in einem Saal am Eingang „Ball", wird geschossen, gewürfelt, „gewogen", die „Kraftprobe" gemacht und Billard gespielt; werden an einem Tische „belegte Stullen" und Würste verkauft, an zwei Büffets Bier, „die Weiße" und der „Gilka" geschenkt, und Garten und Tische mit abgerissenem Papier bedeckt, da die meisten dieser Gäste sich ihre Mahlzeiten selber mitbringen. Und sie müssen sich für diese Gelegenheiten ganz gehörig verproviantieren; denn solch ein Vergnügen dauert lange. Es kommt noch der Luftballon, eine „Zaubersoiree", die Illumination und das Feuerwerk, verbunden mit einem Militärkonzert, welches in früheren Jahren die Schlacht bei Leipzig darzustellen pflegte, jetzt aber, mit vielfachem Kanonendonner, gewöhnlich die von Sedan aufführt. Schon bedecken die roten, grünen, gelben und blauen Zettel mit einem Programm, welches an die fünfzig Nummern zählt, die Pforten dieser Musentempel extra muros; und mit Befriedigung entnehme ich einem jeden von ihnen, daß allhier, unter so viel Zerstreuungen, doch noch immer „Familien Kaffee kochen können". Solche Lokale gab's in allen Vororten, die mit ihrem dörflichen Bestand noch richtige Ausflugsorte waren. In Schöneberg waren es der Lindenpark und der Schwarze Adler, in Wilmersdorf Schramm, in Charlottenburg die Flora, in Weißensee Steinecker, in Rummelsburg Café Alsen, in Rixdorf die Neue Welt. Am lautesten tobte die Reklame Sterneckers. Er veranstaltete alle möglichen Bombardements und ließ Luftschiffer aufsteigen. Aber bald genügte auch ein simpler Ballonaufstieg nicht mehr, um die Schaulust der Berliner in lohnender Weise anzuregen. Die Luftschiffer mußten auf Ungewöhnlichkeit sinnen und brannten Feuerwerk

Richter: „Zeuge Dürr, aus Ihren Akten geht hervor, daß Sie schon sehr oft vereidigt sind. Haben Sie auch immer richtig jeschworen?"
Dürr: „Merschtenteils!"

ab oder nahmen einen Akrobaten mit in die Höhe, der während des Aufstiegs an dem unter der Gondel hängenden Reck zwanzigmal die Riesenwelle machte. Dieser Trick wurde von Miß Wanda übertrumpft, die mit den Füßen in zwei Ringen hing und ein schwebendes Reck, an dem der Akrobat seine Kunststücke machte, zwischen den Zähnen hielt. Nach Miß Wanda warfen sich junge Mädchen, mit rosarotem Trikot und mit einem Fallschirm bewaffnet, in beträchtlicher Höhe aus der Gondel und langten meist unversehrt glücklich wieder auf dem Erdboden an."

Vor dem Polizeirichter. (1860-70.)

Aber auch weniger sensationelle Vergnügungen zogen die Töchter des Kleinbürgertums an. Bilse spielte in einem Saal der Leipziger Straße, der von einem Warenhaus verschlungen worden ist, mit einem tüchtigen Orchester gute Sinfonien, Ouvertüren und Potpourris. Da gab es immer bei dem billigen Eintritt und dem Bier liebenswürdige Mütter und reizende Töchter, mit denen sich auch ein braver junger Mann verloben durfte. Auf der ein wenig dunklen Galerie saßen wohl auch Pärchen zärtlich dicht beisammen, die noch nicht verlobt waren. Die Ladenmädchen begnügten sich mit guter Musik und einem Glase Bier. Später, zwischen 1900 und 1914, wollten sie im pompösen Kaisersaal des Rheingold-Restaurants sitzen, Sekt trinken oder auch in den Winzerstuben den lauten, lockenden Trubel kosten. Nicht daß sie viel tranken. Es war der ganze spiegelnde Rausch des Lebens, den sie in ihrem natürlichen Drang zum Leben für das Leben selbst nahmen. Und wenn ihnen auch ein Barbiergehilfe oder ein Konfektionär vorredete, er sei ein Leutnant in Zivil oder ein berühmter Jockey oder Aeroplanflieger – sie glaubten ihm gern, weil sie sich nur dem Besten zugedacht hatten. Erfuhren sie es nachher anders, – so waren sie nicht böse. Sie verkehrten auch manchmal in den vielen kleinen Varietés, die es vor zehn Jahren im Norden und Osten gab und wo Damen im Flitterkleid auf grellen Bühnen vor fabelhaft roten, gelben und grünen Kulissen mit gequetschter, gezierter Stimme irgendeinen anzüglichen Gassenhauer sangen. Hier saßen sie meist mit ihren Verlobten, die mit dem Hut auf dem Kopfe schlechtes Bier tranken – und ihre späteren Frauen zärtlich drückten. Aber oft lockte sie der irrlichternde Glanz der verwirrenden Weltstadt von ihrem schmalen Pfade ab. Es waren die Besessenen, die Unersättlichen, die in den Tanzlokalen herumrasten, als gelte es, das Leben zu gewinnen. Sie saßen dann wohl noch stundenlang in den Kaffeehäusern bei mäßiger Quartettmusik und warteten dem Morgen entgegen, der ihnen ihre Unruhe nahm. Sie saßen auf Plüschmöbeln unter Spiegelwänden – und waren reich und glücklich. Das ist auch heute noch die Art, wie ich sie zeichnete:

Bis Schöneberg saßen sie still und vornehm wie Damen. – Am Potsdamer Ringbahnhof waren sie eingestiegen. Zweiter Klasse. Mit dem Kostüm – da konnte man nicht auf den gewöhnlichen Holzbänken sitzen. Na – und feine Leute fahren ja immer nobel ..., wenigstens donnerstags ...

Bettlerkneipe um 1850.

Aber hinter Schöneberg, wo die Gleise um die runden Eisenballons der Gasanstalt biegen, da wurde die Gesellschaft lebendig.

Ein junger Mann war hinzugekommen. Er mußte stehen. Als er sich zwischen die hellen Kleider auf die Bank hatte drängen wollen, da bekam er etwas zu hören: Die drei kleinen Schwestern mit den puppigen Wuschelköpfen und den schwarzen Tüllblusen konnten plötzlich so famos das Mündchen aufreißen ... Und die Schlanke mit dem duftigen, weit ausgeschnittenen blauen Musselinkleid brachte Blicke mit den grauen Augen zustande!

„Viere dürfen nur auf die Bank!" Das war der Hauptsatz, den der junge Mann zu hören bekam. Und alle die dünnen Gestalten breiteten ihre frisch gestärkten Röcke aus auf dem noch reichlich freien Polster.

Bis zum Bahnhof Ebersstraße; da wurde ihnen gegenüber ein Platz frei.

Und nun saß der junge Mann da und stützte die Hände auf sein Stöckchen und lächelte – lächelte.

Die Schlanke reckte sich und sah hinaus auf die Holzplätze, auf die Felder und auf die Stadt, die mit den kahlen Mauern neuer Häuser, die mit den glatten Straßenreihen der frisch gebauten Viertel im heißen, hellen Dunst des Sommerabends flach dalag. Kaum, daß ein spitzer Kirchturm hier und da in dem lastenden, dicken Dunst seine blassen Umrisse erkennen ließ.

Klatsch am Brunnen 1850.

Die kleinen Schwestern aber, denen der Schweiß auf den niedlichen Stupsnasen perlte, fingen an zu kichern ... bis zum Bahnhof Friedenau-Wilmersdorf.

Dort turnte fast alles hinaus aus den Wagen. Ganze Schwärme junger Leute, alle in leichten Sommerkleidern, liefen die Treppe hinunter. Männlein und Weiblein, fast alle für sich. Die stillen Straßen da draußen waren für eine Minute ganz lebendig. Und über den Kaiserplatz zog es rudelweise.

Nur wenige Mädchen gingen allein. So auch die Schlanke in Blau. Die hatte den jungen Mann, der ihr beim Aussteigen hatte behilflich sein wollen, von oben bis unten angesehen.

„Denn nich!" hatte er vergnügt gelächelt und stieg nun in respektvoller Entfernung hinter ihr her. Bis zum altberühmten „Seebad Wilmersdorf".

In dem großen schattigen Garten waren alle Tische bis weit hinunter an den See besetzt. Fast alles Familien, Ehepaare, große und kleine Gruppen junger Leute. Auf den Tischen vielfach noch Überreste vom „selbstgekochten Familienkaffee" und Kuchenkrümel. Hier und da wurde auch schon Abendbrot gepräpelt. Meist mitgebrachte Stullen.

Die Schlanke ging mit hochmütig hochgezogenen Brauen vorüber an den Hunderten von Tischen und drängte sich durch die Massen, die sich in den Gängen hin und her schoben: Reihen von Mädchen, deren Eltern nicht zu weit – und jüngere und ältere Männer, die alle leichtsinnig lächelten und taxierten und kritisierten.

In die derbe Militärmusik des Gartens klangen die abgehackten Takte der Tanzmusik. Klavier und Geige.

Das schien die schroffen Gesichtszüge der Schlanken, die von allen Herren angestarrt wurde, zu mildern. Sie hüpfte die Stufen zur Terrasse hinauf – überblickte die Tische, an denen manche einzelne Paare saßen und „warm Abendbrot" speisten – und drängte sich in den Saal hinein.

Eine hohe Fachwerkhalle, an die sich ein zweiter Saal längs anschließt. In der durchbrochenen Wand die Kapelle, die gleich für zwei Räume spielt. Hell mit Bogenlampen erleuchtet, die das Grelle der von Balken zu Balken gespannten buntfarbigen Fähnchenreihen hervorheben und steigern.

Im Saal ein dichter Kranz von Tanzenden. In der Glut des Sommerabends der Hitze, die diese vielen bewegten Körper ausstrahlen, und den Staub, den sie mit scharrenden Füßen und fliegenden Röcken aufwirbeln.

Die niedlichen Mädchen, denen der Tanz das Gesicht rot färbt, wenn es die Sommerhitze nicht kann, hängen heiß an ihrem Kavalier. Zärtliche Blicke sagen, daß man gern schwitzt ...

Einzelne Tänzer treten aus den Reihen und gehen hinaus in die Gartenluft.

Gleich auf den ersten tritt die Schlanke zu, beugt ein wenig den Kopf und sagt vorwurfsvoll:

„Warum sind Sie denn nicht gekommen? Zwei Stunden habe ich gewartet!"

Er wird verlegen; aber nicht allzusehr und behauptet, er wäre doch gekommen nach dem Bahnhof „Zoologischer Garten".

„Aber nein! Ich habe doch am Sonntag zwei Stunden gewartet. An der Uhr –" Ihre Stimme ist dunkel und weich und die grauen Augen so verschleiert.

„Am Sonntag! Am Sonntag!" meint er ganz laut. „Ja, da war ich net da. Am Montag hab' ich gedacht. Am Montag!"

Sie weiß nicht, ob sie ihm glauben soll. Entscheidet sich aber für ihn, bleibt dicht an seiner Seite und spricht zärtlich auf ihn ein. Läßt auch ein „Du" einfließen. – Er aber ist zerfahren und verlegen, will sie im Gedränge verlieren – und muß schließlich sagen, sie müsse ihn entschuldigen, – er werde von Freunden erwartet ...

Da geht sie mit feuchten Augen zurück in den Saal.

Und kommt gerade neben dem jungen Mann aus der Bahn zu stehen.

Er lächelt wieder so spitz. Und spricht sie langsam an:

„Nun, – Fräulein, wir kennen uns doch schon. Wollen Sie nicht mal einen mit mir wagen?"

Kühl läßt sie sich von ihm in den Arm nehmen. Und antwortet kühl.

Jawohl, sie sei heut' zum erstenmal hier. Und sie kenne hier keinen Menschen. Sie wolle überhaupt bald gehen. Es sei ihr zu gewöhnlich. Die bekannte Familie, die sie hier treffen wollte, sei ja nicht da.

Aber, gerade als sie gehen will, strömt alles zum Feuerwerk an das Seeufer. Na, – das wolle sie natürlich noch sehen. Aber dann – nach Hause ...

Tausende von Menschen standen da unten am Ufer des moorigen Wasserloches. Dicht zusammengedrängt unter den dunklen Bäumen, deren Zweige von unten hell durchleuchtet wurden. Ein feines, grünes Gespinst schwebte über den vielen, buntbedeckten Köpfen und den sommerlichen Kleidern. Der dunkle flimmernde Himmel lag weit darüber.

Die beiden jungen Leute mußten im Rücken der Menge stehen. In der Nähe des kleinen Springbrunnens. Auf dessen Rand hatten sich lauter junge hellgekleidete Mädchen geschwungen. Ein prächtiger Kranz von jungen Leibern, die einander an den Händen und Armen hielten.

Die Schlanke wollte auch gern hinauf. Aber der Platz war zu beschränkt. So bestiegen denn beide zwei dicht nebeneinander stehende Gartenstühle.

Er wollte seinen Arm um ihre Hüfte legen.

Doch da stieß sie ihn zürnend zurück.

Vor ihnen schwatzten die Mädchen auf dem Brunnenrand. Und lachten und flüsterten – und antworteten keck mehreren jungen Männern, die dicht daneben standen.

A. Müller: Tanz in der Tabagie (um 1850).

Überhaupt: die jungen Männer wurden jetzt dreister und zudringlicher. So im Gedränge ...

Und als endlich die Raketen hochstiegen und ihren bunten Farbenregen auswarfen – und als die Sonnen und Sterne und Schnecken und Monde auf dem Wasser sich drehten, sprühten, glänzten und blendeten, – um jäh oder auch langsam zu verlöschen –, da lehnte sich manche weiche Schulter an, – manche Hand faßte um eine Hüfte ...

Zum Schluß gab's große Schlachtmusik und die Erstürmung von Düppel. Da krachten die Kanonenschüsse. Da ertönten Schreckensschreie.

Und die Schlanke fuhr auch zusammen.

Hätte der junge Mann sie nicht rasch aufgefangen und ihr einen Kuß auf die Backe gegeben – sie wäre wahrhaftig vom Stuhl gefallen!

Als die Herrlichkeit erloschen war, strömte alles, was jung war, in den Saal zurück.

Auch die Schlanke, die ihrem Begleiter endlich gesagt, daß sie Annette heiße und Erzieherin sei und in Schöneberg bei einer Tante wohne.

Unterwegs zum Saal hatten die beiden noch ein Erlebnis.

Eine Dame, die trotz ihrer fünfundzwanzig Jahre schon ein wenig vergnettert aussah und deren Kleidung recht verwaschen und schlecht angepaßt erschien, trat auf Annette zu und verlangte von der ihren Bruder zurück. Und zwar unter Tränen und mit kreischender Stimme. Annette hätte ihn verdorben und ihn seiner Familie geraubt.

Annettes Begleiter schob die Kreischende zurück und verschwand mit seiner Dame in dem dichten Kreis, der sich gleich um sie gesammelt hatte.

Sie erzählte ihm, daß jene alte, schlecht angezogene Schachtel die Schwester eines Menschen sei, den sie hier vor einem Jahre – wo sie natürlich auch mal auf eine befreundete Familie gewartet – kennengelernt. Er habe dann, als sie gerade krank geworden, sie unterstützt – na, und jetzt sagte die Fa-

Menzel: Der Schiffahrtskanal.

milie, die ihn sonst ausgesogen, sie habe ihn ihr gestohlen und verdorben. Er hätte seine schöne Stellung verbummelt und allerlei. Dafür könne sie, Annette, doch nicht, wenn der Mensch so wenig Halt habe.

Ihr Tänzer – sie drehten sich schon wieder im Saal – gab ihr recht, und erfuhr dann, daß jene Dame, bei der sie wohne, zwar nicht ihre Tante sei, sondern daß sie sie nur so nenne. Und erfuhr, daß Annette nur nachmittags als Kinderfräulein gehe und daß dies dafür gezahlte kleine Gehalt gerade zur Miete reiche. Darum, wo das übrige herkomme, schien sich Annette keine Sorgen zu machen. Und er erfuhr ferner, daß Annette zwar nicht wegen der Familie hergekommen sei, sondern wegen des jungen Menschen, der sich vorhin so schmählich gedrückt. „So'n Junge!" machte Annette mit einem Anklang an den Dialekt ihrer alpinen Heimat: der Rixdorfer Schweiz.

Aber sie war doch betrübt, als sie den Jungen so fesch vorbeitanzen sah – und schwärmte davon, wie schön er ihr vor acht Tagen beim Heimgehen durch die dunkle Kaiserallee vorgesungen habe. „Er studiert Gesang –!"

Ihr Tänzer jedoch glaubte sich zu erinnern, mit dem jungen Mann in der Handelsschule zusammengetroffen zu sein ...

Er durfte aber nichts davon sagen.

Annette schien zu empfindsam zu empfinden ...

Als in einer Pause am Nebentisch ein einzelnes Mädchen im Kreise von bierheiseren Studenten Intimitäten der oberen Friedrichstraße ausposaunte, – sie sprach recht bravourös und laut, lehnte sich hintenüber und sah in dem Saal herum, ob man ihre ungeschminkten Ausdrücke auch höre –, da stand Annette entrüstet auf und ging an einen entfernten Tisch, wohin diese abscheulichen Redensarten nicht drangen.

Ihr Tänzer durfte auch nichts davon sagen, daß er Annette für eine Stammtänzerin dieses Lokals halte. Denn sie sprach auch von allen anderen Tanzlokalen, – von Halensee, von Südende, vom Zoologischen Garten, wo ja auch öfter getanzt wird ...

So hatte sie jene niedliche Person mit dem Federboa um den bloßen Hals schon auch da und dort tanzen sehen. Die Händchen auf den Schultern des Tänzers und dessen Hände um die dünne Taille – wie wennste schwebst.

Und jene, die so meisterlich changieren, so prachtvoll vorwärts und rückwärts gleiten konnte, hatte Annette im Gesellschaftshaus zu Grünau – na, wenigstens schon zehnmal getroffen ...

Und die Dritte, die mit einem blutjungen, wohlhabend gekleideten Menschen tanzte, feine Holpereien nicht beachtete, ihn immer fest im Takt herumschwenkte, nannte Annette „die Tanzlehrerin". Die sei jeden Tag auf einem andern Saal zu finden.

Die Fahrkartenverkäuferin.
(Ein neuer Frauenberuf um 1890.)

H. Baluschek: Auf an die Bußbank. (Im Tingeltangel um 1900.)

Ebenso auch die kleine zierliche Brünette. Die erzählte jedem Tänzer, sie sei am Metropoltheater Choristin. Daher trage sie auch die großen wehenden Hüte.

Doch Annette habe sie schon öfter am Potsdamer Platz stehen sehen. So um Mitternacht. Ganz allein, wenn da die Männer mit frechen Blicken herumsuchten ...

Auch jene hübsche Hochgewachsene mit dem griechisch geknoteten, kastanienbraunen Haar sei oft hier. Der komme es aber nur darauf an, mit irgendeinem Herrn zu tanzen. Die sähe sich gar keinen an. Nur tanzen. Mit einem Herrn! ...

Und bis zuletzt! ...

Annette behielt Recht.

Sie konnte ihrem Tänzer zeigen, daß jene den wilden Schlußgalopp mittanzte und auch mit einem Herrn nach dem Bahnhof ging.

Und während sie im Bahnwagen in den Armen des Tänzers lag, stimmte er ihr bei, daß sie nicht sei wie die andern alle, die nicht genug kriegen konnten und sich nun von ihren Herren drücken und streicheln ließen und juchzten und kreischten ...

So suchen sie Freude und Erholung – und Lust und Leben für ihre Jugendkraft – und finden schließlich ein Zerrbild davon, stehen wohl voll Hohn und Neid als abgelebte Dirnen am Straßenrand, wenn die kommende Jugend aus dem Weinlokal taumelt und im Auto heimfährt ...

Diese süßen Mädels fallen nicht immer aus Leidenschaft, sondern aus Vergnügungs- und Abenteuersucht. Sie gewöhnen sich durch die leichtfertigen Liebschaften an einen Lebensaufwand, der ihnen nie ohne persönliche Opfer auf die Dauer zufällt. Und wenn auch manche aus den heikelsten Situatio-

Rudolf Großmann: Varieté.

nen mit Gewandtheit und Lebenskenntnis heil herauskommt, – es rächt sich doch manchmal, daß sie einem fremden Herrn zur Tasse Schokolade oder zum Glase Wein folgten: der kann's ja bezahlen! – Aber oft müssen sie es viel teurer mit einem verpfuschten Leben begleichen. An ihrem Materialismus, an ihrer Ideallosigkeit gehen viele zugrunde. Die Jugend braucht den Hinweis auf den Wert der eigenen Persönlichkeit und auf die Ausbildung, auf die Entwicklung der Person; der fehlt ihr jetzt.

Viele dieser Mädchen aus dem Volke aber lassen sich von der Treibhausluft des Berliner Vergnügens, in die sie fast alle einmal ihre Nase hineinstecken, nicht betäuben. Sie finden auch nur äußerst selten Geschmack am Alkohol. Gewöhnlich stehen die Bier- und Weingläser in den Lokalen mit schalem Inhalt vor den Mädchen. Kommt doch auch nur ungefähr eine Geisteskranke auf zehn männliche Geisteskranke, bei denen die Ursache der Krankheit im Trunk zu suchen ist. Das gar nicht so schlechte Befinden des Arbeiterstandes, das gute Familienleben und die relative Gesundheit des Volkes ist den Frauen zu danken. Selten verfällt eine dem Trunke. Die „Pennschwestern", ganz tief stehende Schnapstrinkerinnen, die sich auf den Güterbahnhöfen, auf Hafenplätzen und auf Fuhrhöfen herumdrücken, sind meist durch Alkoholgenuß gänzlich gesunkene Frauen aus bürgerlichen Kreisen. Auch jetzt, wo in den Arbeitervierteln die Frauen immer häufiger die Männer abends in die vielen Kneipen begleiten, aus denen Orchestrions und Grammophons heraus lärmen, ist eine Betrunkene eine fast nie zu findende Seltenheit. Das Heim lockt die Frau nicht mehr, die in ihrer Jugend und auch vielleicht jetzt noch in die Fabrik oder ins Geschäft gehen mußte. Der Zug der Zeit, der auch die Bürgerfrau zur Begleiterin des kneipenden Gatten gemacht hat, führt auch die Arbeiterin in die Lokale. Der Geselligkeit schadet das nicht. Und die Kneipe ist nun einmal bei den traurigen Wohnungszuständen der Ort, wo sich das Volk ein wenig entlastet fühlt. Könnte auch das Geld, das in den Kneipen ausgegeben wird, mancher Familie eine bessere Wohnung verschaffen – die Zeit zieht alle Schichten mit. Kaum eine Frau wird deswegen ihre Pflichten versäumen.

Die Frau im Volk hat stets ihre ganze Kraft aufgewendet, um die Familie nicht untergehen zu lassen. Leixner berichtet von einem typischen Fall: Der Mann war gut bezahlter Vorarbeiter in einer Fabrik, verfiel aber durch Trunksucht. Die Tochter, ein Fabrikmädchen von sechzehn Jahren, war schon früh ohne Schuld verdorben; ein zwölfjähriger Knabe litt an beginnender Schwindsucht und außerdem war noch ein einjähriges Knäblein vorhanden. Die Familie hauste in einer Kellerwohnung, die Mutter mit dem Kleinsten in der Küche, die andern alle in dem Zimmer, in dem auch noch ein Schlafbursche untergebracht war. Die Familienmitglieder schliefen auf alten Strohsäcken und Matratzen, richtige Möbel waren nicht mehr vorhanden. Trotzdem mühte sich die schwächliche Frau, den Untergang aufzuhalten.

Selten wird sich eine Berlinerin ganz aufgeben. In den Zeiten nach den Gründerjahren, als schnell Reichgewordene plötzlich verarmten und mancher Mann rauh und brutal zu seiner Familie wurde, kam es wohl vor, daß eine Mutter mit ihren Kindern ins Wasser ging. Max Klinger hat eine solche Tragödie auf einem seiner prächtigen Blätter radiert. Diese Tragödie des großstädtischen Spekulantentums kehrte denn auch öfter wieder in den berlinischen Ereignissen und warf oft grelle Lichter in die sozialen Zustände der Reichshauptstadt. Solche Vorkommnisse erregten die Öffentlichkeit mehr als die genauen Untersuchungen der sozialen Lage der arbeitenden Frauen Berlins, die mehrmals vorgenommen wurden. Schon im Jahre 1883 hatten sich Frauen mit der Arbeiterinnenfrage beschäftigt. In den Gründerjahren waren nämlich zahllose Handwerker in die Fabriken gegangen. Als sie nach dem

E. L. Kirchner: Tanz im Varieté.

Krach arbeitslos wurden, als die Familien hungerten, sahen sich die Frauen nach einem Verdienst um. Ihre fleißigen Hände fanden Beschäftigung in der Konfektion, die seit dem Kriege einen großen Aufschwung genommen. Der große Zustrom von Arbeitskräften hielt die Löhne niedrig. Manche Rednerin meinte damals, das fördere die Prostitution. Und als eine Frau sagte, auch die Arbeiterin hätte ein Recht, sich sonntags zu putzen, ebenso wie das reiche Mädchen, rückten die bürgerlichen Frauen von den Arbeiterinnen ab. Schließlich wurden die Arbeiterinnenvereine geschlossen, als sie größer wurden und tatsächliche Verbesserungen (z.B. direkte Aufträge) forderten. Das hinderte nicht, daß viele Frauen sich an der sozialen Bewegung beteiligten. Ja, unter dem Sozialistengesetz teilten sie oft die Gefahren mit den Männern.

Vor allem aber teilen sie die Arbeit mit ihm. Auf dem Geschick und der Kraft ihrer Hände beruht die Größe und Bedeutung der berlinischen Industrie: der Wäsche- und der Mäntelkonfektion. Fehlt der Berlinerin auch das eigentliche Erfindertalent, so ersetzt sie es doch reichlich durch Arbeitslust und Anstelligkeit. Eine Berliner Arbeiterin, die schwer von Begriffen ist, wird wohl nur selten vorkommen. Und was die Mode erfordert, begreift sie meist sehr schnell und kleidet sich mit ihren geringen Mitteln gern so modern wie nur möglich. Auch hier tritt der angeborene Geschmack und das natürliche Geschick der jungen Berliner Arbeiterin in erfreulicher Weise zutage. Sieht man die jungen Mädchen in ihren schlichten blütenweißen Kleidern am Sonntag im Wald um Berlin herum, so kann man seine herzliche Freude an den frischen und munteren Geschöpfen haben. Freilich läßt sich nicht leugnen, daß manches von den jungen Mädchen, und zwar oft gerade ein solches, das es am allerwenigsten nötig hätte, übers Ziel hinausschießt. Hat es denn so ein munteres frisches Kind nötig, sich mit allerhand billigem Tand zu behängen, der nur die Mode der „großen Damen" parodiert? Hat sie es nötig, einen großen Teil ihres Wochenlohnes für dergleichen Modetorheiten auszugeben? Sieht es nicht geradezu komisch aus, wenn junge Mädchen mit wallenden Straußenfedern auf den Hüten und mit Lackschuhen durch die Berliner Wälder und um die märkischen Seen wandern, wo ein hübsches Hütchen und Lederstiefel das Passende sind? Aber, wie gesagt, was hier angedeutet wird, stellt sich ja doch nur als seltene Ausnahme dar; in ihrem Kern ist die Berliner Arbeiterin gesund und natürlich. Und ist sie erst verheiratet, dann fallen alle kleinen Eitelkeiten von ihr ab. Ihr Ideal wird dann eine schön lackierte „Ehestandslokomotive (Kinderwagen) mit prangender Wagendecke" – und später wohl auch ein Fleckchen grünender und blühender Erde in einer Laubenkolonie sein. Eine stille Liebe für alles was Natur heißt, hat sie ja immer. Das liegt ihr vielleicht noch im Blute – sie stammt ja von den norddeutschen arbeitsamen Landbewohnern ab. Sie geht auch gern in die Freibäder am Wannsee, am Müggelsee und wo sonst noch die Ufer freigegeben sind. Manchmal mögen sich wohl dort Elemente einfinden, die diese Gelegenheit, wo Männlein und Weiblein sich wenig voreinander genieren, zu Allotria ausnutzen. Aber die Mehrzahl des Volkes

Ernst Heilemann: Berlinerinnen um 1910.

Skarbina: Droschke.

freut sich am kühlen und erfrischenden Wasser, an dem Spiel der Wellen und genießt mit Behagen die eigene freie Körperbewegung und das heitere Spiel der anderen. Seit die Ankleidezelte bestehen, ist alles Unanständige beseitigt – das aber auch vorher eine außerordentlich züchtige Ungezwungenheit und harmonische, zartfühlende Geradheit nur ganz selten störte. Wenn Frauen sich umkleideten, belästigte sie niemand.

Als junges Mädchen ist die Berlinerin allerdings selten häuslich. Um ihren Bildungstrieb könnte es mitunter auch ein wenig besser bestellt sein. Von sechzehn Lesern der Volksbibliotheken sollen – wie die Statistiker behaupten – fünfzehn Berliner, aber nur eine Berlinerin sein. Doch das liegt vielleicht zum Teil auch an der Organisation der Bibliotheken. Eine Berlinerin, die in der Hochbahn, in der Elektrischen oder sonst in einem öffentlichen Beförderungsmittel sitzt und nicht liest, gibt es ja gar nicht! Allerdings weiß auch sie liebe Blicke über ihr Unterhaltungsblatt oder über ihren Roman zu senden. Und abends besucht sie nicht nur gern noch Vorträge. All die vielen Vergnügungsangelegenheiten rufen ihr zu: „Komm – genieße deine Jugend!"

Die große Mehrzahl der Arbeiterinnen Berlins aber läßt sich nicht locken und blenden. Sie stützen sich auf ihre innerliche Kühle und Weltkenntnis und kommen ungefährdet aus manchmal recht gefährlichen Situationen heraus. Auch als Dienstmädchen steigen sie eigentlich nie sozial herunter. Ihre Anstelligkeit, ihr fröhliches und rühriges Wesen macht sie zu wichtigen Faktoren großer Haushalte und nicht selten erobert ihr frischer resoluter Charakter gerade hier Männer in guter Position, die den Weg zum Standesamt mit Vergnügen antreten.

Als Hausfrau aber prangt die Berliner Arbeiterin mit vielen Tugenden: Ihre Wohnung – das wenigstens ist die Regel – ist stets sauber, ihre Kinder sind adrett, ihr Mann wird so ordentlich gehalten, wie es die Verhältnisse erlauben, sie verdient nebenbei immer noch mit, drängt sich nie den Nachbarn auf, läßt jeden nach seiner Fasson selig werden, läßt jedem die persönliche Freiheit und ist doch hilfsbereit – aber eben nie aufdringlich, sondern nur, wenn es gewünscht wird. Sie hat ihr Herz auf dem rechten Fleck.

Gerade in der Arbeiterin kommen die guten Eigenschaften der Berlinerin zum Vorschein. Die Berliner Arbeiterin weiß sich fast stets mit großem Geschick der gebotenen Lebenslage anzupassen und zieht auch aus der bedrängtesten Situation ein Stück Lebensfreude. Und wer da weiß, wie trüb nur allzuoft die Lage der Arbeiterinnen ist, der wird ermessen können, welch ein Heroismus für viele von ihnen dazu gehört, sich dieses Stückchen Lebensfreude zu bewahren.

Typisch dafür ist die Pfingstsitte, Maien, d.h. kleine Birkenzweige, in den Räumen aufzustellen oder an die Türen zu nageln. Die Arbeiterin gibt einen Teil ihres Wochenlohnes, um ihren Liebsten zu erfreuen, der das Grün so gern hat. Der Gastwirt stellt einen kleinen Baum in einen Kübel vor die Tür oder ins Fenster. Der Frühling ist nun sicher da! Die Buchhaltersfrau steckt Maien und Kalmusstengel hinter den Spiegel. Der Lokomotivführer schmückt seine Lokomotive, wie der Kutscher sein Pferd mit frischem Grün. Und selbst der Leiermann steckt auf seinen Kasten einen Zweig und dudelt:

Muß es denn, muß es denn
Gleich die große Liebe sein?

Unermüdlich und schwer müssen sie arbeiten, und oft genug besteht bei der schweren Arbeit ihr warmes Mittagbrot nur aus Kaffeewasser und trockenem Brot. Doch sie finden sich damit ab und helfen sich mit einem schlagfertigen Witzwort über die knappe Zeit hinweg: „Na – da jibt's wenichstens keene Fettflecke im Magen!"

Hier finden sich unzählige Gestalten, wie diese: Über die Brücke ziehen die Arbeiter zum Mittag. Sie gehen eilig. Keiner von ihnen sieht über die Brüstung auf den Fluß, an dessen schmutzigen Fluten lange, klotzige Speicher und schwarzgeräucherte Fabriken emporragen, wie wenn sie den niedrigen, grauen Himmel stützen sollten.

Plötzlich stockt der vorwärts hastende Menschenzug vor einer Frau, die einen kleinen Wagen zieht. Sie geht vornübergebeugt. Es wird ihr schwer, die Brückensteigung hinaufzukommen. Doch Schritt für Schritt drängt sie vorwärts.

Auf dem Wagen hockt ein alter Mann. Sein Oberkörper ist rüstig und frisch. Aber die Beine sind verkümmert. Vor mehr als zwanzig Jahren geriet der Mann mit den Füßen in eine Maschine. Seitdem hat ihn seine Frau fahren müssen. Sie schafft ihn jeden Morgen nach der Tütenkleberei und holt ihn zum Mittag. Dann schafft sie ihn wieder hin und fährt ihn wieder abends nach Hause. Sie wäscht und plättet außerdem, denn er verdient noch nicht soviel, daß er selber davon leben könnte. So hält sie bei ihm aus.

Jeden Tag ist sie auf der Brücke zu finden, wie sie mit heiterem Gesicht vorwärtskeucht – die Treue ...

Diese Frauen sind die Stützen der Heimarbeit. Ich besuchte einst solche Heimarbeiter.

Ein Fräulein G ... wohnt Hornstraße im Keller des Vorderhauses und ist 18 Jahre alt. Das hübsche, schlanke Mädchen arbeitete in der halbdunklen Küche. Sie hatte neben dem Arbeitstisch viel grüne Blattpflanzen, und die Töpfe und Küchengeräte waren alle mit bunten Bändern am Rück aufgehängt.

„Ja", meinte sie, „eigentlich habe ich nur vom September bis März zu tun. Und bis Pfingsten gehts dann ein bißchen flotter; dann ist's aber alle mit der Arbeit bis zum September. Da müssen meine Eltern für mich sorgen. Da geh' ich spazieren. Jetzt komme ich nicht 'raus an die Luft. Den ganzen Tag warte ich. Um fünf, sechs krieg ich die Arbeit. Da sitz ich denn bis zwölf oder eins – und meistens auch sonntags – weil die Posten alle zwei Tage geliefert werden müssen. Ach ja – sonst wär's nicht schlimm – aber es ist so unregelmäßig."

Eine andere Krawattennäherin, Frau K., wohnt Görlitzer Straße. Als ich zu ihr hinaufging, folgte mir eine kleine schwarze Frau; ich klopfte an der Wohnung, die im Hof vier Treppen hoch liegt. „Was wollen Sie denn bei mir?" fragte die Frau, die ganz erhitzt war und einen Riesenkarton schleppte. Nachdem ich ihr meinen Zweck geschildert, schloß sie hastig auf und stürzte voran in die Küche. „Ach, sehen Sie sich nur nich um! Hier sieht's noch doll aus! Ich mußte schon um halb acht liefern gehen! Da liegt denn eben noch alles, wenn man um zwölf nach Hause kommt." In launiger Weise erzählte sie, daß sie seit 25 Jahren in einem Geschäft arbeitete. Die Laufereien müsse sie allein besorgen. Wenn sie mittags nach Hause komme, ständen schon die Männer – ihr Mann ist Hausdiener, der Sohn von 14 Jahren soll vom 1. April ab in eine Staatswerkstatt treten – vor der Tür und warteten aufs Essen. „Und nu will man doch alles im Stand halten, Miete zahlen – Steuern – neulich war's fein. Ich hatte die Steuern vergessen. Und da hat der Gerichtsvollzieher gesiegelt. Und um's nu noch zu schaffen, saß ich die Woche bis um 2 und stand schon um 4 wieder auf, und dann liefern und da warten und warten, und da drängle ich mir durch und sage: ‚Kinder – Platz da! – bei mir kommt der Gerichtsvollzieher!' (Berliner Sprichwort, wenn's einer eilig hat.) Und sie lachen noch und denken, ick mache Spaß. Na ja, sie konnten ja nich wissen, wie det mal so stimmt. Und jrade uff de letzte Minute habe ick'n noch bezahlt. Und soll man nich' ärjerlich werden, wenn se eenen im Jeschäft 3-4 Stunden stehen lassen – und denn, jawoll, da kommt 'ne Frau Leutnant – der Mann is noch bei's Militär – mit so'ne Schleppe – und wenn wir sagen, davor können wir't nich machen, dann sagt sie zur Direktrice: ‚Ach, geb'n Sie mir nur, ich kann's ja noch billiger machen!' – Na, und damit sie rasch abgefertigt wird, bringt sie, so'ne Tüte Pralinees mit. Neulich frag ick sie: Na, kriege ick nich ooch 'n paar ab? – Nu ja, wenn sie da arbeet't, denn

Im Krögelhof.

H. Baluscheck: „Bei die ville Konkurrenz kann man wahrhaftig Jott danken, det eenen wenigstens een Been fehlt -." (Bettler im Stadtbahnzug.)

kann se ooch mit uns reden! Die is doch ooch bloß 'n Mensch. Und neulich war Geburtstag von de Direktrice. Soo–ne Buketts haben sie da gebracht, wie die Wagenräder. Na, det kann ick nich! sage ick zu der Frau neben mir. Die Direktrice hatte det jehört – sollte sie ooch! Ist auch nich nötig! meinte sie. Kann ick ooch nich, kann ick ooch nich! Soviel verdien' ick nich dran! Rechnen Sie sich det mal aus, antworte ick ihr. Na, dafor sieht se meine Arbeit aber gründlich nach. Na – überhaupt – da sollten Sie mal Mäuschen sein", meinte sie zu mir. (Berliner Sprichwort, drückt bildlich aus: Da sollten Sie still in den Ecken herumhuschen und lauschen und horchen.)

Die kleine lebhafte, lustige Frau, die in der sehr engen Küche arbeitete, und bei der es, trotzdem sie nicht aufgeräumt hatte, recht sauber aussah, wünschte nur, daß sie beim Liefern nicht so unnütz warten müsse, und meinte: „So lange bloß gearbeitet und gearbeitet – aber zu wat gebracht haben wir't noch nich!"

Trotzdem es bei allen, die ich besuchte, meist nur zu Kartoffeln und trockenem Brot reichte, waren sie – bei aller Erkenntnis ihrer Lage – doch von einer gewissen Geduld und rührenden Ertragungsfähigkeit durchdrungen. Besonders viel erschütternde Bilder von stummer, liebevoller Sorge und Aufopferung fand ich.

Das ist die traurige Rückseite von den glänzenden Bildern, die das Berliner Konfektionszentrum bietet. Hat Berlin sonst wenig Eigenart – in den Straßen am Hausvogteiplatz hat es wenigstens ein Stück nur ihm eigentümliches Leben. Schon am frühen Morgen kehrt das eigenartige Treiben in die Straßen der Konfektionscity ein, die von der Friedrichstraße bis zum Alexanderplatz, von den Linden bis über

H. Baluscheck: Müll-Idyll um 1900.

den Dönhoffplatz hinausreicht. Die Untergrundbahn, die Stadtbahn, die Straßenbahn und alle Omnibusse bringen von allen Seiten die jungen Angestellten. Da sitzt neben dem jungen Mann das junge Mädchen – die Buchhalterin, die Direktrice, die Einrichterin, die Probiermamsell, der kleine backfischähnliche „Blaustern“ neben dem nicht ganz so hageren „Zweigelb“; der schlanke, gerundete „Gelbstern“ aber thront sieghaft in der Maienfrische der Blütejahre und sieht ein wenig verachtungsvoll auf die frauliche Fülle des „Weißsterns“, die mit ihren 46 Zentimetern Büstenweite schon der Liebe und des Lebens Reife angehört und die bald zur Frau „Grünstern“ werden wird – die allerdings sich immer noch ein wenig erhaben dünkt über Madame „Rotstern“, die mit ihren 50 Zentimetern Büstenweite alles mütterlich ins Herz geschlossen hat, was zur Konfektion gehört. Alle tragen mit einem gewissen Schick die neuesten Errungenschaften der Mode – wenigstens in billigeren Marken. Nur manche Frau „Weißstern“ und manch Fräulein „Gelbstern“ hüllen die vielbewunderten und angebeteten Formen in elegantere und kostbarere Modelle. Alle interessieren sich für die lockenden und reichen Schaufenster, hinter deren blankem Spiegelglas Mäntel, und Jackets, Theaterumhänge, Gesellschafts- und Straßenkleider, Ball- und Straßenkostüme, die da auf Gestellen stehen, über Stühlen liegen und nur auf die Schönheit zu warten scheinen ... Das Konfektionszentrum wimmelt von jungen und jüngeren Mädchen und Frauen – alt ist ja keine ... Das hastet und eilt aneinander vorbei und hat kaum einen Blick übrig für die jungen Männer von der Konkurrenz, die am Abend an der nächsten Ecke warten. – Frische, helle Blusen, die alle die Buchhalterinnen, Einrichterinnen und Packerinnen, Näherinnen und Probiermamsells mittags angezogen haben, und die leuchtenden Augen sagen, daß jetzt erst das Leben beginnt. Alle die billig aber reizend gekleideten Mädchen sehen fast stets ohne Neid dem in Pelz und Seide davonrauschenden „Gelbstern“ nach. Ihrer gibt es weniger, als man glaubt.

Jene Probiermamsell, die schick und flott erst um zehn oder elf Uhr ins Geschäft kommt, die eleganter als die Kundinnen des Geschäftes gekleidet ist und jeden Abend zu einem anderen Souper geladen wird, existiert fast nur in der Phantasie der Coupletdichter. Damen, die nur zum Anprobieren der Mäntel und Kostüme im Geschäft angestellt werden, gibt's nur in wenigen sehr eleganten Modesalons. Gewöhnlich muß eine mehr oder weniger hübsche Verkäuferin oder Näherin die Probiermamsell spielen und mit Eleganz der Käuferin die Neuheiten der Mode vorführen. Zwar sind solche leichtfertigen Flittchen, wie der Berliner gewisse Mädchen nennt, ja auch unter denen zu finden. Aber nicht alle sind so ...

Und dann kommt's ja auch immer aufs Geschäft an.

Ja, bei – na, lieber keinen Namen nennen – da ist z.B. Karola. Natürlich Gelbstern. Sie kam als Näherin hin. Schlicht und mit dem einfachen Putz, den eine Arbeitertochter erschwingen kann. Eine Zeitlang änderte sie nur hinten im Atelier die verkauften Kostüme. Dann mußte sie der Direktrice in den Anprobesalons helfen. Und auch mal ein Kleid überziehen.

Dabei wurde ihre Figur entdeckt.

Herrgott, wie alles auf der saß.

Die einfachen Arbeiten wurden auf Karolas Körper zu Kunstwerken, die entzückten und berauschten.

H. Baluscheck um 1900: Vergnügungspark. (Die alte Hasenheide.)

Na – und schließlich wollte Karola diese prachtvollen Stoffe und Röcke und Taillen auch draußen gern tragen – wenn schon alles wie für sie gemacht war. Kam doch jedes Stück dann mehr zur Geltung, als wenn die Käuferinnen es trugen. Manch Blick der Herren, die ihre Damen beim Einkauf begleiteten, sagte das deutlich.

Ja – wenn nicht jede Frau sich gerne putzen möchte ...

Und zu den Kleidern gehörten passende Hüte – und Stiefel – und Jupons –

Es kommt wohl vor, daß Karola dann und wann soupiert. Vielleicht im Eispalast, wo man mitten im Sommer Schlittschuhlaufen, Sekt trinken und flirten konnte. Oder draußen im Lunapark, wo man kühl in den „Wackeltopf" hineinsteigt, zu viert die schräge Ebene hinuntergerollt und -gestoßen wird und als taumelnde und erregte Bacchantin mit feuchtglänzenden Augen herauskommt.

Das einfachere Volk hält sich von diesen Amüsements fern. Es hat auch seine eigenen Tanzlokale, in denen es gesunder und wahrhaftiger hergeht als dort, wo die Mädchen mit jungen Männern aus anderen Kreisen zusammenkommen. Die soziale Bewegung hat auch vielen Töchtern der Arbeiterschaft Ernst und Festigkeit beigebracht. In diesen Kreisen findet man – zwar immer noch selten genug, aber man findet sie doch! – ernste Gruppen, die an sich selbst arbeiten, die sich zu besseren Menschen machen wollen, die nach Wissen, Erkenntnis und Geschmack streben. Sie finden sich in den Volksbühnen zusammen, die eine Mitgliederschaft von mehr als 100.000 Personen haben und gute Vorstellungen, Leseabende, Konzerte und manche andere bildende Gelegenheit bieten. An manchen Wochenabenden treffen sich auch kleinere Gruppen solcher Art in irgendeiner Wohnung eines Bekannten. Da liest dann wohl die Silberpoliererin irgendein Goethesches Gedicht vor, der Techniker erklärt Nietzsche, der Goldarbeiter spricht über Kleist, die jungen Buchbinderinnen kritisieren die letzte Vorstellung im Deutschen Theater, wo die Schauspieler sehr eigenmächtig mit den Shakespeareschen Versen umsprangen – und das alles bei einem leichten Tee.

Die guten Traditionen des Bürgertums der klassischen Zeit haben sich in diese Gruppen geflüchtet.

Und doch leben auch sie unter proletarischen Bedingungen. Im selben Raum, wo sie sich versammeln, arbeiten sie wohl auch und gehen nach der Zusammenkunft auf den Betten zur Ruhe, die in den Ecken der Stube stehen. Sie wohnen oft genug auf den Berliner Höfen. Die haben ihr eigenes Leben. Am buntesten ist es bei der „Hofmusik".

Ein Berliner Hof: Glatte, hellgetünchte Mauern mit regelmäßig übereinander hinlaufenden Fensterreihen schließen ein Viereck ein. Nur an der hinteren Seite ist ein Spalt, der unten auch noch durch kleine Schuppen abgeschlossen wird. Darüber hinweg geht der Blick in eine ganze Reihe gleicher, von glatten, hellgetünchten Mauern umschlossener Höfe.

Es ist Vormittag. Hoch oben wölbt sich der lichte, graublaue Himmel. Die Fenster sind alle geöffnet. Doch klingt kein Laut, keine Stimme heraus. Es ist, wie wenn das Haus unbewohnt wäre. Nur an dem einen Küchenfenster schnitzelt eine Frau grüne Bohnen. Von den anderen Höfen her dringt das schrille Surren einer Maschine. Und von der Geschäftigkeit der Straßen und Fabriken zittert hier noch ein verworrenes Brausen.

Ein altes Männchen drückt sich durch die große Tür. Ganz leise schleicht er über den Asphalt bis an den Holzklotz. Den stäubt er vorsichtig ab und setzt sich. Erst nimmt er die lappige Mütze ab und trocknet den Schweiß von dem kahlen Schädel und dem mit Haar überwucherten Gesicht. Dann sieht er an den Mauern hoch, forschend, abschätzend. Hm, hm! das kann heute, am Sonnabend Vormittag,

H. Baluscheck: Sonntag auf dem Tempelhofer Feld um 1900.

eine schlechte Sache werden. Bedächtig nimmt er einen schwarzen Packen hoch, den er neben sich gestellt hatte. Seine krummen, steifen Finger zittern; langsam schnüren sie den Packen auf. Vorsichtig wird die schwarze Hülle abgestreift. Etwas Buntes, Glitzerndes kommt heraus. Der Alte fingert daran herum – „Drunten im Unterland, da ist's halt fein!" Er singt mit dünner, müder Stimme zu den Tönen seiner Harmonika.

An den Fenstern wird's jetzt lebendig. Überall recken sich Köpfe heraus. Aus den Küchenfenstern der Vorderwohnungen, eins über dem andern, die Dienstmädchen. Hinten Frauen und Kinder, nur mit dem nötigsten bekleidet. Oben ein ganzes Bündel Mädchenköpfe aus einer Nähstube. Unten beim Tischler, pfeift der Geselle: „Mein Herz, das ist ein Bienenhaus." Alle singen mit: „Ich bete an die Macht der Liebe." Man ist überall still und lauscht andächtig.

Nun fliegen auch die eingewickelten Honorare herunter. In der Nähstube wird gesammelt. Der Tischler wirft den letzten Groschen hinaus, heute ist ja Sonnabend! Die Musik macht allen das Herz leicht ...

Der Alte gibt noch eine forsche Polka zu. Die kleinen Mädels, die um ihn herumstehen – sie gehen noch nicht mal in die Schule – wiegen sich erst unwillkürlich im Takt. Dann mit einem Male wirbeln die kleinen Dinger herum. Ihre Röckchen flattern.

Ihre Röcke flattern auch zu dem Grammophon, das ein Mann spielen läßt, der zugleich mit Armen und Beinen noch Pauke, Schelle und Trommel schlägt. Solch sonderbarer Musiker wird auch oft zu den Hoffesten gebeten, die in vielen Häusern der Arbeiterviertel an einem Sommersonntag die ganze Kinderwelt und die lieben Eltern eines Hauses an langen Kaffeetafeln auf dem Hofe versammeln. Von Ecke zu Ecke der grauen Mauern ziehen sich bunte Papiergirlanden. Nach dem Kaffee wird getanzt. Und beim Glase Bier finden sich die einzelnen Glieder der Mietskasernenfamilie, die sonst oft stolz aneinander vorbeigehen. Die Ladenladys und Buchhalterinnen, die Näherinnen und Plätterinnen haben fast nie gern was mit Fabrikmädchen zu tun gehabt und die ihnen oft sozial Gleichgestellten aller Art fühlten sich immer erhaben über alle, die mit der Hände Arbeit sich ernährten. Bei den Frauen spielt die liebe Eitelkeit auch hier eine Rolle und brüstet sich im Standesunterschied. Allerdings hat auch das seine Gründe. Viele der jugendlichen Arbeiterinnen der großen Wäschefabriken, der Buchbindereien, Luxuspapier-, Telephonapparatefabriken, der Spinnereien und Webereien, der Elektrizitätsbranche und der Glühstrumpfwerkstätten haben ja auch ihre wenig verfeinerten Eigenschaften. Die Mädchen, die sich mittags in den östlichen Fabrikvierteln in ihren schmierigen Arbeitskitteln mit ihrem Kaffeetopf auf den Straßen herumdrücken müssen, wollen sie ein wenig frische Luft schnappen, treiben sich abends und sonntags auf den Rummelplätzen herum.

Auf unbebauten Plätzen ist der alte Jahrmarktsklimbim aufgebaut, mit Karussells, Dampfschaukeln, Würfelbuden, Ballwerfen, Schießbuden und Lotterien. Überall spielt ein Leierkasten, wird getutet, geblasen, gebrüllt. Ein ohrenbetäubender, sinnverwirrender Lärm, ein wirres, wildes Durcheinander von Halbwüchsigen zwischen dem billigen blinkenden Flitterkram. Hier amüsiert sich das Stammpublikum der „Kientöppe", der Kinematographentheater, die zu Hunderten in Groß-Berlin zu finden sind. Die Besucher erfreuen sich manchmal an guten und belehrenden Vorführungen. Am meisten aber gefällt ihnen doch das pikante französische Genre und die blutrünstige, verlogene und sentimentale Mordgeschichte, meist in amerikanischem Geschmack, mit gehäuften Unfällen und Unwahrscheinlichkeiten, die unter Klavierbegleitung abgeflimmert wird.

H. Baluscheck: In der Mansarde.

Die geistig arme Masse des Großstadtproletariats und des Kleinbürgertums braucht diese neue Art von Moritaten, um bei all den zahllosen Eindrücken ein wenig erschüttert zu werden.

Für die geistig Armen wird noch wenig gesorgt. Eher schon für die wirtschaftlich Armen. Schon im Mittelalter bekamen sie bleierne Bettelmarken. Friedrich II. wollte sie an Arbeit gewöhnen und errichtete auf dem Alexanderplatz das Arbeitshaus, das Hunderte von Arbeitsscheuen und Armen aufnahm. Bis in die Neuzeit mußten Bettelvögte die Bettler überwachen und einfangen. Und doch machte sich ein großes Lumpenproletariat breit. Die armen Soldatenweiber mußten oft den Bettelhut hinhalten. In raffinierter Weise gingen Weiber mit Blinden und Säuglingen auf die Bettelfahrt. Schon vor hundert Jahren hatten sie ihre besonderen Kneipen. Und die Kurrende, die singend von Hof zu Hof zog und für wohltätige Zwecke sang, war auch nur ein verkapptes Bettelwesen.

Zeitig hatte man auch schon die Kollekte eingeführt. Hosemann hat vor fünfzig Jahren eine Kindergruppe gezeichnet, die mit einem Schreiben herumging – alles Erscheinungen, die auch heute noch ihr Wesen treiben. Besonders auch die Leiermänner, unter denen sich meist viele Veteranen befanden. Im Westen mit seinen abgeschlossenen Häusern merkt man wenig davon. Aber in Berlin wurden 1908 allein 17.000 Personen wegen Bettelei verhaftet. Und 1906/07 gab Berlin für Armenpflege fast 16 Millionen und mehr als 10 Millionen für Krankenpflege aus. Was die privaten Wohltätigkeitsanstalten Berlins und die Vororte für Arme ausgeben, ist nur zum Teil bekannt. Aber es läßt doch darauf schließen, daß sich im Proletariat viele Tausende von Menschen finden, die sich nicht ernähren können. Und manche mögen es auch nicht wollen. Es gibt genug, die es könnten, die aber einander die „duften Winden" mitteilen – Häuser, in denen es reiche Geschenke gibt. Und viele gehen auch direkt darauf aus, den unzähligen Wohltätigkeitsgesellschaften zur Last zu fallen. Allerdings

Zille: Sie säen nicht ... (Im Proletarierviertel.)

sind das wenige in der großen Masse des Elends, das sich an solchen Stellen und in den Mietskasernen zusammendrängt.

In diesen Mietskasernenhöfen bekommt man auch noch, besonders im Sommer, wenn die Fenster geöffnet sind, allerlei volkstümliche Lieder zu hören, wie die sentimentalen Lieder aus den siebziger Jahren:

O du mein Waldemar,
Ich lieb dich treu und wahr.
Bist du auch noch so fern,
Ich hab' dich gern!

Auch die Gesangstexte aus den Lortzingopern – „O selig, o selig, ein Kind noch zu sein!" – singt wohl noch irgendein alter Tischler- oder Goldschmiedsgeselle. Seltener werden in irgendeine neckische Unterhaltung hineingesungen die echten berlinischen Verse:

Du wirst noch mal, du wirst noch mal, du wirst noch mal mein Mann.
Det seh' ick dir schon an de Nasenspitze an!

Wat sich det dumme, dumme Mädel denkt,
Die denkt, ick hab' mein Herz verschenkt!
Mein Herz, det hab' ick nich verschenkt,
Mein Herz, det hab' ick an 'n Boom jehängt!

Denkste denn, denkste denn, du Berliner Pflanze,
Denkste denn, ick liebe dir, weil ick mit dir danze!

Der sogenannte Rixdorfer und alle die andern Tänze, deren Texte oft sehr drastisch die flotte Art des Berliner Vergnügens schilderten, ist bis in die letzte Zeit beliebt gewesen:

Uff den Sonntag freu ick mir,
Ja, denn jeht et raus zu ihr;
Feste mit verjnügtem Sinn
Pferdebus nach Rixdorf hin.

Wenn es zur Textstelle kommt:

Rieke, Rieke, Riekake –
Du bist mir nicht pi–pa–pe –

stimmen alle Anwesenden ein übermütiges Gekreische an. Auch an einigen Stellen der berühmten Holzauktion:

Im Grunewald, im Grunewald ist Holzauktion.
Rechts um die Ecke rum,
Links um die Ecke rum,
Überall ist Holzauktion!
Die janze Fuhre kost't ja nur 'n Dhaler.

Außerdem gab's unzählige Tanzlieder und Gassenhauer, deren Refrains meist nur einige Monate beliebt waren, um dann von irgendeinem andern abgelöst zu werden, der bald naiv tiefsinnig war, wie:

Man lebt ja nur so kurze Zeit
Und ist so lange tot.

Oder der „keß" war wie z.B.:

Komm, hilf mir mal die Rolle drehen,
Du bist so dick und stramm.
Genier dich nicht und zier' dich nicht,
Wir dreh'n das Ding zusamm'n!

Jede der vielen Operetten und Possen, die an den Berliner Bühnen gespielt werden, bringt irgend solchen Schlager. Es ist unmöglich, alle aufzuführen. Sie treffen aber stets irgendeine Seite der Zeitstimmung, wie vor kurzem das Künstlertheater mit dem Refrain:

Zille 1917: Eine tüchtige Kraft: „Ja, Kinder, ick sollte eijentlich bei de Post mit 'ne richtige Dienstmütze, aber mir hat der Majestrat for de Straßenreinigung reklamiert." (Kriegsuniformen.)

Wer wird denn weinen, wenn man auseinander geht,
Wenn an der nächsten Ecke schon ein anderer steht?

Das traf wirklich die stark gelockerte und auf Galgenhumor gestimmte Lebensart nach dem Kriege. Ganz ebenso treffend war der denn auch sofort von allen Besuchern mitgesummte und von ganz Berlin gesungene Text aus der „Törichten Jungfrau", die in dem für ernste Tragödien gebauten Großen Schauspielhaus schließlich ihre leichtfertigen Bilder zeigte:

Muß es denn, muß es denn
Gleich die große Liebe sein?
Kann man denn, kann man denn
Eine Nacht nicht selig sein?
Schad' um jedes süße Glück,
Das ein Mann verpaßte.
Nütze nur den Augenblick:
Was de hast, das haste!

Dieses Gefühl, daß man schleunigst zufassen muß, ist durch den entsetzlichen außenpolitischen Druck, durch das unerträgliche, überstürzte Auf und Nieder des Geldwertes, der Löhne und Gehälter, des Besitzes und Verdienstes, überall durchgedrungen. Wer es versteht, kann die Zeitströmung sehr gut aus allen diesen Liedchen und Refrains heraushören. Auch aus dem stumpfsinnigen:

Wir versaufen unser Oma' ihr klein Häuschen!
Und die erste und die zweite Hypothek!

Das Volk lebt wirklich oft in so trüber Stimmung, daß es gar nicht merkt, wieviel es wirklich schon vertan hat – und daß oft nur eine Kleinigkeit dazu gehört, alles zu versaufen ...

Zum Zechen war das Berliner Kleinbürgertum immer aufgelegt. Im Mittelalter brachten die Bierzinse die größten Einnahmen, nach dem Dreißigjährigen und nach den napoleonischen Kriegen vermehrten sich die Schankstätten ganz erheblich. Und nach dem Weltkriege hatten wir die Epidemie der Likörstuben. Diese Erscheinungen können als Kriegsfolgen gedeutet werden; sie können ebenso gut Verwilderung wie Betäubung darstellen. Allerdings hat der Berliner stets gern „einen gehoben". Am Ende des 19. Jahrhunderts war es besonders der Ausschank des Bockbieres in der vorösterlichen Zeit, der zu allerlei hanebüchenen „Bockfesten" Gelegenheit gab, hauptsächlich in den Brauereien nach Spandau zu.

Seit dem Anfang des 20. Jahrhunderts aber werden in großen Brauerei- und anderen Sälen große Bockbierfeste veranstaltet – während der Faschingszeit bis zu Ostern. Sie sind „münchnerisch" aufgezogen, mit bayrischen Kellnerinnen, Allgäuer Musikkapelle in Zipfelmütz und Hemdsärmel, mit Rutschbahn, mit Narrenkappen, Bockmützen und allerlei anderem Faschingsgescherz aus buntem Papier. Und vor allem einem riesigen Lärm und Spektakel, allgemeinem Singsang und Gejohle, an dem sich die zahlreichen jungen Mädchen und Frauen lebhaft beteiligen – manchmal auch mit

Gekreisch die in der Bockfreude erfolgte Umarmung durch den mehr oder weniger bekannten Nachbarn ablehnend oder begleitend.

Der Fasching spielt natürlich in dem großen und der Arbeit ergebenen Berlin keine Rolle, die irgendwie in der Öffentlichkeit zu merken wäre. In den kleinbürgerlichen Vereinen und auch in loseren Zirkeln aber werden reichlich Maskenbälle und Witwenbälle veranstaltet – in neuerer Zeit auch in öffentlichen Tanzsälen für die „reifere Jugend" – auf denen sich allerlei groteske Erlebnisse machen lassen. Wenn ein als Schulkind gekleidetes niedliches Weibchen gefragt wird, warum sie denn schon so zeitig nach Hause gehen wolle, kann die Antwort lauten: „Ick muß ja meine beeden Kinder in die Schule bringen!" Eine andere wird gefragt: „Bist du auch Witwe?" „Noch acht Tage, denn kommt mein Oller aus Tegel!" (Zuchthaus). Und eine dritte antwortet auf die Frage, warum sie nicht mehr mit ihrem dicken Verehrer tanze: „Der Affe! – Als König looft det rum und will noch nich mal eenen Conjac ausjeben!"

Alles dies sind typische Äußerungen – und doch darf nicht daraus geschlossen werden, daß nun das Leben der Mehrzahl der hauptstädtischen Kleinbürgerinnen und Proletarierinnen in diesen verräucherten, mit bunten Papierwimpeln aufgeputzten Tanzsälen seinen Höhepunkt findet. Die Berlinerin, die ja immer für Natur und fürs Grüne schwärmt, verbringt ihre Erholungszeit, wenn sie nicht Ausflüge machen kann oder kein Laubenland besitzt, im Sommer und an einigermaßen warmen Frühlingstagen in den breiten Hauptstraßen der Außenviertel und in den vielen Parkanlagen. Berlin hat eine ganze Anzahl von breiten, mit mehreren Baumreihen bepflanzten Straßen, wie die Frankfurter Allee im Osten, die Schönhauser und Prenzlauer Allee, sowie die Müllerstraße im Norden, die Gneisenau-, York- und Bellealliancestraße im Süden, die schönen schattigen Uferstraßen am Landwehrkanal – und noch viele solcher Straßenzüge, die vielleicht nicht ganz schön sind, und doch von einer Größe und Freundlichkeit, wie sie andere Hauptstädte nicht oder nur selten haben.

Looschen: Der Urlauber.

In allen diesen Straßen, und selbst auch in manchen langweiligeren Querstraßen, suchen zahllose Alte und Schwache und unzählige Unbemittelte ihre tägliche Erholung aus Werkstattdunst und ihre Sonntagsfreude im Spaziergang und im Ausruhen auf den Bänken. Für viele ist es schon ein Ausflug, wenn sie im bunten Sonntagsgewimmel im Mittelgang Unter den Linden nach dem Tiergarten bummeln und vor den Zelten dort dem Durcheinander der vielen Militärkapellen lauschen können. Meist führen die sonntäglichen Spaziergänge in irgendeinen der

Zille: Berliner Arbeiterfrau.

städtischen Parks, in den Humboldthain, in den Friedrichshain, in den Viktoriapark auf dem Kreuzberg, in den großen Treptower Park und neuerdings in die parkähnlich umgewandelte Jungfernheide. Und weil Berlin, das alle seine Bewohner in einer großen grauen Steinwüste gefangenhält, doch auch wiederum selbst dem Ärmsten so viel Erholung und erquickendes Grün wie kaum eine andere Weltstadt bietet, wird es auch meist nicht verstanden, daß der Berliner seine Stadt schön findet. Im Kleinbürgertum weiß man ja nichts davon, daß Berlin seine besten Gelegenheiten, wirklich schön zu sein, verpaßt hat, daß es z.B. die Ufer am stattlichen Fluß oberhalb von Altberlin gänzlich verbaut hat, anstatt dort Uferstraßen mit Baumreihen aufzuschließen und so einen großzügigen Schwung der Schönheit der Stadt einzufügen.

Spielt doch die Spree im Berliner Arbeitsleben eine große Rolle. Hunderte von Zillen (Spreekähnen), zahlreiche Eildampfer und Schlepper bringen täglich Kohle, Ziegel, Zement, Mehl, Tee, Kakao, rohe Häute, Terpentinöl, Soda und eine Unmenge von andern Rohstoffen und Lebensmitteln. Nur Bananen und Apfelsinen, von denen früher wöchentlich 30-40.000 Zentner nach Berlin kamen, fehlen jetzt ganz. Ausgeführt werden Musikinstrumente, Maschinen, Spielsachen, Glühbirnen, Emaillewaren, medizinische und landwirtschaftliche Werkzeuge und allerlei Geräte. Sie gehen nach Hamburg oder Stettin und werden dort verfrachtet nach den Eismeerhäfen, nach den Äquatorländern, nach den gelben, roten und schwarzen Völkern. Sie alle nehmen gern wieder deutsche Waren, die sie im Kriege schmerzlich vermißt haben. – Der Verkehr auf den Berliner Wasserwegen nimmt wieder zu und wird bald wieder so stark werden wie vor 1914, als die Zillen auch etwa die Hälfte aller Waren, die nach Berlin kamen, auf der Spree heranschleppten.

So ist Großberlin mit seinen 2.500 Kilometern schiffbaren Wasserwegen gewissermaßen auch eine Seestadt.

Im Kriege war die Zufuhr zu Wasser allerdings wesentlich zurückgegangen. Die Hungerblockade hatte hauptsächlich den Wasserverkehr lahmgelegt. Woher sollten die Nahrungsmittel kommen, die sonst die geduldige Spree herantrug? Und nun begann die Zeit, als die Kartoffeln abgezählt werden mußten, als das Brot in kleine, dünne Scheiben eingeteilt wurde und doch nie für die Woche reichte – und als viele Frauen nicht einmal mehr die geringen Rationen der Fleisch- und Milchkarten kaufen konnten und sie an Nachbarinnen gegen ein geringes Entgelt abließen – an Nachbarinnen, die in die Munitionsfabrik gingen oder als Straßenbahnschaffnerin oder sonst als „Männerersatz“, selbst als Bauarbeiterin in den Gruben der Untergrundbahn tätig waren. Die leitenden Persönlichkeiten wollten wohl gern die Schwächsten, die Frauen, vor den Folgen der gewerblichen Frauenarbeit schützen. Wie sollten sie sonst die allerwichtigste Aufgabe, Mütter der kommenden Generation zu sein, erfüllen? Die arbeitende Berlinerin hat allerdings meist wenig Zeit und Muße, diesem Problem nachzusinnen. Sie arbeitet, aber sie grübelt nicht.

Und so war es im Kriege: Sie arbeitete. Dabei bewährte sie noch ihr gutes Herz. Eine Nachbarin nahm teil am Geschick der andern. Wenn der Mann ausrückte ins Feld, wenn „Vater“ beim Transport vom Garnisonsort zur Front auf einem Berliner Bahnhof eintraf oder wenn Mutter ihren Mann in der Garnison oder im Lazarett besuchen wollte – immer fanden sich Nachbarinnen, die nach den Kleinen sahen und die Wohnung in Ordnung hielten. Sie halfen einander aus mit Lebensmitteln; sie sagten einander Bescheid, wenn irgendwo Notwendiges oder Besonderes zu haben war. War gar eine Unglücksbotschaft aus dem Felde eingetroffen, so trösteten sie einander und verstanden der Betroffenen einen Teil des Unglückes tragen zu helfen; ja, sie wagten es selbst, sie durch ein tröstendes Witzwort wieder zum Lachen zu bringen.

Die Berliner Arbeiterin und Kleinbürgerin weiß: Lachen tötet nicht, Lachen macht lebendig ... Einige kleine Skizzen aus jener Zeit mögen eine Erinnerung sein an das, was die Frauen durchmachen mußten:

Zille: Holzsammlerin.

Kartoffelstehen.

In mehreren Reihen und Linien standen sie dicht gedrängt hintereinander. Durch die ganze Markthalle, den langen Eingang entlang, auf dem Bürgersteig und noch halb auf dem Fahrdamm. Sie standen geduldig im Regen, alle die Frauen und Mädchen. Nur ganz, ganz langsam ging es schrittweise voran. Die Frauen zogen ihre Schultertücher über den Kopf und standen. Meist still und schweigsam.

Nur wenige sprachen. Vom Kochen und Essen.

„Ach weiter hat man jetzt jar nischt im Kopp!" meinte eine blasse Frau, die ihre zwölfjährige Tochter bei sich hatte. „Ja, ja, Hannchen! Könntest mal vorgehen und sehn, ob ooch jenug Kartoffeln da sind. Sonst steht man hier drei, vier Stunden und kriegt nich mal sechs Pfund pro Kopf!"

„Na – heute scheint's ja welche zu jeben!"

„Ja doch, sind ja soviel da!"

„Sehn Se nich! Da laden se ja immerzu noch ab!"

„Na, wenn man welche krigt, will man ja jerne warten!"

Und die Frauen standen wieder geduldig und schweigsam, rückten langsam, langsam vor – und warteten.

Nur ab und zu plauderte eine:

„Manchmal essen wir de Kartoffeln bloß mit Salz oder mit Zwiebelsooße ohne Fett. Schmeckt janz jut!"

„Und macht keene Fettflecke in 'n Magen!"

Alle lachten.

„Na, Müllern, Se futtern ja schon Ihr Abendbrot. Wat haben Se denn druff?"

„Uff beede Seiten ejal: Nischt!"

„'n Abend, Frau Gries! Wie jeht 't?"

Zille: Hoffestlichkeit.
„Maxe macht den Hund sehr natürlich!"
„Ja, wenn wa bloß nich zur Hundesteuer ranjezogen wern!"

„Belämmert!"

„Ih wo – uns jehts janz jut. Wegen unser kann der Krieg noch länger dauern."

„Wat – wer sagt det? Wer?"

Und nach kurzer Zeit muß eine Frau aus den Reihen gehen – mit zerrissenem Tuch und zerzaustem Haar.

„Die werden wir! Weil ihr Mann und ihre Döchter jeden Sonnabend über zweehundert Mark nach Hause bringen!"

„Wißt Ihr, wie mir det neulich in de Halle erjangen is? Ick sehe so schöne Räucherheringe und koofe zwee. Mit een mal merke ick, ick habe mein Jeld zuhause uff 'n Disch liegen lassen. Ick sage also: Na, ick muß noch Jeld holen. Heben Se mir man de Heringe uff! Wat dhut det Weib? Legt die Heringe wieder in de Kiste, sagt keen Ton und lacht noch höhnisch hinter mir her, als wenn ick mir nich mal zwee so 'ne Dinger koofen könnte!"

„So is 't! So is 't! Aber lassen Se man Frieden sind. Denn jehts wieder: jnädje Frau hinten un jnädje Frau vorne. Aber 'n Dreck wollen wir denn de Weiber in de Halle!" –

„Als ick neulich sagte, det wäre mir zu deuer, sagte de Händlerin frech: Ihr verdient ja jetzt ooch jenug! Da antwortete ick ihr: Ja, doppelt! Aber nicht viermal so viel wie ihr jetzt!"

Wieder ging's ein Stückchen vorwärts, ein oder zwei Schritte. Aber es genügte, die Erregung der Frauen über die Händler abzulenken.

„Herrjott, wie mag det wohl jetzt unse Männern im Schützenjraben jehn?“ fragte eine Frau.

„Ja, wer weeß?“

„Da woll'n wir man janz stille sind, wenn wa hier mal öfter im Regen stehen müssen!“

„Det is wahr!“

„Wenn 't nich schlimmer kommt!“

Und sie standen und standen zuletzt ohne zu reden.

So lange der Mann da war, hatten sie nicht sparen können. Flott und zuversichtlich wurde in den Tag hineingelebt. Die Kinder liefen im Sommer stets nur in weißen Schuhen. Die Frau selbst bekam in jedem Jahr ihr Schneiderkleid und nähte sich alle vier Wochen eine neue Bluse – immer nach dem neuesten Schnitt! – Und Hüte gab es auch im Jahr drei- bis viermal. Wenn sie sonntags spazieren gingen, mußte man sie für wohlhabende kleinbürgerliche Geschäftsleute halten. In gewissen Bierpalästen und Kaffeehäusern wußten sie genau Bescheid. Wer sie dort traf, konnte nicht vermuten, daß der Mann nur Arbeiter in einer großen Fabrik war.

Nun kam der Krieg. Da zeigten die Frauen, welch guter Kern in ihnen steckte. Neulich traf ich eine von ihnen in der Straßenbahn.

„Wo wollen Sie denn hin, Frau Berg?“

„In die Fabrik.“

Sie lächelte stolz und wichtig und schämte sich nicht, daß aus ihrem Muff eine blaue Kaffeekanne herausschaute.

„In die Fabrik?“

„Ja – ich bin jetzt an der Stelle von meinem Mann. In solchen Zeiten kann man doch nicht stille sitzen zu Hause.“

„Da müssen Sie ja eine Masse Geld verdienen!“

„Tu ick ooch!“ Sie beugte sich zu mir hinüber und sagte leise: „Erstens, von wegen die Kriegsunterstützung. Denn gibt der Fabrikant Familienbeihilfen – un denn noch mein Wochenlohn! Jetzt kommt man doch wenigstens zum Sparen! So lange der Olle da war, konnte man nicht dran denken. Aber jetzt – er soll doch wat vorfinden, wenn er wiederkommt!“

Und dann wollen wir auch nicht die vergessen, die sich das Essen selbst vom Munde absparten, um ihrem Mann draußen im Felde jeden dritten Tag den Feldpostbrief mit Zigarren oder Schokolade schicken zu können. Es gab da Pförtnerfrauen, die jeden Sonnabend auf dem Markt ihre Gans kauften. Jetzt gibt es Speckstippe mit Pellkartoffeln oder Kaffee mit Schrippen oder Brotsuppe.

Aber der Soldat draußen im Felde muß seine Zigarre haben!

Natürlich gibt es auch andere. Ich selbst kenne eine, die vor dem Krieg fleißig mitarbeiten mußte. Jetzt bekommt sie mit ihren acht Kindern so viel gesetzliche Unterstützung, dazu von allen Seiten Speisemarken, Kohlengelder, Freitische, daß sie „es nicht mehr nötig hat“. Nun, sie will sich auch einmal erholen in ihrem sonst wahrlich arbeitsreichen Leben. Gönnen wir es ihr.

H. Baluscheck: „Weeßte Mutterken, et is doch zu scheen, in'n Sommer nach Feierabend so in de Natur spazieren zu jehen."

Auch solche gibt es, die es nicht mehr für nötig halten, Feuer in ihrem Herd zu schüren. „Na so dumm! Uff die eene Stelle gibt's Kaffee mit Schrippen. Uff die andere det schönste Mittach! Un Abendbrot – besser, als ick det herstellen kann! Wozu denn da erst Feuer machen? Schade um jede Kohle!

Aber es sind verschwindend wenige, die ihrem Manne den Herd nicht warm halten. Die vielleicht gerade, während er verblutet im Schützengraben, in irgendeinem „Familienlokal" bei lauter Grammophonmusik sitzen und ihrem angetrunkenen Freund zulächeln.

Diese wenigen Skizzen ließen sich noch vervielfältigen. Doch müßten sie im Grunde alle nur die große Opferwilligkeit und Fähigkeit im Ertragen und im Erweisen von Liebesdiensten schildern, deren die Berlinerin aus dem Volke fähig ist. Sie aß anstatt Schlagsahne Schaum aus Kohl oder Leim, Torte aus Kartoffeln anstatt Mehl, trank Tee, der kein Tee war, Kaffee, der aus Rübenschnitzeln gebrannt war und wusch sich mit Seife, die nicht aus Fett, sondern aus Ton hergestellt war. Stoffe gab es nicht, aber Hemden; Taschentücher waren überall zu haben – aus Papier. Leder war ausgegangen – aber die

Stiefel wurden mit Flicken aus Kunstleder in jedem Hause selbst besohlt. Überall gab es „Ersatz“. Alle Frauen trugen die mit solcher Wirtschaft verbundenen Lasten still und wußten mit ihrer das Kleinste beherrschenden Geschicklichkeit unzählige Schwierigkeiten zu überwinden – aber nur, weil sie einander beistanden und halfen.

Sie hätten es wohl noch länger ertragen. Aber da kamen die Oktober- und Novembertage 1918 mit ihren niederdrückenden Nachrichten. Und nun standen um den Reichstag herum Hunderttausende von Männern und Frauen und riefen: „Nieder mit dem Krieg!“ Sie durchbrachen die Schutzmannsketten und fluteten durch das Brandenburger Tor, drängten die Schutzleute an der Wilhelmstraße zurück, sangen vor der russischen Gesandtschaft als Zeichen ihrer Sympathie für die russische Revolution:

Ein Sohn des Volkes will ich sein –

K. Kollwitz: Die Begrüßung.

Und drangen bis zum Schloß vor. Am 9. November aber zogen sie alle in großen Zügen aus ihren Fabriken zur inneren Stadt – und wichen kaum, als dann die zwecklosen Schießereien zwischen verschiedenen kleinen Gruppen aufflackerten. Sie kamen am nächsten Tag in festlichen Scharen zum Platz vor dem Reichstag, um den Beginn einer neuen Zeit, um das Ende des opfervollen Krieges zu feiern – und wußten nicht, daß die Zeit der Opfer noch nicht vorbei war.

Zu Revolutionsmegären entwickelten sie sich nicht. Als die Reste der Truppen, die zum größten Teil in die Heimat gefahren waren, in den Novembertagen mit roten Fahnen und Musik Umzüge veranstalteten und Unter den Linden auf trunkene Offiziere stießen, die mit eleganten Freundinnen dahinschwankten, riefen die mitmarschierenden Fabrikmädchen den ihre Verzweiflung beteuernden Offizieren entschuldigende Witzworte zu.

Diese Fabrikmädchen waren es auch, die sich neben ihren Männern mit ihren Leibern vor die Regierung der Volksbeauftragten stellten und die es so verhinderten, daß die ziellosen Spartakisten ihren Willen durchsetzten. Die Frauen schirmten den letzten Hort der Ordnung so lange, bis die rasch gebildeten neuen Regimenter den Kampf mit den Dachschützen und Stoßtrupps aufnehmen konnten.

Im allgemeinen nahmen die Frauen nicht allzu aktiv teil an dem politischen Leben. Sie gingen wohl manchmal zu den vielen Wahlversammlungen, die in diesen aufgeregten Zeiten notwendig wurden, übten auch eifrig ihr Stimmrecht aus – aber betätigten sich doch lieber auf rein weibliche Weise meist in den zahllosen Gruppen und Deputationen, die in dem nun Wirklichkeit gewordenen Großberlin für alle die vielen Kriegsbeschädigten, Waisen und die durch die entsetzlichen Quälereien der Folgen des verlorenen Krieges so furchtbar Leidenden sorgen müssen.

Dies Großberlin dehnt sich über 88.000 Hektar aus und verteilt sich auf 1.140.000 Haushaltungen, so daß also mehr als eine Million Hausfrauen in Berlin ihre Pflicht tun muß und 730.000 Kinder im Alter von 0 bis zu 14 Jahren und mehr als 180.000 alte Leute über 65 Jahre betreuen muß. Viele von diesen Hausfrauen befinden sich noch unter der Zahl von 2.900.000 Erwerbstätigen, weil sie noch mit hinzuverdienen müssen.

Gerade diese werden jedoch nicht Zeit haben, sich an den öfter im Rathause und in andern Parlamenten veranstalteten Kundgebungen der Arbeitslosen oder der Kommunisten oder der für die Umwandlung des Königsplatzes in einen Platz der Republik lärmend auftretenden Tribünenbesucher sich zu beteiligen, die oft gewaltsam die Sitzungen der Stadtverordneten störten und gegen die auch der in seiner Überzahl aus den Arbeiterparteien gebildete Magistrat mit Strenge vorgehen mußte.

Der Mehrzahl der Frauen Berlins ist zum Bewußtsein gekommen, daß nur der verlängerte Wirtschaftskrieg, der Druck unserer früheren Feinde uns trotz aller Arbeitsamkeit und Organisation immer wieder ins Elend und in seelische und wirtschaftliche Verwirrung stürzt. An den Massenkundgebungen gegen die Ruhrbesetzung beteiligten sich nicht nur bürgerliche Frauen. Auch Proletarierinnen zogen in großen Scharen herbei und sangen mit klarer Erkenntnis und ohne nationalistische Umnebelung hunderttausendstimmig:

Deutschland, Deutschland über alles! –

Sie haben es ja in Berlin täglich vor Augen, was das sozial organisierte Deutschland für sie bedeutet. Nur eine so allgemein organisierte Gemeinde in einem so allgemein organisierten Reich kann sich in diesen wirren Zeiten behaupten. Nur der große Bau der sozialen Fürsorge, dessen großes Sinnbild in dem Haus der Reichsversicherungsanstalt in Berlin steht, kann ein so stark bevölkertes Land, eine auf den Zufluß von Lebensmitteln aus der ganzen Welt angewiesene Viermillionenstadt am Leben erhalten. Leider wissen das nicht alle Proletarierinnen. Wenn sie im Laden des Kleinhändlers stehen, wo so wenig Ware zu haben ist, Ware, deren Preise ständig in die Höhe gehen, äußern sie wohl unwillig: „Das gibt es doch alles im Inland!" Bis dann eine wirtschaftlich Erfahrene wohl sagt: „Ach nein, das Schmalz kommt aus Amerika, ebenso wie Kaffee und Kakao, Pfeffer und Haferflocken. Und das Mehl ist wahrscheinlich auch aus Getreide gemahlen, das auf amerikanischen Farmen gewachsen ist. Und die Farmer lassen sich nur in Dollar bezahlen und verzichten auf unsere Mark." Manche Frauen murren zwar weiter, aber im Innern sehen sie es ein und besiegen durch heroische Geduld die aufreizenden Ereignisse, den häufigen Mangel an Kartoffeln und Fett und das Jagen der Preise.

Nur selten flackerte die durch die Zeitumstände stetig zitternde Erregung hier und da in Berlin auf. Ganz selten kam es zu Plünderungen, wie sie doch 1848 das Signal zu den Kämpfen gewesen waren. Die Regierung richtete, um irgendwelche Wucherabsichten und daraus entstehende Tumulte zu ersticken, auf den Märkten und selbst auf dem Viehhof Standgerichte ein. Doch konnte sie, wo doch die traurige Lage des Reiches ständig neue, höhere Preise vorschrieb, nicht zu weit gehen, wollte sie nicht die Zufuhr aus dem Ausland und die Produktion im Inland, die beide eine Angleichung nötig machten, unterbinden. Alle, die mitwirken konnten, mußten sich darauf beschränken zu helfen. Die Regierung half durch Brot- und Wohnungsverbilligung. Und die Gemeinden, die Gesellschaften und die Einzelnen, besonders aber die Frauen, halfen, wo sie eben nur konnten.

Am meisten wurde wohl den Frauen in ihren schweren Stunden geholfen, auch von Gemeinde wegen. Die Wochenhilfe wurde von Staat und Gemeinde durchgeführt, gewann doch im Kriege die Fürsorge für den Nachwuchs des deutschen Volkes eine erhöhte Bedeutung. Alle Frauen von Kassenmitgliedern und alle minderbemittelten haben seitdem einen Anspruch auf eine mehrwöchentliche Unterstützung vor und nach der Entbindung und auf einen Sonderbeitrag für die Entbindung selbst.

Aber diese große Fürsorge für die jungen Mütter hat nicht verhindern können, daß jetzt in Berlin die Zahl der Geburten niedriger ist als in den schlimmsten Kriegsjahren. Im Jahre 1914 betrug noch die Geburtenziffer 27 Lebendgeborene auf 1.000 Einwohner, 1917 hatte Berlin noch 17 Lebendgeborene, im Jahre 1922 aber nur noch 11,5 und im ersten Vierteljahr dieses Jahres hat die Ziffer sich noch weiterhin verschlechtert. Die jüngste Jugend hat sich bereits so stark vermindert, daß im alten Berlin, das vor sechs Jahren in den Gemeindeschulen 228.000 Kinder unterrichtete, nur noch 178.000 Kinder in die Schule kommen. Die Sehnsucht aller gesunden Frauen nach Kindern wird eben erstickt von der allgemeinen, unablässig quälenden und seit Jahren sich steigernden Not, die neben dem wirklichen Hunger und dem Wohnungselend sich noch in der Unmöglichkeit ausprägt, das Neugeborene in Windeln und Wäsche und Betten legen zu können. Allzuviele Mütter können heute nicht einmal ein Hemdchen für ihren kleinen Sprößling anschaffen.

H. Baluscheck: Sommerlust.

Alles dies ist ja schon in den Abschnitten über die Bürger und über die Kinder gesagt worden. Wie es in dem heutigen Berlin der Kleinbürger und Proletarier wirklich aussieht, ist allerdings nicht in den eleganten Straßen und Nepplokalen im Vergnügungsviertel der Friedrichstadt und am Kurfürstendamm zu erfahren, sondern nur in den Speiselokalen der Quäker, in denen, lediglich auf Grund eines ärztlichen Zeugnisses, durchschnittlich 60.000 Kinder und werdende und stillende Mütter täglich eine Zusatzmahlzeit von höchstem Nährwert erhalten. Einige Zahlen mögen diese erschreckende Zeichnung ergänzen: Im Januar 1923 waren 24.000 laufend und 6.000 einmalig unterstützte Personen der städtischen offenen Wohlfahrtspflege anheimgefallen, darunter ungefähr die Hälfte über 70 Jahre alt und ausschließlich auf Unterstützung angewiesen. Hierzu kamen 6.000 Pflegekinder, deren Mütter außerstande waren, ihre Kinder allein zu unterhalten. Dann waren 19.000 Personen in Anstalten untergebracht. Von der Hauptfürsorgestelle für Kriegsbeschädigte und Kriegerhinterbliebene wurden 128.300 Kriegsbeschädigte und Altrentner versorgt, ferner 128.000 Krieger- und Altersrentnerhinter-

Ehrenberger: Filmindustrie.
Filmwelt: Die Welt, die es erfreut, durch Kunst und Fleiß und kluges „Handeln".
Ein kleines Stückchen Zelluloid, für unser Land in Gold zu wandeln.

bliebene. Die Erwerbslosen, deren Zahl noch im Jahre 1922 nur einige Tausend betragen hatte, stieg durch den französischen Einbruch ins Ruhrgebiet auf mehr als 80.000. Von etwa 120.000 Sozial-, Witwen- und Waisenrentnern mußten im Dezember 1922 noch 50.000 von der Stadt unterstützt werden, ebenso 8.000 Kleinrentner, denen der in einem mühevollen Leben zusammengesparte Rentenfonds durch die Geldentwertung dahingeschwunden ist und von denen nur ein geringer Bruchteil in der Stadt der Alten Leute, draußen im nördlichen Vororte Buch, untergebracht werden kann. Dazu kommen die vielen Tausende von Flüchtlingen und Vertriebenen aus den besetzten und abgetrennten Gebieten, die im städtischen Obdach oder in irgendwelchen Notbaracken eine dürftige Unterkunft finden, mehrere Familien in einem Raume – alle mit ihren geringen Habseligkeiten, die sie mitnehmen durften.

Was wir in Berlin während der letzten Jahrzehnte nie gesehen haben: Alte gebrechliche Frauen stehen in irgendeinem Straßenwinkel und halten zitternd welke Hungerhände hin – in das blendende Nachtgetriebe. In kostbare Pelze eingehüllte Schöne gehen vorüber – bunte Saffianschuhe über Lackschuh und Florstrumpf – Brokathüteflimmer im elektrischen Licht – Herren in Gehpelzen, rauchend und fremde Worte ihren Damen zurufend – lockende, sich anbietende Augen aus aufgeputzten Gesichtern – Burschen mit schiefgezogenen Mützen, übermütig Shimmy tanzend nach dem Spiel eines an der Erde kauernden kriegsblinden Harmonikaspielers – Wursthändler in weißen Schürzen: „Heiß sind se noch!" – Männer, die von einer Sitzung kommen, Aktenmappen unter dem Arm – andere mit weinroten Köpfen, Zigarren rauchend – Heilsarmeemädchen: „Öffnen Sie sich der Reue, der beglückenden!" – Autos – blinkende Motor-Omnibusse – Geigenmusik aus den erleuchteten Kaffeehäusern – junge, lebhafte Mädchenschritte – Schlürfen alter Weiber, die Papierfetzen in eine Tasche zusammensuchen, um morgen vom Erlös etwas Brot kaufen zu können – ruhelose Gesichter aller Art – als suchten sie hier, im nächtlichen Trubel, Frieden und irgendeine gleichgestimmte Seele. Und sie werden vielleicht nur noch mehr gequält von der zerbrochenen, sterbenden Stimme der welken Alten: „Brot – für eine Hungernde –"

Die Größe und der Umfang des Elends recken ihre grauen Schatten über den, der einmal in die Sprechstunde der Gesellschaft zur Bekämpfung der Säuglingssterblichkeit geht. Da stehen die Mütter, abgezehrt und verfallen schon in ihrer Jugend. Und ihre Sprößlinge liegen bleich, still und schauen mit matten, unlustigen Augen in die Welt, wie wenn das Leben sie nur quälte ... Wie viele Kinder haben diese Frauen in die Welt gesetzt! Wie viele von ihnen sind mühsam einige Monate oder einige Jahre erhalten worden – um dann doch diese Welt zu verlassen, die ihnen nicht gelacht und in der auch sie nie gelacht. – „Ach, für uns verheiratete Mütter duhn se ja zu wenig!" klagte eine Mutter verzweifelt. „Wir haben ja'n Mann, der for uns sorgt! – Hä – wenn er't nu nich dhut – wenn er nu sauft – oder wenn er nich for uns sorgen kann – wenn er keene Arbeet hat? Oder zu wenig verdient? ... Ja – for de unehelichen Mütter, da sorgen se jetzt alle. Die haben's besser als wir. Die wissen doch nich, wie det is, wenn man die Kinder hungrig zu Bette schicken muß ... Et is bloß jut, det ick noch arbeeten kann und wenigstens ab und zu Essen ran schaffe!"

Nicht wenige dieser Frauen sind allerdings auch sehr untüchtige Mütter, die von Kinderpflege keine Ahnung haben und die nicht daran denken, daß draußen in freier Luft die Kinder besser gedeihen würden. Sie bleiben in den Mietskasernen stumpfsinnig hocken und hungern, anstatt in der Provinz oder auf dem Lande Arbeit und für ihre Kinder frische Luft zu suchen. Haben sie ein wenig Geld, dann werden Mondscheinfahrten unternommen, bei denen kein Mensch nach dem Mondschein sieht, sondern alle sich um die Biertonnen drängen. Die Kinder müssen die Nacht über wachen oder im Tanzsaal herumliegen. Es ist nur gut, daß solche Dinge nicht typisch sind in dieser Viermillionenstadt, daß die Berlinerin doch mehr die sonnigen Sonntagsausflüge liebt. Typisch ist vielmehr die Lust an unermüdlicher Tätigkeit, im Heim, auf dem Laubengelände, in dem Hunderttausende von Familien rings herum um die Stadt und auf jeden Fleck zwischen den Häusern sich eine Zubuße an Gemüse und Obst erarbeiten – und die Beschäftigung in den vielen gewaltigen Werken der A.E.G., von Siemens, Borsig, Görz und zahlreichen andern Firmen, deren hochwertige Ware in alle Welt hinausgeht. Auch die Erzeugnisse der Deutschen Werke in Spandau, die einst die Artilleriewerkstatt Preußens war, beweisen, daß Berlin und seine Bevölkerung der Welt nur friedlich dienen will. Wo einst Kanonen gebaut wurden, werden Pflüge geschmiedet und Hausgeräte, vom Kochlöffel bis zum eisernen Ofen, hergestellt. Diese friedlichen Gegenstände gehen als Beweis der friedlichen Art der Weltstadt nach Japan, China, Brasilien, nach allen Weltteilen, und müssen werben für eine Zeit, in der die Menschen überzeugt sind, daß die Berliner Arbeiterin mit jedem in Ruhe und Frieden leben will ...

So finden sich im Kleinbürgertum und im Proletariat Berlins Arbeitsamkeit, Nüchternheit, Rührigkeit, Verschlagenheit, Drang zum geistigen Emporkommen und zum Beharren in tausendfacher Art.

Höker und Hausierer

Die Schlagfertigkeit, der rege Witz und die Grobheit der Berliner Marktfrauen sind lange Zeit ein Schrecken der Hausfrauen gewesen. Noch bis vor kurzem hatte sich ihr Wesen und ihr Typus ungebrochen erhalten. So lange noch die alten öffentlichen Märkte auf dem Dönhoffplatz, Alexanderplatz, dem Spittelmarkt, bei der Marienkirche, am Köllnischen Fischmarkt, auf dem Wedding, auf dem Gendarmenmarkt und anderen Plätzen der alten Stadt abgehalten wurden, konnte man jederzeit mit den urwüchsigen Vertretern des Berlinertums nähere und vergnügliche Bekanntschaft machen. Julius Rodenberg, der zwischen 1880 und 1900 Berlin durchwanderte und schilderte, kam auch mit den Marktfrauen zusammen. Er ließ sich dann von seiner kundigen Hausfrau begleiten. Sie fragte eine Frau, die Spargel feilhielt: Wieviel sollen sie kosten?

Marktfrau (sehr verbindlich): Sechs Silberjroschen, Madamken!

Madame: Ach, das ist viel zu teuer – für solche dünne Dinger!

Marktfrau (etwas weniger verbindlich): Wieviel wollen Se denn jeben?

Madam: Sie sind nicht mehr als die Hälfte wert.

Worauf die Marktfrau: Denn sind Sie ooch nich mehr als sechs Dreier wert (und dreht sich herum).

Diese konservativen Bürgerinnen rechneten nämlich immer noch nach Silbergroschen und am liebsten nach „Dreiern".

Nicht weit von der Spargelfrau stand eine andere Dame, von untersetzter Statur und Zutrauen erweckendem Äußern, die mit Besen handelte. An Besen hatte mein Herz nicht gedacht, als ich den Markt des Weddingplatzes betrat. Aber diese Hausfrauen! Alles können sie gebrauchen. Madame nähert sich dem Tisch, findet bei genauerem Zusehen, daß große und kleine durcheinander liegen, und bemerkt: „Aber die Besen sind ja gemischt!" Worauf die Dame mit den Besen: „Ja, liebe Frau, det is

Blumenverkäuferin
im 18. Jahrhundert.

Versteigerung im 18. Jahrhundert.
Links eine Trödlerin.

nu eenmal so. Die Menschen sind ooch jemischt – wir beede sind kleen und die andren sind jroß, und wir müssen es uns ooch jefallen lassen."

Das war schlimm, aber das Schlimmste sollte noch kommen, bei einer Geflügelfrau, welche dicker war und gemütlicher aussah als alle ihre Schwestern. Sie hatte ihre Ware, Wild und Geflügel, an einer Leine hängen und stand, beide Arme in die Seiten gestemmt, vergnüglich dazwischen. Es war ein fesselnder Anblick und wir blieben stehen – worauf sie, die sicher nicht ahnte, daß sie selber uns weit mehr interessierte als ihre Hühner, uns sofort eines derselben mit der größten Zuvorkommenheit zum Kauf anbot. Aber Madame, die überhaupt nicht leicht zufriedenzustellen ist, fand den geforderten Preis exorbitant. „Drei Mark!" rief sie aus – „zwei Mark ist das Allerhöchste." Nun aber hätte man die Marktfrau sehen sollen. Sie alterierte sich nicht weiter und wurde nicht grob, aber mit einer unbeschreiblichen Miene von Hoheit und Verachtung nahm sie der Dame das Hühnchen aus der Hand, schwang es wieder über den Strick, machte einen Knix und sagte: „Freut mich recht sehr, Mamsellken." Dies „Mamsellken", scharf betont, war eine ausgesuchte Bosheit in Anbetracht des Umstandes, daß neben und mit Madame ein Mann in gesetzten Jahren ging, der ihre Einkäufe nicht nur trug, sondern sie auch bezahlte! ...

Rodenberg hat mit wenigen Strichen das Bild der Berliner Hökerin trefflich gezeichnet. Milde und liebenswürdig war ihr Witz nicht. Sie wehrte sich auf eigene und nicht sehr wählerische Weise ihrer Haut und verteidigte ihr geringes Einkommen mit viel belustigender Redegewandtheit. „Laß dich nicht verblüffen!" war ihr Wahlspruch. Gewöhnlich mußte sie so unfreundlich sein. Allzuviel

Glückwunschverkäuferin um 1800.

verdiente sie mit ihrem Kleinkram nicht. Oft genug schlug sie sich mit ihrer Familie nur notdürftig durchs Leben. Schon im 18. Jahrhundert war das so. Wollte damals eine Frau aus niederem Stand zum Familienunterhalt hinzuverdienen, wie so viele Soldatenweiber, dann wurde sie oft Hökerin. Aber sie durften keine besseren Waren führen und mußten obendrein im Monat vier Pfund Wolle gegen gewöhnliche Bezahlung fürs Lagerhaus spinnen. Da ihnen auch das Einkaufen außerordentlich beschränkt war – sie durften nicht von den Bauern aufkaufen, sondern nur an Markttagen zu später Stunde die Reste an sich bringen –, so blieb die Hökerei ein elendes Geschäft. Auch besserte sich die Lage der Hökerinnen nicht viel, wenn sie die vielen Verbote übertraten. Übrigens ist der Berliner Hökerstand nur der Nachfolger der alten Verkaufsbuden, die von denden Handwerkern auf allen öffentlichen Plätzen und vielfach auch auf den Straßen errichtet worden waren. Im Mittelalter, ja bis ins 18. Jahrhundert hinein durften die Handwerker und insbesondere die Schlächter und Bäcker überhaupt nicht im Hause verkaufen, sondern mußten ihre Ware in Buden (Scharren) feilhalten. Dies wurde vorgeschrieben und vom Rat oder seinen Beauftragten kontrolliert, um ständig die Güte und das Gewicht sowie den Preis der ausgelegten Waren feststellen zu können. Noch in der ersten Hälfte des 19. Jahrhunderts standen auf zahlreichen Plätzen – am Gendarmenmarkt, am Hackeschen Markt usw. – solche Holzbuden, die gerade nicht zur Verschönerung des Stadtbildes beitrugen. Diese Buden waren gewiß kein angenehmer Aufenthalt für die Verkäuferinnen. Immerhin waren sie noch besser dran als die im Freien mit Kleinigkeiten handelnde Hökerin, die

Chodowiecki: Hausierende Bauersfrau im 18. Jahrhundert.

Weihnachtsmarkt in der Breiten Straße um 1790.

mit ihrem Kram nur auf ein dürftiges Einkommen rechnen durfte. Diese gedrückten Zustände mögen viel dazu beigetragen haben, daß die Berliner Hökerfrau so bissig und unliebenswürdig wurde.

Und dann hatte sie ja auch viel unter dem Übermut der Straßenkinder zu leiden. Im Sommer, wenn gerade die ersten Früchte reif wurden, oder im Frühling, wenn es nur Orangen gab, fragten sie eine auf festem Stand sitzende Hökerin: „Mutterken, hat se Nisse?" (versteckte Anspielung auf Unsauberkeit, auf Läusebrut) oder neckten eine Kuchenfrau: „Madame, haben Sie Boomtorte?" Natürlich wurde dann die alte Frau aufgebracht und schimpfte. Die Schulknaben bedienten sich eines nicht sehr einwandfreien Kunstgriffes. Sie gingen an die Bude der Hökerin und sagten mit freundlicher Miene und noch freundlicherem Tone: Mutterchen, biete Sie mich einmal auf (Kunstausdruck für ausschimpfen); ich gebe ihr auch einen Sechser. – I bewahre! schmunzelte die Alte; wie könnte ich einen so schönen, scharmanten jungen Mann aufbieten – Na, Mutterchen, bat er noch dringender; tun Sie es nur, ich gebe auch einen Groschen – doch noch immer weigerte sich die Alte, seinen Wunsch zu erfüllen, und nun wurde er ärgerlich, trat zurück und sagte: So laß Sie es bleiben, alte Hexe!

Diese „alte Hexe" war das Zauberwort, das ihren Mund öffnete, und was sie vorher für Geld zu tun sich geweigert, das führte sie jetzt umsonst aus, und zwar so vollkommen und übervollkommen, daß sie auch noch schimpfte, wenn der beleidigende Knabe schon in der dritten Straße war und sie daher längst nicht mehr hören konnte.

Aber nicht nur von der Schuljugend wurden die Hökerinnen gereizt. Glaßbrenner schildert eine Szene, wie mehrere Herren sich den Spaß machten, den Witz einer Hökerin herauszufordern:

Erster Herr: Haben Sie Eier?
Hökerin: Eier?

Erster Herr: Ja Eier! Die länglich runden Dinger, welche zum Beispiel die Hühner behufs Vermehrung ihrer Familie legen.
Hökerin (mit gewitterschwerer Stimme): Na ja, jlooben Sie etwa, ick weeß nich, wat Eier sind? Ick fragte man blos, weil ick als Obsthändlerin dachte, ick hätte mir verhört, wie Eener bei mir nach Eier fragt. Ick halte mir keene Eier, weil hier manchmal Menschen herkommen, die Witze machen wollen, un da werden se faul.
Zweiter Herr (kann sich des Lachens nicht enthalten): Haha! Sehr gut, sehr gut!
Erster Herr (zu ihm): I wie können Sie denn darüber lachen, wenn die Hökerin hier malitiös wird!

Fischfrau um 1830.

Hökerin: Hökerin? (steht auf und stemmt den Arm in die Seite) Hören Se mal, Sie Bulldock, nu blaffen Se den Oogenblick vor 'ne andere Dhüre, oder ick trete Ihnen uf 'n Fuß, det Se ihn acht Dage lang wiene Haarnadel dragen sollen und schreien!
Erster Herr: Nein, das ist doch merkwürdig, was diese Hökerin schimpfen kann!
Hökerin (sehr zornig): Schimpfen? I hör' Er mal, Er langbeeniger Kranich mit de Brille uf de Nase, wat red't Er denn von Schimpfen? So 'n dämlicher Sünder wie Er is, den kann man ja jar nich schimpfen, der is ja schon Allens doppelt jewesen, wat man Niederträchtiges jejen ihn aussprechen kann. Wenn Er spillrijet Jerippe zwee Pfund Fleesch uf 'n Leibe hätte, denn könnte man Karmnade vor de Schlächterhunde aus Em hacken, aber die Theelen sind ville zu eitel, um an so 'nen Kerl zu knabbern! So'n Schatten von Mannsperschon will Leute zum Besten haben. I, Er Jespenst! Em blase ick ja durch seine durchsichtigen Knochen in die Höchte, det Er verhungern soll in de Luft, und wenn Er sich vor vierzehn Dage zu fressen mitnimmt! Leg' Er sich doch lieber uf'n Kälbermarcht hin, damit Er unter Seinesjleichen is, und laß Er sich die Sonne in 'n Hals scheinen, damit Er endlich mal wat Warmes in den Leib kriegt. Schneid' Er sich doch seine drittehalb Haare von seinen hohlen Kopp runter und stech' Er se in en Wollsack, damit Er zeitlebens zu suchen bat, wenn Er seine Liebste mal 'ne Locke schenken will, un verjreif Er sich dabei, damit die weeß, det Er en Schaafskopp is! I, kiek Er doch mal, Er ausjehungerter Federfuchser, Er will Leute chikannieren? He? Leute will Er chikannieren? I, Er abjemerjelter Menschensplinter, dhu Er mir doch den Jefallen, un reiß' Er sich lieber seine Rinderzunge aus 'n Halse, damit Er sich nich mehr blamieren kann! Häng Er sich doch lieber an 'n Jalgen, damit keen anständijer Mensch mehr en Verbrechen bejeht. Er zweebeenije Distel, um sich selbst zu füttern, nehm' Er sich doch ne Laterne und leucht' Er sich untern Rennsteen runter, damit Er

B. Dörbeck:
Bücklingswagen um 1830.

endlich seine Bestimmung erlangt! So 'n Kerl, der von oben bis unten wie 'n hohler Zahn aussieht, will reptirliche Leute cujenieren? Laß' Er sich doch lieber jlühendet Blei in'n Hals jießen, und reiß Er sich unten seine zwee Wurzeln aus, damit Er de Welt keene Schmerzen mehr verursacht! Ick weeß woll, wat ick mir unter seine Brille uf de Nase denke, un wat Er darunter is! Knautsch Er sich doch lieber zusammen un jeh' Er zum Plundermatz, un verkoof' Er sich vor'n Viertel Pfund Lumpen, damit wenigstens noch mal en Stück Papier aus Em werdt, wat man benutzen kann! Nehm' Er sich doch de Watte aus de Waden un stopp Er se sich in seine Eselsohren, damit Er nich seine eijene Schande hören muß! Reiß' Er sich doch seine Beene aus, nehme Er se in seine Tatzen, und trommle Er damit so lange uf sein Kalbfell rum, bis de Amerikaner Feuer schreien! Nehm' Er sich doch Kiessand un schaure Er sich reene, damit nischt von Em übrig bleibt! Er abjeknabberte Kälberpote, laß Er sich doch zu Leim kochen und en Stiebelknecht mit sich zusammen kleben, damit Er doch zu etwas nutze is! Häng' Er sich doch an Mond, damit de Lüderjahns früh zu Hause jehen! I, Er abjejriffene Polizeiklinke, nehm' Er sich ja in Acht, det Er de Currendejungens nich zu nah' kommt, sonst singen die: Jott bewahre mir in Jnaden!

Es war gewissermaßen ein Sport geworden, die Hökerweiber zum Schimpfen zu reizen. Ihre Fertigkeit in dieser Kunst stammte aber nicht erst aus der Zeit Glaßbrenners. In vielen Berichten aus dem 18. Jahrhundert wird sie schon erwähnt. Tlantlaquatlipatli berichtet 1789: Einmal kam eine Bürgersfrau und wollte einen Braten einkaufen. „Wie teuer ist das Pfund?“ – „Zwei Groschen (24 Pfennig)“ – „Zweiundzwanzig Pfennige ist die Taxe!“ – „Ei was, Taxe! Für solches Kernfleisch haben wir keine Taxe!“ – „Ich habe aber nicht nötig, mehr zu zahlen!“ – „Wirklich?“ rief die handelnde Frau Schlächtermeister höhnisch. „Um Vergebung, wo wohnen Sie, junge Frau? Ich will es Ihnen noch obendrein nach Hause tragen lassen!“

Die Höker von dazumal mußten sich also noch einer Taxe unterwerfen und konnten nicht beliebige Preise fordern. Auch damals gab es schon Herumziehende aller Art, die ungefähr den heutigen Straßenhändlern glichen. Nur zogen sie nicht wie heute mit Pferd und Wagen durch die Stadt, sondern trugen ihre „Hähnekens“ (Kinderspielzeug), „Äppel“, „Kwerle“ oder Zimtpretzeln in Körben. Im Sommer gingen sie wohl noch in bloßen Füßen. Im Winter, um Weihnachten herum, standen sie mit Glückwünschen an den Laternenpfählen, wie das Chodowiecki gezeichnet. Besonders aber betätigten sie sich auf den vielen Volksfesten. Sie verkauften Kümmel, der die leicht erregbare Berliner Volksseele zum Sieden brachte, hielten Heringe, Braten, Biere, saure Gurken, Würste, Hundepflaumen, Birnen und allerlei anderen Kram feil. Andere zogen mit Bücklingen oder Stinten herum. Diese kleinen, scharfriechenden Fische werden jetzt nicht mehr in Berlin herumgefahren. Sie werden nur noch hier und da in Markthallen feilgehalten. Sie waren aber einmal ein beliebtes Volksgericht, wie heute noch in kleineren Städten in den Küstenlandschaften. Andere herumziehende Mädchen verkauften Äpfel und Pfirsiche. Von ihnen ging die Rede, sie hätten bei einer Viertelmetze Apfel oft zehn bis zwölf Silbergroschen verdient, die sie in den Tanztabagien durchbrachten. Das leichte Gewerbe mag wohl manch leichtem Geschöpf zum Deckmantel gedient haben.

„Wat – Sie will mir?“ Hökerin um 1830.

Dörbeck um 1830: Stinte!

Glaßbrenner hat einige Anekdoten aufgezeichnet, die von Hökerinnen erzählt wurden. Eine kleine Auswahl möge ihr spaßhaftes Wesen schildern:

Die Sterbende.

Eine Budenbesitzerin Berlins lag auf dem Totenbette und schied sehr ungern von dieser Welt, deren Früchte sie so lange der begehrenden Menschheit dargebracht hatte. – Ihr Ehegespons stand etwas in Nebel gehüllt vor ihr und tröstete sie mit den Worten: „Jräme dir nich darüber, det de sterben mußt; det find't sich Allens, un et wird schon jehen! Seh mal, eenmal müssen wir Alle in unsern Leben sterben!" – „Schafskopp!" lispelte die Kraftlose und richtete sich mit Mühe ein wenig empor, „det is et ja eben! I, wenn man zehn oder zwölf mal sterben müßte, denn würd' ick mir aus det eenemal nischt machen!"

Der gute Rat.

Eine Obsthändlerin, die wie alle sehr sparsam war, ging in einen Bäckerladen und forderte sich ein Viergroschenbrot. Es wurde ihr ein solches gereicht. Erstaunt über die geringe Peripherie, wog sie es prüfend in den Händen; als sie sich aber auch hier in ihren Erwartungen getäuscht sah, fragte sie: „Is denn det wirklich en Viergroschenbrod?" – „Na ja, wenn es Ihnen nicht recht ist, lassen Sie's liegen!" sagte ärgerlich der Bäcker. „I, er verknet'ter Deechaffe!" schrie die Beleidigte, „bejieß er doch seine Knirpsbrode alle Morjen mit de Jießkanne, damit se wachsen, un laß er seinen Schafskopp mit rinbacken, damit se Gewicht kriegen."

Präsumtion.

Piepern: Dumm, meenste, war de Jirlinken?
Wölze: Ob se dumm is! Da kann man noch so wat Kluges sagen, sie versteht keene Sylbe davon!
Piepern: Na höre, Wölze, du hast se doch woll noch nich uf de Probe jestellt?

Erklärung.

(Zwei Hökerinnen sitzen auf dem Markte; ein buckliger Edelmann geht vorüber.)
Schiep: Seh' mal, Willichen, den Pucklichen, der da hinlooft. Is det nich der adlije Herr?
Willich: Ja, det is en Ast von seinen Stammboom.

Nicht immer war das Hökern ein Spaß. Wer das Geschäft ernst nahm, hatte es durchaus nicht leicht. Die Frauen mit festem Stand, die in jedem Wetter, bei Sturm und Regen, im Sonnenbrand und in der Winterkälte draußen sitzen mußten, konnten wohl empfindlich und unfreundlich werden. Sie waren übrigens meist verheiratet, galten für fromm, trugen sich reinlich, so ähnlich wie Bäuerinnen, in weitem Rock mit Falten, Leibchen und Kopftuch oder großer Schute und hatten ihr Geld in der Seitentasche der großen buntkattunenen Schürze. Sie sahen also so ähnlich aus, wie heute noch die Werderschen, die mit ihrem Obst nach Berlin kommen und besonders auf den Märkten der westlichen Vororte ihr Obst feilhalten. Diese Werderschen und die Straßenhändler, die an den Ecken bestimmter Straßenzüge stehen, sind noch die Überbleibsel einer großen Armee von Hökerinnen.

Obstmädchen: Schöne Pfirsiche jefällig?
(Biedermeierscherz.)

Zwar tauchen jetzt auf den vielen kleinen Wochenmärkten in den Vororten wieder Hökerinnen auf. Aber sie sind nicht von der Art der früheren. Sie sind durch das Leben in den überdachten und ummauerten Markthallen, die allerdings durch den inzwischen stark entwickelten Detailverkauf in den Läden wieder an Bedeutung verlieren, sehr erzogen worden. So klassisch schön schimpfen wie einst können die heutigen Hökerinnen nicht. Sie sind mehr Geschäftsfrauen geworden. Die Fleischer, die heute zu Markte ziehen, haben ihre Vorratskammern in den großen Kühlhallen, wo sie vor Beginn des Marktes aufladen und nach dem Markt wieder abladen.

Vor allem sind manche fliegenden Händler von den Straßen Berlins verschwunden, die einst das Straßentreiben bunt und munter machten. Außer den Bücklingswagen fuhren damals auch noch die Sandwagen herum, die bis ungefähr 1900 vor jedem Hause und auf jedem Hof ihr langgezogenes „Sa–and– weeßen Sa–and" ausriefen. Sie kamen aus den Rehbergen im Norden, vom Kreuzberg aus dem Süden und aus allen anderen Richtungen mit dem weißen Sand, den alle Hausfrauen einst zum Bestreuen der weißgescheuerten Dielen brauchten. Eine besondere Spielart der Berliner Hökerschaft waren die „Zirngibler". Sie wurden so genannt nach dem Drucker Zirngibler, dessen Verlagsartikel sie verkauften. Hunderte von Knaben und Mädchen handelten mit „Fünf schöne neue Lieder: Heinrich schlief bei seiner Neuvermählten – Ein Schlosser hat mal'n Gesellen – Leonore – Det beste Leben

Milchmädchen: Sahne! Sahne!

hab ick doch –". Alle Köchinnen kauften diese kleinen Blätter und Hefte.

Sie alle: Bücklingshändler, Sandfuhrleute, Apfelverkäufer, Stintehändler, zogen durch die Straßen und priesen ihre Ware an. Später, am Ende des 19. Jahrhunderts, kamen dann noch die Kohlenhändler hinzu, die trübselig auf den engen Höfen der volkreichen Mietskasernen sangen: „Preßkohlen! Preßkohlen! Det Hundert sechzig Fennje!"

Diese Art von Hökern rechnet schon mehr zu den Hausierern. Vielleicht in keiner anderen Weltstadt hat das Hausiergewerbe solchen Umfang erreicht wie in Berlin. Begünstigt wird diese soziale Erscheinung durch den ungehinderten Zutritt zu neun Zehnteln aller Treppenflure. Mit den letzten Jahren sind viele ehemaligen Typen des Berliner Hausierers vollständig verschwunden, freilich noch mehr neue auf den Plan getreten. Ich entsinne mich, daß noch vor drei Jahrzehnten die grünröckigen Stadtmusikanten, nachdem sie ihre schauerliche Blechtuterei verzapft hatten, vor jeder Wohnungstür mit dem Notenblatt ansprachen. Das wäre im heutigen Berlin eine Unmöglichkeit. Auch die Mäusefallenhändler, die vor noch gar nicht so langer Zeit massenhaft die Häuser abklapperten, sind dezimiert worden, seitdem die Behörde den Erwerbs- und Lebensverhältnissen dieser von rücksichtslosen Unternehmern ausgebeuteten jugendlichen Ausländer energisch nachgespürt hat. Ebenso fehlen im modernen Berliner Straßenbilde fast gänzlich die mit hochbepackten Rückentragen voll Korbwaren oder irdener Topfgeschirre von außerhalb kommenden Frauen, die früher in Berlin ein sehr gutes Geschäft machten. Selten begegnet man ferner dem aus Weberdistrikten stammenden Hausierer mit Leinwand, der im typischen Wachstuchpaket eine sehr brauchbare Ware mit sich führte, und heute, unter der Konkurrenz der großstädtischen Warenhäuser und Spezialgeschäfte, fast nur auf das platte Land und die Kleinstadt angewiesen ist. Selbst der Kolporteur findet, obwohl ja die Hintertreppenliteratur heutzutage mehr denn je blüht, merkwürdigerweise nicht mehr so oft wie früher den Weg zu den Kleinwohnungen hinauf. Hunderte von Ladeninhabern, die dasselbe lukrative Geschäft betreiben, haben ihm ins Handwerk gepfuscht. Von Versicherungsagenten und Nähmaschinenreisenden wurde man früher überlaufen. Ihre Zahl ist ebenfalls bedeutend geringer geworden, weil dieses Arbeitsfeld an der Spree nahezu abgegrast ist.

Vermehrt hat sich der moderne Typus der „Lumpenfrau", die an Stelle des durch die staubfreie Müllabfuhr vom Hofe vertriebenen Lumpensammlers getreten ist. „Knochen, Lumpen, Papier, alte

Hüte, alte Stiebel – Ha–asenfelle!" So schallt es mitunter laut gellend auf den Höfen jener Berliner Häuser, die noch nicht von einem Pförtner hinter verschlossenen Türen überwacht werden. Aus dem „Lumpenmatz" von früher ist ein Produktenhändler geworden. Viele von ihnen hausen in den Kellern der älteren Stadtgegenden. Sie ziehen am Vormittag mit einem kleinen vierrädrigen Karren umher und kaufen ein, was nicht mehr gebrauchsfähig ist, was eingestampft, eingeschmolzen oder eingepreßt werden muß, um einen neuen Rohstoff für neue Gegenstände abzugeben. Und da erfährt man erst, daß es eigentlich nichts gibt, was nicht mehr gebraucht werden kann, was wirklich gänzlich wertlos ist. Ein Berliner Lumpensammler interessiert sich für alles: Ramponierte Pappkartons, alte Filzhüte, zerbrochene Lampengestelle, Glasscherben, ganze Flaschen, leere Konservenbüchsen – alles wandert in die Säcke, mit denen er unter dem Arm den Hof betritt. Und werden ihm gar ein Paar alte Schuhe angeboten, dann drückt er rasch irgendeinen Geldschein der Verkäuferin in die Hand, steckt die Schuhe in den Sack und eilt die Treppe hinunter. Und ist die Frau nicht zufrieden, dann holt er rasch noch einen zerknüllten Geldschein aus der Tasche und sagt: „Jott – ick bin ja nich so gnietschig!" – und läuft hastig die Treppe hinunter. Auf die Rufe der unzufriedenen Frauen hört er nicht, sondern denkt sich: „Alle Dage jibt's nich so 'n Happen! Un wenn man sowat erwischt, muß man nicht etepetete sind!" – Auch die Frauen, die ihm helfen, sind von ziemlich forschem Wesen. Ihre Zahl hat ganz beträchtlich zugenommen. In letzter Zeit halten sie mit ihren Karren hauptsächlich an Markttagen an den Zugängen zu den Marktplätzen, wohin die Hausfrauen allen Überschuß mitnehmen, der jetzt hoch bewertet wird. Überhaupt ist in neuerer Zeit das weibliche Element unter den Hausierern stärker als bisher vertreten. Mit Mut und Zähigkeit bieten die oft noch recht jugendlichen und hübschen Frauen und Mädchen, um sich ehrlich und anständig durch die Welt zu schlagen, eine neue Putzstein- und Seifenmarke an oder verkaufen einen ausgegangenen Hauptschmuck oder wollen überreden, die ausgekämmten Haare „höchstbietend" an sie zu verkaufen. Die guten Leutchen, die miserables Briefpapier oder schlecht sitzendes Heftpflaster, wohlriechende Seife oder bunte Ansichtskarten andrehen wollen, sind in der Regel bloß maskierte Bettler, die auf das Mitleid spekulieren. Genau so steht's mit den überaus zahlreichen Kindern, die in allerneuester Zeit, seitdem ihnen die Polizei im Straßenleben scharf auf die Finger sieht, an der Wohnungstür Kleinhandel treiben. Man kauft nicht, aber schenkt ihnen etwas.

Dörbeck 1830: „Mutterken, hat se Nisse?"

Weindauer: Berliner Pfirsichverkäuferin.

Besonders zur Weihnachtszeit kommen viele Kinder in die westlichen Vororte, bieten Apfelsinen und Ansichtskarten an und werden von mancher mitleidigen Hausfrau gut bewirtet und reich beschenkt. Im Straßenleben aber spielen die Höker nicht mehr die Rolle wie einst. Aus dem Tiergarten, wo bis gegen 1890 Kuchen- und Obstfrauen saßen, sind sie ganz verschwunden. An manchen Straßenecken stehen heute wohl Obstwagen, die meist überraschend billige Früchte – fast stets nur eine Sorte – feilbieten. Aber sie nennen sich nicht mehr Höker, sondern Straßenhändler, und gehören auch zu jenen, die überall Zeitungen und Zeitschriften verkaufen oder Blumen anbieten. Vor dem Kriege riefen sie: „Frische Veilchen! Zehn Fennje das Sträußchen!" – „Sechs Rosen for'n Jroschen! Sechs Stick!" – „Nelken, scheener Herr! Nelken!" – „Janz frischer Flieder, italienischer Flieder!" Jetzt hört man: „Schneeglöckchen! Die ersten kleinen Frühlingsboten!" „Die letzten Rosen noch for hundert Mark det Stick!" – „Frisch eingetroffen! Osterglocken! Narzissen!" – „Herbstgrüße! Kriesantemums! Herbstgrüße! Bloß tausend Mark der Strauß!" Diese Blumenfrauen bringen mit ihren Körben, aus denen die Farbenpracht der Blumen quillt, schöne bunte Flecke in das steinerne Straßenbild. Den Potsdamer Platz umrahmen sie mit ihrer Buntheit und bieten selbst einfacheren Frauen die Möglichkeit, ein Stückchen Frühlingsahnung oder eine Sommerlust mit nach Hause zu nehmen.

Vor dem Kriege waren die Straßenhändler bis auf die Blumen- und Zeitungsfrauen und bis auf einige Obstwagen aus dem Straßenbild verdrängt. Die Nachwehen des Krieges trieben viele entwurzelte Existenzen auf die Straße. Um den Potsdamer Platz herum, in der Leipziger Straße und in der Friedrichstraße sowie an allen Ecken, die einen lebhaften Verkehr aufwiesen, tauchten Hunderte von Kleinhändlern auf. Gummisohlen, Lederfett, Hemdenknöpfe, Nähgarn, Stick- und Stopfnadeln, Seife, Garn, Selbstbinder riefen sie aus. Auch Stoffe für Mäntel und Kleider boten sie an.

Jetzt ist wieder ein wenig Ordnung in dies aufdringliche Treiben gebracht worden. Von den repräsentableren Stellen sind die manchmal recht fragwürdigen Gestalten ein wenig zurückgedrängt worden. Viele von ihnen haben sich auch „entwickelt", haben sich einen kleinen Wagen angeschafft und einen regelrechten Handel eröffnet. In manchen belebten Straßen stehen sie in ganzen Reihen an der Bordschwelle und bieten mit mehr oder weniger heiseren Stimmen an: ganze Stofflager, Herrenhosen, Schokoladen der besten Marken, Obst, Bücklinge, Speck und Würste, frische Fische, insbesondere grüne Heringe – und vor allem Bücher: „Jedes Buch nur 500 Mark – jedes Buch nur 1.000 Mark." Ja, auf mehreren hundert Wagen, die über die ganze Stadt an jenen Ecken verteilt stehen, an denen lesehungriges und zahlungsfähiges Publikum vorbeikommt, stehen Wagen, die gute gebundene Klassiker und Werke besserer Literatur feilbieten. Ihre Verkäufer sind nur Pächter und Angestellte von Unternehmern, die eine größere Anzahl solcher Wagen mit Restpartien oder im Großhandel eingekaufter Bücher versorgen und dem durch den Krieg und durch die unruhigen Zeiten stark gestiegenen Lesebedürfnis entgegenkommen.

Ein ganz besonders intensives Treiben der Straßenhändler hat sich in dem Viertel an der Neuen Schönhauser Straße entwickelt. Dort war schon immer eine verwegene Sorte von Händlern heimisch, die bei den Versteigerungen in der Pfandkammer ihr Gewerbe betrieben. Jetzt stehen vom frühen Morgen bis zum späten Abend Hunderte zweifelhafter Verkäufer auf der Straße, in den Haustoren und selbst auf den Treppen der Häuser und verkaufen zum großen Teil gestohlene Sachen. Hier wird alles zu Geld gemacht. Brillanten, Gold- und Silbersachen, ausländische Geldscheine, Kunstwerke, Kleider, Stiefel, Wäsche, Werkzeuge, Taschenmesser, Zigaretten, falsche Pässe und hauptsächlich gefälschte Legitimationspapiere. Vor dem Strumpfgeschäft steht einer von diesem Schachervolk und bietet an: „Echt seidene Strümpfe, for den halben Preis! Ganze Beinlänge!" Vor dem Uhrengeschäft wird geflüstert: „Reingoldene Damenuhr! Gelegenheitskauf! Nur für dem Goldwert! Werk umsonst. Bloß weil ich kein Geld hab!"

Nur ab und zu fährt die Polizei mit einigen Lastautos vor das Viertel, verriegelt die ganze Gegend durch eine gründliche Absperrung und ladet alle Verdächtigen, die sich nicht gleich einwandsfrei ausweisen können, auf und fährt sie ins Polizeipräsidium nach dem Alexanderplatz. Die Verhafteten nehmen das meist stumpfsinnig hin, lassen sich auch ihre Vorräte – oft ganze Säcke Zucker, Mehl, Ballen von Seidenstoffen, Kisten voll Nähgarn und tausenderlei Dinge ruhig abnehmen. Meist wissen sie sich herauszureden – und nach einer Stunde ist von der Aufsehen erregenden Streife der Polizei nichts mehr zu merken: Für die Festgehaltenen ist sofort Ersatz da. Das Handelsvolk schachert weiter ...

Eine besondere Art von Straßenhändlern bevölkert stets die vielen kleinen dürftigen Überreste des vorväterlichen Weihnachtsmarktes, die mit ihren kümmerlichen, nur aus Latten und Eierkisten zusammengezimmerten Verkaufsständen nur von fern an die großen Holzbuden und Leinwandzelte von anno dazumal erinnern. Die Männer und Frauen, die in diesen Ständen Vogelflöten, den „schönen Jumbo", Wunderkerzen, Lametta und anderen Flitterkram feilhalten, sind etwa von gleicher Schlagfertigkeit wie jene Straßenhändler, die an einzelnen Stellen der

Dörbeck: „Ochse, mach er mir nich weiß, er oller Müllergeselle!" (Biedermeierwitz.)

Auf, zur Festwiese! (Biedermeierszene.)

Friedrichstraße, in der Nachbarschaft der Bahnhöfe und an manchen belebten Ecken ihre „echten Glaserdiamanten“, ihre „universellen Fleckenreiniger“, ihren „Kristall-Palastkitt“ anbieten. Sie stellen ihren Kasten auf ein kleines Gestell und fangen an zu reden, ehe sich ein Zuhörer zu ihnen gesellt:

„Meine Herrschaften! Sie brauchen nicht glauben, daß ich Ihnen hier etwas aufschwatzen will, was noch nicht erprobt ist. Sämtliche Kapazitäten des Faches haben diesen Wäscheschoner untersucht und die besten, unwiderlegbaren Gutachten ausgestellt. Wenn Sie sie sehen wollen – bei mir zu Hause habe ich einen ganzen Aktenschrank voll! – Dieser Wäscheschoner ist das denkbar Praktischste, was Sie sich auf diesem Gebiete leisten können. So einfach – und doch elegant! Zugleich aber auch sparsam! In dieser Zeit der Teuerung und Geldentwertung, wo jeder den Hunderttausendmarkschein zweimal herumdreht, ehe er ihn ausgibt, und wo doch jeder sauber aussehen muß, der Karriere machen will – und der auch schließlich an die lieben kleinen Mädchen denkt – in dieser Zeit ist dieser Wäscheschoner der Rettungsengel für die Welt.“

Inzwischen hat sich schon ein dichter Kreis von zwanzig bis dreißig Personen um den Händler angesammelt. Nun nimmt er seinen Wäscheschoner und erläutert ihn:

„Sehen Sie, Sie nehmen den weichen Stehumlegekragen, schlagen ihn auf, legen den steifen Wäscheschoner hinein – schlagen ihn zu, binden den Kragen um – und wie sitzt er nun? – Straff und elegant! – Straff und elegant! Und auch die Krawatte sitzt nun besser. Und wenn sonst der Kragen schon nach wenigen Stunden unsauber aussah – jetzt können Sie ihn acht Tage tragen. Und immer ist er noch straff und elegant! Wer einen solchen Wäscheschoner trägt, wird stets alle Mitbewerber aus dem Felde schlagen, wenn er sich um eine Stelle bewirbt. Denn wie wird der Chef von ihm sagen: Ja, der Mann ist straff und elegant!“

Diese hochdeutschsprechenden Händler, von denen Handlungsreisende und Großkaufleute manches lernen können, sind ein Erzeugnis der letzten Jahre. Sie finden denn auch oft ihr Gegenstück in den Kaufmannskreisen – ein Zeichen für die Zeit, die gern mit einem großen Redeschwall arbeitet – und gern glaubt, daß die „billigen Preise unter den Selbstkosten liegen“ und „nur zur Reklame“ gemacht werden.

Die alte Berliner Art ist noch nicht ausge-storben. Sie preist ihre Ware in den Bezirken des Ostens und Nordens an. In den Zeitungen wird darüber berichtet: „Hier hochfeine Spazierstöcke! Schwarz Ebenholz mit Silberkandierung! Vierhundert Mark das Stück – dreihundert Mark – Na, ich lasse sie heite zu einhundert Mark. Eine hochnoble Ware! Sehn Se sich de Stöcke an! Ansehn, meine Herrschaften, bloß ansehn – wenn ich bitten darf – nich an't Silber polken! Echtes Silber verträgt das nich. Wie kann man sich bloß 'n Stock, der mir selbst dreihundert Mark kost', vor hundert Mark so lange besehn? Sollten jejenwärtige Damen sein, die bei Herrschaft männlicher Kinder konditionieren,

Wachtmeister: „Sie wissen doch, daß die Fälschung der Milch streng verboten ist.“ – Milchfrau: „Is det Fälschung, wenn ick for die Berliner ihre Jesondheit sorge und Wasser mang die Milch plumpe? Wasser is det jedondeste Jetränk.“
(Die Milchpantscherin um 1860.)

L. Löffler 1850:
Bücklinge!

dann bitte ich, meine Extrakonfektion in Kinderspazierstöckchen zu besichtigen – zwanzig Mark das Stück!"

„Also meine Herrschaften, det is der beriehmte Bernsteinkitt, ooch Kristallpalastkitt jenannt. Leimt, klebt und kittet alles. Die Manipollation is janz einfach: Man hält ihn über 'ne brennende Flamme, denn schlägt man eenen Teller oder 'ne Tasse kaputt, det man wat zu kitten hat, und denn kittet man ihr. Et halt wie Eisen, sag ick Ihnen. Da kann 'ne Kanone drieber fahren, et schad't ihr nischt. In keene Wirtschaft sollte mein Kitt fehlen. Er befördert den öhelichen Frieden un stärkt de jejenseitige Liebe. Et kann vorkommen, det der Mann abends beschmettert nach Hause kommt; det treie Weib hält ihn 'ne Jardinenpredijt; da wird er patzköppig un schlägt alles kurz un kleen. Am andern Morjen kommt de tiefbetriebte Jattin her un sagt: Jem Se mir von Ihren beriehmten Bernsteinkitt, ick muß de janze Wirtschaft zusammenkitten. Ihr Kitt leimt, klebt, kittet allens. Er halt wie Eisen, sag ick Ihnen, da kann –" Die Zuhörer: „'ne Kanone drieber fahren, et schad't ihr nischt!" – „Jawoll, meine Herrschaften, da kann wirklich –" Die Zuhörer: „'ne Kanone drieber fahren, et schad't ihr nischt." „Un wenn Se ooch noch zum dritten Mal 'ne Kanons drieberfahren lassen – et schad't ihr doch nischt! Also, wer will den beriehmten Kitt?"

„Hochfeine Ziehjarren, hundert Mark das Stück! Prima, prima! Mexiko Deckblatt! – Wat meenen Sie dahinten? Uff de Rieselfelder jewachsen? Des denken Sie sich so, weil de Ware zu jroß is for dem Minimumpreis. Schon an de janze Aufmachung können Se't sehn – so verpackt sich keene Schwindelware. Vielleicht Probe jefällig? Bitte, meine Herrschaften, langen Se zu! 'n Hochjenuß, nich? – Wat – Sie dahinten von de Rieselfelder – Se wollen ooch eene? Bitte, unscheniert zu kaufen, Probeexemplare verjriffen! – Meine Herrschaften, schlafen Se am hellichten Dage oder is Ihnen wat in't Ooge jeflogen, det Se nich de Einsicht haben, sich kurz zu entschließen? Na ja – ick werde ebend de hochfeine Ware behalten for det wirklich noble Publikum; des kommt erst nach Fabrikschluß – um fünfe! Ihr vasteht ja nich, so 'ne echte Kuba-Sumatra-Brasil-Importe zu würdijen! Ihr stoppt Eure Pfeife mit selbstjetrocknete Kastanienblätter. Ihr sammelt die Stummel vor de Börse und vor Adlon! Also endlich eener, der Verständnis hat for Edelware!"

Auf diese Weise dokumentiert sich die Beweglichkeit der Straßenhändler in tausend Formen.

Zwar ist die eigentliche Hökerin aus dem Berliner Volksleben verschwunden. Aus der Hökerin ist die Geschäftsfrau, die Grünkramhändlerin geworden, die in ihrem Laden steht, ihr Schaufenster „dekoriert" und nicht mehr von Übermütigen geneckt wird.

Aber ihr Witz, ihre Schlagfertigkeit und ihre Verschlagenheit ist noch nicht ganz ausgestorben. In den Markthallen und auf den kleinen Wochenmärkten, die über ganz Großberlin verstreut sind, findet man genug Händlerinnen, die alle diese Eigenschaften geerbt haben. Als im Kriege die Lebensmittelpreise hinaufkletterten und manche einkaufende Hausfrau ihren Schrecken darüber äußerte, bekamen sie von den Händlerinnen zur Antwort:

„Wenn Sie nich so ville zahlen können, lassen Se't man liegen. Andere nehmen det mit Kußhand!"

Eine allgemeine gereizte Stimmung zwischen Käufern und Verkäufern entstand. Die Käufer sagten voll Rachegefühl: „Es kommt auch wieder eine andere Zeit, in der die Weiber froh sind, wenn wir ihnen was abkaufen!“ Und an manchen Stellen, besonders in den Arbeitervierteln, kam es zu Streitigkeiten. Die Verkaufsstände wurden umgekehrt oder geplündert. Da aber durch solches Vorgehen noch weniger Ware als vorher auf den Markt kam, fügten sich beide Teile so weit wie möglich ineinander.

Übrigens hatte die bittere Zeit manche gebildete Frau genötigt, sich als Händlerin vorwärtszubringen. So verkaufte in einer Markthalle im Südosten die Mutter eines bekannten Komponisten bis vor kurzem Heringe. Zwischen ihr und ihren Käuferinnen bestand ein besonderes Achtungsverhältnis, denn die Heringe wurden mit besonderer Höflichkeit und Liebenswürdigkeit eingewickelt und manche verhungerte Mutter und Frau bekam wohl heimlich einen oder mehrere Heringe mehr, als sie bezahlte ...

Nicht alle, die an den Lebensmitteln so reichlich wie jetzt verdienen, denken und handeln so großzügig. Die jüdischen Händlerinnen in der großen Zentralmarkthalle sind allerdings auch nicht kleinlich. Wenn sie ihre fetten Gänse und Puten verkaufen, haben sie auch wohl ab und zu kleine Abfälle oder einzelne Teile für Bedürftige, die mit leeren Taschen und bettelnden Blicken vorbeigehen. Aber im übrigen sagen sie: „Ach – Sie denken wohl, uns stehen die Perlenketten und Brillanten nicht ebenso gut wie Ihrer Frau?!“

Tatsächlich sind bei den Händlerinnen manchezu finden, die sich den teuersten Schmuck leisten. Selbst alte Kleinhändlerinnen sehen darauf, daß sie am Sonntag mit Brillantohrringen und Diamantnadeln einhergehen. Bei den Engroshändlerinnen ist das selbstverständlich. Sie vor allem legen ihre Überschüsse in Sachwerten an und kaufen nicht nur Schmuck, sondern auch Wäsche, Stoffe, Porzellan, Silbergeschirr und alle erdenklichen Geräte, die sie zur Aussteuer für ihre oft noch ganz kleinen Töchter aufhäufen. In ihren Wohnungen, die meist in den östlichen Vororten liegen, ist ein Stück auf das andere getürmt, wie in einem Speicher. Sie sind von einer wahren Angst besessen, einst nicht genug für ihre Kinder zu haben.

Hausreinigerin und Gemüsefrau.

Dabei behandeln sie nicht etwa ihre Kunden wucherisch, sondern stehen mit ihnen in einem ehrlichen Vertrauensverhältnis – ein Zustand, der auch öfter als man glaubt, zwischen den Kleinhändlern und ihren Kunden herrscht. Einer begrüßt den andern an jedem Markttage und freut sich, ihn zu sehen.

Und doch hat die Regierung in den letzten Monaten Marktstandgerichte einsetzen müssen, die unmittelbar in der Nähe der Märkte aburteilten. Ob sie mit diesem Vorgehen viel erreichte, ist ungewiß. Eine kleine Szene aus einer Tageszeitung, die sicher dem Leben entnommen war, beweist jedenfalls, daß die alte Art der schlagfertigen Höker ihre Erbschaft bis zu einem gewissen Grade vererbt hat:

Zeit: Gegenwart. Ort: Ein Polizeizimmer in der Markthalle.

Richter (streng zu Frau Kulicke): Sie haben also keine Preistafel an Ihrem Stande gehabt?

Kulicke: Ach Jott, Herr Gerichtshof, ick traute mir ja nich. Die Tafel hatt' ick uffjehängt.

Richter (erstaunt): Sie trauten sich nicht? Was soll denn das heißen? (Zum Schupo): Hing die Tafel da?

Schupo: Jawoll, aber keine Preise.

Richter (zur Kulicke): Was reden Sie also?

Kulicke: Nee, ick traute ma nich; ick bin zu billig, da hätte ma de Konkurrenz vadroschen.

Frau Kulicke nannte dann ihre angeblichen Preise, die mindestens um die Hälfte billiger waren, was großes Staunen erregte. Der Richter fragte, ob sie die Waren auch jederzeit außerhalb der Marktstunden verkaufte. Die Frau sagte selbstverständlich zu. Als sie aber zu einer kleinen Geldstrafe verurteilt worden war, weil sie keine Preise aufgeschrieben hatte, und nun die Herren zu den billigen, von ihr genannten Preisen zugreifen wollten, da sagte Mutter Kulicke:

Danke scheen, aber ick will erst noch mal rasch bei'n Hotel vor, wo ick schonst lange in Jeschäftsverbindung stehe.

Trier 1919: Musik der Straße.

Schadow: "Na, dadrum keene Feindschaft nicht."
(Einladung zu einem Künstlerfest.)

Zerstörung eines Tempels unreiner Freuden. 1793.

Die Halbwelt

Im Mittelalter genossen die Freudenmädchen einen gewissen Schutz. Sie unterstanden der Aufsicht des Rates, der wohl irgendwelche Persönlichkeiten mit der Fürsorge und der Kontrolle betraute. Das Mittelalter war in diesen Dingen frei von jeder falschen Scham. Und zwar aus mehreren Gründen. Die vielen herumziehenden Männer, Ritter, Geistliche, Kaufleute und andere, waren nicht immer sehr feinfühlig. Manche von ihnen wurden handgreiflich gegen ehrbare Frauen oder suchten sich durch allerlei Schliche Frauen aus der Bürgerschaft gefügig zu machen. Die Helferinnen, deren Kuppeldienste sie in Anspruch nahmen, wurden hart bestraft, weil ein Einbruch in die bürgerliche Sittlichkeit allerlei schwere Folgen für das Bürgertum und die Stadt hatte. Gelegentlich der Schilderung des mittelalterlichen Rechtswesens ist schon auf zahlreiche Fälle dieser Art und auf die fast unmenschlichen Strafen hingewiesen worden. Des „Matthias Weib" wurde 1399 verbrannt, weil sie Klaus Jordans Weib an Jacob von dem Rhine verkuppelt hatte. Ein Ehepaar traf harte Leibesstrafe, weil sie ihre jugendliche Tochter an einen Tempelritter aus Tempelhof gegen die Versicherung, daß er die Jungfer reichlich schmücken und gut halten wolle, ausgeliefert hatten.

Oft entstanden Konflikte wegen der im Zölibat lebenden Geistlichkeit. Das sächsische Cronicon des Magisters Crantzius berichtet z.B.:

„Im Jahre 1364 haben die Bürger zu Berlin des Erzbischofs von Magdeburg Theodorici Schreiber, so damals den Herzogen von Sachsen, Rudolf den Jüngeren und Otto, nachgezogen war und zum Berlin an der gedachten Fürsten Tisch gesessen, durch die Stadtdiener, denen noch ein anderer großer Haufen zugeordnet worden, gegriffen, alsobald auf dem Markt geführt und ihm den Kopf abgeschlagen. Die Ursache aber soll die gewesen sein, daß der Schreiber für ein wenig Tagen, als er einst ins Bad (im Krögel) gehen wollen, mit einer ehrbaren Frauen, so ihm wohl bekannt gewesen, Sprach' gehalten und sie scherzweise genötigt, daß sie mit ihm zum Bade gehen sollte. Ich meine ja, das sei eine schöne Ursache gewesen, Einem das Leben darumb zu nehmen. Doch haben die Berliner solchen Mutwillen mit leiblichen und geistigen Strafen büßen müssen."

Chodowiecki: Im Wirtshaus.

So harmlos, wie der alte Crantz die Sache darstellt, war sie in der Tat doch nicht. In den Badestuben bedienten gesunkene Frauen den Mann, nur ganz verlorene Weiber begleiteten die Fremden an solche Orte. Jene Zumutung, die der „Pfaff" einer ehrbaren Bürgerfrau stellte – vielleicht gar einer Patrizierin –, war sittlich eine so große Schamlosigkeit, daß sie nach deutschem Rechte den Tod verdiente. Denn ehrbare Frauen hatten aller Orten Frieden, eine Verletzung desselben, eine Beschimpfung der Ehre des züchtigen Weibes wurde mit Enthauptung bestraft. Es gab ja feile Frauen genugsam in Berlin! Die Bürger waren daher in vollem Rechte. Allein die ihnen feindlichen Prälaten, der Brandenburger

Bischof und der Magdeburger Oberhirte Dietrich, machten sich die traurige Angelegenheit wiederum zu einem *casus excommunicationis* zurecht. Sie vereinigten sich daher, keine auch noch so große Buße für den Gerichteten anzunehmen, der übrigens, wie wir aus einer Urkunde vom 15. August 1364 erfahren, Konrad Schütze hieß und Vikar zu Magdeburg war.

Die Berliner, die öfter schwere Bußen wegen ihrer Zusammenstöße mit der Priesterschaft zu erdulden hatten, werden auch diesmal sich nur durch eine beträchtliche Zahlung haben loskaufen können. Da sie die Zuchtlosigkeit der mittelalterlichen Priester kannten, nahmen sie auch Vergehen gegen sie nicht allzu streng und bestraften eine Magd, die 1407 vor dem Grauen Kloster höhnend gerufen hatte: „Maide for die Priester", nur mit Stäupen.

Aus der gleichen Zeit wird berichtet, daß die unehrlichen Frauen aus dem Frauenhause dem Rat ein halb Schock auf jedes Ouartal gegeben haben. Er ließ sich also den Schutz, den er ihnen angedeihen ließ, reichlich bezahlen.

Dafür aber wurden sie auch zeitgemäß zur Verschönerung der öffentlichen Feste, die von der Stadt ihren Gästen gegeben wurden, zugezogen. Die Quitzows waren damals noch mit der Stadt befreundet. Der Rat gab ihnen ein großes Fest, als sie die Pommern zurückgeworfen hatten. Zu Ende des Festes wurde Dietrich von Quitzow von mehreren „Töchtern der Stadt" in sein Quartier begleitet – im Auftrage des Rates. Und seine Kumpane und Knechte scheinen auch Quartier in den Jungferhäusern erhalten zu haben.

Auf der köllnischen Seite der Stadt scheinen diese Häuser im Spreegäßchen in der Nähe der Jungfernbrücke gestanden zu haben, die wohl spottweise ihren Namen erhalten hat, weil neben der Brücke eben nicht der sittenstrengste Teil der Bevölkerung wohnte. Allerdings will eine Sage wissen, der Brückenname komme von den Töchtern einer Familie Blanchet her, die sich mit dem Nähen feiner Wäsche und anderer Handarbeit beschäftigten und wegen der Schärfe ihrer Zungen allbekannt waren. Wer feine Arbeiten anfertigen lassen oder aus der Lästerchronik was erfahren wollte, schickte zu den „Jungfern an der Brücke". Diese Sage wird jedoch angezweifelt. Die Jungfernbrücke hat sicher ihren Namen von ihrer Nachbarschaft, wie die Berliner Rosengasse den ihren von ihren Bewohnerinnen.

Chodowiecki: Abendgesellschaft im öffentlichen Hause.

Mit der Reformation wollten sich in Berlin strengere Ansichten kleinbürgerlicher Art durchsetzen. In einer sittlichen Aufwallung wurden alle „Töchter der Stadt" verjagt. Aber die Angriffe auf ehrbare Frauen und Mädchen und viele andere Vorkommnisse nötigten dazu, die Frauenhäuser wieder zu bevölkern. Die Kurfürsten selbst gingen ja mit Beispielen voran, die nicht allzu engherzig waren, wie Joachim I., der manche unehelichen Kinder ausstattete, und Joachim II., dessen schöne Geschützgießerin Anna Sydow allerlei Unwillen erregt hat. Strenger aber wurde doch die Zeit. Die wilden Ehen wurden 1486 verboten, und die Frauen, so an der Unehre sitzen, mußten sich einer leicht erkennbaren Tracht bedienen und vor allem mit abgeschnittenem Haar sich begnügen, über die ein kurzer Schleier oder eine Hoike, ein Mäntelchen, gebreitet werden durfte.

Chodowiecki:
Im Hause der Kupplerin.

Chodowiecki:
Grisetten im 18. Jahrhundert.

Bordellszene im 18. Jahrhundert.

Bordellszene im 18. Jahrhundert.

Der Dreißigjährige Krieg verwischte dann die Unterschiede zwischen Sitte und Unsitte fast vollständig. Die zahlreiche wilde Soldateska, das große Sterben durch Pest und die gänzlich zerrütteten Lebensverhältnisse begünstigten die Zunahme der Freudenhäuser. Erst im Jahre 1690 ging Friedrich I., der aus Berlin eine glanzvolle Königsstadt machen wollte, gegen die vielen Freudenhäuser vor. Er befahl, sie zu tilgen und glaubte damit die Prostitution zu beseitigen. Aber auch diesmal waren die Zustände nicht geeignet, das notwendige Fundament zu einem idealen Sittenleben zu bieten. Es wurde durch die Verfolgungen nur noch schlimmer. Sofort kamen viele kleine trauliche Trinkkeller, Tee-, Kaffee- und Spielhäuser mit weiblicher Bedienung und mit Hinterstübchen auf. Nun wurde mit Geldstrafen belegt, wer unkeusche Frauenzimmer beherbergte. Die ergriffenen Frauenzimmer wurden gestäupt und zum Tore hinausgejagt. Alles das half nichts. Und die Freudenhäuser wurden wieder erlaubt. In Berlin war eine zu große Garnison vorhanden. Auch wurde Berlin nun eine europäische Zentrale, in der vielerlei Personen aus aller Welt sich einfanden, die an den Besuch solcher Häuser gewöhnt waren.

Diese Häuser blieben nun aber nicht mehr auf die Rosengasse beschränkt. Inzwischen hatten sich die Freudenhäuser auf die verschiedensten Teile der sehr vergrößerten Stadt ausgedehnt.

In den folgenden Jahrzehnten nahmen sie noch zu. Friedrich Wilhelm I. dachte hier sehr weitherzig, wenn es galt, sich die geliebten Soldaten zu erhalten. Er gönnte ihnen alle möglichen Erholungen, die sich mit dem Dienste vertrugen. So nahm unter ihm die Zahl der Bordelle zu – und als 1717 die Bordelle und Hurenwinkel visitiert wurden, stellte es sich heraus, daß die Insassinnen zum größten Teil Soldatenkinder waren, die aus Mangel an Erziehung und schicklichem Broterwerb das Laster zu ihrem Erwerb gemacht hatten. Zwar ließ der König oft durch Generalvisitationen eingreifen und Hunderte von ertappten liederlichen Personen bestrafen. Er mußte aber die vorhandenen Freudenhäuser bestehen lassen. Und als später die Garnison vergrößert wurde, als Berlins Einwohnerzahl sich vermehrte und es viel von Fremden aufgesucht wurde, ließ man abermals eine Vermehrung der Bordelle zu.

Chodowiecki:
Im Frauengäßchen.

Unter Friedrich II. gab es 1780 an 100 derartige Häuser mit je 7-9 Mädchen. Man teilte diese in drei Klassen. Die niedrigsten waren jene, worin die Mädchen nur in gewöhnlichen Hauben und Mützen und im bürgerlichen Anzug erschienen; diese wurden meistens nur von Hamburger und Amsterdamer Schiffsleuten besucht. In der zweiten Klasse paradierten schon die Mädchen mit geschminkten Gesichtern in Barkassen, sie existierten aber nur in abgelegenen Winkeln der Stadt, hatten wenig Pretiöses und wurden von gewöhnlichen Handwerkern besucht. Die dritte Klasse war die der reputierlichen, d.h. solcher Tabagien, wo die Frauenzimmer ebenfalls nur in Barkassen sich präsentieren durften, aber vom Wirte schon als Mamsells behandelt wurden. In diesen wurden die „Nymphen“ nicht im Hause gehalten, auch durfte nur der Akkord mit ihnen getroffen werden. Alles andere hatte sich außerhalb abzuspielen.

Doch beweisen Schriften aus der Zeit der französischen Revolution, daß auch feinere Bordelle in Berlin bestanden haben. So existierte das elegante Haus der Madame Schobitz oder Schowitz in der Behrenstraße, das von Kavalieren und auch von Damen aus der Gesellschaft besucht wurde.

Chodowiecki: Feinere Kupplerin.

Meist hatten die Bordelle die Erlaubnis erhalten, ihrem Betrieb eine Tanzwirtschaft anzugliedern. Im Jahre 1795 aber wurde die Verbindung von Bordell und Tanzwirtschaft verboten – womit viele Bordelle an Wert verloren, weil den Wirten ein großer Teil ihrer Einnahmen entzogen wurde.

Ein besonderes Personal für die Sittenpolizei gab es damals noch nicht, das besorgten der Rendant und die Wundärzte der „Hurenheilungskasse". Da aber jede Dirne zu dieser Kasse monatlich nur 6 Groschen bezahlte, die Verpflegung in der Charité jedoch monatlich 3 Tlr. 16 Gr. kostete und durchschnittlich jede Dirne zwei Monate im Jahre krank war, konnte diese Kasse nicht bestehen. Daher wurden am 22. Dezember 1795 alle Dirnen nach ihrem ungefähren Einkommen in drei Teile geteilt: die 1. Klasse bezahlte monatlich 1 Tlr., die 2. Klasse 16 Groschen, die 3. Klasse 8 Groschen. Später kam eine Erhöhung auf monatlich 2 Tlr., 1 Tlr. und 20 Groschen. Auch die Bordelle mußten jährlich zahlen: 1. Kl.: 20 Tlr., 2. Kl.: 10 Tlr., 3. Kl.: 5 Tlr. Später die 3. Klasse auch 10 Tlr.

Bei dieser ersten Einteilung der Bordelle im Jahre 1795 waren 6 mit 16 Dirnen in der 1. Klasse. In der 2. Klasse waren 8 mit 33 Dirnen. In der 3. Klasse 40 mit 141 Dirnen. Außerdem gab es viele für sich wohnende Mädchen, namentlich in der Dorotheenstraße (damaligen Letztenstraße) und in der Friedrichstraße. Von diesen waren 93 1. Klasse, 28 2. Klasse.

Im ganzen also waren im Jahre 1795 bei 173.000 Einwohnern 257 polizeilich inskribierte Dirnen vorhanden und bei 6.660 Häusern 54 Bordelle. Nebenbei gab es nach Zeugnis des Stadtphysikus eine Unzahl Winkeldirnen. Hier ist daran zu denken, welches Beispiel der Hof Friedrich Wilhelms II. gab. Wenn heute in Berlin sich jemand amüsieren und viel Geld ausgeben will, sagt man noch von ihm: Er macht den Dicken Wilhelm.

Im Jahre 1800 gab es nur 50 Bordelle in Berlin. Der Hof war mit dem Regierungsantritt Friedrich Wilhelm III. wieder sittenstrenger geworden und wollte die Prostitution durch Verdrängung der öffentlichen Häuser beseitigen. Der Krieg von 1806/07 aber zerstörte die Absichten des Hofes. Mit den französischen Truppen zog auch wieder eine stärkere Prostitution ein. Die Kriegslage lockerte alle Verhältnisse, machte manche Mädchen brotlos, erhitzte die Triebe der Männer – wenn der Tod jeden

Chodowiecki: Bordellszene.

Tag draußen im Kampf droht, stürzt man sich voll Eifer auf die Genüsse dieser Welt, um noch so viel wie möglich davon zu erfassen. – So gaben sich viele gute Preußinnen willig den französischen Soldaten hin. Ja, namentlich viele zwölf- und dreizehnjährige Mädchen wurden aufgegriffen, als man auf die Klagen des französischen Gouvernements endlich gegen die Prostituierten vorging. Auch das Verbot gegen die Verbindung von Bordellen mit Tanzwirtschaften und Schankläden ward vergessen, und an 70 berüchtigte Tanzböden oder Kneipen gaben Gelegenheiten. Manche Bordelle waren zu Spielhöllen ausgeartet.

Jetzt wollte man von oben herab die Bordelle aufheben oder ihnen zum mindesten den Stempel tiefster Verworfenheit und Schandbarkeit aufdrücken. Auf diese Weise gedachte man der Prostitution ein Ende zu machen. Die Polizei hatte inzwischen schon die Bordelle vermindert. Sie widersetzte sich der Aufhebung der Bordelle, weil bei der großen Garnison und den fortwährenden Truppendurchzügen nur die Winkelhurerei zunehmen würde.

Eine Order vom 8. Mai 1809 verordnete, daß Bordelle nur an abgelegenen Straßen geduldet werden sollten. Daher gab es bald nur noch Bordelle hinter der Königs- und Stralauer Mauer, in der Petristraße, auf der Friedrichsgracht, in der Krausenstraße und in ganz entlegenen kleinen Gassen: Steingasse, Schmale Gasse.

Die Städteordnung erklärte die Bordellwirte wegen des niederträchtigen Charakters ihres Gewerbes des Bürgerrechts für verlustig. Doch blieben die Wirte Bürger und Eigentümer, indem sie ihr Bordell nur auf den Namen eines anderen umschreiben ließen. Von 1810 ab gab man keine neuen Konzessionen.

Chodowiecki: Im Schlafzimmer.

1839 bestanden nur noch 33 Bordelle, die jetzt alle nach der Königsmauer verlegt wurden und sich bis 1840 auf 28, bis 1844 auf 26 verringerten. Die Bordelldirnen nahmen aber nicht ab. 1836 lebten durchschnittlich 200, 1837 250, 1844 240 Dirnen in Bordellen; sie drängten sich mehr in einzelnen Bordells zusammen.

Seit 1842 machten die Anwohner und Nachbarn der Königsmauer Eingaben um Verlegung der Bordelle in entlegenere Stadtteile.

Im Jahre 1844 wurden denn auch die Bordelle aufgehoben. Die Polizei, die bisher geglaubt hatte, die kasernierte Prostitution besser übersehen und im Zaum halten zu können, hatte sich überzeugen müssen, daß in einer Großstadt vom Wachstum und dem Range Berlins nicht alles reglementiert werden konnte. Die

Männer zogen den Umgang mit Winkeldirnen, namentlich den feineren in den Tanzlokalen, vor. Damit hatten die Bordelle ihren Zweck verloren.

Eine andere Zeit meldete sich an.

Man konnte die Mädchen nicht mehr wie Aussätzige in beliebige und bestimmte Häuser sperren ... Eine Institution wie das Bordellwesen machte eine gewisse geregelte Rekrutierung der Bordelldirnen nötig. Das übernahmen, wie stets in solchen Fällen, schmarotzende Zwischenhändler. In Berlin waren es sogenannte Verschickefrauen, die von auswärts Bordelldirnen holten. Für schöne Dirnen bekamen die Frauen von den Bordellwirten bis zu 80 Taler. Für die Unterbringung einer Dirne aus dem einen Berliner Bordell ins andere – die Kunden eines Hauses liebten die Abwechslung, wollten neue Gesichter sehen – erhielt die Verschickefrau zwei Taler. Auch aus anderen Gründen wurden die Mädchen vielfach hin- und hergeschoben. Meist waren die Mädchen hochverschuldet. So wurden sie mit ihren Schulden verkauft und stellten ein Handelsobjekt dar. Im neuen Hause mußten sie fleißig arbeiten, um die Schuld abzutragen. Mit der Zeit aber verloren sie die Lust – die Kunden hatten sie satt – sie kamen in neue Schulden – und wurden weiter verschachert.

Berlinerinnen selbst gingen verhältnismäßig selten in die Bordelle. Sie waren in ihrer Stadt bekannt. Sie konnten sich selbst durchbringen. So gingen sie nur in Bordelle, um drohenden Strafen, etwa dem Arbeitshause, zu entgehen.

Wollte eine Dirne in ein Bordell treten, so wurde vor den zuständigen Polizeisekretären ein förmlicher Kontrakt zwischen ihr und dem Bordellinhaber abge- schlossen.

Die Dirne N. N., die in das Bordell des X. X. als Lohnhure eintreten wollte, mußte nämlich unter Beibringung ihres Großjährigkeitsnachweises und sonstiger Atteste über ihr früheres Leben bei der Polizei die Bewilligung dazu nachsuchen, und der X. X. mußte diesem Gesuch das seinige beifügen. Nach genauer Prüfung der Atteste und nach Erwägung des Verhältnisses der N. N. wurde ein richtiger Kontrakt abgeschlossen.

Für diesen Kontraktabschluß mußten 10 Silbergroschen und für das gedruckte Reglement 7 und ein halber Silbergroschen bezahlt werden. Das Reglement, das der Dirne jederzeit den Austritt aus dem Bordell erlaubte, wenn sie einen redlichen Broterwerb ergreifen wollte, wurde ihr meist rasch von der Bordellmutter fortgenommen, ehe sie es lesen konnte.

War das Mädchen nun in das Bordell eingeführt, so erhielt es von der Kupplerin die erforderlichen Kleidungsstücke, ein Bett, eine Kommode, ein Waschgerät und einen Stuhl angewiesen. Ein eigenes Zimmer wurde nur wenigen besonders bevorzugten Dirnen bewilligt, in der Regel mußten deren drei und vier und selbst sechs in einem Zimmer schlafen, doch war jedes einzelne Bett mit Vorhängen versehen. Diese Schlafzimmer befanden sich gewöhnlich in den Dachstuben des Hauses; das

Auspeitschung unehelicher Mütter im 18. Jahrhundert.

I

II

III

IV

Chodowiecki: Lebenslauf einer Frau.
(Oben die Bürgersfrau und unten die Dirne.)

V VI

Chodowiecki: Lebenslauf einer Frau.

unterste Stockwerk nahm ein zum allgemeinen Versammlungsort und Ankleidezimmer bestimmter Saal ein, und in der mittleren Etage befanden sich die Wohnzimmer der Familie des Kupplers. Seine Kinder und namentlich seine Töchter durfte der Kuppler nach mehrfach erlassenen Verordnungen nicht im Bordelle erziehen, sondern er mußte sie außerhalb desselben in Pension geben.

Von ihrem Verdienst mußten die Bordelldirnen durchschnittlich den fünften bis sechsten Teil und ein wöchentliches Kostgeld abgeben. Nach Berichten von zuverlässigen Polizeibeamten konnte von einer üppigen, schwelgerischen Lebensweise der Dirnen in Bordellen nicht die Rede sein. Trotzdem sind mit wenigen Ausnahmen die Dirnen bei ihren Wirten in hohen Schulden versunken. Der Leichtsinn, die Putzsucht, die Naschhaftigkeit der Dirnen, die unaufhörlich nach etwas Pikantem in Essen und Trinken lüstern sind, die kindische Gutmütigkeit der Mädchen bei einer gewissen tückischen Bosheit und Hadersucht – anderseits aber die Habsucht und der Eigennutz der Wirte – waren nach damaligen Äußerungen die Ursachen dieser Verschuldung.

Der Grad, in welchem ein Bordell besucht wurde, stellte sich sehr häufig verschieden heraus, indem er von vielen äußeren Umständen, namentlich der Jahreszeit, dem Wetter, den Arbeitsverhältnissen, der Ankunft neuer Mädchen, der Schiffahrt und einzelnen zufälligen Ereignissen abhängig war. Die meiste Ausbeute gewährten den Bordellwirten die Wollmärkte, die Pferderennen und die Manöver.

Die Mädchen selbst hatten von ihrem Aufenthalt in den Bordellen gewöhnlich gar keinen bleibenden Vorteil, vielmehr gingen die meisten noch mit Schulden beladen davon. Schon mit dem Augenblick, in welchem ein Mädchen in eine derartige Wirtschaft eintrat, war sie, ohne nur irgendeinen Vorteil genossen zu haben, in eine bedeutende Schuldenlast verwickelt. Denn alle Kosten, welche sie dem Wirt an Reisegeld, an Kommissionsgebühren für seine Agenten, an Einschreibegeldern bei der

Hosemann: Tänzerinnenscherze.

Polizei, durch Beschaffung von Kleidungsstücken usw. verursacht hatte, wurden sofort drei- und vierfach auf ihr Konto geschrieben. Außerdem mußte sie alle Gegenstände, deren eigene Anschaffung ihr oblag, namentlich Wäsche, Unterkleider, Schuhe und dergleichen, und überhaupt alles, was sie kaufte, durch die Bordellwirtin ankaufen lassen, von der sie natürlich nicht selten übervorteilt wurde. Da die Mädchen von ihrem Verdienste gewöhnlich nur den sechsten Teil behalten durften und fünf Sechsteile an die Wirtin abliefern mußten, so waren sie fast niemals imstande, ihre Schulden zu tilgen, vielmehr gerieten sie in völlige Abhängigkeit von den Kupplern.

Wenn trotzdem einzelne Dirnen Summen bis zu 100 Talern auf der Sparkasse stehen hatten, so hatten sie solche Summen gewöhnlich nur dadurch zu erschwingen vermocht, daß sie Betrug mit Betrug vergolten hatten.

Die Behandlung, welche den Dirnen von seiten der Kuppler zuteil wurde, war zwar in einzelnen Wirtschaften eine ziemlich anständige, in den meisten aber eine sehr harte und ungünstige, die freilich wohl nicht selten auch notwendig sein mochte. Gesetzlich stand dem Kuppler sogar ein Züchtigungsrecht gegen die Dirnen zu, von welchem auch häufig genug Gebrauch gemacht wurde. Von einem Gefühl der Schonung, der Anhänglichkeit und der Achtung konnte natürlich zwischen den Dirnen und den Bordellwirten nie die Rede sein. Einer suchte den anderen zu übervorteilen, wo sich nur die Gelegenheit fand, und namentlich die Dirne war dem Bordellwirt in den meisten Fällen nichts als ein Stück Lastvieh, welches, wenn es nicht mehr soviel zu verdienen imstande ist, als sein Futter kostet, auf den Anger getrieben oder mit Schlägen und Fußtritten zum Hause hinausgejagt wird. Eine Teilnahme an dem späteren, gewöhnlich traurigen Schicksal der Dirnen, die den Wirt zum reichen Manne gemacht hatten, war eine in den Annalen der Berliner Prostitution unerhörte Erscheinung.

Die Bordelldirnen standen des morgens erst gegen 9 Uhr auf, reinigten sich oberflächlich und begaben sich dann in das Versammlungszimmer zum gemeinschaftlichen Frühstück, das gewöhnlich in Kaffee bestand. War dieses eingenommen, so begann die große Toilette in eben demselben Zimmer. In jedem Bordelle war eine Frisiermamsell (gewöhnlich eine ausgeschiedene Dirne) angestellt, welche jeder Dirne Tag für Tag teils mit dem eigenen, teils mit falschem Haar eine turmhohe mit Blumen und grobem Schmuck bekleidete Frisur auf dem Kopfe bildete. Durch diese vielfache Kasteiung der Haare, durch das fortwährende Binden und Brennen erzeugten sich kahle Stellen auf den Köpfen der Lohndirnen.

Die Grisette um 1860.

War die Toilette beendigt, so wurde die bis zur Mittagsmahlzeit noch vorhandene Zeit gewöhnlich mit geringen Handarbeiten oder dem Lesen schlechter Romane verbracht. Häusliche Dienstleistungen verrichteten die Bordelldirnen niemals, diese überließen sie dem in den Bordellen gewöhnlich zahlreich vorhandenen Gesinde, und in der Befreiung von diesen Arbeiten fanden sie sogar einen gewissen Stolz.

Die Mittagsmahlzeit wurde wieder in Gemeinschaft mit der Kupplerin in dem großen Versammlungszimmer des Bordells eingenommen. Fleischspeisen bildeten jedesmal einen Hauptbestandteil des Mittags. Die Zeit bis zum Abend wurde durch Schlafen, Müßiggang und Kartenlegen verbracht. Mit dem Anbruch der Dunkelheit fingen die Besucher der Bordelle an, sich einzufinden. Einzelne kamen auch schon ab und zu während der Tagesstunden, und namentlich die Geliebten der Bordelldirnen fanden sich schon des Vormittags ein, weil sie dann am ungestörtesten bei den Mädchen verweilen konnten.

Mit dem Beginn der Abendstunden trat auch in je-dem Bordell ein förmlich geregelter Nachtdienst ins Leben. Obwohl es nämlich gesetzlich streng verboten war, vorübergehende Männer durch Zeichen und Winke in die Bordelle hineinzulocken oder einzelne Dirnen vor den Bordellen zur Schau zu stellen, so kehrte sich doch niemand an diese Vorschrift. So lange es nur das Tageslicht erlaubte, wurden die Vorübergehenden aus den Fenstern angerufen, und während des größten Teils des Abends und der Nacht stand eine Dirne vor der Tür des Bordells Wache, um als Lockspeise zu dienen. Da dieser Wachtdienst, namentlich im Winter, sehr beschwerlich fiel, so ging alle viertel oder halbe Stunde eine Ablösung vor sich. Sobald sich ein Polizeibeamter hinter der Königsmauer blicken ließ, wurden alle diese Wachposten eingezogen; kaum hatte der Beamte aber den Rücken gedreht, so kamen sie auch wieder zum Vorschein.

Hosemann 1842: Grisette und Lebemann.

Die Limonadenverkäuferin. (Die Vorläuferin der heutigen Bardamen.)

Mit den Gästen stellten sich auch in den meisten Bordellen Gitarrenspieler ein, deren Geklimper den ganzen Abend hindurch währte. Zu diesem Spiele erhoben fast alle Mädchen und Gäste ihre Stimmen, so daß gewöhnlich in dem Versammlungssaal ein bedeutender Lärm herrschte, den ein einzelner schwer zu übertönen vermochte. Die Dirnen saßen entweder an den Wänden zur Schau, oder sie gingen paarweise in dem Saale umher oder endlich tändelten sie mit den anwesenden Gästen. Jedoch herrschte, namentlich in den besseren Bordellen, ein gewisser anständiger Ton. Die Beträge für die verzehrten Getränke mußten aber gleich am Ladentische an die Wirtin oder die Aufwärterin entrichtet werden. Diese Beträge waren meist sehr hoch und überstiegen den wahren Wert der gelieferten Getränke nicht selten um das Sechsfache. Ein kleines Glas Weißbier kostete z.B. drei Silbergroschen.

Mit dem Eintritt der Mitternacht wurden die Bordelle zwar dem äußeren Anschein nach geschlossen, indem man die Haustüren verriegelte und die Fensterläden heranzog, im Innern währte aber das Treiben noch bis gegen 3 und 4 Uhr morgens fort. Um die Kommunikation nach außen bis zu dieser Zeit noch fortdauern lassen zu können, waren in den Fensterläden kleine Klappen angebracht, an denen ein Mädchen als Wache ausgestellt war. Näherte sich ein Nachtschwärmer, so wurde er von ihr angerufen und zum Eintritt eingeladen; kam aber ein Unberufener, namentlich ein Betrunkener, oder witterte man die Nähe eines Polizeibeamten, so schloß sich die Klappe hermetisch fest. Wenn es dem Polizeibeamten endlich nach langem Klopfen gelang, den Eintritt zu gewinnen, so lag scheinbar alles im tiefsten Schlaf, und man war nicht wenig geneigt, ihm seine Wahrnehmung an der Klappe als eine Geistererscheinung oder einen Irrtum auszulegen.

Über die Tanzsäle von damals wurde viel geschrieben. Hier eine kleine Probe von solchen Schilderungen:

„Der Tanzsaal und das Bordell *Legers* in der Friedrichsstadt in der französischen und Canonierstraßen Ecke. Vorne steht ein Billard, dann tritt man in einen kleinen, durch ein doppeltes Geländer abgesonderten Raum, wo gespeist wird. Aus diesem Raum geht nun wieder eine kleine Treppe herunter, worauf man in einen ziemlich langen und niedrigen Saal kommt. An den Seiten dieses Saals stehen lauter kleine Tische – in der Mitte hängt eine Krone mit Lichtern, unten stehen gleichfalls Tische, oben aber, bei dem Anfang der gedachten Treppe, ist eine Barriere für die Musikanten. Eine gewaltige Menge Parukenmacher, Schneider, Schuster und andere Burschen, auch Bürschchen von 14 und 15 Jahren unterhält sich hier mit einer Anzahl schön frisierter und gekleideter Mädgen. Die wildeste Ausgelassenheit, eine zügellose Frechheit und Unverschämtheit in dem äusseren Betragen der efronten Dirnen, welche die Huldgöttinnen dieses Saals sind, verursachen, daß man ihn mit Widerwillen betritt.

„Wat meenste, Giesecke! woll'n wir die mal beede a faire nehmen?"
(Satire auf die abenteuernden Kommis.)

Mein Gott! wie tief kann der Mensch sinken, und wie scheußlich wird jenes Geschlecht, wenn der letzte Funken von Scham in dessen Busen erloschen ist! – Das Mädgen ist gehalten, den Liebhaber so viel es möglich ist zu bereden, viel aufgehen zu lassen, damit der Wirth und die Musikanten brav verdienen. Dies gereicht ihr zur Ehre, und versichert ihr die Liebe des Herzväterchen (oder Kuppler)." Nach der Franzosenzeit sollten die Friedrichstadt und die Gegend der Dorotheenstraße von den Bordellen gereinigt werden. Aber mit dieser Entfernung der Bordelle aus den belebtesten Gegenden der Stadt war der Anfang von ihrem Ende gemacht. Die Prostitution wird sich immer dahin ziehen, wo Leben und Glanz ist, wo leichter Verdienst winkt und wo der Straßentrubel nicht zu sehr den einzelnen in die Erscheinung treten läßt.

Durch die Verdrängung der Bordelle in entlegene, verrufene und auch wohl schmutzige Gassen wurden die Bordelle auf eine tiefere Stufe heruntergedrückt. An ihre Stelle trat zweifellos schon damals die feinere Straßenprostitution. Sonst hätte wohl Heine nicht bald darauf seinen Vers singen können:

Blamier mich nicht, mein schönes Kind
Und grüß' mich nicht unter den Linden.

Tatsächlich bestand auch in der schrecklichen und doch zweifellos für die Entwicklung Deutschlands wertvollen Zeit der Franzosenherrschaft und ihrer deutschtümelnden Tendenz die geheime Prostitution in Berlin. Allerdings konnte sie nicht mehr den Schaden stiften, den sie früher angerichtet. Aber das lag nicht an ihr. Das lag einzig und allein an der inzwischen wesentlich vertieften Lebensauffassung und Regeneration der allgemeinen Sitten und Begriffe – und der wesentlichen Änderung der Verhältnisse, der Regierenden und Maßgebenden. Das Unglück hatte doch ein stärkeres Verantwortlichkeitsgefühl erzeugt. Neue Ideale tauchten auf. Nicht das Genießen allein war Trumpf. Man wollte stark werden. Und fähig mitzureden.

Seiltänzerin um 1850.

Nach den Feldzügen von 1813-1815 ward die Regierung toleranter gegen die Bordelle. Maßgebende Persönlichkeiten hatten gewiß im Ausland sich überzeugen lassen, daß die Bordelle, wie überhaupt die Prostitution, nicht zu entbehren sei. Duldete man doch von nun ab wieder sogar „Einspännerinnen". – Bald aber traten andere Interessen gegen die Institution der Bordelle auf: die Privatinteressen der den Bordellen benachbarten Eigentümer.

Nach jahrelangem Hin und Her wurden sie nach einer abgelegenen Gasse, nach der Königsmauer verlegt. Aber auch die Anwohner der Königsmauer kämpften gegen die Bordelle. Am meisten legte sich ein Geistlicher ins Zeug. Er wies auch nach, daß Polizeibeamte und ein Hofkupferschmied Besitzer der Häuser waren und erreichte zum 1. Januar 1846 die Schließung der Bordelle.

Der Polizeirat Stieber, der eine genaue Schilderung der vormärzlichen Prostitution gegeben hat, meinte, daß die feinere Halbwelt sich auch in die feinsten Ballokale drängte. Bald saß die

Geheimrätin neben der herausgeputzten Dirne. Die öffentlichen Bälle, die damals ausnahmslos von den Wirten und nicht wie jetzt von Vereinen und Gesellschaften arrangiert wurden, begünstigten das Eindringen der Prostitution. Sie war der beste Gast. Sie zahlte am besten. Sie verzehrte viel und das Teuerste.

Im Orpheum um 1865.

Neben einigen Lokalen, in denen die bessere Gesellschaft verkehrte und die elegantere Halbwelt ihre Anhänger warb, existierten auch Tanzsäle, in denen die abenteuerlustige Jugend Freundinnen für eine Nacht suchte. Unter den Stammbesucherinnen solcher Lokale glänzte neben vielen Mädchen mit berlinischen Spitznamen Luise W., ein ganz junges Mädchen von blendender Schönheit und überaus heiterem, fröhlichem Charakter, die gewöhnlich *à la chinoise* frisiert ging und die Geliebte eines Lehrlings der Kaufmannschaft war. Diese Tänzerinnen waren meist elegant gekleidet – und zwar waren sie fast ohne Ausnahme im Besitz ihrer Garderobe. Sie benahmen sich fast stets gefällig und bewahrten einen gewissen Anstand. Nur nach der großen Eßpause, die damals in vielen Lokalen gegen Mitternacht üblich war, brachte der genossene Wein auch eine gewisse Ausgelassenheit mit sich. Die Mädchen dieser Tanzlokale waren meist sogenannte Stubendirnen. Sie waren auch inskribiert, hatten aber infolge ihrer guten Führung die Erlaubnis erhalten, in den besseren Straßen zu wohnen und sich frei zu bewegen. Sie kündigten ihren Aufenthalt durch helleuchtende Astrallampen an, die sie abends dicht an das Fenster setzten. Auch vornehme, versteckte Prostitution gab es, deren Kupplerinnen sich für Putzmacherinnen oder Vermieterinnen ausgaben. Die Straßenprostitution machte sich besonders in der Behrenstraße, Schützenstraße, Münz- und Jägerstraße, dem Schloßplatz, Alexanderplatz, namentlich aber in der Königstraße, Unter den Linden, in der Friedrichstraße und in der Leipziger Straße bemerkbar. Dort zogen sie, bald mit Hüten, Schleiern und Enveloppen, bald nur in große Umschlagetücher gehüllt, auf und nieder.

„Die meisten dieser Dirnen betreiben daher nebenbei andere Geschäfte. Sie arbeiten entweder in den Fabriken, oder sie helfen ihren Angehörigen in der Wirtschaft, oder sie verrichten weibliche Handarbeiten; vorzugsweise sind sie nebenbei Verbrecherinnen. Fast jede Straßendirne ist bereits entweder selbst wegen Diebstahls bestraft oder sie ist die Konkubine eines Diebes."

Aus dieser Schilderung, wie sie Stieber gab, sprach der Polizeimensch. Ihm ist es noch nicht aufgegangen, daß die Sache umgekehrt ist: Die Arbeiterin geht, weil sie zu wenig verdient, auf die Straße – nicht aber arbeitet die Dirne, weil ihr die Prostitution zu wenig einbringt.

In der ersten Hälfte des 19. Jahrhunderts, als die Bordelle minderwertig wurden, fanden sich die Prostituierten in Tanzlokalen ein, die bald immer feiner wurden und von denen selbst der Polizeirat Stieber schwärmte. Am meisten gefiel ihm das elegante Tanzlokal „Wiener Saal", das 1822 erbaut worden war. Spätere Lokale erhielten sich zahlungsfähige Besucher durch einen geschickten Kniff: Sie verlangten ein beträchtliches Eintrittsgeld.

L. Löffler: Hinter den Zirkuskulissen um 1850.

In den fünfziger Jahren war dann Krolls Etablissement mit seinen glänzend geschmückten Sälen und seinen italienischen Nächten in dem illuminierten Garten das Paradies der *marchands d'amour*, wie sie damals oft genannt wurden. Nach den Kriegen war das Orpheum das vielgepriesene Lokal. Es war ein Sinnbild der Zeit, der lebelustigen Gründerzeit. Wir sind gewohnt, die Gründerzeit, also die Jahre nach dem Krieg mit Frankreich von 1870/71, als eine besonders wilde, verschwenderische und üppige zu betrachten. Aber allzu üppig ist es damals sicher nicht hergegangen. Man wollte wohl glänzen und reich erscheinen, aber ein wenig vergoldeter Stuck genügte schon, um elegant und vornehm zu gelten. Und dann, wie armselig und dürftig war es denn das ganze Jahrhundert in Deutschland zugegangen! Man hatte sich groß gehungert – in den beschränkten Verhältnissen –, wie so viele kleine Leute sich eine Altersrente zusammendarben. Plötzlich kam ein bißchen Gold in den Beutel. Da glaubte alle Welt, sie sei verschwenderisch, wenn sie für die Luxusbedürfnisse des Lebens auch einige Taler ausgebe, wenn sie nicht nur von Kartoffeln und Mehlsuppe lebe.

So ward denn auch von Berlin und seinen Tanzlokalen ein großes Wesen gemacht. Ja, die Berliner brüsteten sich selbst damit. Am meisten wurde vom Orpheum geprahlt. Das war übrigens nicht ein Produkt der Gründerzeit, ebensowenig wie alle anderen Lokale, die ich hier schildern will. Aber die Gründerzeit hat auch nicht erst mit dem Milliardensegen begonnen. Schon lange vorher war das Gründen von Eisenbahngesellschaften und allerlei anderen Aktiengesellschaften im Schwange gewesen. Nur wurde durch den siegreichen Krieg und seine Folgen das Gründungsfieber bis zur Krisis emporgesteigert; seinen Ursprung aber hatte es überhaupt in der ganzen wirtschaftlichen Entwicklung des Jahrhunderts. Wie aber das Gründen in einen Taumel ausartete, so mag auch die Vergnügungslust plötzlich sich Bahn gebrochen haben. Man hatte gesiegt. Und wollte doch was davon haben ...

Es geht doch! (Satire auf die Koketterie um 1860.)

Das Orpheum wurde von den Zeitgenossen sehr wichtig genommen. Journalisten, die Berlin schilderten, schwärmten von ihm, es sei eine Hauptsehenswürdigkeit. Die vielen Spiegel und Gemälde, der vergoldete Stuck, Fontainen, Laubgirlanden und die vielen farbigen oder weißen Lichter und Flammen blendeten die Besucher, die sich Weltstädter dünkten, wenn sie an dem Kankantrubel teilnehmen konnten, der jede Nacht veranstaltet wurde. Die Kankantänzer sollten eigens verschriebene Pariser sein. Es waren aber meistens Berliner Kaufleute und Friseurgehilfen. Und von den Damen des Orpheums wurde gesagt: „Das Damenpublikum des Orpheums entspricht diesem glänzend ausgestatteten Etablissement wenig und kann sich nur in dem Raffinement des Toilettenluxus mit dem Raume messen, in dem es sich bewegt. Wohl entfalten die Venuspriesterinnen hier beim Tanz viel Grazie, aber was ist Grazie ohne Jugend? Da in diesem Lokal sehr viel auf eine überaus reiche Toilette gesehen wird, so können natürlich nur solche Vertrauenspersonen hier verkehren, die im Dienste des Lasters sich eine solche erworben haben, und diese sind gewöhnlich schon die bejahrteren. Hin und wieder sieht man allerdings auch jüngere Gestalten, die erst seit kurzem die Bahn des Lasters betreten haben."

Ähnliche, nur dürftiger ausgestattete Lokale waren über die ganze Stadt verstreut. Überall gab es an einzelnen Wochentagen Kostümbälle und Ballettaufführungen, die ein Abklatsch der großen Ferien und Ausstattungsstücke des damaligen großen Viktoriatheaters waren. Überall war damals die Ausstattung die Hauptsache. Dann kamen die Attraktionen, die Fürstin Pignatelli als Orchesterdirigentin im Coursaal. Und schließlich drängte sich die verschleierte Prostitution auch in die Veranstaltungen der Vereine und Gesellschaften. Gewisse Theaterdamen gingen auf die Bühnenbälle nur, um mit Herren anzuknüpfen, deren kronenreiches Portemonnaie ihnen mehr Erfolg versprach als die beste Bühnenrolle.

Wo solche Unternehmungen mehr oder weniger vornehmer Vereine und Gesellschaften zum Markt der Berufsfreude werden, müssen die Veranstaltungen der Vergnügungsindustrie von vornherein zu solchem Zweck bestimmt sein. Anfänglich, in den achtziger und neunziger Jahren des 19. Jahrhunderts waren die Maskenbälle der großen Varietébühnen und des Metropoltheaters denn auch vielfach ein Sammelpunkt eleganter, vergnügungssüchtiger Gesellschaftskreise, die natürlich nicht hinkamen, um in Sack und Asche zu beten. Doch die Prinzen und Offiziere in Zivil und die freigebigen Lebeleute halten sich jetzt schon sehr zurück, und die Kaufleute, besonders die Konfektionäre und Bankiers können unter den Tänzerinnen wählen. Die kommen ja nur hin, um gewählt zu werden. Die wenigen Damen aus Berlin W., die solche Bälle aus Neugier – und unmaskiert besuchen, fallen hier auf, wie die wenigen bekannten Damen vom Theater. Jene Damen vom Theater aber, deren Name nie bekannt werden kann, weil er nie auf den Zettel kommt, und jene, die weder beim Theater noch sonstwo sind und die nur nach Bekanntschaften streben, fallen nicht auf. Sie sitzen bald in Logen und trinken Sekt – oder suchen im bunten Trubel unten im Saal einen von den nie maskierten Herren, daß er für Sekt sorge.

L. Löffler: Im Separee um 1860.

Das Ganze ist eigentlich nichts als eine turbulentere Zusammenhäufung von Bildern und Vorgängen, wie sie die teureren Ballokale in jeder Woche einige Male bieten. Wie etwa vor einigen Jahren die Arkadiasäle in unmittelbarer Nachbarschaft des Metropoltheaters. Wenn das Theater beendet ist, kommen einige Kokotten in großer Toilette heraus, lassen sich vom Publikum anstaunen und rauschen mit gerafften Spitzen und Seidenröcken, kostbare Abendmäntel über den Schultern, in den Eingang zum Tanzsaal und fahren im rotgepolsterten Fahrstuhl hinauf.

Im Saal Spiegel, Gold, Purpur, Parfümgeruch, Zigarettenrauch, viel Musik, klingende Gläser, Sektmädchen, Niggertänze, Ballett, getanzt von frühverdorbenen, geschäftskundigen Mädchen, kostbare Ball- und Gesellschaftstoiletten und auch manchmal nur einfache Straßen- und Zimmerkleider oder helle Blusen. Nur in wenigen Lokalen wird die Eleganz durchgeführt und die besten Plätze den Sektonkeln reserviert. In den meisten Lokalen ist es, wie es um 1900 im berühmten Embergschen Saal war: Bei einem Glase Bier kann man dem Tanz zusehen, harmlosen Rundtänzen, die nur selten von frechen Bewegungen durchbrochen werden. Gewöhnlich tanzen die Herren wenig und sehen dem Trubel zu. Aber aus den Gesichtern der Mädchen, die im üblichen Straßenrock und der hellen Bluse die einfacheren Säle besuchen, leuchtet es: Tanz – Tanz – Tanz –. So ist es gewesen bei Emberg, wo die Studenten, die Künstler und Handlungsgehilfen und wohl auch mal orientalische Prinzen zusahen. So war es in dem kleinen Lokal von Tante Brünsch, in dem auch die Herren eifrig tanzten. So ist es auch bei Mundt, dem alten, typischen Lokal: Gleich vorn am Eingang sitzen mehrere Gruppen von Mädchen, die jeden Eintretenden anlachen, ansprechen und locken. Mädchen in grellen, billigen Demimonde-Kleidern. Mädchen, mit schlecht frisierten Haaren, denen die Friseurin schon das billig Aufgedonnerte gegeben. Mädchen, deren Gesicht verkümmert, verdorben, frech und verschüchtert zugleich erscheint und deren Blicke jeden Mann um ein wenig Mitleid und Dummheit anbetteln.

Die Mädchen hier sind einfacher, andere aufgedonnerter. Man merkt vielen das Fabrikleben oder das Dienstmädchendasein an. Manche sind nur hier, um sich etwas zu ihrem kargen Arbeitslohn hinzuzuverdienen. Auch die Witwenbälle und viele zweideutig inserierte Tanzkränzchen mancher „Vereine“ sind nichts weiter als eine Art von Wirten veranstalteter Tanzvergnügungen, zu denen die ganze und die Halbprostitution „Gäste einladet“.

Während zu solchen Gelegenheiten sich nur das niedrige Dirnentum einfindet, verkehrt in den bekannten Tanzlokalen der Vororte, in Halensee, Südende, Wilmersdorf usw. eine Art von Mädchen, die zu einem gewissen Teil nur bedingt als Prostituierte bezeichnet werden können. Viele der Tanzsäle in den westlichen Vororten werden von besseren Näherinnen, Verkäuferinnen, Warenhausmädchen, Büroangestellten und Erzieherinnen besucht, die sich nur austanzen wollen. Nur wenige suchen geschäftsmäßige Liebe. Jede tanzt auf ihre Weise – die eine hastig – die andere innig – die dritte versunken – und nur wenige schamlos –, so drehen sie sich unter den bunten Papiergirlanden, deren Farben in dem hellen Licht der Bogenlampen grell aufleuchten. Hier tanzen die „Verhältnisse“, junge Mädchen, die wohl einen bürgerlichen Beruf haben, die sich aber von einem Schatz Kostüme, Pelzjacken, teure Hüte und Handschuhe schenken und sich von ihm in die Weinlokale führen lassen. Die Grisetten unserer Zeit ...

Der öffentliche Hauptmarkt der Dirnen in Berlin bleibt die Friedrichstraße. Das hat viele Gründe. Die Friedrichstraße ist zu beiden Seiten dicht mit Gasthäusern und Hotels besetzt – nach dem Fremdenviertel ziehen sich stets, in jeder Stadt, Prostituierte hin. Die Friedrichstraße ist die Hauptverbindung zwischen dem Norden und dem Süden der Stadt und den angrenzenden Bezirken – alle stark belaufenen Straßen werden von den Dirnen abgestreift. Die Friedrichstraße ist gewissermaßen die Wasserscheide zwischen dem Westen und dem Osten. An ihr liegen viele größere Restaurants, Kaffeehäuser und ähnliche Lokale. Um sie herum gruppieren sich Opern, Varietés, Theater, Zirkus, Kaffeehäuser, Dielen, Bars, Tanzlokale und was sonst noch alles der Vergnügungsindustrie dient. Fast alle Theaterbesucher müssen die Friedrichstraße entlang oder sie zum mindesten kreuzen. Sie bedeutet die Grenze zwischen dem östlicheren, fabrizierenden und handelnden und dem westlicheren, kaufenden und wohnenden Berlin. Wo das alles zusammentrifft, wo besonders die Unterhaltungsorte ihr

J. Jacob: Am Molkenmarkt. (Die Dirnenkontrolle 1886.)

Publikum auf die nächtliche Straße entlassen, muß sich ja die Prostitution einfinden. Außerdem ist sie immer noch die Flaneurstraße der Fremden, für die zahlreiche Bijouterie- und Luxusläden eingerichtet sind.

Allerdings darf auch nicht übersehen werden, daß viele Lokale der Gegend nur besucht, ja, daß die Straße ihr lautes und buntes Nachtleben nur hat, weil eben die öffentlichen Mädchen ihr ein so unterhaltsames Gepräge geben.

Keine Berliner Straße dient so stark der Neugier, dem Laster und dem Bummel wie die Friedrichstraße (und die Gegend am Kurfürstendamm, über den noch einige besondere Worte zu sagen sind). Alle andern großen Straßen werden eilig durchlaufen. In allen rennt die Hast nach Gewinn. In der Friedrichstraße auch. Aber neben dieser Hast nach Gewinn jagt die Hast nach dem Genuß. Zu jeder Tageszeit. Am meisten abends. So nach zehn Uhr.

Aus den Theatern und Unterhaltungslokalen kommen die Paare und Familien. Die Frauen geputzt und mit erregten Augen. Dahinter Trupps von Männern, die schon die ersten abendlichen Gläser getrunken haben. Geschäftsleute mit satten Gesichtern. Junge, lüsterne Angestellte. Leute aus der Provinz mit starren Augen, die verwundert auf diese unendliche Kette von sich anbietenden jungen und alten, geputzten und ungeputzten Mädchen blicken. Fremde, die erstaunt sind über die prall über die

Hüften sitzenden Kleider, über die vorgeschnürten Brüste, über die anlockenden Gesichter unter den verwegen aufgesetzten, oft so überladenen Hüten. Manch Blick bleibt auf den bloßen Armen haften, manch anderer folgt einem glitzernden, engen Gürtel und zierlichen Stiefeletten.

Aber gleich wieder schieben sich neue Bilder dazwischen. Hinter der üppigen Schwarzen folgt eine schlanke Blonde; hinter der eine kleine kindlich Gekleidete mit bunten Schleifen in dem straff frisierten Haar; hinter der eine, deren gebleichtes Haar im elektrischen Licht strahlt – dann eine alte Person mit großen falschen Brillanten und watschelndem Gang und gespitztem, süßem Mund, die nur alten Herren zulächelt.

Solche Märkte hat Berlin in jedem Viertel. Selbst Unter den Linden, wo die bekannten Halbweltdamen Berlins oft in den neuesten und auffallendsten Moden zwischen den Studierenden oder Schauspielern, Diplomaten oder Arbeitslosen, englischen Girls oder russischen Schnorrern, neben Spreewälderinnen, Baronessen, neben Operettensängerinnen, ehemaligen Flügeladjutanten, Japanern oder Indern, neben sozialdemokratischen Agitatoren sich sehen lassen.

H. Baluscheck: Auf der langen Brücke, im Hintergrund die altesten Teile des königlichen Schloßes. (Das Verhältnis.)

Der Westen Berlins bietet ein anderes Bild. In seinen Straßen zwischen dem Bahnhof Zoologischer Garten und dem Wittenbergplatz und am Kurfürstendamm entlang promeniert fast zu jeder Tageszeit eine Menge, in der die Zahl der Frauen überwiegt. Junge Frauen, Schülerinnen, jugendlich erhaltene Mütter mit ihren erwachsenen Töchtern. Bald im soliden Schneiderkleid, bald in Pelzen, die mit den Händen zusammengehalten werden müssen, bald in flatternden Umhängen oder bescheidenen Regenmänteln. Bald mit dem ernsten Gesicht der Lehrerin oder der Studentin, bald mit süchtigen Lippen und Augen, scharf mit Blutrot gezogenem Mund und geschwärzten Wimpern und Brauen und blaß überstäubtem Gesicht. Oder mütterlich, mit abwehrenden Blicken. Und doch unendlich viele Seitenblicke: „Gewinne mich!“ – Zwischen hindurch alte und junge Männer, meist Kaufleute, Rechtsanwälte, Ingenieure, einige mit künstlerischem Zug, weichem Hut, stolzerem Auge. Viele fremde Laute: russisch – schwedisch – chinesisch – englisch ... Und die Blicke der Frauen geteilt zwischen den Männern und den glänzenden Schaufenstern der Modistinnen, der Hut- und Stiefelgeschäfte, der Juweliere und Kunsthandlungen, der Feinkostauslagen und der Buchläden mit den glänzend gebundenen Bü-

H. Baluscheck: Er – sie – es. Aus dem Zyklus „Opfer".
(Zuhälter, Dirne, Kupplerin.)

chern, der Pelzgeschäfte und der Kinoaushänge, den großen Eingängen der vielen Kaffeehäuser, den grellen Ankündigungen der Kabaretts und den bunten Reklameflächen der Weinstuben und Nachtlokale. Im Sommer die Vorgärten voll Menschen zwischen bunten Windlichtern und unter grellem elektrischen Schein, übergrünt von den Baumreihen. Die dort – könnte wohl eine bekannte Filmschauspielerin sein, – jene – eine Kabarett-Tänzerin. Aber hier weiß man oft nicht: vielleicht ist es die Tochter oder die Frau des Herrn, der neben ihr geht – ist hier doch die flimmernde Farbe der Halbwelt auch das Kleid der Damen. Und jene einfache Dame ist vielleicht eine Suchende ...

In den äußeren Vierteln, in den großen Kauf- und Verbindungsstraßen tritt die einfachere Prostitution auf. Im Osten ist sie seltener und roher. Dort werden die Mädchen nicht verlangt; die Arbeiter haben ihre Schätze. Und von den Kleinbürgern werden sie roh behandelt. Am lebhaftesten war bis zum Kriege das Viertel im Norden der Friedrichstraße. Ich schilderte es damals: „Ein dunkelster Win-

H. Baluscheck: Der Gimpel. Aus Zyklus „Opfer".

kel Berlins, die Gegend am Oranienburger Tor, hat die hellste Beleuchtung, das bunteste Treiben. Es ist, wie wenn sich das Laster am grellsten, schreiendsten drapieren müßte, wie wenn dunkles Treiben nicht immer Licht scheut, sondern es nur zu oft in größter Fülle braucht, es verschwendet, um so recht zur Geltung zu kommen.

Am Ende der Friedrichstraße: eine hohe Häuserreihe. Unten eine glänzende, glühende Glasscheibe, von der Ecke der Elsässer Straße bis zum vierten, fünften Haus, in alle einmündenden Straßen hinein, wie ein strahlender Stern. Hohe Glasfenster der Zigarrenläden mit leuchtenden Transparenten drüber, verhängte, lockende Lichtöffnungen der Cafés und Einblicke in glitzernde Spiegelräume der Restaurants.

Hell und grell wälzt sich aus dem Hohlweg der Elsässer Straße ein elektrischer Wagen der Ringbahn heran. Und vor den Schaufenstern Knäuel und Reihen von Fußgängern: Studenten mit aufgeschlagenem Kragen, korpulente Geschäftsleute mit geöffnetem Mantel, eilig heimhastende Verkäuferinnen, den Kopf gesenkt vor zudringlichen Blicken, den Filzhut mit kecker Feder nicht zu schief auf den lose gesteckten Haaren. Dazwischen ein verführerisches Leuchten – die Spitze eines bunten Unterrocks. Aufmunternde Blicke aus Augen, denen geschwärzte Wimpern helleren Glanz geben ...

Ein Endchen weiter Schaufenster, von oben bis unten mit Plakaten in schreienden Farben überzogen.

Da huschen sie vorbei in bunten Jacketts, hellen Blusen und flüstern:

‚Na, Schatz?'

Und selbst in der dunklen Novalisstraße lockt es zärtlich. Hier sind andere Farben lebendig. Vor verhängten Kneipenfenstern baumeln rote und blaue Kugeln, gegenüber einer schwarzgrünen, hohen und kahlen Fabrikmauer. Hier und da ist von ihr der Putz abgefallen. Wie wenn er die Schande der Gegend symbolisieren wollte. Widerwärtig sieht diese graue, kahle Hinterwand aus – wie wenn sie den Aussatz hätte – und voll ekelhafter Narben dastände –, das Symbol des Viertels, durch dessen sämtliche Straßen es flüstert:

‚Na – Schatz? ...'

Hinten, vor dem Ausgang der Straße, weitet sich die Halle des Stettiner Bahnhofs über elektrischen Kugeln. Von da aus geht es vorbei an den letzten Häusern – Wald, Felder, Hügel, Niederungen, Wald und Busch – die See! – frische, klare, salzige Luft –

Corinth: Junges Mädchen.

Aber hier riecht es nach verdorbenem, süßlichem Parfüm. Und endlos ist die Kette der Mädchen, die ringsherum laufen um das Viereck – oder einen Abstecher machen in die Nebenstraßen – wo überall diese bunten Laternen vor verhängten Kneipenfenstern leuchten und locken. Wenigstens alle zehn Schritte streift so ein geschminktes Gesicht vorbei, lächelnd, geschäftig.

Und es ist, als würden in die sonderbare Kette dieser weiblichen Wesen immer neue Glieder hineingezerrt, als zöge eine Maschine mit Fangarmen wie auf unsichtbaren Treibriemen immer mehr geputzte Mädchen heraus aus dem Dunkel der Novalisstraße – hinein in das vielfarbige Licht der Elsässer Straße, der Friedrich- und Chausseestraße ..."

Im Westen Berlins bieten sich mehr Mädchen als im Osten an. Dort lebt zahlungsfähiges Publikum. Doch sind es fast nur junge Mädchen, die in ihrem Äußern sich wenig von den Töchtern und Frauen der Familien des Westens unterscheiden. Am Potsdamer Platz treten sie auch am Tage auf. Besonders nachmittags, wenn der Vorgarten im

Café Josty dicht besetzt ist und auf dem Platz und in der ihre Perspektive darbietenden Leipziger Straße das prächtige Treiben der großen Stadt herrscht, wenn Elektrische, Omnibusse, Autos, Droschken, Geschäftswagen, Männer, Frauen, junge geputzte Mädchen, Kinder den Platz füllen und durch ein fortwährendes Bewegen ein ewig neues Bild geben. – Selbstverständlich finden sich auch bei den Rennen und zu manchen andern gesellschaftlichen Gelegenheiten käufliche Damen ein. Auch in der großen Kunstausstellung – draußen im Park, bei der schmetternden Militärmusik, gehen elegant gekleidete Mädchen mit herausfordernden Blicken hin und her. Und in den vielen Tingeltangeln, die einst eine große Rolle im Berliner Amüsement spielten, sangen auf einem kleinen Podium stark dekolletierte Frauen schlüpfrige Verse und tranken nachher mit den Gästen Sekt. Das waren manchmal gewöhnliche Animierkneipen, wie sie heute noch zu Hunderten mit bunten Laternen die Gäste anlocken.

Einige elegantere aber waren Vorläufer der heutigen Bars, Dielen und Weinstuben. Die waren wohl nicht zuerst als Verkehrslokal für die Kokotten gedacht. Aber – die ungewohnten hohen Preise, die Sucht der Prostituierten, möglichst zahlungsfähige Klienten aufzusuchen und der Wunsch der Wirte, Attraktionen zu haben, füllte die Bars, die fast alle in der Friedrichstraße zwischen Dorotheenstraße und Leipziger Straße und in der Gegend am Kurfürstendamm liegen, mit Kokotten. Die Bars haben alle eine glänzende Ausstattung mit teppichbelegtem Fußboden, Hockern, prunkvollen Büffetts, Spiegeln und Bildern. Aber nur im vorderen Raum ist das amerikanische Muster festgehalten. In hinteren Räumen ähnelt die Ausstattung den Berliner Weinlokalen und Séparées. Kleine Kabinen. Viel Polstermöbel. Gedeckte Tische. Auch die Getränke sind halb verdeutscht. Fast von allen Besuchern wird Punsch oder Sekt getrunken. Nur die Preise sind nicht deutsch. Ungefähr doppelt so hoch als in anderen Lokalen. Und sonst? Irgendeine leise schlechte Zupf-Musik. Zwei – drei Instrumente. Dafür aber im hellen elektrischen Licht reich gekleidete Frauen und Mädchen. Meist Frauen. In großer Gesellschaftstoilette oder eleganten Pelzen. Sie werden wie Damen behandelt und unterhalten wie Damen. Parfüm und Puderduft, Zigarettendunst liegt um ihre weißen Schultern. Ihre unterschminkten Augen leuchten. Die behandschuhten Hände greifen nach den mit giftigen Farben gefüllten Gläsern. Auch die Männer, die in den Bars verkehren, kommen meist in Gesellschaftstoilette. Schwarz, mit Zylinder. Reiche Kaufleute, Offiziere in Zivil, Bankbeamte, Prinzen, Künstler – alles, was nicht zu den niederen Klassen gehört.

Das gleiche Bedürfnis hat noch eine andere Art von Luxus-Lokalen hervorgebracht: die von mir vor 15 Jahren geschilderten Kasinos. „Auch sie sind nicht alle gleich. Das Taubenkasino in der Taubenstraße, das sich in den Räumen eines ehemaligen besseren Tingeltangels befindet, ist ein Zwischending zwischen Bar, Weinlokal und Kaffeehaus. In den großen mit vielen Teppichen und Stoff geschmückten Räumen stehen weißgedeckte Tische und weiße Stühle. Eine Zigeunerkapelle spielt.

An einem Tisch ein junger, großgewachsener Mann in Smoking und weißer Weste. Sehr distinguiert. Ihm zur Seite eine ebensolche Dame in dunkler, duftiger Spitzenrobe. Jung, blond, schlank, vornehm, stolz. Er behandelt sie wie seine junge Frau. Und hätte sie den glatten Reif auf dem Ringfinger, auf dem anstatt des Reifes bunte Steine glitzern – man müßte sie für eine Dame der höchsten Gesellschaft nehmen. Das sind oft jene Theater- oder Konfektionsschönheiten, die aus einfachen Familien stammen, wie Rita Leon, die mit ihrem pikanten Temperament in der Welt, die sich sehr gern amüsiert, eine wohlbekannte Erscheinung war. Ihretwegen ruinierte sich ein junger

Ehrenberger: Der Mannequin.
„Wundervoll! Die müßtest du haben, Rosalie!"
„Ach ja, Paul! Die Robe, nicht wahr?"
„Unsinn! Die Figur!"

Fabrikant. Später heiratete sie einen jungen Adligen. Sie gehörte zu jenen, die große, glanzvolle Etagen bewohnen und oft lustigen Freundeskreisen üppige Mahlzeiten geben.

Drüben eine lange Tafel. Männer von dunklem Typus. Mit geröteten Köpfen. Alle in Schwarz. Zwischen ihnen Mädchen, denen schon der Sekt in den Kopf gestiegen.

Und überall Tische mit Männern, die ihren Frauen und Schwestern auch mal solch Lokal zeigen wollen ...

Bar Riche gehört eigentlich auch in die Reihe der Kasinos. Nach Mitternacht. Unter den Linden. Erste Etage. Grell erleuchteter, saalartiger Raum. Am Eingang eine Kapelle. Pausiert die, spielt jenseits an den Fenstern eine andere. An den kleinen runden Tischen Hunderte von Damen in großer Toilette. Blendende Hüte. Weißseidene, duftige Chiffonkleider. Grüne Samtröckchen – ein flimmerndes Farbendurcheinander, fortwährend in Bewegung. Dazwischen Augen in allen Nuancen. Leuchtendes Haarblond. Dunkle, schwarze Flechten. Alle möglichen Frauenlinien. Schlank, hager, unruhig; voll, weich, phlegmatisch; glühend und fiebernd. Auf allen Tischen fast nichts als Sekt. Die Luft geschwängert mit Zigarettenqualm, Parfüm, Alkoholdunst – und dem Duft der Frauen ...

Später im Lindenkasino. Hinten singen die Wiener Schrammeln. Alle Tische voll Sekt und Mokka. Die Mädchen, die hindurchgehen, haben schon was Taumelndes an sich. Die Augen aller sind gerötet – von Sekt, von der Nacht, vom Rauch, vom Verlangen ...

An allen Tischen laute Unterhaltung.

Derber ist's im Apollo-Kasino. Dort verkehrt der mittlere Stand. Auf dem Sofa links legt ein kleiner, sauber gekleideter Bureaubeamter seine Hand um die Hüfte seines brünetten Mädchens. Am hellen Tisch sitzt eine Weißblonde einem alten schwarzen Herrn auf dem Schoß. Nebenan fällt eine Rotweinflasche um auf dem Tisch, an dem mehrere Kaufleute ihre Mädchen bezecht machen. Ab und zu gibt's eine Rauferei, weil irgendein Handlungsgehilfe oder angeheiterter Student sich nicht zu einem Juden setzen wollte."

Ähnliche Lokale gab's eine ganze Menge. Vor allem die Kaffeehäuser.

Der große wirtschaftliche Aufschwung, die jähe Bevölkerungszunahme nach den Kriegen machte eine neue Art von Lokalen möglich, die denn auch schnell aufblühten. Vor 1866 gab es kein eigentliches Kaffeehaus in Berlin. Die ersten wurden in den siebziger Jahren eröffnet. Und zwar nicht ein einzelnes. Sondern gleich mehrere. Wie Bauer, National, Kaiserhof. So konnte denn ein Franzose seinen Landsleuten die folgende boshafte Schilderung senden:

Paul Simmel um 1920: Die Brieftasche.

„Das Wiener Cafe ist meist ziemlich luxuriös eingerichtet. Die Getränke sind teurer und schlechter als überall anderswo. Doch gehen besonders die Fremden dorthin, weil ihnen die großen Bierpaläste zu deutsch, zu massiv sind. Die Bedienung ist in den Cafés aufmerksamer, gewandter, schneller, die ganze Ausstattung reicher, künstlerischer. Alles ist reich vergoldet.

Dazu kommt eine große Anzahl von Zeitungen und Revuen aller Sprachen, oft bis zu mehreren hundert Exemplaren. Ferner sind vorzüglich ausgestattete Billard- und Spielsäle vorhanden. Infolgedessen findet sich die ganze Menge der Nichtstuer, Vergnügungsreisende, Leute, die wenig zu tun haben und schließlich alle Bummler regelmäßig in diesen Lokalen zusammen."

Der Franzose erzählte auch von den Kaffehäusern, in denen sich die Venuspriesterinnen anboten. Von ihnen schrieb Harden einst:

„Da sitzen, an fleckigen Marmortischen, deren Fußvergoldung vom Tritt schmutziger Stiefel gelitten hat, geschminkte Weiber in buntem Anzug, mit wippendem Federhut. Kleid und Mantel sind aus dem billigen Laden, der an Prostituierte mit hohem Preiszuschlag auf Abzahlung verkauft; Perlenbesatz und Federchenputz. Der Hut, der bar bezahlt werden muß, ist gewöhnlich das Prachtstück. Das Gesicht ist mit Lilienmilch kalkweiß getüncht, Backen, Ohren und Kinn hat die Hasenpfote gerötet, die Lippen strotzen in fettem Karminglanz, um die Augen hat der schwarze Schminkstift dicke Ränder gezeichnet. Wenn der lange Raupenhandschuh ausgezogen wird, zeigt sich unter den klimpernden Armbändern, an denen allerlei ‚Souveniers' hängen, eine harte, rissige, ungepflegte Hand mit schlechten Nägeln, eine Hand, die daran denken läßt, daß diese Weiber, ehe sie sich an den Besitzenden und Gebildeten rieben und etwas Firnis der Oberschicht annahmen, in Höhlen hausten und als Dienstmädchen, Näherinnen, Büglerinnen oder Fabrikarbeiterinnen mühsam des Lebens Notdurft gewannen.

Eines Tages wurde ihnen dieses Dasein zu langweilig; ein Arbeitsgenosse, ein Mann oder sogar ein Herr führte sie aus und verführte sie nach dem Ausgang. Schwangerschaft, Arbeitslosigkeit, Gewöhnung an träges Dämmern: Prostitution. Jetzt sind sie fein, wohnen möbliert, schlafen bis Mittag, machen dann eine Streife und verbringen die Nächte zwischen der Wohnung – oder dem Absteigequartier – und dem Kaffeehause. Da sitzen sie, trinken das Teuerste und harren des Herrn, der ihre Zeche bezahlen und sie geleiten wird; der Zahlkellner kennt seine Kundinnen, die ihm in stillen Stunden auch wohl gefällig sind, und gibt, wenn's einmal nötig ist, gern bis morgen Kredit. Grüße und Zoten flattern von einem zum andern Tisch, heisere Stimmen necken hinüber, herüber und die Konsumenten können in gemächlicher Muße wählen."

Das eben war das Entscheidende für die Existenz dieser Kaffeehäuser: Sie boten einen neuen Markt. Und sie hoben den Ton, der sonst üblich war, doch um einiges. Der Berliner, der vor lauter Geschäftstüchtigkeit der Liebe nur wenig Zeit und kein poetisches Interesse entgegenbringt, hatte eine Halbwelt geschätzt, die sich geschäftsmäßig kalt und gemein anbot. Sie war bildungslos und geschmacklos, ohne jede feinere Koketterie, eben eine Art Soldatendirne. In den letzten Jahrzehnten ist das wesentlich anders geworden. Der Berliner hat zwar immer noch keine Stunde frei für ein liebenswürdiges Verhältnis. Aber er ist höflicher geworden. Und die Halbwelt hat sich auch gewandelt, hat sich ganz wesentlich verjüngt und ist nicht mehr ganz so sachlich schamlos.

Allerdings ist sie auch um vieles gefährlicher geworden für die Volksgesundheit. Die Geschlechtskrankheiten haben um das Mehrfache zugenommen im Kriege und auch nach dem Kriege. So ist es denn selbstverständlich, daß jede Angehörige der Halbwelt nach kurzer Zeit angesteckt ist und die furchtbaren Seuchen weiter verbreitet. Die strengste Polizeikontrolle hilft hiergegen nichts. So ist die Kontrolle als solche wohl aufgegeben, jedoch eine freiwillige Behandlung durch Fachärzte angeordnet worden, die überwacht wird.

Wie aber soll die große Anzahl von Stätten überwacht werden, in denen die Halbwelt sich anbietet, nicht mehr so roh wie früher, dafür auch schwerer unterscheidbar. Die Mädchen mußten nicht mehr stumpfsinnig auf der Straße laufen. Sie mußten unterhalten. Und so hat sich in den letzten Jahren in den Kaffeehäusern auch eine andere Mädchenart eingefunden. Nicht das ehemalige Dienstmädchen bildet die Mehrheit der Besucherinnen. Das junge flotte Geschäftsmädchen, das unter den berlinischen Proletarierinnen so stark zugenommen hat, bevölkert jetzt auch die Nachtcafés. Nennen kann sie niemand alle. In allen Verkehrsstraßen leuchten nachts ihre hellen Fenster. Und überall wird musiziert. Manchmal von Zigeunern, manchmal von Pseudo-Ungarn, meist aber von kleinen Berliner Streichorchestern.

In ihnen verkehrt die große Masse der Berliner Halbwelt, zu der ja die verschiedensten Typen gehören. Sie alle rechnen zwischen diese, die ich einst also schilderte: „Ältere Herren werden hier sehr geschätzt. So von der Kleinen, die ihr Haar blond gebeizt hat, und eine mit schwarzem Flitter besetzte, eng anliegende Taille trägt. Ihr kleines Mäuschengesicht bekommt durch das spitze Kinn etwas widerlich Raffiniertes. Und es sieht sonderbar aus, wie sie unverdrossen ihre Freundin immer wieder an den Tisch heranholt. Das ist ein stattliches, ebenmäßig gewachsenes Geschöpf mit einem feinen Gesicht. Bleich, mit großen schwarzen Augenringen. Sie steckt ganz in einem schillernden Kleid; ihr Leib biegt sich drin wie ein Schlangenkörper. Von dem hohen Hut fällt ein dicker, roter Schleier – über die Schultern bis zu den Hüften.

Sie sitzt stumm und wie fremd an dem Tisch mit den alten Herren. Ihre Freundin spricht um so lebhafter. Plötzlich steht die Bleiche auf und geht wie eine Nachtwandlerin zu einem Tisch mit jungen Männern. Ihre Freundin bemerkt das nicht gleich. Dann zerrt sie das Mädchen zurück an den Tisch mit den Alten. Willenlos folgt die. Um bald nachher wieder wie eine Nachtwandlerin zu den jungen Männern hinzugehen – und sich wieder zurückzerren zu lassen – zu den Alten."

Bald gehen sie nachtwandlerisch ihren Trieben nach – diese Mädchen, bald leben sie kalt berechnend von ihrer Preisgabe oder unterliegen erblicher Belastung, dem Trunke oder den sozialen Verhältnissen, die zu wirr sind für das schwache Mädchenhirn. Der Prozeß Zwaan, in dem ein Holländer 1923 wegen Mädchenhandels verurteilt wurde, hat in zahlreichen Zeugenaussagen vorgeführt, wie die jungen Geschäftsmädchen in allen möglichen Kaffeehäusern und Tanzlokalen sich herumdrücken und rasch allerlei Bekanntschaften schließen.

Die Halbwelt hat auch ihre Schlupfwinkel. In Kaschemmen und Bouillonkellern kommt sie mit all den Schmarotzern zusammen, die von ihrem Unglück leben. Alle diese Lokale gleichen den Destillen, den Bier- und Schnapskneipen. Hier trifft die Dirne mit ihrem Zuhälter zusammen, hier kassiert der Agent die Abzahlungsraten für Schmuck und Garderobe ein, hier kontrollieren die Absteigequartierinhaber ihre Mädchen – alle Ausbeuter der Halbwelt finden sich hier ein – und das Mädchen, das meist in einem jämmerlichen „Heute" lebt, das überall Schulden hat, trotzdem es doch viel verdient, das z.B. für ihr möbliertes Zimmer doppelt und dreimal soviel zahlen muß wie andere – dies Mädchen fühlt sich in diesem Kreise am wohlsten. An ein Heraufkommen aus den Niederungen denken nur wenige. Sie schätzen sich nicht hoch ein – und wundern sich vielleicht nur darüber, wie rasch ihre Jugend und Schönheit flieht, wie rasch sie verbraucht sind und in irgendeinem Winkel oder in einem der großen Krankenhäuser meist elend an Tuberkulose oder an ekelhaften Ansteckungen sterben ...

Heiligenstädt um 1923: Jägerstraße. „Wie rührend, der Dicke aus der Schweiz macht meiner Schwester die französischen Hausaufgaben."

Schlußwort

Keine deutsche Stadt hat ihr Bild und ihr Leben so gründlich verändert wie die Stadt am grünen Strand der Spree. Die Umbildung ist noch lange nicht vollendet. Sie hat viele Stellen, wo bald kein Stein mehr auf dem andern bleiben wird.

Wenn aber auch das äußere Bild der Stadt immer neue Formen annimmt – die Seele der Stadt kann doch in ihren Grundzügen bestehen bleiben. Ja, in Berlin liegt der Fall so, daß es in der Seele der Stadt begründet ist, wenn das Stadtbild sich unausgesetzt verjüngt und wächst. Diese ständige Erneuerung, dieses rastlose Werden ist eine Eigenschaft Berlins. Dieses seltsame Schauspiel wiederholt sich unausgesetzt im Laufe der Jahrzehnte. Wir sehen es immer wieder mit eigenen Augen: Diese Unbeständigkeit ist zur Beständigkeit geworden.

Dieser Wesenszug aber bedingt eins: Toleranz. Die Toleranz prägt sich in Berlin auf vielerlei Art aus. Vor allem ist die Berlinerin nicht einseitig in der Einrichtung ihrer Lebensweise. Sie läßt jeden leben, wie er will. Was von manchen gescholten wird, scheint mir ein Vorzug zu sein: Jeder kann auf seine Fasson leben. Viele speisen noch ordnungsgemäß zu Mittag – zahlreiche aber haben sich schon an die sogenannte englische Tischzeit gewöhnt und speisen erst nach einer geschlossenen Arbeitszeit.

Dies äußere Zeichen ist zugleich der Ausdruck der Vielgestaltigkeit der Lebensarten und der Freiheit in jeder Richtung. Und wenn auch die Berlinerin bis in ihr hohes Alter hinein gern einen zweifelnden Blick und ein kleines Spottwort für viele Dinge übrig hat – sie gewöhnt sich doch leicht an alles Neue. Sie hat sich auch an das neue Bild von Berlin gewöhnt – dieses einst so peinlich sauberen Berlin, das nun nach dem Kriege nicht mehr die Kraft hat, so blank und klar wie ständig frisch geputzt zu sein – trotzdem es doch gewiß immer noch eine der reinlichsten Städte bleibt. Die Straßenreinigungskolonnen gehen nicht mehr des Nachts los und waschen alles fort. Und doch ist die Stadt nicht eigentlich schmutzig.

Die Berlinerin hat sich auch darein gefunden, daß die berlinische Jugend jetzt anders ist als früher, wo sie als interesselos, aber liebeshungrig geschildert wurde. Die heutige junge Berlinerin hat ihre ernsten Interessen. Sie will meist etwas werden. Sie füllt die Mädchengymnasien, besucht fleißig die Hörsäle und Fortbildungsanstalten – und beweist wohl auch ihren Eltern, daß sie sich selbst Geld verdienen kann, geht in ein Atelier oder in ein Büro und arbeitet dort wie jede, die sich ihren Lebensunterhalt selbst schaffen muß. Wenn sie das aber bewiesen hat, dann denkt sie auch wieder an die Lockungen der Weltstadt, an den Spaziergang am Kurfürstendamm oder an den Bummel durch die gleißenden Hallen der Warenhäuser, an die molligen und pikanten Teenachmittage in den großen Hotels oder in den bunt und künstlerisch ausgestatteten Konditoreien; an die Rennen auf der Grunewaldbahn oder im Stadion und an all das bunte, turbulente gesellschaftliche Treiben des neuen Berlin.

Auch durch die Herzen der jungen Berlinerin stürmt jene heiße Lebenssehnsucht, die sich der Stadt an der Spree und ihrer Bewohner bemächtigt hat. Jeder möchte überall dabei sein. Nur nichts versäumen! Und so sind alle die großen Vergnügungsstätten jeden Abend oft bis zum letzten Platz gefüllt – selbst jede kleine Stätte, wo wenige Musiker Weisen aufspielen. Die Zeit als im Hause musiziert wurde, ist so gut wie dahin. Aber da die Musik dem Großstadtmenschen, und besonders dem überanstrengten und durch die unruhige Zeit überreizten Berliner ein unentbehrliches Narkotikum ist, geht alles abends dahin, wo musiziert wird.

Die Berlinerin geht überhaupt gern abends aus. Sie hat nicht die Zeit und die Liebe zur Küche. Sie erledigt ihr Pensum am Tage gewissenhaft. Aber nach dem Geschäftsschluß erwacht in den Mädchen der Traum, den sie am Tage träumten. Und die Erotisierung, die durch das viele Miteinanderarbeiten in den modernen Betrieben in allen modernen Großstädten das Leben erfüllt und umwandelt, wird abends offenbar. Die moderne Berlinerin wird nicht leugnen, daß sie Forderungen an das Leben stellt, wo früher vielleicht nur Wünsche glühten. Sie kann durchaus in reiner Kameradschaft leben – aber sie versteht, auch Ansprüche geltend zu machen –, wenn auch ihr Ziel in den meisten Fällen die Ehe bleibt.

Für viele ist die Ehe aber heute unerreichbar – wenn sie auch auf große moderne Ausstattungen verzichten und selbst mit den scheußlichen, eine mißverstandene Renaissance imitierenden Muschelmöbeln vorliebnehmen, die in allen besseren Familien ausrangiert sind oder wenigstens nicht mehr als „gute Stube" gelten.

Der Druck des verlorenen Krieges liegt ja auf allen. Sie wissen, daß unzählige Kinder keine Bettwäsche haben und nicht die ihnen zustehende Milchmenge bekommen können. Sie wissen, daß viele Kinder nicht kommen dürfen, weil Deutschland nicht genug Nahrungsmittel vom Ausland bekommt. Sie wissen auch, daß manche kleinen überreizten Gruppen nicht mit dem allgemeinen üblichen Vergnügungsrummel sich genügen lassen, sondern in irgendwelchen heimlichen Winkeln Opium- und Kokainräusche suchen. Sie wissen auch, daß der ganz große Luxus nur von Ausländern getrieben werden kann, die das Elend des deutschen Volkes ausnutzen und daß sie selbst nur sich geschmackvoller und persönlicher als früher kleiden können, weil sie es gelernt haben, mit geringsten Mitteln sich vorteilhaft zu kleiden, und gelernt haben, aus Altem und ein wenig Neuem und aus allerlei geschickt aufgestöberten Quellen ihr Äußeres immer neu zu gestalten.

Wird auch in Berlin keine Mode gemacht, so wird sie hier doch umgewandelt, daß sie für die große Menge und vor allem für die Völker des östlichen Europa sich eignet. Die Berlinerin weiß jedenfalls durch eine geschickt verwertete Kleinigkeit, durch eine eigenartige Haartracht zu zeigen, daß sie auch in diesen Dingen Kultur erworben hat. Sie läßt die gedrehten Dirndlzöpfe der deutschtümelnden Wandervögel ebenso gelten wie die Bubiköpfe der Russenfreundinnen.

Diese Beweglichkeit des Geistes geht bis in die Reihen der Arbeiterinnen, die das auch in ihrem Beruf beweisen. Sie ist gewiß keine Landarbeiterin. Und doch bewies eine Gruppe Berlinerinnen auf dem Gute des Grafen Kalkreuth, daß sie rascher Kartoffeln legen konnten als die Bäuerinnen.

Diese Dinge hängen durchaus mit dem Wesen der Berlinerin zusammen. Sie hängen auch mit ihrem äußeren Typus zusammen, der sich ja nicht auf eine bestimmte Formel bringen läßt. Sind doch viele Schönheiten aus allen Weltrichtungen nach der Reichshauptstadt gekommen und haben den Typus der Berlinerin verschönert.

Die heutige Berliner Schönheit ist weder blond noch brünett, weder ätherisch noch gar zu pikant, weder klassisch noch in der Art Rubens' voll und saftig. Sie besitzt eine glückliche Frische und einen Wesenszug, den auch früher die Berlinerin besaß: einen kritischen Blick und einen niedlichen Mund, in dem neben der Schaffensenergie die Engel des Spottes sitzen – und ein Auge besitzt sie, das sich gern an schönen Tagen an Waldesstille und weitem Wasser erfreut. Wenn sie diese Eigenschaften behält, dürfen wir hoffen, daß sie nicht gar zu liebenswürdig wird, sondern daß sie noch einiges von ihrem ursprünglichen Wesen in sich lebendig erhält, von ihrer Schlagfertigkeit und ihrem treffenden Witz.

Sonst hätten wir eine internationale Dame, doch keine Berlinerin mehr ...

Anmerkungen

[1] Die Frau des bekannten Schriftstellers und Buchhändlers Nicolai hat am Ende des 18. Jahrhunderts heimlich viele Arme unterstützt.

[2] 1696 von Schlüter erbaut, von dem auch das herrliche Standbild des Großen Kurfürsten stammt und der leider von dem intriganten Eosander von Goethe vom Bau des Königlichen Schlosses in Berlin verdrängt wurde.

[3] Der Name Berlin wird bald von Bär, bald von Perle, bald von Brellin – Sumpfwiese – hergeleitet. Er findet sich übrigens auch als Name für Plätze in Halle und Augsburg, wahrscheinlich ist sein Ursprung slawisch und nicht mehr zu bestimmen.

[4] Friedrich Wilhelm I. war nicht der Begründer dieser Tabakskollegien; schon sein Vater hatte sie bei Hofe eingeführt, wo, nach einem Bild von Leygebe, auch Sophie Charlotte teilgenommen hat. Unter Friedrich Wilhelm I. wurden die Damen wieder von den Gesellschaften ausgeschlossen. Sie hätten gewiß auch keine Freude an der hanebüchenen Unterhaltung gehabt.

[5] Ephraim hatte seinen Reichtum durch die von Friedrich II. angeordnete Münzverschlechterung gemacht, durch die der König sich Geld für seine Kriege machte. Daher der Spottvers:

Außen schön, innen schlimm.
Außen Friedrich, innen Ephraim.

[6] D.h., im leichten Morgenanzug, im Häubchen anstatt im Hut, sonst aber nicht etwa frei oder ärmlich.

[7] Ein Reisender aber entrüstet sich über die schon damals geübte Sitte der Damen, tief verschleiert in Kokottenlokale zu gehen. Er meinte, sie wollten sich nicht vom Elend ihrer gefallenen Mitschwestern überzeugen und helfend eingreifen – sondern sie kamen ins Orpheum, um die Kunstgriffe der Halbwelt zu erlernen. Sie verfolgten die Kokotten mit gierigen Blicken, sie prägten sich ihre Bewegungen, ihre Mimik, ja selbst ihre Sprache ein und waren nur darauf aus, in ihrer Kleidung und ihren Manieren den Dirnen zu gleichen, um trotz ihrer Verblühtheit und trotz ihres Alters die Männer an sich zu fesseln und neue Liebhaber zu gewinnen.

[8] Ein weitläufig gewebter einfadiger Stoff aus Flachs.

[9] Viele Beispiele dieses damals herrschenden lüsternen und schwerfälligen Tons enthalten die Hochzeitsgedichte des berlinischen Dichters Nikolaus Peukers.

[10] Äpfel.

[11] Radieschen.

[12] Rettiche.

[13] Stinte, kleine Fische.

[14] Schafmilch.

[15] Besen.

[16] Klammern.

[17] Stützen, zum Aufhängen der Wäsche.

Inhaltsverzeichnis